国家出版基金项目
NATIONAL PUBLICATION FOUNDATION

湖北省公益学术著作
Hubei Special Funds 出版专项资金
for Academic and Public-interest
Publications

中国话语体系建设丛书

丛书主编　沈壮海

▼ 廖奕　著

法学如何话语？

——一种『复调』模型

WUHAN UNIVERSITY PRESS
武汉大学出版社

图书在版编目(CIP)数据

法学如何话语?:一种"复调"模型/廖奕著.—武汉:武汉大学出版社,2024.7
中国话语体系建设丛书/沈壮海主编
国家出版基金项目 湖北省公益学术著作出版专项资金资助项目
ISBN 978-7-307-24010-0

Ⅰ.法… Ⅱ.廖… Ⅲ.法学—研究—中国 Ⅳ.D920.0

中国国家版本馆 CIP 数据核字(2023)第 183928 号

责任编辑:胡 荣 责任校对:李孟潇 版式设计:马 佳

出版发行:**武汉大学出版社** (430072 武昌 珞珈山)
(电子邮箱:cbs22@ whu.edu.cn 网址:www.wdp.com.cn)
印刷:湖北恒泰印务有限公司
开本:720×1000 1/16 印张:43 字数:698 千字 插页:2
版次:2024 年 7 月第 1 版 2024 年 7 月第 1 次印刷
ISBN 978-7-307-24010-0 定价:199.00 元

"中国话语体系建设丛书"编委会

主　任　沈壮海

副主任　方　卿

编　委　（以姓氏拼音字母为序）

方德斌　冯　果　贺雪峰　李佃来　李圣杰

刘安志　刘　伟　陆　伟　罗永宽　孟　君

聂　军　强月新　陶　军　于　亭　张发林

作者简介

廖奕，现任武汉大学法学院教授、博士生导师。主要从事法理学、法治理论和法文化研究，在国内外重要学术期刊发表论文数十篇，出版《司法均衡论》《法治中国的均衡螺旋》等专著。入选首批武汉大学"珞珈青年学者"、第五届湖北省优秀中青年法学家、首批湖北省法律法学人才库专家。主持国家社科基金重点项目和教育部人文社科研究基地重大项目，多次参与中央马工程重点教材修订和国务院新闻办白皮书起草。

前　言

　　面对这部略显庞杂的书稿，笔者的心情亦是繁复难解。若要简炼本书的要旨，以下几个"不能"或可概说。一是法学话语"不能"局限于职业主义内部，它应当在开阔的大历史场景下运思和表达；二是法学话语体系的构建"不能"流于单调的政治或学术话语的表层，它需要通过复合的程序将自己变得"庞然"，再加以必要的"健美"与"瘦身"；三是法学话语体系生成规律"不能"轻易被定断，它往往是总体规律具体化过程中的自我呈现，因而研究者的任务不是强行总结，而是循理探察。

　　这几个"不能"也可以解释研究者本身的困境。话语研究应是多种形态的，而当下的呈现只能限于拘定的文本。这种自含矛盾的情状，显露了此类研究普遍面临的硬约束。现今看来，可行的缓解之策似乎只有尽量在研究样例上兼容并包，这就使得表达的物质载体愈发"负重"。对于中国特色社会主义法学话语体系而言，鉴于其庞大的体量，仅用极精简的篇章恐怕很难完成哪怕仅是"初描"的工作。

　　若要给本书一个来由上的交代，我想说的是：无论理论巨擘、实践精英，抑或普通群众、凡俗个体，都在特定话语环境下生产观念、传递主张。法学城堡内外，难免话语喧腾。对讲理的学问而言，法学如何话语，并非枝节问题。法的公平正义精神，需要以可知可感方式呈现。法学若以编织体系、创新知识为己任，不能不在日趋繁复的环境下对自身的话语问题深度省察。成熟的法学，要有成熟的"话语风格"，通过"杂多与和谐"，形成"自主之复调"。基于上述，本书力图立足当代中国法治实践，从政法阐释、教义反思、社科谜题和人文复归等方面，全面刻画多元主体的法学话语演生图景，交织展现一种迈向自主知识体系的法学"复调"模型。

就本书四编诸章的主要内容而言，它们都围绕但不限于当代中国法学的几种典型，比如新政法理论、法教义学、法律和社会科学研究，又如正在形成中、尚未明确命名的"人文（主义）法学"。对于不同话语形态的法学流脉，作者虽难免带有偏好，但并未采用"应然"的价值分析，力求以多元主体的特色表达为底本，透过宏观的话语分析棱镜，发现各自蕴含的富矿和风险，从"如何话语"的视角揭示可以融通和共享的机理，进而为理论上的话语规律证成提供参照。本书所落脚的"复调模型"只是一个暂时的理论表达，更准确地说，它很大程度上属于修辞话语，在内容上表现的是众声喧嚣背后的话语秩序原理。

回想本书写作，时间跨度大概有十五年。在21世纪第一个十年的尾声，中国特色社会主义法律体系基本形成，实际上意味着相关制度体系的基本定型，但这并不等于法学学术话语体系的附随式成熟。在当时的情境下，学界对"中国特色社会主义"的理解更多限于一种政治要求或意识形态概念，对于法律和法学话语系统中的相应表达实践缺少整体且深切的关注。虽然其时"话语"一词在法学研究中已时常出现，但学人习惯将其视为某种下意识的摩登新词使用，而未曾正式将其理解为一种新的主题、方法及法治发展的内生任务。福柯式"话语"的弥散，让人一时不知身心所处，惶惶然或欣欣然间进入根因不明的理论市集，在知识/权力的细微分析中淡忘了更为宏大的意义。

2016年5月17日，习近平总书记在哲学社会科学工作座谈会上发表重要讲话，指出了中国特色法学话语体系的构建方向，为相关研究的系统深入展开提供了根本遵循。根据习近平总书记的战略要求，沈壮海教授牵头组成跨学科学术团队，从加快构建中国特色哲学社会科学的整体视角，探寻一种分科整合的话语体系研究模式。2018年人民出版社出版的《学术话语体系建设的理与路》，正是此种新研究模式的代表性成果。为保证这项研究工程的持续推进，武汉大学设立专项，对包括法学在内的各学科话语体系研究提供支持。本书主体部分的研究和写作，直接得益于此种整体推进和保障，团队成员间的沟通与相互启迪，以及近年来法学在话语形态创新上的蓬勃生机。

公允而言，作为社会实践产物的话语，以及法学学人对自身话语的研究，必定是带有局部反思性质的，不可能挣脱物质生活总体条件的框构。但一个真正面对社会实践的法学学人，其话语批判和反思既是对他人的，更是对自己的，甚至可以说是对所有陈旧僵化、不讲道理的观念、事实的否决。只有经过这样的"断舍离"，人民热爱的、尊重的、信仰的法治才能自然流淌，才能生成法律学术和法学学科的默会知识，进而为当代中国法学自主知识体系创构坚实的基底。

目　录

第一编　政法阐释

第二编　教义反思

第三编　社科谜题

第四编　人文复归

导论:

何为法学话语?

一、漫步者的遐思

教师和研究人员,最熟悉和熟练的,莫过于讲课与写作。这两种行为方式,其实都是极为常见的话语方式:口头话语和书面话语。老一辈学者时常提醒年轻人,要特别注重口才和文才培养,优秀人才要达到说写功夫"双一流"。此种说法,在法学学科尤为常见。这是一种由来已久的认知,表现出学问和话语关系的紧密联系。

沿着前辈教诲接着讲,法学除了是一门崇高的正义之学,也是一种日常的话语之学。当然,这与江湖上的"话术"有本质的区别。法学作为话语之学,是断断不能被 PUA(Pick-up Artist)利用的。因为,法学如何话语,有其一定之规,不是所有的话语都叫"法学话语"。那么,什么是法学话语?当日常体认回答不了疑问之时,理论思考就显示出其特殊价值。"话语是一个棘手的概念,这在很大程度上是因为存在着如此之多的相互冲突和重叠的定义,它们来自各种理论和学科的立场。"①如果站在"纯粹"的法学立场,法学话语就是学术话语和学科话语,与此无关的应统统舍弃。这样的界定干脆利落,但与学问的求真秉性以及法的公正理想,似乎都难以协和。

法学家在漫步的时候,也会产生超出学科的各种遐思。比如,法学知识和原

---

① [英]诺曼·费尔克拉夫:《话语与社会变迁》,殷晓蓉译,华夏出版社 2003 年版,第 2~3 页。

理的生产，难道仅仅是法学家的专利？哲学家和政治家，难道没有作出贡献？广大法律受众的欲念、观点和意见，难道毫无作用？显然，法学家是不能在真空中自言自语的，其角色犹如一种"介体"或曰"熔炉"，将各方意志融通汇聚，产出特定成果。法学知识的话语载体是多样的，除了理论文本，还有演说、讲话、商谈、辩论、咨询，不一而足。这些具体的话语方式，莫不是法学话语的特定载体，无不在现实的言谈环境下流变、生成。略微了解学术发展史的人，都不会坚定认为法学是自给自足的学科，无论是实然还是应然，无论是过去还是现在。哪怕是严丝合缝的"体系法学"，在基本教义的话语表达上也不能自我迷恋，必须不断琢磨受众的喜好，瓦解学理言说的自我中心主义。跨学科研究之所以兴起，除了具有更好的接近真理功能，还有消解学科话语壁垒的效用。学术行话当然要讲，但不能代表这就是学术话语的全部，甚至不能认为它是学科话语的灵魂。学科要以学术为根基，但使用学术行话，只是学者在内部交流中比较经济的话语方式，当学者走出自己所属的共同体，来到一个更为广阔的学术场域，曾经属于他的"行话"，可能在其他学科的研究者看来，都是"外行话"。但这与学术价值并不直接相关。内行说的外行话，很多时候恰好带来观念碰撞、思想激荡，创新由此源起。所以，就"理想言谈"而言，学术话语是反界限的，甚至可说是反学科的。而学科话语要以学术话语为本根，就需要开放包容，自我革命，在质料和形式的不断变化中，保持目的和动力的基因不变。所以，纯粹的法学话语，只是一种学术理想，可以对法学学术共同体适用，但对外延更为广阔的法学学科，乃至日常生活中的法学实践，都不适用。简言之，它必须转化，必须丰富，必须以法理包容万象的原初科学姿态，对生成或应用法学知识的主体分门别类，统合一体，精准施用。

即使很不情愿，法学家也要接受这样的事实：法学话语具有丰富的内容，不应等于纯粹的法学学术话语。那么，在法学学术话语基础上发展而成的法学学科话语，是否可以涵盖法学话语？法学家仍在漫步，继续遐思——暂不论法学学科在各国不同的范围，即使是"大法学"的学科建制，也难以统括所有的法学知识。那些超逸出法学学科的学问，难道就不属于法学？那些不是为了理论的实践知识、技巧，难道就与法学学科无缘无分？那些匹夫匹妇对于法现象的观感、议论，难道就不包含一丝半点"法理"的成分？法学的疆域难道不是因应人们对法律的态度而调整的？世俗人间、日常生活与现代法律的关系如此紧密，以至于法学可以忘记最亲密的身边人，这合理吗？凡此种种，看来都与法学学科自身的建制固化有关，都与法学偏离学问本真而盲目建构理想体系的激情和欲念有关，都与现代社会日益繁密而机巧的治理网络对"元问题"的失忆有关。所以，要唤起人们对法的原初情感，就不能忘了拓宽法学话语的外延，让那些自觉无力者斩获话语的赋能阻却法学内部行业化、标准化、内卷化的风潮，从外部引入不竭的活水，全面复活法学之于真理的代表机能，让相对主义、精英主义、犬儒主义彻底失去市场！

这让人想起了英国文学理论家伊格尔顿的一个观点："最有用的就是把'文学'视为人们在不同时间出于不同理由赋予某些种类的作品的一个名称，这些作品处于被米歇尔·福柯称为'话语实践'（discursive practice）的整个领域之内；如果有什么确实应该成为研究对象的话，那就是这一整个实践领域，而不仅仅只是那些有时被颇为模糊地标为'文学'的东西。"①法学的研究对象，大体也环绕在宽泛的话语实践空间。

这番内心确认，让法学话语的外延似乎更加模糊。但超越学科的法学话语，并不是没有边际的。起码，它不是与法有关的语言杂烩，不是带有"法律"字样的文本箩筐，不是人人都能进入、皆可言说的无门票游园。它的限定，首先在于真理。学问第一要义，就是探求真理，而不以真理自居。为了法真理，无数哲人智者殚精竭虑，无数先贤义士毕生奉求。法学史能够载录的，只是法真理探寻的理性成果，至于法学话语的激情时刻，以及催发激情的无穷欲念，却难以用语词去书写。代表法律真理的语词帝国已庞然无比，但能否就可以节衣缩食、瘦身纤体呢？不可以。因为法学离真理仍然遥远，如同卡夫卡笔下的乡下人，似乎永远在法的门前徘徊。追求真理的法学，必定是艰难的、布满奥义的，是凡俗的、内涵灵动的，是奇异的、渴求突现的。所以，不要指望用一种可以固化的模式，轻易框构法学话语的模糊疆域；也不能寄希望于偶发的奇迹，失去了长期演化的耐

---

① ［英］特雷·伊格尔顿：《二十世纪西方文学理论》，伍晓明译，北京大学出版社 2007 年版，第 179 页。

性。目前，我们所能采取的是一种审慎的折中，在法学学科扩展的同时反复回望本初，让法真理的光照覆盖法学的需求者，在满足客体需求中提升主体需求，达到一种实践性学问应有的需求水准。再进一步考虑，如何用法学的理论话语，解释并影响人们的日常话语，让大众分享法学意念，产生知识增量，成就独家学说，成为法学大历史的见证者、参与者和创造者。

其次，法学话语是什么？这不是由"法学是什么"决定的，而是落脚于"话语是什么"——法学是一种限定，但也是一个修辞。这种限定应当是开放的，而非封闭的。这种修辞实际上是无奈的，而非自愿的。既然如此，我们完全可以将法学的修辞采用更加开放的姿态，解释为在真理探求欲望支配下的理论事业，这项事业的主力军是法学家，但先锋队、后援队另有其人。在法学的话语帝国中，君王是"法真理"，宰相是"法公理"，臣僚及其部众是"法条理"，所辖制的民众或曰所倚靠的基础是"法情理"，所面对的敌人是"法无理"，通俗地说，就是"法不讲理"。要把法的真理探寻事业坚持下去，必须让精英和大众都在讲同一个道理，通俗地说，就是在一个话语频道。这就需要法学话语从本质内容和表达方式上，都有与之贴合的认知界定。

所以，就本质内容而言，法学话语以法真理探求为目的，它是一种交相往返、常态博弈的多主体交流过程。不同主体围绕共同的真理探求目的，在欲念、习惯、能力、资源、偏好上各有差异，通过各种渠道、从不同侧面展示法真理的丰富内涵。这样的法学，可谓一种真理过程论的修辞式界定。就表达方式而言，在符合本质要求的前提下，任何有关法学的言说和书写都可视为法学话语，其内在具备"多元一体"的特征。确而言之，这种"多元一体"指的是，有效的法学话语通常是言书交融的，言说和书写往往同步发生，共同表达对法理的认识。在研究中，我们可以区分不同的法学话语形式，但这并不意味着法学话语表达形式就是类型化的。法学话语是复杂过程的产物，通过多种表达形式的交汇和碰撞，展现"真伪"，优胜劣汰，最后呈现出来。这没有权威的认定机制，因为在法真理的判定上没有任何权威；这也没有标准的辨别流程，因为话语交往永远是流变的进行中的事项。我们可以确认的只有人们天生的对法与真理的关系认同之情，以及在这种真理激情支配下的不竭探求欲望。只要符合这种低于理性但又是理性基石的"情欲正义"，我们就可名正言顺地将某种话语形式归入法学之列，就可以之为素材展开描述、解释，甚至分析、批判，开启下一步的法真理体验之旅。

二、研究现状及困境

话语研究属于比较典型的多学科主题。① 就法学领域的话语研究而言，它缘起于语言学、社会理论与法学的交叉，具有明显的跨学科特点。它并不构成法理学、法哲学或法律理论的主流，但主流理论又随时需要法律话语的样本分析。无论从自身的固有传统，或是受"语言学转向"的外部影响而言，话语研究一直都是法学的重要主题。但与其他学科不同，法学中的话语研究主要聚焦法文本，因而，与其说是"话语分析"，毋宁说是文本分析。关注法庭会话的法律语言学，一直处在比较边缘的位置。近几十年来，法的叙事理论体现出打破学科界限的方法论需求。随着女权主义、种族主义、后殖民主义等理论的流行，法律话语的文化/政治研究蓬勃发展。② 但既成定式的法律话语研究议题，如法律语言、法律论证、法律修辞、法律民族志等，依然占据主流。在"法律东方主义"的支配下，法学话语研究循着西方中心的帝国想象，热衷于用主流理论解读非主流问题。虽有学者反思法律话语的某些流行范式，将权利话语视为笼统的政治言辞，但并未对法学知识生产等问题继续盘问，未能对法学自身的话语逻辑深度省察。③ 在此状况下，法学与话语的关系愈发敏感微妙，法学话语的概念澄清更为艰难。因为人们必须回答一个不容易讲清楚的问题：法学话语研究指向的是法学自身的话语还是法学相关的话语？法学自身的话语，主要以研究对象为话语界碑，即法律话语。法学相关的话语，则不单涉及法律

① 参见[荷]图思·梵·迪克：《话语研究：多学科导论》，周翔译，重庆大学出版社 2015 年版，导论。

② Delgado, R., "When a Story Is Just a Story: Does Voice Really Matter?", *Virginia Law Review*, 1990, Vol. 76, No. 1, pp. 95-111; Volpp, L., "Feminism versus Multiculturalism", *Columbia Law Review*, 2001, Vol. 101, No. 5, pp. 1181-1218.

③ 例如，格伦顿教授将美国式权利话语的显著特征描述为：对于绝对而张扬的形式化的偏好，对于责任的近乎失语，对于个人独立和自我满足的过度忠诚，通常在无视市民社会中间群体的情况下关注国家和个人，毫无愧意的褊狭，等等。参见[美]玛丽·安·格伦顿：《权利话语——穷途末路的政治言辞》，周威译，北京大学出版社 2006 年版，第 18 页。

文本话语，还包括法律演生、运行全过程的多种情境话语。此种"法学话语"比狭义的法律话语，有更复杂的构造和体系，须以跨学科、多学科乃至"超学科"方式探察。本书所研究的法学话语正是这样的类型。

批判的话语，终归取代不了话语的批判。在过去几十年间，学界对法律话语的狭义研究已有不满，由此而生某些"反叛"。如"法律故事"（Legal Storytelling）倡导者主张，法律话语研究应关注法律受众的具体生活，但书面的、大写的法，与现实中具体的人事、声音会发生碰撞。① 但终归大多数法律学者还是站在"理性主义"一边，对"情感正义"的认同极为有限。无论是立法者、法官、律师的"同情心"，还是法学家的"良知"，都需要主体对自身意识形态和其他限制条件保持清醒认识。特别是，一旦法学家的自我批判意识丧失，接受既定话语生产体制的宰制，整个法律话语系统就会逐渐陷入僵化。没有对具体个人情感的把脉和诊疗，法学家难以"生产"出真正普适而理性的法话语。由此，一个新的关键词——"同情心"（Empathy）——开始频繁出现在批判法律研究、女性主义法学和"法律与文学"的研究作品中。此种研究趋向表明：更为强调情感、更为生动具体的"法学话语"研究正在兴起。

如何从概念上区分法律话语与法学话语？如何从理论上界定所指宽泛的"法学话语"？在话语研究芜杂丛生的境况下，这些的确是必须认真对待的"前题"。

须知，"话语"本身带有多元性，由此产生类型化困境。法学与法律、法治等概念的天然亲缘，也决定了严格"分离"几近幻想。所幸，区分不等于分离，理论上的界限分析与实践中的功能耦合并不矛盾。与法律话语类似，法学话语也是多元主体博弈的社会实践产物，并非法律精英的专利，正所谓"世事洞明皆学问"，"群众的眼睛是雪亮的"。对此，马克思在《〈黑格尔法哲学批判〉导言》中有精彩论述："批判的武器当然不能代替武器的批判，物质力量只能用物质力量来摧毁；但是理论一经掌握群众，也会变成物质力量。"② 在为主流法学忽略的"法

---

① Massaro, T. M., "Empathy, Legal Storytelling, and the Rule of Law: New Words, Old Wounds?", *Michigan Law Review*, 1989, Vol. 87, No. 8, pp. 2099-2127.

② 《马克思恩格斯文集》（第三卷），人民出版社 2002 年版，第 207 页。

律与社会运动"理论中，法律话语的微观动员过程得到了比较充分的实证研究。①此种进路的重要启示在于：法学话语形成并非源于人与文本的机械作用，而是人们现实的社会互动。除了审判法庭、大学教室空间中的话语交谈，法学话语在经济、政治、文化、社会等场域都会出现。各式各样的法学话语，大部分内容会被海量信息流冲淡淹没，成为无关紧要的历史踪迹或反光碎片。留存在主流学术系谱、政治国家记忆和公众话语图像中的只是少数。法学话语的原材料生产和前期加工，多由法政精英提供并完成。有明确作者的法学话语生产活动，我们可称之为法学家的文本生产，其前提是对历史资源的优势占有和初次消费。法学话语的再生产和二次消费，则以实务法律人、社会大众和非资深学者等作为主体。在特定的社会连带关系中，不同主体位置的法学话语生产和消费活动在无形中变成了一个有机整体。

对该隐蔽的秩序加以整体分析，探明理论话语背后的资源动员或政治过程，开辟了法学话语研究的新视角。它与马克思强调的理论具有强大物质力量观点，颇具契合之处。作为精英话语的法学话语要想掌握群众，必须对自身固有的精英立场进行颠覆性的翻转，产生内部革命性的质变。只有如此，新理论才能在大众社会的新时代真正说服群众，产生现实的强大力量。循此理路，"法学话语"的概念边界可以得到初步界定。

与法律话语的规范表达不同，法学话语在形式上更为"多元"。法学研究的对象首先是"法"，其次才是"法律现象"。"法"包含万事万物的联系，通过语言表达有关权利和正义的知识与智慧，形成了"法学"的原初本相，也框构了"法学话语"的核心内涵。在人类文明的原初语境中，人们对法意的表达，可以不同的理性方式完成。基于不同的法理立场和取向，纷纭多样的法学话语得以涌现。代表真理的"大写"法学，承载着意识形态传输、国民心性塑造的重任，通过宏大叙事构建治理规则的认知图式。信奉公理的"中观"法学，通过价值中立策略谋求科学知识话语权，以中型叙事、中层理论等策略建构专业术语系统，有意拉开

---

① Benford, R. D. & Snow, D. A., "Framing Processes and Social Movements", *Annual Review of Sociology*, 2000, Vol. 26, No. 1, pp. 611-639.

与政治、道德话语和大众、情感话语的距离。看重情理的"小微"法学，通常散布在日常生活空间，以社会公共空间为场域，以碎片化的话语群为载体，以民间习惯规范为资源，以五花八门的"话语术"为武器，通过戏谑、反讽、质疑、揭发、呼号、不作为等方式展开权利抗争。此种沉积在社会底部的法学话语，或可视为沉默大多数的另类书写。

与法治话语的权力导向不同，法学话语在效果上并不追求规范的治理。法学话语内蕴自生自发的秩序，但不论外在规则如何，自由的表达、丛生的歧义、无止的纠葛，始终是维系其生机的奥义。相比而言，法治话语更多属于大写的法学话语得到治理主体认可后的产物。它不仅需要由法学话语到法律话语的加工淬炼，也离不开对法律话语治理效能的实践评估。法治话语并不需要遵照理论逻辑，更不能掺杂过多的情感因素。它从本质上属于政治战略层面的理论工程，与法律的社会实践紧密相关。法学话语需要以人们对社会生活的规则认知、正义同情与交互理解为原初素材，虽然客观上也会产生所谓的话语权问题，但知识与权力的界限并不会就此消泯，尤其是承载生活智慧的法学话语，如法律格言、警句等，似乎具有超越权力空间的文化魔法，随时可被召唤出来，因应当下需要，衍生新的意涵。

与法理话语的理性本位不同，法学话语具有或深或浅的情感主义特征。法学话语不排斥法情感的自然渗入和公然输出，甚至，越是在现代化的理性文明发达之际，情感主义的要求越是在法学话语中高度凸显。正是基于天然的欲望、需求、正义感、同情心，抽象、高远的法理才能得到具体入微的生动阐释，形成仪态万方的学说总汇。正是通过法学话语的情感介质，法理话语与法律话语、法治话语才产生一体亲缘，抽象法与实证法、纸面法与行动法的罅隙方得弥合。

总之，法的多元性或曰法内在的矛盾、紧张、分裂，使得出自不同主体的法学话语在各自的限制条件下难以呈现体系化的外观，但社会自身的整合性、关联性需求让最低限度的共识总是可以语境化达成。追求规范共识的法律需要主流法学话语的智识支撑，而关注治理主权的法治也必须以国家法律话语为文化载体，它们都将问题指向了作为原初介质的法学话语，其多元化、碎片化的表达和实践，是应当以及如何才能形成规整化、体系化的秩序？毕竟，围绕文明内在秩序的基本共识，乃是法治架构得以融贯之基，事关国家体统，牵系民生日用。

三、当代中国的独特问题

作为一个历史悠久、资源丰厚的法理大国，中国的法学话语就像一处神秘的富矿，价值举世公认，但开发颇为艰难。近代以降，中国人的生活方式、社会习俗、文化习惯，乃至思维结构都发生了巨大变迁。面对一座年代久远、地形复杂、蕴藏丰富的矿山，当代中国法学话语研究如同地质勘探，只有全面考察了标本的时空演变、"地形结构"，精准探测"话语矿藏"的类型和分布，才能对其能否开掘以及如何开掘提出专业意见。

出于不同的观察，法学话语的"考古学"意见并不一致。一派认为，中国传统律学与经学的有机交融，形塑了中国独特的法文化范式——虽受西方冲击，但并未彻底坍塌，因而恢复重建不仅必要，亦属可能。相反意见认为，即使曾经存在中华法系话语系统，但它在外来思潮的强力冲击下，已经严重断层，支离破碎，很难复原——因而现今法学话语体系的重建不能罔顾"西化"的事实。这两派都不否认，学习借鉴西方的法学话语，是近代中国的时务所需。但对"法律移植"的必要程度认识，两派又有殊难调和的分歧，对中国法学格局存有不同判断，出现"西学普世论"和"国情特色论"的长时对峙。在继往开来的时代关口，中国法学究竟是以本土留存的话语系统为主导，还是坦然接受"西化"现实，亦步亦趋惯行下去？抑或，在中西二元对立之外发现"第三条道路"，来一个路线图的"方向调整"或"重新规划"？

当现实问题难以获得明确答案时，重新回顾历史是很有必要的。对中国而言，法学话语成为公众关心的时务课题，源起于清末变法改制引发文化危机。三千年未有之大变局，催生了中国"殖民地法学"的繁荣，反射出西学主导的时代景观，也造成了中西方在法治话语权上的激烈冲突。在早期左翼法学家看来，殖民地法学的风景并不美好。他们主张中西融合，希望赓续传统，再造法理辉煌。[1] 新文化运动后，西学和中学的对立逐渐被打破，界限开始消融，诸如真

---

① 参见刘星：《中国早期左翼法学的遗产——新型法条主义如何可能》，载《中外法学》2011年第3期。

理、民主、科学、社会主义、权利等西方话语经过选择性吸收和学习，逐步为国人转化与重构。① 中国文化强大的内生修复功能，让外来的法学话语在移植过程中产生了奇特的化学变化。

如果仅是知识话语移植，与制度规范无关，法学家不会那般纠结。当法学话语的革命与法律、政治乃至社会革命同步，旧世界的打碎，意味着新体系的发轫，这又是一个何其繁杂而动魄惊心的再生历程！中华人民共和国成立后，社会主义法学对新法制有奠基之功，但政治运动的扩大化、无序化，让法学多元话语遭遇寒冬。

改革开放后，快速的经济增长和社会转型，推动着法学话语主体和功能变迁，法学家角色逐步变成公民权利的代言人。20 世纪 80 年代，诸多西方法律理论被重新打包引进，一时间思潮混杂。用"文化主义研究"包装的理论，受到与政治意识形态交织一体的"话语型构"（discourse formation）之塑造。② 既要吸纳多样化的西方学理，又要对之保持批判和警醒，没有一种合适的中介理论，殊难实现。于是，打着后现代主义、新马克思主义、西方马克思主义等旗号的理论话语，受到一些学者的欢迎。90 年代后，"话语研究"在法学界成为时髦新词，一种将人物思想考察和文献研究方法"摩登化"的标签，同时也方便夹杂些许个人情感，让法律研究刻板的面孔得以稀释。福柯成为法学界经常引证的哲学天才，其话语分析理论成为符号标签，随处可见。世纪之交，随着全球化进程加速，法学界对西方法学话语霸权的忧虑日重。1999 年，一位北京大学法学院的博士研究生发表了《法学领域中的话语霸权》的随笔。这篇短文鲜明表达了当时法学界对于本土化和西方化的思想迷惘，折射出法学家夹身于学术与政治之间的复杂情绪。③ 出于批判西方法制的话语需要，主流法学家对"后现代法学"发出邀请，希望借此对教条化的法律意识形态有所纠偏，甚至全面更新法学研究范式，为法治探索未来。④

---

① 参见金观涛、刘青峰：《观念史研究：中国现代政治术语的形成》，法律出版社 2009 年版，第 7~9 页。

② 参见黄宗智：《学术理论与中国近现代史研究》，载《学术界》2010 年第 3 期。

③ 参见吕艳利：《法学领域中的话语霸权》，载《研究生法学》1999 年第 4 期。

④ 参见信春鹰：《后现代法学：为法治探索未来》，载《中国社会科学》2000 年第 5 期。

　　用西方的话语概念反对西方的话语霸权，这无疑是一种相当矛盾的思想状态。直至今日，此种吊诡的话语圈套依然深嵌于法学的头颅。越是想摆脱，越是嵌得紧。当法学知识生产有了一定积累，法学自主性要求必会出现，但抵制西方法学话语霸权的口号并不能真正解决中国问题，反而有可能加剧思想迷惘。例如，邓正来在2005年发表的《中国法学向何处去》长文，从学术层面系统提出了中国法学话语的主体性问题。他的观念富有创见，提出中国法律哲学的"历史性条件"问题，倡议将"世界结构"引入反思和前瞻，在更为复杂的"中国与世界"的关系视角下描画中国法学的理想图景。但如何真正解决，他也没有完美方案，最后将之作为"本质主义"的建构论谜题予以搁置。他用一句格言式的话语结束了讨论："当我把你从狼口里拯救出来以后，请别逼着我把你又送到虎口里去。"①他重点批评的权利本位论、法条主义、本土资源论、法律文化论等现代化范式，在转型中国的法学话语系统中并非都具有典范意义。被他批评的法学家，或延续着原初的学术话语风格，或转入更具实践性的法律研究领域，关注世界结构的中国法学话语远未形成规模生产，遑论大众传播。在方法论上，法哲学的理想建构与严格的法学话语研究不在一个系谱，用西方社科自主性理论很难精准回应中国法学的话语矛盾问题。

　　法学学术话语日渐专门化、多样化，形成了以理论法学和部门法学为主干的学科话语系统。曾经的"幼稚"标签，在很多法学家眼里，已变成了一种前行的动力。② 法学的政治敏感、自我哀伤、固步自封，已是明日黄花。但中国法学话语原初的内生矛盾并未根本解决，取代"阶级话语"的"权利话语"正面临各方质

---

　　① 邓正来：《中国法学向何处去（续）：对梁治平"法律文化论"的批判》，载《政法论坛》2005年第4期。

　　② 20世纪80年代，在一次座谈会上，中国人民大学的一位著名教授在发言中说，现在的情况是：历史学混乱，哲学贫困，法学幼稚。从此"法学幼稚"就成了一些人的口头禅。但在马克思主义法理学家孙国华教授看来，新中国以马克思主义为指导的法学在世界观、方法论以及基本理论观点方面并不幼稚，不能将"阶级斗争为纲"的错误指导造成的恶果，全算在马克思主义法学的头上。但新中国的法学，在专门法律问题的研究上确实是幼稚的，因为确实产生过严重的忽视法律、全盘否定人类积累的法律文化成果的错误。在他看来，用马克思主义最新成果武装中国法学，不等于不搞法律实务研究。要继续克服不重视、不研究专门法律问题，不研究具体法律手段，只关注宏观的、意识形态问题的错误思路。理论必须联系实际，实际必须有理论的指导。参见孙国华：《中国法学幼稚过吗？》，载《检察日报》2008年10月20日，第8版。

疑。如何在一种包容性的法治战略框架下，结合大众的法律需求，提炼新的法学中心主题词，成为主流法学理论关注的前沿课题。① 在此情形下，学界对中国特色社会主义法学话语体系的研究，不仅具有张扬主流的政法意蕴，同时也蕴含了"融通三统"的学术企求。如何在一个各方都能接受的超级框架下，从不同视角、进路，以各自资源、贡献完成学术地图的升级重构，成为新时代中国法学研究的重大课题。反思喷薄而出的海量研究成果，关键也在于：其是否摆脱了法学话语的内在矛盾，形成了自洽融贯的表达体系？

上述法学研究中的"话语"悖论，本身就是值得追问的话语事件。这表明了包括法学家在内的中国知识阶层，乃至更大范围的政治、经济、军事、社会精英对西方话语霸权的敌人想象。站在精英立场，比较一致的诊断结果认为，当前中国法学话语明显而严峻的问题在于，西化过度，中国化不足，有"失根"的危险。对西方法学话语霸权的警醒非常必要，它提示我们必须矫正超越时空、脱离国情的胡乱比较、生搬硬套的机械移植，脱离本土语言和文化传统的名词制造，从而增强文化自觉与自信。但如何才能增进法学家的话语自主表达、特色塑造和有机转化能力？这不是一个单纯的理论问题。盖因法学家的角色具有多重性，话语受众较一般哲学社会科学的研究者更广泛且不确定，像西塞罗那样的集政治家和思想家、法学家和法律家、辩护人和演讲家于一体的法政精英，在分工日趋精细的当今社会大有绝迹之势。②

更现实的原因在于，当前法学学科体制下话语悖论的产生几乎难以避免。比如，画地为牢的学科疆界对法学话语的博弈沟通形成掣肘，致使法学研究贵族化、议题褊狭化、争鸣肤泛化。法律理论话语与法律部门研究、法律实践话语的脱节愈发严重，甚至有人发出"法理学死亡"的盛世危言；③ 而作为拯救方案的法学理论实证转向，一面显示出"大写法学"风光不再，另一面又表现出"新方法"在解构与建构、个案与整体上的虚妄对立——单纯的规范研究或经验研究，不仅

---

① 参见张文显：《法理：法理学的中心主题和法学的共同关注》，载《清华法学》2017年第4期。

② 西方法学发展与修辞学密不可分，著名辩护人的演说经常被复写出来，以供广大公众阅读。西塞罗的例子也经常为中国法学研究者引用，以此证明古罗马法学的繁荣发达和法律家的地位显贵。

③ 参见徐爱国：《论中国法理学的"死亡"》，载《中国法律评论》2016年第2期。

严重制约了大众社会的法律认知，亦使精英内部的法理沟通更加困难。中国本土的法学话语长期被封闭在法律史研究的狭小魔盒，虽有少数学者辛勤开掘戮力耕耘，但整体成效并不可观。注释法学的表达方式日渐科学化的同时，仍沿袭对政治话语和道德话语的套用路数，比较研究视野局限于西方法系，至为宝贵的学术批判精神未得发扬。

上述种种，提示我们有必要追问：法学科学化的学科规训与法学大众化的社会要求，如何才能达成均衡？在当代中国法学的迷乱格局下，如何克服主流话语与边缘话语、本土话语与外来话语、政治话语和学术话语、精英话语与大众话语等二元对立，在一个涵摄多元的超级框架下描画出新的法学话语体系？这就需要我们进一步反思，分析法学话语的限制条件，破解二元对立的思维谜题。① 对法学话语的生产而言，其原初语境在某种程度上决定了研究目的、话语风格甚至细微的表达策略。

围绕限制条件，我们可以合理推断：当前中国的法学话语研究不可能脱离意识形态的超级框架，法律话语、法治话语、法理话语与法学话语的混淆属于"体制性模糊"。法学家既是政治法律实践的谋划者，也是学术系谱的传承人，更是大众法意识的培育师。与此相关，当前中国法学话语研究的风格/类型包括：第一，以政治话语为导向的法学系统构建。有意且有能力以此进路为使命承担的学者，多属法学界的资深人物，拥有学科、学术的强大话语权。其对法学、法律和法治话语体系建构的主张，多从国家法治战略和法学学科体制发展布局着眼，代表了中国政法一体的制度传统和话语优势。第二，以格局描绘、流派区分为主旨的法学类型化研究。如朱苏力将当代中国法学分为政法法学、法教义学和社科法学三种形态。当初苏力教授给予厚望却边缘化的"社科法学"近年大有"走进主流"之势，而委婉批评的政法法学却开出了新气象。此类研究较为接近严格的法

---

① 林毅夫自述心路历程时提及，1988 年回国时面对通货膨胀，他最初借助芝加哥学派的思想分析，认为理性的政策是提高利率，而非治理整顿。但后来，他意识到中国政府其实是理性决策主体，当初之所以采取治理整顿的策略，主要是基于国企亏损这一关键性的"限制条件"。如果单纯提高利率，国企将会需要更多的财政补贴，通货膨胀必将愈演愈烈。而行政手段的治理整顿，如砍投资、砍项目，虽然导致很多半拉子工程出现，但权衡利弊，不失为理性决策。参见林毅夫：《固守"西天取经"得来的教条危害甚巨》，载《北京日报》2017 年 8 月 14 日，第 15 版。

学话语界定，但与所有精英法学话语相似，它有意遮蔽了大众法文化的全景，用一种片段解释的方式剪裁出法学的"整体"格局，真正属于大众的"小微"法学话语仍沉没海底有待打捞。第三，以部门法学学科发展为出发点的话语建构。此类研究话语秉持政法法学的基本立场，同时着眼法教义的文本疑难，关注法律适用中的技术问题，有意消融固化的学科内部界限，为广大民众生产标准化的法律概念、规则和原则话语。但由于移植知识很难转化为符合大众口味的话语，法律专家的意见总与普通人代表的公众舆论激烈冲突。第四，以话语分析为方法的现实问题研究。从事此类研究的多为中青年法学学者，较之前辈，其研究受西方范式影响更深，与国际接轨的意愿更为强烈。他们从不同的问题出发，运用各自的学科训练，努力建构界域分明、务实管用且富有个性的法学话语系统。

不难发现，在当前中国法学话语研究图景中，本土与外来、大众与精英、政治与学术、中学与西学的鸿沟壁垒依然固执强大，"向何处去"的谜题仍旧幽暗不明。出于文化沟通的需要、知识传播的便利，不少学人将某种中国之外的"西方法学"视为先进之模板、启蒙之良师。但随着国力增强，法治话语权需求不断提升——原有的"照着讲"和"接着讲"的传统法学话语模式，已不能满足学界"领着讲"的理论雄心。一股寻找本土资源的复归运动，在 20 世纪 80 年代中后期开始扩散，一度陷入孤独，而今又再放光彩。归根结底，此种话语的螺旋运动与转型中国的"话语国情"密切相关。既然在总体话语实力上，我们尚处于"失语"或"语无力"状态，盲目自大的膨胀后果可想而知。因而，面对西方法学话语的理性态度，不应是所谓启蒙完成后的抛弃式批判，而是一种更成熟的同类对视，从单向度仰视转变为互文式沟通。当前中国法学话语最大的"客观实际"就是，中西二元对立渐趋消融，"你中有我，我中有你"的局面，让"中学/西学"这样的对立范畴难以辨明知识的归属。马克思主义法学的中国化进程，为此提供了有力的证明。就此意涵而言，以"中国特色社会主义"为法学话语体系的超级框架，诚属创新法学话语研究，走出法学话语悖论的重大课题。能否将法学学术话语从法律教条话语的束缚中解放出来，用一种平实准确的情理语言阐释法的原理，将精英的法理解读与大众的法理叙事有机结合，不仅关系到法学学科的长久发展，更是对法学话语生产者资质的检测和考核。在此情形下，围绕中国特色社会主义法学话语体系的研究具有重要意义。反思此种法学研究话语，并不妨碍我们从中得出可行的话语实践策略，为新的法理话语范式和体系的形成奠定基础。

四、本书主旨与关切

话语，既是文明之产物，也是文明之载体。对于最讲理的法规范，法学如何话语，关乎根本。在这方面，法理学应当有所作为。作为研究"法理"的专门学问，法理学在当今的地位颇为尴尬。一方面，它是整体法律理论的根基；另一方面，它却为具体的法律理论"抛离"。整体性的法学话语殊难建构，而具体的法学话语又作用有限，遂生出法理学在时代需求面前的尴尬症候。

如前所述，中国人的法观念在近代遭遇前所未有之冲击，原有话语样式整体被打破，代之以语言政治学意义上的"新话"体系。此体系有多重面相：彻底激进的文化再造立场、保守妥协的体用互助思路，及林林总总的"第三条道路"。这些话语样式交相缠绕、彼此争竞，共同作用于法律场域，影响机制与后果关联都极为繁复。真理的澄明，往往需要话语斗争方可达成。譬如，通过演说、著述、辩论、陈词、交谈、询问、质疑、回应……凡此种种，皆是话语方式的运用，皆有某种共同的根因。

改变这种境状，也许并不像当初想象的那般困难。人是话语生灵，天生的话语能力与正义需求，决定了法学话语的"活水"不竭。在日常生活的法学话语沃土中，不难找寻专业行话的大众情感理据，从而突破"唯理主义"的框构。从专业话语的技艺考掘中，也不难窥测法律家与政治家在规则塑造上的一体同构、互助协合，从而避免"政法分离"的陷阱。既然法学话语的整体图式具备"先定和谐"，何必为具体枝节上的参差不齐而过度苦恼？物之不齐，性也；话语多元，相也。法相万千，但理一分殊。穿越诸相，万流归宗。大道至简，潜化无声。

当法学走进话语研究"田野"，理论繁荣的"希望"便不是空谈。话语研究由来已久，系谱纷繁，经典不辍。各家论说，实为话语的话语，优劣良莠，殊难断言。唯有细析微辩，整盘体察，方可领会不同宗旨，发现暗号密码。比如，语言学将话语视为扩大的语篇，强调文本中心。语言学的话语理论，甚至促发哲学的转向，引出话语世界的本体宏思。其间的争论与辩白，扩张了语言学领域，生出

"帝国"之气象。笼罩在语言学帝国下的话语研究，对法学的影响相当重大。对此，已有学者开始梳爬清理，隐约察觉这条线索乃是勾连法学知识系谱的黄金水渠。但承认这种影响，并不意味着要延续它。语言学的话语理论进入哲学、思想史、文学、艺术学领域后，事实上也发生了奇妙变化，逐渐从一种方法论改换为认识论甚或本体论。这些改换，依然发生在"西学"的大框架里。倘若将这个大框架总体移植，自可免去不少建造工序，但也可能加大本土话语创新的成本。借用其方法、吸收其哲思，都有必要，前提是吾国吾民有无自己的管用方法、既成哲思？若有，整体移用既无必要，且增风险；若无，则要具体问询何者缺失，短板缘何？世上自没有全善全美的话语样式，评价法学话语的正当与功效，应秉持共同价值与文化标准。由于共同价值的悬置，西方法学的话语理论在规范与分析的两端徘徊。分析派旨在消除规范表述中的语言混乱，规范派则不愿放弃伦理法则的话语建构。由于文化标准的先定，西方法学话语研究普遍支持一种建构主义的理性体系。在当今中国，法学话语的生发逻辑与这些状况并不相符，即使存在某种理论相似，也仅仅是外观上的。如何构建中国的法学话语体系，已经成为学界的重要任务。在这项宏伟的理论工程中，对于"法学如何话语"此等基础性问题，仍要加大研究的力度。

比如，近年国内法学界对法学学科性质的研讨，即是有关话语体系构建的基础性追问。法学究竟是不是科学？是一种何种性质的科学，是社会科学或精神科学，还是规范科学或人文科学？这在理论上存在争议。将法学视为社会科学，其学科品格与伦理特质，如何区别于其他更典型、更成熟的社会科学？法学幼稚说，余音难消，根结或许在于理论的实践与实践的理论未能契合一体、互助协同。中国法学当下最急迫的，是要坚守价值底色，放宽历史视界，以开放包容的心态积极回应现实需求，主动建构学理事实，以精准生动之语言、科学人文之情怀重塑学术的话语的表达实践体系。这就需要我们俯下身来，真正以人民为师，从实践中找寻理论作业的灵感和素材，真正将理论变成工程。

在写作这本书的空隙，笔者曾对中国法学的"迷局"有过散乱的议论，大体可以表征出某种"集体焦虑"：

　　中国法学到底是一种怎样的局面？于今而言，"迷局"二字，适配于斯。迷者，惑也。学问始于疑惑，成于解惑。是故，"迷局"一词并无贬义。但若迷局持久，惑上加惑，重重叠叠，使人无由生恨，那就大不妙了。于此，试问当下的法学同仁，大家究竟在迷惑什么？因何迷惑？

　　首先，我想到法学的属性。正如人对自己的由来与品性格外关注，却难得正解一般，法学史上讨论自身属性的话语，层出不穷，却莫衷一是。其实，法学的属性问题，在中国历史上并不太重要。因为律学的官学地位很早得到确立。换言之，律学就是官方认可的正式的法律诠释学。它与经学有密切关联，同为治国辅政之要术，为君子士大夫不可不精者。而今法学是否为科学之争风起，与近代以降中国学术传统断裂有关，也与意识形态对科学的模糊定性有关。无论何种关联，法学务求实证。在这一点上，总体与清末学术转向还是勾连得上的，并不像有些学者想象的那样彻底"失联"。

　　但法学的务实秉性，恰是自构迷局的第一肇因。自古以来，中国法律学问讲求的是正义明理，而经义奥道又可多方诠释。在各种选项中，最后何者冲决而出，成为定鼎之论，这要看其综合理据充分与否。这种理据实力，关键要看持论者沟通天地人的本领，特别是将天理国法人情融贯为互相支撑的整体。中国传统法学的实用品性不同于西方实用主义，一个显著区别，便是其内涵超越性的追求。俗世纷争的化解处置，可折现出经久不变的天道正理，而非以某种利益或福利计算公式为指引。可以说，此种务实确乃综合性、超验导向的实用。由此引发现实计较与法理准则间的种种矛盾，构成推动法学演进变迁的势能。

　　当下学人苦于学问无统系，对主流或新潮要么尾随添附，要么拒斥远离。法学的正统根基似乎在近代战乱中也被摧毁了。此种心绪弥漫开，便引出难解的愁闷。比如，有人会想，若法学仅为官方政令背书，何以有别于政教之学？若法学不为官方律法释义，又何以自立于实用科学之林？法学内部遂生出了所谓政法派、教义派、社科派、哲理派、历史派，乃至逍遥派的分野，有了法理学死亡的宣言。即使分歧种种，但从大局观，中国法学富有生机的根脉仍在勃然跃动。如当前一些青年学人从法律释义出发，秉持共识法理，正定天下律则，兼摄考辨义理之学，用功于平时，显功于未来。在年长的法学家中，那些气定神闲、胸怀韬略的达人也不在少数。此类君子，何以通透？想必是，有一种神奇的精神力量，在连绵幽暗中接续指引。这种力量，吾等可名之为法统之学的余脉。

此种余脉近年有复兴之象。中华法系的概念已耳熟能详，但中华法制的构建却鲜有人知。今人迷于法学之新，却惑于法学创新不啻于换相复古。古今之变通，此恒理未必人人皆知。而今全球一家的乌托邦濒于破产，但刺激因素犹在。全球一体的思想不会禁绝，法学话语的竞争日渐激烈。"中华法"的标识，想必在未来的三十年间大兴于世，而制度系统构建已大幕启开、徐图渐进。洋泾滨法学的时代行将就木。此番转型带给学人的困惑，决不比西学东渐时少或轻。此番再造中华政制法统的历程，意义深远，困难犹多，急需法学方家以前识远见，预估明判，缓急变之猛激，图百年之新局。

习近平总书记强调："历史表明，社会大变革的时代，一定是哲学社会科学大发展的时代。当代中国正经历着我国历史上最为广泛而深刻的社会变革，也正在进行着人类历史上最为宏大而独特的实践创新。这种前无古人的伟大实践，必将给理论创造、学术繁荣提供强大动力和广阔空间。这是一个需要理论而且一定能够产生理论的时代，这是一个需要思想而且一定能够产生思想的时代。我们不能辜负了这个时代。"①不辜负新时代的中国法学，有赖于法学话语能力和体系的全面提升。全面依法治国，没有坚实的法理念、法理据、法理由的整体支撑，无法想象。打通法学学术话语与政治家的制度治理话语、人民群众的权利需求话语的阻隔，可谓构建中国特色法学话语体系的"关键一招"。当下中国法学格局，恰好反映了这种趋势。政法法学、教义法学、社科法学的兴起，分别对应三种基本话语的言说逻辑。它们是交错的，但不是混杂的；是分序的，但不是离散的；是和谐的，但不是单调的。而今缺乏的可能是，同情理解，精准阐释，优化配置，衔接贯通。

---

① 《习近平在哲学社会科学工作座谈会上的讲话(2016年5月17日)》，载《人民日报》2016年5月19日，第2版。

　　基于上述，本书旨在围绕政治家的法理念、法学家的法理据、人民群众的法理由，在不同声部组成的时代复调中，呈现法学话语的动态体系。本书既是对已有研究的整合，也是立足于当前时代的"超越"尝试。将十余年的研究成果，分别归入"政法阐释""教义反思""社科谜题""人文复归"四编，目的既是"照着讲"，也是"接着讲"。

　　本书以中国共产党法治观的百年演进开篇，在政法法学的阐释话语中，明确政治法学的核心要义。在此基础上，借助政治法学与规范法学的交锋实例，引入教义法学知识系谱与方法论主张的系统反思，澄清概念背后的理念争议。同时，也对以反思教义法学为重要任务的"社科法学"进行了多维度的样本分析，指陈其内在的话语谜题。社科法学移植主义倾向，可通过复归中国文化得以疗治。引入"新人文法学"的目标模式，有助于各种法学类型在新的话语进程中实现"复调"的统合。这种目标模式并不代表任何个人愿望，只是对法学话语流向的预测和展望。

第一编　政法阐释

第一章

中国共产党法治观的百年生成

　　时间之于法治，犹如一种神奇的符号，人们可以通过它的标识，感知过往的细节乃至整体的规律。古往今来，法治观对于凝聚思想共识、维系社会团结、优化国家制度都有重要意义，但作为法治观载体的法律理想、法制原则、法治战略，在不同时空条件下有千差万别的话语表达。因而法治观研究对象不能局限于个体，对集体特别是现代政党也理当关注；对微观事实进行分析的同时，不能忽视制度和理论的宏观勾连；更不能欠缺历史维度，套用机械的概念分析或传统思想史框架，使得观念史、话语史等新方法无用武之地。

　　党的领导、人民本位、中国情怀，是近现代中国主流法治观塑造的强大动能。时逢中国共产党成立一百周年，大国政党的法治观研究应有理论创新。这首先是基于，中国共产党在观念巨变的时代中诞生，其革命理想、政治理念与良法精神须臾难离，一百年来初心不变，一百年来基业磅礴。习近平总书记指出："我们党的一百年，是矢志践行初心使命的一百年，是筚路蓝缕奠基立业的一百年，是创造辉煌开辟未来的一百年。"①其次，中国共产党有统合中国与世界、革命与建设、改革与法治的大历史关怀。"在一百年的奋斗中，我们党始终以马克思主义基本原理分析把握历史大势，正确处理中国和世界的关系，善于抓住和用好各种历史机遇。要教育引导全党胸怀中华民族伟大复兴战略全局和世界百年未

――――――――――
　　① 《习近平在党史学习教育动员大会上强调 学党史悟思想办实事开新局 以优异成绩迎接建党一百周年 李克强栗战书汪洋赵乐际韩正王岐山出席 王沪宁主持》，载《人民日报》2021 年 2 月 21 日，第 1 版。

有之大变局，树立大历史观，从历史长河、时代大潮、全球风云中分析演变机理、探究历史规律，提出因应的战略策略，增强工作的系统性、预见性、创造性。"①最后，中国共产党立足于中华民族伟大复兴战略全局和世界百年未有之大变局，领导全面依法治国事业，从历史经验中提炼观念模型，于现实需要中厘定行动路线，在未来发展中验证实践成效，为法治观的创新提供不竭动力。中国共产党领导人民在社会主义革命、建设和改革各个时期，对于法治的认识是有差异的，总体上呈现由虚渐实、由浅入深、从一部而至全局的轨迹。② 近年来，针对"形成完善的党内法规体系""社会主义核心价值观入法入规"等新法治话语的研究也表明，中国共产党法治观内含丰厚的思想理论、制度规范和战略实践资源。③ 因此，从观念史、话语史视角研究中国共产党法治观的百年演进，不仅有利于澄明核心观念，而且可助益新的法治战略实践，产生巩固执政地位、优化制度体系、推动均衡发展的综合功效。

历经百年演进的中国共产党法治观，在习近平法治思想中集其大成。围绕习近平法治思想的理论体系、时代精神、法理要义等问题，法学界已经展开系统的学习和研究。④ 值得注意的是，对习近平法治思想的学理阐释，不能脱离中国共产党法治观演进的历史逻辑；把握习近平法治思想的观念精髓，须在系统周延、宏阔精准、平实鲜活、深刻生动的话语体系中理解核心要义。沿着已有研究的共识路向，我们无须重复那些饱含法治精神的治国理政格言，只须探寻在何种环境条件下，就何种目的、以何种方式产生这些言说和交谈。我们也无须顾忌那些披着各式"新装"以为掩体的繁琐哲学，只须辨析考察这些话语出自怎样的"情感理

① 《习近平在党史学习教育动员大会上强调 学党史悟思想办实事开新局 以优异成绩迎接建党一百周年 李克强栗战书汪洋赵乐际韩正王岐山出席 王沪宁主持》，载《人民日报》2021 年 2 月 21 日，第 1 版。
② 参见秦前红、苏绍龙：《从"以法治国"到"依宪治国"——中国共产党法治方略的历史演进和未来面向》，载《人民论坛·学术前沿》2014 年第 22 期。
③ 参见廖奕：《中国特色社会主义法学话语体系研究反思：以"党内法规"为例》，载《法学家》2018 年第 5 期。
④ 代表性论文包括张文显：《习近平法治思想的理论体系》，载《法制与社会发展》2021 年第 1 期；汪习根：《论习近平法治思想的时代精神》，载《中国法学》2021 年第 1 期；卓泽渊：《习近平法治思想要义的法理解读》，载《中国法学》2021 年第 1 期等。

性"逻辑，具体代表何种时代的总体精神。概言之，中国共产党一百年来的法律理想、法制主张和法治战略，在新的时代条件下，正在以中国特色社会主义内含的道路、理论、制度和文化整合为中心，形塑为面向均衡的新法理思想体系，以此连通党在革命、建设和改革时期的政治主张和法治要求，值得我们在历史总结的基础上深入研究。

第一节　助推革命的法律理想动员

对中国共产党人来说，"中国革命历史是最好的营养剂"。[①] 革命实践锻铸的法律理想，不同于日常生活演进而成的法治经验话语，或政治国家建构的实在法律条文。在革命话语中，法律和法学的意义与价值，常被比喻为军事战争中的武器或谋求人民幸福的工具，谁能掌控好，谁就能获得最后的胜利。革命乃是正义的战斗，为的是建立新的法律秩序，维护中国和世界的长久和平。在那样一个血与火的奋争时代，革命家的法律话语能达成变与常、权与经的契合与均衡，发挥批判性建设、破坏性创造的宏伟能量，不能不说是一个伟大的奇迹。

一、革命理想与法律动员

近代以降，中国固有法治与西方舶来"法治"（Rule of Law）激烈碰撞，生出纷繁芜杂的"衍指符号"等话语现象。[②] 在外来观念的强力冲击下，近代中国的知识分子最初对西方法治怀有无限美好的想象，主张"西学为体""托古改制"，似乎唯有西方法治才是"致治之本，富强之由"。时人津津乐道的"大哲"，无非就是卢梭、孟德斯鸠、华盛顿、斯宾诺莎、边沁那么几个，但他们的理论和学说，与中国的实际情形凿枘不投。变法维新派对这些人物的兴趣，与其说出自思想观念

---

① 习近平：《论中国共产党历史》，中央文献出版社 2021 年版，第 24 页。

② 在话语研究者看来，衍指符号指的不是个别词语，而是异质文化之间产生的意义链，它同时跨越两种或多种语言的语义场，对人们可辨认的那些语词单位的意义构成直接影响。参见［美］刘禾：《帝国的话语政治》，杨立华等译. 生活·读书·新知三联书店 2009 年版，第 13 页。

上的内在认同，毋宁说是面对巨变时的极度焦虑使然。① 在此情境下，中国传统的法治话语系统遭到否弃割舍，或试图以奇特的变异方式调和观念的矛盾，也就在所难免。

与之相比，资产阶级革命派的眼界更为开阔，对外来法治话语的内省性更强，但最终也未找到实现良法善治的有效途径。1897 年，结束在英国九个月停留的孙中山讲道，"到处都是正在到来的骚动和阶级冲突的征兆；英国的社会主义者和费边分子，美国的民粹派和单一税论者，所有这些人都在抗议不公平的财富分配，工会盛行，罢工迭起，甚至非社会主义的政府也在通过社会立法，朝着社会主义方向变革"。通过深度省察，他发现西方社会并不完美，其内在弊病和严峻危机必须正视，但如何通过革命实现对社会弊病的法治诊疗，依然处于总体迷惘的思想状态。② 关键问题依然没有答案：在照搬"西法"之外，是否还有一条更符合中国实际的救国道路？革命理想与法治观念之间，是否存在不可调和的矛盾？

俄国十月革命后，马克思列宁主义进入中国，中国社会发生深刻变革，最重要的组织成果就是中国共产党的成立。第一批中共党员大多接受了传统儒学和近代西学的双重熏染，在马克思列宁主义的真理启蒙下，通过对帝国主义、封建主义、殖民主义法律观的批判，开始探寻一种新的法律理想图景。中国共产党第一个纲领规定："本党承认苏维埃管理制度，把工农劳动者和士兵组织起来，并承认党的根本政治目的是实行社会革命。"③共产党人并不反对法的价值，在其看来，要推行理想的社会主义政策，必须首先推翻现存的法统秩序，改造黑暗腐败的政治，然后才能代之以真正的民主共和制度。④ 学者所说的"革命与法治的辩证法"，正是在此种观念环境中得以展开。⑤

---

① 参见杨奎松、董士伟：《近代中国社会主义思潮》，上海人民出版社 1991 年版，第 8~9 页。

② 参见[美]史扶邻：《孙中山与中国革命》，丘权政、符致兴译，中国社会科学出版社 1981 年版，第 119~120 页。

③ 中共中央文献研究室、中央档案馆编：《建党以来重要文献选编(一九二一——一九四九)》(第一册)，中央文献出版社 2011 年版，第 1 页。

④ 参见杨奎松、董士伟：《近代中国社会主义思潮》，上海人民出版社 1991 年版，第 139 页。

⑤ 参见强世功：《革命与法治：中国道路的理解》，载《文化纵横》2011 年第 3 期。

在中国共产党的早期革命斗争中，虽未有普遍制度意义上的法治事业，但并不缺乏法律理想话语的引进、改造与生产。用法律与社会运动的观点审视，这是一场革命话语框架下新法律理想的社会总动员。① 在这场激越人心的法律动员中，涌现出第一批马克思主义中国化的理论话语。比如，北洋法政学堂毕业的李大钊在日本留学期间，钻研宪法学经典理论，同时涉猎马克思主义学说。他将社会主义理解为经由法律确认的政治与经济构造：政治上的无产阶级专政，这是前提；法律上，"必将旧的经济生活与秩序废止之、扫除之"，"另规定一种新的经济与生活秩序"；经济上"必须使劳动的人，满足欲望，得全收利益"。② 这一时期，共产党人通过法律理想的话语动员，高声呼吁保护妇女、儿童、农民、工人权利，坚决反对有法不行、恶法当道，革命斗争形势日渐高涨。1922 年，中国共产党所列奋斗目标准则，无一不与法律理想的价值追求密切相关。③ 这些法律理想话语，在党的二大宣言中得到进一步补充，增加了民族自治、联邦共和、特殊群体(工人、农民和妇女)专门立法、男女平权等内容。④ 党的三大通过的党纲草案对此再度拓展，提出大生产事业国有等重要主张，特别强调保护工农的利益要求。⑤

① 有关法律动员理论的评析，参见廖奕：《从情感崩溃到法律动员——西方法律与社会运动理论谱系与反思》，载《法学评论》2014 年第 5 期。
② 《李大钊法学文集》，法律出版社 2014 年版，第 3 页。
③ 具体为 11 项主张：(1)改正协定关税制，取消列强在华各种治外特权，清偿铁路借款，完全收回管理权。(2)肃清军阀，没收军阀官僚的财产，将他们的田地分给贫苦农民。(3)采用无限制的普通选举制。(4)保障人民结社集会言论出版自由权，废止治安警察条例及压迫罢工的刑律。(5)定保护童工女工的法律及一般工厂卫生工人保险法。(6)定限制租课率的法律。(7)实行强迫义务教育。(8)废止厘金及其他额外的征税。(9)改良司法制度，废止死刑，实行废止肉刑。(10)征收累进率的所得税。(11)承认妇女在法律上与男子有同等的权利。参见中共中央文献研究室、中央档案馆编：《建党以来重要文献选编(一九二一——一九四九)》(第一册)，中央文献出版社 2011 年版，第 97~98 页。
④ 参见《中国共产党第二次全国大会宣言》，载中央档案馆编：《中共中央文件选集(一九二一——一九二五)》(第一册)，中共中央党校出版社 1982 年版，第 64~79 页。
⑤ 参见《中国共产党党纲草案》，载中央档案馆编：《中共中央文件选集(一九二一——一九二五)》(第一册)，中共中央党校出版社 1982 年版，第 107~113 页。

二、法律理想动员的实践成效

中国共产党的法律理想动员，表现出精英理性与大众利益契合、战略目标导向鲜明、议程框架功能强大等特点，对革命成功发挥了重要作用。与无政府主义者、暴动论者，以及游谈无根的空想家不同，中国共产党的治理向来奉行严格的规则标准，坚持强调"严密的集权和有纪律的组织和训练"。① 在武装斗争中，中国共产党创建并领导人民军队，注重军纪，与民无犯；建立革命根据地后，更是博采众长，民主广议，制定了一系列管用的法规，赢得了人心。从《中华苏维埃共和国宪法大纲》到《陕甘宁边区施政纲领》《中国土地法大纲》，综观革命根据地时期中国共产党领导创制的法律文本，莫不呈现革命家法律理想的初心本色。尽管时常处于被"围剿"的紧急情形，中国共产党始终坚持既定的法律理想，坚持领导人民群众依法管理根据地政权的大政方针。抗日战争时期，中国共产党号召民主救国，在日本人和国民党统治的地区，开展和平法律斗争，利用政府法律和社会习惯，特别是其中的很多矛盾、间隙和漏洞，保存革命力量，实现斗争目标。② 在积极探索新民主主义法制建设的同时，中国共产党制定颁布 64 类 1000多个法规和条例，涵盖政治、军事、文化等各方面及宪法、刑事、民事、诉讼法各法律部门，创造了"马锡五审判方式"，形成了革命时期的法律体系。推动成立新法学会，承担协助政府拟定新法律条文、奠定边区新法律与新司法制度基础及培养大批司法干部之重任。③ 这些事实均表明，中国共产党走的是完全不同于旧式革命的新型先进政党之路，对自身担当的法治使命有着高度的理论和实践自觉。

对中国共产党法治观的形成和演进而言，革命时期的法律理想话语为其奠定了理论资源基础，提供了制度模式参考，塑造了文化风格原型。其话语逻辑可初步概括为：首先基于总体形势的实践观察，确立符合社会主义宗旨的良法理想；

---

① 参见《关于共产党的组织章程决议案》，载中央档案馆编：《中共中央文件选集(一九二一—一九二五)》(第一册)，中共中央党校出版社 1982 年版，第 57 页。

② 《毛泽东文集》(第二卷)，人民出版社 1993 年版，第 340 页。

③ 参见曾鹿平：《西北政法大学：中国共产党延安时期法律高等教育的直接延续》，载《法律科学》2013 年第 3 期。

继而充分运用全面综合、实事求是的思想方法，在斗争中有效利用既有法律资源，和平解决争端；最后，通过革命目标的阶段推进，扫除阻碍社会主义法律理想的重重障碍，建立新的人民民主法制体系。中国共产党革命时期的法律话语系统，秉持实现公义、拯救国难、兼济苍生的政治理念，既得传统法治救世观的呼应，又有外来权利概念的奥援，是马克思主义法律观在中国实践中发展的原初模本。

第二节　奠立国本的法制规范生成

"中国共产党领导中国人民取得革命胜利后，国家政权应该怎样组织？国家应该怎样治理？这是一个关系国家前途、人民命运的根本性问题。"①当"建国安民"成为战略要务，革命家的法律理想实践必须回应国家制度构造和运行的现实任务。中华人民共和国成立前夕，毛泽东与沈钧儒就中国未来有过一场别开生面的对话。毛泽东首先说："沈老先生，我们要向你请教。现在打败了蒋介石，要建立人民共和国政府，建立人民的法律，还要请你多出力呀。"沈钧儒感慨道："蒋介石政府践踏法律，草菅人命，实行独裁的反动统治，人民活不下去了，必然会起来反对他。这是蒋介石失败的主要原因。中国人民在共产党和您的领导下，取得了伟大的胜利。我虽然年纪大了，但我很高兴，一定要在共产党的领导下做一点力所能及的工作。"②这场透显法制立国精神的对话，与毛泽东和黄炎培的"延安对"有异曲同工之妙。

一、法制立国的规范架构

法制立国，是一个比局部建政更为艰难繁复的构造过程。新的国家和政体如何通过权威有效的制度架构立基定位，将党的政治宗旨和人民权益契合一体？这是党从革命到执政的战略转变中必须回答的首要问题。中国共产党要肃清反革命

---

① 习近平：《论中国共产党历史》，中央文献出版社 2021 年版，第 93 页。

② 中共中央文献研究室、中央档案馆《党的言语》编辑部：《共和国走过的路——建国以来重要文献专题选集(1949—1952)》，中央文献出版社 1991 年版，第 82 页。

流毒，与帝国主义、大地主和官僚资本的旧法体系彻底划清界限，同时还要在尽可能短的时间内建立新民主主义法制系统，避免出现制度真空，有违对人民大众及社会各界的政治承诺。这就需要将革命年代的法律理想话语，在新的实践环境下转化为权威法制规范。当时虽然强调"以苏为师"，但苏联片面重视公法、保护公有财产胜过私有财产、领导人带头破坏法制等做法，业已引起领导人的警惕。由于马列经典和法理教科书对中国法制基本原理和实际状况没有现成论述，① 中国的法制建构之路，必须继续由党依靠人民，带领人民，借助集体经验和智慧，在实践中摸索探寻相关规律。

作为宣告中华人民共和国成立的组织，② 中国人民政治协商会议在1949年9月29日通过的《共同纲领》，成为新中国法制的奠基文本，事实上发挥了宪法的功用。③ 由于进入社会主义法治建设阶段的必要条件尚不具备，作为过渡的新民主主义法制不能超越、不可或缺。通过独创性的"阶段论"和"过渡期"话语，新的国家法制建构有了明确方向。一方面，社会主义的目标已无可置疑，出于更郑重之考虑，民众可在党的解释、宣传特别是实践中得到对社会主义的切身体会，因而，《共同纲领》在总纲中未规定社会主义的性质目标。④ 另一方面，通过界定人民的范围，列举人民的各项经济、政治和民主权利，规定政权制度、军事制度、经济文教民族外交等各项基本政策，《共同纲领》初步建构起符合中国实际和自身特点的法律制度体系。

随着各方面条件的达成，"社会主义"进入国家法制话语系统，以"五四宪法"为最重要标志。毛泽东在宪法草案的讲话中指出："一个团体要有一个章程，

---

① 董必武在党的八大报告中指出："我们的法律工作者，直到今天还没有根据马克思列宁主义的观点，从法学学理上写出一册像样的阐明我国法制的书，现在有的还只是几本小册子。"《董必武法学文集》，法律出版社2001年版，第347页。

② 《中国人民政治协商会议共同纲领》序言规定："中国人民政治协商会议代表全国人民的意志，宣告中华人民共和国的成立，组织人民自己的中央政府。"

③ 从1949年到1954年，五年的过渡时期虽然没有国家的正式宪法，但是，由中共联合各民主党派起草的《共同纲领》，具有比较完整的规范形态，事实上发挥了"新民主主义最高法"的作用。参见韩大元：《论1949年〈共同纲领〉的制定权》，载《中国法学》2010年第5期。

④ 参见周恩来：《人民政协共同纲领草案的特点》，载中共中央文献研究室编：《建国以来重要文献选编》（第一册），中央文献出版社1992年版，第16~17页。

一个国家也要有一个章程，宪法就是一个总章程，是根本大法。用宪法这样一个根本大法的形式，把人民民主和社会主义原则固定下来，使全国人民有一条清楚的轨道，使全国人民感到有一条清楚的明确的和正确的道路可走，就可以提高全国人民的积极性。"①"五四宪法"颁布后，围绕人民民主与社会主义两大基本原则，各界展开了深入学习与广泛宣传，话语传播效果良好。张治中说："蒋介石心目中根本没有人民。……但在中国共产党领导下，我们这次大会的召开，却是新中国人民民主制度的更进一步的巩固和发展。"蔡廷锴说："现在是真正的民主，人民有了各项权利，这是中国开天辟地以来第一次。"②"五四宪法"和国家机构组织法、选举法、婚姻法等一系列重要法律法规的制定，建立起社会主义法制框架体系，确立了社会主义司法制度。③ 在此背景下，党的八大关于政治报告的决议指出："我国的无产阶级同资产阶级之间的矛盾已经基本上解决"，国内的主要矛盾"已经是人民对于经济文化迅速发展的需要同当前经济文化不能满足人民需要的状况之间的矛盾"。④ 在这次大会上，董必武强调，必须加强人民民主法制，依法办事是健全人民民主法制的中心环节，"必须有法可依""有法必依"是依法办事的两层内涵。⑤

二、社会主义法制话语的曲折实践

针对现实治理问题，"社会主义法制"话语针对性强，成效明显。比如，为解决社会稳定问题，中共中央发布《关于处理罢工、罢课问题的指示》《关于研究有关工人阶级的几个重要问题的通知》等重要文件，力图通过"理解大多数、惩办极少数"的办法化解矛盾。党和国家领导人也注意在法制的标尺下，区分政治和经济利益等不同性质的问题，以利于矛盾的定性和解决。刘少奇在讲话中指

---

① 《毛泽东文集》(第六卷)，人民出版社 1999 年版，第 328 页。
② 袁水拍：《六亿人们心花开》，载《人民日报》1954 年 9 月 16 日。
③ 参见习近平：《坚定不移走中国特色社会主义法治道路 为全面建设社会主义现代化国家提供有力法治保障》，载《求是》2021 年第 5 期。
④ 中共中央文献研究室编：《建国以来重要文献选编》(第九册)，中央文献出版社 1994 年版，第 341 页。
⑤ 参见中共中央文献研究室编：《建国以来重要文献选编》(第九册)，中央文献出版社 1994 年版，第 270~271 页。

出："我研究了一些地方的闹市，几乎全部是为了经济性质的切身问题。政治性质的罢工、罢课、游行、示威，很少发生。"①1957年2月，毛泽东发表《关于正确处理人民内部矛盾问题》的重要讲话，区分了两类不同性质的矛盾，并提出用"团结-批评-团结"公式作为处理人民内部矛盾的法理原则。同年6月，内务部党组向周恩来和中央报告，反映多地在下派干部担任县长、乡镇长职务时没有按照法律程序办事，引发群众不满，也让当事者自己提心吊胆，自嘲为"黑县长"，无法安心工作。面对政策和法律的冲突，中央回复强调："总以不违反法律为原则"，在此前提下，可灵活采用一些变通办法。②

但严重泛滥的左倾错误，并未得到彻底纠正，在政治和思想文化方面继续发展。政治斗争的混乱无序、盲目扩大，社会主义法制话语渐趋沉寂。"十年动乱"极大破坏了社会主义法制的既定路线，让中国共产党的法治观必须有拨乱反正式的再造。③ 邓小平复出后，竭尽心力矫正阶级斗争为纲的错误路线，科学评价毛泽东思想，重建社会主义法制的核心概念和基本原则，让党和国家建设回到正途，在此基础上开创了中国特色社会主义伟大事业。

第三节　协同改革的法治战略形塑

邓小平开创中国特色社会主义，顺应时代发展要求，适合中国实际特点，发挥了超越主义之争的共识形成功能，为中国共产党留下了至关重要的政治遗产。④ 四十余年来，作为改革开放的核心话语，"中国特色社会主义"的内涵不断

---

① 《刘少奇选集》(下卷)，人民出版社1985年版，第305页。

② 参见中央档案馆、中共中央文献研究室编：《中共中央文件选集》(第二十六册)，人民出版社2013年版，第23~25页。

③ 1981年6月通过的《中国共产党中央委员会关于建国以来党的若干历史问题的决议》明确指出："在我国，在人民民主专政的国家政权建立以后，尤其是社会主义改造基本完成、剥削阶级作为阶级已经消灭以后，虽然社会主义革命的任务还没有最后完成，但是革命的内容和方法已经同过去根本不同。对于党和国家肌体中确实存在的某些阴暗面，当然需要作出恰当的估计并运用符合宪法、法律和党章的正确措施加以解决，但决不应该采取'文化大革命'的理论和方法。"中共中央文献研究室编：《三中全会以来重要文献选编》(下)，人民出版社1982年版，第811页。

④ 参见《习近平谈治国理政》(第二卷)，外文出版社2017年版，第12~13页。

丰富，外延不断拓展，从中形成以中国共产党领导为本质特征的法治战略话语构
造。① 邓小平之后的党和国家领导人，坚持完善社会主义法制战略，以政治限
权、经济放权为主线，全力激活法制在党建、文化、社会、生态、军队、外交等
领域的规范功能，逐渐形成了协同改革的系统法治战略。

一、从"法制"到"法治"的话语演进

社会主义法制战略话语，首先通过平反冤假错案引起了各界关注。1978 年，
党的十一届三中全会就民主与法制问题深入讨论，提出"平反假案，纠正错案，
昭雪冤案"的要求，宣布"设立专案机构审查干部的方式，弊病极大，必须永远
废止"，强调以民主的方法实现集中统一，"严格执行各种规章制度和劳动纪
律"，"坚决保障宪法规定的公民权利"，并"使制度和法律具有稳定性、连续性
和极大的权威"。全会号召："从现在起，应当把立法工作摆到全国人民代表大
会及其常务委员会的重要日程上来。检察机关和司法机关要保持应有的独立性；
要忠实于法律和制度，忠实于人民利益，忠实于事实真相；要保证人民在自己的
法律面前人人平等，不允许任何人有超于法律之上的特权。"②

与之同步，法制战略话语通过党领导的立法司法活动逐步得到制度确认。
1979 年 2 月，中共中央、国务院在《关于进一步加强全国安定团结的通知》中，
开始使用"法治"一词，其价值内涵仍偏重规则下的秩序维护。但与往常不同，
这个文件多次援引宪法条文，并以诸多现实例证突出强调民主与法制相辅相成、
不可分离的法理原则。同年，五届人大二次会议通过了三部组织法、一部选举
法、两部刑事法典和一部企业法。在《中共中央关于坚决保证刑法、刑事诉讼法
切实实施的指示》中强调："各级党组织的决议和指示，都必须有利于法律的执

---

① 此种话语构造，得到了党和国家最高规范的确认。2017 年修订的《中国共产党章程》总纲规
定："改革开放以来我们取得一切成绩和进步的根本原因，归结起来就是：开辟了中国特色社会主义
道路，形成了中国特色社会主义理论体系，确立了中国特色社会主义制度，发展了中国特色社会主
义文化。"2018 年 3 月 1 日通过的《宪法修正案》第三十六条规定："中国共产党领导是中国特色社会
主义最本质的特征。"

② 中共中央文献研究室编：《三中全会以来重要文献选编》(上)，人民出版社 1982 年版，第
11 页。

行，而不能与法律相抵触。如果某些法律的内容确已不适应形势发展的需要，应通过法定程序加以修改。"对党的领导和司法机关独立行使职权的关系，这个文件作了特别强调和深入说明："最重要的一条，就是切实保证法律的实施，充分发挥司法机关的作用，切实保证人民检察院独立行使检察权，人民法院独立行使审判权，使之不受其他行政机关、团体和个人的干涉。"国家法律是党领导制定的，司法机关是党领导建立的，任何人不尊重法律和司法机关，首先就是损害党的领导和威信。① 党委与司法机关各有专责，不能互相代替，不应相互混淆。在此种观念指引下，中央决定取消各级党委审批案件的制度，以确保党的权威和法制权威的高度一致。

协同改革的法治战略在"中国特色社会主义"的话语框架中最终塑形。1982年，邓小平在党的十二大开幕式上指出："把马克思主义的普遍真理同我国的具体实际结合起来，走自己的道路，建设有中国特色的社会主义，这就是我们总结长期历史经验得出的基本结论。"②中国特色社会主义的开创，带来了国家法制话语的繁荣，形成了协同改革的总体性法制战略观念。人们以学法知法懂法用法为时尚，国家不断适时制定、废除、修改、解释重要的法律法规。大规模的法律宣传普及，连同迅速发展的法学教育和研究事业，让"有法可依、有法必依、执法必严、违法必究"的"十六字方针"成为社会主义法制原则的标识性话语，至今仍深入人心。

习近平总书记指出："进入改革开放历史新时期，我们党提出'有法可依、有法必依、执法必严、违法必究'的方针，强调依法治国是党领导人民治理国家的基本方略、依法执政是党治国理政的基本方式，不断推进社会主义法治建设。"③20 世纪 90 年代从"法制"到"法治"的话语之变，不仅彰显了中国共产党尊崇宪法法律的观念，而且显示出在党的示范与带动下，人民群众对于法制权威有了普遍的觉悟，以及学术界对社会主义法制的标准有了更高程度的体认。在建设

---

①　全国人大常委会办公厅、中共中央文献研究室编：《人民代表大会制度重要文献选编（二）》，中国民主法制出版社、中央文献出版社 2015 年版，第 462 页。

②　《邓小平文选》（第三卷），人民出版社 1993 年版，第 3 页。

③　习近平：《坚定不移走中国特色社会主义法治道路 为全面建设社会主义现代化国家提供有力法治保障》，载《求是》2021 年第 5 期。

中国特色社会主义的时代潮流中，"依法治国"这个重要的政治战略话语，被党的十五大报告明确为"党领导人民治理国家的基本方略"，具体内涵为："广大人民群众在党的领导下，依照宪法和法律规定，通过各种途径和形式管理国家事务，管理经济文化事业，管理社会事务，保证国家各项工作都依法进行，逐步实现社会主义民主的制度化、法律化，使这种制度和法律不因领导人的改变而改变，不因领导人看法和注意力的改变而改变。"①这对"依法治国"内涵的科学概括，反映出协同改革的法制战略话语在观念上的跃升和定型。于此基础上，"中华人民共和国实行依法治国，建设社会主义法治国家"，被正式载入宪法，成为新时期中国法治方略的根本法规范。

二、法治战略话语的实践特征

第一，坚守法律秩序的底线价值。中华人民共和国成立后，新民主主义法制建设取得了很大成果，但思想路线和政治原则的偏失，打断了"从法制到法治"的正常演进。激进革命的惯性易生"硬着陆"，造成国民经济、政治系统、社会生活乃至思维观念的紊乱。安定团结压倒一切，中国不能乱——法律的秩序功能在改革时期被提到底线地位，正是基于中国共产党对历史教训的反思和总结。要确保法律秩序底线不被突破，必须坚持中国共产党集中统一领导，党的领导可以保证法治的正确方向，最大限度发挥法的治理效能。通过法律秩序话语的强调和宣传，中国特色的法理型权威与传统型权威、个人魅力权威兼容调和，取得了独立宽广的制度及文化空间。中国特色社会主义的法治道路话语，最终形成了有别于西方"法律至上""法律统治"等意识形态话语的独特意涵。

第二，坚定政治原则的价值引领。社会主义法价值观为各项法制原则、规则和具体制度确立了根本的评价标准，它不是空洞肤泛的，在话语意指上是高度确定的，即中国特色社会主义对法制战略的观念引领。"四项基本原则"之所以无比重要，正是因为社会主义法制有不同体制形态，但社会主义法价值观在中国共产党的政治语法中长期稳定，绝不能脱离实际随意更改，或是根据个人主观喜好

---

① 《江泽民文选》(第二卷)，人民出版社 2006 年版，第 28~29 页。

妄自变动。

第三，坚持"社会主义初级阶段"的战略路线。社会主义初级阶段理论的提出，奠定了中国改革话语的战略基石，极大化解了法制长远价值追求和近期现实目标之间的紧张。既然已经进入社会主义阶段，便不必要为经济改造、阶级斗争、政治运动伤筋动骨；既然还只是初级阶段，就应当大力发展经济，同时健全法制，以生产力的迅速提高，在经济发展中维护社会稳定。法治方略的任务，在社会主义初级阶段理论语境下，首先，要限定阶级斗争范围，平定社会动乱，特别是要在经济秩序的整顿和规范上显出实效；其次，法制不能管得太死太紧，经济立法要着重放松规制，吸收资本，要与经济发展"收放结合，以放为主"的步调相符；最后，为政治体制改革拓展话语空间。限制集权、避免专断、保障党内民主和集体领导、完善民主集中制等政治体制改革主张，可以法治方略话语的方式不断重申，并结合新的实践要求衍义升华。

第四节　面向均衡的法理思想创新

2020 年 11 月，在党的首次中央全面依法治国工作会议上，习近平法治思想被确立为"全面依法治国的根本遵循和行动指南"。① 如何更好实现党对全面依法治国的权威和集中统一领导，更好发挥法治战略的价值引领、制度规范和实效保障功能，成为中国共产党立足全局整合创新的关键问题。"一个党要立于不败之地，必须立于时代潮头，紧扣新的历史特点，科学谋划全局，牢牢把握战略主动，坚定不移实现我们的战略目标。"②党的十八大以来，中国特色社会主义法治建设迈出重大步伐，全面依法治国的理念和实践蓝图系统铺展，新时代法理话语的系统特征和均衡逻辑日趋鲜明。"习近平法治思想覆盖改革发展稳定、内政外交国防、治党治国治军等各方面的法治问题，在范畴上系统集成、逻辑上有机衔

---

① 《习近平在中央全面依法治国工作会议上强调 坚定不移走中国特色社会主义法治道路 为全面建设社会主义现代化国家提供有力法治保障 李克强主持 栗战书汪洋赵乐际韩正出席 王沪宁讲话》，载《人民日报》2020 年 11 月 18 日，第 1 版。

② 习近平：《论中国共产党历史》，中央文献出版社 2021 年版，第 152～153 页。

接、话语上自成一体，展现出深厚的理论底蕴、缜密的逻辑架构和统一的价值指向，是我们党迄今为止最为全面、系统、科学的法治理论体系。"①作为中国共产党法治观的科学系统表达，习近平法治思想以马克思主义为核心，容纳多种文化资源，整合各类主体需求，连通党在革命、建设、改革时期法治观念和政治主张，体现了新时代共产党人面向均衡的法治新理念新战略新思维。

一、系统均衡的法治价值观

习近平法治思想将法治理论创新置于中国特色社会主义实践之中，通过系统的历史经验的总结，提炼中国共产党战略思维的法理要义，确保党、国家和人民的根本价值诉求在法治理念上的均衡一体。中国特色社会主义实践是党的法治观本体，党领导人民推进的全面依法治国事业是中国特色社会主义的本质要求和重要保障。习近平总书记强调："围绕建设中国特色社会主义法治体系、建设社会主义法治国家的总目标，坚持党的领导、人民当家作主、依法治国有机统一，以解决法治领域突出问题为着力点，坚定不移走中国特色社会主义法治道路，在法治轨道上推进国家治理体系和治理能力现代化，为全面建设社会主义现代化国家、实现中华民族伟大复兴的中国梦提供有力法治保障。"②这段话语蕴含了中国共产党法治建设一以贯之的价值诉求，彰显了作为旗帜和方向的"中国特色社会主义"之于法治理念的本体地位，同时表明全面依法治国是新时代中国特色社会主义的本质要求和重要保障。

在习近平法治思想中，党、国家和人民对法治的价值目标的认识高度契合，形成了以党的领导为本质、以人民权益为中心、以国家治理为主线的均衡一体主旨。在对全面依法治国进行价值定位时，习近平总书记将公平、正义、人权、自由、秩序、平等、效率等抽象概念，融于政治话语的表达惯例，从"党""人民""党和国家"等角度，以人民为主体，以主体为中心进行整合化论述。对中国共产党而言，理想的社会主义法治是其一直探寻的伟业，当然要将自身的法治价值

---

① 王晨：《坚持以习近平法治思想为指导 谱写新时代全面依法治国新篇章》，载《中国法学》2021 年第 1 期。

② 习近平：《论坚持全面依法治国》，中央文献出版社 2020 年版，第 1 页。

诉求首先表述清楚。人民是中国共产党的力量之源，也是法治的中心主体与根本动力，其对法治的实际需求和价值诉求，构成了总体性的"法权意志"。党和国家不可分离，国家在党领导下的人民法权意志型构中完成权力体系和治理网络的建设，提供公共产品，维护社会秩序，这些核心职能的履行离不开科学法治观念的指引。

新时代法治价值观在党的领导层面可定位于"执政兴国"。就执政方式而言，党领导下的全面依法治国不仅包括国内法治，也包括涉外法治；不仅包括行为规范、关系调整，也包括利益平衡、权能整合；不仅包括日常规制，也包括应急统筹；不仅包括秩序维护，也包括活力释放；不仅包括经济发展，也包括政治、文化、社会、生态、和平发展等领域的均衡一体。法治战略功能的发挥，不能囿于僵死的教条，必须在通盘考量中抓住矛盾症结，有的放矢，精准施策。中国共产党强调"依法执政"，此处的"法"可能是一个比"国家法"更为宽广的概念，但这绝非党主张"多元法"的论据。① 归根结底，依法执政的价值目标是民族复兴，"多元"表象背后始终凸显的是"一体"精神。民族复兴、国家富强直接关乎人民的幸福安康，既是党的执政精义，也是法治的价值依归。与依法执政中的"法"对应，"兴国"语境中的"国"也是广义概念，所谓"家国天下"，它并非西方话语中的狭义政体或民族国家。② 对中国共产党而言，自由活力与权威秩序的法治均衡，可谓"执政兴国"的基本要求，而内外一体的均衡发展，则体现为更为具体的法治运行目标。

法治价值观从人民中心角度可表达为"幸福安康"。幸福安康，虽然是一种基于传统生活理想的价值话语，也是一种因人而异的主观价值体验，但当它作为法治的价值目标，便可呈现相对确定的客观性。"法律与幸福"（Law &

---

① 有学者认为，中国法治建设中存在移植而来的国家法律体系、本土传统习惯法和党的路线、方针和政策及党内法规等法律多元主义的规范性要素，进而已经形成党领导国家的宪政体制，形成了政策与法律互动的法律多元主义格局。此种观点看到了某些法律多样性现象，但忽略了"超级框架"的强大整合功能。所谓"中国特色社会主义的党国宪政体制"更多出于对西方宪政及法律多元理论的移植翻新，并未真正依循中国共产党法治观及其话语生产的历史逻辑。参见强世功：《党章与宪法：多元一体法治共和国的建构》，载《文化纵横》2015 年第 8 期。

② 关于中国传统天下观与西方近代国家观的法理辨析，参见廖奕：《和谐世界的法学型构及其中国资源》，载《哲学与文化》2016 年第 2 期。

Happiness)的学术研究表明，幸福指标是可以衡量的，法治对幸福至关重要。①
在社会生活规范有序、公平正义的条件下，幸福作为一种融通法治精神的价值指标，具有矫正物质财富至上和效率中心主义的功能，制约拜金主义、犬儒主义等不良社会风气。法治底下的人民幸福，最直接的表现就是安康。安康包括安全、安稳、安乐等丰富含义，人只有安身，才能立命，才能获得整全持久的健康。由此，"幸福安康"内在一体，成为规则保障的基本法益，这也是"美好生活"法理真谛的具体表达。②

从党和国家的法治共同价值而言，"长治久安"是一个历久弥新的经典话语范式。③ 习近平总书记指出："当前和今后一个时期，推进全面依法治国，要全面贯彻落实党的十九大和十九届二中、三中、四中、五中全会精神，围绕建设中国特色社会主义法治体系、建设社会主义法治国家的总目标，坚持党的领导、人民当家作主、依法治国有机统一，以解决法治领域突出问题为着力点，坚定不移走中国特色社会主义法治道路，在法治轨道上推进国家治理体系和治理能力现代化，为全面建设社会主义现代化国家、实现中华民族伟大复兴的中国梦提供有力法治保障。"④就当今中国的法治建设而言，长治久安与局部地区治理、个别群体安康相比，具有更为鲜明的人民主体性、战略整体性和长期稳定性。中国特色社会主义法治统筹的发展和安全价值，着眼于人民共享的根本利益，而非特定部门、地区、行业、阶层或主体的权力、权利或福利。整体性的国家安全观，从法理上看，其价值诉求正系于"长治久安"这个共同价值。党的执政兴国、国家的治理现代化和人民的幸福安康，三者能否统一于"长治久安"这个共同价值，关

---

①　Eric A. Posner、Cass R. Sunstein, *Law & Happiness*, University of Chicago Press, 2010, p. 35.

②　参见廖奕：《面向美好生活的纠纷解决》，载《法学》2019 年第 6 期。

③　"长治久安"并非西方的法律价值概念，它源自中国传统话语。汉代贾谊在《陈政事疏》(亦名《治安策》)有言："建久安之势，成长治之业。"这句话的本义在于劝谏皇帝区分一时安稳和长久安定，为了长治久安，做到"至孝""至仁""至明"，用法治方式解决祸患根源。在贾谊看来，治安要诀在于用吸纳礼义廉耻等道德规范的新法制统御臣民，既不能一味实行仁义，也不能刻薄寡恩、像商鞅之法一样破坏风俗。他坚信，"此业一定，世世常安，而后有所持循矣。若夫经制不定，是犹渡江河亡维楫，中流而遇风波，舩必覆矣"。参见《汉书・贾谊传》。

④　习近平：《坚定不移走中国特色社会主义法治道路 为全面建设社会主义现代化国家提供有力法治保障》，载《求是》2021 年第 5 期。

键在于法治能否有效统合多方的整体性利益，实现权利与义务、权力与责任、自由与秩序、公平与效率、需求与供给的系统均衡。①

二、制度均衡的法治体系观

习近平法治思想从法治体系与中国特色社会主义制度体系的融通角度，进一步明确了党的领导、人民当家作主、依法治国有机统一的根本制度原则，将中国特色社会主义法治体系作为统合党的主张、人民需求和国家发展的纽带，展示了法治与国家治理实现制度体系均衡的理论运思。随着中国特色社会主义法律体系的形成，全面推进依法治国的实践需要，催生法学理论上的概念话语创新，有关"法治体系"的谈论进入公众视野。为让党的领导与依法治国、治党与治国、改革与法治、法治与德治、党规与国法等关系更为协调，作为习近平法治思想的标识性概念，作为实践战略话语的"中国特色社会主义法治体系"，在新的时代环境、社会条件和战略需求中逐步形成。

首先，党的十八大以来，中国面对数百年未有之大变局，法治建设的外向移植路径已近穷途，需要转向整体主义的内生自主发展，以回应战略大环境的深刻变革。其次，市场经济转型促使中国社会格局日益复杂，利益竞争加剧，一方面为改革和发展增添了活力，另一方面则对稳定和秩序构成威胁。在较长一段时间，"官"与"民"、"维权"和"维稳"、法律与人情，似乎成为天然矛盾。利益相关方都倾向于按照自己意愿利用法律，囿于体制机制局限，官方生产出的"法律公正"与民众感受殊难合契，民众的"私力救济"又容易偏离法律规范的轨道。②面对体制内外的错位困境，中国共产党必须以适时合宜的体系战略，开局破冰，再造法治。最后，当法治发展到一定阶段，整合化的体系均衡战略成为必需。③从前，中国法律规范体系的形成，属于自上而下与自下而上相结合的法制规划成果。而今，中国法治体系的建设，也将承继并强化顶层设计和分层规划对于国家

---

①　参见廖奕：《法治中国的均衡螺旋：话语、思想与制度》，社会科学文献出版社 2014 年版，第 255~257 页。

②　参见马长山：《"法治中国"建设的问题与出路》，载《法制与社会发展》2014 年第 3 期。

③　参见王旭：《"法治中国"命题的理论逻辑及其展开》，载《中国法学》2016 年第 1 期。

治理的一体化效用。①

2012 年，习近平总书记首次提出"坚持依法治国、依法执政、依法行政共同推进，坚持法治国家、法治政府、法治社会一体建设"。② 这一体系战略在党的十八大以来的法治实践中得到切实贯彻，在党的十九大报告中上升为治国理政的重要遵循。这一战略从依法治国最突出的问题切入，以依法执政为最强有力的突破口，借此带动依法行政，再联动整体依法治国事业的推进。在"四个全面"的战略布局中，紧随"全面依法治国"的是"全面从严治党"。从"三个全面"到"四个全面"的战略布局，表明了中国共产党体系整合型法治观的不断深化与发展。在此意义上，依法执政对应法治政府，突出了党的领导对于法治政府建设的核心意义。从"党政分开"到"党政分工"的话语转变，也证明党和国家通过法治系统的互动正成为一种常态。③ 于此而言，"依法执政"与"法治政府"构成话语对应，并不存在逻辑错位。如习近平总书记所说："依法治国、依法执政、依法行政是一个有机整体，关键在于党要坚持依法执政、各级政府要坚持依法行政。法治国家、法治政府、法治社会三者各有侧重、相辅相成，法治国家是法治建设的目标，法治政府是建设法治国家的主体，法治社会是构筑法治国家的基础。"④在党政主体共同推动下，依法行政产生国家和社会治理双重法治化的效果，公权受到有效法律制约，带来改革发展稳定兼容的均衡收益，法治国家的价值目标方能最大化实现。

在"共同推进""一体建设"的法治体系战略基础上，党的十八届四中全会正式提出"建设中国特色社会主义法治体系"命题，将之定位为全面依法治国的"总

---

① 《法治中国建设规划（2020—2025 年）》明确指出："中央全面依法治国委员会做好法治中国建设的顶层设计、总体布局、统筹协调、整体推进、督促落实，实现集中领导、高效决策、统一部署。地方各级党委法治建设议事协调机构要加强对本地区法治建设的牵头抓总、运筹谋划、督促落实等工作。"《中共中央印发法治中国建设规划（2020—2025 年）》，载《人民日报》2021 年 1 月 11 日，第 1 版。

② 《习近平谈治国理政》，外文出版社 2014 年版，第 144 页。

③ "在中国历史传统中，'政府'历来是广义的，承担着无限责任。党的机关、人大机关、行政机关、政协机关以及法院和检察院，在广大群众眼里都是政府。在党的领导下，只有党政分工、没有党政分开。"王岐山：《构建党统一领导的反腐败体制 提高执政能力 完善治理体系》，载《人民日报》2017 年 3 月 6 日，第 4 版。

④ 习近平：《加强党对全面依法治国的领导》，载《求是》2019 年第 4 期。

抓手"，与"建设社会主义法治国家"共同列入"总目标"话语。对此，习近平总书记作出过重点说明："全会决定提出，全面推进依法治国，总目标是建设中国特色社会主义法治体系，建设社会主义法治国家，并对这个总目标作出了阐释：在中国共产党领导下，坚持中国特色社会主义制度，贯彻中国特色社会主义法治理论，形成完备的法律规范体系、高效的法治实施体系、严密的法治监督体系、有力的法治保障体系，形成完善的党内法规体系，坚持依法治国、依法执政、依法行政共同推进，坚持法治国家、法治政府、法治社会一体建设，实现科学立法、严格执法、公正司法、全民守法，促进国家治理体系和治理能力现代化。提出这个总目标，既明确了全面推进依法治国的性质和方向，又突出了全面推进依法治国的工作重点和总抓手。"①2020 年 11 月 16 日，习近平总书记在中央依法治国工作会议上进一步强调："坚持建设中国特色社会主义法治体系。中国特色社会主义法治体系是推进全面依法治国的总抓手。""要坚持依法治国和以德治国相结合，实现法治和德治相辅相成、相得益彰。要积极推进国家安全、科技创新、公共卫生、生物安全、生态文明、防范风险、涉外法治等重要领域立法，健全国家治理急需的法律制度、满足人民日益增长的美好生活需要必备的法律制度，以良法善治保障新业态新模式健康发展。"②

　　法治体系重在均衡，其目标导向具有动态性和阶段性。就近期目标而言，它现实可即，因而可以成为各项具体工作的聚合枢纽，或曰总抓手。就远期目标而言，它又是一个可以延展的战略话语，内含丰富的理论、制度及文化贯通空间。建设中国特色社会主义法治体系，正是着眼均衡性统合，既有宏观理念功能，也有具体制度要求。中国特色社会主义法治体系的意涵丰厚、思想深远。将法律规范体系纳入法治运行系统，可以强化法律规范生成过程的实践指向，避免空头立法、纸面造法；将国家、政党、政府和社会整合一体，将立法、执法、司法、普法、守法、护法统筹连通，可以让社会主义法律的核心价值更好实现，让人民对法治的权威和实效有更直观的体察，对中国共产党依法执政的决心和能力有更深切的认同。将依法治国和以德治国，自治、法治与德治纳入均衡型的法治体系，

---

① 习近平：《论坚持全面依法治国》，中央文献出版社 2020 年版，第 92~93 页。
② 习近平：《论坚持全面依法治国》，中央文献出版社 2020 年版，第 4 页。

可以让法治中国的规范渊源更为丰富，文化基础更为厚重。

三、发展均衡的法治实践观

习近平法治思想围绕深入推进全面依法治国的重点要求，系统阐释了贯彻新发展理念的法理要义，塑造了中国共产党在实践中整合原则之治和规则之治、辨证处理发展和法治关系的治国理政新观念。中国特色社会主义法治思想的拓展深化，与当前中国非均衡发展问题症结紧密相关。"发展是党执政兴国的第一要务，是解决中国所有问题的关键。"①"要树立战略眼光，顺应人民对高品质生活的期待，适应人的全面发展和全体人民共同富裕的进程，不断推动幼有所育、学有所教、劳有所得、病有所医、老有所养、住有所居、弱有所扶取得新进展。"②中国特色社会主义事业进入新时代后，在继续推动经济发展的同时，中国共产党不断加强自身的法治思维和战略思维能力，在国家立法和发展规划上更注重人的全面发展和社会全面进步，通过法治体系与发展战略的深度一体，整体回应各种国家和社会治理面对的各种风险和挑战。

就法治的现实功能而言，"保底线"与"促发展"在战略指向上不协调、难以同步实现，由此造成法治的价值引领、制度规范与实践保障的功能错位，在运行中相互抵消、难以契合的问题。维护社会秩序，保护人民生命财产安全，是法治的一条基本制度底线。一方面，"非法集资、信息泄露、网络诈骗等案件相当猖獗，违法犯罪手段日趋信息化、动态化、智能化，以报复社会、制造影响为目的的个人极端暴力案件时有发生，严重暴力犯罪屡打不绝"，法治保底线的任务非常繁重。③ 另一方面，法治促发展的问题也非常突出，制约当前中国经济社会发展的重难点问题，几乎都与法治实践功能的体系化不足有关。比如，发展理念滞后问题。习近平总书记强调指出："深入分析贯彻落实新发展理念在法治领域遇到的突出问题，有针对性地采取对策措施，运用法治思维和法治方式贯彻落实新发展理念。"④

---

① 《习近平谈治国理政》(第二卷)，外文出版社2017年版，第38页。
② 《习近平在中共中央政治局第二十八次集体学习时强调 完善覆盖全民的社会保障体系 促进社会保障事业高质量发展可持续发展》，载《人民日报》2021年2月28日，第1版。
③ 《习近平谈治国理政》(第二卷)，外文出版社2017年版，第366页。
④ 《习近平谈治国理政》(第二卷)，外文出版社2017年版，第222页。

再如，发展不平衡不充分的问题。围绕全面建成小康社会、全面建设社会主义现代化强国等战略目标，习近平总书记多次阐述全面均衡发展的法治要义。以生态文明建设为例，习近平总书记指出，"在30多年持续快速发展中，我国农产品、工业品、服务产品的生产能力迅速扩大，但提供优质生态产品的能力却在减弱，一些地方生态环境还在恶化。这就要求尽力补上生态文明建设这块短板，切实把生态文明的理念、原则、目标融入经济社会发展各方面，贯彻落实到各级各类规划和各项工作中"。① 又如，发展风险的法治防控问题。经济发展水平提高，并不意味着社会矛盾和问题就会减少。习近平总书记指出："不发展有不发展的问题，发展起来有发展起来的问题，而发展起来后出现的问题并不比发展起来前少，甚至更多更复杂了。新形势下，如果利益关系协调不好、各种矛盾处理不好，就会导致问题激化，严重的就会影响发展进程。"②"瓮安、孟连、陇南等事件说明，突出矛盾和突发事件背后都存在复杂的利益冲突，都存在干部作风问题，也都存在工作上处置不当的问题。"③"资本投入、安全生产、股市调控、互联网金融管控等都是高风险、高技能的，如果判断失误、选择不慎、管控不力，就会发生问题甚至大问题，严重的会影响社会稳定。一段时间以来，在安全生产、股票市场、互联网金融等方面连续发生的重大事件，一再给我们敲响了警钟。"④面对风险共同体，相关防控思路和举措、主体与责任都应及时纳入法治体系的范围，在法治的轨道上推进源头治理、系统治理。

就法治的运行环节而言，立法、执法、司法、守法各方面，不同程度上存在体制机制上的非均衡问题，造成立法质量不高，司法不公、冤假错案、司法腐败，执法中有法不依、执法不严、徇私枉法等现象，严重制约了经济社会的高质量发展。这类问题，必须通过均衡改革、法治和发展的实践方案解决。习近平总书记以环保执法问题为例指出："现行以块为主的地方环保管理体制，使一些地方重发展轻环保、干预环保监测监察执法，使环保责任难以落实，有法不依、执

---

① 习近平：《在党的十八届五中全会第二次全体会议上的讲话（节选）》（2015年10月29日），载《求是》2016年第1期。

② 习近平：《在党的十八届五中全会第二次全体会议上的讲话（节选）》（2015年10月29日），载《求是》2016年第1期。

③ 《习近平谈治国理政》（第二卷），外文出版社2017年版，第147页。

④ 《习近平谈治国理政》（第二卷），外文出版社2017年版，第220页。

法不严、违法不究现象大量存在。综合起来，现行环保体制存在 4 个突出问题：一是难以落实对地方政府及其相关部门的监督责任，二是难以解决地方保护主义对环境监测监察执法的干预，三是难以适应统筹解决跨区域、跨流域环境问题的新要求，四是难以规范和加强地方环保机构队伍建设。"①解决这些问题，应当运用发展均衡的法治实践观，通过全面系统的战略举措，以发展要求推动体制变革，以体制改革巩固法治成果。

就法治的领导力量而言，"关键少数"法治能力的结构性缺失，以及党自身存在的问题，必须通过融凝新发展理念的法治实践加以解决。针对"权大于法"的人治思想观念和行为惯习，习近平总书记正告全党："这种现象不改变，依法治国就难以真正落实。"②"我们必须认认真真讲法治、老老实实抓法治。各级领导干部要对法律怀有敬畏之心，带头依法办事，带头遵守法律，不断提高运用法治思维和法治方式深化改革、推动发展、化解矛盾、维护稳定能力。如果在抓法治建设上喊口号、练虚功、摆花架，只是叶公好龙，并不真抓实干，短时间内可能看不出什么大的危害，一旦问题到了积重难返的地步，后果就是灾难性的。"③"治国必先治党，治党务必从严。如果管党不力、治党不严，人民群众反映强烈的党内突出问题得不到解决，那我们党迟早会失去执政资格，不可避免被历史淘汰。"④要让全面从严治党的思路举措更加科学、更加严密、更加有效，必须坚持问题导向，保持战略定力，通过法治体系建设将党规治理推向纵深发展。习近平总书记认为，"党内规矩是党的各级组织和全体党员必须遵守的行为规范和规则"。⑤ 党规包括党章、党的纪律、国家法律，以及党在长期实践中形成的优良传统和工作惯例。⑥ 对于党的优良传统和工作惯例，习近平总书记特别指出："这些规矩看着没有白纸黑字的规定，但都是一种传统、一种范式、一种要求。纪律是成文的规矩，一些未明文列入纪律的规矩是不成文的纪律；纪律是刚性的

---

① 《习近平谈治国理政》(第二卷)，外文出版社 2017 年版，第 391 页。
② 习近平：《论坚持全面依法治国》，中央文献出版社 2020 年版，第 108 页。
③ 习近平：《论坚持全面依法治国》，中央文献出版社 2020 年版，第 108~109 页。
④ 《习近平谈治国理政》(第二卷)，外文出版社 2017 年版，第 43 页。
⑤ 《习近平谈治国理政》(第二卷)，外文出版社 2017 年版，第 151 页。
⑥ 《习近平谈治国理政》(第二卷)，外文出版社 2017 年版，第 151 页。

规矩，一些未明文列入纪律的规矩是自我约束的纪律。"①近年来，中国共产党通过党规国法均衡一体的法治体系建设，统筹推进依法治治国和依规治党，着力解决人民群众反映最强烈、对党的执政基础威胁最大的突出问题，形成了引领均衡发展的内生功能。

有学者认为，没有共产党就没有"法治中国"。② 同理，没有共产党就没有"新法治"，尤其是法治观的时代创新。中国共产党是以人民为中心的马克思主义政党，在法治话语的生产和传播上，具有整合传统与现代、本土与西方、学术与政治、精英和大众的显著优势。这种特质和优势，鲜明体现在习近平法治思想的理论体系和新时代法治中国的整体实践中。从表达看，中国共产党的法治观秉持特定时期的政治路线，以中国共产党领导为核心要义的"政法话语"特质一贯鲜明，同时适时涵摄法学的基本概念和范畴，将之创造性运用于不同时期的政治实践。从功能看，中国共产党的法治观联通法律制度权威的证成和法治改革蓝图的设计，具有规范和文化的多重意义。从发展看，"法治中国"正在实践中形塑一种整全性的思想理论及话语框架，因应新时代治国理政进程中的各种问题、风险和挑战。

作为中国共产党百年法治观的集大成，习近平法治思想对于当代中国法学、法律和法治话语体系的融通，理论、制度和文化话语的协调，具有极为重要的实践意义。当前中国法学和法治话语，并非法学家的主观创造，它是以中国共产党为主心骨、凝聚人民整体法理智慧而成的"集体作品"，全面展现为中国特色社会主义法治道路、制度、理论和文化实践，集中体现于习近平法治思想的理论集成和创新，具体表现在依法执政、依法行政与社会治理法治化等各项活动。为尊重和保障人民美好生活需要，以习近平法治思想为引领，以中国共产党治国理政的百年法治观为主线，以国法党规贯通一体为重心，深化对中国特色社会主义事业的"法理"阐释，可谓中国法学、法律和法治体系均衡建构的基石。③ 这不仅是因应现实的需要，也是承继传统的契机；不仅是面向未来的发展要求，也是历史给出的必然结论。

---

① 《习近平谈治国理政》(第二卷)，外文出版社 2017 年版，第 151~152 页。

② 参见魏志勋：《百年法治进程的基本逻辑与执政党角色——纪念中国共产党成立 100 周年和"依法治国"方略提出 24 周年》，载《法学论坛》2021 年第 1 期。

③ 参见张文显：《法理：法理学的中心主题和法学的共同关注》，载《清华法学》2017 年第 4 期。

第二章

中国特色社会主义法治道路的话语构造

在当前贯彻习近平法治思想的热潮中，"中国特色社会主义法治道路"受到各界格外关注。有学者指出："中国特色社会主义法治道路是管总的东西，而中国特色社会主义法治体系则是总抓手。研究习近平法治思想，不仅要弄清法治道路和法治体系的深刻内涵，而且要研究两个'总'之间的辩证关系。在全面依法治国的战略设计中，法治道路与法治体系处于不同的层面。法治道路是管政治方向的，而法治体系则是总体布局。离开法治体系，法治道路会被架空。离开法治道路，法治体系建设会迷失方向。"①

在治国者看来，道路问题是关系全局的首要问题，甚至是关系到生存还是毁灭，兴盛还是衰亡的本体论问题。道路的选择和建设，关乎民众与国族的长远利益；其本质特征、价值诉求和基本原则，构成了社会生活和行动的实践基础。在中华法文明的历史长河中，人们感觉到"道路"是实存的，取得成就、创造辉煌是因为道路，发生失误、遭受重挫也是因为道路。道路是客观的，也是主观的。当客观的道路被主观认知，转化为集体实践的共同观念和有效行动，它就可以产生正向的公共福祉；当主观的道路被客观否定，但却依其强力与任性继续行进，它就会带来不可估量的整体损害。只有将客观的道路与主观的道路有机融合，才能在发现正确方向后坚定不移走下去，遇到错误信息后及时反馈，经过战略调试

---

① 朱景文：《法治道路与法治体系的关系——习近平法治思想探析》，载《法学家》2021年第3期。

返归正途。

　　法学中的"道路"话语，显然是一种比喻，但不仅仅是一种比喻。无论"法律之道"，还是"法治道路"，都内含丰厚的政治法理学，可从新的话语视角深入探寻其构造。对中国法治而言，在政法话语中，"道路"是一种常见的比喻，用以表征本质属性、历史传统、价值原则等关键内容。为解决"中国法治向何处去"的战略问题，党的十八届四中全会正式提出"坚持中国特色社会主义法治道路"。面对这样一个极具政治意涵的方向性命题，法学家迅速展开了理论阐释。① 一些"蹊径另辟"的研究成果，围绕中国共产党的"新法统"、政党国家的法治技艺、新法家的法治主义、当代中国法治的战略图景等问题展开，试图从丰富的细节关照中提取中国特色法治道路的理论元素。② 这些研究为探明中国特色社会主义法治道路的话语构造，储备了丰富的学理素材，从法学如何话语的问题视角，这些研究成果总体呈现"政法阐释"的风格，在政治话语和法学话语的交融并进中，力图揭示宏大政法话语背后的精微理论构造。在已有研究基础上，本章围绕"中国特色社会主义法治道路"，从本质特征、价值逻辑、实践原则三方面进行话语重整。就话语关系论，本质特征主要属于政治家法公理建构，构成基层建筑，解决"是什么"的问题；价值逻辑主要属于法学家法原理建构，构成中层建筑，解决"为什么"的问题；实践原则属于政治家法公理和法学家法原理交融而成的复合建构，构成顶层建筑，解决"怎么办"的问题。通过自下而上、层层嵌套的话语建筑，宏大政治命题不仅得到基础证成，而且可不断延展，形成原生话语、学理阐释、大众表达的体系构造。

---

　　① 代表性成果，例如张文显：《论中国特色社会主义法治道路》，载《中国法学》2009 年第 6 期；汪习根：《法治中国的科学含义》，载《中国法学》2014 年第 2 期；公丕祥：《中国特色社会主义法治道路的时代进程》，载《中国法学》2015 年第 5 期；何勤华：《论中国特色社会主义法治道路》，载《法制与社会发展》2015 年第 3 期等。

　　② 例如，陈柏峰：《缠讼、信访与新中国法律传统》，载《中外法学》2004 年第 2 期；程燎原：《晚清"新法家"的"新法治主义"》，载《中国法学》2008 年第 5 期；强世功：《从行政法治国到政党法治国：党法和国法关系的法理学思考》，载《中国法律评论》2016 年第 3 期；陈端洪：《制宪权与根本法》，中国法制出版社 2010 年版；蒋立山：《法律现代化：中国法治道路问题研究》，中国法制出版社 2006 年版等。

第一节　本质特征的话语生成

如果将法治道路视为某种事物（不是"事务"），它必定具有内在的实体蕴含或曰质的规定性，使其区别于其他事物。① 借由"事物本质"分析，法学家试图发现某种独立于规范制定之外的实存秩序，其要么构成不同于国家规范性介入的另一种体系，要么只能以特定方式整合到法规范系统。② 前一种有关本体层面的"本质"建构，后一种有关方法层面的"特征"建构，二者之间存在分野和张力。这与政治家法公理框架下的本质架构存在很大区别。这也使得探寻法治道路的本质特征，成为一项难度极高的研究工作，甚至需要超出教义学法学框架，寻求另一种体系。

一、政治家法公理

法治道路的本质特征，是一个超越法律实证主义的"政治家法公理"命题。不同于法学家的法原理阐释，政治家法理更侧重公理的塑造。如果说法学家所论的"法"主要是一种"原理法"，那么，政治家所说的"法"主要是一种"公理法"。"公理"有三种释义：不用证据证明的自明之理；某种被普遍接受的原理或规律；数学、逻辑学术语，为后续研究推论设定的无须证据成立的命题。政治家法公理，属于第二种所指，它与原理、规律并无本质的差异，关键在于是否具备普遍接受的特质。如果某项原理或规律得到普遍接受，政治家通过权威宣告，确定为不可改变的基本法则，往往构成政治上的基本法。政治家法公理是广义上的，与法学家法原理最大的区别在于，它一定是得到普遍接受的一般命题。在此意义上，法学家着力探究的法的本质，应当放在超越实在法的公理框架中，才能获得

---

① "本质特征"是典型的哲学话语，它有明显的复合概念构造。"本质"是指事物本身固有的、决定事物性质、面貌和发展的根本属性，"特征"是指作为事物特点的征象、标志等。结合而论，某一事物区别于其他事物的决定性标志，即为"本质特征"。本质未必一定有相应的特征附随，出现外部征象未必就是本质使然。某些外部征象可能会由非本质特征演化为本质特征，这就是事物时常发生的"变迁"或"质变"。

② 参见陈爱娥：《事物本质在行政法上之适用》，载《中国法律评论》2019年第3期。

原理上的普遍性证成。政治哲学和法哲学之所以难以分离，也反映出政治话语和法学话语都有面向法的真理的使命，需要密切配合，才能建立起对法真理的阐释系统，完成从法公理到法原理的知识生产。法学要想获得如数学、逻辑学那般的严密推理体系，也不得不接受并吸收法公理的预设，从中推导法定理和更为具体的法准则。

归结而论，政治家法理不同于法学家的原理推导，它是公理导向的价值诉求和原则建构。政治家首先关注的不是具体的法律事务，而是整体的治国之道。在此意义上，政治家的法治观本质上就是法治道路观。代表治国理政方向的法治道路话语，不能仅在探求法原理的学科轨道上推演，而应在更为宏阔的政治家法公理视域下理解。

公理之所以得到普遍接受，关键在其立基于实践常理。政治家法公理的建构，严格说，并不是"无中生有"，而是确定"已有"——将精英和大众的公共认知确定为路线方针，实现代表"公意"的话语构造，再以之为据、层层嵌套，编织传达、执行政治家法公理的规范系统，实现政治体系的规则之治。那么，在普遍接受的认识中，"道路"这个语词究竟表征怎样的公理？

简略复原"道路"的认知历程，我们可以发现，初民对行走和交通的需求，产生了最早的"路"，面对险阻进而发明了"道"，"路"和"道"都是由出发地向目的地行进的场所。这种场所在空间上具有连续性、延展性、勾连性，主要不是停留的居所，而是维持行进的设施。所以，道路与其他场所的显著区别，体现在其本初含义中，即是为达到目的地设立、保证有效行进的特定场所。从道路实践中，哲人体会出"道"的深刻喻义。正常情况下走什么路，非常情况下行何种道，都关乎正确选择和持续践行。政治家对"道路"的喻义，继续阐发，将其归入治国之学，作为达成政治理想的原则和方式的集合。甚至连人类学家也被"道路"所散发出来的迷人气质吸引，从中开发出移动性、速度差异、新景观、政治一体化、经济连通性等特征描述。① 相关研究进一步印证，即使实体道路也包含丰富的政治哲学，遑论比喻意义上的"虚拟道路"。

---

① 参见罗士洞：《人类学如何研究道路？——道路研究的回顾与反思》，载《民俗研究》2022年第1期。

人们常说的理想政治之路，其实是政治理想实现的"道"和"路"的集合。道，是需要不断探索的；路，是已有探索取得的成果。道，更强调克服险阻、面向未来；路，更侧重尊重经验、立足当下。随着目的地调整，道路需要持续延展，因此，它是没有尽头的。但可明确的是，在已设定的道路范围内，人们为抵达目的地，有时候必须选择某种途径，有时候可以选择各种途径。良好的法律之所以为治国者倚重，在于其明确了多数人实现可及目标的正常途径，同时用例外提示风险和隐患，用惩戒维护人们行走的秩序。历史上伟大的治国者，往往都是宏伟道路的发现者、开辟者、建设者、维护者，往往都需要通过宏阔的法治引领、规范、保障政治道路的运行和延展。

由此不难理解，为什么在政治家的认知模式中，法治道路问题如此至关重要、别具特色。首先，法治道路不等于常态化的法治之路。常态化的法治之路，需要在法治之道的基础上建成。如果人们对法治的所处方位、根本目的、最后归宿都没有共识，任何一条具体的法治解决纷争的路途都不会平坦。即使从规范表达上，具体的法条极为严整，但也会因为运用者的方位错觉、目的迷思或归宿偏差而发生歧误。其次，法治道路不是独立的"单行道"，它是广义的政治道路甚至社会实践道路的有机组成。这也可以解释中国特色社会主义法治道路，首先是嵌入中国特色社会主义政治发展道路中的，是中国式现代化新道路的组成部分。[①] 最后，法治道路不是单纯的法律之道，它是道统、政统和法统的融通。法律体系的大道，并不必然带来法治体系的大道。只有将法律体系之道融贯于政治体系，通过政治法理的作用，才有可能铺就整体社会法治系统的大道。道统融于政统，政统连通法统，共同塑造正统。现代社会的法治理想构造，本身就是一个复杂的三层构造：超越性的道、统合性的政和规约性的法，共同支撑起正义的统治，造就人们接近真理、获得正义的一体通衢。

就中国而言，近代以降的特殊历史境遇，让中国固有的法治产生转折，新路探寻成为刻不容缓的生存需求。无论儒家化的法治，抑或西方化的法治，传统派和移植派不断争锋，最后没有胜者。中国共产党从马克思主义中找到新的公理，

---

① 参见张文显：《论中国式法治现代化新道路》，载《中国法学》2022 年第 1 期。

主张通过彻底的社会革命，达成全新的法治理想，实现民族复兴的目标愿景，开辟了中国特色社会主义法治道路。对于这条道路，习近平总书记反复强调："我们要坚持的中国特色社会主义法治道路，本质上是中国特色社会主义道路在法治领域的具体体现。"①中国特色社会主义道路本身，决定了中国特色社会主义法治道路的本质。

政治家对法公理的发现和塑造，通常以平正务实的政治战略为话语载体，着重对哲学家的法真理进行"二次塑造"，避免美好理论陷入乌托邦的命运。具体而言，政治家对法治道路的本质定位，必须立足于国情和传统，从已有的历史经验中，科学提炼普遍适用的战略原则。在全面依法治国的顶层设计话语中，"中国特色社会主义法治道路"是法治建设历史经验和重大成就的总体概括，它宣示了中国共产党的自主型法治观，与形形色色的法治移植主义划清了界限。

"举什么旗"决定了"走什么路"，法治道路的政治方向规定了其最鲜明的本质属性。中国特色社会主义法治道路之所以成为根本性的战略命题，首先是因为其内含正确的政治方向本质属性，能够确保具体领域的法治建设不误入歧途。就当下中国的法治道路方向而言，政治家首先关心的不是具体的立法立规，而是整体性的民族复兴目的。道先于路，法统于道。中国共产党的执政之道，以人民至上的政治美德为中心，以永葆初心的政治纲纪为防护，表现在治国理政的各个方面。此种成文或不成文的"道"，需要通过内外贯通的法治巩固呈现。只有坚持既定的政治纲领和路线，法治建设的方向才能保证。于此意义上，习近平总书记指出："全面推进依法治国，必须走对路。如果路走错了，南辕北辙了，那再提什么要求和举措也都没有意义了。"②除了方向保证，法治建设还需要诸多的条件配合，形成系统合力。这就需要发挥党协调各方、统一领导的独特政治优势。在此意义上，党的领导塑造了中国特色社会主义法治之魂，是中国法治道路与其他法治道路的最本质区别。

为避免本质认识陷入形而上学窠臼，中国共产党历来强调从实践中发现真

① 习近平：《坚定不移走中国特色社会主义法治道路　为全面建设社会主义现代化国家提供有力法治保障》，载《求是》2021 年第 5 期。

② 习近平：《加快建设社会主义法治国家》，载《求是》2015 年第 1 期。

理，从经验可及的现实问题出发，剖察法治道路的实质逻辑。党的十八大以来，中国共产党对法治道路本质特征的探寻，体现了新时代政治家治国理政的法理新思维。针对理论和实践中的迷惘偏失，习近平总书记明确将法治的根本问题定位于党法关系，将之作为政治与法治关系的集中反映。"每一种法治形态背后都有一套政治理论，每一种法治模式当中都有一种政治逻辑，每一条法治道路底下都有一种政治立场。"①法治道路底下的政治逻辑和立场，往往决定了理论话语和建构方向。

总之，中国特色社会主义法治道路是一个需要深入探索的重大课题，作为一条"管总"的"红线"，其本质在政治上已有基本判断。中国共产党秉持旗帜鲜明的政治路线，"以道统法"既有历史传统和经验的支持，也有宪法和法律的依据保障，更有现实问题解决和未来长远发展的多重需求，"党领导的中国特色社会主义"成为法治道路的本质限定。

二、政治导向的学术话语演进

中华人民共和国成立以来，学界持续探索社会主义法的本质，不断从理论上进行反思和总结。站在不同的视角，学者对中国法治道路本质特征的分析和概括，无不具有鲜明的政治话语沟通诉求。无论对高度抽象"本质"的逻辑分析，还是对具体入微"特征"的历史研究，都是通过对特定思维对象的观察，作出相对有效的区分和判断，积累接近法真理的认识资源。但这些认识的碎片，必须在新的阐释框架下一体整合。否则，本质探寻会停驻于相对主义的港湾，特征分析也会陷入多元主义的迷局。

在 20 世纪五六十年代的人治与法治论争中，"法治论"几乎全面落败。在两条道路斗争的政治背景下，人们对法治本质的认识还笼罩在"阶级斗争为纲"的迷雾中。在当时的权威辞书中，"法治"只有两种语意：传统法家思想和资产阶级概念。② 作为新自由主义思想旗手的哈耶克，他的《通向奴役的道路》作为内部读物出版。在这本"政治性的书"中，法治是自由的最伟大原则，是与计划和专

---

① 《习近平关于全面依法治国重要论述摘编》，中央文献出版社 2015 年版，第 35 页。
② 参见中华书局辞海编辑所编：《辞海（试行本）》第 4 分册，中华书局 1961 年版，第 27 页。

制的根本对立面，是人类解放的最后希望。① 哈耶克的法治观，在当时是作为批判的对象。② 但为何其法治观是错误的，学界还缺乏相对独立的见解，因为人们对法治本质的思考尚未展开，很大程度上为两条道路的斗争所辖制。"文化大革命"十年间，在批林批孔的斗争话语中，"法治"和"礼治"被塑造为两条政治路线的对立面。尊儒反法，被视为极其错误的复辟和倒退。法家主张的法治道路，虽然获得了短暂的荣光，但很快也被政治话语否定。

改革开放在思想上拨乱反正，让人们对社会主义道路与法治的关系有了新的认识。从人治到法治、从法制到法治的转变，逐渐被主流话语认可为道路转型的范例，甚至成为一种新人文思潮的硬核。在 20 世纪 80 年代的思想界，无论是马克思主义话语、政治体制改革话语，还是法学研究话语，都倾向于将法家主张与西方法治类比，从而将儒家的法理观化约为人治论。③ 而政治话语中的法治，则极力强调名词背后的实质区别，将无产阶级这一新的主体推动的"以法治国"解说为真正得到实践证明的法治，以此区别于古代的法家法治和资产阶级的法治。④ 但这一时期的法学译著，却呈现出全然不同的"法治"形象。如《牛津法律大辞典》对"法治"的解释，有这样一句话："法治虽然难以整全定义，但其核心要义在于权威机构对法律本质原则的服从。"⑤ 值得一提的是，这部词典对"WAY"的解释，有"通行权"和"道路"两个可选义项。⑥ 这种作为权利的道路观念，也与汉语的道路语义存在很大差异。⑦ 这些外来的话语冲击，让传统的法治

---

① ［奥］哈耶克：《通向奴役的道路》，滕维藻、朱宗风译，商务印书馆 1962 年版，第 71 页。

② 参见［奥］哈耶克：《通向奴役的道路》，滕维藻、朱宗风译，商务印书馆 1962 年版，译序。

③ 参见《简明社会科学词典》编辑委员会编：《简明社会科学词典》（第 2 版），上海辞书出版社 1984 年版，第 12、676 页；皮纯协等主编：《简明政治学辞典》，河南人民出版社 1986 年版，第 437 页；范恒山主编：《政治体制改革辞典》，中国物资出版社 1988 年版，第 123~124 页；刘炳瑛主编：《马克思主义原理辞典》，浙江人民出版社 1988 年版，第 524~525 页。

④ 参见中共山东省纪律检查委员会研究室编：《党的纪律检查工作手册》，山东人民出版社 1987 年版，第 305~306 页。

⑤ ［英］沃克编辑：《牛津法律大辞典》，北京社会与科技发展研究所译，光明日报出版社 1988 年版，第 790 页。

⑥ ［英］沃克编辑：《牛津法律大辞典》，北京社会与科技发展研究所译，光明日报出版社 1988 年版，第 936 页。

⑦ 在现代汉语中，道路指某种空间实体或政治路线，法律权利意涵并不属于其本义。

道路话语日渐飘摇。在现代化史观的推动下，法律史研究者将法治与德治的斗争，置于封建制形成时期考察，并与中国社会主义法制建设道路问题形成区隔。① 这为新时期的法治道路塑形，提供了概念解放的动力。我国香港地区的法律学者，此时开始参与中国法制现代化道路的讨论，认为其虽历经曲折，但已发生历史性转折；通过西方法治的样本，初步描画出中国法治的多层内涵。② 其观点被纳入高层决策参考，这表明新的法治道路已在系统谋划。加之战略科学家主导的法治工程系统论，在 80 年代中后期已结出硕果，对日后中国法治道路的整体推动产生了深远影响。③

时至 80 年代末，法治话语出现明显增长。除内部原因外，这也与国际环境变化有密切关系。④ 出于对苏联经验的借鉴，也是为了进一步推动改革开放，西方法治话语成为建构中国法治道路的重要资源。在此背景下，西方法律社会学的引入，让法治不仅作为原则理想可以成立，而且生发出通向社会公正理想的现实路径。⑤ 这些理论资源与马克思主义的根本立场并不冲突。这一时期，政治学学者运用马克思主义话语资源，将社会主义民主视为与专制传统截然对立的道路选择，再将法治界定为社会主义民主的实现要件，初步塑造出一种嵌入民主的法治道路意象。⑥ 与此时比较激烈的传统批判不同，海外汉学家通过区分"法权"

---

① 参见杨一凡、刘笃才：《中国的法律与道德》，黑龙江人民出版社 1987 年版，第 110、268 页。

② 全国人大常委会法制工作委员会研究室编：《法制参考资料汇编》第 3 辑，光明日报出版社 1986 年版，第 31~33 页。

③ 参见曹维劲、魏承思主编：《中国 80 年代人文思潮》，学林出版社 1992 年版，第 708~710 页。

④ "法治国家论"产生于欧洲资产阶级革命时期，其核心内容是权力分立、法律至上和保护公民的权利与自由。长期以来，苏共和苏联理论界把这一理论视为专门服务于资产阶级统治的学说加以全面否定。80 年代初，一部分苏联学者提出法治国家论也适应于社会主义国家的观点。苏共"十九大"总结历史经验，接受学者建议，正式决定将苏联建成社会主义法治国家。参见李靖宇主编：《社会主义政治体制大辞典》，沈阳出版社 1989 年版，第 227 页。

⑤ 法律社会学将法治含义置于民众对法律的接受和合法性视野内考量，在一定程度上可弱化意识形态争执，突出其社会实践的要义。参见［英］罗杰·科特威尔：《法律社会学导论》，潘大松等译，华夏出版社 1989 年版，第 184~188 页。

⑥ 参见荣剑、杨逢春：《民主论》，上海人民出版社 1989 年版，第 331~335 页。

（JUS）与"法律"（LEX），探究礼治与法治的在观念和制度上的契合。① 但更多的学者依然坚持对法治的狭义界定，儒家理论经正名后唯有以"德治"之名，方可成为法治的有益补充。

进入 90 年代后，随着对资产阶级自由化道路的否定，社会主义道路的探索不能借由西方法治方案完成，在理论上也成为主流认识。西方法治话语，只能在"社会主义市场经济"的包裹下片段化呈现。② 1992 年，在邓小平南方谈话后，"社会主义市场经济就是法治经济"话语开始广为传播。③ 政府主导型的市场经济道路，直接影响到法学界对法治道路的总体判断，学者开始讨论社会主义民主和法制建设的目标、任务和道路问题。此时的法制道路话语，主要还是市场经济实践方式层面的。④ 在正式明确建设社会主义市场经济的大政方针后，中国式现代化道路的话语论述，在 90 年代中期迅速弥散。与此同时，对邓小平的法治思想的研究和讨论成为法学理论热点。⑤ 通过对政治家思想的理论探索，法学家试图为相对独立的法治道路话语奠定合法性基础。同时，在当时迈向"法治"的学术热潮中，⑥ 法学家和经济学家在话语上彼此交互，共同强化社会主义市场经济法治观。在"新加坡独特法治道路"的镜鉴下，某种包含中国特点的新实用主义法治道路，在理论上呼之欲出。⑦ 为了找到与西方法治功能等价的法治模型，法学家借助与"本质"相对的"选择"、与"一体"相对的"多元"，来界定未来中国独特

---

① 参见［法］汪德迈：《礼治与法治——中国传统的仪礼制度与西方传统的 JUS（法权）制度之比较研究》，载中国孔子基金会、新加坡东亚哲学研究所编：《儒学国际学术讨论会论文集》（上），齐鲁书社 1989 年版。

② 经济学家对西方法治观的片段化介绍，可参见［美］王念祖：《中国企业如何走向国际市场》，安徽科学技术出版社 1995 年版，第 193 页。

③ 参见胡中录主编：《市场经济实用手册》，黑龙江人民出版社 1995 年版，第 91 页。

④ 参见刘升平、冯治良主编：《走向 21 世纪的法理学》，云南大学出版社 1996 年版，第 243 ~ 254 页。

⑤ 参见中国法律年鉴编辑部编：《中国法律年鉴 1996》，中国法律年鉴社 1996 年版，第 827 ~ 828 页。

⑥ 参见《中国社会科学学术论文文摘》编辑部编：《中国社会科学学术论文文摘》（第三卷），社会科学文献出版社 1996 年版，第 184 页。

⑦ 参见邵芬：《新加坡法治独特道路原因浅析》，载《现代法学》1997 年第 1 期。

的法治道路。① 这种理论阐释，发现了"法制与现代化"分析框架的内在问题，却给出了一种新的去本质化的建构方案。所谓多元主义法治体系，基本上还是西方理论的翻版，或者说，是为了实用主义能在法治实践中获得普遍认同。

法治理想主义从未消亡。随着政治话语的新构画、新阐发，法治的治国理据意涵得以强化，开始从经济、社会调整扩展到政治、文明建设，法治建设进一步嵌入新的整体战略目标。在大众话语中，"走向法治"表达出时代转变的道路新意象。②《中华人民共和国行政诉讼法》的颁行，让法学界发现法治新道路的制度样本，并对此展开比较深入的实证研究。③ 1997 年，依法治国被确定为治国基本方略，新的法治道路话语蓬勃起来。在一本汉俄对照词典中，法治被再度解释为个人权力意志的对立面。④ 根据当时最新的英文版本，哈耶克的著作被重新翻译出版，尽管译笔欠佳，却有不俗的引证率。⑤ 为澄清误解，学者通过对政治家法律思想的重新读解，将党领导下的法制道路创建和开辟实践，进行了思想史和制度史上的复原。⑥

党的十五大后，在新的政治话语指引和激励下，法学学者的法治道路论著大幅增加。仅 1998 年，就有多部专著出版。如陈弘毅的《法治、启蒙与现代法的精神》，收录 80 年代发表的《中国法制现代化的道路》一文。⑦ 谢晖从经验和建构的双重视角，强调法治应当具有某种沟通理性。⑧ 公丕祥立足马克思主义法律思想，从理论上揭示东方法律发展的独特道路。⑨ 蒋立山从贴近现实的战略分析出

---

① 参见季卫东：《法治与选择》，载《中外法学》1993 年第 4 期。

② 张复琮、宋子珧主编：《国话八题》，河南大学出版社 1992 年版，第 479~480 页。

③ 如龚祥瑞主编：《法治的理想与现实：〈中华人民共和国行政诉讼法〉实施现状与发展方向调查研究报告》，中国政法大学出版社 1993 年版。

④ 参见秀玉、宋进生主编：《实用新词语汉俄对照词典》，中央民族大学出版社 1997 年版，第 138 页。

⑤ ［英］哈耶克：《通往奴役之路》，王明毅等译，中国社会科学出版社 1997 年版。

⑥ 如俞荣根：《艰难的开拓——毛泽东的法思想与法实践》，广西师范大学出版社 1997 年版。

⑦ 参见陈弘毅：《法治、启蒙与现代法的精神》，中国政法大学出版社 1998 年版，第 153~163 页。

⑧ 参见谢晖：《价值重建与规范选择：中国法制现代化沉思》，山东人民出版社 1998 年版，第 240~249 页。

⑨ 参见公丕祥：《法哲学与法制现代化》，南京师范大学出版社 1998 年版，第 369~375 页。

发，讨论了有别于社会演化型法治的政府推进型道路。① 这些理论成果，多数遵循法制与现代化的理论框架，倾向于将法治道路视为一种理想建构，将现实与之比照，寻找差距和不足。

1999 年，中华人民共和国成立五十周年。在这一年，"国家尊重和保障人权"入宪。世纪之交，法学家加快塑造中国法治的理想形象，"从法制到法治""中国法治化的道路"等成为表征时代进步的流行话语。② 肖扬以"中国阔步迈向法治的辉煌"为题，通过"初兴-春天-辉煌"的三部曲叙事，对中国法治道路进行了总结和展望。③ 季卫东论述实用法学的第三条道路，在政治话语设定的逻辑中寻找法治的程序机理。④ 中国法制现代化的历史道路，被写入法理学教科书，成为"法的起源与发展"的重要内容。⑤ 建设社会主义法治国家的目标和道路，被确定为法治国家论的落脚点。⑥ 法制（法治）现代化的理论逻辑，落脚于当代中国法制现代化的发展道路。⑦ 法律革命的理论范式，贯穿于当代中国法制现代化道路的解释。⑧ 与这条道路相关的独特历史、传统、思想、机制等因素，也开始在理论阐释中产生整体关联。⑨

进入新世纪后，有关法治道路的学术讨论开始出现流派分野，本土资源论、国际接轨论、中国模式论等主张激烈交锋。2000 年出版的一部专题论文集，精选二十余篇关于中国法治道路的研究论文，从不同视角回顾改革开放以来的法治进程，评述法治发展中的共识和分歧，提出中国法治道路走向的各种设想或建议。⑩ 随着"中国式现代化道路"在学术上的日趋定型和广泛传播，⑪ 相关衍生话

---

① 蒋立山：《中国法治道路初探》(上、下篇)，载《中外法学》1998 年第 3、4 期。

② 参见程燎原：《从法制到法治》，法律出版社 1999 年版，第 306~313 页。

③ 肖扬：《中国阔步迈向法治的辉煌》，载《新华文摘》2000 年第 1 期。

④ 参见季卫东：《法治秩序的建构》，中国政法大学出版社 1999 年版，第 3~86 页。

⑤ 参见张文显主编：《法理学》，高等教育出版社 1999 年版，第 177~180 页。

⑥ 参见刘金国、舒国滢主编：《法理学教科书》，中国政法大学出版社 1999 年版，第 491 页。

⑦ 参见公丕祥：《法制现代化的理论逻辑》，中国政法大学出版社 1999 年版，第 386~390 页。

⑧ 参见公丕祥主编：《当代中国的法律革命》，法律出版社 1999 年版。

⑨ 参见刘作翔：《迈向民主与法治的国度》，山东人民出版社 1999 年版，第 111~124 页。

⑩ 参见黄之英编：《中国法治之路》，北京大学出版社 2000 年版。

⑪ 参见于光远主编：《经济大辞典》(补编本)，上海辞书出版社 2000 年版，第 39 页。

语在大众宣传层面，也得到有关部门的高度重视。① 在对邓小平的法治思想研究
的语境中，社会主义法治道路本质在于它是实现方针的战略途径。② 在范围更大
的法治国家理论框架中，法治道路也被归入走向法治理想的现实发展路径。③ 在
对各国法治的比较观察中，法学家已能充分正视法治的多样性，主张用符合国情
的方案，建构合乎规律的中国法治道路。④ 在全球化突飞猛进的那个年代，国际
组织有关发展质量的治理研究成果，对中国法治道路的成效评估，开始产生特定
的启发和示范作用。面对中国经济快速增长带来的区域失衡、环境污染、贫富差
距拉大等现实问题，法治道路与发展道路的内在契合愈益重要。根据国外学者提
出的法治实施评估的"交通灯"模型，中国当时的状况接近"黄灯"，介于"红灯"
和"绿灯"之间，属于在特定治理指标上很弱或存在治理结构危机的国家。⑤ 战略
研究提出"超均衡发展"的构思，以此优化中国的法治道路和发展环境。⑥ 当"法
治化道路"成为法学话语中的高频词，一种有别于传统、西方和苏联的社会主义
法治道路，一种通过法治协调利益、整合社会、解决矛盾的中国特色发展道路，
在理论上渐趋成熟。⑦ 民主、自由、人权、正义，作为社会主义者的核心价值，
开始在法治道路的实施要求中体现。⑧ 对法治道路的中国特色，学者们也有不同

---

① 参见肖义舜主编：《共和国法制建设 50 年》，中共中央党校出版社 2000 年版。该书由中华
人民共和国司法部宣传司、中央人民广播电台法制部组织编写，分为观念篇、成就篇、道路篇、展
望篇四部分，全面总结了中国法制建设 50 周年的光辉历程。

② 参见吴锦标：《邓小平法治思想研究》，山东大学出版社 2001 年版，第 52 页。

③ 参见卓泽渊：《法治国家论》，中国方正出版社 2001 年版，第 284~301 页。

④ 参见袁曙宏：《社会变革中的行政法制》，法律出版社 2001 年版，第 7 页。

⑤ 参见 Vinod Thomas 等：《增长的质量》，本书翻译组译，中国财政经济出版社 2001 年版，第
131~133 页。

⑥ "超均衡发展"实际上是一种"再均衡发展"。如倡导者所言："在过去 50 年里，无论是前 30
年的'均衡'发展战略，还是近 20 年的'非均衡'发展战略，均以矫枉过正的心态以求一时一地之效，
推助了区域之间的紧张关系，浪费了丰富的资源和生产力。'超均衡'战略则是一种可持续发展的新
战略，无论是在空间布局上还是经济社会和环境的关系上，均力求做到平衡、协调、和谐。这一战
略思想在处理今后各种区域关系上当有特效。"汤爱民：《大整合：21 世纪中国综合发展战略建言》，
中国经济出版社 2000 年版，第 14 页。

⑦ 参见孙国华主编：《社会主义法治论》，法律出版社 2002 年版，第 360~371 页；李龙主编：
《依法治国方略实施问题研究》，武汉大学出版社 2002 年版，第 207~220 页。

⑧ 参见李云龙、张妮妮：《民主·自由·人权·正义——一个社会主义者的解读》，河南人民
出版社 2002 年版，第 234 页。

视角的探索。比如有学者通过比较法研究，对墨西哥、阿根廷等国的法治道路进行深度反思，初步论述了"发展法理学"主题和思路。① 苏力在《道路通向城市》中，一如既往反对"法治"大词，主张用细致的生活去感知法治的实践。② 他所解释的中国法治，实际上无时无刻不在自我演化的道路上行进。而林林总总的法学话语，却容易在崇山峻岭中陷入迷途。这表现出大转型时期，法学内部的某种"特色"冷醒，但这样的冷醒尚未完全构造出对中国法治道路的整体阐释图景，因为冷醒者一开始就放弃了这样的雄心壮志。在"入世"带来的法治接轨热潮中，法学界从文化基础层面继续思考中国的法治道路，试图找到"整合与超越"的理想类型。③ 在高远理想和冷峻现实之间，法学家能向决策稳妥主张的，乃是中国法治应走渐进的秩序形成之路。④ 政府推进型法治道路与社会演进型法治道路，仍是两种对峙的话语。⑤ 不断出现调和二者的理论努力。这使得"法治国家"成为一个富有张力的理论概念，如何将政府权力和社会权能统合起来，形成打破西方政治国家和市民社会二元对立的阐释范式，关系到下一阶段人们对中国法治道路的本质认知。

在"和谐社会"和"政治发展道路"的话语指引下，有关中国法治道路的讨论，出现集成化的趋向。"法治中国"这样的宏大语词，不仅出现在法学话语中，而且得到经济学家和社会大众的响应。⑥ 中国道路和法治道路在话语上出现明显交集，通过法治实现整体和谐，扩展了依法治国的社会功能，让法治道路在经济发

---

① 参见夏立安：《发展中国家的政治与法治》，山东人民出版社 2003 年版，第 24~37 页。

② 参见苏力：《道路通向城市——转型中国的法治》，法律出版社 2004 年版，第 6~20 页。

③ 参见徐祥民：《文化基础与道路选择——法治国家建设的深层思考》，法律出版社 2004 年版，第 168~185 页；夏新华：《法治：实践与超越——借鉴外域法律文化研究》，中国政法大学出版社 2004 年版，第 439 页。

④ 参见郝铁川：《秩序与渐进：中国社会主义初级阶段依法治国研究报告》，法律出版社 2004 年版，第 1~3 页。

⑤ 对社会演进型法治的倡导，参见何勤华等：《法治的追求——理念、路径和模式的比较》，北京大学出版社 2005 年版，第 15~54 页；对政府推进型法治的解释，参见蒋立山：《法律现代化——中国法治道路问题研究》，中国法制出版社 2006 年版，第 85~99 页。

⑥ 参见张晋藩：《综论百年法学与法治中国》，载《中国法学》2005 年第 5 期；吴敬琏：《呼唤法治的市场经济》，生活·读书·新知三联书店 2007 年版，第 124 页；杨柳：《210 件法律构筑法治中国框架》，载《瞭望新闻周刊》2006 年第 9 期。

展、政治文明、社会治理、文化建设等方面铺展开来，狭义的政府主导型法治在观念上疲态日现。中国共产党提出社会主义法治理念，被学者视为"中国特色社会主义事业发展的客观要求，是建设社会主义政治文明和中华民族走向伟大复兴的必由之路"，其重要指向就是"全面落实依法治国基本方略，在经济、政治、文化和社会四个方面实现法治化"，"切实有效地保障经济发展、政治稳定、文化繁荣和社会和谐"。① 党的十七大报告，第一次明确提出中国特色社会主义旗帜、道路和理论体系。"'道路'，用党的十七大报告的概括说，就是在中国共产党领导下，立足基本国情，以经济建设为中心，坚持四项基本原则，坚持改革开放，解放和发展社会生产力，巩固和完善社会主义制度，建设社会主义市场经济、社会主义民主政治、社会主义先进文化、社会主义和谐社会，建设富强民主文明和谐的社会主义现代化国家。"②

2008 年，改革开放三十周年，也被法学界视为中国法治之路三十周年。③ 学者们借此总结发展经验，完善理论阐释。④ 民主和法治，成为中国特色社会主义政治发展道路的两大支柱，相互补充、彼此配合。⑤《中国的法治建设》白皮书指出："中国共产党领导中国人民成功地开辟了中国特色社会主义道路。在这条道路上，中国适应经济建设、政治建设、文化建设、社会建设不断发展的客观要求，坚持党的领导、人民当家作主和依法治国有机统一，坚持以人为本，弘扬法治精神，树立民主法治、自由平等、公平正义理念，建立和完善中国特色社会主

---

① 谢鹏程：《论社会主义法治理念》，载《中国社会科学》2007 年第 1 期。

② 习近平：《大力推进中国特色社会主义理论体系的学习和研究》，载《求是》2008 年第 7 期。

③ 有学者认为：2008 年前后是中国特色社会主义法治道路理论命题的正式提出阶段。这主要基于党的十七大报告提出："改革开放以来我们取得一切成绩和进步的根本原因，归结起来就是：开辟了中国特色社会主义道路，形成了中国特色社会主义理论体系。"根据党的十七大精神，中央有关部门与法学界共同得出了一个重要共识：改革开放以来，我们已经形成了一条符合我国国情、反映人民意愿、顺应时代潮流的中国特色社会主义法治道路。中国特色社会主义法治道路命题，从而在理论上正式确立。参见蒋立山：《中国特色社会主义法治道路命题的理论演变》，载《学习时报》2020 年 3 月 13 日。

④ 相关理论成果，如中国社会科学院法学研究所编著：《中国法治 30 年》，社会科学文献出版社 2008 年版；蒋立山主编：《中国法治论丛》(2008 年卷)，知识产权出版社 2009 年版。

⑤ 参见俞可平、Arif Dirlik 主编：《中国学者论民主与法治》，重庆出版社 2008 年版。其中收录著名政治学学者和法学家的多篇论文。

义法律体系，全面实施依法行政，深化司法体制改革，完善权力制约和监督机制，保障公民的合法权益，维护社会和谐稳定，不断推进各项工作法治化。"① 关于法制现代化道路的"本土与移植"争论，也逐渐平息，成为法理学回顾和总结的素材。② 一些讨论法治道路问题的论文，也进入高影响论文的行列。③ 张文显教授在新版的《法哲学通论》中，将"中国特色社会主义法治"列为专章，首先从"中国特色社会主义法治道路的形成"切入，进而探讨"中国特色社会主义法治的本质特征和基本标志"，最后进入"法治现代化与建设社会主义和谐法治"的战略命题。④ 历史逻辑的实践基础、理论逻辑的本质特征以及战略逻辑的关键命题，在中国法治道路问题上初步形成了体系阐释。

　　基于对中国法治道路形成历史逻辑的更精准体认，2009 年被法学界视为"新中国法治建设与法学发展 60 年"，在专题学术讨论会上，"社会主义法治建设的中国道路"成为关键主题。⑤ 在政治学学者的战略阐释中，中国式民主的理想模式就是法治民主。⑥ 在经济学家看来，法治也是"中国道路"得以证立的关键要素。⑦ 著名法学家通过议政体验，说明法治道路对于中国发展的极端重要性。⑧ 张文显教授发表《论中国特色社会主义法治道路》的专题报告，李龙教授以纪念"依法治国，建设社会主义法治国家"入宪十周年为契机，从理论上阐释"坚持走中国特色社会主义法治道路"。⑨ 还有学者从比较法学、法社会学、法哲学等视

---

　　① 中华人民共和国国务院新闻办公室：《中国的法治建设》（二〇〇八年二月），http://www.gov.cn/zhengce/2008-02/28/content_2615764.htm。

　　② 参见张恒山主编：《共和国六十年法学论争实录》（法理学卷），厦门大学出版社 2009 年版，第十专题。

　　③ 参见徐剑、何渊：《中国法学高影响论文评介》，上海交通大学出版社 2009 年版。评介对象包括徐显明、苏力、蒋立山、夏勇、姚建宗等人研究法治原则、法治理念、法治道路、法治精神的文章。

　　④ 参见张文显：《法哲学通论》，辽宁人民出版社 2009 年版，第 419~437 页。

　　⑤ 参见李林主编：《新中国法治建设与法学发展 60 年》，社会科学文献出版社 2010 年版，第 155 页。

　　⑥ 参见高建、佟德志主编：《中国式民主》，天津人民出版社 2010 年版，第 7~10 页。

　　⑦ 参见陈宗胜等：《中国是市场经济国家吗》，中国发展出版社 2010 年版，第 88 页。

　　⑧ 参见罗豪才：《议政十年》，中国致公出版社 2010 年版，第 96~98 页。

　　⑨ 两位学者的文章，均收录百名法学家百场报告活动组委会办公室编：《法治百家谈：百名法学家纵论中国法治进程》，新华出版社 2010 年版。

角，对中国法治道路的深层理论基础继续开掘。① "法治的中国道路"，已成为部门法学研究和法学范式反思中的常见"热词"。② 法治道路的理论探索，此时已"下沉"到地方法治研究层面，诸如"强县扩权"政策的宪法空间、法治评估的余杭经验等具体问题，得到学界关注。③

　　为进一步厘清历史逻辑，法学界通过国家和政党的复合视角，以新中国法治建设六十年和中国共产党法治观探寻九十年为主题，对法治中国道路的发展脉络进行了系统梳理。④ 受限于当时的认识，对改革开放前三十年的法治道路探索经验，并未充分呈现，但这种不足在党治国理政的视角下得到了部分弥补。但作为理论概括，"从革命法制观到治国方略法治观"并未彰显革命与法治的辩证法，似乎仍在沿袭革命与法治的二元对立，并且对新的法治实践包揽总体、超越独立的价值意涵也未予凸显。在法制史研究者看来，中国法治道路应当有更广阔的视野，"回到沈家本 超越沈家本"成为一个反思性的标题。⑤ 正如张文显教授所说："中国特色社会主义法治建设道路，是在漫长的历史前奏和艰辛的实践探索之后形成的，并将不断地拓展下去。"⑥随着研究的不断深入，法学界愈益认识到，在"法律意识形态"透镜下，作为主流话语的法治道路，有其厚实的理论逻辑可以分析。⑦ 在马克思主义法律思想语境下，法学家提出"新法治架构进路"，论述"基于实践的中国特色社会主义法治之路"。⑧ 从法社会学视角，进一步迈向"法

---

① 参见舒国滢主编：《法制现代化的理论基础》，知识产权出版社 2010 年版，有关法治过程性的论述；朱景文主编：《法社会学专题研究》，中国人民大学出版社 2010 年版，第一章"中国法治道路研究"；黄文艺：《中国法律发展的法哲学反思》，法律出版社 2010 年版，第二编"中国法律发展道路的法哲学反思"。

② 参见左卫民：《刑事诉讼的中国图景》，生活·读书·新知三联书店 2010 年版，第 199~219 页；魏敦友：《当代中国法哲学的使命》，法律出版社 2010 年版，第 234~247 页。

③ 参见孙笑侠主编：《转型期法治报告》(2010 年卷)，法律出版社 2010 年版，第 199、155 页。

④ 参见蒋传光：《新中国法治简史》，人民出版社 2011 年版，第 9~47 页；李瑜青等：《中国共产党治国理政研究》，上海人民出版社 2011 年版，第 173 页。

⑤ 参见郭建等：《中国法制史》，浙江大学出版社 2011 年版，第 245 页。

⑥ 张文显：《中国特色社会主义法治建设道路是怎样形成的》，载《光明日报》2009 年 10 月 15 日，第 1 版。

⑦ 参见吕明：《法律意识形态的语义和意义》，安徽大学出版社 2011 年版，第 196 页。

⑧ 参见付子堂主编：《历史与实践之维——马克思主义法律思想时代化问题研究》，法律出版社 2011 年版，第 339~424 页。

治秩序的思想基础以及核心价值重构"，在新的起点上回应"中国法治向何处去"的问题。① 围绕当代中国道路的分析和建构，学者提出法治理论范式替换的主张，卢曼的法的社会系统论备受推崇。② 这与其他学科的动向，呈现出微妙的反差。帝国主义法治与人民法治的对立，在美国学者的论述中形成。其被引入中国后，成为对法律移植主义的有力批判。③ 在中国特色社会主义法律体系形成的背景下，中国法治道路的自主性愈发凸显，并出现从法律规范体系到运行实施体系的战略强化。有别于历次司法改革研究热潮，法学界对改革道路的自主性有了更为明确的认识。④ 即使对西方法学方法论的普及性介绍，也特别强调自主性发展道路，落脚于法律自主发展的"铁律定规"。⑤

　　2013 年，中国法治道路的理论研究进入"丰收时刻"。凌斌在《法治的中国道路》中描绘了"法治专职主义 VS 法治群众路线"的二元变奏，试图在其所谓的"专法"和"普法"中找到稳妥的均衡路线。⑥ "如果说先前的很多讨论是一种静态的对法治优点的分析和梳理的话，《法治的中国道路》一书恰恰是将这个过程拉长，在将时间维度引入讨论中之后，'变法'背景下的'法'和'治'之间的张力就显露出来了，在变法的'专法之治'和普法的'民本法治'之间，作者试图塑造一条法治的中国道路。"⑦但由于对政治的忽视，"有法无治"的难题才得以成立，而这种情状是当时法律社会学研究的阶段所决定的。⑧ 与法律社会学研究不同，有学者延续法的人文精神讨论，力求为中国法治道路找到均衡法家法治、儒家法治和民主法治的支点，借此消解理性人文和道德人文的对立。⑨ 此种理论建构汇聚了法

---

　　① 参见季卫东：《法治构图》，法律出版社 2012 年版，第 451~471 页。

　　② 参见泮伟江：《当代中国法治的分析与建构》，中国法制出版社 2012 年版，第 156~193 页。

　　③ 参见[美]乌戈·马太、劳拉·纳德：《西方的掠夺——当法治非法时》，苟海莹译，社会科学文献出版社 2012 年版，第 202~242 页。

　　④ 参见公丕祥主编：《当代中国的司法改革》，法律出版社 2012 年版，第 22~38 页。

　　⑤ 参见曹茂君编：《西方法学方法论》，法律出版社 2012 年版，第 548 页。

　　⑥ 参见凌斌：《法治的中国道路》，北京大学出版社 2013 年版，序言。

　　⑦ 邵六益：《法治的时间维度和政治维度——评凌斌教授〈法治的中国道路〉》，载《政治与法律评论》2015 年第 1 期。

　　⑧ 邵六益：《法治的时间维度和政治维度——评凌斌教授〈法治的中国道路〉》，载《政治与法律评论》2015 年第 1 期。

　　⑨ 参见胡水君：《内圣外王：法治的人文道路》，华东师范大学出版社 2013 年版，第 28~39 页。

律史、比较法和传统文化等多种理论资源，在整合融贯上有不小的难度。问题在于，即使形成一种整体上的人文道路图景，这样的图景未必能对应法治的总体实践。对于法的人文精神或曰法治的人文道路，"西方法的精神"仍是直接的理论替代，从中推演原则，建构启蒙标准。① 自然科学发展出的法治系统论，对道路顶层设计继续提供知识上的支援。② 随着"建设法治中国"进入顶层设计话语，特别是在2014年党的十八届四中全会上，各界对中国特色社会主义法治道路的共识形成，法学话语进入新的繁荣期。

在中国特色社会主义法治道路的本质话语中，法学的历史实践研究法显示出了良好的效用。如前所述，李龙教授结合近代以来中国法治建设的特殊语境，通过梳理近代中国法治道路历程中的"五次否定"，从理论上科学概括了法治道路的基本内涵和规律。③ 张文显教授也借助历史实践研究，聚焦改革开放以来中国法治进程的特点，将中国特色社会主义法治的本质特征和基本标志明确概括为"五个有机统一"。④ 此类研究通过法治道路形成过程的历史实践逻辑，凸显中国共产党领导、人民主体地位和依法治国行动的高度一致，力图全面反映近代以降中国法治探索的核心要义及其发展方向。随着"中国特色社会主义法治道路"进入顶层设计，法学家进一步将历史经验与文化传统、基本国情整合讨论，通过政治思想的系统分析，推演法治道路的本质特征及其战略安排。⑤ 如有学者认为，

① 参见陈弘毅：《法治、启蒙与现代法的精神》（第2版），中国政法大学出版社2013年版，第3~32页、第149~159页。
② 参见熊继宁主编：《经济-科技-社会-环境-法律系统协同发展：第三届全国法制/法治系统工程理论研讨会论文集》，中国政法大学出版社2013年版。
③ 具体表述为："中国特色社会主义法治道路是以社会主义法治理念为指导，以'三者统一'为根本原则，政府主导的、渐进的、自上而下与自下而上相结合的，在社会主义初级阶段，由中国共产党领导、广大人民参与的依法治国的步骤、方式、过程和路径的总称。"李龙：《论中国特色社会主义法治道路——纪念"依法治国，建设社会主义法治国家"入宪十周年》，载《杭州师范大学学报（社会科学版）》2009年第5期。
④ 即坚持党的领导、人民民主、依法治国的有机统一；坚持依法治国与依法执政的有机统一；坚持依法治国与以德治国的有机统一；坚持建设法治国家与建设法治社会的有机统一；坚持立足国情与面向世界、传承中华优秀法律文化传统与借鉴人类社会法治文明成果的有机统一。张文显：《论中国特色社会主义法治道路》，载《中国法学》2009年第6期。
⑤ 参见徐显明、张文显、李林：《中国特色社会主义法治道路如何走？——三位法学家的对话》，载《求是》2015年第5期。

在全面依法治国新理念新思想新战略中，"坚持中国特色社会主义法治道路"是承接理念与实践的关键一环，法治道路本身不是根本前提，其本质规定源于党的领导和人民主体地位的宪法原则。① 沿着此种运思，中国法治道路本质特征的学理阐释不断丰富和发展，在"中国特色社会主义"本质规定下，从理论原创性、社会制约性、中国本土性、文明优越性、系统开放性等方面立体建构，在宏阔、连续的大历史中呈现出与以往法治道路的根本区别。②

三、从"政法法学"到"政治法理学"

综览有关中国法治道路的专题研究，我们可以强烈感受到"政法法学"的主导地位。此种法学研究，虽然在法教义学、社科法学看来过于宏大，但在回应政策方面显现出独特的生命力。面对愈益严苛的学术批评，政法法学的方法论淬炼成效显著。沿着历史的脉络，学者展开了对法治道路本质的深层探寻。在此理路下，学术话语不仅溯及近代中国和世界，同时注重法治与发展的当代比较。③ 为稀释本质研究的形而上学色彩，研究者或将法治道路归入法律发展议题，着力塑造法律现代化的本土理论；④ 或从文化传统的反思视角，分析法治中国的深层机理，⑤ 建构中国法治的人文道路⑥。围绕中国特色社会主义法治道路，法学界新近推出数百万字的鸿篇巨制，全面阐释这一至关重要的政法主题。⑦

---

① 有学者认为，法治道路是根本前提，法治理论是基本支撑，法治制度则是关键保障，三者共同统一于"中国特色社会主义"的统帅与灵魂之中，这就是习近平总书记依法治国理论最重要的逻辑框架和价值取向。参见王旭：《论全面推进依法治国中的几个基本关系》，载《中国高校社会科学》2018 年第 2 期。

② 参见汪习根等：《中国特色社会主义法治道路的理论创新与实践探索》(三卷本)，人民出版社 2021 年版。

③ 参见沈国明：《法治中国道路探索》，上海人民出版社 2017 年版，第 30~90 页；冯玉军：《中国法治的道路与特色》，中国社会科学出版社 2017 年版，第 234~241 页。

④ 参见蒋立山：《法律现代化：中国法治道路问题研究》，中国法制出版社 2006 年版，序言。

⑤ 参见季卫东：《法治构图》，法律出版社 2012 年版，第 3~37 页；季卫东：《通往法治的道路：社会的多元化与权威体系》，法律出版社 2014 年版，第 11~56 页。

⑥ 参见胡水君：《内圣外王 法治的人文道路》，华东师范大学出版社 2013 年版，第 103~120 页。

⑦ 汪习根等：《中国特色社会主义法治道路的理论创新与实践探索》(三卷本)，人民出版社 2021 年版。

在既有政法法学的话语诠释基础上，"政法教义学"雏形初现，其重要风格可以形容为"主题不变、方法更新"，即引入规范（教义）法学方法对政治话语进行更为细致的阐释。如果将"规范宪法学"和"宪法解释学"视为早期典型代表，正在蓬勃发展的"党规学"可谓是当下的"升级版"。① 就早期发展而言，规范宪法学和宪法解释学共识大于差异，都主张对法规范进行系统的阐释，都不反对政治价值进入宪法规范。规范宪法学包含传统的宪法解释学，并以之为基础；宪法解释学并不是局限于传统法律实证主义意义上的解释学，而是强调以宪法文本为中心的多种方法的综合运用。② 虽然从表面看，早期政法教义学并不主张直接以政治话语为阐释对象，但通过对法规范的二阶扩容，即实在法与其之上的法，间接达成了对政治法理的探索渠道，为法治道路本质特征提供了规范分析进路。这种分析建立在政法话语融通的基础上，不是简单的政治话语复制，也非强行的法律理论框构，属于一种比较理想的"政治法"阐释构想。

除此之外，随着社科法学的兴起，外部学科方法对法学话语的影响日渐显著。作为超出法律实证主义阐释范围的超级命题，探寻中国特色社会主义法治道路的本质特征，不得不引入哲理法学、历史法学、社会学法学等理论工具。相比而言，新一代学人对中国法治道路的本质探究，更为看重生动鲜活的政法叙事。在这一点上，规范导向的政法教义学与多学科背景的社科法学产生交集，为政法法学的扩容与更新提供了强劲动力。作为学科交叉的成果表征，"政治宪法学"是一种值得重视的学术话语。此种话语秉持客观理解政治的立场，从政治家法公理的逻辑出发，勾勒中国法治的复线历史，分析法治道路的根本规范。有别于移植论者的法律现代化话语，政治宪法学警惕西方法律进化主义的单向度史观，借助国外"批判法学"和法律现实主义的研究成果，反向论证另一种"大词法学"的巨大风险，揭示"法律东方主义"话语丛林中的诱惑、风险和陷阱。例如，运用根本法、高级法、不成文宪法等概念工具，陈端洪教授将"中国人民在中国共产

---

① 代表性著作包括但不限于：林来梵：《从宪法规范到规范宪法——规范宪法学的一种前言》，法律出版社 2001 年版；韩大元主编：《比较宪法：宪法文本与宪法解释》，中国人民大学出版社 2008 年版；宋功德：《党规之治：党内法规一般原理》，法律出版社 2021 年版。

② 参见韩大元、林来梵、郑磊：《宪法解释学与规范宪法学的对话》，载《浙江学刊》2008 年第 2 期。

党的领导下"证立为第一根本法，"中国特色社会主义道路"为紧随其后的第二根本法，从学理上体现了法治与政治的内在一体和话语同构。① 通过对改革开放以来中国法治话语的历史分析，强世功教授检讨了西方律法中心主义和法院中心主义的危害，从对党的政治文献的解读中，提出建构"多元一体法治共和国"的理论主张。② 虽然某些论证有待完善，甚至基本观点都受到激烈批评，但从其内含的超越形式主义法治观的"政治法理学"雄心，值得关注和表彰。这些研究虽未明确总结法治道路的本质特征，但沿其运思推展，可以发现建立在中国传统基础上的法治道路，③ 不仅涉及法治理想的改造与更新，而且与现行宪制规范有精微的对应，诚属理念、事实与规范的多元辩证产物。因此，从"政治法理学"视角阐释中国特色社会主义法治道路的本质特征，④ 有助于涵摄当前法学研究的多元视角，在历史主体的宏大视野中找寻新的论述基点、方案和材料。

　　法律与政治历来有不解之缘，此种关联正是政治法理学的立论基点。从发生学上看，政治有如孕育法律的母体，政治学类似滋养法学的胎盘。如同阿基米德的杠杆支点，任何法律本质的原理，都不能脱离政治的逻辑。政治与法律互助与同构的一体特征，不仅在理论上，而且在实践中反复彰显；不仅在法学家的政治研究话语中，也在政治家的法理论述表达中不断强化。虽然近代以降，法治意识形态有浓烈的"政法分离"导向，但如果从话语表达走向话语实践，从本真的话语历史情态出发，政法话语同体互动的铁律依然坚执。法学必定有面向政治的一面，这并不必然导致所谓学术品格的危机。相反，"去政治化"极易导致"泛政治""伪政治"，或者说，本身就是一种隐藏很深的话语政治。⑤ "没有法律的政

---

　　① 　参见陈端洪：《论宪法作为国家的根本法与高级法》，载《中外法学》2009 年第 1 期。

　　② 　参见强世功：《党章与宪法：多元一体法治共和国的建构》，载《文化纵横》2015 年第 4 期。

　　③ 　包括老传统和新传统，即古典礼法传统和现代政法传统。

　　④ 　20 世纪 90 年代中期，张文显教授就从法理学视角，提出将政治法作为独立部门法的观点。但这篇论文的引用量，明显不及其他重要文章。政治法理学的观念虽隐而不彰，但从政法法学、政法教义学、政治宪法学的研究，还是可以看到它的未来。参见张文显：《建立社会主义民主政治的法律体系——政治法应是一个独立的法律部门》，载《法学研究》1994 年第 5 期。

　　⑤ 　参见汪晖：《去政治化的政治：短 20 世纪的终结与 90 年代》，生活·读书·新知三联书店2008 年版，第 1~2 页。

治是危险的政治"，①但没有政治的法律更是危险的法律。直面政治，可以让法律在政治话语及其实践中吸收养分、经受检验，产生新的议题灵感，修缮原有的规范框架，让经世致用的古老品格在新的时代不至中辍。为达成对政治法理的共情、理解和审慎思考，"政治法理学"的出场，不仅代表少数学者富有远见的瞻瞩，或处理好法治和政治关系的现实之需，它折射出的或许还有某种贯穿古今中西的文明共识。全人类共同价值的实现，需要法治文明更好融入政治文明，借助新时代政治文明的磅礴力量，达成良法善治下的天下大同。于此而言，"政治法学"具有人类文明的交融情怀，在语义上也比"政法法学"产生更少的误解。②

　　从理论脉络上看，政治法理学有深厚传统和多样形式。立基于古典哲学的政治法学无疑是正宗的，但由于古典传统在历史流变中的断裂和异变，特别是随着近代科学主义的勃兴，其话语空间日显逼仄，对精英和大众的文化影响大不如前，成为少数学者进行思想训练的"冷门绝学"。西方现在的政治法理学（Political Jurisprudence），产生于学术知识的交汇，主要归功于社会学法学和法律现实主义的拓展，以及教义学法学和政治科学的方法论结合。其理论前提建立在社会学法学基础上，强调将法律从独立有机体的幻觉中解放出来，回归于社会系统的组成部分。③ 在议题和方法上，政治法学早期受社会学法学影响至深，基于法律与社会的互动，对具体政治过程予以深描。政治哲学的作用日后虽有所强化，但始终不及社会学法学的影响。例如，对于政治法学内在的经验论与规范论的紧张，有学者主张用"新制度主义"加以批判性整合，主张经验主义或规范主义的公法学者都应把"有意义的行为和结构决定因素的辩证法"作为核心关注，并以若干特

---

　　①　借用 80 年代一篇论文题名。参见陈鹏生：《没有法律的政治是危险的政治：法学研究的反思》，在《法学》1987 年第 1 期。

　　②　例如，政治宪法学研究者很少承认"政法法学"的概念。他们与规范法学论者论战，宁愿称自己的理论为"政治宪法学"。"政法法学"之所以"成名"，主要是中国新近崛起的法律和社会科学的交叉研究"正名"的需要。出于中国法学知识格局的分析判断，必须给主流理论一个显眼的标签，以表征其意识形态化的缺失，社科法学有意借用"政法"这个约定俗成的实践语词，对研究政治道路、理念和体制的法学作者及成果归门别类。如果用"政治法学"的语词，很多不必要的对立和误解或可避免。比如朱苏力教授的宪制研究可能不属于他所称的"政法法学"，但一定与"政治法学"（Political Jurisprudence）具有千丝万缕的关联。

　　③　Shapiro，Martin，*Political Jurisprudence*，*Ky. L. J*（1963），pp. 19-55.

定方式重塑各自的研究，从而为贯通经验的规范性辩论奠定基础。[1] 但这样的方案缺乏政治哲学和法哲学的根基，无法达成政治家法公理和法学家法原理的一体贯通。所谓"新制度主义"，依然是一种打扮后的"社会学制度主义"。[2] 在此背景下，当代中国的政治法学，背后有坚实的传统文化、哲学、政治经济学和意识形态基础，完全可以发展出更为有效的理论，对法治道路的本质问题提供科学系统的阐释方案。

从话语资源上看，广义的政治法理学，由面向政治的主体通过话语系谱组成。在精英话语中，政治家法理和法学家法理，形成某种必要的类型区分，二者存在各种形式的交互和转换，与大众法理并没有不可逾越的鸿沟。无论中西，法政精英皆为治国主力，都需响应大众。中国政法传统强调"走群众路线话语"，其中包含深刻的精英与大众的辩证法，也暗含了法真理的发现程序——从实践中来，经过审慎研判，再到实践中去。这与经典政治哲学是契合的。通过政治法理学，我们可以看到法规范的原则内核，是如何在宏阔的政治场域中凝聚而成的，是如何在无形的政治熔炉中锻造而生的。精英和大众共同编织的话语系谱，不仅政治学要研究，法理学也不能忽视。[3] 在当今中国，话语问题越来越受到政治法理学的重视，一个重要原因在于，政治话语不仅是精英的专利，也是大众的土产；不仅是了解政治心态的工具，也是构成政治本体的元素。透过这些资源，可以发现真实的法理，可为阐释法治道路本质、塑造法治理想模型，找到一个个鲜活的样本。作为话语资源的政治法理学，对中国特色社会主义法治道路本质特征的研究，最大的启发在于：应当留意不同话语主体在各自历史语境中的阐释，将这些阐释的真实逻辑贯通起来，形成一种观察的"系谱"。当然，这种系谱不是

---

[1]　Smith, Rogers M. Political Jurisprudence, "The 'New Institutionalism', and the Future of Public Law", *American Political Science Review*, 1988, Vol. 82, No. 1, pp. 89-108.

[2]　社会学制度主义倾向于在更广泛意义上界定制度，将"正式规范"和"意义框架"都纳入其中。这种界定打破了制度与文化概念的界限，甚至将文化本身也界定为制度。这样的理论无形中造成政治制度的泛化，不利于法治价值的凸显，使制度万能主义流行，伴生文化虚无主义。这显然是"理念型政治"不能接受的，法治道路的"本质"在其中也不能成立。

[3]　政治学者的研究，如刘伟：《普通人话语中的政治：转型中国的农民政治心理透视》，北京大学出版社 2015 年版。一个法理学研究样本，如刘星：《法的历史实践：从康熙到路易十四》，中国法制出版社 2018 年版。

尼采、福柯所说的真理权力或知识断裂，而是观念激荡、意见交锋、利益博弈等矛盾背后的普遍认同。这就回到前述的本质"普遍接受"标准。如何发现法治道路的此种标准，是当今中国政治法理学的一大使命。

第二节　价值诉求的话语逻辑

一、中国法治道路的价值迷惘

价值问题产生于人们的思想迷惘，而解决思想的困惑和迷思，根本上是为了个人和群体更好地生活。法治存在的意义，无论名目如何繁多，内容多么驳杂，其在本体论上的第一要义无非是助益人类生活，提升人性尊严。当某种有关法治的具体主张得到社群多数的认同和支持，经过实践理性的淬炼和鉴证，为某个或某些具备引领变革能力的社会阶层接受，进而就会通过政治诉求方式塑造为特定的法治道路话语，产生理论和实践上的作用。但如若人们长期对法治道路的基本价值无法形成共识，总是陷于众说纷纭、莫衷一是的迷惘状态，势必会出现思想层面的混乱，影响到大众期望的理想生活实现。

就当前中国而言，"要法治，不要人治"在执政党、国家系统及社会各阶层已成共识。但我们究竟需要怎样的法治？或者说，应当走怎样的法治道路？[1] 对此问题的解答，仍存在各式各样的价值分歧。与具体的方法论分歧不同，价值观的分歧代表了本体论的迷惘，特别是当法律问题与政治问题、道德问题交织一体的时候，本体迷惘有可能造成政治决断的方向性偏失。

例如，中国法学界"法律移植派"与"本土资源派"的论战，表明从 20 世纪 90 年代开始，中国法治道路的价值选择争论即已凸显。这种争论延续了中学与西学的"体用"之争，"姓资"还是"姓社"的意识形态之争，甚至兼有"文明冲突"的全

---

[1]　1946 年，就当时中国究竟需要怎样的法治，面对形形色色的主义和主张，韩德培先生在《观察》杂志撰文指出："假如单从形式方面来主张法治，这种法治可能为君主专政的法治，也可能为法西斯独裁政治的法治。所以我们今日提倡法治，不可不于形式意义的法治之外，特别重视实质意义的法治。""我们今日所需要的法治，乃是民主政治的法治，是建立于民主政治之上的法治。"《韩德培文选》，武汉大学出版社 1996 年版，第 494 页。

球化色彩。另如，法律精英主义与大众化的论争，有学者将之演绎为"专法型"和"普法型"的两条法治道路之争。① 还有理论界围绕"宪政民主""公民社会""三权分立""党法关系""普世价值"等问题的诸多争论，莫不具有本体价值争议的性质。

学术争论本身是好事，但如果因为短时间内难以决疑，或被个别偏激观点误导，致使政治战略犹疑不定、前后矛盾，那就是学术与政治关系异化之恶果了。法学研究不可能脱离政治语境，而政法话语的生产和传播又植根于社会实践层面的斗争和妥协。政法话语的价值表达注重实践需要，强调框架上的逻辑包容和解释上的机变权宜，与学术理论范式具有很大差异。如何从法治实践视角出发，厘清政法话语表达背后的价值实践机理，对于思想迷惘的消解，具有重要意义。说到底，政治上的思想统一与学术上的思想自由，并非一个场域、一种阶段、一类主体的价值行为，但二者可以相互映照，彼此补充，协调不悖。

中国特色社会主义法治道路的价值诉求，其命题形式上源自新近的政法话语，但其内容却横亘古今，涵摄中外。不同主体从各自的社会位置和权能需求出发，衍生出繁杂的价值表达和多样的价值诉求。比如，政治家对于法律和法治的理解，在很多方面与法学家的认识并不重合；政治精英与经济精英、文化精英的对法治的价值诉求也未必契合无间；社会各阶层之间及同一阶层的不同群体之间，对于法治的要求和愿景都各具特色，很难完全摆脱"自我本位"的先定局限。要完成宏大的"视阈融合"研究，描画一幅完整无缺的价值图像，必须抓住导致法治价值本体迷惘的关键要点，从主观问题的客观呈现中找到突破契机。

职是之故，我们可以从多个角度反思当前法治价值的迷惘问题。比如，从既有表达看，虽然社会主义核心价值观中包含"法治"的条目和诸多与法治价值密切相关的内容，但法治价值观在现实中的地位并不突出，甚至有边缘化的危险，在具体阐释上仍有待专门化、具体化、体系化。从理论响应看，法学界虽有大量价值论研究的成果，但中国法治道路的价值逻辑却依然是一个"问题"。从法律实践看，困扰法治工作者的价值冲突问题依然存在，在一些公众关注的轰动案件

---

① 参见凌斌：《法治的两条道路》，载《中外法学》2007 年第 1 期。

中表现得尤为突出。从普法效果看，党的十八大以来的法治教育主要集中在领导干部层面，尚未扩展为一种行之有效的全民价值观教育。从大众舆论看，民间价值观更倾向于对法律的实用主义理解，对官方倡导的法治价值缺少了解和认同。

二、法治中国道路的价值喻义

化解这些思想迷惘，首先需要明确法治道路的价值喻义。沿着前述运思，我们可以设想这样一种情形：

　　某人常年行走于一条羊肠小路，深感艰辛不便，于是呼朋唤友，组织乡邻，下定决心修筑一条康庄大道。这样，不仅可以解决自己的出行问题，也有利于四方民众。对他而言，道路的价值诉求不言而喻。他为了发动民众，说服群意，必须将自己设想的美好图景大力宣传。他甚至还聘请专业技术人员，绘制道路蓝图。通过各方讨论，设计者在原稿基础上作了诸多修缮。四邻对这条道路的价值期待日益高涨，大家相信这条道路的建成不仅可以解决出行难题，还会为日后的脱贫致富、经济发展产生积极影响。但也有些"精明"之人担心，如果道路建设需要投入太高的成本，他们宁愿安于现状。部分较真者，则纠缠于各户各人的劳务分摊。在提议者的组织下，这些问题逐一得到解决。道路建成，大家欢欣鼓舞。虽与原本设计和想象的有些出入，但道路的基本功能没有缺失，每个人的通行也都方便了许多。因为有了这条大道，周边小路渐趋通达，乡邻们日益凝聚为一个生活共同体。道路两旁的店铺越来越多，集市贸易也繁荣起来。随着生活的改善，年轻人开始淡忘当初那个筑路的提议者，对道路的要求越来越高，对某些坎坷和破损的不满也渐趋凸显。有人提议，为什么不能修一条更好的大道呢？为什么要固步自封，守着一条百年老道过活呢？但这个人的提议，最终没有得到大伙的响应。因为事实表明，这条大道从设计到规划，从功能到管理都没有过时。它似乎具有一种历史形成的魔力，一种神奇的自我修复功能。老人们总是对这条大道充满感情，并督促自己的子女不忘本初，奉献己力，维系公益。这条大道的价值无人可以否定。对于其他道路而言，它未必是技术设施最先进的，未必是最敞阔平坦的，但对于这片土地上的人们而言，它是最便利的，最能承载公共情感和记忆的，最愿意悉心守护的。

这个观念中形成的故事，在现实场境中可获验证。改革开放以来，在中国许多地方，"要想富，先修路"的口号颇为流行，至今不辍。对于发达国家的民众而言，道路作为公共基础设施的一部分，被视为现代生活的当然之物。但对于中国这样的后发国家而言，开道修路则关乎贫困消除、经济发展和政体价值凝聚、动员和组织等综合能力之增进。在道路修建过程中，以"发展"为主导的现代化价值观念与风水、安居等本土文化的保持、以及自然生态资源保护等"前现代"与"后现代"价值诉求缠绕一体，使得道路建造的主导者不得不在各种价值和规范间折冲樽俎、均衡施策。一条道路的成功开辟和修筑，虽是合力作用的结果，但往往都会由一个强大的领导团队发挥价值生产和规范协调的功能。否则，开路、建设和发展都只能是空想和虚谈。

在日常语言使用中，人们一般不太区分"道"和"路"的差别，但二者本有不同的语义所指，在价值功能上也不能混为一谈。从理想状态看，"每一条法治之路背后都有其一贯的法治之道，每一种法治之道也必将指向其特有的法治之路。道、路之间，是理念与实践的相互牵引"。① 但事实上，道与路常有分歧。"路"在中文中可理解为"各迈己脚，各行己途"，而"道"则意味着首脑之指引。一般的"路"是连通人之所在与目的地的途径，客观存在，相对确定，无须太多的思考即可顺行。而"道"则表明一种更为复杂的歧路繁多情形，需要人们用头脑深处的思维和理性去甄别，去判断，去抉择。引道之人的头脑清醒，经验丰富，可谓最早的"首脑"。为了实现道的通顺畅达，我们需要以"道"为主干开出各条具体的"路"，让方向相同但抵达地不同的人们都能各有所归。路走错了可以调整，但道选错了则会被错误锁定，正所谓"一条道走到黑"。路径比较灵活多变，有可选空间；而大道则相对确定，贯通南北。道路内在的矛盾性，让价值判断和选择成为难题。如何解决分歧？这就需要"道"的引领与"路"的协配。

---

① 凌斌：《法治的中国道路》，北京大学出版社 2013 年版，第 24 页。

由于法学研究不太关注语言细节，对法治道路的价值喻义难免忽略。例如，霍姆斯在 1897 年著名的演讲——"The Path of Law"，在国内法学界常被译作"法律的道路"或"法律之道"。就其内容而言，这些译名并不妥帖。霍氏演讲谈论的并非法律的价值之道，而是针对法学院学生的法律研习方法，很多路径属于他个人的独特理解，很多人未必赞成，也未必对每个人都能适用。只不过，因为霍姆斯的名气和引证率，他的"法律之路"渐渐演变为"法律之道"了。

时兴的道路人类学认为："道路建设是一个十分复杂的现象，从筑路的动机到修路的后果都涉及历史、文化、社会、生态方方面面，要达到对道路建设前因后果的全面了解和把握，研究者应该自觉地将自己的研究置于跨学科的大框架内。"①与此相仿但不完全等同，中国特色社会主义法治道路的价值逻辑，也涉及古今中外"法律与治道"的方方面面，更需要展示跨学科乃至"超学科"的理论品格。

由此，我们可进一步认识到：整体的法治道路与具体的法律规范路径不同，它更接近于本质层面的法哲学问题。法治路径要符合"道"，即更高的合法性或正统性原则，而"道"的价值生成又受制于社会经济基础。而厘清中国特色法治道路的价值逻辑，关键就在于政统与规范在主体和行动上的理念共契，从主体性视角出发重新理解中国的法治价值体系。

三、西方现代性法治的价值反思

虽然我们正走在民族复兴的路上，但由于西方主导的现代法治价值系统仍然占据着理论和话语优势，甚至隐形支配着国内的法学研究，无论"政法法学""法教义学"，或是"社科法学"都难以从总体上改变现状。

搜览研读国外学者有关中国法治研究的代表性论著，不难发现，多数研究者仍将中国的法律和法治作为一种"东方学"凝视的对象；一种矛盾而难解的复杂中国，构成了中国法治道路的最重要"特色"。在正统的西方法治价值标准下，虽然很多学者没有明言，但潜意识中都将中国置于"法外国家"之列。所谓法律

---

① 周永明：《道路研究与"路学"》，载《二十一世纪》2010 年第 4 期。更多的最新道路人类学文献，参见周永明主编：《路学：道路、空间与文化》，重庆大学出版社 2016 年版。

东方主义，乃是一套关于有法或无法、法治或非法治的二元对立文化预设。这是近代西方法治话语中未被明言的话语权力核心，因为，若没有一个无法的、专制的他者来陪衬，以西方为中心的法律现代性世界也无以确立。① 传统中国的法治自不必提，即使是面向现代化的中国法治事业，在一些西方法律学者看来，也包含着大可质疑的政治斗争。一些学者因为无法接受社会主义意识形态，甚至对之怀有极不友好的天然敌意，无形中破坏了作品的中正立场，降低了应有之学术水准。社会主义法治研究，在西方法学研究的主流视界中，并非一个独立且重要的领域，仍然延续着以西方文明为中心的比较法路向。西方的汉学研究对改革开放以来的中国法治动向充满兴趣，但偏重于法律制度和规范的介绍，对中国法治的独特价值诉求缺乏科学的理论阐释。在这些学者中，很多接受的是历史学、社会学训练，对法律的价值逻辑并没有真切体会，习惯遵循西方主流的法治价值评价标准，将之作为墨守前提，自会对中国法治的独特价值逻辑缺乏体认。在向国际学术接轨的潮流下，国内学者在西方"法律科学"的主流范式下，推出了一些有反响的成果，但多是有关转型中国的具体法律制度，特别是司法制度与改革问题。即使是本应关注整体问题的法理学者，在"去宏大话语"，追求"小清新"的气氛下，似乎也不太愿意研究复杂、敏感的法治道路价值问题。

回想 20 世纪 90 年代，中国道路的学术讨论兴起，国内法学界也开始热议"中国法治(法学)向何处去"这样的宏大问题，由此生出法律本土化和法律移植主义的价值论战。在讨论中，法律学者们使用的理论资源主要还是西方法治原理，无论是赞成本土化的，还是支持接轨论的，或者主张中西结合的，基本上都预设了由人权、正义、自由、秩序、公平、效率、平等、公正等抽象话语架构而成的法治理想目标。无论是对中国法治道路的本土资源的吸收和转化，还是对外来制度的模仿和借鉴，或是具体现实问题的解决，现代性法治在价值论都是坚定的前提。虽有少数学者意识到中国法治道路的独特性，但如何从价值上总结和证立，却并未提出系统的意见。例如，在蒋立山看来，中国"政府推进型法治道路"的选择，并非主观意愿的结果，而是由历史现实、客观环境特别是时间压力

---

① 参见[美]络德睦：《法律东方主义：中国、美国与现代法》，魏磊杰译，中国政法大学出版社 2016 年版，第 9 页。

共同造就的。法治的主体是广义的政府，而非抽象且零散的人民群众。中国法治的未来，"取决于在改革开放氛围中成长起来的下一代人的政治智慧，取决于他们能否在中国传统集权体制文化与西方文化之间走出一条维护民主法治、平衡国家利益与社会利益、珍视本土文化价值的具有中国特色的新路"。① 但这究竟是怎样的一条新路？其价值诉求理据何在？这些问题，似乎只能留给下一代人和时间去解决。同时期的朱苏力也曾表达过类似想法，在他看来，对于中国现代法治而言，最需要的恐怕是时间。② 实用主义的平衡论立场，在意识形态问题不争论的前提下，有意回避深层的价值讨论，或许可以获取在当时来看"最大程度"的法治理念共识，但也会遗留殊难处置的价值纷争问题。改革开放以来，随着法制建设复苏提速，法律价值研究一时间成为显学，研究成果蔚为大观。但是，这些成果基本上是一种对西方法价值学说的"摘录"和"复述"，没有完成对中国法治道路价值逻辑的梳理。从西方价值理论上看，国内主流的法价值论主要探究的是法律的规范价值和社会价值，这与分析伦理学的范式较为接近；而法治道路的价值问题，则更类似于更为复杂的应用伦理学，更强调对制度和理论的实践问题加以综合性的战略分析。法学界对于法治价值逻辑研究的忽视，加剧了政治话语和学术话语的脱节和紧张，以及大众在法治价值认识和选择上的"碎片化""随风倒"。

客观而论，现代西方法治价值观对资本主义国家的富强文明和制度塑造，起到了重要思想启蒙作用，对中国的革命、国家建设和改革事业也有不少镜鉴之功。可以说，现今中国法治的大厦如果缺少了西方法治价值启蒙话语的块垒，必定是支离破碎的奇怪建构。但蔡枢衡先生多年前警示过的法学"殖民地"危险，的确不得不引起吾辈警醒。③ 自主性的法治中国道路，需要自主性的法学研究，

---

① 蒋立山：《中国法治道路初探》（下），载《中外法学》1993 年第 4 期。

② 参见苏力：《法治及其本土资源》，中国政法大学出版社 1996 年版，第 21~22 页。

③ 蔡枢衡先生在 20 世纪 40 年代就曾指出："今日中国法学之总体，直为一幅次殖民地风景图：在法哲学方面，留美学成回国者，例有一套 Pound 学说之转播；出身法国者，必对 Duguit 之学说服膺拳拳；德国回来者，则于新康德派之 Stammler 法哲学五体投地。以中国闭关时代的农业社会为背景之理论家，又有其王道、礼治、德治之古说。五颜六色，尽漫然杂居之状观。然考其本质，无一为自我现实之反映；无一为自我明日之预言；无一为国家民族利益之代表者；无一能负建国过程中法学理论应负之责任。此种有人无我，有古无今之状况，即为现阶段中国法律思想之特质。"蔡枢衡：《中国法学及法学教育》，载《清华法学》第四辑，清华大学出版社 2004 年版。

而法学研究要独立自主，并不是一定要在价值判断标准上与西方主导的现代性法治话语"二元对立"，事实上二者难以切割。但在立场和方法上，我们应有自己的思维方式，避免直接的搬用，防止落入"东方主义"的权力话语陷阱。① 采取以中国问题为中心的叙述方式，从中国的历史、国情和实践中去发现法治价值逻辑的历史脉络，探察其主体，深描其博弈，如此才能深入，才能为法治战略的更新提供学理上的参照。当一个国家的法治基本价值观得到确立，从"奠定法治"走向"深化法治"阶段，如果再盲信固守千百年前那些西方先哲的谆谆教诲，是否也属于不合时宜的教条主义？对于西方法治价值话语，我们的态度绝不是无原则排斥，但也不是无条件吸纳，学术研究最重要的是尊重事情（研究对象）的本然逻辑，政治家称之为"实事求是"，法学家称之为"依循事物的本质"。

对于中国法治道路的价值逻辑问题，我们需要立足于政法实践和法理观念的整合性研究。我们可以接受原生自西方的"自由""平等""社会主义"等价值表达，但更要看到，这些价值话语所指向的具体内容具有不同于原生状态的再生含义。借用哈特有关法律规则的类型区分，西方法治价值观的许多表达，可以比喻为一种"原生规则"——这些最基本，代表的是一种人类朴素的价值愿望，在中国传统文化中不难找到类似的思想，甚至更好的表达。② 由于特殊的历史原因，我们接受了这些语词的外壳，并在具体使用过程中产生了中国化的衍义。这些"衍生规则"构成了我们现今有生命力的法治价值观，在实践中发挥着引领作用，但在理论上却难以清晰展现和阐明。"中国当代重要政治观念的形成，几乎都经历了'选择性吸收'、'学习'、'创造性重构'三个阶段。"③如果不看到这样一种语言、观念和文化事实，我们就很难明确法律价值符号背后的历史与社会实践逻辑，无

---

① 东方主义（Orientalism）有三层意思：一是指西方国家研究东方社会的一门学科，即东方学；二是指一种"西方中心、东方边缘"的思维方式；三是指隐含于前两层内容中的权力话语，即"通过做出与东方有关的陈述，对有关东方的观点进行权威裁断，对东方进行描述、教授、殖民、统治等方式来处理东方的一种机制"，亦即"西方用以控制、重建和君临东方的一种方式"。参见[美]萨义德：《东方学》，王宇根译，生活·读书·新知三联书店2007年版，第4页。

② 关于两类规则的区分与结合，特别是衍生规则对原生规则的补救，参见[英]哈特：《法律的概念》，张文显等译，中国大百科全书出版社1993年版，第92~100页。

③ 金观涛、刘青峰：《观念史研究：中国现代重要政治术语的形成》，法律出版社2009年版，第11页。

法对中国特色社会主义法治道路展开有质感的价值研究。

对于西方现代性法治价值和资本主义法治道路，马克思进行过深刻的价值批判和反思。早年马克思虽赞成"人类本性的普遍自由"，认为"真正的法律，因为它是自由的肯定存在"。① 但他逐步认识到，真正的自由，只有通过政治解放才能得到实现。"政治解放一方面把人归结为市民社会的成员，归结为利己的、独立的个体，另一方面把人归结为公民，归结为法人。"②更重要的是，以唯物主义观点看，人在现实中确实是不自由的。在这一基本事实前提下，马克思、恩格斯在《神圣家族》中进一步推演认为："由于有表现本身的真正个性的积极力量才得到自由，那就不应当惩罚个别人的犯罪行为，而应当消灭犯罪行为的反社会的根源，并使每个人都有必要的社会活动的场所来显露他的重要的生命力。"③进而言之，单纯的法治价值不可能消除社会的祸患，在商品交换领域占统治地位的"自由、平等、所有权和边沁"解决不了贫富贵贱的急剧分化。④ 社会的极端失衡造就了"革命本能的简单的表现"，与此同时，无产阶级从资产阶级的法治价值宣传中也吸收了正确的、可以进一步发展的要求，最终提出消灭阶级的主张和要求。⑤ 政治斗争只是一个过渡，在此基础上会"发展出一个新的要素，一种超出一切政治事务的原则。这种原则就是社会主义的原则"。⑥

对于中国的法治道路，马克思虽没有留下专题研究成果，但就其价值问题也曾有过特定的思考。自1852年开始，马克思通过研究有关亚洲和中国的大量资料，提出了著名的"亚细亚生产方式"。他以中国为例指出，为了建造和维护公共工程，农民得以成为"公民"即国家的一员；而这些公共工程又在很大程度上决定了中国特有的土地法律制度。⑦ 1853年，马克思的《中国革命和欧洲革命》一文，更是展现了他对中国革命的深刻认识。他的一系列有关中国的政论，通过

① 《马克思恩格斯全集》(第一卷)，人民出版社1995年版，第175页。
② 《马克思恩格斯全集》(第三卷)，人民出版社2002年版，第189页。
③ 《马克思恩格斯全集》(第二卷)，人民出版社1957年版，第167页。
④ 《马克思恩格斯全集》(第二卷)，人民出版社1957年版，第167页。
⑤ 《马克思恩格斯全集》(第二十卷)，人民出版社1971年版，第117页。
⑥ 《马克思恩格斯全集》(第三卷)，人民出版社2002年版，第585页。
⑦ 参见韩毓海：《马克思、毛泽东与中国道路》，载《经济导刊》2017年第1期。

具体个案的事理分析，揭示了鸦片贸易和战争的非法性，批判了资产阶级新闻报刊的虚伪，证立了中国革命的正义性及世界影响。①

还是那句老话：重要的不是观点，而是立场和方法。就立场而言，马克思主义承认法治理念和民族精神的独特性，同时期待人类文明的价值共识，具有显著的思想整合和价值吸收功能。就方法而论，马克思学说中的科学社会主义可以推演出新型法治的价值蓝本，而古典哲学和政治经济学则是法治价值实证分析的有效工具。

探察中国特色社会主义法治道路的价值诉求，离不开对法治理论、制度和文化资源的实践吸纳和整体均衡。在传统中国，法治之道虽很早被提及和讨论，但囿于社会发展条件与专制政体规限，一直未曾在价值层面上获得实质突破。现代中国的法治道路问题，归根结底是一个受制于社会经济条件的价值观问题。法治价值关系的形成，源于人们物质/精神生活关系的总体构造。马克思对资本主义法治价值的批判立基于这样的前提：在资本主义社会中，无产阶级所遭受的困苦"集中表现在它本身处境中的现代社会的一切违反人性的生活条件"。从19世纪40年代初期开始，马克思窘迫的经济状况促使他投身于工人阶级，这个转折帮助他锤炼出看待事实的思想意识，使他从事实中学习到许多经验和见解。劳动者不是被动的调查对象，他们是思想丰富、感觉敏锐、有血有肉的主体。② 在社会条件普遍改善、阶级对立总体消除后，马克思主义是否就失去了对法治价值的分析作用？显然不是。随着经济的发展，生活在不同社会生产场域中的人们，承担着各自的角色，使用着多样的生产方式，却遵从着总体一致的生产逻辑，服从着不以各自意志为转移的生产要求。此种"内在的律法"，构成了马克思主义的理论核心：总体性的社会经济结构。马克思将之界说为："有法律的和政治的上层建筑竖立其上并有一定的社会意识形式与之相适应的现实基础。"③理解当今中国法治话语的不同类型、各异形式，以及在表达上的相互竞斗等现象，都可以用马

---

① 参见《马克思恩格斯论中国》，人民出版社2015年版，编者引言。
② 参见[美]托马斯·C. 帕特森：《卡尔·马克思，人类学家》，何国强译，云南大学出版社2013年版，第95~96页。
③ 《马克思恩格斯选集》(第一卷)，人民出版社1972年版，第10页。

克思主义的这一核心原理加以科学说明。这些法治价值话语的纷杂缠绕，本质上都受制于不同主体所在的社会生产场域及其权力惯习和思维定式。为争夺话语效益的最大化和制高点，各个主体都会从正、反、合多个角度构建自己的价值系统。在当今的大众社会，从表面上看，精英的话语权更大；但从实质上看，大众对精英的话语优势，正体现在法治价值的勃兴上。代表群体利益的政党，如果忽略了法治对于普罗大众物质生活的保障，继续采取少数人中心的贵族寡头式精英立场，势必不合时代的要求。再往深处看，现代社会生产力的发展，让大众劳动力得到了解放，随着教育的普及和智力的增进，劳动价值不再是少数人能够控制的"主观价值"。群众的力量之所以无穷或有限，决定因素还是在于主体聚合产生的价值生产力，此种力量是人民权力的精神依凭，也是人民统治与法律治理一体化的权能本体。在信息、交通、物流贸易比较封闭的时代，少数精英的知识和权力垄断或许在短时期、小范围还有可能，但从更广阔的时空看，这样的统治方式已然陷入绝境。生产力的发展，特别是人民法权能力的增强，让精英的法律价值观不得不关照顺应大众社会的逻辑，改变自己的孤傲，限制自己的个性，用大众可接受的方式传达政见、制定规则、实施法律。大众也可以利用新的物质技术手段，塑造并传播原生的法律观念，为那些曾被精英漠视或否定的法律意识和法律态度正名申辩。

在马克思主义法治观的指引下，我们可以明确有关法治价值的基本共识，以为日后研究之合理预设：第一，法治的特色，首推其价值诉求的特色。从制度形成的逻辑来看，法治首先是一种动态博弈的价值观，从中生发出法律规范的话语，最后依凭价值主体的权能综合实力完成"从纸面向行动"的转化。第二，法治价值观绝非无源生成的天外来物，它的产生根本上是为了解决人世间的社会问题，比如资源的争夺和分配，阶层和职责的确立和划分，这可谓法治起源的第一定律。法治不仅要回应社会问题，而且必须适应诸如地理、气候、民俗等外部条件。在科学尚不昌明的古代社会，法治价值很难突破巫术、迷信、神话的束缚，这些超自然的价值观可以掩盖、压制或转化人们对于天灾人祸等不确定风险的恐惧。第三，相对于社会经济基础，法治价值观并非完全顺应或彻底的被动消极。当法治的社会基础具备，功效彰显，国富民强，社会有序，法律自身会愈益理性，并融入日常生活，成为大众思维方式的有机构成。当法治的价值功能得到充分发挥，其对经济社会发展的均衡功用会日趋显著。

进而，我们可以提出这样一个总体命题：中国法治的价值逻辑植根于历史，形成于实践，表彰于思想文化，传承于制度一统，转变于西法东渐，重构于民族国家建设，复兴于社会主义现代化目标全面实现。分析框架略分为以下三个阶段：

第一阶段："法治在中国"（*FaZhi in China*），孕生中国法治的固有价值。中国不能说完全没有法治的传统，只能说缺乏近代西方那种法治的传统。在西方法学的影响下，法律理论界一直存有古代中国有无法治的争论。热议激辩之后，多数学者接受了某种似是而非的折中之论：一方面，传统帝制中国由于政治上的早熟，皇权文化之发达，社会结构与基础力量不能塑形牵制最高权力的制度与文化，意识形态也难以创构一套法律至上的理论系统——故而中国自古"有人治，无法治"；另一方面，作为治国之术，传统中国的法治文化却极为精深发达。西方学人，特别是被称为汉学家的研究群体，对于一窥中国法文化堂奥，付出了多年的艰辛努力，也只能换得雾里看花。① 如果仅仅是一种治国之术、权谋之策，无须太多找寻，我们可以肯定，中国的"法治"不仅长期存在，而且比较"先进"。但如果将法治价值锁定于此，不仅有违于历史事实，而且会让中国法治道路面临巨大的转换成本。在中国这样一个文明深厚、躯体庞大且发展极不平衡的大国，人们容易接受不同时代要求、利益立场的观念，儒家"勿意，勿必，勿固，勿我""择其善者而从之"的价值训导，塑造了中国人特有的灵动而不失原则的实用均衡型思维习惯。面对价值纷争，不是你死我活的残酷斗争，亦非非黑即白的二元对立，重要的是"和而不同"，推己及人式的同情共感。马克思有言："凡是民族作为民族所做的事情，都是他们为人类社会而做的事情，他们的全部价值仅仅

---

① 这些年，国内"法律与社会科学"的交叉研究开始流行，不少学者自觉不自觉受到西方汉学研究方式的熏染，通过一系列理论和实证研究，试图开掘出法治中国的秘矿，提供现代法治所需的本土资源给养。这样的精神考古与理念探险，"在路上"的诸多细节惊诧，着实能给受众一时的激动，但这些细微局部的发现，能否证明中国自古以来就是一个法治国，从而推翻百年来的定论？进而，打破法律东方主义的迷思？这一切，不仅尚待观察，而且值得我们从这些发现本身去反思。比如，这些发现是否就是法律东方主义偏见下的产物？我们要找寻的究竟是怎样的法治？

在于：每个民族都为其他民族完成了人类从中经历了自己发展的一个主要的使命。"①理解中国特色法治道路的价值诉求，必须植根于独特的历史文化传统。

第二阶段："法治与中国"（Rule of Law & China），催生中国法治的变革价值。西方法治观进入中国，并没有立刻形成对传统中国社会、政体和文化的全面冲击，而是经历了较长时间的共存熏染，当资本主义经济矛盾和扩张要求无可遏止之时，才出现了对传统中国法治文明的根基挑战。作为西方文明典范产品的"法治"，与神秘异己的东方大国相遇，激烈的价值冲突和斗争促使中国传统法治主义出现裂变，催生出革命风潮、社会主义思潮与新法治价值理想的对接。在"落后挨打"的过程中，中国固有的法治价值走向自我变革，总体性的制度和文化观念也出现应急式变化。在清末以降的大转型时期，法治价值与变革运动一直紧密结合，处在不稳定的博弈状态。

第三阶段："法治的中国"（Rule of China's Law），萌生中国法治的均衡价值。当然，这既是外力单向冲击的结果，更是中国主动回应的结果。当中国的主体性力量达到足以支撑起法治宏业的时刻，中国的法治必将呈现出自身不可替代，但却有望替代西方法治主流模式的特色型态。从理想的价值诉求上看，"法治的中国"并非孤芳自赏、封于一隅的夜郎国法治，而是一种独具中国风格气派、植根中国礼俗文化、确保中国核心利益，彰显中国发展愿景的全球化法治类型。此种内涵与中国特色法治道路的均衡型价值远景最为接近。中国的法治宏业，尚未完全成功，正处于法治化的关键阶段。"法治化的中国"正在让"中国化的法治"，一步步成为现实。而"法治的中国"，如果没有经历传统法治和西方法治的价值博弈，也难以造就今日之格局。

第三节　实践原则的话语建构

一、法治道路的原则问题

法治道路的原则生成，并不出自法律理论的"概念天国"。虽然法律原则理

---

① 《马克思恩格斯全集》（第四十二卷），人民出版社1979年版，第257页。

论在西方法学发展进程中日臻成熟，但对于非西方文明传统而言，这些理论更多仅具参照意义。与法律原则不同，法治原则不仅涉及对法律本身的良善性要求，而且涉及良法如何在行动中奏效的现实考量。与法治的一般性原则相比，法治道路的原则形成更为复杂，通常是政治与社会革命的产物。经由历史大事件的淬炼，其内容必定反映出法治大系统的整体要求。面对如此宏大的超级命题，可行的研究理路离不开马克思主义法哲学的指引，通过法治本体论、方法论和认识论的综合考察，达成对中国特色社会主义法治道路基本原则的全面认知。

第一，从法治道路的本体论视角审视，中国独特的历史命运造就了中国共产党对法治的领导地位。通过价值引领、组织建构、制度创设，中国共产党将革命型法治成功推向建设和改革的新时期，并不断改造深化，使中国特色社会主义法治道路日渐通达，形成了法治中国的独特模式。执政党之于法治，具有本体性、嵌入性、构成性的功能特点。无论从历史传统的合法性，还是制度规范的合法律性看，中国共产党的领导总体上形塑了法治中国的道路，在法治系统的各个环节发挥着不可替代的本体功用。对法治道路而言，党的领导之核心要义在于其对人民主体利益和意志的合法性代表，经由党的政治权威形成执政权力和行政权能架构。人民当家作主的政治原则与党的领导实质上属于同一法理本体，人民作为法源根基，在党的领导下实现互助、自治、共享，法理团结让一盘散沙式的民众变成有组织、有秩序、有规矩的人民法团，行使国家权力，管理公共事务。在此意义上，奉行依法治国，坚持法律面前人人平等，本质上就是党领导人民依法治理国家和社会，是党的领导、代表性法权与人民的整体、主干性法权契合一体的必然逻辑要求。

第二，从方法论原则看，中国特色社会主义法治道路因为独特的文化传统，形成了一种法德并举的均衡治理战略。基于法律与道德的紧密关系，依法治国的举措并不是单兵突进的唯一方式。党提出的全面推进依法治国战略，从方法论原则上蕴含了"动态法治化"的思路，体现了将法律与政策、法律与伦理、法律与道德、法律与社会习惯整合一体的导向。国家治理需要正式的法律系统，而执政党内部的治理以及社会治理，需要以更高标准要求的道德作为规范渊源。现代化国家需要的法理型统治，在当前中国具体表现为党规党法、社会习惯法与国家法系统的多方协同，在以国家法系统为中心的动态法治架构下，各得其所，互为补充。作为法律价值标准和实质渊源的道德系统，对治国理政的实践而言，具有极其重要的战略价值。特别是对于中国这样的礼法大国，实现道德引领功能与法律的规范功能有机均衡，无疑是新的系统化法治战略的重要方法论指针。

第三，就认识论原则而言，独特的基本国情造就了从实际出发的法治思维路径。当启蒙主义和浪漫主义的各式价值理想崩解，社会大众陷入思想纷争、利益冲突之际，现实主义的浪潮定会如约而至。中国共产党强调的从实际出发，立基的原点乃是社会严重的不公平，其批判和否定的法律体制及其观念，很多正是上层社会对其不正当利益的辩护理由。中国共产党执政后面临的最大危险也是因为既得利益集团的阻碍，让现行的法律系统成为权贵资本的保护伞。党员干部丧失思想警觉，官僚主义、形式主义、个人主义盛行，腐败行为习以为常，必定会让执政的合法性基石遭到严重侵蚀和破坏。在法治道路的语境中，从实际出发的认识论原则不仅强调从党自身的现实认识出发，更重要的是如何将党所代表的人民群众的意愿真实展现出来。这就要求新的法治理论必须以人民大众的日常生活为出发点，关注普通人的行为逻辑，克服法律精英主义的偏见。在法治实践中，发挥协商民主的作用，将各种利益诉求转化为法律主张，在交流碰撞中形成视阈融合。在各种现实需要和事实主张面前，党领导下的法治系统能否中立、公正、无偏私涵摄共识，调停冲突，解决纷争，创新价值，事关改革、发展和稳定大局。法治过程中的具体制度设计、规范实施都不能违反从实际出发的认识论主线，否则，法律自身的人民性以及良法善治的理想都会成为镜花水月。

不同国家在不同境遇下有不同的"原则问题"（Matter of Principle）。对于20世纪80年代的美国而言，法治的原则问题包括"当犯罪率正在上升时，嫌犯拥有什么权利？社会正义是否意味着经济平等？法官是否应当作出政治判决？"在德沃金看来，原则问题与哲学理论紧密相关，并非事关紧急的司法实践问题。[①] 对于当下中国而言，法官是否应当创制法律，这样的问题并不是现实体制中的原则问题。美国总统对联邦最高法院大法官的提名权，亦不具有中国语境下的对射影

---

① ［美］德沃金：《原则问题》，张国清译，江苏人民出版社2008年版，英文版作者序，第1页。

像。法院对政治问题的司法裁量，也不关涉当代中国法治实践的原则争议。美国法理学的"司法中心主义"虽然在当今中国法学界占有广阔的话语空间，但从实践影响的层面考量，这几乎是一个意义相当微弱的论域。

如果仅以形式上的"司法"而论，当前中国司法系统的独立性、权威性、公正性的强化，虽然在党的新法治战略设计中具有非常显要的位置，但背后的原则问题却不是德沃金所指陈的那些。如果将司法的法理本原予以实践导向的拓展，稍有政治和法律常识的人都会承认，党的领导在功能上形成了一种独特的司法场域，党对司法的领导权本质上属于一种超越司法权力的司法权威，甚至是一种均衡国家司法系统和社会准司法系统的整合性司法权能构造。这样的制度现实或曰法治国情，一直被理论言说拒之门外，或者仅仅在一些交叉研究的边缘地带模糊化存在。在各种政治修辞与意识形态话语的强光映照下，中国特色的法治运行系统很难展现其真实的骨骼肌体。此种国家-政党-社会三方协同的司法权框架，事实上弥散于"司法治理"的法治实践中，呈现出复杂的多维面向。司法权力的组织载体与赋权主体在形式上分离，但在实质上一体同构，政治权威通过法律赋权融入司法过程的权力末梢，经由权力与权威关系的现实博弈达成动态的均衡，也留下无数的非均衡空间。最终，人民的司法权能在此过程中得到彰显，构成统摄政党司法权威和国家司法权力的社会司法场域，由此导引而生的法治社会，与社会主义的意识形态不谋而合。阐释此间的原则问题，必定要翻新改造传统的法哲学，至少需要将现有的法理学主流话语予以必要的澄清，回归到中国问题本身。

法治道路问题，只要我们尊重现实、承认常识，便不能否认它首先是一个政治问题。"法治当中有政治，没有脱离政治的法治。西方法学家也认为公法只是一种复杂的政治话语形态，公法领域内的争论只是政治争论的延伸。每一种法治形态背后都有一套政治理论，每一种法治模式当中都有一种政治逻辑，每一条法治道路底下都有一种政治立场。"①不仅是道路的选择，即使是一般的法治实践问题，它与政治的关联也超越了法律自身的限度。闭关论法式的分析实证主义态度

----

① 中共中央文献研究室编：《习近平关于全面依法治国摘编》，中央文献出版社 2015 年版，第 34 页。

值得欣赏，概念主义法学对于建构规则、解释规则、运用规则不可或缺，但关键在于，其优势或许在于解决具体问题，但对诸多问题幕后共存的原则问题并不友好。作为有别于法律教义学思维的新导向，当下中国的法治战略思维融凝了政治家法理和法律家法理的优长，力求将二者协和一体，共同致力于法治道路原则问题的解决。

日常生活的经验告诉我们：问题总是无穷无尽的，解决问题的过程也无明确的终点。倘若每个具体问题的解决都需要耗费大量精力，生活很难持续。政治家关注具微，特别善于以点带面、以小见大。法律家喜欢以个案为材料，从具体到抽象，归纳出普遍性的规则。虽然政治家和法律家在思维和行动方式上存在明显差异，但二者对于原则问题的聚焦和关注，甚至战略定位，都有相当程度的重叠共识。有人会说，这不难理解，因为他们都属于上层精英，共同的利益基础决定了其相近的话语结构和思维方向——马克思主义的阶级分析不正揭示了这一亘古不变的真理吗？其实，这样的解说夸大了阶级分析的适用范围，也超越了马克思学说所处的历史背景。马克思主义的经济批判固然可以导向政治批判，但并不必然涵盖中国当下社会日趋庞杂的法律人阶层。随着经济社会的发展，法律家群体在中国开始深层渗透于各个领域和阶层，成为一种总体性的职业系统。对于中国而言，政治家也不是一个以经济标准、政治职务为中心要素的利益集团。政治家的评判标尺，核心在于信仰品格与贡献功绩。政治家和法律家的交集化，代表了法律社会化和社会法治化双向发展的趋势。

值得注意的是，有关法治道路的自生自发论、演进论、反建构论，一系列主张力图将法治阐释为历史随机性的产物——既然法治道路不能理性设计，何谈政治引领？于是，政治成为与法治无关的外物，政治家及其法律实践也被法治理论抛离，甚至被法学家虚构的法治原则视为对立面。抢占法治原则的话语权，本身就是一种典型的现代性政治。西方法律家群体的职业传统、志趣和利益共同决定了其"去政治的政治"本质，许多法学话语貌似无关政治，其实都是隐蔽的政治实践。更重要的是，知识精英建构的政法主张有其原生的偏向性，逻辑推演的法治理论原则与真实的法治运作难免两相乖离。法治原则固然是理论推演的结果，也是理论建构的起点，但它更是常人经验和权益诉求的观念凝集。政治家建构的法治原则框架若能代表人民意志，且能包容法律家的职业要求，便不失为一种值得认真对待的法理话语范型。

原则与规则不同，其指向的不是常规问题的具体解决，而是疑难困惑的根本化解。原则具有长期的适用性，往往是历史形成的智慧和经验要求。原则要化解的首先是人们对认识对象的本体疑惑，回答人们对认知对象从哪里来、向何处去、存在与否、如何存在等根本发问。对中国特色社会主义法治道路而言，一个普通民众可能会问，这是一条什么样的道路？它是如何形成的？靠谁的力量开辟的？有何优点？以后如何发展得更好？如同人们对一个法条的疑问，其指义、适用条件、具体情形、与当前境况的关联度都会让人追问。哲学源于本体性的"惊奇"，继而产生对寻常事物的不同寻常认识，也即原则的思索。其次，明确了认知对象的本体构造后，人们会对如何操作和实践的方法论原则产生进一步追问的兴趣。就中国特色社会主义法治道路而言，作为推动者、受益者，人们会努力探寻自身在这一历史进程中的角色定位，寻问参与法律制定、实施和监督的方式方法，以及遵守法律的具体方法和理由。最后，面对具体的法律及其治理问题，人们在认识上也应有基本原则的指引。在互联网时代，公共案件中的大众舆论常出现与法律人的价值判断及事实认定冲突的情况，这更加凸显了法律认知路线中"实际"要素的重要性。在客观事实与法律事实之间，在精英现实与大众现实之间，基于有效法理沟通的"重叠共识"通常是化解紧张关系的不二法门。由此，从实际出发的政治原则可以演生出不同法律主体的事实边际互为沟通的寓意，成为法治推动过程中重要的认识论原则。

二、党领导的人民法治国原则

党和法治的关系是中国法治建设的核心问题。中国特色社会主义法治道路的探寻历程，揭示出党的领导对于"法治中国"的极端重要性。党在思想上对法治精神的坚守奉行，在组织上对法治建设事业的战略规划和实施保障，特别是在关键转折时期对大是大非问题的政治决断，都是现代中国法治得以稳步推进的重要支撑。未来中国的法治道路能否越走越宽广，关键因素也在于能否始终坚持并不断完善党的领导，处理好党与法治的辩证关系。

从哲学本体论的视角考量，党的领导是中国特色社会主义法治道路的原则遵循。中国特色法治道路的成功开辟及其巨大成就，如果离开了党的领导，则难化作现实。将党的领导进一步贯彻到法治中国建设的各个方面和领域，诚属法治"强本培元"之必要，也是民心所向，时势所需。党对法治的全面、科学、系统领导，可谓中国特色社会主义法治道路最本质、最鲜明的特征和保证，既是宪法和法律规定的根本要求和基本原则，也是人民群众根本利益和长远幸福的命脉所系。

根据周梅森同名小说改编的反腐剧《人民的名义》，为我们的思考提供了一个很好的切入点。① 在这部电视剧中，老干部陈岩石代表的优良革命传统，在改革开放时期并未过时，甚至发挥着更为重要的作用。这是因为，革命的精神品格与法治信仰从根源上具有相通性，在本体上同出于对人民美好生活的价值追求。改革开放以来，一些地方在经济高速发展的同时，领导干部的思想松动，手中的公权成为谋私的利器，国家的法律沦为利益集团摆弄的棋子。党的领导在政法战线中的弱化、异化，由此产生严重的司法、执法腐败，成为大规模群体事件数量居高不下的渊薮。汉东省，虽然是一个文艺家虚构的地名，但在这个地方发生的各式各样的腐败行为，以及从中折射出的法治问题和困境，莫不反映出党的领导、人民当家作主和依法治国在实践中有机统一的重要。"汉大帮""政法系"打着法律正义旗号，干着贪腐杀人勾当，怎可能成为兼具政治和法律情怀的法理型政治家？让观众印象深刻的，除了党的干部，还是党的干部。那些贪念权力、以公谋私、不择手段者，民众怒之、恨之；那些秉公执法、维护公义、心系百姓者，民众敬之、爱之。

党对法治的领导全面而具体，例如重大案件的请示汇报制度。虽然在1979年中央正式废除了党委审批案件的制度，但出于党管干部、领导政法工作的原则，案件牵涉一定级别干部违法犯罪问题的，司法机关依循惯例要向党委请示汇报。汇报方式比较灵活，可以是正式的书面请示报告，也可以是非正式的通气会或小范围汇报。对于一些事出紧急的重大案件，司法机关可以自由裁量，选择事

---

① 参见周梅森：《人民的名义》，北京十月文艺出版社2017年版。

后通报，或者采用灵活度更大的非正式方式。在《人民的名义》中，正是在检察院向省委政法委的汇报会上，抓捕消息走漏，犯罪嫌疑人出逃。再严密的制度设计，终归也有人为操纵的可能。在宪法和法律上，司法机关独立的办案权得到明确保障，即使是不成文的政治惯例也不否认这种相对独立的司法权。改变汉东政治生态的关键人物，例如新任的省委书记沙瑞金和从最高检反贪总局"空降"的侯亮平，二者的交集代表了一种制度上更可靠的情形：党委通过政治保障，让司法机关的办案权在"上不封顶、下不保底"的法律空间中运行，维护法律的权威，捍卫人民的权益，最终巩固党的执政地位。

党的领导和社会主义法治具有本质上的一致性。坚持党的领导是中国特色社会主义法治道路的本体要求。如何理解党的领导与社会主义法治的关系？二者的一致性如何从法理学上得到证成？如何从本体论原则层面分析"党的领导"蕴含的法理内容？党对法治的领导权，究竟是何种性质的权力、权威或权能？如何在法治实践中将党的领导与人民民主、依法治国有机整合、协同一体？这一系列的问题都需要我们从实际出发，从当前中国新法治战略的顶层设计出发，寻根究底，探察本原。

在《中共中央关于全面推进依法治国若干重大问题的决定》（以下简称《决定》）中，党的领导首现于"三统一"的话语中，即坚持党的领导、人民当家作主和依法治国的有机统一。"三统一"的理念方针在党的十六大正式提出，之后成为中国共产党治国理政的核心要义。在党的十八届四中全会上，"三统一"被容纳到"中国特色社会主义法治道路"的概念框架，党领导下的人民民主法治原则得到进一步明确。《决定》明确指出："党的领导和社会主义法治是一致的，社会主义法治必须坚持党的领导，党的领导必须依靠社会主义法治。"总体来说，这一论断有四个方面的依据：

这是中国特色社会主义法治建设的理论共识。改革开放以来，围绕党和法治关系的理论争议一直存在，法律本土化和法律接轨论的主张都没有从根本上回应这个问题，社会主义法治陷于比较极端的意识形态纠缠。将资本主义和社会主义两种社会制度的差异，不加区分地延展到法治类型层面，显然有悖于法学家看重的"事物之本质"。中国特色社会主义理论的提出，创造性地矫正了二元对立论的偏误，求同存异的现实化处置，让社会主义法治的制度空间得到极大拓展，动态发展的战略机遇也与时俱增。随着"依法治国，建设社会主义法治国家"入宪，党的领导和依法治国关系的理论探讨焦点开始转移到法律实施的环节。人们坚信党对法治的领导不可否认、不容置疑，但对如何完善党对法治的领导方式却认识不一。从 1999 年到 2011 年，中国共产党对法治领导的重心集中在完善立法体系，强化国家能力建设，增强法律系统的竞争力和能动性。此时期的法治建设虽然成效显著，但一系列社会矛盾累积的问题丛集并未随之消解。例如，腐败的痼疾有蔓延的趋势，严重破坏了党的威信和国家司法系统的形象。公民对党领导下的法治国家抱以极高的期望值，但在现实的司法不公、政法腐败面前却无力救济，容易生发出恶性群体性事件。习近平总书记提醒全党需要警惕的"中等收入陷阱"，指的正是当一个国家处于向中等收入行列迈进的阶段，公民对于公平、正义、高效的法律系统期望值不断提升，而国家能力和法律资源条件又相当有限，极容易产生社会动荡，甚至爆发"颜色革命"。改革让政治、经济主体全面受益的同时，也让一些利益集团利用制度的漏洞攫取非法资本，从最初的改革推动者变成阻碍者、破坏者，歪曲改革、绑架改革、否定改革。为了不成为中等收入陷阱的牺牲者，中国必须在改革进入深水区后厉行法治，将党的领导全面融入法治的全过程和各方面。中国特色社会主义法治道路的理念提出，既代表了中国特色社会主义的基本理论共识，也是对其在新时期的深化和发展。

这是中国特色社会主义法治实践的经验总结。以前走过的弯路提醒人们，削弱党的领导，本身就是对国家制度和法律规则的极大破坏，最终必将导致社会规范的基础崩解。代价沉重，殷鉴不远。中共强大的学习反思能力使其在风云诡谲的年代，保持了应有的定力，通过不断拓展的全方位改革强化自我革命，锻造尊重规则、代表先进、引领潮流的现代国家治理系统。自党的十八大以来，新的中央领导集体打破以往法治领域改革的部门主导惯习，由中共中央统一规划、整体布局，形成"四个全面"整体联动法治动力系统，从依法执政到依法行政，从政党治理到国家治理，从公权法治化到社会法治化全面推进法治中国建设，取得了瞩目的成绩。同时，中央高层不断深化对苏联模式的认识，从东欧颜色革命、中东和北非的阿拉伯之春运动中吸取法治建设的教训，着重反思司法系统在其中的功能和角色。这些现实的法治失败个案，让中国共产党坚定了"四个自信"，对于打破西方法治模式的普世性神话，起到了非常重要的作用。随着中国综合国力的增强，提升法治绩效的软实力，增强中国法治在国际上的话语权和竞争力，也成为新的法治亮点和重点。

这是中国特色社会主义法治制度的核心要义。党对社会主义法治的领导和依靠，是中国特色社会主义法治体系的制度灵魂。宪法和党章规定了党的领导原则，以之为据，党内法规体系进一步编织了党的领导体制之网，建立起党领导并依靠法治的执政体制，巩固了中国特色社会主义制度体系的政治前提。于此基础上，国家法律规范体系以人民代表大会制度为根本内容，确保党的领导与人民当家作主在法律制度的轨道上相互协调、彼此增进。由人民代表大会制度架构而成的国家政体系统，成为法治实施体系的主要推动体，连同中国共产党领导下的多党合作和政治协商制度、民族区域自治制度以及基层群众自治制度一道，构成了社会主义法治实施体系的坚强屏障。国家监察委员会体制改革，代表了中国法治监督体系的制度发展方向，也证明了党领导法治并依靠法治的核心制度原理。可以发现，中国特色社会主义法治体系最鲜明的制度优势，就是通过党的领导，动员最大范围的社会和政治资源，全面激活党规、法律、社会规范的治理效能，打通"书面中的法"与"行动中的法"在实践中的各层阻隔，在原则性和权变性之间谋求战略均衡。除此之外，宪法和法律规定的基本经济制度以及建立在这些制度基础上的各项具体制度，都是社会主义法治保障体系的主干内容，实现这些制度对法治运行的支持，必须依靠中国共产党的集中统一领导。

这是中国特色社会主义法治道路的发展必需。传统中国的法治之路高度依赖君主权威，势治和治人色彩浓厚，法律生长与大众生活疏离，致使长期以来国人养成了"重人轻法"的积习。西方近代形成的法治路径扩大了法治的社会基础，但局限于代表新的工商、资本阶层利益的法律人统治，无形中也造成了精英主义法治观的各种偏失。民众对法律人的印象不佳、评价不高，重要原因在于法律职业主义的精英文化具有天然的优越感，强大的垄断性、排斥力和隔绝效应。政党政治的兴起，让大众和精英的法律沟通成为可能，制度内的变革可以通过和平的机制完成。法律动员在社会运动中的作用不断增强，亦表明现代政治与法律运作的日渐契合。社会运动家、政治家与法律职业人、法律话语生产者在广阔的法律-社会平台上互动转化，在斗争中合作，在合作中博弈，在博弈中均衡——大众与精英的界限不再像从前那般泾渭分明。中国共产党以马克思主义政党的信仰立党，以马克思主义内蕴的法治社会理想动员大众、训练干部、发动组织社会各阶层的力量共同改变落后的局面，取得了革命、建设和改革的巨大成就。新时期的中国共产党如何在继承以往法治遗产的基础上，进一步开拓创新，取得中国特色社会主义法治建设的新成就，关乎其执政基础，牵涉到国家和人民的根本利益。近年来，有些人将西方法治作为金字招牌，试图借此打开缺口，否定党的领导和社会主义制度。① 这样的想法、说法和做法，事实上是通过一种西方中心主义的法治观误导民众，否定法治道路的多种选择，取消人民大众之于法治的主体地位。在新的形势下，党的领导和社会主义法治只能愈益紧密，而不能渐趋分离。党如果失去了对法治的领导，法治建设也失去了最强有力的系统保障；法治如果拒绝党的领导，本质上也颠覆了自身的逻辑。更为重要的是，中国共产党对法治的领导和依靠，可以创生出新的法治实践模式，对人类法治文明增添新的砖瓦。具体而言，改变国家法的单一取向，在社会法的宏阔视野中开拓更多更新的法治维度，将执政党的法治功能定位于国家和社会联通的恢宏场域，发挥党在政治领导上的突出优势，从思想、组织、制度上引领和保障社会主义法治建设的方向与实效，塑造出一种中国风格的多层次立体法治系统。从政党内部的法治化到国家政府的法治化，再到司法系统的法治化，最终实现社会各阶层、各行业、各领域的法治系统连结，为党的领导提供最强有力、权威且稳定的抓手和依凭。

基于上述，党的领导要贯彻到全面依法治国全过程。在《决定》中，坚持全面推进依法治国和坚持党对法治的全面领导，是两条高度交融、贯穿全篇的显隐红线。政治家的思维往往注重宏观整体，以解决现实问题为导向。针对现实的法治建设短板，尤其是党对政法工作的领导弱化，政治和司法腐败对执政合法性的侵损，中国共产党作出了双向加强的战略回应：一方面，加强法治对整体国家和社会建设的引领、规范和保障功能；另一方面，加强党对法治系统的全面领导，

---

① 参见栗战书：《坚持走中国特色社会主义法治道路》，载《人民日报》2014 年 11 月 10 日，第6 版。

从立法、执法、司法、护法、普法、守法各环节，从党内法规体系、法律规范体系、法治实施体系、法治监督体系、法治保障体系各方面拓展中国特色社会主义法治道路。

党对法治的领导有相互关联的三重意涵：一是经由党领导法治的制度要求，通过推行"四个全面"，重塑社会主义法治系统；二是通过重整的新法治体系，党的领导进一步规范化、法治化，党的依法执政能力得到制度性增进，法治体系由内而外全面拓展；三是党的领导和法治系统融合一体，完成政党、国家和社会治理的整体法治化，党对法治的领导最后体现为依靠法治，贯彻主张。在此阶段，党的领导具有超然道义原则、应然法律规范和实然社会建制的三重特性。就战略原则和操作技术而言，坚持党对法治的全面领导，必须坚持党领导立法、保证执法、支持司法、带头守法，把依法治国基本方略同依法执政基本方式统一起来，把党总揽全局、协调各方同人大、政府、政协、审判机关、检察机关依法依章程履行职能、开展工作统一起来，把党领导人民制定和实施宪法法律同党坚持在宪法法律范围内活动统一起来，善于使党的主张通过法定程序成为国家意志，善于使党组织推荐的人选通过法定程序成为国家政权机关的领导人员，善于通过国家政权机关实施党对国家和社会的领导，善于运用民主集中制原则维护中央权威、维护全党全国团结统一。

在立法环节，党的"重点型领导"是提高法律质量，塑造良法规范的必需。党对法治的领导本质上是政治领导，具体表现为组织领导、制度领导和思想领导。将党的领导全面贯彻于法治体系，基本前提是党在执政系统中居于核心枢纽地位，代表最广大人民群众的根本利益，团结一切可以团结的力量，从思想上引领方向，从组织上完善机构，从制度上确立规程。这就需要执政党强化立法者的意识，将人民的意志转化为党的政策主张，继而通过国家权力机关上升为正式的法律。党要从繁杂的政务中解放出来，致力于重点领域的立法领导工作，通过大政方针顶层设计的法律化、规范化，彰显执政功能。党对立法重大问题有决策权，凡涉及重大体制和重大政策调整的，必须报党中央讨论决定。此种"重点型领导"的原则，表明党的领导与人大主导并不矛盾：前者是政治、思想和组织上的立法引领者，后者履行的是具体的立法权能，通过人大代表和立法工作者中党员干部作用的发挥，二者有机衔接。自党的十八大以来，党领导立法工作卓有成效，在预设的框架和时间节点内完成权力法定、权责一体等法治政府的核心指标任务。

在执法环节，党的"保证型领导"是彰显法律权威，建设法治政府的关键。"党保证执法"内涵丰富，我们可以将其理解为执政党对人民的政治承诺，此种承诺以法律的形式体现，效力溯及于执法体制和过程的各个方面。在当前中国，党政不能分开，只能各有分工。一方面，党的组织和机关不能代替政府职能部门，干预正常的执法活动，为执法提供物质和人员的保障；另一方面，党要通过组织系统对执法行为严加监管，设定明确的规则，避免权力的滥用。

在司法环节，党的"支持型领导"是实现司法公正，培育法治信仰的前提。司法工作具有不同于立法和执法的独特性，党对司法的领导也不同于对重点立法的直接领导，或对执法系统领导的嵌入式保证。执政党对司法的支持，乃是外部支撑意义上的尊重和保障，通过杜绝一切违法干预活动，扩大司法民主化程度和人权保障力度，提升司法职业群体的社会尊荣，确保司法公正。

在守法环节，党的"表率型领导"是建设法治社会，实现立体治理的精核。对党员干部而言，党内法规严于国家法律，依法执政先于依法行政。政党治理法治化是国家治理法治化的核心，也是社会治理法治化的前提。党要模范遵守宪法和法律，必须发挥人民的监督作用。就此而言，国家监察委员会的制度设计必须凸显人民监督的主体地位，充分展现出党的领导与人民民主在法治层面的根本契合。

坚持党对法治的领导，从逻辑上可以推导出人民主体地位，以人民为中心的法治原则，保障人民权益是社会主义法治的根本。在当代中国，人民不仅是"名义"，更是"实体"。中国宪法规定的"人民"范围，包括全体社会主义劳动者、社会主义事业的建设者、拥护社会主义的爱国者和拥护祖国统一的爱国者。对人民的确定，需要经过政治程序，并不是随机武断确定的。对人民的判定标准，在中国共产党的政治理念中有一套复杂的标准。从法理上来讲，人民包括精英和群众，二者可以相互转化。当群众具备了一定的政治觉悟，形成了明确的政治倾向和诉求，经过组织的审查，可以成为政党的成员。在政党内部，互称"同志"，是为了彰显根本志向的一致，而非具体利益的趋同。党内的监督和斗争之所以必要，是为了确保政党组织不被等级化、官僚化，让政党精英维持旺盛的创造力和开拓性。对于违反政党宗旨和内部规则的成员，党内的处分最高可至开除，此时的精英成为群众。经过改正，亦可复归于党，正所谓"惩前毖后，治病救人"。党的群众基础深厚，并与时俱进，不断扩大其所代表的民众范围。同时，对党员干部严格管理，以保证人民整体的先进性与合法性。人民内部矛盾取代阶级矛盾，是中国社会主义建设的巨大成就，也表明中国共产党的政法哲学不同于西方的人民主权学说。

在以卢梭为代表的人民主权原则论者看来，人民就是一种不确定的中间范畴，既可以是统治者，也可以是被统治者，全看什么场合，何种名义。对于既成的法律系统，人民无权质疑，只能依法行事。对于人民反对的政府统治，法律势必要全盘推翻。此种人民主权型构的社会契约，很难说是一种理想的政体设计，更难在现实中找到对应的蓝本。美国宪法学家阿克曼所说的"人民"，也是法政精英立宪的神灵呼号，一种世俗化的新神建构。现实中的阶级分化、阶层固化、种族与性别斗争让"人民"支离破碎，失去了应有的法权主体地位。

不容讳言，当前中国也面临"人民空心化"的危险。法学如果对"公民权利"概念的无限夸大，势必让"人民权力"的制度设计陷于停顿。人民不出场，精英群体就会把持对法律系统的绝对垄断，群众路线的贯彻也成了一句空话。党的十八大以来，一系列以法治之名的重磅举措，根本上也是为了让人民出场，让权贵资本的非正当联盟在党领导的群众力量倒逼下，原形毕露，承担法责。这个整肃过程因积重之问题，显出漫长艰难之势。但长远来看，刮骨疗毒、自我革命的法治化方案，乃是当前中国必然之优选。党的领导源出人民的主体地位，各行各业各界之代表精英凝聚在党的路线、方针周围，与群众及其参与的社会组织、团体良性互动，实现国家权力和社会权能的互为补进，共同构筑执政党的法治权威基石。法治至上，也即人民至上，也即党的领导至上，其理甚明：党的组织源于人民的参与和抉择，党领导下的法律系统是人民赋权设定的制度架构，其实际运转和治理过程离不开人民的主体支撑。

人民关乎国家治理权力的来源，也涉及社会自治、政党治理的基础。人民代表就国家治理而言，体现为立法者角色；就社会治理而言，体现为自治者角色；就政党治理而言，体现为领导者角色。就三者产生的历史逻辑顺序而言，先是由政党角色承担人民代表的功能，当政党取得执政地位，建立起政权系统后，政党所代表的人民权力大部分经由宪法和法律的赋权，委托给国家机关行使，由此产生立法、执法、司法、护法诸项权能。但核心的领导权和原生的代表权，仍由执政党保留并直接行使。国家系统的人民代表能否全面覆盖各行业、各地区、各界别，关乎国家法律的权威性，事实上，必然存在部分特例。于是，自治制度的设计，成为第三种人民代表权落实的关键。此种人民代表权形式上必须服从国家层面的代表权，并最终归位于执政党的代表权。在这样一种以人民全权为基础的多层赋权系统中，人民及其代表的范围界定更为清晰，日趋具体。

　　法治之本原精核，无论中外，概莫能否弃"群意"。人民之意志，当属群意、公意之列。但人民意志并非群意叠加的汇总，而是一种通过精英代表制呈现的大众文化。卢梭的公意理论并未深入精英与大众的冲突层面，只是抽象地论述了公意的可能与重要。① 少数人的利益与想法如若违背群意，必定会承受大众舆论之压力。某些时候，群意未必代表真理，甚至会压制真理，造成"多数人的暴政"。但更常见的是，少数精英利用权力优势，故意煽动群体的仇恨，让非理性的暴力蔓延肇祸。本质而论，此种境遇非人民之过，实乃变质精英、阴谋家、野心狂人之罪衍。人民背负的理论骂名，与所谓"乌合之众"的群体心理无关，实则为精英与大众关系异化之恶果。人民内部的分裂和对抗，根结在于规则不明、法治不彰。群众无力衡平精英的优势，甚至政体蜕变为权贵的私产。在此意义上，公有制不仅是一种经济产权制度，更是一种政治法律制度。权力的公有、共享，是弥合精英与大众裂缝的不变良方。问题关键在于，如何通过一种有效的委托-代表制度保证人民的权力不被私有化，不被代管人鲸吞强占、巧取豪夺？中国共产党在长期的革命和建设实践中，不断追寻其中的奥理，最终选择了中国特色社会主义法治道路。这条道路表明，党的领导与人民民主在依法治国的制度实践中可以完美契合。党没有自身的利益诉求，其组织介于精英和群众之间，既能通过广泛

---

① 　参见［法］卢梭：《社会契约论》，何兆武译，商务印书馆2003年版，第131~133页。

的统一战线联合精英人士，又能不忘初心，代表最广泛的社会大众。党不是精英俱乐部，也不是草根议事堂，而是一种立基于人民法理型权威的代表性组织。立党为公、执政为民与奉行法治、保障人权，党的政治宗旨和人民的法治要求，名异实同，契合无间。

对中国特色社会主义法治道路而言，坚持人民主体地位的原则建构可分为四个层面：第一，人民主体性原权是逻辑起点。《决定》指出："人民是依法治国的主体和力量源泉。"这一论断体现了历史唯物主义的基本原理，是由中国宪法规定的国体、政体决定的，也是解决现实法治难题的客观需要。① 这一逻辑起点标明了法治中国的价值导向，即"为了人民、依靠人民、造福人民、保护人民，以保障人民根本权益为出发点和落脚点"。第二，党的领导和人民代表大会制度是规则核心。如前所述，党的领导本质上是一种原生的人民代表制，在此基础上的人民代表大会制度从国家治理规则层面进一步保证人民主体地位，并形成人民对执政党活动的制度化监督。党的领导表明了政治精英对群众的引领，人民代表大会制度则确保了群众对精英的权力互动。第三，全方位的法治实践是运行保障。人民主体地位在法律上的实现，具体体现为"人民在党的领导下，依照法律规定，通过各种途径和形式管理国家事务，管理经济文化事业，管理社会事务"。人民代表制并不排除人民直接行使管理权，人民的参与权、表达权、监督权、决策权从法理上都是完整的，特别是对于公共事业和社会事务的管理而言，人民民主原则体现为公众参与和社会自治的法律要求。第四，社会治理法治化是发展要求。《决定》指出："必须使人民认识到法律既是保障自身权利的有力武器，也是必须遵守的行为规范，增强全社会学法尊法守法用法意识，使法律为人民所掌握、所遵守、所运用。"这实际上是对中国共产党提出的法治要求，也是巩固法治建设中人民主体地位的长远需要。人民法权能力的增进，与执政党的法治能力根源相通。只有在此基础上，国家治理体系和治理能力的现代化才有望实现。

党领导的人民法治原则，强调坚持法律面前人人平等，从人民主权衍生基本人权。汉语"平等"一词源自东汉佛经翻译，在此后几百年，在汉传佛教的发展

---

①　参见施芝鸿：《人民是依法治国的主体和力量源泉》，载《求是》2014 年第 22 期。

中逐渐成为一个高频词语。①《阅微草堂笔记》有言："以佛法论，广大慈悲，万物平等。"佛法上"平等"形而上色彩浓郁，意指万事万物在根基上的无差别。此种平等观显然与事实不符。客观差异的存在，让超验的平等在经验层面遇到困阻。天赋个性的差别、资源、权能的各异，都让事实上的不平等成为一种普遍现象。由此，法律上的平等被思想家着力论证，成为近代法律与革命的价值追求。法律面前人人平等的表述，代表了在不平等境况下衡平等级的政治诉愿。当政权重建，新的政治精英的特权又会抬升滋长，造成法律平等价值的空转。如何解决法律形式平等与事实不平等、公权与人权的矛盾，一直是让人困扰的难题。

像罗尔斯这样的哲学家，为如何将理想上的自由平等社会与现实中不平等安排，统合于社会正义的原则框架穷心竭力。② 其理论表明，法律平等价值在现实中的各种制约，以至于特定的不平等制度安排也可能是符合社会正义原则的"善"。西方法治模式极力捍卫的"平等权"，在现实中流变为形式正义优于实质正义的制度趋向，也证实了实现法律面前人人平等之艰难。

卡夫卡著名的《法律门前》寓言，从表面上看，表达的也是这样一种可欲却难行的法律平等困局。③ 乡下人来到法的门前，却被守卫阻拦，不得其门而入。二者之间，看似不平等的权力关系，却隐藏着某种深层次的平等对待。守卫其实也是法律管制的对象，同样要服从法的指令。他和乡下人一样，都处于法的门前，在法面前都是同等的遵从者。乡下人有权见到法，但最终没有进入法的大门，并非他没有得到平等对待，比如同样情形的其他人可以进入，而唯独将他排除在外。守卫和乡下人，在法的面前，承担着不同的角色，因而有不同的规范要求。此种实证主义的法律平等观，与基督教倡导的"十字架前人人平等""上帝面前人人平等"的观念高度吻合。对于负有原罪的人类而言，寻求救赎之道莫过于奉行上帝的指令，当上帝与律法合体，严格服从上帝法的要求，即是法律面前人

---

① 参见秦晖：《传统十论：本土社会的制度、文化及其变革》，复旦大学出版社 2004 年版，第 377~378 页。

② 参见［美］约翰·罗尔斯：《正义论》，何怀宏等译，中国社会科学出版社 1988 年版，第 6~8 页。

③ 参见［奥］卡夫卡：《审判》，姬健梅译，北京大学出版社 2016 年版，第 252~261 页。

人平等的真谛。

　　然而，此种法律平等观割裂了古典法治主义中的"良法"要素。人类对良法的平等追求，当是法律平等的前提要旨。"平等是一种神圣的法律，一种先于所有法律的法律，一种派生出各种法律的法律。""平等是一项原则，一种信仰，一个观念，这是关于社会和人类问题的并在人类思想上已经形成的唯一真实、正确、合理的原则。"①人们之所以很少谈论立法上的平等，将法律认定为天经地义的权威指令，观念根结还是在于伦理的不独立。就此而言，中国传统丰厚的伦理文化资源，与西方法治依凭的宗教背景相比，更符合人类生活的平等要义。西方的法律人文主义表面上驱散了宗教，其实只是击碎了教会法的体制，虚空的上帝法、自然法这些形而上的"至高超神"，无形中支配着人们的法律行为和心理。一方面，实在法不容置疑；另一方面，法律规范实质上保护强者利益。法律"平等"的结果当然因人而异：有的人违法可以不受追究，有的人行为合法却遭受诬陷或难以生存，有的人在法律的边缘地带长袖善舞、获益无数。

　　人民权力塑造的法律，虽也有权威、命令和服从的要素，但这只是形式构件上的要求。从主体和内容上看，人民的法律源于共同的意志和根本利益一致，经由整体性的制度协商，形成规则框架。在法律实施过程中，人民有权参与并监督。人民推选的代表，通过政党、政治协商组织、人民团体、法律机构等各种制度路径保证其权力应有的收益。在法律面前人人平等，具体而言，就是人民在立法、执法、司法和守法各个环节一律平等，人民的代表与人民在政治上平等，人民的权益在法律实施过程中得到平等对待和保护。这正是中国特色社会主义法治道路的法律平等原则与西方的显著差异。

　　为了消除阶级差别，实现共同富裕，中国共产党首先要规限自身，绝不允许党内特权存在，让党真正成为法律平等的表率。党内有职务差别，但这只是制度运行的需要，属于组织分工的不同。利用党内职位的便利，形成特权意识、做法甚至阶层，将是对宪法和法律权威的致命威胁。这不仅会让良性的党内治理被破坏，也会毁损国家和社会的法治根基。党内民主和群众路线必须坚持，是为了让

──────────

① 　[法]皮埃尔·勒鲁：《论平等》，王允道译，商务印书馆 1988 年版，第 20、68 页。

党接受内外各方面的监督，保持平等型组织的生命力和战斗力，为其他政党、组织、团体以及广大公民树立典范。作为一个将全心全意为人民服务作为根本宗旨的先进政党，中国共产党在各个历史时期都将法律面前人人平等作为自己的政治主张。① 党为实现这一主张长期奋斗，以宪法原则形式予以确定，并在法治运行的各个环节着重保障。

马克思主义的阶级斗争学说强调，无产阶级应当通过斗争消灭阶级差别，这是社会主义法律实质平等属性的必然要求。"正是因为阶级的存在，最骇人、极广泛的不平等和不正义出现并持续存在于我们的社会结构中。"②社会主义法律上的"人人"，理念上应是普遍的全面发展的个人及其自由的联合体，其平等原则并不要求消除所有差别，而是从制度及其社会基础上消灭阶级差别。中国宪法之所以承认阶级斗争仍在一定范围内存在，也是基于社会不平等根源在现阶段尚未完全消除。

与掌握政权的"人民"相对应，"敌人"的概念在阶级差别导致的不平等境况下仍在法律上存在。敌人并非一个单纯的政治界定，而是一个因阶级差别获得不平等待遇并从中持续非正当收益的集合，是人民民主政权下的法律重点规制的对象。作为法律概念的敌人，可以进一步明确化，坚持以法律平等原则为核心价值标准，对于那些利用阶级特权危害社会整体秩序的犯罪，应归于人民法制规约的对象。例如，"敌人刑法"的理念认为，对于极端的犯罪人，其挑战社会秩序底线的行为不存在宽恕的理由，本质上不是公民，而是公敌。"原则性的偏离者没有提供人格行动的保障，因此，不能把他作为市民来对待，而是必须作为敌人来征伐。"③中国现行宪法对敌人的界定，主要针对社会主义制度的敌视和破坏行为，其中当然包括对作为社会主义制度灵魂的平等原则之破坏。

---

① 参见潘盛洲：《全面推进依法治国必须坚持法律面前人人平等》，载《人民日报》2014 年 11 月 21 日，第 7 版。

② Kai Nielsen, *Equility and Liberty：A Defence of Radical Egalitarianism*, New Jersy：Roman & Allanheld, 1985, p. 80.

③ Günther Jakobs, Burgerstrafrecht unt und Feindstrafrecht, in Edited by Yu—hsiu Hsu, Foundations and Limits of Law and Criminal Procedure—An Anthology in Memory of Profesor Fu—Tseng Hung, p. 61. 转引自冯军：《死刑、犯罪人与敌人》，载《中外法学》2005 年第 5 期。

　　长远而言，"人民-敌人"这样的法律建构，并非社会主义法治的终极建构。这只是实现社会主义法律平等原则的策略工具，在法律的常规运行中，"敌人法"并不是随处可见的，人民法以及由其衍生的公民法、市民法才是主流。通过人民民主专政的政体构造，社会主义法治的平等原则在操作层面得到夯实，在可预期的未来，"不同个人之间的报酬差别可能依然存在，但是不同阶级文明之间的悬殊差别将会消失"。①

　　中国共产党开辟的社会主义法治道路具有鲜明的本体特色，党的领导与依法治国的本体融合，塑造了党的法理权威，使得党对法治的领导权具有超然性、决断型的特点。党对法治的领导权源于其对人民群众权益的代表权。党领导的革命、建设和改革事业，离不开法治精神与制度的保障。党取得执政地位后，组织内的精英与体制外的群众依然存在密切的法理关联。当二者交融一体，产生共同意志，党可以将自己的主张通过立法转化为国家的法律。经由法律的赋权，政府系统和国家机关依法行使公权力，人民群众保留其核心的监督权和受益权。执政党通过领导立法，建立起对国家公权系统的法律规约框架，代表人民行使监督国家政权依法运作。中国共产党直接实施的法规范，类似于凯尔森所说的"基本规范"，它是宪法和法律的效力渊源。人民对于执政党的监督，主要通过法律外的政治和道德监督体现，以合法性认同的方式实现。国家系统的人民代表大会是法律上的权力机关，由其产生行政和司法机关并对之加以法律监督。

　　人民法治国的原则还体现在法律创生后的平等实施和一体遵循。对人民而言，民主是法治的原则基础；对敌人而言，法治更多体现为专政的职能。民主与专政的结合，根底在于权利与义务的对应性。与资本主义制度不同，法律平等原则在社会主义制度中更强调社会正义和实质平等，不仅是一项法律形式规范原则，而且是全面灌注于立法和法律实施中的本体原则。党的领导把握了中国特色社会主义法治道路的正确方向，人民民主专政的国体明确了道路开辟后的维护、受益和归责主体，法律面前人人平等的原则确保了这条道路运行和管理规则应有的刚性。

---

① R. H. Tanney, *Equlity*, London：Allen & Unwin, 1964, p. 150.

在党领导的人民民主法治国原则指引下，政党与人民、国家与社会的关系一体均衡，执政党对法治的领导权威与人民对法治的主体权能经由多重代表制高度契合，国家法治与社会法治、公共权力与公民权利相互补充、协调推进。

三、法律和道德的均衡治理原则

法律和道德的关系，历来是争讼纷纭的法哲学问题。二者从本体重叠到制度分离，代表了传统社会治理与现代国家治理的重大差异。法律和道德如何在治理实践中保持均衡的尺度和状态，一直是法律、政治及道德哲学争议的焦点。

例如，2016 年山东聊城于欢故意伤害案，舆论呈现的案情逻辑不外乎：于欢杀人，事出有因，辱母激愤，情有可原。无罪论和轻罪论者除了使用大量的道德论证，都努力从"正当防卫"打开缺口，为二审的改判全面定调。此案的疑难之处不在于法律事实的认定，而在于不同主体对同一法律规范的不同阐释。中国近些年不断涌现的公共案件，大多具有这样的特点。之所以如此，根结是法律规则与道德规范无法完全剥离，法官对法律规范的适用，不能以自我的理解为根据，而是要努力接近立法者的客观原意和真实目的，这就需要认真对待、精确区分、积极涵摄人民大众的道义情感。

如同正当防卫此等非常规意义上的刑法规范，它首先是一种道德与法律原则，其次才是一种具体的刑法裁量规则。什么是正当，这是一个有关正义标准的道德判断。大众心目中的正当往往是伦理意义的，这并不妨碍法律上正当行为的判定，多数时候二者保持着默契。但司法者的局限在于无权将民意中的道德诉求纳入法律论证，通过有效的法律解释改变既定的刑法规则。特别是在"罪刑法定"原则的刚性约束下，正当防卫成为限缩解释造就的例外，多数案件的防卫过当认定带来了大众道德观和法律职业主义的冲突。但在于欢案中，我们发现了某些明显的变化。比如，随着大众法律意识的增强，传统的道德话语也开始走向一种半专业化的法律论证，司法者不再将舆论压力视为洪水猛兽，逐渐学会借助公众的道德逻辑和情感力量完成对机械司法的修正。较之于常规的法律规则适用，基于法律原则和政策的裁判更能突显出司法的权威性和能动性。对于当前中国的司法公权而言，牵涉道德与法律冲突的公共案件可以成为展示自身衡平权威的舞台。

"法理情"的兼容和均衡期望，对法治中国的建设而言，无疑是一个理想的目标。但在具体的司法实践中，的确成了不少法官头痛的问题。法律的标尺总有向上延伸的冲动，但在现实条件的制约下，其始于社会生活不可或缺的基本要求，而顶端则终于人类追求卓越的最崇高努力。"隔开这两者的是一条上下摆动的分界线，我们很难准确地标出它的位置，但它却是至关重要的。"①对富勒这样的美国法学家来说，法律标尺的均衡原则需要在愿望道德和义务道德之间把握。但这样的区分并不清晰，毕竟，道德本质上是一种欲然和应然的奇怪混合，一些人的愿望对很多人来说就是义务，而他们的义务却成了多数人倾其一生也难以想象的愿望。现代社会细密的分工，特别是不均衡、不平等的客观现实，让笼统的道德日渐失去昔日荣光，而形式上一律的法越来越受到治国者的青睐，法律帝国的扩张已经将道德理想国的疆界蚕食殆尽。某种新道德观的复兴，在全世界范围都在萌动。多元道德本体论的重建，加剧了法律文明的内外冲突，让世界法的理想愈益虚渺。法律和道德究竟在治理中如何均衡定位？这是任何一个完整的治国框架、任何一条可行的法治道路，都必须认真回答的原则问题。

我们应当承认，现代社会的法律与道德在本体上不能混淆，国家的法律规范与大众的道德要求在制度定位上有着明确区隔。"法律作为主权者所推行或实施的一种规范体系，它自足于自身之上。"②但这并不意味着法律与道德在治理实践中毫无关系。事实上，国家治理与社会治理、政党治理、家庭治理一样，都处于一个复杂的网络中，各种权力的冲突构成了以规则解决纷争的主要对象。作为社会控制的手段和整体治理的资源，法律与道德的关系无比紧密、难以分离。

首先，道德本为人们头脑中的是非对错观念，当多数人的"德"汇聚为整体性的"道"，道德也就有了治理规范的效能。道德要求首先是自律的，但出于各人自律的对等、互惠要求，道德产生公共性，由私德演变为公德，由个人品德上升为集体美德。道德是凝聚人心的利器，它比法律更富直指人性的感召力和感染

---

① ［美］富勒：《法律的道德性》，郑戈译，商务印书馆 2005 年版，第 34 页。
② 这是庞德对分析实证主义法学核心观点的一个概括，但他并不认同这种理论。参见［美］庞德：《法律与道德》，陈林林译，商务印书馆 2015 年版，第 13 页。

力。作为愿望的道德虽然与作为义务的道德有很多不同，但二者都具有规约人心、匡正人性的宏力。道德之功，在于长久。以德治国，不能急功近利，将个别人的道德观强加于多数人。"以德治国"语境中的"德"，准确的定位应是公共道德，此种道德总体上能够为发达的法律体系涵摄。现代社会的道德观念不再是绝对的一元，日渐分层和多元发展的趋势让法律彰显的道德具有最低限度的公共性。

其次，公共道德只能作为治国的参照，而非依据。依法治国与以德治国虽密不可分，但在战略定位上有严格区别。法律涵摄了最低限度的公共道德，作为义务道德的规范集合，应当成为国家治理的权威依据。如果赋予外在于法律的愿望道德以国家强制规范的效力，势必会混淆法律与道德的界限，造成隆德薄法、法外有法的乱局。

最后，道德在治理实践中的功能主要集中于社会领域，当国家法不及之时，道德规范可以"软法"之效，激活市民公约、乡规民约、行业规范、团体章程等社会规范对国法系统的补充作用。这些社会规范本质上是公共性的道德规范，法律理论界将之归于"民间习惯法"的范围。法律与道德的均衡治理可以化解国家法和民间法的紧张关系，让法治的内涵更为立体丰盈、与时俱进。

法律与道德的均衡治理原则，就其方法论要义而言，并不牵涉法律是否必须依循道德原则的本体论问题。关键问题在于，当法律规范与道德规范共生并存，如何在实践中避免冲突，发挥它们共同的合力？儒家"礼法合治"的理念，在现代社会条件下能否创造性转化，为法德并举的治国方略提供规则框架？作为治理规范的道德与一般的个人道德有何区别？

中国共产党崇尚共产主义道德，坚守马克思主义规律观，怀着真诚信仰不断寻求治国理政、济世安民的普遍真理。法治中国的道路选择，正是此种宏大历史探寻过程中的重要成果。对中国共产党来说，法律作为奋斗成果的权威确定，既是一种规范总结，也是一种道义宣告。贯注其中的实践理性精神，可谓中国共产党推动法治建设的不竭动能。与西方的理性主义法律观不同，中国共产党并不承认永恒真理的存在，实践是检验真理的唯一标准。确而言之，对于法律背后的道德真理，中国共产党并不具有先定的立场，即使是马克思主义的普遍真理也必须同中国实践充分融合，接受中国人民的实践检验。中国共产党倡导的法律理性与道德取向，有望塑造一种中国特色的法治信仰。此种信仰与共产主义信仰一体同构，蕴藏着法治阶段论的丰富内涵。由政党法治向政府法治、由国家法治向社会法治的拓展升级过程，实质上也是由社会主义初级阶段向高级阶段，直至未来没有国家界域的理想法治社会的发展过程。

党领导的人民法治国原则，能否在实践中落成生效，关键在于党的道德要求和人民的道德诉求在法律规范上实现底线契合。在中国共产党的立体法治战略中，"法"的内涵是以国家法律为中心的多层架构或曰拓扑网络，整体性的法治与局部性的法制具有显著区别。对政党治理而言，道德主要体现为政治道德；对于社会治理而言，道德的作用集中于家庭、职业、行业和社区共同体等领域；对于国家治理而言，核心道德规范可以经由程序转化，进入法律规范体系的肌体。

法律与道德的本体区分，决定了它们从性质上属于不同的社会规范。二者在实践中的关联，又存在冲突和互补的多种可能。为了让它们的合力更为显著，中国共产党坚持完善"法德并举"的治国方略，这并非历史传统的简单复现，亦非西方自然法与实在法二元框架的变相移植。从法治原则的战略设计角度看，这是一种方法论上的理性策略选择。既然中国是一个道德伦理大国，法律道德化的色彩相当浓厚，武断将道德排除于法治运行外，既不可能，也不可欲。唯有正视法律与道德的实践关联，将二者加以制度区隔后，再将它们通过立体法治系统加以衔接协调，方有望扬长避短，互为补充，实现二者相辅相成，相得益彰。此种方法论原则若能准确贯彻，中国法治道路定会愈益宽广，在实践上形成不同于其他法治模式的重要特色。

既然中国共产党倡导的"以德治国"不是传统"德主刑辅"式的治理，作为治国途径的道德亦非法律原则化的礼教纲常，用以治理实践的道德规范与作为立法原则的道德准则，理应分属于不同的论域和范畴。当法律规范体系完成了对基本道德观念的涵摄，形成了法律内在道德的稳定结构，法治实质上也是一种道德治理。但反向推理则未必合适。无原则、无基础、无条件的道德治理势必会破坏法律的内在道德秩序。法治体现道德观念，这主要由立法过程实现；道德滋养法治精神，这反映在法律实施的各个环节。

如前所述，中国共产党对法治的直接领导主要在立法环节，执政党的角色与立法者的功能高度重合。作为立法者的中国共产党必须代表人民意志，将精英道德与大众道德整合为科学的法律创生路径，实现理性与信仰、制定法与习惯法、官方法与民间法、国家法律与党内法规的均衡一体。为人民服务的政治道德需要转化为立法道德，立法的内在道德需要贯注于法律的规范体系。对党员而言，道德要求比一般社会成员高，故而当党规严于国法。对于政府公职人员而言，国法中的行政管理法规也要比其他公权规范严格。没有政治道德的支撑，法治的内在道德便失去了根基，富勒虚构的"雷克斯寓言"可能就会成为现实。① 对于人民大众而言，总是倾向于接受一般性、公开、清晰明确、无矛盾、稳定、可行、官方带头遵守的法律，这些对法律品格的道德要求直接决定了"良法"的标准和规格。立法者应当充分考虑并主动接纳大众对法律的道德设定，对良法的建构不能出自单方面的意见和想象。民主立法是科学立法的前提，科学立法是民主立法的深化。代表了民意，立法者的道德使命并未终结，其还需将民主的成果通过科学的方式表达为一个逻辑分明的规范系统，这往往要由专业化的立法工作者完成。立法活动中有四类主体：立法主权者、立法主权的代表者、立法主权代表者授权或委托的职业工作者以及参与、配合立法工作的公众，国外称之为"立法之友"。一方面，作为法治实践中政治美德之精核，人民的道德原则与执政精英的道德要求必须高度契合。这就需要进一步发挥政治协商和协商民主中立法协商的作用，建立有效的制度对人民和政党的立法权予以均衡保障。另一方面，立法公权主体的道德侧重于形式、程序和技术理性，参与其间的人民群众具体化为"立法公众"，包括广大公民、组织和社会团体，立法公众的实质性道德与立法公权主体的程序性道德也应达成均衡，这就要求立法的技术理性需要形塑动态的框架，及时、全面、准确涵摄公众的道德要求。

以道德滋养法治精神，就法律实施而言，首先要强化公权主体的法治道德素养。就中国的实际情况而言，领导干部特别是高级领导干部是关键少数与核心表率，对其应以确立牢固的法治信仰作为职责要求，"怀有对法治发自内心的认同

---

① 关于雷克斯国王造法失败的寓言，参见[美]富勒：《法律的道德性》，郑戈译，商务印书馆2005年版，第40~46页。

和尊崇"。中组部干部监督局通过分析反省材料发现，84.4%的违法犯罪的原领导干部都认为自己的犯罪与不懂法有关。①归根结底，法律知识的欠缺还是因为法治信仰的缺失，这就需要中国共产党在党员干部教育培训的各环节首先注重法律原则、精神和价值的学习和把握，在此基础上全面掌握与职责履行、权力使用有关的法律知识系统。

在领导干部群体中，政法干部、司法工作者又是重中之重。无论是执法、司法，还是法律监督和保障工作，法律职业伦理对于实施主体都极为重要。在西方，法律职业伦理的信仰危机日益突出，其直接后果就是法律愈益神秘化、封闭化，距离大众对法律人的道德要求愈益遥远。在波斯纳看来，由于信仰伦理的缺失，法律职业共同体其实是一种自我确信的"想象共同体"。当法律职业的实际知识不能把该职业的知识主张确信正当化时，就不得不使用一系列的技巧来保持它的这种神秘性。这些维护法律职业神秘性的技巧包括："培养出一种风格含混难懂的话语，以便使外人无法了解这一职业的研究和推理过程；规定了进入这一职业的很高的教育资格要求，以使这一职业拥有专门知识的声称更具有说服力；要求经过专门的职业训练，以显示这一职业与其他职业相比所具有的独特的'技艺'；极力塑造职业者的魅力人格，使其外表、个性或个人背景都给人以他有深厚的或者是无法言说的见识和技术的印象……"②

法律职业伦理和大众道德观之间的冲突，反映出法律形式理性和实质理性的矛盾。一方面，法官对犯罪嫌疑人的暴行不得嫉恶如仇，而应当进行无罪推定；律师为明知有罪的人辩护……这些违反普通道德或伦理要求的内容，却是法律家在法律程序中必须遵循和实践的。另一方面，法律的实质理性决定了法律职业实质伦理不可或缺。作为内在逻辑品质，法律以规则性、现实性、时代性、保守性和价值性作为基本内核，并经此逻辑品质上达法律的伦理品质，而构成法律区别于其他社会规范的基本特征，形成了法律从业者区别于其他职业社群的规则意

---

① 参见陈希：《提高党员干部法治思维和依法办事能力》，载《人民日报》2014年12月17日，第7版。

② [美]理查德·波斯纳：《超越法律》，苏力译，中国政法大学出版社2001年版，第220页。

识、现世主义、时代观点、守成态度和世俗信仰。① "法律从业者总是将对于法律现象的思索，纳入对于自己所处时代的文化命运的整体观照之下，以对这个时代与民族生活的总体语境和根本精神的体察，在事实与规则间给予措置。"②

解决法律职业伦理危机的根本之策，不是简单强化某一方的道德立场就能遂愿的。对于中国而言，主流价值观一直呈现超稳定的结构，传统道德的优厚禀赋是法治中国的天然良港。建基于法律与道德均衡治理原则的法治文化建设，成为党的十八大后中国新法治战略的长远规划。发挥法治文化对于大众道德的引领作用，可以化解法律内在的矛盾，实现更为坚固的社会共识。

2006 年，习近平在法治浙江建设的指示中就高度重视法治文化的引领作用，将法治文化定位为法治的灵魂，其核心内涵为一个国家或地区对于法律生活所持有的以价值观、思维方式和行为方式，具体内容包括人们的法治意识、法治观念、法治思想、法治价值取向等。③ 十年后，全国人大常委会通过的《关于第七个五年法治宣传教育的决议》要求："把法治文化建设纳入现代公共文化服务体系，繁荣法治文化作品创作推广，广泛开展群众性法治文化活动。"这对新时期法治文化公共品供给，提出了法律意义上的要求和任务。

所谓"法治文化公共品"，是指由国家法定机构免费提供给广大公民与法治知识普及、思维塑造、信仰培育有关的专门文化产品，形式载体多样，内容丰富多元。确立法治文化公共品供给的体制，需要对传统普法理念进行反思。普法不是自上而下的宣教式传导，而是内生于法治整体过程中的法律理念运动。从立法开始，普法就已经展开了。经由执法、司法活动的示范，法律普及深度展开。守法与普法也存在显著的正相关。如果我们将立法、执法、司法活动生产的正义产品，也纳入法治文化公共品的范畴，可以想见，这是一个非常大的思想转变和制度创新。

---

① 参见孙笑侠：《法律家的技能与伦理》，载《法学研究》2001 年第 6 期。

② 许章润：《论法律的实质理性——兼论法律从业者的职业伦理》，载《中国社会科学》2003 年第 1 期。

③ 习近平：《弘扬法治文化 建设法治浙江——写在"五五"普法启动之际》，载《浙江政报》2006 年第 23 期。

将法治文化纳入法治社会建设的议程，需要转化道德建设和法治宣传工作形式，通过尽可能多、尽可能强的法治文化服务志愿者，参与法治文化公共品的供给侧改革。转变由政府亲自出面、统一买单，事无巨细大包大揽的不合理做法，尝试公众为本、大众参与的新途径。政府通过行政指导、购买公共服务等方式发挥法治文化建设的职能作用。顺应大众创业、万众创新以及互联网时代风潮，鼓励社会各界推出百姓喜闻乐见的法治文化作品，改变法律在公众中的刻板形象，让广大党员干部和人民群众都能对法律产生真诚的信仰。

四、从实际出发的法治认识论原则

毛泽东有过"哲学就是认识论"的著名判断。[①] 他本人秉持"实事求是"的原则，将哲学原理与中国实际紧密结合，创造性发展了马克思主义。只有在"正确"的认识论基础上，才能对马克思主义所说的特定时代的"科学"及在这一时代中必须采取的行动充满自信。[②] 从实际出发的原则，作为指导中国革命的认识论指针，在改革开放的启动进程中也发挥了重要作用。围绕真理标准的大讨论，确立了"实践"的中心地位，实践成为"检验真理的唯一标准"。对法治中国的建设而言，除了要明确历史本体论的"三统一"，战略方法论的"两结合"，还需要一切从实际出发，特别是从中国实际出发的认识论。当超验、先验式的"法治真理"被经验和现实证伪，我们应当果断放弃，从基本国情出发，通过有效的理论创新，为实践问题的解决提供富有生命力的认识框架。

人们如何认识法律及其相关治理活动？就主体而言，并非所有人都有此需求、兴趣或才能。某人对某部法律的某些条款或特定案件产生知识上的需求，或许是源于偶然的事件，例如卷入一起难解的纷争，逼迫自己学习相关法律知识以

---

① 1964年8月24日，毛泽东和周培源、于光远就坂田文章谈话说：关于从实践到感性认识，再从感性认识到理性认识的飞跃的道理，马克思和恩格斯都没有讲清楚。列宁也没有讲清楚，列宁写的《唯物主义和经验批判主义》只讲清楚了唯物论，没有完全讲清楚认识论。最近艾思奇在高级党校讲话说到这一点，这是对的。这个道理中国古人也没有讲清楚，老子、庄子没有讲清楚，墨子讲了认识论方面的问题，但也没有讲清楚。张载、李卓吾、王船山、谭嗣同都没有讲清楚。什么叫哲学？哲学就是认识论。参见盛巽昌等编著：《毛泽东这样学习历史 这样评点历史》，人民出版社2005年版，第262页。

② Paul Hirst, *On Law and Ideology*, Palgrave Macmillan UK, 1979, p. 6.

更好维护利益、解决纠纷。或许是职责使然，如一位立法者或法官，必须对法律和法治的诸多层面通透理解。或许，只是一种趋之若鹜的跟风和效仿，为平淡的生活增添一些谈资颜料。不论何种选择，都不可能脱离一个基础性前提：法律是客观存在的，并且适合作为一种大众化的科学认识论对象。

之所以强调这一点，是因为法律在人们的观念中可以多种方式存在：纯粹理念的存在，可称之为"理念法"；权威规范的存在，可名之曰"实在法"；现实运行的存在，可称其为"行动中的法"。从认识过程上看，只有作为社会实践的法律存在才是大众原意理解并能够认知的科学对象。只有当法律从"哲学王"理念中的抽象存在逐步转化为权威机构确立的规范，并通过社会强力系统对规范对象产生真实约束力的时候，人们心目中的"法律"才是实践性的完整形态。此种完整形态的法，也许与某些人构想的理想法不相一致，甚至于规范设计的原初样本也颇有差池，但不容否认，只有这样的法律才是多数人愿意并能够通过直接观感加以认识的真实存在。社会主义的国家观和法治观，在认识论上的贡献在于突破了法律理念主义和规范实证主义的窠臼，将社会实践本体置于政治和法律认识的核心地位，强调社会大众与精英一样，在科学真理面前具有平等的话语权。

"断裂的每次出现都使科学同它过去的意识形态相脱离，揭露科学的过去是意识形态，从而创立科学。"①中国特色社会主义法治道路的实践开创和理论形成，必定会以认识论上的断裂(质变)为前提。西方法治理论的认识论逻辑，首先是法律作为权威规范存在的假设，对此种假设的论证通常以虚构的自然状态、社会契约来完成。当这种假设得到逻辑理性的证立，再通过强大的国家系统全力推行，不断丰厚其经验机体，形成一系列混杂性的意识形态、科学、神学标准，以为法治的原则。伊弗雷姆·图特在《美国佬律师》一书中谈道："在法学院里，他们告诉你，法律是一门完美的科学，是尽善尽美的理性。事实上，它是罗马法、圣经、教会法、迷信、封建残余、狂乱的虚构和冗长死板的制定法的大杂烩。教授们努力从混乱中得到秩序，在鬼都找不到的地方寻求意义。"②多数学子

---

①　[法]阿尔都塞：《保卫马克思》，顾良译，商务印书馆1984年版，第140页。

②　转引自[美]彼得·德恩里科、邓子滨编著：《法的门前》，北京大学出版社2012年版，第1页。

和民众接受这样的法律话语，不是因为此种理论的真理性，而是一种认识论上的因循守旧，甚至是对法律强制力的无形恐惧。西方后现代主义法学观念的兴起，代表了对传统法治大写真理的强烈质疑。与之不同，中国特色社会主义法治道路的提出，对于占据主流地位的西方法治话语而言，并非简单直接的质疑，而是立基于社会实践的文化反思和制度重建。

法治道路的形成，往往耗时良久，依赖传统、历史时机、政治机遇、经济社会环境等各方面的条件要素。在中国特色社会主义法治道路的形成史上，留下鲜明印记的文化资源不可胜数，有中国固有文化、外来文化、近代以来创生的新文化等。这些法治文化类型之所以能够产生奇特的混合效应，在认识论上可归因于近代中国法治现实主义的兴盛蓬勃。清末庚子年的切肤之痛，让修律大臣沈家本认识到中国法治必须博采众长、因民为治。"方今世之崇尚西法者，未必皆能深明其法之原本，不过借以为炫世之具，几欲步亦步，趋亦趋。而墨守先型者，又鄙薄西人，以为事事不足取。""立法以典民，必视乎民以为法而后可以保民。""我法之不善者当去之，当去而不去，是之为悖。彼法之善者当取之，当取而不取，是之为愚。"①这些分析，无不展现出法治现实主义者的洞察力。将此种珍贵的法治认识论基因传承发扬，自当是法治中国事业拓展之必需。

厘清法治道路的认识论原则，对于现实法治问题的解决也具有重要意义。例如，有法不依的难题，很多时候并非主体不为，而系主体不能。法律难以为人们明悉知晓，总是云山雾罩。不仅对大众如此，执法、司法者也很难掌握恢恢法网的无穷结点。再者，即使认清了法律的文意，明确了语词的指向，但在实行操作中缺乏工具、手段、人员和资源，"打折执行"的后果是人们会转而怀疑法律自身的真诚和公正，对有法不行的道德歉疚感不断削弱，直至消亡，习以为常。最坏的结果就是，法律选择性实施的盛行。可以说，法律认识论对于生活在现代社会的人们都有现实的意义。正确理解法律和法治的原则、规则，真正做到以科学的分析澄清疑义、辨明指令、填充漏洞、理性决策，最大限度优化个体和社群的生存发展境遇，应当成为公民法律技能的常态化训练科目，以为法治道路提供坚

---

① 转引自李贵连：《现代法治：沈家本的改革梦》，法律出版社 2017 年版，第 12~13 页。

固的理念支撑。

法治道路的主题，本身就是一个认识论范例。"法治道路"一词是"法治实践"的借喻，人们看到这个概念一般不会认为，这是有关道路纠纷法律解决的问题。之所以可以避免误解，是因为人们有意区分了本体和喻体、客观实体和主观实体。当喻体形成，原来的本体含义转移到新的喻体中；经过反复的表达实践，喻体自我强化，成为新的本体。但假如人们因此完全割裂本体和喻体的关系，将二者的客观相似性在主观认识中排除，必定故意会造成概念的虚化。科学和意识形态的区别，在于前者的研究对象是贴近现实的可验证事物，而后者制造的话语多数是空洞的口号。如果中国特色社会主义法治道路的理论是一种科学架构，其认识论原则首先应当尊重现实，从实际出发。

对于决策者而言，中国特色社会主义法治道路的核心要义非常明确，即习近平总书记强调指出的："全面推进依法治国这件大事能不能办好，最关键的是方向是不是正确、政治保证是不是坚强有力，具体讲就是要坚持党的领导，坚持中国特色社会主义制度，贯彻中国特色社会主义法治理论。这三个方面实质上是中国特色社会主义法治道路的核心要义，规定和确保了中国特色社会主义法治体系的制度属性和前进方向。"①对研究者和观察者而言，从不同角度和侧重点出发，围绕中国特色社会主义法治道路的丰富内涵会形成不同的定义，有时还会产生认识和理解上的分歧。明确从实际出发的认识论原则，对于解决这些理论争议大有裨益。

如果从理念论出发，中国特色社会主义法治道路应当是逻辑推导的理想型构，换名为"法治中国的理想图景"亦可成立。但采取此种认识论路径，我们很难解释这条道路是否已然存在的问题。究竟是因名而立，还是先立后名？化解荀子几千年前论及的名实纷争，单纯的理念论无法回应。② 无论从逻辑上还是经验

---

① 《习近平关于〈中共中央关于全面推进依法治国若干重大问题的决定〉的说明》，载《人民日报》2014 年 10 月 29 日，第 2 版。

② 荀子在《正名》篇中指出："若有王者起，必将有循于旧名，有作于新名。然则所为有名，与所缘以同异，与制名之枢要，不可不察也。"他认为，王者成名、制名必须与实相符，约定俗成。王者循名责实，才能取得良好的治理效果。名不符实，各种弊端会由此而生。推而论之，人对客观事物的认识和感官对事物的感受是命名的基础。

上，我们必须承认，先有了法治实践的母体，才孕生了法治道路的出产。法治实践虽然离不开法治理论的指导，但真实的情形通常是，实践先行，理论殿后。"为了说明世界应该是怎样的，哲学无疑总是来得太晚，作为对世界的思维，哲学只有在现实结束其形成的过程并成为过去后才会出现，哲学的历史告诉我们，观念之物必须在实在完全成熟时才能作为实在物的对立面显现出来，把握世界的本质并将其转变为精神王国里的形象，倘若哲学在自身的灰色中描绘世界，那么生命的形象将是衰老的，它并不能使这一形象变得年轻，而只能认识它。密涅瓦的猫头鹰只有在夜幕降临的时候才开始飞翔。"①从法治实践的历史也不难发现，即使少数天才人物的法治理想设计，也不能违背多数人的真理认知和道德判断。主流的价值观由社会实践样式及需求塑造，其设定的道义标准为法律的内在道德提供了优选尺度。随着现代性的拓展，法律经验现实主义取代逻辑理念主义，不仅西方如此，东方社会亦为同理。从现实出发，成为近现代以来人类流行的认识论原则。

　　问题在于，这种普遍原则在法治实践中能否具体化？如何运用和操作？人们对现实的认知各有不同，对事实和真相的理解千差万别。即使都是法律现实主义的信徒，但在具体认知路径上肯定存在各式分歧。如果每个人都坐井观天，仅以自身现实要求为准，真理与事实的冲突将永无休止。所幸，此种情况只是观念上的杜撰，因为现实的人大多处于社会关系的网罗中，都承受着不同锁链的相似捆绑。例如，作为社会化产物的前见之约束，主流价值观的道义约束，甚至法律对言论、思想自由的界限划定等。即使存在极少数能够完全摆脱社会认知锁链束缚的天才，其思虑表达往往难以为当世理解并认同，卓异思想的伟大效用会因时滞效应延迟后沓。从各人的现实认知交叠区的边际出发，法律可以有效兼容最大限度的真理共识，生产出公共性的行为规范模式。以法律为圭臬的法治则可以最大限度避免特定的认为标准突兀搅扰，维系自由、公平、有收益的社会生活秩序。当法律导向的生活成为常态，法治嵌入社会心理，形成文化惯习，就会筑成一条无形但强效的心路大道，指引无数个体朝向美好生活的方向稳步迈进。

---

① ［德］黑格尔：《法哲学原理》，范扬、张企泰译，商务印书馆 1982 年版，前言。

毋庸多言，人们对客观世界的认识有其各自的边际。但社会生活要求人们不断超越既定的边际，扩展自己的知识和行动，将心比心，形成共意。作为客观实在反射的主观实在具有边际变迁的特点，这是人们在因应各种变化和不确定性过程中塑造的。基于此种特性的"实在"，我们可称之为"实际"。实际论与大而化之的实在论不同，前者强调的实在具有边际冲突和融合的复杂特性，既有客观实在和主观实在的区分，也有主观实在中可知性和不可知的区分，还有对可知实在中现状性实在与历史性及未来预测性实在的区分。更重要的是，即使对现实的认识，实际论也不将个别人的现实认知奉为圭臬，主张通过共意和同情认知生产出公共性的认知模式。在自然科学中，这样的模式被称为科学的范式；在人文社科研究领域，这样的模式通常由大众化的经典理论创构。

为了便于理解，我们可将此种实际论原则作如下推演：第一，客观实在构成的世界是人类主观能力可以有限把握的；第二，不同主体对于在人类主观能力范围内的客观实在具有不同的认知表现，由此产生主观实在上的冲突和歧异；第三，为了调和认知上的冲突，特别是对宏观现实的理解取得基本共识，大众在精英的引导下通过协商、讨论、交流完成各自主观现实边际的调整，确立一个相对公允、平正的均衡点，作为立论和决策的出发点。这样的出发点可称之为逻辑和经验交叠共融的多重起点，它代表了逻辑理性主义和现实经验主义的思维平衡。许多认识论既非严格意义上的理性主义，也非严格意义上的经验主义，而是两者令人惊异的混合物。康德的认识论就是如此，经典的马克思主义认识论也是如此，它们集中了理性和经验这两种论证的优点。①

当某人看到一辆汽车疾驶，闯红灯，撞倒一个行人。通过亲眼目睹，他认定这是"现实"，准确地说是"事实"。但对司机而言，或许他处于深度醉酒引起的意识不清状态，对当时发生的事情均无明晰的回忆，即使有残存的记忆碎片，为了规避罪责，他也不愿和盘托出。行人正在过马路，突然被飞速驶来的汽车撞倒，虽未致命，但突发的情形和车祸造成的大脑损伤，都让其对当时的事实认知产生了严重障碍。执法者调查要从实际出发，意味着不能偏听偏信，必须通过固

---

① Healy, "Paul Reading the Mao Texts: The Question of Epistemology", *Journal of Contemporary Asia*, 1990, Vol. 20, No. 3, pp. 330-358.

化客观物证，如通过调取监控录像，拍摄现场照片，绘制现场图，采集、提取痕迹，以及听取各方的证言最大程度还原当时现场的真相。以事实为根据的法律原则，出发点正是以科学可以检证的客观事实为法律事实的基点，在此基础上确定法律规范的选择，而非先预设一种违法的理由，再用法条的适用要求去框构现实。为了方便，不少执法者或法官先从设定好的法律规范逻辑出发，有选择地复现事实，造成法律事实和客观事实的紧张和冲突。

在法律人的视野中，绝大部分的事实真相还原，都需要通过依循既定的程序规范确认。当同一实践的不同现实认知产生冲突的时候，法官只能选择那些可信度高、关联性强、证明力充分的证据，但任何人的认知都有其局限，为了避免初审的偏差，二审既应当着重法律审，也不能忽略了事实审。法律原则强调的以事实为根据，并不意味着事实就是全部实在。法官应看到客观实在的多样性，尤其是人们对客观实在认识的分歧，亦即争议焦点究竟何在，围绕这些焦点展开法律推理和论证。司法终局性的西方法治理论并不符合从实际出发的认识论，当客观真实已然呈现，或者有了新的证据足以翻案，在救济渠道上不能因为是终审而放弃对真相的复原。法律人的事实观如果走向褊狭、机械的规范教条主义，势必会动摇法治的根基。

政治家的法治认识论与法学家不同，前者更看重法治的实际效用，而后者更强调法律的应然效力。政治家将"法治"视为治国强国之机要，法学家将其理解为权利正义之彰显。二者对法治的认识都面临着主观边际的制约，需要打破界限，实现视阈融合。进而言之，由政治家和法学家集体创构的法治战略理论，能否内在协调，形成体系，取决于理论建构能否吸纳治理精英的智慧经验，回应各方公认的现实挑战。民众能否接纳主流法治观，将国家战略与个人发展统合一体，这取决于法治的顶层设计能否将碎片化的个体法治意识连缀成篇，形成整体。当民众认同了某种标准化的法治定义及制度、理论框架，其现实行动能否与顶层设计匹配契合，又要回归于法治实际运行状况的全面评估。职是之故，法治道路的认识论原则不应采用纯粹的理念主义或褊狭的经验主义，最好是复合型、程序化的思维框架。从实际出发的原则为这样的法治思维框架确立了一个稳妥的逻辑和经验起点。

坚持从实际出发的法治认识论，必须强调从当代中国基本国情出发，将各种现实认知置于一个公共性的平台，达成"共意"对个别认识偏差的矫正。国情是历史塑造的，但又与历史不同，它是现实指向的总体性客观范畴，是一个国家自然、地理、社会、经济、政治、文化等各方面的实际情况的总汇。① 对于国情，人们需要通过科学认识的手段加以提炼总结，形成相应的知识、意识和观念。我们不能如某些论者，将"法治国情"视为一个独立的概念。从现实角度看，法律不是自我证成的逻辑循环，法治并非自给自足的封闭领域，国情也不应被随意切分。从重要性程度上界分国情，比如基本国情和一般国情的区分，则是一种比较科学的认知方式。根据马克思主义的观点，法律是由社会经济条件决定的上层建筑。因而，推行法治首先要考虑特定的社会经济基础，这才是直接制约国家法治建设的基本国情。

政治家的国情观处于个人信念与集体认知、理论判断与社会调查、既有制度评价与未来战略规划等多维因素的综合影响之下。毛泽东认为，从半殖民地半封建社会脱胎而来的中国"一穷二白"，但这并非全然是坏事，一张白纸可以画出最新最美的图画。邓小平对中国人口多、耕地少、底子薄的国情判断，导出以经济建设为中心的社会主义初级阶段理论。改革开放进入深水区后，随着经济快速发展，公民权利观念增强，社会矛盾增多，发展的不均衡后果日渐严峻。科学发展观、五位一体、四个全面战略布局、新发展理念等一系列新政策方针的提出，均可表明政治家对当代中国非均衡发展这一基本国情的深切体认。

1956 年，米尔斯在《权力精英》一书中指出，美国社会权力结构已极不均衡，经济、政治与军事三大领域垄断了越来越多的权能总量，并且三者还愈益融合——公司富豪、政治领袖和军界大亨共同构成了权力精英层，从事实上统治着美国。② 而反观 20 世纪 90 年代以来中国社会权力结构的演化趋势，展现出与

---

① 有学者从经济分析角度认为，国情是指一国相对稳定的总体的客观实际情况，特别是那些对经济发展起决定性作用的、最基本的、最主要的推动因素和限制因素，它常常决定着一国长远发展的基本特点和大致轮廓。参见胡鞍钢：《中国国情分析框架：五大资本及动态变化（1980—2003）》，载《管理世界》2005 年第 11 期。

② 参见［美］C. 赖特·米尔斯：《权力精英》，王崑、许荣译，南京大学出版社 2004 年版，第 56 页。

1950 年美国社会的某些相似："中国社会中的各利益主体快速发育，且力量高度不均衡；不仅政治精英与经济精英身份之间的相互转化日益频繁，而且一个由政治、经济、文化精英组成的高层联盟日益巩固；与此同时，一个庞大的碎片化的底层社会正在形成，社会的中间层发育迟缓，不能充当高层与底层之间的桥梁。"①如何实现权力精英与普罗大众在社会结构与现实行动上的双重均衡，走出"转型陷阱"的利益锁定，乃是法治顶层设计者不得不认真对待的总体性问题。②法治改革顶层设计首先必须从当代中国基本国情的总体性实际出发，着眼于法治与社会经济发展整体的均衡性，实现国家、政府与社会在公权与人权领域的权能交互与制度均衡。

总之，历史造就现实，现实框构未来。中国特色社会主义法治道路已成功开辟，其经验总结和实践要求体现在制度和理论中。党的领导、人民当家作主和依法治国的有机统一原则，塑造了法治中国的历史本体论框架；法德并举、均衡共治原则提供了战略方法论的指引；而从实际出发的法治认识论原则，则为历史本体和战略方法，提供了理论和制度、逻辑与经验上的多重思维起点。以之为起点的法治理论和制度创新，必须紧密围绕社会主义法治建设重大实践问题，学习借鉴世界上优秀的法治文明成果。

---

① 吕鹏：《"权力精英"五十年：缘起、争论及再出发》，载《开放时代》2006 年第 3 期。

② 参见廖奕：《转型中国司法改革顶层设计的均衡模型》，载《法制与社会发展》2014 年第 4 期。

第三章

中国特色社会主义法治体系的话语蕴藉

在当下中国的政法话语中，"中国特色社会主义法治体系"具有"目标"和"工具"双重指向，它是对中国特色社会主义法治道路的坚持和拓展，在语词功能上又能包容法治的道路、理论、制度和文化。从表面看，这一"新话"，仅仅是对已有的"中国特色社会主义法律体系"的一字之改，但其中的"话语蕴藉"却值得从理论上深入探察。本章用"话语蕴藉"这个文学术语，[①] 主要不是为了展示蕴蓄深厚而又余味深长的语言与意义状况，而是旨在阐明政治家法理和法学家法理的沟通机理，确而言之，是揭示政法大词背后的社会话语实践，阐明丰富意义生成的可能性。

第一节　作为话语原身的"中国特色社会主义法律体系"

改革开放以来，中国社会发生翻天覆地的巨变，其内在推导机制源于从"政

---

① 　与文学话语相似，法学话语也具有"蕴藉"的特点。在文学理论中，话语蕴藉概念，是将现代"话语"概念与我国古典文论术语"蕴藉"相融合的结果。"蕴藉"（"酝藉"或"蕴籍"），来自中国古典文论。"蕴"原意是积聚、收藏，引申而为含义深奥；"藉"原意是草垫，有依托之义，引申而为含蓄。在文学艺术领域，它是特指汉语文学作品中那种意义含蓄有余、蓄积深厚的状况。刘勰《文心雕龙·定势》在分析文体问题时指出："综意浅切者，类乏酝藉"，即那些命意浅显直切的作品，大多缺乏"酝藉"。他强调"深文隐蔚，余味曲包"，意义深刻的文章总是显得文采丰盛，而把不尽的意味曲折地包藏其中，在他看来，这样的文章才能"使酝藉者蓄隐而意愉"，令喜好"酝藉"的读者阅读"酝藉"之作而充满欣喜。参见童庆炳主编：《文学理论教程》，高等教育出版社 2008 年版，第 68 页。

策导向"到"立法导向"的制度变革，而中国特色社会主义法律体系的形成与领导党执政方式的制度变迁紧密相关。① 从预期结果上看，中国特色"执政党领导立法"的最大功绩，就是主导形成了中国特色社会主义法律体系，并通过"法律"概念的话语限缩，从理论上构造了一种新的法体系观。回望"中国特色社会主义法律体系"，对这个重要"原身"加以基本的话语分析，② 有助于还原其本有的独特法理结构与内涵，进一步理解当代中国法治道路和法治体系建设的"话语实践特色"。

一、话语的结构性张力

改革开放进入"深水区"后，中国思想界出现影响广泛的自由主义、民族主义和"新左派"三大社会思潮，集中反映出社会发展进程中的矛盾与冲突，鲜明表达了不同社会阶层、群体在急剧变动时代的感受与愿望。自由主义立足于市场经济和私有产权之上，扮演着哺育新阶级的乳母和代言人的角色；民族主义则以挑战全球化内在逻辑的姿态，对"自由主义给予中国未来"发出强烈质疑；"新左派"承袭拷问现代性的批判性话语风格，将反思传统社会主义与批评资本主义及西化潮流熔于一炉。每一种思潮都有其历史渊源与学术背景，彼此间呈现出既有重大分歧又有密切关联的特质。③ 可以这样认为，当时中国任何一种有影响力的话语表达，多少都沾染了这三种主导性思潮的某些"习性"。具体到"中国特色社会主义法律体系"话语，不难发现，"中国特色"的民族主义话语、"社会主义"的意识形态话语以及"法律体系化"的建构主义法学话语，组成了某种多重性的话语结构，这种结构存在强大的张力，使得各种利益主张都试图于其中寻找言说的"位置"。

当代中国"法治"之路，深受大陆法系"建构理性"影响，执着于成文法典的体系化建设。其中，既有欧陆的外在影响，也有本土的内在因素。长期以来，中国立法与政治"合二为一"，立法须由政令发布，政治须有立法中介，立法是从

---

① 关于执政党在立法过程中的特殊作用，参见韩丽：《中国立法过程中的非正式规则》，载《战略与管理》2001 年第 5 期。

② 关于话语分析方法的一般介绍可参见［法］乔治-埃利亚、萨尔法蒂：《话语分析基础知识》，曲辰译，天津人民出版社 2006 年版。

③ 参见房宁：《影响当代中国的三大社会思潮》，载陈明明主编：《复旦政治学评论》（第四辑），上海人民出版社 2006 年版，第 265 页。

政治精英共识转向民众集体共识的桥梁。"立法政治"或曰"政治立法"的传统，决定了中国法治道路既遵从本土性的规诫，同时也可接受欧陆尤其是德国体系法哲学滋养，兼具优长，形塑范本。而由于中华人民共和国建立初期，社会主义法律难以短时实现体系化，当时的社会经济环境构成了客观制约。改革开放以来，随着苏联式社会主义的否弃，"中国特色社会主义"成为指引法治的政治罗盘。①在"摸着石头过河"的政治话语引领下，法制建设的试验主义，让法律体系建构一开始并未得到充分重视与理性规划。当立法数量庞大，法律冲突频仍，政治家深刻认识到"因事立制"的弊病，进而明确建设中国特色社会主义法律体系的主题。随着中国经济改革成效不断彰显，综合国力建设不断创造奇迹——民族主义话语渐得人心，"中国特色"的口号形成独立且独特的理论体系与价值形态。法治作为中国式现代化征程的重要内容，应当体现并服从民族复兴的总体要求。"中国特色社会主义法律体系"的话语系统得以正式创构，并且迅速传播，成为主导中国法治建设的核心话语。

任何一种复杂的话语体系，在结构上都存在不同程度的功能紧张与歧义空间。细究"中国特色社会主义法律体系"，也不难发现其内部存在的多重结构性张力。

第一，民族主义法理与自由主义法理的冲突，导致大陆法系的"建构主义"一脉独大，英美法系的"演进主义"法学日渐被冷落。民族主义者的法律观讲究国族一体、国族本位，站在文明复兴与崛起的历史高度，对传统或同情理解或高歌礼赞，目的在于通过缅怀历史批评现实进而创构未来。就中国的传统型民族主义法学话语而言，延续中华法系的生命，实现中国法律传统的创造性转化，从中探寻、生发契合当下现代化法治的资源与宝藏，把中国传统文化视为一个生生不息的生命体，甚至直接将中国视为一个文化共同体，在整体伦理秩序的追求中放弃个体法理自由。就中国的现代型民族主义法学话语而言，"民族-国家"是法律的母体，因此，法律体系的建构当然要由代表民族根本利益的国家来承担、规划和推进，这就要求通过政治建构强大国家权能，这与自由主义"个人权利"的法

---

① "中国的社会主义现代化一开始就不同于西方的资本主义现代化，在经过几十年的探索之后，中国也放弃了苏联式社会主义现代化的道路。"胡鞍钢：《中国政治经济史论（1949—1976）》，清华大学出版社 2007 年版，第 44 页。

理难以兼容。① 在古典自由主义者看来，整体性文化秩序也好，国家的存在也罢，都是"美好的道德强制"或者"必要之恶"，公民权利与自由才是立国之本，只有在公民合意的状况下才能创生法律，所以法律的体系化应当是缓进的过程，不能以建构的方式事先规划。② 即便是欧陆的建构主义法学也主张"个人本位"的法律体系建设，法学家负责以"公民自由"为要义，进行体系原型编织；立法者负责"依葫芦画瓢"，按照法学家的体系学说原型设计制度；法官则像"自动售货机"，准确加以司法适用。司法通过法律的价值阐释填补漏洞的实践，反过来又为法学家的知识生产，尤其是体系完善，提供了机会和资源。③ 这些观念与中国的民族主义法学话语，显然存在很大的差异。由此出现这样一个问题：中国特色的法律体系，究竟应依循民族主义法理构建，还是按照自由主义法理演绎？这对矛盾带来的困惑具体表现为，"国情派"和"接轨派"的争论，以及法学"本土资源论"与"西方范本论"的对峙。④

第二，社会主义法理的内部张力，直接带来创新理论和固有观念的缠绕和博

---

① 在雅克·热内尔看来，"中国人最早提出国家的概念、设计国家的原则、将国家作为征战工具。国家建立起一套通过法律和法规控制的等级化的管理模式，以便中央权力能够在广大的地理空间得以实施。"［瑞士］吉尔伯特·艾迪安：《世纪竞争：中国和印度》，许铁兵、刘军译，新华出版社2000年版，第9~10页。

② 对诺奇克而言，"权利神圣论""最弱意义的国家"是其著名的两大理论口号。哈耶克提出法的"自生自发"秩序、"内部规则"与"自由的法律"等命题，以此反击建构主义的法律体系论。参见 Robert Nozick, Anarchy, *State and Utopia*, New York：Basic Books, 1974, p. 333；［英］哈耶克：《法律、立法与自由》（第一卷），邓正来等译，中国大百科全书出版社2000年版，第152~190页。

③ 康德为人类前途与世界永久和平构想的"伦理共同体"，"核心概念是免于强制的自由"。在他看来，外在的法律体系只能是政治共和国的必要强制，内部的伦理立法才是法律体系的灵魂和核心。而伦理立法的关键又在于确保个人自由，执法者、司法者只能严格依照"与美德的有关的法律"处置、裁量。参见 Kant, *Religion within the Limits of Reason Alone*, *Theodore Green and Hudson Trans and Notes*, London：Torch Books, Harper & Row, pp. 87-89.

④ 苏力曾批评立法"接轨派"的不切实际，提出了法治本土资源论，他的理论被很多人视为"国情派"的立法主张。事实上，许多立法官员才是"国情派"内在的支持者和实际的操作者，但由于"国情""本土""传统"这些大词的高度模糊性，以至于在立法程序中很难体现它们的真正"所指"。而"西化""接轨""移植"等词汇在法律实践尤其是立法活动中，具有比较明确的指向，操作起来相对简便，所以颇受欢迎。从更广阔的思潮发生学角度审视，法学界"本土资源论"与"西方范本论"的对峙与当代中国自由主义与新左派的纠葛密不可分。参见苏力：《法治及其本土资源》，中国政法大学出版社1996年版，第3~22页；徐友渔：《当代中国社会思想：自由主义和新左派》，载《社会科学论坛（学术评论卷）》2006年第6期。

弈。为达成均衡，法律体系的形成，势必是一个比较漫长的过程。从话语形态上看，中国对社会主义法律的认知大略有三种路径：（1）传统的苏联式社会主义认为，阶级斗争为法律的中心任务，法律体系的建构附属于集权政治的需要。[①]（2）在新左派看来，苏联式社会主义是严重变形、异化的计划专制。通过对苏联式社会主义的批判，新左派主张以保护弱者权益为重心的社会主义法律理念。[②]（3）中国共产党倡导的"社会主义法治"观。相关理念话语，可看作中国特色社会主义法治的政治阐述，即是党对传统苏联式社会主义法治的扬弃，也是对新左派社会主义法律观的反思，其精髓要义在于形成党领导的"人民法治"。要达成这一理想，必须正视社会主义话语内部的张力，优化社会主义法治的话语体系。加强社会主义法治的理念阐释、思想宣传和知识普及，从中央到地方、从干部到群众，针对不同受众，采取不同表达，使社会主义法治观均衡协调，成为法律体系建构和完善的"政治罗盘"。

第三，社会主义法理与自由主义法理的矛盾，为中国特色社会主义法律体系的构建提供了历史参照的坐标。从社会主义思潮发展史看来，社会主义法律思想是建立在对西方古典自由主义法理批判的基础之上的。社会主义法治理念追求人民权力本位、公共利益至上，而自由主义法理坚持个人权利本位、个人利益之上。这种矛盾是显见的，也是深刻的。尤其当社会主义法律观落地中国，成为中国化的社会主义法治事业的本土话语体系后，加之社会主义的公有制概念与古典中国的

---

①　有学者认为，俄国历史上没有宪法，没有约束权力的法治传统。法律被认为是国家为达到某种政治、经济或道德目的的一种工具，而不是人民权利的保护神。法律不具有任何的权威性，它可以随时被弃如敝屣。这种观念经过革命风暴的冲刷后并没有消失，而是以新的形态假革命之名堂而皇之地重新登堂入室。当斯大林践踏苏维埃法律，破坏宪法，把法律完全变成依附于他的绝对权力的工具的时候，当辛斯基让大家"记住斯大林同志的话：在一个社会的生活中，总有这样的时刻，即法律成为过时的东西而应当撇到一边"的时候，在最革命的词句下所掩盖的是最陈腐的传统的幽魂。参见蒲国良：《斯大林时期苏联苏维埃体制变异的历史机理》，载《世界社会主义运动(人大复印报刊资料)》2007年第6期。

②　当代中国"新左派"的代表人物王绍光早在1994年即撰文反思"效率优先"的合理性。在他看来，公平与效率应当均衡，公平应当更受关注。他还与胡鞍钢的合著中提出解决贫富分化等中国发展不均衡的策略，首先是增强国家能力(Empowerment)，同时勿忘"控制权力"。参见王绍光：《左脑的思考》，天津人民出版社2002年版，第8~16页；王绍光、胡鞍钢：《中国：不平衡发展的政治经济学》(中文版)，中国计划出版社1999年版，第216页。

"天下为公"文化极易"就地结合"，产生一种奇特的化学反应，因而社会主义法律观对自由主义法律观的批判异常激烈，致使自由主义法理很难具有基本的发言资格，从而导致其内蕴的诸多合理成分也被一并抛弃，出现了法律移植过程中的"形神分离"。源于西方的法律体系被抽去了内在的精髓，分割为徒具外观的零散部件，"进口"之后再以新的理念与原则重新拼接组装，不能不说是一种法律资源的浪费，并且加剧了法律移植的失败风险。然而，现实的吊诡又在于，如若不加以这样的"分离""重构"，我们当下的法律又很难彰显社会主义与中国本土的实际需要，这同样存在巨大的社会风险，甚至会走入致命的法治误区。在如此两难的选择中，我们还是毅然选择了中国特色社会主义的法治路径，但为降低成本与提高效益计，对西方自由主义法理不再上纲上线，动辄加以盲目批判，对其内在的法治精髓尽可能吸收、利用，并且有意识将法律从自由主义阶段到社会主义阶段的进化视作发展性的历史要求，尽可能予以协调和统一。但是尽管这样，我们在法律体系构建过程中还是会发生诸如"物权法风波""姓社还是姓资"的争论。

第四，社会主义法理与民族主义法理的龃龉，为法律体系的构建提出了"国家本位"还是"社会本位"的抉择。中国的民族主义法理相当复杂，在其内部潜伏着传统性与现代性两种成分，并且相互纠缠，使其呈现极不确定的样状。当国家利益与外来势力形成对峙，伪装的民族主义者，会化身传统中华文明的继承者、捍卫者，对"西化"的图谋口诛笔伐；当国家利益需要外力协助时，极端的民族主义者，又会呈现"国际主义"情状，以西化的"民族-国家"理论为国家权力的正当性辩护。民族主义法理话语并不一致，表明其核心观念并不协调，虽然是在主张国家建构型的法律体系建设，但它与社会主义法理的"社会本位"存在激烈冲突。社会主义法理主张国家一切权力属于人民，"人民"是社会的主体，不是零散的个体叠加，而是组织化的、行动中的团体。人民对国家的主体和中心地位，体现了社会主义法治的核心要义。执政党的合法性根基，在于代表最广大人民的最根本的利益，代表迈向理想社会的根本发展方向。民族主义法理应尽力与社会主义法理吻合，而非乖离。其实，在民族主义法理内部，预设着这样的可能，那就是对中华文明共同体的组织化原则的不断优化。民族主义者之所以极力强调国家权力和权威，主要基于近代以降中国积贫积弱、备受欺凌的历史记忆。而今情势已变，中国实力已有质的提升，权力和权威不再是最紧迫的关切。中华文明共同体的法理建构，也应从"国家本位"发展到"社会本位"，突出法律体系建设的社会权能均衡主线。

二、均衡话语及其理论资源

(一)法律体系概念本身就是一种均衡的话语结构

从一般意义上讲，法律体系是指法律的内部要素及外在形式相互关联、彼此契合组构而成的统一整体。① 对法律体系的解读，观点不一，概括而言，有如下四种倾向：(1)价值论法学的法律体系观：此种解读着重于法律本质与要素的和谐一体，坚守"一元论"的法律本原观，主张法律构成因素的多元化的统一，尤其强调作为原则的法与作为法律本原论的法指导思想的意识一致性，构成鲜明、完整的法律意识形态，从而确保人们对法律认知的统一性。② (2)进化论法学的法律体系观：主张从动态历史的视角审视法律的发展，力图型构一种普适性的法律阶段理论，将多种多样的法律变迁现象归入其中，用"大历史"的眼光与红线把法的过去、现在与未来整合为一套宏大体系。③ (3)规范论法学的法律体系观：放弃了对法律本质、历史的先验与经验追问，执着于法律规范体系的应然建构，

---

　　① 当下我国流行的法律体系概念，包括两种狭义指向：一是政法界所指的国家立法机关制定的法律(包括法规、规章)体系，即立法体系；一是法学界依不同调整对象和方法而归纳、概括的法律规范体系。在郭道晖看来，法律规范、规则和原则，是组成法律的基础和元素。这无数的法律元素构成一个整体的法律体系(legal system)。参见郭道晖：《法理学精义》，湖南人民出版社2005年版，第244~245页。

　　② 德沃金认为，法律原则是法律体系的灵魂，美国法律体系的完美无缺是因为它符合了法律的根本原则。在他心中，原则代表法制传统一贯秉持不渝而持恒加以实践的道德价值。参见林立：《法学方法论与德沃金》，中国政法大学出版社2002年版，第47页。

　　③ 在欧陆国家，法学真正作为一门学科意义上的"科学"，始于19世纪的德国，而德国当时的法学又以萨维尼的历史法学为牛耳。萨维尼提出了"体系"和"历史"两种方法，而"体系"又以"历史"为基础。这对德国法学乃至英美法学的影响都极其深远。在历史法学的指引和支撑下，法律进化理论风行一时。日本法学家穗积陈重提供的凿凿之据表明：在东方和西方的法律进化史上，从"无形法"到"成形法"的过渡，其间经历了"句体法""诗体法""韵文法""绘画法""文字法"诸阶段。在他看来，这些法律表达形式的变化，实际上反映出法律发展阶段的渐次进化。参见 Mathias Riemann, "Nineteenth Century German Legal Science", *Boston College Law Review*, 1990, Vol. 31；[日]穗积陈重：《法律进化论》，黄尊三等译，中国政法大学出版社1997年版，第275页。

通过法律渊源的科学分析，确定法律位序的编排原则，型构统一化的法律秩序。① (4)实践论法学的法律体系观：强调法的应然规范与实然效果的统一，构建法律体系应当是由"书本上的法"向"行动中的法"的实践过程，而非纯粹的理论建构。② 综合看来，法律体系是指法律价值、历史、规范与实践的统一整体，法的价值与历史属于法的"内部生命"，法的规范与实践属于法的"外在表现"。

(二)与均衡话语相关的法律体系理论

在西方法学家眼中，法律价值体系的构建，实质上是以正义为法律核心理念的组织过程。然而，对于何为正义？正义与法律的关联如何？法律正义的范围与原则为何？……若干关键问题一直未有共识。作为一种颇具代表性的法律正义理念观，德国法学大家拉德布鲁赫认为，广义的正义包括形式平等、内容和目的性与功能上的法律安定性三大方面。③ 在这三方面中，拉德布鲁赫经历了一个从最初的法律形式主义者向法律目的主义者的"自然法化"转型，但是，直到最后，他还是无法在"法律的目的究竟为何"这个高度形而上的问题上作出明确的定论。在他看来，法律的目的有三种：与"个体人格"对应的"自由-社会"、与"整体人格"对应的"社会主义-生活整体"、与"超人格价值体系"(拉氏称之为"文化事业")对应的"文化-共同体"。他明确指出："三个价值等级的位阶不是明确的，

---

① 出生在1881年的凯尔森，一生严守法学的领域，他创立纯粹法学派强调法律规范的纯粹性，坚持法律实证主义，希望法律规范不要受到法律之外其他意识形态的影响。在他看来，法学作为一个规范科学(Normative Wissenschaft)，要与法律社会学作为一种经验科学(Emipirische Wissenschaft)严格区分开来，而且后者应以前者为前提，亦即法律社会学研究法律，应该是以法学的法律概念(国家法体系)为前提，而法律社会学的研究对象，也应该局限在国家法体系中。参见林端：《法律社会学的定位问题：Max Weber 与 Hans Kelsen 的比较》，载《现代法学》2007年第4期。

② 社会学法学是实践论法学的代表性流派，庞德则是公认的社会学法学奠基者。在庞德看来，社会学法学的法律体系观应当富有时代性和兼容性。他指出："分析法学家是纯粹的法学家。因此，他们描绘的图画的一个特点是，画中别无其他惟有法律。但是也正因为此，他们的画才不如其他画家的画。因为被描绘的对象并不会耐心地坐以待画，而是在不断地发生变化，当分析法学家们在描绘的时候，它已成为过去事物的理想图画了。分析法学家的逻辑方案也许可用来指导微小变化的方向。但是，法律是由那些随时随地都在发生的重大变化决定的，而这些变化的发展方向又是由法律之外的思想来规定的。正是这些变化才应是形而上法学家的关注所在。"[美]庞德：《法律史解释》，曹玉堂、杨知译，华夏出版社1989年版，第32页。

③ 参见[德]考夫曼等主编：《当代法哲学与法律理论导论》，郑永流译，法律出版社2002年版，第137页。

且也无法证明。法律的最高目的与价值，并非仅依不同时代不同民族的社会形态标准来理解；它也被不同人，各依其是非感、国家观与政党立场、宗教或世界观，主观地不同评价。惟有由个人人格深处才能决定，只能由良知决定。"①拉氏的困惑说明，法律的价值体系只能动态均衡地把握，无法静态机械地预设。

对于法律规范体系的构建，德国汇纂法学派②注重概念与原则的逻辑统一，强调对于历史形成的法律经典进行体系化整理，这可称之为机械、静态的传统进路。与之不同，以凯尔森为代表的纯粹法学主张在静态法律规范体系的基础上建构某种动态的法律规范体系。在凯尔森看来，形成动态法律规范体系的核心在于确定法律效力等级体系："惟独以下这件事才是重要的：一项人类行为在法律文句中被设定为一特定效果的条件，也就是说实证法律规范以一强制措施来响应这项行为。"③"规范也可以有无意义的内涵。"④但是，最终凯尔森还是迫不得已向他素来反感的形而上学低头，"基本规范"（Basic Norm）概念的提出解决了凯氏构想的无矛盾动态法律体系的最后标准问题，但是也违背了实证主义的纯粹（极端?）立场。他不得不悲哀地承认："经由假设有一项具意义的、亦即无矛盾的规范秩序存在，法学已经超越了纯粹实证论的界限。放弃这一假设意味着法学的自我解体。这牵涉到'最低限度的形而上学'（自然法），缺少它法律的认识是不可能的。"⑤凯氏的无奈证明了法律规范体系同样也不能游离于法律整体之外，必须在动态均衡的系统中确立和运转。

与前述两位法学大家相仿，历史法学派的萨维尼也醉心于法律体系的建构，他曾给法律科学提出过两项任务，第一项任务就是对法律作系统地理解，其次才是历史地理解。萨维尼期待法学家能够承担起法律体系构建的重任，在他看来也只有法学家才能承担这一重任。在萨维尼眼中，改革性的立法不可能产生良好的

---

① ［德］考夫曼：《法律哲学》，刘幸义等译，法律出版社2004年版，第249页。

② 汇纂法学亦称潘德克顿（Pandekten）法学，它是关于罗马法的科学，其受到19世纪历史法学派的深刻影响，同时它也受到形式主义的影响，注重逻辑上的概念与原则之间的协调。Pandekten是希腊语文摘的意思，即《民法大全》的一部分。它包括根据内容进行了划分的、对古典时期罗马法学家著作系统的集结。参见［德］霍恩：《法律科学与法哲学导论》，罗莉译，法律出版社2005年版，第113页。

③ ［德］考夫曼：《法律哲学》，刘幸义等译，法律出版社2004年版，第19页。

④ ［德］考夫曼：《法律哲学》，刘幸义等译，法律出版社2004年版，第20页。

⑤ ［德］考夫曼：《法律哲学》，刘幸义等译，法律出版社2004年版，第20~21页。

法，因为法律体系是历史形成的，不是短时间创设而成的。因此，对于法律体系的构建而言，只能通过法学家的话语构建，而不能通过立法者的权力构建。① 但是，如果法学家构建的法律体系与政治家、立法者的方案发生了难以兼容的冲突，又当作何取舍呢？在此关键问题上，萨氏并未明言。他的"失语"或许可以用这样的解释填充：法律的历史体系与法律的价值体系、规范体系可以融为一体②，但是，法律价值体系、规范体系一定要建立在对法律历史精神和历史过程的尊重和协调基础之上。

与欧陆建构主义法学进路不同，德沃金主张通过司法者的法律解释创设动态的、立足于法律实践的法律体系。在德沃金看来，制约法律解释者的有意图的创作性解释的标准是均衡整合性，法律体系是作为一种均衡整合状态而存在的。德沃金提出了"作为整合的法"（law as integrity）的建构性解释方法论的思路。"总而言之，建构性解释的本质在于法官通过解释来创作法律的活动只有在与既往的法律体系相整合的前提条件下才能正当化。"③德沃金还通过具体的实例分析表明，这样的解释方法论不仅可以适用于判例法体系，而且可以适用于成文法体系以及宪法领域。④ 德氏的司法均衡论可以说是现代西方法律体系理论的一朵奇葩，代表了法律体系理论发展的最新动向，但是，德氏理论中也存在不少显见的问题，此处无法深入展开，仅就其中一点加以陈述：法官整合法的解释有一个前提，那就是德沃金假设的法律体系的完美无缺，在美国这样的假设并不成立，在其他国家同样无法成立。⑤ 德氏理论的症结昭示我们，法律体系的均衡分析是多么重要，如果不以一种"综合窗口"观审法律体系的建构，任何看起来很美的改革与

---

① 参见［德］科殷：《法哲学》，林荣远译，华夏出版社2002年版，第31~32页。

② 用庞德的话说便是："一个成熟的法律规范体系是由两大部分构成的，即国家制定的强行性部分和历史相传的传统或曰习惯部分。法的传统要素和现代要素之间存在着一个经常的来回摆动。"［美］庞德：《法理学》（第二卷），封丽霞译，法律出版社2007年版，第8页。

③ 季卫东：《法律体系的多元与整合——与德沃金教授商榷解释方法》，载《清华法学》2002年第1期。

④ 参见［美］德沃金：《认真对待权利》，信春鹰、吴玉章译，中国大百科全书出版社1998年版，第177~211页。

⑤ 对于德沃金司法理论的详细分析，可参见廖奕：《司法均衡论：法理本体与中国实践的双重构造》，武汉大学出版社2008年版，第75~80页。

实践主张都注定是"片面的真理"。

(三)作为法理均衡话语的"中国特色社会主义法律体系"

只有在广义的均衡法律体系概念语境中，"中国特色社会主义法律体系"的话语结构才能得以最大程度的协调和统一。在中国特色社会主义法律体系建构过程中，价值论法学的"一元论"是合用的"先验"判断，具体表现为坚持社会主义法治理念的原则性引领，以中国化的马克思主义法学原理为指导方针，同时也尽力涵摄民族主义法理与自由主义法理的合理之处。进化论法学主张将法的发展视作一个有机的体系，这与民族主义法理相当契合。法的历史学派向来主张，从历史经验中摸索法律的骨骼，塑造法律的肌体，展示法律的内容，丰盈法律的形象。这就要求在中国特色社会主义法律体系建构中必须充分重视"中国法"的本土体系，"中华法系"的概念与"中国特色社会主义法律体系"的概念并不矛盾，二者具有紧密的关联。规范论法学不主张过度的价值争辩，也反对经验的历史考究，它主要关注"应然"层面的法律形式完善。这一点对于当下中国特色社会主义法律体系的构建与完善而言，极为重要。事实上，在一般的讨论中，立法者、法学家都是从规范建构与完善的层面探究法律体系问题，尤其重视从立法规范的视角对法律体系提出构想。对于前述三种法律体系观，实践论法学认为均过于片面和静态，它主张"行动中"的法律秩序与法律体系，强调法律的社会标准与社会效益。这种社会的、动态的实践论主张非常符合当下共产党人"与时俱进"的法律观，与共产党人"实事求是"的执政风格也非常契合，并且因为实践论法学的主要理论资源来自社会学法学，所以，它与社会主义的法治思想也存在某些暗合之处。基于上述种种，实践论法学的法律体系观对于未来中国特色社会主义法律体系的构建与完善，必将发挥重要作用。

通过以上分析，我们可以得出这样的一个基本结论：中国特色社会主义法律体系内含的三种法理话语及四种法理观念，在博弈中形成的均衡与共识，正是引领未来中国法律体系建设甚至是整体性法治事业的"主导性话语"。

三、均衡话语的战略实践

对于中国法律体系建构的特色与实践，实践参与者有过这段的阐述：

其一，我国现有的法律体系是一个整体的建构型的法律体系，也就是说，中国特色法律体系是按照整体框架有规划有计划地以成文法的形式从无到有构建起来的。它是一种主观能动的整体构架，不是自然而然地逐步演进和发展形成的。近三十年来，中国特色法律体系经历了三个阶段，第一是围绕重建社会秩序和推进改革开放展开，第二是围绕建立市场经济体制和深化改革展开，第三是为了建设和谐社会和全面推进小康社会展开的。另一特点是兼收并蓄，中国特色法律体系虽然体现为成文法，但是不同于欧洲大陆法系，它是以改革开放条件下的当今中国实际为依据，实行创造性改造而形成的，保留着中华传统法系的有益内核，又吸收借鉴了大陆法系、普通法系国家和其他法律制度的有益经验。我们可以从中国特色法律体系当中看到中国传统法的影子，又可以看到德国法、法国法、美国法、英国法、日本法的影子，但都不是其中的任何一种。①

依据上述，可对当时的实践战略作出评述：首先，对"法律"的理解采取的是国家实证主义法学的立场，法律体系的中心是国家立法体系、法律规范体系。② 其次，法律体系建设带有明显的政治规划色彩，法律的独立性并未得到强调，对于"自生自发型"的法律体系非常陌生。最后，法律体系的目标是"向前看"的，着眼未来的改善，对历史传统的因素很少考虑，即使考虑也只是限于"服务现实"的功能型范围。这样的实践方略，可以说是一种非均衡的初期战略。随着中国法治的纵深推进，法律体系建设应拓展新的内涵，从非均衡的"规范立法"过渡到均衡型的"法律生成"。

---

　　① 参见 2007 年 10 月 13 日于中国人民大学举行的"中外法律体系比较国际研讨会"上全国人大法工委国家法室主任陈斯喜的发言。
　　② 全国人大常委会委员长吴邦国 2008 年 3 月 8 日下午在向十一届全国人大一次会议作全国人大常委会工作报告时说，十届全国人大及其常委会五年来共审议宪法修正案草案、法律草案、法律解释草案和有关法律问题的决定草案 106 件，通过其中的 100 件。目前，以宪法为核心，以法律为主干，包括行政法规、地方性法规等在内的，由七个法律部门、三个层次法律规范构成的中国特色社会主义法律体系已经基本形成，现行有效的法律共 229 件。

首先，以中国特色社会主义为理念核心，构造社会主义法律核心价值，实现法律价值体系的内部均衡。"法律以人为本，人之经营社会生活既力求美好的生存，法律自当以满足人类此一最根本的需求为首要任务，法自身之存在最基本的价值即在于此，是即法之实践价值，可见诸法律规则之顺利适用与执行。法之实践价值为法低层次的价值，实践价值所欲实践的人类生存利益的价值，简称为生存价值，乃是法价值层次中的高层次价值。中间价值是谓理念价值。公平、正义、自由、民主、平等、仁爱、诚信等，盛行于社会生活中，也萦绕于人类的脑海中，更转化于法律规则中。"①依此法理，构造社会主义法治国家的核心价值，适当的层次建构是：第一，"以人为本"，尊重人格，体恤人情，保障人权，这是社会主义法治的核心价值理想；第二，追求积极正义与普遍平等，信奉公共福利与人民安全是"最高的法律"，这是社会主义法治不断发展的核心价值理据；第三，重视法律的现实运行过程，科学立法、普遍守法、严格执法、公正司法、全面护法，这是社会主义法治能够在实践中取得进步、渐趋完善的核心价值理由。

其次，以中华民族共同体为基座，创新中华法系传统，实现法律历史体系与规范体系的有机均衡。"中华法系"的概念早已有之，且系国人自主创造。② 在前人研究的基础上，法学家致力于中华法系的新时代建构，使之与中华民族伟大复兴同频共振。下面这段话语，可以代表当时国人的普遍情绪：③

　　　　中华法系的创新，应当是中华法制文明的创新、社会主义法制文明的创新、人民大众法制文明的创新。只要坚持正确的指导思想，深刻认识社会发展规律和法律发展规律的要求，认真研究当代社会关系的本质和法的表现形式；摆脱对"三洋四旧"即洋教条、洋八股、洋经验和旧体系、旧内容、旧

---

① 杨奕华：《法律人本主义：法理学研究诠论》，台湾汉兴书局出版有限公司 1997 年版，第 203~204 页。

② 参见陈灵海：《攻法子与"法系"概念输入中国——近代法学史上的里程碑事件》，载《清华法学》2017 年第 6 期。

③ 刘瑞复：《关于中华法系的创新》，http://www.wyzxwyzx.com/Article/Class16/200703/16624.html，2008 年 6 月 6 日最后访问。

语言、旧体例的倚赖和束缚；迈开双脚到实践中去，倾听人民群众的呼声，具有中国风格和中国气派的法律体系，就一定能够建立起来。中华民族是伟大的民族，是有志气的民族。只有民族的，才是世界的。创新的中国社会主义立法，应当也一定能够为人类做出新的贡献。

现今再看，可以更为肯定地说，创新中华法系的民族传统，缔造现代中华法律文明，已成为中国特色社会主义法律体系的题中之义，不断推动法律历史体系与规范体系的有机均衡。

再次，以法治统一为指标，在法律规范体系形成的基础上，实现法律价值体系与规范体系的深度均衡。理想的法治不仅应统一于规范文本，统一于价值理想，还应统一于规范与价值的和谐共生，最终统一"治者"与"受治者"对文明的共识信念。[1] 面对社会变革时期推行法治的深刻两难，如法律的规范强制性与认知调适性、法律关系的组织化与自由化、守法与变法、法律的效用期待与负荷能力等一系列矛盾，[2] 实现中国特色社会主义法律体系的建构目标，法治统一战略堪称重中之重。事实上，改革家、经济学者、政治学者、历史学者乃至哲学家，早已觉察到"法治统一"的重要功用，法学家最初称之为"法律体系合理化"。对法律规范而言，统一是基本要求。[3] 法律规范的统一，关键是立法体制的统一，而立法体制的统一又集中体现为立法权的统一。立法权的统一，不仅表现在国家立法机关应统一行使立法权，不经国家立法机关授权或委托，任何团体和个人不得制定成文法律、不得创制法律规范或规则，由立法授权行政机关所颁布的法规也不得抵触立法机关制定的法律；不仅表现在立法形式上，使法律结构、系统、格式及文字等方面趋于统一；不仅表现在立法技术上，要采用以权利性规范为主、义务性规范为辅的立法技术；而且更重要的是，立法价值统一，即要

---

① 栗战书：《全国人民代表大会常务委员会工作报告——2021 年 3 月 8 日在第十三届全国人民代表大会第四次会议上》，https://www.gov.cn/xinwen/2021-03/14/content_5592895.htm？eqid=b6c440600000elff00000066461a73f，2021 年 3 月 14 日最后访问。

② 参见季卫东：《法治秩序的建构》，中国政法大学出版社 1999 年版，第 7 页。

③ 参见汪习根、廖奕：《论法治社会的法律统一》，载《法制与社会发展》2004 年第 3 期。

求在宪法和法律中有统一的价值标准。① 在此意义上，加强宪法实施和监督，是维护国家法治统一的关键战略，其根本指向在于实现规范体系和价值体系的深度均衡。

最后，以建设社会主义法治国家为战略目标，在法律体系的良好运行中生成更成熟的法治体系，达成法律价值、历史、规范和实践的一体均衡。（1）科学立法。立法是权威机构或个人对权威规范的权威宣告，其要求之高、标准之严使得立法者具有了"神人"之魅。其实，在社会主义法治国家的立法理论中，立法不过是对已存的法律规则的一种宣告，它不需要立法者拥有多大的神力或多么超群的智慧，只要能准确复制法律的真实，做到科学无误就达到了应有的要求。科学立法的关键在于设计一套严谨、致密的规程以及互相协配的政治机制，真正做到民主立法与专家立法的科学统一。（2）严格执法。法律的生命不在于形式条文，而在于现实执行。法律运行的大部分现象都是执法问题，执行法律必须做到"严格"，这有两层含义：其一，是执法者必须严格依循法律的规则施行权力；其二，执法者的自由裁量权必须被严格限制在法律原则的范围之内。法律既是执法者执行的对象，也是执法者权力正当性的源泉。法律是无声的执法者，执法者为有声的法律宣谕人。（3）公正司法。与执法不同，司法是中立、被动、消极地受理法律纠纷与事件的专门性过程。它必须体现法律的本质精神，因为它是社会正义的坚固防线。司法公正的含义是宽泛而确定的，那就是以程序正义为基点实现法律承诺的实质性价值。司法者是最接近法律内质的幸运儿，他们以独特的行为方式、依循公正的制度要求，处理着各种各样的法律纷争，在为人们提供权威法律救济的同时，完善和发展着既有的法律体系，实施着对法律漏洞与弊病的公正救济。（4）全面护法。在社会主义法治国家，由于法律凝聚了全民的公共利益，承担着国富民强、普遍平等的重大使命，对法律的保卫和呵护，也应更加广阔周到，"致广大而尽精微"。就国家而言，党领导的权力机关、行政机关、司法机关、专门监督机关，都发挥不同程度的"护法"功用；就社会而言，各种组织、行业和单位都以"自治"为武器，在捍卫各自正当权益的同时，保卫社会主义法

---

① 参见戚渊：《论立法权》，中国法制出版社 2002 年版，第 24 页。

律根本方向的正当无误。就个人而言，宪法和法律赋予申诉、控告、检举、上访等权利，以无所不在的群众力量，确保法的目的实现。(5)普遍守法。法治不仅要求有一套良好的立法，还要求已生效的法获得普遍遵守。社会主义法治首先强调"执政党模范守法"，因为这是普遍守法的重中之重。执掌国家权力的人如果带头违法，势必上行下效，整个社会的法治根基将因此坍塌。所以，普遍守法的达成，实质上是公权力受监督、被控制的过程，也是人民享受法律福祉、普受惠益的过程。

从前文的分析中，我们不难发现，一个大众熟悉、流传甚广的原生话语，其中包含着诸多歧异与理论纷争。正确的理解往往要以话语含义甄别为前提。话语结构的均衡分析，能厘清分歧、达致共识。所以，对中国特色社会主义法律体系的理解，应建立在相关法理的话语均衡分析基础上。这是一项隐性的任务，也是一项显要的工程。作为法理话语的"中国特色社会主义法律体系"，其内蕴的多重张力应有妥帖安置，得到正确解释："中国特色"的民族主义法理，应取法现代国家建设之义，围绕法的历史体系建构发挥其话语功能；社会主义法理，应着重围绕法的价值体系均衡；"建构主义"法理可适度效仿"潘德克顿"（Pandekten）法学，在各方面话语条件成熟的前提下，推进中国特色的"法典化"工程。三者能否均衡的关键在于，社会主义法治的历史经验、价值理念及规范内容，如何有机整合于法律体系的动态实践和良性运行中，正所谓"各司其职、各安其分、各尽其力、各就其位"，从价值、历史、规范、实践四个方位，更为充分均衡地发展中国特色社会主义法律体系。

第二节 作为战略话语的"中国特色社会主义法治体系"

作为全面依法治国的"总抓手"，"建设中国特色社会主义法治体系"以其重要的战略地位和独特的话语表达，迅速引起社会各界普遍关注，正在成为哲学社会科学研究的"标识性的学术概念"。① 总体来看，现有研究紧密围绕习近平法治

---

① 习近平：《论坚持全面依法治国》，中央文献出版社 2020 年版，第 176 页。

思想，讨论中国特色社会主义法治体系的战略地位、基本构成、理论基础及重点内容。① 现有研究可以明确：第一，应从体系视角认知法治，并从法治体系视角认知当代中国；第二，应认清中国法治实践的系统均衡特点，从总体环境、核心逻辑、关键战略等多维视角，总结党领导人民依法治理国家和社会的宝贵经验，特别是中国特色社会主义法治体系的实践规律；第三，针对从西方中心主义意识形态出发，对中国法治成就漠然视之、盲目批判、乃至彻底否定的观念，应面向世界讲述中国的法治体系原理，在充分揭示和深刻认知自由主义法治理论乖谬的基础上，提升中国的法治实践在全球治理中的话语权和影响力，加强法治意识形态的自主化建设。② 这些理论目标的达成，需要我们在习近平法治思想语境中，结合价值理想、文本分析和实践研判等方法，全方位澄明事实，立体化疏证法理，拓展深化中国特色社会主义法治体系的内涵认知，从话语生成的角度凸显法治战略研究的要义。

一、法治体系话语战略意涵的形成

在中国共产党的治理话语中，"建设中国特色社会主义法治体系"是一个新的战略命题。新的法治战略话语出现，一般要满足几个条件。一是法治大环境发生深刻变化。当人类欲望需求上升到某个临界点，社会竞争加剧，制度体系通常会有大的变革，而此种变革会影响到已有法律系统的安定性。二是在各类主体利用法律方式的博弈日渐普遍，产生了法律体系在运行中的协同难题。理性博弈策略与法制系统工程，在本质上可以沟通，都反映了人在有限资源条件下的利益协调规律，都内含某种"元法"的预设，但二者也会发生应然与实然、理性与情感层面的激烈冲突。三是在法制自然演进的基础上，出现了整合型法治规划的强烈需求。法制发展不能盲目自生自发，法治规划必须符合实践理性的基本要求。整

---

① 参见李龙：《建构法治体系是推进国家治理现代化的基础工程》，载《现代法学》2014年第3期；张文显：《建设中国特色社会主义法治体系》，载《法学研究》2014年第6期；付子堂：《法治体系内的党内法规探析》，载《中共中央党校学报》2015年第3期；李龙：《中国特色社会主义法治体系的理论基础、指导思想和基本构成》，载《中国法学》2015年第5期等。

② 参见顾培东：《当代中国法治话语体系的构建》，载《法学研究》2012年第3期。

合型法治规划必须在对象、主题、方法、内容、主体、利益等多方面实现高难度的复合集成，其政策蓝本的实施，往往是新法律机制形成的契机，也是解决各方利益冲突的原则引领，有助于维护法律和政令的统一。

作为战略话语的"中国特色社会主义法治体系"，在新的环境、条件和需求中逐步建构形成。首先，党的十八大以来，中国面对数百年未有之大变局，法治建设的外向移植路径已近穷途，需要转向整体主义的内生自主发展，以回应战略大环境的深刻变革。① 其次，市场经济转型促使中国社会格局愈益复杂，利益竞争加剧，一方面为改革和发展增添了活力，另一方面则对稳定和秩序构成威胁。在较长一段时间，"官"与"民"、"维权"和"维稳"、法律与人情，似乎成为天然矛盾。利益相关方都倾向于按照自己意愿利用法律，囿于体制机制局限，官方生产出的"法律公正"与民众感受殊难合契，民众的"私力救济"又容易偏离法律规范的轨道。② 面对体制内外的错位困境，执政党须以适时合宜的体系战略，开局破冰，再造法治。最后，当法治发展到一定阶段，整合化的体系均衡战略成为必需。③ 从前，中国法律规范体系的形成，属于自上而下与自下而上相结合的法制规划成果。而今，中国法治体系的建设，也将承继并强化顶层设计和分层规划对于国家治理的一体化效用。

（一）国家法律体系与党内法规体系的话语并行

中国特色社会主义法律体系的形成，是中国特色社会主义法治体系战略话语生成的现实基础。在中国共产党领导下，经过各方面 60 余年的努力，中国特色社会主义法律体系在 2010 年年底形成。这一成就被誉为"中国社会主义民主法制建设的一个重要里程碑，体现了改革开放和社会主义现代化建设的伟大成果，具有重大的现实意义和深远的历史意义"。④ 从性质上看，中国特色社会主义法律

---

① 参见强世功：《"法治中国"的道路选择——从法律帝国到多元主义法治共和国》，载《文化纵横》2014 年第 4 期。

② 参见马长山：《"法治中国"建设的问题与出路》，载《法制与社会发展》2014 年第 3 期。

③ 参见王旭：《"法治中国"命题的理论逻辑及其展开》，载《中国法学》2016 年第 1 期。

④ 中华人民共和国国务院新闻办公室：《中国特色社会主义法律体系》，2011 年 10 月 27 日，http://www.gov.cn/jrzg/2011-10/27/content_1979498.htm。

体系属于国家法律规范体系，它为国家各项事业发展提供了基本法律依据。国家性质及政体的稳定性，决定了法律规范体系框架不会也不应有大的变动。但这并不意味着"法律体系"的概念在实践中不能扩容，或者说，它并不是涵摄一切的超级概念。在法律体系话语基础上，政治家和法学家共同构造出"法治体系"概念，主要是为了因应社会发展与法治战略变革的需要。

全面依法治国战略的系统整体协同要求，是中国特色社会主义法治体系战略话语生成的核心动力。随着全面建成小康社会战略目标确立，"五位一体"的总体布局形成，中国共产党的治国理政方略发展为"四个全面"战略布局。在这一总战略中，全面依法治国居于战略举措的枢纽环节，从制度上连结着全面深化改革和全面从严治党。重大改革必须于法有据，这是中国共产党在多年改革实践中摸索出的一条基本经验。全面从严治党首先要依法执政、依规治党，这是党的建设特别是党内法规体系建设的重大成果。对中国共产党治国理政而言，全面依法治国战略如同一个交通枢纽，承担沟通、衔接、集散、中转功能，将各种利益要求汇集起来形成制度，将各种制度关联起来形成规范，将各种规范衔接起来形成程序，将各种程序统合起来形成秩序。党的建设工程和党领导的各项事业，都离不开全面依法治国的引领、规范和保障。此种战略功能定位，同时要求社会主义法治国家建设的系统性、整体性和协同性必须有显著提升。在此背景下，社会主义法治国家顶层设计的系统集成色彩日渐鲜明。也正是在此情境下，坚持建设中国特色社会主义法治体系成为一项关键战略举措，将国家立法层面的法律体系完善和党执政兴国层面的党内法规体系建设协调一体、共同推进。

党内法规制度从零散到系统的集成化发展，是中国特色社会主义法治体系战略话语生成的关键支撑。为达成法律稳定与社会变革、法律形式与实质公平、法律精神与人民需求等战略均衡，让依法治国基本方略发挥其应有的体系功能，党的十八大以来，以习近平为核心的党中央采取了有针对性的一体化、以增量推存量改革新举措，以党内法规体系建设为战略突破口，更好保证了党的主张、人民意志和国家法律的高度统一，实现了党领导法治的理念强化和制度优化。"八项规定"之所以能改变中国，奥秘正在于党内法规有不同于国家法律的战略特质，可以全面带动国家法律创制、实施和运行过程中的难题化解，为实现"有法必依""良法善治"提供更有力的领导和更坚实的支撑。近年来，党内法规建设的成绩有目共睹，实践成效反映出某些"法治体系"的固有认识亟待更新。"党规之治"成为中国特色社会主义法治体系话语的时代亮点，它的兴起，绝非一时之需、权宜之计，而是植根于中国革命传统和社会主义制度本质要求的战略演化。作为此种战略的顶层设计，中国特色社会主义法治体系建设目标话语，包括层次分明的"两个形成"，即"形成完备的法律规范体系、高效的法治实施体系、严密的法治监督体系、有力的法治保障体系，形成完善的党内法规体系"。

（二）法律规范体系与法治运行体系的话语衔接

习近平总书记反复强调，"法律的生命力在于实施"。[①]　中国特色社会主义法律体系形成，及党内法规制度体系的基本形成，可以表明中国必要的法制框架构造完成，但并不意味着法治体系的建成，更不代表法治中国建设的终了。法律规范体系是"骨架"，而法律治理实践则是"血肉"。

在此意义上，"从法制向法治""从纸面法到行动法"，与其说是转变，毋宁说是衔接。党的八大确立的"有法可依、有法必依"的法制建设方针，实际上已经关涉了西方经典法治理论的两层内涵：法律普遍遵守和法律良好制定。党的十一届三中全会重启社会主义法制建设，中心思想也在于民主制度化、法制权威化。"依法治国"是在世纪之交时间节点上，党和国家为社会主义现代化事业发展所作的重大战略决策，着力凸显全面实现民主法制化、法制权威化的决心。"依法治国，建设社会主义法制国家"的话语，最早出现在 1996 年 3 月通过的《中华人民共和国国民经济和社会发展"九五"计划和二〇一〇年远景目标》。在党的十五大报告中，将"法制国家"改为"法治国家"，使得此种战略表达在话语逻辑上更为顺畅，让法律制度的运行体系建设正式上升为党治国理政的基本方略。所以，法治与法制根本上是一致的，不同的只是"法治"更强调实践，但它最终还是要依靠并且回归于法制的体系建构中。于是，中国共产党对民主法制建设的表达，有了前后衔接的话语系统：一是党的十一届三中全会确立的经典范式，即

---

① 习近平：《论坚持全面依法治国》，中央文献出版社 2020 年版，第 20~21、74 页。

"加强社会主义民主，健全社会主义法制"。二是党的十五大形成的"发展民主，健全法制，建设社会主义法治国家"，民主建设与法制建设进一步统合在"建设中国特色社会主义政治"范畴下。

随着中国特色社会主义法律体系的形成，全面推进依法治国需要进一步从战略上进行话语整合，让党的领导与依法治国、治党与治国、改革与法治、法治与德治、党规与国法等关系更为协调。党的十八届四中全会形成"建设中国特色社会主义法治体系"战略，将之定位为国家治理体系和治理能力现代化的"总抓手"，与"建设社会主义法治国家"共同列为"总目标"话语。对此，习近平总书记作出了重点说明："全会决定提出，全面推进依法治国，总目标是建设中国特色社会主义法治体系，建设社会主义法治国家，并对这个总目标作出了阐释：在中国共产党领导下，坚持中国特色社会主义制度，贯彻中国特色社会主义法治理论，形成完备的法律规范体系、高效的法治实施体系、严密的法治监督体系、有力的法治保障体系，形成完善的党内法规体系，坚持依法治国、依法执政、依法行政共同推进，坚持法治国家、法治政府、法治社会一体建设，实现科学立法、严格执法、公正司法、全民守法，促进国家治理体系和治理能力现代化。提出这个总目标，既明确了全面推进依法治国的性质和方向，又突出了全面推进依法治国的工作重点和总抓手。"①

此种战略定位的理论逻辑在于，法治重在运行，目标具有动态性或曰多重性。就近期目标而言，它现实可即，因而可以成为各项具体工作的聚合枢纽，或曰总抓手。就远期目标而言，近期目标的实现又是必不可少的战略步骤。建设中国特色社会主义法治体系，正是着眼统合性的近期目标，既有宏观指引功能，也有具体指标要求。中国特色社会主义法治体系的战略话语，将法律规范体系纳入法治运行系统，可以强化法律规范生成过程的实践指向，避免空头立法、纸面造法。将立法、执法、司法、普法、守法、护法各环节统筹起来，可以让法律保障人权、维护正义的核心价值更好实现，让人民对法制的权威和实效有更直观的体察，对中国共产党依法执政的决心和能力有更深切的认同。

---

① 习近平：《论坚持全面依法治国》，中央文献出版社 2020 年版，第 92~93 页。

（三）法治体系与制度体系、国家治理体系的话语均衡

"中国特色社会主义制度和国家治理体系是以马克思主义为指导、植根中国大地、具有深厚中华文化根基、深得人民拥护的制度和治理体系，是具有强大生命力和巨大优越性的制度和治理体系，是能够持续推动拥有近十四亿人口大国进步和发展、确保拥有五千多年中华民族实现'两个一百年'奋斗目标进而实现伟大复兴的制度和治理体系。"[1]中国特色社会主义法治体系与制度体系和国家治理体系的话语均衡，映射了更大格局的制度治国理念，以及中国共产党将社会制度、国家制度和法律制度充分耦合的政治愿景。"法治体系是国家治理体系的骨干工程"，[2]"中国特色社会主义法治体系是中国特色社会主义制度的法律表现形式"。[3] 总书记的重要论断，揭示了法治体系与国家治理体系及制度体系的均衡一体，对于准确把握中国特色社会主义法治体系的思想内涵具有长远的指导意义。

自改革开放以来，社会主义法制建设长足发展，党的领导与依法治国的关系渐趋理顺。为保障社会主义市场经济的发展，更好维护社会公平正义，依法治国的功能范围不断拓展，原有的以国家立法为中心的法律规范体系建设已经不能适应人民日益增长的权利保障需求。于是，话语上有了从"法制"到"法治"、从"法律体系"到"法治体系"等变化，但这并非超越基本法律制度和规范的理念之变，本质上属于中国法治发展进程中的战略调整。

法治体系与法制体系、法律体系，在概念上各有侧重，不能相互涵摄或替代。在当代中国，法制作为宏观的规则整体，具有多样的制度形式；法律是基本国家制度和公民权利的规范载体，主要以国家立法为表现形式；法治落脚于法制和法律的具体治理，反映了社会主义法制系统和法律体系的实践向度，接受法律规范质量、法制权威性、有效性等指标的评价。易言之，法制是基本法则的建构，法律是总体稳定的规范，法治则是动态演进的实践。在西方法学中，意识形

---

① 本书编写组编著：《〈中共中央关于坚持和完善中国特色社会主义制度　推进国家治理体系和治理能力现代化若干重大问题的决定〉辅导读本》，人民出版社2019年版，第3页。
② 习近平：《论坚持全面依法治国》，中央文献出版社2020年版，第112页。
③ 习近平：《论坚持全面依法治国》，中央文献出版社2020年版，第229页。

态化的法治成为评价法制和法律的理想标准。但在中国共产党治国理政的实践中，法治评价标准不是它本身，而是广大人民的集中意志及其制度形式，亦即人民民主与法制的均衡一体。中国共产党坚持一切从实际出发的思想路线，对法治评价标准审慎对待，对法治运行过程重点谋划，坚持的是历史唯物主义的法治观。在中国共产党的执政理念中，法治主要不是一种理念或精神，它是运行中的权威制度和有效规范，其评价标准不是从西方法学理论中搬运来的，也不是从国际法律文书中复制来的，而是源于革命、改革和建设中作为审视、甄别各种理论和制度标准的人民意志。人民对美好生活的向往和需要，是国家治理制度体系的衡量标尺，也是静态法制基础、法律框架与动态法治体系均衡一体的终极动力。

当法制基础奠定、法律基本规范体系确立，法制建设任务必然发生重心转移，即从国家立法到法律实施。而法律实施最终还是要回到优化规则、完善制度的轨道，否则，善治与良法的互动便不能维系。建设中国特色社会主义法治体系，意味着未来中国特色社会主义制度体系的渐进完善，离不开现有社会主义法制和法律体系的共同作用。党的十九届四中全会进一步从战略上谋划国家治理体系和治理能力现代化，进一步突出中国特色社会主义法治体系的战略地位，一个基本考虑正是保持法制、法律和法治建设的内在均衡，集中力量补齐法律规范和法治运行体系短板，以使法律规范和法治实践既不偏离法制核心基准，同时能动发挥完善各方面制度形式的作用。规范地看，"法律体系"的表述似乎更符合法学原理，法律体系的形成实质上标志着法治国家基本建成。但现实地看，"法治体系"的话语效力更强，不仅可以将现阶段法律规范体系建设纳入其中，而且可以容纳国家法律规范之外的党内法规和社会规范，体现现代国家治理"多元一体"的格局。选择这一颇具创意的新概念，并不表明我们放弃了法律体系的概念，更不是否定了原有的法制度系统和法规范原则。恰好相反，采用这个概念是为了更好吸纳已有成果，同时进一步扩宽法的治理渊源和作用范围，让法律体系模型传播到政党内部、社会领域治理当中，最终产生巩固基本法制效用的话语策略。

从战略话语演进逻辑看，党的十八大以来，以习近平为核心的党中央立足实际，科学谋划法治在"两个一百年"伟业中的体系构造和战略框架。首先，着眼于全面实施"依法治国，建设社会主义法治国家"的宪法原则规范，这是尊重社会主义法制权威、统一和尊严的具体表现，为全面推进依法治国从最高法律制度层面立下了路标。其次，从社会主义法律体系继续完善的延展视角，对国家立法和党内立规统筹安排，在国家法律规范体系形成的基础上复制经验，重点补齐党内法规制度建设短板，取得了显著成效。此种实践极大丰富了"法律体系"的概念外延，促使其本质内涵发生时代变迁。最后，在总体性的国家治理体系语境中，明确中国特色社会主义法治体系建设的"总抓手"和"骨干工程"地位，将法律规范体系、法律制度体系和法治运行体系进一步统合协调，促使法的价值、规范和实践的均衡要义全面呈现于"法治体系"新话语。

二、法治体系话语的创新意涵

在习近平法治思想的理论语境下，中国特色社会主义法治体系是中国共产党基于人民对美好生活的需求，从把握新发展阶段、贯彻新发展理念、构建新发展格局的实际出发，着眼全面依法治国的辩证关系，在总揽全局、协调各方的治国理政实践中形成的"良法善治"战略系统。坚持建设中国特色社会主义法治体系，必须坚持习近平法治思想的指导，依据法治中国的体系均衡要义精准推进。这需要我们运用马克思主义的法治实践观和体系方法论，深入考察新时代中国共产党治国理政实践，准确把握中国特色社会主义法治体系的本质属性，揭示其战略层面的深刻思想内涵。

（一）以"美好生活"为愿景，以"良法善治"为目标

中国共产党的法治思维具有一贯的人民情怀，在中国特色社会主义事业全局关照下，初步形成了以"良法善治"为核心内涵的法治战略体系构架。人民对美好生活的向往是党的永恒奋斗目标，也是党领导法治体系建设的理论硬核。"以人民为中心"作为习近平法治思想核心要义之一，体现了中国共产党人对法治基础、法律目的、法律效果的深刻认识，是当代中国社会主义法治体系建设的重要思想指引。[1]"美好生活"可以作为一种政治修辞，但决定这种修辞话语效用的关

---

[1]　参见胡玉鸿：《"以人民为中心"的法理解读》，载《东方法学》2021 年第 2 期。

键因素，还是法律上的价值承诺能否名实相符。"在法的价值论方面，美好生活的法律保障要求法律更加重视自由的价值，更加尊重人的尊严，更加遵循人性和自然，最终指向了'良法'的目标追求。"①人民对美好生活的向往，虽然是集体的主观建构，但其根基在于无数个体生活的实在状况。中国人的生活逻辑有其独特的文化禀赋，遵循一些"只可意会，难以言传"的法则。比如，中国人理解的法治与公平正义，不具有西方法学家理论世界中的道义论元素，这曾被视为缺少宗教情怀，法治信仰难立之根因。但从日用民生的角度观察，此种实用主义的法治观，或许正是中国政治形态在变革中保持稳定、在稳定中不断变革的社会心理基础。任何时候执政党都不能无视此种民心，臆造逻辑完美的学理型法治，用以框构或改造民众的法治情感。尊重人民的执政者，必然会将自己的理念建立于大众的情感需求基础之上，必定会从多数人的幸福生活欲念出发，通过合理的抽象建构出符合民情民意的发展图景。中国共产党的人民美好生活需求理论，正是在中国特色社会主义事业进入新时代后，特别针对人民对公平、正义、民主、法治、安全、环境的需求不断增长，而现有公共产品供给水平相对不足之矛盾提出的。这一重要理论创新，科学描述了社会主义初级阶段社会主要矛盾的转变，为中国特色社会主义法治体系确定了理念标准。

中国特色社会主义法治体系，不是精英推动的唯理主义法治，亦非大众主导的欲望主义法治，而是由一个模范秉持法治精神的政党，通过内外一体的治理实践，将最大多数人民群众团结起来的"良法"之治。隐喻美好生活的"良法"，貌似神秘莫测的至上君王，隐居于把守严密的未知宫殿，一个个守门人分别占据着不同效力的法律要津——其实，"良法"的驻地不在别处，正是人民面对美好生活的共同情感纽带，打造了它的栖居之所。② 作为社会事实的集体感情是法律的基础，情感纽带发挥着重要的社会团结作用。同样，作为社会团结的人民情感，在面向美好生活的良法善治进程中也发挥着至关重要的作用。中国人固然有千差

---

① 郭栋：《美好生活的法理观照：一个方法论上的追问》，载《苏州大学学报（法学版）》2019年第4期。

② 参见廖奕：《面向美好生活的纠纷解决：一种"法律与情感"研究框架》，载《法学》2019年第6期。

万别的"活法"，但基本的"良法"总归是那么几条。中国共产党坚持走群众路线，同时不忘自身历史使命；坚持人民民主，同时强调集中统一领导。中国特色法治体系正是以情感理性为主轴，将大众情感欲求转化为法律实践理性的理论、文化和制度实践过程，表彰出法律治理对精英理性、共同情感和大众欲望的均衡意义。

"推进全面依法治国，根本目的是依法保障人民权益。"①以人民美好生活的需求为基础，以人民权益的依法保障为主干，党的领导、人民当家作主和依法治国有机统一，构成了中国特色社会主义法治体系的价值原则。这一根本原则集中反映了长期以来党领导人民依法治国的生动实践，设定了中国特色社会主义法治体系建设的长远战略目标。在此意义上，"良法善治"不仅是中国法治实践的目标话语概括，而且符合举世公认的法治价值理念。首先确立良法权威；进而强化良法实施，一面优化公权制约，一面强化人权保障，一面供给优质的公共品，一面惩治腐化的公权力；最后实现善治底下的国泰民安，确保国家安全、社会安定、人民安宁。只有通过良法善治的系统化实践，法治自身的价值、规范和实效才能形成体系上的融贯和巩固。

习近平总书记指出："中国特色社会主义国家制度和法律制度在实践中显示出巨大优势，以下几个方面最为重要。一是坚持党的领导的优势。70年来，正是因为始终在党的领导下，集中力量办大事，国家统一有效组织各项事业、开展各项工作，才能成功应对一系列重大风险挑战、克服无数艰难险阻，始终沿着正确方向稳步前进。二是保证人民当家作主的优势。我们国家的名称，我们各级国家机关的名称，都冠以"人民"的称号，这是我国社会主义国家政权的基本定位。我国国家制度深深植根于人民之中，能够有效体现人民意志、保障人民权益、激发人民创造力。三是坚持全面依法治国的优势。坚持依法治国，坚持法治国家、法治政府、法治社会一体建设，为解放和增强社会活力、促进社会公平正义、维护社会和谐稳定、确保党和国家长治久安发挥了重要作用。四是实行民主集中制的优势。民主集中制是我国国家组织形式和活动方式的基本原则，是我国国家制

---

① 习近平：《论坚持全面依法治国》，中央文献出版社2020年版，第2页。

度的突出特点。在党的领导下,各国家机关是一个统一整体,既合理分工,又密切协作,既充分发扬民主,又有效进行集中,克服了议而不决、决而不行、行而不实等不良现象,避免了相互掣肘、效率低下的弊端。"①在此语境下,中国特色社会主义法治体系的战略优势方可全面彰显。

中国特色社会主义法治体系是中国共产党以"美好生活"为愿景,领导人民治理国家和社会的"良法善治"战略系统,其运作历程远远长于相关概念的建构史。社会主义法治体系作为中国特色制度系统的法律表现形式,其生命过程几乎与当代中国史完全重合。就此意义而言,它的独特优势与国家制度和法律制度的巨大优势,具有显著的直接关联。以习近平总书记讲的"四大优势"为中心,我们可以发现,党的领导、人民当家作主与全面依法治国的有机统一,民主与集中的制度均衡,正是中国特色社会主义法治体系的原则依凭,属于制度构造的价值依据,具有提纲挈领、照应各方的统合作用。

(二)以中国特色社会主义为本体依托,以中国特色社会主义制度的法律表现形式为基本语义

中国特色社会主义是实现人民美好生活需求的康庄大道,其道路选择、理论指引、制度安排和文化滋养,都有助于法治在各领域各环节各方面保持理念、规范和实践的统一和均衡。作为战略话语的中国特色社会主义法治体系,正是在"中国特色社会主义"的体系化语境中得以形塑。习近平总书记强调:"党的领导是中国特色社会主义最本质的特征,是社会主义法治最根本的保证。中国特色社会主义制度是中国特色社会主义法治体系的根本制度基础,是全面推进依法治国的根本制度保障。中国特色社会主义法治理论是中国特色社会主义法治体系的理论指导和学理支撑,是全面推进依法治国的行动指南。这三个方面实质上是中国特色社会主义法治道路的核心要义,规定和确保了中国特色社会主义法治体系的制度属性和前进方向。"②

中国特色社会主义法治体系,本质上是中国特色社会主义在法治领域的表现

---

① 习近平:《论坚持全面依法治国》,中央文献出版社 2020 年版,第 264~265 页。
② 习近平:《论坚持全面依法治国》,中央文献出版社 2020 年版,第 92 页。

形式，既是中国特色社会主义制度的重要组成部分，也蕴含中国特色社会主义道路、理论和文化的战略发展元素。习近平总书记指出，"道路问题不能含糊，必须向全社会释放正确而又明确的信号"。①"摆在我们面前的一项重大历史任务，就是推动中国特色社会主义制度更加成熟更加定型，为党和国家事业发展、为人民幸福安康、为社会和谐稳定、为国家长治久安提供一整套更完备、更稳定、更管用的制度体系。"②《中共中央关于坚持和完善中国特色社会主义制度 推进国家治理体系和治理能力现代化若干重大问题的决定》强调："建设中国特色社会主义法治体系、建设社会主义法治国家是坚持和发展中国特色社会主义的内在要求。"③该《决定》把坚持和完善中国特色社会主义法治体系摆在更加突出的位置，在党的十八届四中全会之后进一步系统部署，努力推动中国特色社会主义法治体系在实践中不断发展、完善，为推进国家治理体系和治理能力现代化提供更加坚实的制度保障。④ 与此同时，我们还要"不断丰富和发展符合中国实际、具有中国特色、体现社会发展规律的社会主义法治理论，为依法治国提供理论指导和学理支撑"。⑤"坚持依法治国和以德治国相结合，就要重视发挥道德的教化作用，提高全社会文明程度，为全面依法治国创造良好人文环境。"⑥加快完善中国特色社会主义法治体系，不断从法治上为解决党和国家事业发展面临的问题，必须依靠中国特色社会主义事业的整合发展效应，从道路引领、理论指导和文化滋养各方面，为法治体系制度建设提供实践支撑、观念框架和主体动能。与之相适，中国特色社会主义法治体系在实践中拓展自身的战略内涵，从道路、理论、制度和文化四个基本方面，为中国特色社会主义事业的科学、全面、充分、均衡发展，发挥系统的引领、规范和保障作用。

就当前法治体系面临的基本矛盾而言，人民对公平、正义、民主、法治、安

---

① 习近平：《论坚持全面依法治国》，中央文献出版社 2020 年版，第 106 页。

② 《习近平谈治国理政》（第一卷），外文出版社 2018 年版，第 104～105 页。

③ 本书编写组编著：《〈中共中央关于坚持和完善中国特色社会主义制度 推进国家治理体系和治理能力现代化若干重大问题的决定〉辅导读本》，人民出版社 2019 年版，第 14 页。

④ 参见袁曙宏：《坚持和完善中国特色社会主义法治体系》，载《光明日报》2019 年 12 月 10 日，第 2 版。

⑤ 习近平：《论坚持全面依法治国》，中央文献出版社 2020 年版，第 110 页。

⑥ 习近平：《论坚持全面依法治国》，中央文献出版社 2020 年版，第 166 页。

全、环境等需求的增长，与现有制度、体制、机制的供给不足的对立日趋凸显。正是此种社会主要矛盾，塑造了中国特色社会主义法治体系的核心制度意涵。习近平总书记指出："我们一直认为，我们的民主法治建设同扩大人民民主和经济社会发展的要求还不完全适应，社会主义民主政治的体制、机制、程序、规范以及具体运行上还存在不完善的地方，在保障人民民主权利、发挥人民创造精神方面也还存在一些不足，必须继续加以完善。"①党的政法工作应"更加注重系统观念、法治思维、强基导向"。② 中国特色社会主义法治体系之所以在制度建设中居于关键地位，成为中国特色社会主义制度体系成熟完善的核心动能，根本原因在于其对中国特色社会主义事业全面、整体、协同的战略支撑功能。

(三)以全面依法治国辩证关系为重心，以破解不充分非均衡发展难题为要务

作为新时代中国共产党治国理政的创新性战略话语，"中国特色社会主义法治体系"具有鲜明的问题导向和实践回应型特征。习近平总书记指出："走什么样的法治道路、建设什么样的法治体系，是由一个国家的基本国情决定的。"③在中央全面依法治国委员会第一次会议上，习近平总书记用三个重要问题作为实例，牵引出中国特色社会主义法治体系建设的丰富思想内涵。"为什么我国能保持长期稳定，没有乱？根本的一条就是我们始终坚持共产党领导。"④"为什么党内这么多高级干部走上犯罪的道路？根本原因在于理想信念动摇了，但对党纪国法没有敬畏之心也是一个重要原因。"⑤"黑恶势力怎么就能在我们眼皮子底下从小到大发展起来？我看背后就存在执法者听之任之不作为的情况，一些地方执法部门甚至同黑恶势力沆瀣一气，充当保护伞。"⑥党的领导与法治的关系问题、依

---

① 《习近平谈治国理政》(第二卷)，外文出版社2017年版，第289页。

② 《习近平对政法工作作出重要指示强调 更加注重系统观念法治思维强基导向 切实推动政法工作高质量发展 在第一个"中国人民警察节"到来之际向全国人民警察致以诚挚的慰问》，载《人民日报》2021年1月10日，第1版。

③ 习近平：《论坚持全面依法治国》，中央文献出版社2020年版，第110页。

④ 习近平：《论坚持全面依法治国》，中央文献出版社2020年版，第223页。

⑤ 习近平：《论坚持全面依法治国》，中央文献出版社2020年版，第224页。

⑥ 习近平：《论坚持全面依法治国》，中央文献出版社2020年版，第225页。

规治党与依法治国的关系问题、人民美好生活的需求延展和法治薄弱环节的矛盾问题等，无不指向发展与法治的关系问题，"倒逼"中国共产党不断拓展中国特色社会主义法治体系的战略内涵，保证党的领导这一党和国家事业不断发展的"定海神针"在法治进程中得到全面贯彻，整体发挥法治固根本、稳预期、利长远的保障作用，用协调推进的方式研究解决依法治国重大事项和重大问题，从而更好实现人民对美好生活的需求。

作为贯穿全面依法治国的重要主线，中国特色社会主义法治体系思想内涵的拓展深化，与习近平总书记对重大发展问题的战略诊断紧密相关。"发展是党执政兴国的第一要务，是解决中国所有问题的关键。"①"要树立战略眼光，顺应人民对高品质生活的期待，适应人的全面发展和全体人民共同富裕的进程，不断推动幼有所育、学有所教、劳有所得、病有所医、老有所养、住有所居、弱有所扶取得新进展。"②中国特色社会主义事业进入新时代后，在继续推动经济发展的同时，中国共产党不断加强自身的法治思维和战略思维能力，在国家立法和发展规划上更注重人的全面发展和社会全面进步，通过法治体系与发展战略的深度一体化，整体回应各种国家和社会治理面对的各种风险和挑战。

第一，就法治指导思想而言，必须警惕任何背离或放弃马克思主义的危险，高度重视马克思主义中国化、时代化、大众化的问题。"全面推进依法治国，必须走对路。如果路走错了，南辕北辙了，那再提什么要求和举措也都没有意义了。"③这就需要注重对当代马克思主义思潮中法治理论的研究、转化与应用，对资本主义法治体系的结构性矛盾及背后的生产方式矛盾、阶级矛盾、社会矛盾进行批判性揭示，对资本主义治理危机、资本主义法制演进过程、资本主义法治国家新形态及本质进行深入分析，同时积极吸收和转化中国本土法治思想，推进中国特色社会主义法治理论建设。面对外国政要经常谈的那种单一化、独断论式的"法治"，习近平总书记告诉他们："中国是一个法治国家，中国法治有中国特

---

① 《习近平谈治国理政》（第二卷），外文出版社 2017 年版，第 38 页。
② 《习近平在中共中央政治局第二十八次集体学习时强调 完善覆盖全民的社会保障体系 促进社会保障事业高质量发展可持续发展》，载《人民日报》2021 年 2 月 28 日，第 1 版。
③ 习近平：《论坚持全面依法治国》，中央文献出版社 2020 年版，第 105 页。

色，我们需要借鉴国外法治有益经验，但不能照搬别国模式和做法，最好不要用你们那套模式来套我们。"①归根结底，要坚定不移走中国特色社会主义法治道路，这条贯穿始终的"红线"，与作为道路主线的法治体系话语本质契合。

第二，就法治的价值观念而言，道德体系与法治的非均衡状况，使得社会公平正义的价值追求面临道德认同度不高、法律执行力不足的困境。这就需要从制度上明确社会公平正义对于法治体系建设的价值指引功能，将法治手段与德治举措整合为更加协调的法治体系。"全面依法治国，必须紧紧围绕保障和促进社会公平正义来进行。公平正义是我们党追求的一个非常崇高的价值，全心全意为人民服务的宗旨决定了我们必须追求公平正义，保护人民权益、伸张正义。"②只有以此为前提，方能化解德治与法治的二元对立，逐步解决法律对道德规范的确认和保障不够、道德对法治文化的滋养和支撑不足问题。

第三，就法治的实践功能而言，"保底线"与"促发展"在战略指向上不协调、难以同步实现，由此造成法治的价值引领、制度规范与实践保障的功能错位，在运行中相互抵消、难以契合的问题。维护社会秩序，保护人民生命财产安全，是法治的一条基本制度底线。一方面，"非法集资、信息泄露、网络诈骗等案件相当猖獗，违法犯罪手段日趋信息化、动态化、智能化，以报复社会、制造影响为目的的个人极端暴力案件时有发生，严重暴力犯罪屡打不绝"，法治保底线的任务非常繁重。③ 另一方面，法治促发展的问题也非常突出，制约当前中国经济社会发展的重难点问题，几乎都与法治实践功能的体系化不足有关。比如，发展理念滞后问题。习近平总书记强调指出："深入分析贯彻落实新发展理念在法治领域遇到的突出问题，有针对性地采取对策措施，运用法治思维和法治方式贯彻落实新发展理念。"④再如，发展不平衡不充分的问题。围绕全面建成小康社会、全面建设社会主义现代化强国等战略目标，习近平总书记多次阐述全面均衡发展的法治要义。以生态文明建设为例，习近平总书记指出，"在30多年持续快速发

---

①　习近平：《论坚持全面依法治国》，中央文献出版社 2020 年版，第 176 页。
②　《习近平谈治国理政》（第二卷），外文出版社 2017 年版，第 129 页。
③　《习近平谈治国理政》（第二卷），外文出版社 2017 年版，第 366 页。
④　《习近平谈治国理政》（第二卷），外文出版社 2017 年版，第 222 页。

展中，我国农产品、工业品、服务产品的生产能力迅速扩大，但提供优质生态产品的能力却在减弱，一些地方生态环境还在恶化。这就要求尽力补上生态文明建设这块短板，切实把生态文明的理念、原则、目标融入经济社会发展各方面，贯彻落实到各级各类规划和各项工作中"。① 又如，发展风险的法治防控问题。经济发展水平提高，并不意味着社会矛盾和问题就会减少。习近平总书记指出："不发展有不发展的问题，发展起来有发展起来的问题，而发展起来后出现的问题并不比发展起来前少，甚至更多更复杂了。新形势下，如果利益关系协调不好、各种矛盾处理不好，就会导致问题激化，严重的就会影响发展进程。"②"瓮安、孟连、陇南等事件说明，突出矛盾和突发事件背后都存在复杂的利益冲突，都存在干部作风问题，也都存在工作上处置不当的问题。"③"资本投入、安全生产、股市调控、互联网金融管控等都是高风险、高技能的，如果判断失误、选择不慎、管控不力，就会发生问题甚至大问题，严重的会影响社会稳定。一段时间以来，在安全生产、股票市场、互联网金融等方面连续发生的重大事件，一再给我们敲响了警钟。"④面对风险共同体，相关防控思路和举措、主体与责任都应及时纳入法治体系的范围，在法治的轨道上推进源头治理、系统治理。

第四，就法治的运行环节而言，立法、执法、司法、守法各方面，不同程度上存在体制机制上的非均衡问题，造成立法质量不高，司法不公、冤假错案、司法腐败，执法中有法不依、执法不严、徇私枉法等现象。对于这类问题，必须运用改革与法治双管齐下的体系化方案加以解决。习近平总书记以环保执法问题为例指出："现行以块为主的地方环保管理体制，使一些地方重发展轻环保、干预环保监测监察执法，使环保责任难以落实，有法不依、执法不严、违法不究现象大量存在。综合起来，现行环保体制存在 4 个突出问题：一是难以落实对地方政府及其相关部门的监督责任，二是难以解决地方保护主义对环境监测监察执法的

---

① 习近平：《在党的十八届五中全会第二次全体会议上的讲话（节选）》（2015 年 10 月 29 日），载《求是》2016 年第 1 期。

② 习近平：《在党的十八届五中全会第二次全体会议上的讲话（节选）》（2015 年 10 月 29 日），载《求是》2016 年第 1 期。

③ 《习近平谈治国理政》（第二卷），外文出版社 2017 年版，第 147 页。

④ 《习近平谈治国理政》（第二卷），外文出版社 2017 年版，第 220 页。

干预，三是难以适应统筹解决跨区域、跨流域环境问题的新要求，四是难以规范和加强地方环保机构队伍建设。"①解决这些问题，应当有全面系统的战略举措，以法治要求推动体制变革，以体制改革巩固法治成果。

第五，就法治的领导力量而言，"关键少数"法治能力的结构性缺失，以及党自身存在的问题，必须通过融凝新发展理念的法治体系战略加以解决。针对"权大于法"的人治思想观念和行为惯习，习近平总书记正告全党："这种现象不改变，依法治国就难以真正落实。"②"我们必须认认真真讲法治、老老实实抓法治。各级领导干部要对法律怀有敬畏之心，带头依法办事，带头遵守法律，不断提高运用法治思维和法治方式深化改革、推动发展、化解矛盾、维护稳定能力。如果在抓法治建设上喊口号、练虚功、摆花架，只是叶公好龙，并不真抓实干，短时间内可能看不出什么大的危害，一旦问题到了积重难返的地步，后果就是灾难性的。"③"治国必先治党，治党务必从严。如果管党不力、治党不严，人民群众反映强烈的党内突出问题得不到解决，那我们党迟早会失去执政资格，不可避免被历史淘汰。"④要让全面从严治党的思路举措更加科学、更加严密、更加有效，必须坚持问题导向，保持战略定力，通过法治体系建设将党规治理推向纵深发展。习近平总书记认为，"党内规矩是党的各级组织和全体党员必须遵守的行为规范和规则"。⑤党规包括党章、党的纪律、国家法律，以及党在长期实践中形成的优良传统和工作惯例。⑥对于党的优良传统和工作惯例，习近平总书记特别指出："这些规矩看着没有白纸黑字的规定，但都是一种传统、一种范式、一种要求。纪律是成文的规矩，一些未明文列入纪律的规矩是不成文的纪律；纪律是刚性的规矩，一些未明文列入纪律的规矩是自我约束的纪律。"⑦近年来，中国共产党通过党规国法均衡一体的法治体系建设，统筹推进依法治国和依规治党，

① 《习近平谈治国理政》(第二卷)，外文出版社2017年版，第391页。

② 习近平：《论坚持全面依法治国》，中央文献出版社2020年版，第108页。

③ 习近平：《论坚持全面依法治国》，中央文献出版社2020年版，第108~109页。

④ 《习近平谈治国理政》(第二卷)，外文出版社2017年版，第43页。

⑤ 《习近平谈治国理政》(第二卷)，外文出版社2017年版，第151页。

⑥ 《习近平谈治国理政》(第二卷)，外文出版社2017年版，第151~152页。

⑦ 《习近平谈治国理政》(第二卷)，外文出版社2017年版，第151~152页。

着力解决人民群众反映最强烈、对党的执政基础威胁最大的突出问题，形成了反腐败斗争压倒性态势，党的执政基础和群众基础更加牢固。

三、法治体系话语的发展意涵

"法治是人类文明的重要成果之一，法治的精髓和要旨对于各国国家治理和社会治理具有普遍意义。"①中国特色社会主义法治体系是人类制度文明发展的重大成果，是当代中国国家治理的基本依凭，是政治文明与经济社会均衡发展的持久保障。作为学术概念，它可以描述当代中国法治要素整全化、规范化、有序化程度，表征法治运行各环节彼此衔接、结构严整、运转协调状态，凸显法治规范与运行、理论与操作、价值与实践的整体均衡。② 作为治国战略，其话语生成和思想内涵则更为复杂。历经百年风云，中国共产党在时代变革中澄清疑义、破解谜题、探索真理，从实践上开创了中国特色社会主义法治道路，从理论上确立了习近平法治思想的指导地位，提炼出中国特色社会主义法治体系的战略命题，不仅为法治和人治问题的解决贡献了中国方案，而且从制度和文化上为人的全面发展夯实了法理基础。

在习近平法治思想语境下，"中国特色社会主义法治体系"是一个话语结构复杂、理论内涵深刻的关键概念。党的十八大以来，围绕全面依法治国的系统推进，习近平总书记在深入调研、充分论证、凝聚共识的基础上，提出了"建设中国特色社会主义法治体系"的战略命题，形成了富有主体性、原创性和时代性的概念和理论。③ 2020 年 11 月 16 日，习近平总书记在中央依法治国工作会议上强调指出："坚持建设中国特色社会主义法治体系。中国特色社会主义法治体系是推进全面依法治国的总抓手。要加快形成完备的法律规范体系、高效的法治实施体系、严密的法治监督体系、有力的法治保障体系，形成完善的党内法规体系。要坚持依法治国和以德治国相结合，实现法治和德治相辅相成、相得益彰。要积极推进国家安全、科技创新、公共卫生、生物安全、生态文明、防范风险、涉外

---

① 习近平：《论坚持全面依法治国》，中央文献出版社 2020 年版，第 111 页。

② 参见张文显：《建设中国特色社会主义法治体系》，载《法学研究》2014 年第 6 期。

③ 参见张文显：《习近平法治思想的理论体系》，载《法制与社会发展》2021 年第 1 期。

法治等重要领域立法，健全国家治理急需的法律制度、满足人民日益增长的美好生活需要必备的法律制度，以良法善治保障新业态新模式健康发展。"①透过"中国特色社会主义法治体系"话语意涵的不断丰富和发展，② 不仅可见中国法治回应百年未有之大变局的新举措，而且可为法治中国的"发展大历史"寻找内生性演进的新路标。

　　理解中国特色社会主义法治体系不断发展的思想内涵，首先要有宏观的战略思维。习近平总书记指出："战略问题是一个政党、一个国家的根本性问题。战略上判断得准确，战略上谋划得科学，战略上赢得主动，党和人民事业就大有希望。"③"要在坚持马克思主义基本原理的基础上，以更宽广的视野、更长远眼光来思考和把握国家未来发展面临的一系列重大战略问题，在理论上不断拓展新视野、作出新概括。"④"'四个全面'的战略布局是从我国发展现实需要中得出来的，从人民群众的热切期待中得出来的，也是为推动解决我们面临的突出矛盾和问题提出来的。"⑤"从这个战略布局看，做好全面依法治国各项工作意义十分重大。"⑥只有在当代中国国家的系统化语境中，我们才能真正理解法治体系话语的演化和突破，全面观照法治价值、规范和实践功能的拓展、冲突与耦合。

　　其次，要有科学的辩证思维。习近平总书记强调，"坚持处理好全面依法治国的辩证关系"。⑦ 这就需要从法治体系内外一体的辩证视角，处理好党的领导和依法治国、政治和法治、改革和法治、依法治国和依规治党、依法治国和以德治国、发展和法治等重要关系，探寻中国法治因应战略挑战的多重均衡要求，深入领会法治体系如何将全面依法治国的根本原则、根据、依托与战略布局、重点环节、人才保障、领导力量凝聚一体，最终塑造法治价值观、规范体和实效力有

---

①　习近平：《论坚持全面依法治国》，中央文献出版社 2020 年版，第 4 页。

②　"话语不仅反映和描述社会实体与社会关系，话语还建造或'构成'社会实体与社会关系；不同的话语以不同的方式构建各种至关重要的实体。"[英]诺曼·费尔克拉夫：《话语与社会变迁》，殷晓蓉译，华夏出版社 2003 年版，第 3 页。

③　《习近平谈治国理政》（第二卷），外文出版社 2017 年版，第 10 页。

④　《习近平谈治国理政》（第二卷），外文出版社 2017 年版，第 62~63 页。

⑤　《习近平谈治国理政》（第二卷），外文出版社 2017 年版，第 24 页。

⑥　习近平：《论坚持全面依法治国》，中央文献出版社 2020 年版，第 145 页。

⑦　习近平：《论坚持全面依法治国》，中央文献出版社 2020 年版，第 230 页。

机统合的新发展格局。

最后，要有创新的发展思维。习近平总书记指出："发展依然是当代中国的第一要务，中国执政者的首要使命就是集中力量提高人民生活水平，逐步实现共同富裕。"①"贯彻新发展理念，实现经济从高速增长转向高质量发展，必须坚持以法治为引领。"②中国特色社会主义法治体系的话语生成和理论创新的基点，是中国国情和社会基本矛盾。新发展进程中国家治理急需补齐的制度短板和人民反映突出的普遍性问题，则是当下法治实践创生新的理论话语的源头活水。

---

① 《习近平谈治国理政》（第二卷），外文出版社 2017 年版，第 30 页。
② 习近平：《论坚持全面依法治国》，中央文献出版社 2020 年版，第 224 页。

第四章

"法治中国"理论话语的兴起

在大转型时代，人们面对纷繁复杂的法治现象，易生各种矛盾与困惑，有了深度辨识和理解的需要。波兰尼描述的从前工业到工业时代的文明巨变，及观念、意识形态、社会经济政策的转换，反映了市场自由与社会保护的原则冲突，也提示人们现代法治国在大转型中面临"重构"难题。① 为让人的行为与心智在变动时代不至于最终"脱嵌"，须对法律本质及治理实践往返观照，把握法治所循的基本规律，这是现代法治理论的重要任务。作为探寻中国法治规律的知识和话语体系，法治中国理论立基于马克思主义法治观，通过一系列原创概念、命题和原理，将国家、政府、社会法治实践一体阐释，以严整的逻辑关联，形成了法治理念与实践高度融贯的科学认识系统，一种世界百年大变局下的中国大理论。

从时代背景和孕生过程看，法治中国理论具有鲜明的问题意识，透显出马克思主义政治家的"法治理想国"情怀，具有独特的"大战略"品格。西方战略史家和思想家认为，政治科学倾向于假定简约主义的、系统的和量化的方法才构成好的科学，大战略概念在本质上包含理论及理论与政策的关系，这是因为在缔造战略时，决策者自觉或不自觉、明示或隐含地依据关于世界如何运行的理论假设，即他们的国际政治模式。中国古典思想，也富含"大

---

① 参见［匈］波兰尼：《大转型：我们时代的政治与经济起源》，冯钢、刘阳译，浙江人民出版社 2007 年版，第 111~131 页。

155

战略"理论因子。① 在革命、改革和建设不同时期，大战略思维亦为中国共产党遵循推重。面对世界大变局，法治中国理论从远思和架构，都表现出"世界中国"的开放气质，法治强国的民族精神，兼有理念澄清、思想塑造和制度建构的大战略意涵。此种大战略理论不仅为各方主体提供了公议平台，为中国转型设置了新的思想议程，也为全球法治创构了替代性的方案与模型。政治话语、学术话语和大众话语，在此种理论形成发展中联通一体，共同为新时代法治实践铺就了观念革新之路。

若将各种"法治中国"话语放在科学理论透镜下，我们会发现其间充满值得研究的元素、细胞、结构及其化合规律。依循科学分析逻辑，我们应当探寻"法治中国"理论的基本单元及其组合架构、演进生成轨迹。无论法学界如何为自身是否科学而烦恼，基于"事物本质"的认知推理方法，已潜移默化为某种内生知识与立论前提。② 正是通过基于事物本质的科学分析，法治中国理论研究为时不长，但共识初备。围绕"建设法治中国"的新时代命题，中国法学界从2013年起出现研究热潮，产出了一批颇具分量的理论成果。③ 这些成果为法治中国建设的系统规划，提供了重要的理念准备与知识储备。④

---

① 如孙子在公元前6世纪的论述，一直是当代西方大战略理论的重要思想来源。西方大战略理论奠基者哈特的很多思想直接源于孙子，其名著《战略：间接路线》卷首13次引用孙子的名言。参见[英]李德·哈特：《战略论：间接路线》，钮先钟译，上海人民出版社2010年版，第1页。

② 参见[德]拉德布鲁赫：《作为法律思维形式的事物本质》，雷磊译，载《法律方法》2017年第2期；[德]考夫曼：《类推与"事物本质"——兼论类型理论》，吴从周译，台湾学林文化事业有限公司1999年版；[德]考夫曼：《法律获取的程序：一种理性分析》，雷磊译，中国政法大学出版社2015年版。

③ 代表性论文如张文显：《法治中国的前沿问题》，载《中共中央党校学报》2014年第5期；汪习根：《论法治中国的科学含义》，载《中国法学》2014年第2期；王旭：《"法治中国"命题的理论逻辑及其展开》，载《中国法学》2016年第1期；范进学：《"法治中国"：世界意义与理论逻辑》，载《法学》2018年第3期等。

④ 2021年1月，《法治中国建设规划（2020—2025年）》公布。这是首个法治中国建设专项系统规划，也是新时代新阶段推进全面依法治国的纲领性文件。为深入贯彻落实习近平总书记重要指示，中央依法治国委员会自2018年成立就着手开展规划制定工作，经过深入调研论证、反复讨论修改，形成了征求意见稿，先后征求各地各部门和有关专家学者意见，在此进程中多次进行修改完善，形成了规划送审稿，报经中央政治局常委会会议审议通过后，中共中央印发实施。参见《新时代推进全面依法治国的纲领性文件——中央依法治国办负责同志就〈法治中国建设规划（2020—2025年）〉答记者问》，2021年1月10日。

在此基础上，如何立足于大战略层面的顶层设计，科学分析"法治中国"的概念和命题，在精准把握其原初内涵的同时，对法学话语的衍生解释予以反身性自省，推动法治理论及话语体系的发展？进而言之，能否在政治家法理与法学家法理、精英法理与大众法理之间，安设互观省察的理论镜鉴，尽力提取最大公约数，呈现法治中国理论的应然样状？① 更重要的是，法治中国理论能否转化为具有改革导向与指示功能的话语实践？毕竟，法治中国理论的落脚点不是法治，而是中国。准确而言，是处于新发展阶段的中国，是追求更高水平均衡的中国。"推进全面依法治国是国家治理的一场深刻变革，必须以科学理论为指导，加强理论思维，从理论上回答为什么要全面依法治国、怎样全面依法治国这个重大时代课题，不断从理论和实践的结合上取得新成果，总结好、运用好党关于新时代加强法治建设的思想理论成果，更好指导全面依法治国各项工作。"② 作为习近平新时代中国特色社会主义思想的重要内容，以及习近平法治思想的主干支撑，法治中国理论的战略使命鲜明笃定。党的十九大以来一系列重大决策、国家"十四五"时期发展规划和2035年远景目标，凸显了全面均衡发展的主题和法治贯穿发展的主轴，不仅对中国法治建设路线图有了更明晰勾画，而且进一步展现了用"法治"定义"中国"、用"中国"续造"法治"的大战略意图。上述种种，都需要对法治中国理论作出更整全、更系统的阐释，这不仅涉及法治和发展辩证关系的澄清，而且关系到高质量发展与"均衡型法治"的内在契合。③

---

① 张文显教授通过语义分析、意义分析和历史考察，阐述了"法理"在理论和实践中的意义与功能，指出随着"法理"成为法理学的中心主题和中国法学的共同关注，成为法治中国的精神内涵，中国法学必将迎来法理时代，"法治中国"必将呈现"法理中国"的鲜明品质。将"法理"分为作为法理学研究对象的法理和法治实践及政治与公共生活中的法理，可视为法学家法理和政治家法理的理论标记。参见张文显：《法理：法理学的中心主题和法学的共同关注》，载《清华法学》2017年第4期。

② 习近平：《坚定不移走中国特色社会主义法治道路 为全面建设社会主义现代化国家提供有力法治保障》，载《求是》2021年第5期。

③ 有关"均衡型法治"的理论阐述，可参见廖奕：《法治中国的均衡螺旋：话语、思想和制度》，社会科学文献出版社2014年版，第120~124页。

第一节 概念和命题的原创性

理论不是日常的判断或推测,一望即知;它涉及系统的错综关系,需要繁复的建构和推理。① 理论由基本概念与命题组成,概念是人们对事物本质的抽象概括,命题是由基本概念组成的判断或陈述。衡量理论的质量和生命力,概念和命题的原创性是一个重要标尺。此种原创性,意指概念和命题由特定不可重现复制的事实生发,经过独特的理念塑造和思维加工形成的话语表达。原创理论往往以原发性问题为研究对象,提出有意义的新概念新命题,通过创新框架和恰切方法论,成为同类理论的样板。② 原创性的概念和命题,因为显著的话语效应,成为相关理论学习效仿对象,从而成为理论的代表性标识。作为一项全体性、公共性实践事业,法治理论生产与学术理论原创在本质上契合。就中国而言,"理论原创"不是少数精英努力、大多数学者拿来使用就行的问题,它应是看待和分析总体状况的"价值坐标"。③ 法治中国理论立基于中国法治独特问题,以一系列原创性的概念和命题,锚定新时代的价值坐标,推动法治体系的高质量发展。

一、法治中国话语的时代勃兴

"法治"话语,中国古已有之,但近代开启的历史进程让这一话语出现了复杂的语义流变。④ 作为文化共同体的中国,进入世界范围的民族国家竞争环境中,法治的现代化意涵日渐突出。中国与法治的关系,成为一个宏大的话语丛集。20 世纪 90 年代以来,中国向法治的改革和转变,不仅是国内学界公认的时代变化,似乎也成了国际学界解释中国法律与政治、经济发展关系

---

① [美]卡勒:《文学理论入门》,译林出版社 2013 年版,第 3 页。

② 参见柳海民、李伟言:《教育理论原创:缺失归因与解决策略》,载《教育研究》2003 年第 9 期。

③ 参见吴炫:《理论原创的中国立场》,载《江海学刊》2009 年第 1 期。

④ 参见程燎原:《清末的"法治"话语》,载《中西法律传统》2002 年第 2 期。

的流行范式。① 90年代法理学家有了更明确的时代使命意识,以发展马克思主义法学体系为宗旨,转向中国特色的社会主义重大理论和实际问题的研究。② 随着中国国力的不断提升,"法治"成为新的理想标识,"法治中国"开始化作简约有力的大众话语,在公共舆论空间弥散传播。③ 21世纪伊始,正逢中国加入世界贸易组织,而"法治"正是一个关键标准,这让观察家发出"法治中国走向WTO"的话语。④ 经济学家和法学家的对谈,也冠以"法治中国"这样的"吸睛"标题,进入大众视野,并为领导决策参考。⑤ 在某些西方法学家看来,当时中国距离其所谓的法治还有很大的距离。他们通过聚焦集体惩罚、审判中的自供、官僚化的监督等议题,力图揭示正式法律与自由裁量的矛盾,说明中国长存的政治和文化力量对法律正式机制的规限。⑥ 但中国的法治逻辑并非与西方同道并轨,特别是改革开放以来的中国法制坚持"中国特色社会主义"的前提限定,这让那些"通行"的法治理论遭遇了尴尬。新世纪初,法学家开始从理论上讨论法治中国的可能性,主张采取复杂系的范式把握中国传统的法秩序原理,中国法制改革的基本方向是在交涉、议论等相互作用的固有动态中,通过程序和论证形成合理的定向化公共选择机制。⑦ 此种探讨并未刻意区分"法治中国"与"中国法治"的话语分

---

① "From Rule of Man to Rule of Law: An Unintended Consequence of Corruption in China in the 1990s", *Journal of Contemporary China*, 1999, Volume 8, Issue 22, pp. 405-423. Randall Peerenboom, *China's Long March toward Rule of Law*, Cambridge University Press, 2002.

② 参见李龙:《关键在于坚持和发展马克思主义法学》,载《中国法学》1992年第1期;张文显:《将研究重心切实转向社会主义经济建设》,载《中国法学》1992年第1期。

③ 兼具学术话语和大众话语特点的文本,如李海波:《夏勇 为法治中国建言》,载《中国青年》2001年第1期;刘武俊:《勾勒一个"法治中国"》,载《南风窗》2002年第1期等。2002年2月1日,《法治中国》电视栏目以"立足检察工作,传播法治观念"为创办宗旨,由最高人民检察院政治部宣传部联合《检察日报》社打造,通过严格审查,以当时国内最先进的传送方式同时向100多家电视台试播。参见《〈法治中国〉试播》,载《北京纪事》2002年第Z1期。

④ 刘武俊:《法治中国走进WTO》,载《法律与生活》2001年第11期。

⑤ 这场对谈记录,原文13000字,发表于2003年1月出版的《财经》。转载主要摘录了吴敬琏和江平的一些观点。参见《法治中国》,载《领导决策参考》2003年第2期。

⑥ 参见Karen G. Turner, James V. Feinerman and R. Kent Guy, eds., *The Limits of the Rule of Law in China*, Seattle: University of Washington Press, 2000.

⑦ 参见季卫东:《法治中国的可能性——兼论对中国文化传统的解读和反思》,载《战略与管理》2001年第5期。

别，"法治中国"似乎是学者下意识选择的一种时兴而透现理想主义的语词。

无论如何，当中国迈向法治成为公议共识，举国充盈积极乐观情绪，"法治中国"的理想建构就不仅意味着一种学术追求，更表征着整体性社会变革正指向法体系的全新铺展。乡土中国与法治中国的纠缠意象，经由大众文化生发，再由文学理论形塑，最后成为法学家研究和反思的素材。大众话语钟情的"法治中国"更像是一种地方化的情理世界，这与当时学术主流的定位颇有差池。① 顺应此种逻辑的"法治本土资源论"，对主流"接轨论"的质疑，凸显出法治中国话语的时代张力，表明大众话语向治理概念跃升的复杂性。② 在论争中发展的法治理论，逐渐涵摄中国与西方的共同文化，经由审慎辨识、精密剖析、前瞻性构建、预防式填充等多种方式，渐与激荡的法律实践形成互动照应，发挥特有的指引、修正和反思功效。

这一时期，不仅法学界出现了法治研究热潮，政治学、经济学、社会学的研究者也提出了各自见解，围绕"法治与中国"的相关讨论成为社会科学公共话语。比如，法治政体论、市场法治论、乡土法治论等，莫不对中国未来法治图景解析尝试，莫不基于政治理想与治理现实的往返观照。③ 出于各科不同的研究重心和方法论，无论是主张通过新法治类型再造中国的激进派，还是坚守传统、实行创造性转化的稳健派，多数论者似乎默认某种不言自明的理念前提，即总体性中国需要法治，而法治可为中国发展全面供给养分。"中国法学向何处去"的发问，之所以引起强烈反响，根本上乃是因为它确实抓住了包括中国法学在内的中国社会科学，甚至当下中国的一个时代性问题，亦即中国(法律)的"理想图

① 参见李国芳：《乡土中国与法治中国——解读电视电影〈法官老张轶事〉中的意象体系》，载《北京电影学院学报》2003 年第 3 期。

② 有学者认为，基于电影《秋菊打官司》，苏力的经典研究，已成为在中国研究"法律与文学"的代名词。而晚近的研究，很大程度上超越了早期解读中"国家法 VS 民间法"的二元对立范式，将"秋菊的困惑"置于三种不同法治传统的纠葛，以及国内法制与国际秩序的互动中，使之从一个地方性问题提升到"大国宪制""法律多元主义"等普遍性层次。此类研究，已经从"困惑"走向"解惑"，从一个批判西方法治的地方性命题，转向探索法治中国道路等更具普遍意义的法理命题。参见陈颀：《秋菊的困惑与解惑——"法律与文学"研究在中国》，载《开放时代》2019 年第 1 期。

③ 如潘维：《法治与"民主迷信"——一个法治主义者眼中的中国现代化和世界秩序》，香港社会科学出版有限公司 2003 年版；吴敬琏：《呼唤法治的市场经济》，生活·读书·新知三联书店 2007 年版；贺雪峰：《新乡土中国》，北京大学出版社 2003 年版等。

景"问题。① 换言之，正是"法治中国"的时代呼声。在风云激荡的新世纪十年，中国法学理论的主流话语，围绕法治的理念、规范和实践系统展开，创造性建构、批判性清理和反思性总结同步进行，为"法治中国"梦想落地生根作出了重大贡献。

中国特色社会主义事业的总体发展，需要法治从理念、规范和实践诸方面发挥系统性的引领、规范和保障作用，在五位一体的总布局中推动实现中华民族伟大复兴的总任务。2011年，中国特色社会主义法律体系的如期形成，由此产生"从法律体系向法治体系"的目标话语转变。② 党的十八大作出"全面推进依法治国，加快建设社会主义法治国家"的战略决策，中国总体发展和法治系统推进的战略关联更为紧密。③ 2012年12月4日，习近平提出"坚持依法治国、依法执政、依法行政共同推进，坚持法治国家、法治政府、法治社会一体建设"的战略号召，明确了法治建设更为宽广的系统内涵。④ 2013年1月3日，习近平首次提出作为政法工作目标的"法治中国建设"命题。针对新形势下政法机关的职责使命，习近平强调政法机关"要顺应人民群众对公共安全、司法公正、权益保障的新期待，全力推进平安中国、法治中国、过硬队伍建设"。⑤ 这一重要指示凸显了人民对公共安全、司法公正、权益保障新期待的重大意义，将之作为平安法治建设的根本出发点和立足点。在推进依法治国方略全面落实的大背景下，全力推进法治中国建设，成为关联统筹平安建设和队伍建设的核心要求，从而区别于以往的具体任务定位，与全面推进依法治国的时代要求更为契合。2013年9月，习

---

① 邓正来：《"世界结构"与中国法学的时代使命——〈中国法学向何处去〉第二版序》，载《开放时代》2011年第1期。

② 参见徐燕、朱燕红：《法律体系是法治体系的逻辑起点——全国人大常委会委员徐显明谈中国特色社会主义法律体系》，载《中国人大》2011年第10期；黄文艺：《从法律体系到法治体系：中国法治建设战略的转型》，载《新长征》2015年第1期。

③ 党的十八大报告指出："中国特色社会主义是亿万人民自己的事业。要发挥人民主人翁精神，坚持依法治国这个党领导人民治理国家的基本方略，最广泛地动员和组织人民依法管理国家事务和社会事务、管理经济和文化事业、积极投身社会主义现代化建设，更好保障人民权益，更好保证人民当家作主。"中共中央文献研究室编：《十八大以来重要文献选编》(上)，中央文献出版社2014年版，第11页。

④ 习近平：《论坚持全面依法治国》，中央文献出版社2020年版，第16页。

⑤ 习近平：《论坚持全面依法治国》，中央文献出版社2020年版，第17页。

近平在致第一次上海合作组织成员国司法部长会议的贺信中指出："中国高度重视法治建设，坚持依法治国基本方略，全面推进科学立法、严格执法、公正司法、全民守法，在全社会弘扬社会主义法治精神，努力建设法治中国，以更好发挥法治在国家治理和社会管理中的作用，为全面建成小康社会、建设社会主义现代化国家提供坚强法治保障。"①建设法治中国，作为一个明确的统合性目标，涵盖了全面推进依法治国的重点内容。

作为治国理政基本范畴，"法治中国"概念在党的十八届三中、四中全会对全面深化改革和全面依法治国的顶层设计中成熟饱满。对法治中国建设而言，"改革和法治如鸟之两翼、车之两轮"，应"在法治下推进改革，在改革中完善法治"。② 作为基源贯通、互动关联的"姊妹篇"，《中共中央关于全面深化改革若干重大问题的决定》以深化司法体制改革为战略重点，率先部署了推进法治中国建设的多方面改革要求。这一决定提纲挈领地指出："建设法治中国，必须坚持依法治国、依法执政、依法行政共同推进，坚持法治国家、法治政府、法治社会一体建设。深化司法体制改革，加快建设公正高效权威的社会主义司法制度，维护人民权益，让人民群众在每一个司法案件中感受到公平正义。"③在法治精神融贯全篇的意义上，这个决定就是法治中国的顶层设计。④ 为落实这个顶层设计，《中共中央关于全面推进依法治国若干重大问题的决定》以建设法治中国建设为目标，明确指出："全面推进依法治国是一个系统工程，是国家治理领域一场广泛而深刻的革命，需要付出长期艰苦努力。全党同志必须更加自觉地坚持依法治国、更加扎实地推进依法治国，努力实现国家各项工作法治化，向着建设法治中国不断前进"。⑤ "建设法治中国"成为一个宏大的统摄性战略命题，在党的治国理政实践中居于重要地位。在党全面领导法治的原则基础上，明确提出"法治中

① 习近平：《论坚持全面依法治国》，中央文献出版社 2020 年版，第 31~32 页。
② 习近平：《论坚持全面依法治国》，中央文献出版社 2020 年版，第 39、35 页。
③ 中共中央文献研究室编：《十八大以来重要文献选编》(上)，中央文献出版社 2014 年版，第 529 页。
④ 参见廖奕：《法治中国的顶层设计》，载《学习时报》2013 年 11 月 26 日，第 5 版。
⑤ 中共中央文献研究室编：《十八大以来重要文献选编》(中)，中央文献出版社 2014 年版，第 159~160 页。

国""建设法治中国"等新概念新命题，从政治家思维角度审视，首先是从战略上强化法治应有的一体统合功能，进而对已有依法治国实施布局全面拓展，最终实现中国人民和中华民族的法治强国梦想。

二、法治中国概念的深层意涵

法治中国理论由核心概念和一系列相关命题组成。"我们党在不同历史时期，总是根据人民意愿和事业发展需要，提出富有感召力的奋斗目标，团结带领人民为之奋斗。"[1]"法治中国"是从人民对民主法治、公平正义的理想期盼中生发，经由学术理论的定焦塑形，最后得到政治实践的认同吸纳，明确为新时代治国理政的目标性概念。作为核心概念，"法治中国"基于人民群众的实践需求，在大众话语中生发，进而转化为学术话语，最后通过政治实践的战略定位和学术理论的概念化，实现科学的理论建构。政治话语的建构，与学术话语的阐释、大众话语的传播，形成了一个完整的系统架构。此种理论生产具有显著的时代性和实践性，有别于书斋中的纯学术构造，也不同于简单的宣传口号，法治中国理论植根于深厚的本土法治传统，以马克思主义科学世界观和方法论为指引，融汇近代以来中外法律、政治、经济、社会、文化、生态学说之精华，既有政治家和战略家的均衡品格，也有学术化和大众化的一体情怀。

第一，法治中国概念是中国共产党百年革命斗争和治理经验的理论升华。诞生于危难时局的中国共产党在斗争中认识到，无论是舶来的法律统治论或传统的法治救世论，都不足以建造一个全新的中国。革命奉行破字当头，与狭义的立法之治难以相容，但与理想的法治存在价值契合。中国共产党运用马克思主义基本原理，将人民置于中心和主体地位，不仅探索出了一条契合实际、独具特色的法治道路，而且在法治概念的认识上突出了人民认同的正义品格，构造了全新政治理念引领的法治理解模型。革命事业与法治理想，非但没有形成水火不容的冲突，反而在实践中锻造出新的辩证法思维。[2] 革命时期的法治理想和建设经验，

---

[1] 习近平：《紧紧围绕坚持和发展中国特色社会主义 学习宣传贯彻党的十八大精神》，载《人民日报》2012 年 11 月 19 日，第 1 版。
[2] 参见强世功：《革命与法治：中国道路的理解》，载《文化纵横》2011 年第 3 期。

连同中华人民共和国成立后的法制建设进展和成就，都表明党的领导、人民当家作主和依法治国有机统一的根本经验。① 通过保障人民根本利益的良法善治，中国共产党领导人民实现了由"专制中国"向"民主中国"的伟大转变。鉴于"文化大革命"的深刻教训，中国共产党更加注重民主的制度化法律化，将法治作为基本执政方式和治国方略，全面开启了朝向法治中国的战略转型。② 在新时代背景下，人民对美好生活的向往和追求，成为塑造并推动法治系统全面升级的最强动力。人民对民主法治的需求，成为中国共产党治国理政的重要基点。在此意义上，法治中国的概念具有人民本体论的哲学意蕴，体现了政治合法性原则与法律系统治理功能的整体衔接。

作为党中央核心、全党的核心，习近平从丰富的治国理政实践经验中提炼出"建设法治中国"的命题，形成新时代全面依法治国新理念新思想新战略，创立习近平法治思想，绝非偶然。党的十八大以来，习近平站在统筹中华民族伟大复兴和世界百年未有之大变局的战略高度，以实现国家富强、民族振兴、人民幸福，保证党长期执政为战略目标，敏锐觉察党内存在规矩不明、纪律不严、脱离群众、消极腐败的严峻危险，着力完善中国特色社会主义制度体系；针对政府职能转变、执法司法中的突出问题，精准提出科学有效的法律治理对策；通过强调"关键少数"率先尊法守法，激发人民对法治精神的内在信仰，构筑法治社会的深厚根基。作为百年大党，中国共产党以依法执政为圆心，带动政府依法行政、公正司法，推动社会依法治理、全民守法的法治中国系统工程，经过长期探索、精心谋划，业已成型铺展。

---

① 在第二次国内革命战争、抗日战争和解放战争时期，党和各根据地政府颁布了大量法律、法令、训令、指示、条例、章程，各根据地立法和司法机关也发布了关于制定、执行和解释法律的报告、说明和工作总结，这些都是中国共产党法治中国理论生成的历史证据和研究资料。参见韩延龙、常兆儒编：《革命根据地法制文献选编》，中国社会科学出版社 2013 年版。

② 1981 年 6 月，《中国共产党中央委员会关于建国以来党的若干历史问题的决议》指出："在我国，在人民民主专政的国家政权建立以后，尤其是社会主义改造基本完成、剥削阶级作为阶级已经消灭以后，虽然社会主义革命的任务还没有最后完成，但是革命的内容和方法已经同过去根本不同。对于党和国家肌体中确实存在的某些阴暗面，当然需要作出恰当的估计并运用符合宪法、法律和党章的正确措施加以解决，但决不应该采取'文化大革命'的理论和方法。"中共中央文献研究室编：《三中全会以来重要文献选编》(下)，中央文献出版社 1982 年版，第 811 页。

第二，法治中国概念是中国由制度尾随者向规则引领者转变的战略标识。在大历史视野下，中国由强盛到落伍的转折，可归咎于政体发展严重滞后于社会经济变革。走向皇权专制的古老政体，让"以法治国"徒有其名，而蓬勃的社会经济力量需要更为宽和平等、讲究一般规则的治理方式。由传统中国向现代中国的转型，集中到政体及其治理方式上，可以看作是由人治向群治、由权治向法治的转变。西方国家以法治之名主导国际秩序，中国长期被视为一个法外之国，不得不附随于既定的交往法则。法治不兴的屈辱感，让国人深感规则之治的重要。各种政治势力和政体形式纷纷登场，"都没能找到正确答案，中国依然是山河破碎、积贫积弱，列强依然在中国横行霸道、攫取利益，中国人民依然生活在苦难和屈辱之中"。① 建构一个独立自主的法治中国，让无数仁人志士魂牵梦萦。此时的中国，已不仅是一个地理、文化概念，政治意涵为其主干。民族国家如何建构？走向共和的政体理想，如何通过法治实现？未来的中国需要怎样的法治？法治的道路如何抉择，如何规划？当法治理念与中国概念相遇，势必产生许多奇妙的反应。这些反应在时代进程中持续发酵，不断产生法治中国的理想因子。

"中国共产党领导中国人民取得革命胜利后，国家政权应该怎样组织？国家应该怎样治理？这是一个关系国家前途、人民命运的根本性问题。经过实践探索和理论思考，中国共产党人找到了答案。"②中国共产党领导的法治中国建设，立基于民族复兴的伟大梦想，将人民的美好生活需要不断转化为良法制度，同时将良法规范转化为人民主导的生动治理实践，赋予法治新的理念内涵，赋予中国新的制度肌体。法治中国概念既折现出中国共产党法治理念的一贯品格，又展示出新发展阶段以法治全面引领制度建设的战略谋划，即创造一种独立自主、完备成熟的法治系统，以此回应国家和民族长远发展的重大问题。"全面建成小康社会之后路该怎么走？如何跳出'历史周期率'、实现长期执政？如何实现党和国家长治久安？"③这些重大问题指向的，正是中华民族的伟大复兴及中国从制度尾随者向规则引领者的转变。提出法治中国建设，一个非常重要的战略意图就是"为

---

①　习近平：《论坚持全面依法治国》，中央文献出版社 2020 年版，第 68 页。

②　习近平：《论坚持全面依法治国》，中央文献出版社 2020 年版，第 69 页。

③　中共中央文献研究室编：《习近平关于全面依法治国论述摘编》，中央文献出版社 2015 年版，第 11~12 页。

子孙万代计、为长远发展谋"。①

第三，法治中国概念是由理念、规范和实践复合而成的统摄性范畴。从语词上分析，"法治"首先作为一种理想类型，用以修饰"中国"。② 中国共产党选择的法治理想类型，具有鲜明的社会正义和人民中心价值导向，由此逻辑展开的价值阐释与理解，建构的价值关联与链条，构成了法治规范系统生发的前提与基石。其次，作为理想类型的法治经过公共商议，由特定政治原则确定，转化为统摄法律规则的法律原则；法律原则与法律规则，构成完整的法律制度规范系统。现代法治内蕴了国家法治理的理想类型思维。在现代法治实践中，国家法往往吸纳、整合其他规范渊源，形塑兼具多样性和一体性的法规范体系。毋庸置疑，法治中国的概念是面向未来的应然建构，其理想性与现实性不仅契合于法治精神的内化普及，而且彰显于以法律规范体系为载体的制度系统中。就此意义而言，"法治体系是国家治理体系的骨干工程"，③ "中国特色社会主义法治体系是中国特色社会主义制度的法律表现形式"。④ 最后，当法治作为理想共识，经过价值法则塑造，发挥整合融贯既有的制度系统功用，其规范力不仅反映法律文本的语义射程，而且可使法律体系的内生续造功能显著强化。这样的"高级法"实践，正是迈向法治的转型大国迫切需要的。当下中国，法治理念与政治理念同出一源、互动频仍。"法治当中有政治，没有脱离政治的法治。"⑤政治原则指引法治

① 中共中央文献研究室编：《习近平关于全面依法治国论述摘编》，中央文献出版社 2015 年版，第 13 页。

② "理想类型"一词，源于耶利内克的《一般国家学说》。韦伯借用并超越了耶利内克的概念，他认为理想类型不是经验材料的堆积，也不是简单的预设。理想类型的关键作用在于，把握行动者的主观意义，解释社会行动。在韦伯看来，社会科学的研究者必须以对历史文化现象的"价值阐释"作为自己构建理想类型的起点。社会中人的思想与行动其自身都包含着某种文化意义，蕴含着"永恒的价值"，这就需要研究者通过"移情"式的同情和感觉，以"经验再现"的方式来"理解"行动者的行动及其后果，进而加以阐释和分析。当研究者基于对经验材料的"价值阐释与理解"，建立了自己的"价值兴趣"与研究对象之间的"价值关联"，其理想类型的构建就有了根本的价值出发点，进而"也就创造了因果追溯的出发点"。参见[德]韦伯：《社会科学方法论》，李秋零、田薇译，中国人民大学出版社 1999 年版，第 60~63 页、第 105~106 页。

③ 习近平：《论坚持全面依法治国》，中央文献出版社 2020 年版，第 112 页。

④ 习近平：《论坚持全面依法治国》，中央文献出版社 2020 年版，第 229 页。

⑤ 中共中央文献研究室编：《习近平关于全面依法治国论述摘编》，中央文献出版社 2015 年版，第 34 页。

思维的形成，法治思维丰富政治理念的实践。"有道以统之，法虽少，足以化矣；无道以行之，法虽众，足以乱矣。"①经由政治原则的指引和确认，法律制度体系建构有了价值准心和主体支撑，进而规范法治实践的各类对象，激活法治系统内外的多重动力。随着社会主义法治体系的健全，政治原则与法律规范的衔接转化机制日渐成熟，二者在国家法律制度体系中的互助与同构效应也日益明显。

　　法治界定的中国，亦可从理念、制度和实践三方面理解。作为理念的法治中国，包蕴着连通历史传统与未来发展的丰厚资源，跃动着文化共同体旧邦新命的磅礴伟力，承载着无数中华儿女的美好生活梦想。"法治中国"为新时代政治家、思想家、战略家郑重提出，站在全球法治与共同发展的战略高度，可向世界展示一个追求法治理想的中国，维护公平正义的中国，推动和平发展的中国。② 作为制度的法治中国，首先是一种连贯的"法统"意义上的中国，其次是一种规范的"法权"意义的中国。③ 中华人民共和国成立之初，党在废除伪法统的同时，积极运用新民主主义革命时期法制建设的经验，为社会主义法治奠基。④ 宪法规定中华人民共和国的国体与政体、国家机关的构成和职责、公民的基本权利及义务，这些都是社会主义法权体系的规范构造。作为实践的法治中国，是包含中国独特历史演生形塑的以法律为中心的治理格局及其发展趋向。"历史是最好的老师。经验和教训使我们党深刻认识到，法治是治国理政不可或缺的重要手段。法治兴

---

　　① 《淮南子·泰族训》。

　　② 参见范进学：《"法治中国"：世界意义与理论逻辑》，载《法学》2018 年第 3 期。

　　③ 有学者认为，中国的大一统秩序由政统、道统、法统、社统四个系统共构而成。在此共构的大系统中，政统发挥着整合的功能，在整个权威秩序中居于主导地位；法统得到政统的支撑，体现道统的价值理念，在国家公共领域建立强制性的规范秩序，在社统区域维持最低限度的规范秩序。根据社会秩序各子系统的相互关系，古典法统可分为三个结构性区间：暗弱区，在秩序体系的上层区域，政统发挥绝对主导作用，法统的规则不明确，发挥的功能弱小；强力区，在秩序体系的中间层，规则明确、功能强大；衰弱区，在秩序体系的下层，有规范而难以执行，法统功能越是靠近边缘区域越是衰弱。(参见张生：《中国古代权威秩序中的法统——一个结构与功能的分析》，载《中国政法大学学报》2014 年第 1 期) 实际上，大一统的前提是政统和道统合体，其中也无"社统"之说，它是个生造的语词。连续一体的元系统说，更合大一统的观念逻辑。而现代意义的法统，可视为古典正统的理念延展和制度载体，当政统由法治系统代表，法统便具备了政治合法性的核心要素，转化为政统原则本身，通过法权系统全面作用于社会治理。

　　④ 参见中共中央文献研究室编：《习近平关于全面依法治国论述摘编》，中央文献出版社 2015 年版，第 8 页。

则国家兴，法治衰则国家乱。什么时候重视法治，法治昌明，什么时候就国泰民安；什么时候忽视法治，法治松弛，什么时候就国乱民怨。"①虽然在理念上，中国古典思想并未生成西方近代法治国模式，但不可否认，其中的优秀传统法律文化是座可予大开发的富矿。在制度上，中国传统政治体系的成熟度举世公认，其蕴含的丰富治国理政密码，可在新理念重设的背景模式下选择性转译。在实践上，中国人民的法治智慧蕴藏在日常生活方方面面，动辄将法治不兴归咎于国民性问题，不得不说带有致命的偏见。此种妄自菲薄，亟待通过重树"法治自信"予以破除疏解。

在中国，无论作为理念、制度还是实践，法治都有漫长的历史，不乏各种观点、素材与模式。但将法治与中国在特定时代背景下全方位契合为一个有机整体，尚无成功先例可循。虽然中国实行依法治国方略已二十多年，但依法治国并不等于法治中国。坚持全面依法治国的大战略，正是为将法治从局限于政体意义上的国家治理模式中解放出来，补充强化其本应具备的系统之义。党的十八大以来，以习近平为代表的新时代共产党人，在中国展开了一场史无前例的法治大实验、大改革，将全面深化改革与全面依法治国耦合一体，将法治的宏阔含义从政府主导的社会治理延伸到依法执政、法治社会建设等广阔场域。② 作为中国大战略的重要支撑，"法治中国"在理论上的最大贡献与创造，在于它不仅塑造了"依法控权"的系统模式，化解了公权监督制约不畅、清正严明不足的时代难题，而且通过人民中心、人民主体的法理构造，阐释了人权发展体系的中国法治范式，通过人权与法治、法治与发展的价值联动，在"一切为了人民"中厘定人权主体定位，在"一切依靠人民"中确定人权依托力量，是在"一切造福人民"中拓展人权客体维度，全面激活人民法律权能，保证法治建设行稳致远。③ 以公权与人权均衡一体而非彼此损耗为要旨，法治中国理论为社会主义法治理想国的实现开创了新的科学路径。

---

① 中共中央文献研究室编：《习近平关于全面依法治国论述摘编》，中央文献出版社 2015 年版，第 8 页。

② 参见新华社：《为千秋伟业夯基固本——习近平法治思想引领新时代全面依法治国纪实》，载《人民日报》2020 年 11 月 19 日，第 1 版。

③ 参见汪习根：《习近平法治思想的人权价值》，载《东方法学》2021 年第 1 期。

三、法治中国命题的战略根脉

新的法治战略话语出现，一般要满足几个条件。① 一是法治大环境发生深刻变化。当人类欲望需求上升到某个临界点，社会竞争加剧，制度体系通常会有大的变革，而此种变革会影响到已有法律系统的安定性。二是在各类主体利用法律方式的博弈日渐普遍，产生了法律体系在运行中的协同难题。理性博弈策略与法制系统工程，在本质上可以沟通，都反映了人在有限资源条件下的利益协调规律，都内含某种"元法"的预设，但二者也会发生应然与实然、理性与情感层面的激烈冲突。三是在法制自然演进的基础上，出现了整合型法治规划的强烈需求。法制发展不能盲目自生自发，法治规划必须符合实践理性的基本要求。整合型法治规划必须在对象、主题、方法、内容、主体、利益等多方面实现高难度的复合集成，其政策蓝本的实施，往往是新法律机制形成的契机，也是解决各方利益冲突的原则引领，有助于维护法律和政令的统一。

作为战略命题的"建设法治中国"，在新的环境、条件和需求中逐步建构形成。首先，党的十八大以来，中国面对数百年未有之大变局，法治建设的政府主导、外向移植路径已近穷途，需要转向整体主义的内生自主发展，以回应战略大环境的深刻变革。② 其次，市场经济转型促使中国社会格局愈益复杂，利益竞争加剧，一方面为改革和发展增添了活力，另一方面则对稳定和秩序构成威胁。在较长一段时间，"官"与"民"、"维权"和"维稳"、法律与人情，似乎成为天然矛盾。利益相关方都倾向于按照自己意愿利用法律，囿于体制机制局限，官方生产出的"法律公正"与民众感受殊难合契，民众的"私力救济"又容易偏离法律规范的轨道。③ 面对体制内外的错位困境，执政党须以适时合宜的体系大战略，开局破冰，再造法治。最后，当法治发展到一定阶段，整合化的法治体系战略成为必

---

① 参见廖奕：《中国特色社会主义法治体系的话语生成与思想内涵》，载《苏州大学学报(哲学社会科学版)》2021 年第 2 期。

② 参见强世功：《"法治中国"的道路选择——从法律帝国到多元主义法治共和国》，载《文化纵横》2014 年第 4 期。

③ 参见马长山：《"法治中国"建设的问题与出路》，载《法制与社会发展》2014 年第 3 期。

需。① 从前，中国法律规范体系的形成，属于自上而下与自下而上相结合的法制规划成果。而今，中国法治体系的建设，也将承继并强化顶层设计和分层规划对于国家治理的一体化效用。②

2012年前后，中国面临改革深水区困境，社会矛盾凸显，群体事件频发，经济社会非均衡发展的弊病越来越明显，一些官员和民众对下一步向何处去都产生了或多或少的疑虑。"新形势下，我们党面临着许多严峻挑战，党内存在着许多亟待解决的问题。尤其是一些党员干部中发生的贪污腐败、脱离群众、形式主义、官僚主义等问题，必须下大气力解决。"③特别是执法司法活动中的腐败和不公，销蚀着人们对法治的信心，倒逼着法治改革与改革法治协同并进。富强民主文明的现代化中国，在法治的理想图景上绝不容许既得利益集团的随意沾染，绝不能放弃党百年秉持的光荣革命传统。对中国共产党而言，夯实自身面临的执政合法性基础，已然刻不容缓。

为纠方向之偏、保道路之正，治国者必须以高瞻远瞩的智慧、壮士断腕的勇气，重申法治精义，续造新的中国。中国梦内含法治精神硬核，法治梦是中国梦的题中之义。④ 作为中国梦的重要组成，与其他战略目标相比，法治中国有其系统的理念引领、制度规约和权益保障内涵。以"中国梦"为引领的法治系统重装升级，需要"法治中国"融贯为一幅完整生动的理想图景。

首先，在大转型、大变局的时代背景下坚定中国特色社会主义法治道路，为法治中国战略奠基固本。"道路问题是关系党的事业兴衰成败第一位的问题，道路就是党的生命。"⑤从战略上勾画法治中国，管总的前提在于，坚持中国特色社

---

① 参见王旭：《"法治中国"命题的理论逻辑及其展开》，载《中国法学》2016年第1期。

② 《法治中国建设规划(2020—2025年)》明确指出："中央全面依法治国委员会做好法治中国建设的顶层设计、总体布局、统筹协调、整体推进、督促落实，实现集中领导、高效决策、统一部署。地方各级党委法治建设议事协调机构要加强对本地区法治建设的牵头抓总、运筹谋划、督促落实等工作。"《中共中央印发法治中国建设规划(2020—2025年)》，载《人民日报》2021年1月11日，第1版。

③ 中共中央文献研究室编：《十八大以来重要文献选编》(上)，中央文献出版社2014年版，第70页。

④ 参见王利明：《法治为中国梦护航》，载《光明日报》2017年8月20日，第1版。

⑤ 中共中央文献研究室编：《十八大以来重要文献选编》(上)，中央文献出版社2014年版，第117页。

会主义法治道路。① 在马克思主义法治观的指引下，法治道路的价值逻辑的基本共识包括：② 第一，法治的特色，首推其价值理念的特色。第二，法治价值观根本上是为了解决社会经济问题，必须从实际出发。第三，相对于社会经济基础，法治价值观并非消极顺应。当法治基础具备，功效彰显，国富民强，社会有序，法治自身的实践理性，会逐渐融入政治肌体和全民思维，对经济社会整体发展的均衡功用愈益显著。

其次，针对中国法治建设突出难题，寻方问药，对症下药。触动法治中国命题提出的因素很多，政法系统的权力腐败是显见的一个。以此为样本，党的政治诊断结论在于，对政法工作的领导不能放松，必须建设高素质的政法工作队伍，尤其要在理想信念和制度建设上补齐短板。党的十八大后，习近平首次提出法治中国建设要求，主要立意于此。在话语表达上，将法治中国介于平安建设和过硬队伍建设之间，既可厘定其中心要务，又有暗含的承启枢纽之意。平安建设主要针对政法机关的社会治理，队伍建设主要针对政法机关的人员素质，介于其间的法治中国建设主要针对以执法司法为主干的政法体制和工作机制。此种话语安排，不仅反映出政法工作的全局性，也透显了更为宏阔长远的战略布局和运筹。之后的话语演进，证实了这一点。2014 年 1 月，在中央政法工作会议上的讲话中，习近平强调党委政法委职能的落脚点就是"推动法治中国建设"。③ 法治中国建设居于更为突出的战略地位，成为确保承担治理职能的公权系统自身过硬的价值准心和制度压舱石。党和国家的长治久安，是包括政法机关在内的公权主体的共同目的，这就需要更加突出法治在治国理政中"基本"地位和"全面"效用。鉴于政法领域的突出问题和法治使命，面对阻力重重而又异常重要的执法司法体制改革，中国共产党选择以"建设法治中国"命题统领全局，攻坚破冰，可谓塑造"回应型法治"的战略范例。

再次，将建设法治中国作为全面深化改革和全面推进依法治国的共同目标命题，明确传达了整体拓展依法治国方略的讯号，为形成内外一体、各方联动的大

---

① 参见中共中央文献研究室编：《习近平关于全面依法治国论述摘编》，中央文献出版社 2015 年版，第 26 页。

② 参见廖奕：《法治中国道路的价值逻辑问题》，载《法治研究》2019 年第 4 期。

③ 《习近平关于全面依法治国重要论述摘编》，中央文献出版社 2015 年版，第 112 页。

法治格局厘定了方向思路。在法治中国建设要求的基础上再推进，十八届三中全会以"建设法治中国"作为执法司法体制改革统领目标进行了系统的举措安排。全会提出，建设法治中国，必须深化司法体制改革，加快建设公正高效权威的社会主义司法制度，维护人民权益。① 《中共中央关于全面深化改革若干重大问题的决定》提出，建设法治中国，必须坚持依法治国、依法执政、依法行政共同推进，坚持法治国家、法治政府、法治社会一体建设。作为全面深化改革顶层设计的延续，《中共中央关于全面推进依法治国若干重大问题的决定》将法治中国建设与全面深化改革同频共振，形成了改革与法治双轮驱动的战略格局。"围绕中国特色社会主义事业总体布局，体现推进各领域改革发展对提高法治水平的要求，而不是就法治论法治"，是起草这一决定突出的战略考虑。② 在之后形成的"四个全面"战略布局中，"建设法治中国"具有重要的关联统筹功能。作为统筹性的目标话语，"建设法治中国"体现了战略目标对战略举措的引领，展示了全面依法治国战略举措的枢纽地位，将"四个全面"战略勾连整合为有机整体。③ 随着全面建成小康社会实现，"四个全面"战略布局调整为围绕社会主义现代化强国目标的系统架构，这与法治中国建设命题内含的法治强国指向更为契合。为保证法治与改革的系统协同、依法治国和依规治党统筹一体，从一系列法治建设专门设计到后小康时代的法治中国整体规划，已逐一呈现在世人面前。④

最后，法治中国建设命题在习近平新时代中国特色社会主义思想体系中不断扩展内涵、丰富外延，成为中国大战略纵深推进的独创标识。"战略思维是习近平新时代中国特色社会主义思想的鲜明特质，充分体现了习近平总书记高瞻远

---

① 《中国共产党第十八届中央委员会第三次全体会议公报》，载《人民日报》2013 年 11 月 13 日，第 1 版。

② 习近平：《论坚持全面依法治国》，中央文献出版社 2020 年版，第 89 页。

③ 参见习近平：《论坚持全面依法治国》，中央文献出版社 2020 年版，第 144~145 页。

④ 2013 年 11 月 5 日，中共中央印发《中央党内法规制定工作五年规划纲要（二〇一三——二〇一七）》，要求加快形成内容科学、程序严密、配套完备、运行有效的党内法规制度体系。这一纲要可视为开法治中国建设新局的首个专门规划。党的十八届三中全会结束不久，2013 年 12 月，党中央印发《建立健全惩治和预防腐败体系 2013—2017 年工作规划》，这是"国家战略和顶层设计"，是"开展党风廉政建设和反腐败工作的指导性文件"。中共中央文献研究室编：《习近平关于协调"四个全面"战略布局论述摘编》，中央文献出版社 2015 年版，第 133 页。

瞩、运筹帷幄的远见卓识。"①"习近平新时代中国特色社会主义思想不仅是一个系统的理论体系，而且是一个指导中国这个世界最大的发展中国家、最大的社会主义国家阔步前进的战略体系。"②它明确了中国特色社会主义事业总体布局是"五位一体"、战略布局是"四个全面"，强调坚定道路自信、理论自信、制度自信、文化自信；明确了全面深化改革总目标是完善和发展中国特色社会主义制度、推进国家治理体系和治理能力现代化；明确了全面推进依法治国总目标是建设中国特色社会主义法治体系、建设社会主义法治国家。贯彻落实新时代中国特色社会主义思想，坚持全面依法治国是一条基本方略。在此背景下，党的十九大报告明确要求，"成立中央全面依法治国领导小组，加强对法治中国建设的统一领导"。③为健全党领导法治中国建设的制度体系，党中央听取各方意见和建议，2018年组建中央全面依法治国委员会，这是党历史上第一次设立集中统一领导法治、统筹推进法治的中央机构。④这一机构职责重大，工作重心在于法治中国的顶层设计。⑤在全面建成小康社会取得决定性胜利，法治中国建设对于保障社会主义现代化强国功用日益显要的背景下，习近平总书记重点强调："制定法治中国建设规划，要统筹考虑我国经济社会发展状况、法治建设总体进程、人民群众需求变化等综合因素，使规划更科学、更符合实际。"⑥2019年2月，习近平总书记在中央全面依法治国委员会第二次会议上指出，"改革开放越深入越要强调

①　中共中央宣传部：《习近平新时代中国特色社会主义思想学习问答》，学习出版社、人民出版社2021年版，第26页。
②　中共中央宣传部：《习近平新时代中国特色社会主义思想学习问答》，学习出版社、人民出版社2021年版，第18页。
③　习近平：《决胜全面建成小康社会 夺取新时代中国特色社会主义伟大胜利》，载《人民日报》2017年10月28日，第1版。
④　中国共产党中央全面依法治国委员会组建于2018年。2018年3月，中共中央印发《深化党和国家机构改革方案》。方案规定，组建中央全面依法治国委员会，职责为统筹协调全面依法治国工作，坚持依法治国、依法执政、依法行政共同推进，坚持法治国家、法治政府、法治社会一体建设，研究全面依法治国重大事项、重大问题，统筹推进科学立法、严格执法、公正司法、全民守法，协调推进中国特色社会主义法治体系和社会主义法治国家建设等。中央全面依法治国委员会办公室设在司法部。
⑤　参见习近平：《论坚持全面依法治国》，中央文献出版社2020年版，第235～236页。
⑥　习近平：《论坚持全面依法治国》，中央文献出版社2020年版，第232页。

法治，发展环境越复杂越要强调法治"，"法治建设规划，事关全面依法治国工作全局"。① 2020年2月，习近平总书记在中央全面依法治国委员会第三次会议上进一步强调，"更好发挥法治对改革发展稳定的引领、规范、保障作用"，"要坚持顶层设计和法治实践相结合"，"要不断完善顶层设计，不断创新和深化依法治国实践"。② 通过系列规划及实践，法治中国战略与经济社会发展全局日渐协调，法治固根本、稳预期、利长远的强国功能日益强化。

近年来，在依法治军、构建人类命运共同体、"一带一路"共建、涉外法治、港澳治理、法治人才培养、疫情防控等重大问题上，法治中国命题的战略意义都得到了充分彰显。习近平总书记指出："一支现代化军队应该是高度重视法治纪律的军队。""必须厉行法治、从严治军。"③中国对自身的法治定位，让世界感受到公平正义的力量。中国倡导的构建人类命运共同体和"一带一路"共建事业，彰显了国际法治的精神，将历久弥新的天下理念与现代法治逻辑深层互通。"面对新一轮对外开放，涉外法治工作必须加强战略布局，占领制高点，掌握主动权。"④对于法学教育和法治人才培养，习近平总书记高度关注，勉励法科学子为法治中国建设、为实现中华民族伟大复兴中国梦贡献智慧和力量。⑤ 在疫情防控的关键时期，习近平总书记要求"全面提高依法防控水平、依法治治理能力"，"始终把人民群众生命安全和身体健康放在第一位"。⑥ 这些都表明，法治中国建设事业是为长远发展谋、为人类利益计的千秋功业，并非短时的权宜之策或出于狭隘的民族主义。此种事业的性质，决定了法治中国理论具有独特的品行，不可能也不应该仿袭他国的框架或模式。

2020年11月，在党的首次中央全面依法治国工作会议上，习近平法治思想被确立为"全面依法治国的根本遵循和行动指南"。⑦ 如何更好实现党对全面依法

① 习近平：《论坚持全面依法治国》，中央文献出版社2020年版，第253页。
② 习近平：《论坚持全面依法治国》，中央文献出版社2020年版，第273、274页。
③ 习近平：《论坚持全面依法治国》，中央文献出版社2020年版，第158、160页。
④ 习近平：《论坚持全面依法治国》，中央文献出版社2020年版，第257页。
⑤ 《习近平勉励中国政法大学民商经济法学院1502班团员青年 用一生来践行跟党走的理想追求》，载《人民日报》2018年5月4日，第1版。
⑥ 习近平：《论坚持全面依法治国》，中央文献出版社2020年版，第269页。
⑦ 《习近平在中央全面依法治国工作会议上强调 坚定不移走中国特色社会主义法治道路 为全面建设社会主义现代化国家提供有力法治保障 李克强主持 栗战书汪洋赵乐际韩正出席 王沪宁讲话》，在《人民日报》2020年11月18日，第1版。

治国的集中统一领导，全面发挥法治大战略对经济社会发展的价值引领、制度规范和实效保障功能，成为法治中国理论立足大局、整合创新的关键问题。"一个党要立于不败之地，必须立于时代潮头，紧扣新的历史特点，科学谋划全局，牢牢把握战略主动，坚定不移实现我们的战略目标。"①"习近平法治思想覆盖改革发展稳定、内政外交国防、治党治国治军等各方面的法治问题，在范畴上系统集成、逻辑上有机衔接、话语上自成一体，展现出深厚的理论底蕴、缜密的逻辑架构和统一的价值指向，是我们党迄今为止最为全面、系统、科学的法治理论体系。"②作为中国共产党百年法治观的科学系统表达，习近平法治思想以马克思主义为核心，容纳多种文化资源，整合各类主体需求，提出系列创新观点，连通党在革命、建设、改革时期法治观念和政治主张，将新时代法治中国理论推向了新的高度和境界。

政治家的理论话语塑造，不同于学术概念的生成，其战略特质更鲜明，对大众观念的影响也更直接、更深远。作为新时代的人民领袖，习近平总书记在不同场合多次强调法治中国建设，其战略逻辑包含历史、理论和实践的丰富内涵，基本脉络展现出由中心到外围、逐层拓展的样状。法治中国的理论内核在于，通过践行法治理想，以法治思维和法治方式的变革，带动国家治理体系和治理能力现代化，实现中国富强、民族振兴、人民幸福，这是方法与目标的合体。由此中心命题展开，形成多层话语建构。一是作为依法执政基本目标的法治中国建设要求；二是作为全面深化改革重要内容的建设法治中国举措；三是与全面深化改革同频共振的法治中国战略；四是引领、规范和保障社会主义现代化强国进程的法治中国规划；五是彰显人类命运共同体及天下一家精神的法治中国道路；六是代际传承、生生不息的法治中国事业。从这些方面，我们总体把握法治中国命题的演进逻辑和战略根脉，证明法治中国理论的原创品格。

法治中国的系列命题是一个有机统一的多维构造体，需要运用马克思主义的立场、观点和方法，将主体与客体、理念与实践、时间与空间的二元阻隔消融，不能仅看到作为客体的国家、政府、社会等，也不能只是抽象分析"中国"这一主体。站在科学分析的视角，其核心指义可概括为："法治主体在法治信念与法治精神的导引下，以法治思维和法治方式制约法治的客体，实现全体人民平等参与、平等发展的权利，通过提升中国在全球的法治竞争力实现国家发展的根本价值。"①法治中国理论通过借鉴吸收人类共同法治文化遗产，结合中国现实国情民意进行创造性转换，反映了法治发展规律、契合了法治普遍原理，形成了原创性的概念和命题。

第二节 "共同推进""一体建设"的战略逻辑

2012 年 12 月 4 日，习近平总书记在首都各界纪念现行宪法公布实施三十周年大会上首次提出，坚持依法治国、依法执政、依法行政共同推进，坚持法治国家、法治政府、法治社会一体建设。② 这一战略号召，代表了法治中国建设的基本逻辑。全面拓展依法治国格局的共同推进、一体建设战略，进一步让建设法治中国成为全面依法治国的统领性命题。经由此种战略宣告，人们对新时期依法治国的推进有了立体宏观、耳目一新之感。这一战略宣告经过丰富发展，成为新时代全面依法治国的支撑性架构，上承法治的指导思想、道路选择、总体目标，下启法治的基本布局、重点任务和具体要求。共同推进、一体建设战略，成为支撑法治中国建设的基本战略。③《中华人民共和国国民经济和社会发展第十四个五年规划和 2035 年远景目标纲要》被纳入共同推进、一体建设法治战略，并将"法治国家、法治政府、法治社会基本建成"作为 2035 年远景目标的重要内容。④ 深入分析这一战略，对于准确把握法治中国理论意义重大。明确这一战略的理论由来和战略主旨，厘清其独特的复合型话语逻辑，有利于澄清学术讨论中的某些误

① 汪习根：《法治中国的科学含义》，载《中国法学》2014 年第 2 期。

② 习近平：《论坚持全面依法治国》，中央文献出版社 2020 年版，第 16 页。

③ 这一定位在党的十八届三中全会上已达成共识，在十八届四中全会的顶层设计中进一步彰显。

④《中华人民共和国国民经济和社会发展第十四个五年规划和 2035 年远景目标纲要》，http://www.gov.cn/xinwen/2021-03/13/content_5592681.htm，2021 年 4 月 12 日最后访问。

解，消除实践中不必要的偏差和迷惘。①

一、理论分析的焦点

在法治中国理论语境下，围绕共同推进、一体建设的法治战略，理论界展开了热烈的讨论，出现了基于概念整合、逻辑契合、功能组合等不同标准的阐释与解说。学者们普遍意识到遵循政治话语逻辑的必要，也认识到这并不妨碍从各自学科视角和不同的现实关切出发，衍生相关理论阐释。从 2013 年起，法理学研究开始了对这一战略研讨的热潮。有学者从政治意识形态概念形成的角度，分析了法治中国的战略意义，认为这种战略代表了人们对法治认识的深化，特别是对政府与市场、国家与社会、改革与法治关系认识的法理深化。② 也有学者结合现实运用概念功能分析方法，从治理概念出发，区分其与统治、管理等概念的不同，强调它是一种多中心、参与性、协作化的博弈共治过程，为法治一体战略作出论证，提出法治中国建设应以公民社会为重，采取渐进平衡的战略。③

值得研判的问题很多，择其要者而言，概念分析的争议焦点包括：法治国家与法治中国的概念是否等同？法治国家与法治社会的关系如何处理？如何理解法律多元主义与法治一体建设的冲突？在法治国家、法治政府、法治社会之外，是否还应有"法治政党"这一概念范畴？④ 这些争议的产生，主要出自概念形式逻辑对应的需要。完备严密的理论话语表达，确有深入研究的价值，但不能因此忽略了政治战略话语自身的特性。对此，不少学者有清醒认识，但在概念论与话语论之间，依然优选前者。他们希望通过深度的概念比较分析，实现对法治中国理解的最佳制度效果。

---

① 国家治理、政府治理和社会治理作为 21 世纪初在我国学术界兴起的学术概念，其学术定义和内涵认识呈现多样性，尚未形成普遍认同和共识。在全面深入推进国家治理现代化的历史进程中，基本认知的歧义却可能成为改革共识的思想困结，从而使实践面临路径选择和实施方案的分歧或阻碍。参见王浦劬：《国家治理、政府治理和社会治理的基本含义及其相互关系辨析》，载《国家行政学院学报》2014 年第 3 期。

② 参见陈金钊：《"法治中国"的意义阐释》，载《东方法学》2014 年第 4 期。

③ 参见马长山：《"法治中国"建设的转向和策略》，载《环球法律评论》2014 年第 1 期；马长山：《"法治中国"建设的问题与出路》，载《法制与社会发展》2014 年第 3 期。

④ 参见黄文艺：《法治中国的内涵分析》，载《社会科学战线》2015 年第 1 期。

在此关切下，从宪法概念分析的角度界定法治中国的内涵，进而阐释共同推进、一体建设战略的合宪性框架，是一种有代表性的理论视角。比如，有学者将"法治中国"与宪法文本中的"法治国家"比较，进行总体等同、部分差异的解释。[①] 此种比较解释进路采取类比方式，认为这两个概念并无本质区别，但法治中国的内涵又比法治国家更加丰富。但如果这两个概念在本质上是等同的，那概念差异只能归入话语表达的不同。如果是这样，法治中国与法治国家，就是政治话语与法律话语对同一事物的不同表达。顺理成章的逻辑推演，应当是政治话语归政治，法律话语归法律。理论问题，至此消解。但宪法解释论选用宪法规范中的"法治国家"概念，框构法治中国战略中的法治国家语义，不仅超出了必要，在方法论上亦难周圆。倘若再换个思路，承认"法治国家"和"法治中国"在概念上同属一种话语系统，但二者处在不同的层面与位阶，可以通过话语转化机制实现"交互诠释"，相应的认知图式就大不一样了。在当代中国，政治话语可转化为法律话语，法律话语亦可向政治场域流动；"政法一体"不仅表现在实体权力配置规约上，也融贯在"话语权"此等隐形场域。[②] 党的政策不能超出宪法和法律的规范，因而合宪性、合法性原则可以适用。但此种适用限于规范冲突的情形，如果两种话语属于相互支持、彼此强化的关系，那就另当别论。即使"法治国家"和"法治中国"不同属，且宪法规范话语至高无上，鉴于"中国"与"中华人民共和国"在宪法文本中的不同含义，法治中国战略中的"法治国家"与宪法文本中的"建设社会主义法治国家"也有细微（但决非可忽略）差别，法治中国战略中的"法治国家"概念也应不同于宪法第5条中"法治国家"的含义。总之，对宪法规范至上权威的执着，让学者敏锐发觉了的话语界限，无意中显示了新的话语分析之必要，但因宪法概念释义难以整体适合政治话语解释，理论疑义未能彻底厘清。

沿着宪法释义提示的话语分析进路，我们可以发现，宪法文本中的"社会主

---

① 参见韩大元：《简论法治中国与法治国家的关系》，载《法制与社会发展》2013年第5期；韩大元：《"法治中国"的宪法界限》，载《环球法律评论》2014年第1期。

② 有关当代中国政法体制的法理研究，可参见黄文艺：《中国政法体制的规范性原理》，载《法学研究》2020年第4期。

义法治国家",是中华人民共和国依法治国的原则和目标,针对的是特定国家义务,不存在直接约束执政党和社会主体的指义。① 国家宪法义务,与执政党法治方针,二者不在一个语境。当然,我们可从宪法文本中社会主义法治国家的概念解释出发,引申出法治中国战略中"法治国家"的核心内容,但它并不能自动覆盖法治政府、法治社会的战略语义,更不能代替法治一体建设的整体表达。或可认为,法治政府是法治国家的主要内涵,因为采用广义解释,国家的立法、执法、监察、司法等机关都能囊括到法治政府的语义射程中。由此,法治国家大体等同法治政府,但仍无法涵盖法治社会。再或者,采取通常的狭义政府解释,将法治政府视为建设法治国家的关键环节,逻辑似乎更顺畅。但将狭义的法治政府作为法治国家主干,是否意味着行政权之外的审判权、检察权、监察权等,都处于法治国家的边缘地带?显然,这与建设法治中国的战略初衷违背。由此,不妨从党政一体的政法传统寻找新的解释基点。② 在党政体制的塑造下,中国的政府并非无所不能的"大政府",也不是仅由行政机关组成的狭义政府,而是由执政党直接领导和建设的政府系统。此种政府系统并非行政吸纳政治,而是政治主导行政,确而言之,是执政党统筹全局,团结整合各方政治力量,实现以立法、行

---

① 韩大元教授以当时中国宪法有效文本统计,"国家"一词共出现了 151 次。根据其在宪法文本中的使用场景,分为三种意义:一是在统一的政治实体或者共同体意义上的"国家";二是在与社会相对的意义上的"国家",使用的表达方式是"国家和社会"等;三是与地方相对意义上的"国家",有时与地方相对应,在与地方有关的领域使用,这时含义主要是指中央。在他看来,从解释学角度,"法治国家"中的国家首先指政治共同体,然后指国家机关。但此种分析的明显问题在于,它忽略了"社会主义"对"法治国家"的限定,以及"社会主义法治国家"涵摄于"社会主义国家"的政治语境。高全喜教授认为,鉴于中国革命的历史实践,在考察中国特色社会主义法治国家这个问题时,首先应该立的是宪法的政治原则,这些原则体现了社会主义国家的政制特性。关于中国共产党的领导、人民当家作主,关于革命历史及其国家成立的叙事等,它们作为宪法的政治宣示,实际上表述的乃是中国宪法的政治原则。这些原则是高于宪法的法律原则。我们可以不论两种原则的高下之争,但以均衡互动之看法,社会主义国家的政治要求对于法治国家的限定意义是相当明确的。参见韩大元:《中国宪法文本中"法治国家"规范分析》,载《吉林大学社会科学学报》2014 年第 5 期;高全喜:《社会主义法治国家:基于宪法学的视角》,载《中共中央党校学报》2008 年第 1 期。

② 关于当下中国党政体制的研究,可参见于晓虹、杨惠:《党政体制重构视阈下政法工作推进逻辑的再审视——基于〈中国共产党政法工作条例〉的解读》,载《学术月刊》2019 年第 11 期;陈柏峰:《党政体制如何塑造基层执法》,载《法学研究》2017 年第 4 期;杨彬彬:《论中国特色党政体制的阐释体系》,载《社会主义研究》2020 年第 5 期;郑智航:《党政体制塑造司法的机制研究》,载《环球法律评论》2020 年第 6 期。

政、监察、检察、审判诸权的均衡一体。此种政府含义,接近于广义政府的概念,但又带有一体均衡的色彩。党的政治领导决定行政和其他诸权的配置,行使国家权力的政府系统可以根据实际调整优化。在此意义上,依法执政和依法行政,是无法分离的联动进程。不可否认,法治政府代表着法治国家关键主体,但党政一体背景下的法治政府建设,必定包括狭义政府外的其他公权主体,并不仅仅是行政系统的法治化。① 国家监察法对公职人员的界定亦可表明,法治国家的公权主体范围并非无所不包,但也不是狭义所指。② "完善国家监督,就是要对包括党的机关和各类政府机关在内的广义政府进行监督。"③更重要的是,"中国历史传统中,'政府'历来是广义的,承担着无限责任。党的机关、人大机关、行政机关、政协机关以及法院和检察院,在广大群众眼里都是政府。在党的领导下,只有党政分工、没有党政分开,对此必须旗帜鲜明、理直气壮,坚定中国特色社会主义道路自信、理论自信、制度自信、文化自信"。④ 因而,建设社会主义法治国家的本质要求,在于领导党依法执政,确立政治吸纳行政、均衡公权的系统架构。

二、概念分析的补充

从最基本的话语分析即语义分析的角度,我们还可以党领导人民依法治国为

---

① 之所以将法治政府定位于狭义政府,与长期以来中国行政主导政治、政府管制社会的实践惯习有关。2004 年国务院制定颁布《全面推进依法行政实施纲要》,也对此产生了很大影响。此种状况在党的十八大后有所改变,党政一体的实践不断推动法治政府含义的扩张。2015 年 12 月,中共中央、国务院印发《法治政府建设实施纲要(2015—2020 年)》强调,"加强党对法治政府建设的领导。各级政府要在党委统一领导下,谋划和落实好法治政府建设的各项任务,主动向党委报告法治政府建设中的重大问题,及时消除制约法治政府建设的体制机制障碍"。参见《法治政府建设实施纲要(2015—2020 年)》,http://www.gov.cn/gongbao/content/2016/content_2979703.htm,2021 年 4 月 14 日最后访问。

② 参见《中华人民共和国监察法》第 15 条释义,http://www.ccdi.gov.cn/toutiao/201804/t20180408_169484.html,2021 年 4 月 14 日最后访问。

③ 王岐山 2016 年会见基辛格时所讲。转引自《王岐山两会上说的这三句话值得细思量》,http://www.china.com.cn/lianghui/news/2017-03/07/content_40421382_3.htm,2021 年 4 月 14 日最后访问。

④ 王岐山:《构建党统一领导的反腐败体制 提高执政能力 完善治理体系》,载《人民日报》2017 年 3 月 6 日,第 4 版。

前提，对学界尚未充分讨论的"共同推进"和"一体建设"等关键词角度略作补充。

在古汉语中，"共""同"作副词时，指的都是"共同"或"一起"之意。① 现代汉语中，作副词用时"共同"所指明确，即行动意义上的齐同一致，但也有"一同""分享"之意。"推进"，在现代汉语中通常指对既定事业的推展前进，也有力学上的反作用力和军事上武装强力前进的指义。综合来看，依法治国的全面推进，可以由事业目标、作用力构造和强制力补充组合而成。强制性推进与科学推进，泾渭分明。但理想目标驱动的推进与力学意义上的科学推进，则可以有机兼容。将法治比喻成为治国重器，推进系统包括主体、动能、轨道、目的地、回归线，可能风险的预防和救济、优化和完善举措等要素。

结合社会主义制度的根本理念，法治中国的精神体现于"共同推进"之中：基于法治事业的共有属性，不同主体合力共建，最终共享惠益。因此，法治意义上的共同推进，主要指的不是时间上的同时推进，而是侧重与法治有关的各个主体，在中心力量的引领下形成合意与合力，齐同推动，分享收益。依法治国、依法执政、依法行政共同推进，彰显了党领导政府、人民团体、社会组织、武装力量、企事业组织，通过各自努力实现法治普惠目标的团结合作进程。依法执政和依法行政，作为依法治国的关键，一通百通。所以，不能将依法治国、依法行政、依法行政当作三项界限分明、性质不同的事业分别推进，而要在党的领导下统合为一个有机整体，团结各方力量协同推向前进。法治中国的推动力量，可以共同作用于依法治国、依法执政、依法行政总体进程。人民、执政党、政府构成了一种独特的均衡结构，党成为至关重要的比例中项，通过依法执政的枢纽，传导人民的依法治国意志，监督政府系统的依法行政活动。②

"一体"的含义也很多样。它可指关系密切或协调一致，犹如一个整体，由

---

① 参见曾林主编：《古代汉语词典》，四川辞书出版社2011年版，第273、786页。

② 法治中国推进战略内含的此种均衡结构，可同卢梭社会契约理论中的政治法平衡结构比较。在陈端洪教授看来，卢梭《社会契约论》对人民主权原则的论证分为两步，以第2卷第7章为中界线，前面揭示其"主权-公意-公共利益"三位一体的道德内涵，后面阐释其实践的政治法平衡结构"主权者-政府-臣民"。卢梭的人民主权公式在于，"主权者：政府=政府：臣民"。以政府为比例中项，把人民主权推到了逻辑终点，为民主政治确立了一个完美的理想主义范型。参见陈端洪：《政治法的平衡结构——卢梭〈社会契约论〉中人民主权的建构原理》，载《政法论坛》2006年第5期。

此产生法治主体的连接整合含义;也可指一样、一同、一律,由此衍生出法治强调的规则普遍性和平等原则;还可指文学上的样式或风格,由此衍生自成一体的法治模式指义,如中国特色法治;相比而言,不同部件有机结合而成整体的指义,更为契合法治中国合成一体的战略指向。经过磨合发展,达成浑然无间的境界指义,也比较符合法治中国的未来趋向。

"建设",在现代汉语中,意为创建新事业或增加新设施。① 从物件的陈设布置,到事务性的建立设置,再到总体意义上的事业目标设置,"建设"内涵逐层丰厚。法治国家并非一个新目标,但"一体建设"属于法治国家事业目标的新提法。通过增加新的制度设施,拓展法治的内涵和外延,将法治社会明确纳入,无疑对中国向何处去有长远的指导意义。即使在现有制度设施基础上联通整合,也符合"一体建设"的本来含义。采取提炼最大公约数的方法,可将"一体建设"理解为将有机结合而成一个整体作为新的事业目标设置,从而让"法治中国"成为一个具有整全目标导向的大战略概念。

在此基础上,再来辨析法治国家、法治政府和法治社会三个关键概念。不难发现,法治国家主要指一种主权意义上的政体,必须不断坚持发展;法治政府主要是一种治权意义上的组织系统,需要重点补齐加强;法治社会则是一种人权意义上的共同体,需要长期营建巩固。与此对应的主体分别为:作为主权者的人民(包含行使领导权的中国共产党)、党政体制中的政府系统(包含行使执政权的中国共产党)、内外一体的广义社会(包含政党国家参与的国际法治秩序)。三者的一体建设,最终统一于法治中国的新战略目标。

作为法治中国建设的支撑战略,共同推进意义上的法治建设强调主体共同推动的合力逻辑,经过有效推动,形成一体建设意义上的法治战略格局——法治国家、法治政府、法治社会分体建设局面,最后形成一种稳定的三脚架结构,三合为一,指向大战略、高境界意义上的法治中国。这是法治中国的概念辩证法,也

---

① 在古代汉语中,"建"有设立、建立之意,"设"为"设置"之意。《荀子·大略》:"故古者列地建国,非以贵诸侯而已。"《商君书·开塞》:"官设而莫之一,不可。"无论"建"或"设",都有明确的政治建制寓意。参见《古汉语常用字字典》编写组:《古汉语常用字字典》(修订版),商务印书馆1995年版,第141、250页。

是建设法治中国命题的科学语词分析。此种概念辩证和语词分析，虽只是一种对法治客观精神的理论虚拟，但的确可牵引出政法话语实践的战略逻辑。

三、"政法话语"分析

既然单纯的概念推演难以符合战略阐释之需，而补强后的语义分析又指向话语实践的逻辑，那么，能否从政法话语的"交叠共识"角度，省察法治中国的这一支撑性战略？[1] 须知，政治家以问题为中心的思维导向，限定了战略设计的立足点和出发点。这与法学家从概念、规范出发的思维，存在很大的差异。但二者如果共认某种战略目标，它们会产生协同构造的话语型式。虽然法治中国理论主要由政治话语架构而成，但法律家和法学家的贡献也是不可忽略的。政治不仅吸纳行政，也可以转化利用法律学术资源，形成科学宏阔的战略话语系统。

追问共同推进、一体建设法治战略的由来，不能不回到党的十八大后习近平总书记对新形势下政法工作，特别是执法司法问题的密集论述。[2] 这些重要论述，不仅显现了新的中央领导集体重塑法治的战略决心，而且反映出一种不同以往的宏大战略正在架构成形。有学者据此认为，当时中国面临法治重心的转换，并将之称为从立法中心到司法中心的转变。[3] 但必须注意的是，在中国共产党的执政理念中，立法是一项根本性工作，其基础地位不可能被随意替代。换言之，有关立法权的根本制度必须长期坚持并不断强化。因此，转换论并不符合政治战略的原则与实践。

比转化论更有解释力的，可称为"补齐论"。党之所以比以往更加注重执法司法体制改革，不是因为这两个环节的重要性更突出，而是离设定的理想目标差

---

① 政法话语是党在领导政法工作过程中逐渐形成的。但在国家权力体系中，随着宪法的制定和实施，也形成了一整套宪法话语。如何理解这两套话语同时存在？由于话语是权力的表征，两套话语之所以能够长期共存，正是说明了其背后有两套独立的但又密切联系的权力体制在运作。政法话语的背后是党的权力体制，宪法话语的背后是国家权力体制。（参见侯猛：《新中国政法话语的流变》，载《学术月刊》2020年第2期）但此处的政法话语，不同于学界习惯使用的政法机关的政策或法律话语，也不完全同于侯猛所言的中国共产党领导政法的相关话语，其深层所指在于政治（政策）话语和法律（法学）话语的交叠共识。

② 参见习近平：《论坚持全面依法治国》，中央文献出版社2020年版，第42~62页。

③ 参见强世功：《"法治中国"的道路选择》，载《文化纵横》2014年第4期。

距更大，不足之处更明显，所以必须集中力量予以规整。2014 年初，习近平总书记在中央政法工作会议上指出，"对执法司法状况，人民群众意见还比较多，社会各界反映还比较大"①，"同面临的形势和任务相比，政法队伍能力和水平还很不适应，'追不上、打不赢、说不过、判不明'等问题还没有完全解决"，"政法队伍中的不正之风，是人民群众最不满意的问题之一"。② 只有补齐了短板，法治系统才能平稳运行、形成合力。在此意义上，"补齐论"实质上是一种法治系统工程论。但此种法治系统工程已有新时代意涵，不再是一种系统论科学家的理论构造，而是现实运用于法治改革的战略运筹。③

　　基于系统论的法治战略思维，法治中国全局中更为关键的薄弱点必须补齐，即党对政法工作、依法治国工作的全面集中统一领导亟待加强，尤其要在制度体系上更加成熟完备。这种战略考虑，并非为了贯行某些学者所谓的多元主义法律观。④ 事实上，中国共产党并不承认法律多元，历来主张法律本质上是人民意志的体现，必须坚持党的一元化领导。在党的十八届四中全会上，党内法规体系建设之所以被纳入法治中国战略，并非有意拓展法的渊源范围，而是为了解决党内治理的突出问题。围绕党规是不是法，学术界展开了激烈争论，表现出法治系统战略的复杂性。但越是复杂的事物，其背后的本质反而越质朴。从中国共产党的政法传统出发，可部分化解这种争论：党规和国法不是一回事。从政党、国家、社会的法治一体构造，进一步审视，我们不难作出明晰判断：党规绝非国家意义上的法律，但国家的法律属于党要遵循的规矩——不仅要遵循，还要模范执行。⑤ 模范执行包括国家法律在内的各种规矩，让执政党的法治一体领导功能得以证成。习近平总书记指出："改进工作作风的任务非常繁重，中央八项规定是一个切入口和动员令。"⑥这也是法治共同推进、一体建设战略的突破口和先

---

① 习近平：《论坚持全面依法治国》，中央文献出版社 2020 年版，第 45 页。

② 习近平：《论坚持全面依法治国》，中央文献出版社 2020 年版，第 56 页。

③ 参见黄文艺：《新时代政法改革论纲》，载《中国法学》2019 年第 4 期。

④ 参见强世功：《"法治中国"的道路选择》，载《文化纵横》2014 年第 4 期。

⑤ 参见中共中央文献研究室编：《习近平关于全面依法治国论述摘编》，中央文献出版社 2015 年版，第 116~117 页。

⑥ 中共中央文献研究室编：《习近平关于协调推进"四个全面"战略布局论述摘编》，中央文献出版社 2015 年版，第 125 页。

行令。

健全党对法治的领导，首先表现在党对政法工作的集中统一领导上。党通过强化政法工作的领导，推动更大范围、更深程度的执法司法体制改革。与此同时，党以宪法为最高权威领导立法，完善国家法的生成机制，确保良法治国。在法律遵守问题上，强调领导干部作为"关键少数"的模范示范，通过常抓常新的社会主义法治文化建设，联动德法共治格局，夯实法治精神的社会基础。由此，以立法与改革协调为重点的法创制，与以执法司法改革为主要抓手的法实施，连同以法治文化建设为基本载体的法服从，连贯一体，并行不悖。基于此种战略运思，坚持依法治国、依法执政、依法行政共同推进，坚持法治国家、法治政府、法治社会一体建设的系统战略初步形成。

在此，有必要就法律多元主义的迷思重点论述。持此理论的学者，虽力图超越形式概念论，通过政法话语分析勾勒法治一体建设的战略，但结果却出现了悖论。① 此种法律多元主义，一方面猛烈批评改革开放以来中国法治的歧误，将之归结为全盘移植和"美国弊害"，认为律法中心主义和法院中心主义是"法律帝国"两大表征。另一方面，又以美国法学家富勒"法治是人们服从规则治理的事业"的语句出发，推演出非正式法对所谓"多元法治共和国"的意义。这种理论逻辑的本旨，是要尽力论证党规与国法的一体同构性，却援用于此完全不搭的法人类学的多元主义为之背书——不知是出于论证的便捷，还是仅仅为营造一种转变论的语式？其实，法律多元主义理论，针对的是有别于西方主流法模式的异文化法，本属一种民族志方法的产物，作为东方主义的凝视产物，并不能代表真实的非西方法治构造。② 这在理论界已获公认，却并未得到有关学者的重视，甚至被有意遮蔽。如果将党规与道德规范、民间习惯、伦理准则、社会风俗，都纳入一个无所不包的法治体系，试问，那还能称之为国家法治体系？也许，倡导者正是为了彻底打破所谓国家法中心主义，难免矫枉过正。但后果可能是，政体意义上的国家被虚化，作为治理准绳的法律成为"统天袋"，社会公正丧失起码的确定

---

① 参见强世功：《"法治中国"的道路选择》，载《文化纵横》2014 年第 4 期。

② 参见高丙中、章邵增：《以法律多元为基础的民族志研究》，载《中国社会科学》2005 年第 5 期。

之基。其实，成熟的国家法系统，自有一套吸纳、整合非正式法源的机制和流程。现今热议的党规与国法的衔接、道德规范与法律规则的相互转化，不正表明它们内在具有质的界限，同时也有联通的可能？法律多元主义不仅在政治意识形态上存在风险，对法律自身的本质规定性，也是一个不小的挑战。法治中国战略，若是为了缔造一个多元主义的法治共和国，恐怕会出现令人难以想象的场面。法治中国战略，无论是被解读为强化司法中心的努力，还是被收缩为国家治理现代化的一个环节，多少都是不恰当的。

澄清误识，有助于深度审视法治中国理论内在的系统战略逻辑。并非因为存在不同类型的法，而催生法治国家、法治政府和法治社会建设，"多元法"会让"一体化"无根可寻。正是追求统一的法治在各个场域呈现不同运行机制，才有了法治一体建设的要求。党的领导统合，是连贯国家法治系统、沟通政府权力与社会权利的最强力量。政党法治化，虽是法治中国建设应有之义，但中国共产党并不属于社会组织，也不属于国家机器。[①] 因此，将依法执政纳入法治国家或法治社会范畴，都是片面的。基于此，学者提出"法治政党"概念，对共同推进和一体建设的法治战略作出操作性解释，主要是为理论上的严谨对应。[②] 中国共产党代表人民行使法治的领导权，与这一法理地位适应的概念不是法治国家、法治政府或法治社会，而是统合这些子概念的种概念——"法治中国"。因而，建设法治政府由党领导，党政可以分工，但无法分开。建设法治政府的目标完成，可标志法治中国的主体建设工程基本到位，但并不意味着法治国家建设任务同步完成。

法治国家建设的要旨在于，党领导人民行使权力制度实践，核心指标是制度体系定型、成熟和完善，这与国家治理体系现代化要义吻合。由此，作为宪法目标的"建设社会主义法治国家"，与作为大战略目标的法治中国建设及其中心词"法治国家"，存在差异。习近平总书记指出："国家治理体系和治理能力是一个国家制度和制度执行能力的集中体现。国家治理体系是在党领导下管理国家的制度体系，包括经济、政治、文化、社会、生态文明和党的建设等各领

---

① 参见葛洪义：《"法治中国"的逻辑理路》，载《法制与社会发展》2013 年第 5 期。
② 参见黄文艺：《对"法治中国"概念的操作性解释》，载《法制与社会发展》2013 年第 5 期。

域体制机制、法律法规安排，也就是一整套紧密相连、相互协调的国家制度；国家治理能力则是运用国家制度管理社会各方面事务的能力，包括改革发展稳定、内政外交国防、治党治国治军等各个方面。国家治理体系和治理能力是一个有机整体，相辅相成，有了好的国家治理体系才能提高治理能力，提高国家治理能力才能充分发挥国家治理体系的效能。"①可见，国家治理体系和治理能力现代化是一个总体战略目标，共同推进、一体建设的法治战略是其关键支撑，法治国家建设指向的是社会主义制度在法治层面的现代化，更侧重国家治理体系现代化的目标要求，而国家治理能力现代化需要在法治国家制度体系基础上，以法治政府能力建设为长远抓手，逐步拓展为法治社会治理能力的整体养成。

共同推进、一体建设的法治战略，坚持"统筹推进国内法治和涉外法治"，"协调推进国内治理和国际治理"。② 法治中国大战略，首先关系这样的发问，即在全球治理大背景下，中国如何定位自身？有别于传统"中央之国"的本位观，近代以来仁人志士意识到，中国的建构处于万国环绕的语境，须从变法自强的逻辑推演新型法治机理。法治作为救世强国之要道，渐趋勃兴，为人服膺。由于中体西用的观念坚韧执着，以引进西法为变革工具的策略论主张，风行一时。时至今日，中国的法治建设虽有一定的内外之别，但在迈向内外一体、均衡共治的进程中，国际法与国内法、超国家法与国家法的界限日渐模糊。法治中国的世界意义，不仅为学界觉察，也得到大众话语的延展。以之为线索，可明法治中国战略话语之机要。"和谐世界"也好，"法治天下"也罢，中国文化由内而外、内外互通的秩序原理未殒，在新的时代背景下，不仅可借助原有概念补充新的意涵，也可以通过新的概念涵摄固有观念。

以法治社会为基础内涵的法治中国，即可视为一种涵摄内外的超级范畴。对内而言，法治社会建设侧重民间治理；对外而言，它将国际社会的法律互动纳入其中。如果缺失了法治社会的基础，国内法治不可能顺风顺水，国际法治秩序的

---

① 《习近平：切实把思想统一到党的十八届三中全会精神上来》，载《人民日报》2014 年 1 月 1 日，第 2 版。

② 习近平：《论坚持全面依法治国》，中央文献出版社 2020 年版，第 5 页。

构型亦是无本之木。① 国际社会法治实践锻造出的经验模式,从法理上也为中国倡导的"一带一路"、构建人类命运共同体等主张吸收。② 构建中国法的域外适用体系,之所以令人瞩目,重要原因在于它对国内法与国际法关系的新塑,扩宽了法治内外一体的社会格局。③ 如果说中国在法治上属于后发型国家,因各种原因错失参与建构第一代国际法律秩序的良机,那么在全球法治 2.0 时代乃至 3.0 时代,并不缺少自主谋划、迎头赶上的实力和机遇。④ 在全球化复杂程度加剧的大变局时代,中国通过对以联合国为代表的国际组织及其规则的尊重,一次次作出维护公正合理国际法治秩序的努力和贡献。即使逆全球化风潮频发,中国仍坚定不移维护国际法治秩序,维护人类共同价值。所以,国内法治社会基础工作完成,并不意味着法治社会最终建成。就宏阔的法治社会建设而言,从全民守法到法治信仰整体确立,都是无比漫长的历史进程;从制度的尾随者到规则的引领者,中国"领跑"国际治理,更是很难预判时间节点的未来式工程。法治社会建设的战略规划,当前侧重与国内治理目标对接,但并不妨碍以后的国内外联动一

---

① 有学者认为,法治中国与国际法治在表达系统上存在不同。国际法治的中国表达重在展示中国对于国际法治的态度和行动,法治中国的世界表达虽然也包含一部分涉及中国法治体系的国际法方面(如司法协助),但更主要地强调国内法治的建设,特别是立法、执法、司法等各个方面。(参见何志鹏:《国际法治的中国表达》,载《中国社会科学》2015 年第 10 期)其实,二者并非同一种话语系统,法治中国理论中的法治社会概念,如果作出广义解释,完全可以涵摄中国表达的国际法治社会建设。

② 参见黄进:《习近平全球治理与国际法治思想研究》,载《中国法学》2017 年第 5 期。

③ 参见廖诗评:《中国法域外适用法律体系:现状、问题与完善》,载《中国法学》2019 年第 6 期。

④ 有学者认为,法治中国战略主要应法律 2.0 时代要求而设,为的是在完成法律 1.0 时代遗留任务的同时,通过强化国家的法治实力,为参与国际竞争蓄积力量,同时为向 3.0 时代版本升级积累资源。(参见鲍禄:《"法律 3.0 时代"背景下的"法治中国"》,载《政法论丛》2014 年第 1 期)这种观点发现了法治中国战略背后的国家主体和自强意志,却忽略了其内蕴的系统逻辑。暂不论将西方主导的国际秩序视为全球法治的原初版本是否合适,仅就近代以来中国被卷入不平等国际秩序的历史境遇而言,其应对并非都是消极无为、惨烈失败的。虽然抗拒强权不可能一日功成,但中国作为一个超级文明共同体,参与全球秩序的活动是一贯且持续的。随着国内治理步入法治轨道,国际社会的认同当然是极为重要的合法性资源,但这并不意味着,必须无条件与由某些强力支配的秩序形成妥协。斗争与妥协一体两面,无条件的妥协非但不会促成公正秩序,反而会让国内的基本秩序得不到维持。一言以蔽之,法治中国战略具有内外一体的导向,并非单纯为国家内部治理而谋划。

体布局。① 作为人类政治文明史无前例的系统工程，法治中国建设的规律并非显
而易见，需要一代代人去艰辛探索。"长远来看，这项工程极为宏大，必须是全
面的系统的改革和改进，是各领域改革和改进的联动和集成，在国家治理体系和
治理能力现代化上形成总体效应、取得总体效果。"②若用多元法治的理论迷思取
代了法治一体的战略原则，势必发生极大风险。

相比于法律多元主义，从一体动力论的角度解释法治一体建设的三层构造，
似乎更符合法治中国战略的要义。结合已有的法治动力论观点，可将法治中国的
三层构造，分别对应自上而下的政府推动力、自下而上的社会推动力和居中调节
的法律职业推动力。③ 沿此引申，如果说法治政府建设主要依靠执政党领导政府
系统推动，法治社会的主要动力则源于公民的"为权利而斗争"。"维权是维稳的
基础，维稳的实质是维权。"④法律职业共同体的推动力，既不属于政府也不属于
社会，而是一种相对独立的力量，具有很强的建构性。就此而言，理想的法律职
业共同体建设，意义格外重大。通过法律职业共同体建设，打造一支联通国家与
社会的法治工作队伍，对于法治中国建设具有支撑性的作用。构成这支队伍主干
的，包括立法、监察、执法、司法、党内法规工作者，也包括提供法律咨询、代
理、纠纷解决等法律服务的队伍，如律师、企业法务人员、公证员、仲裁员、基
层法律服务工作者、人民调解员等，还包括从事法学教学和研究的法学专家队
伍。⑤ 此种界定，基本覆盖了法学家构想的"法律职业共同体"，甚至包含了某些
学者所说的"第三领域"。⑥ 鉴于法律职业共同体和第三领域往往发挥极为重要的

---

① 《中共中央印发〈法治社会建设实施纲要（2020—2025 年）〉》，http://www.gov.cn/xinwen/
2020-12/07/content_5567791.htm，2021 年 4 月 13 日最后访问。

② 《习近平在省部级主要领导干部学习贯彻十八届三中全会精神全面深化改革专题研讨班开班
式上发表重要讲话》，载《人民日报》2014 年 2 月 18 日，第 1 版。

③ 参见孙笑侠：《"法治中国"的三个问题》，载《法制与社会发展》2013 年第 5 期。

④ 孟建柱：《新形势下政法工作的科学指南——深入学习贯彻习近平同志在中央政法工作会议
上的重要讲话》，载《人民日报》2014 年 1 月 29 日，第 1 版。

⑤ 参见黄文艺：《论习近平法治思想中的法治工作队伍建设理论》，载《法学》2021 年第 3 期。

⑥ 第三领域指的既非简单的国家正式体系，也非简单的社会/民间非正式体系，而是在两者互
动合一的过程中所形成的中间领域，具有其特殊的逻辑和型式。与西方不同，中国的正义体系长期
以来高度依赖非正式的民间调解机制及其与正式法院判案结合而形成的中间的第三领域。黄宗智：
《重新思考"第三领域"：中国古今国家与社会的二元合一》，载《开放时代》2019 年第 3 期。

沟通与调停功能，将其作为法治国家的相对独立推动主体并不为过。问题在于，这种塑造法治国家的法律职业共同体或第三领域，由于法律职业自身的专业化、精英化特点，加以民间力量的天然局限，目前难以成为支撑法治国家建设的"主力军"。在理念上，视"法律人"为一种独立或中间力量的看法由来已久，但真正有效的制度成果却少之又少。如果将法律职业的精英主义与大众的非职业的法律实践有机结合，法治中国建设的动力必将源源不竭。而这根本上源于党通过理念动员、制度保障和社会团结形成的合力。法律职业精英可以发挥法治推动功能，也无法脱离这种总体环境的制约，目前难以构成一种绝对独立的推动力量。

归结而言，共同推进、一体建设的法治战略，是在依法治国基本方略前提下，进一步凸显依法执政的统领性作用，由依宪执政破题，展开对法治国家建设主体的系统规约，全面拉动法治政府建设。作为上下齐动的推动战略，依法行政与建设法治社会形成实质意义上的逻辑对接。通过着力化解政府与市场、政府与社会的矛盾，将政府公权关进制度之笼，发挥其积极的保障作用，确保党领导下的法治"控权与维权"目标的均衡达成。包含国际法治在内的法治社会总体建设目标的达成，在战略意义上可视为法治中国建成的标志。

第三节 建设法治中国与建设法治强国

法治强国，承载了国人长久的梦想。"国无常强，无常弱。奉法者强，则国强，奉法者弱，则国弱。"[1]中国现行宪法，堪称是一部"富强宪法"。[2] 不仅如此，建设法治中国从实践取向看，本质就是建设法治强国，即通过法治之路径，实现强国之愿景。此处的"强国"，并非仅指政体意义上的强大国家，而是均衡融凝强政府和强社会内涵的综合目标。"反听之谓聪，内视之谓明，自胜之谓强。"[3]对当下中国而言，法治既是现代意义国家富强的必由之路，也是实现民主

---

① 《韩非子·有度》。

② 参见林来梵：《中国"富强宪法"论》，载《中国社会科学报》2020 年 3 月 25 日；门中敬：《中国富强宪法的理念传承与文本表征》，载《法学评论》2014 年第 5 期。

③ 《史记·商君列传》。

文明和谐美丽等国家目标的系统支撑。

一、传统法治富强观的现代转换

中国传统的法治富强观，体现为两条路线的冲突与平衡。法家路线以国家富强为本位，民富居于从属地位，惟功利而贱仁义；儒家路线以民富为先，强调民富才有国富，贵仁义而鄙诈力。先秦以降，这两条路线沿袭并贯穿中国历史全程。① 近代中国的衰落屈辱，促成公意集体反省，从实业救国到制度变革的主张，无不指向现代法治之途。起初，传统法治观被视为一种整体不合时宜的另类，为各式的新潮国富论遮蔽替代，传统法治与现代富强成为对立物。在社会达尔文主义的导引之下，中国人从相信强权就是公理，相信国家实力就是一切，到五四时代广泛而多元的文明自觉，从以"力"为核心的国家建构转回了重新基于道德价值的法治探求。②

察其情形，"法治"之语虽古已有之，然善解会意者寡。在引入法治理念与遵循本国传统的两端，人们难免就法治的形上价值和形下功能产生分切式理解。比如，单纯将法治视为以控制公权的嚆矢，或富国强民之具。即使勉力将二者连贯，也会生出富强话语内部的冲突，即国与民、富与强的二元对垒。西方法治观念，在近代中国列强环伺的历史进程中重塑意涵，一些新义的萌生，反倒有助于回复古典中国法治富强论的本初。于是，经由中西默会，法治乃强国救世良方，化作公识，经年已久。

独立后的中国如何实现强国梦想，选择怎样的强国之路，一直是中国共产党人最为关心的问题。③ 现今，"强国"话语不绝于耳，无论是基于传统的创造性转化，抑或以现代化为目标模本，都离不开法治理念、制度和实践的均衡融通。"强国不是地理概念，并不是国土面积大的国家就是强国。强国也不是人口概念，如果按人口来划分，整个欧洲没有一个强国。当今世界，人们往往从国家实力角

---

① 参见周积明：《中国古代"富强"论的分歧及其启示》，载《浙江社会科学》2013 年第 8 期。

② 参见许纪霖：《从寻求富强到文明自觉——清末民初强国梦的历史嬗变》，载《复旦学报(社会科学版)》2010 年第 4 期。

③ 参见胡建淼：《走向法治强国》，载《国家行政学院学报》2012 年第 1 期。

度理解强国。传统的经济、政治、军事这三大实力，是用来衡量国家硬实力的标准。随着世界文明发展，还有两个标准越来越受到重视，一个是文化标准，另一个是制度标准。这两个标准可以称为软实力标准。从文化上说，一个强国应该有其独特的、被世界所认可的文化和价值观。从制度来看，一个国家要成为强国，在制度上一定要对人类作出贡献。"①就此而言，衡量法治强国的标准需从理念文化、制度效能和实践力量三方面综合塑就。

法治强国是一种科学战略的"连续统"，具有系统均衡的特征。② 此种法治强国的核心含义，如张文显教授之精要概括，首先是强国目标实现意义上的法治，故要建立完备的法律体系并保证其有效实施，从法律大国进化到法治大国，进而推进和保障国家强盛目标的实现。其次是强国衡量标志意义上的法治，认定国家强盛，法治要算重要一项。最后是作为综合文化实力的法治。在国际关系和全球治理中，中国应力争真正拥有与作为有五千年历史的文明国家、世界第一人口大国、第二大经济体、安理会常任理事国的地位相当的话语权、决策权和规则制定权。③ 此种观点凸显了法治中国战略目标的独立价值，彰显了法治底下强国制度建设和实践推进的基本原则，强化了综合文化实力之于法治中国建设的重要地位。④

法治强国之连续一体、其整体贯通性绝非某个具体时段的特定观念所能更改。近代以来的现代化潮流，为当今中国法治系统全面呼应，在推动社会主义国家建设方面，具有不容低估的支撑作用。⑤ 传统的法治强国观，置放在现今国际竞争场域，依然有重要的镜鉴之用。只不过，古典法理的精髓，因时光远逝，难得复原，遂有诸多零碎、随机、非原创之解说，让人生出不科学、不系

---

① 徐显明：《推动我国进入法治强国行列》，载《人民日报》2016年2月4日，第7版。

② 连续统是一个数学概念。当人们说，"在实数集里实数可以连续变动"，也就可以说实数集是个连续统；更严格的描述需要使用序理论、拓扑学等数学工具。科学可被看作这样一种学术过程，它产生于两种不同的环境脉络之中：一是经验观察到的世界，另一是非经验的形而上学世界。根据科学思想"连续统"（continuum）的观念，学术研究可在不同概括性水平上进行，而且可以提出不同的话语方式。

③ 参见张文显：《法治与国家治理现代化》，载《中国法学》2014年第4期。

④ 参见张文显：《法治的文化内涵——法治中国的文化建构》，载《吉林大学社会科学学报》2015年第4期。

⑤ 参见喻中：《法治中国建设进程中的五大关系》，载《学习与探索》2014年第7期。

统的观感。[1] 但这只是利用者的认识局限，不代表法治强国观自古而今坚韧挺拔的历史精神已然泯灭。法治价值理念内涵强国富民之要义，无论站在何种认识视角，都难以改变其本初之义。法治中国理论的强国指向，无论是否与西方实用主义、功利主义、义务论、整体效能主义等挂钩，皆有其基于自身历史传统的正当性。在传统思想中，法治强国并不意味着倚强凌弱，而是表示以正常状态发展，预备对大国霸凌实施正当防卫，同时对弱小的主体给予公道的支援。即使法家的强国思想，也是反对势治和术治主义的。[2] 用现今话语解说，指向势能不均衡境况下，以平等公正为依归的整体反转努力。不论这些努力是否达到预期，千百年来凝就的法治强国理念，有如一种民族精神已深深灌注于人心深处。中国共产党依循法治强国的初心，将法治理念提升到国家富强、民族复兴和人民幸福三者有机统一的战略高度，开拓了新时代中国的法治强国之路。新时代的法治强国制度体系立足全局、依循民心，由党和国家敏锐意识并不断强化，在新的系统均衡发展规划中渐趋塑造成型。

二、新时代新阶段的法治强国战略

党的十九届五中全会开启了建设社会主义现代化强国新征程，法治中国建设的目标和方向应与建设社会主义现代化强国相协调。在全面建成小康社会之际，面对法治中国建设新征程新任务，习近平法治思想适时提出，引领和推动中国特色社会主义法治全面创新，成为新时代新阶段法治强国战略系统有力的理论支撑。[3] 在习近平法治思想的指引下，以全面建设社会主义现代化国家为远景目标，通过新时代新阶段法治强国战略的推动，经济增长和制度发展同步，物质建设与文化提升均衡，法治联动发展、统筹安全的价值功能正在逐步铺展。

全面建成小康社会，意味着国家治理层面的社会基础得以夯实，对法治中国建设具有重要的奠基功能。决定性成就的首要一条，即"全面深化改革取得重大

---

① 参见张晋藩：《综论百年法学与法治中国》，载《中国法学》2005 年第 5 期。

② 参见喻中：《法治主义及其对立面：梁启超对法家思想的界分》，载《社会科学战线》2016 年第 1 期。

③ 参见付子堂：《中国特色社会主义现代化法治强国的理论支撑》，载《中国社会科学报》2021 年 1 月 6 日，第 4 版。

突破，全面依法治国取得重大进展，全面从严治党取得重大成果，国家治理体系和治理能力现代化加快推进，中国共产党领导和我国社会主义制度优势进一步彰显"。① 第一个百年奋斗目标的达成，让支撑法治中国的经济社会基础更为雄厚。

一系列重大成就的取得，与法治强国战略的推行密不可分。法治不仅为了控权，更重要的是为发展权能的培育生长创造沃土。② 中国秉持共同体思维，厘清法治富强的现代理念，加强法治富强的制度建设，激发法治富强的实践功能，以全面发展为实质正义追求，致力于公权与人权的系统均衡，开创了独一无二的社会主义法治发展道路。③ 人民生活水平的提高，尤其是大众创新创业权能的巩固充实，让国家发展有了生生不息的动力，为公权力合法运行设立了持续且强健的界碑。党领导人民在管理国家事务、经济文化事业和社会事务的过程中，不断打通政治国家发展与经济社会发展的制度阻隔，让国家权力与公民权利、公权系统和人权主体，在共同事业的均衡发展中协调并进，有效避免了转型时常遇的制度陷阱，及各种对抗主义、三权鼎立论的政治迷局。"综观世界近现代史，凡是顺利实现现代化的国家，没有一个不是较好解决了法治和人治问题的。相反，一些国家虽然也一度实现快速发展，但并没有顺利迈进现代化的门槛，而是陷入这样或那样的'陷阱'，出现经济社会发展停滞甚至倒退的局面。后一种情况很大程度上与法治不彰有关。"④"小康社会"在法治强国的战略浸染下，不再局限于古典含义，内生出现代中国的理想指义。"全面建成小康社会中的'小康'这个概念，就出自《礼记·礼运》，是中华民族自古以来追求的理想社会状态。使用'小康'这个概念来确立中国的发展目标，既符合中国发展实际，也容易得到最广大人民

---

① 《中共中央关于制定国民经济和社会发展第十四个五年规划和二〇三五年远景目标的建议》，2020 年 10 月 29 日。

② 参见汪习根：《习近平法治思想的人权价值》，载《东方法学》2021 年第 1 期。

③ 公丕祥教授将当代中国法治发展道路的逻辑概括为四个"有机统一"：党的领导与依法治国的有机统一、强化政府推动与保持社会活力的有机统一、法治发展的变革性与连续性的有机统一、借鉴国际法治经验与立足本国法治国情的有机统一。这四个"有机统一"，揭示了法治强国战略内在的均衡发展要义。参见公丕祥：《当代中国法治发展道路的内在逻辑》，载《江海学刊》2015 年第 5 期。

④ 中共中央文献研究室编：《习近平关于协调推进"四个全面"战略布局论述摘编》，中央文献出版社 2015 年版，第 99~100 页。

理解和支持。"①全面建成小康社会，虽不表明中国现代化建设目标的最终完成，但就发展条件和总体基础的准备而言，其标志性意义不言而喻。在小康社会全面建成基础上的新战略，即全面建设社会主义现代化国家，建成富强民主文明和谐美丽的社会主义现代化国家，成为后小康时代法治强国战略的目标依循。遵照法治强国的战略主线，强大的人民共和国，必是处于全面法治状态下人民生活品质不断提升，个人全面发展和社会全面进步并进共生的美好境况。社会主义现代化强国，某种意义而言，就是新的法治理想国。

面对中国和世界发展环境的深刻复杂变化，党中央统筹中华民族伟大复兴战略全局和世界百年未有之大变局，对于法治中国的推进赋予更大关切，提出更高标准和要求。适应"十四五"时期国内国际新环境，尤其是贯彻新发展理念、推动新发展格局形成、促进高质量发展，都离不开法治。无论是创新动能的蓄积、创新活力的激发还是创新成果的激励，都需要法治强国战略的系统推动，协调城乡之间、区域之间、经济和社会之间的均衡发展，促进社会财富、资源、机会、权利再分配，以规则公平促进机会公平、权利公平。② 以法治国家、法治政府、法治社会为内核的法治中国建设，不仅在指导思想和原则部分得到强调，而且也是实现十四五规划和 2035 年远景目标的总体要求。③ 法治中国建设，成为一种独特的战略构造：既是社会主义现代化国家建设的重要内容和指标，也是贯穿一系列具体重大强国战略的制度红线，更是实现 2035 年远景目标的指引原则与实施保障。

从战略联动的系统观念解释，这是因为随着法治中国建设对全球治理和国力竞争的意义不断凸显，法治强国的战略地位和治理功能需要显著强化。"当前和今后一个时期，推进全面依法治国，要全面贯彻落实党的十九大和十九届二中、

---

①　中共中央文献研究室编：《习近平关于协调推进"四个全面"战略布局论述摘编》，中央文献出版社 2015 年版，第 39 页。

②　参见汪习根、明海英：《坚定不移走中国特色社会主义法治道路》，载《中国社会科学报》2021 年 3 月 19 日，第 5 版。

③　参见《中共中央关于制定国民经济和社会发展第十四个五年规划和二〇三五年远景目标的建议》，http://www.gov.cn/zhengce/2020-11/03/content_5556991.htm，2021 年 3 月 15 日最后访问；习近平：《关于〈中共中央关于制定国民经济和社会发展第十四个五年规划和二〇三五年远景目标的建议〉的说明》，http://www.xinhuanet.com/politics/leaders/2020-11/03/c_1126693341.htm，2021 年 3 月 15 日最后访问。

三中、四中、五中全会精神，围绕建设中国特色社会主义法治体系、建设社会主义法治国家的总目标，坚持党的领导、人民当家作主、依法治国有机统一，以解决法治领域突出问题为着力点，坚定不移走中国特色社会主义法治道路，在法治轨道上推进国家治理体系和治理能力现代化，为全面建设社会主义现代化国家、实现中华民族伟大复兴的中国梦提供有力法治保障。"①"在危机中育先机、于变局中开新局"，② 需要法治发挥更系统的引领、推动和保障作用。在"四个全面"新战略布局中，围绕全面建设社会主义现代化国家目标，全面依法治国不仅要继续发挥固根本、稳预期、利长远的作用，还要进一步补短板、强弱项、谋创新。全面依法治国战略与社会主义现代化强国目标的对接，需要增进公权主体与人权主体在创新发展中的协同一体，坚持系统观念的发展原则，"加强前瞻性思考、全局性谋划、战略性布局、整体性推进，统筹国内国际两个大局，办好发展安全两件大事，坚持全国一盘棋，更好发挥中央、地方和各方面积极性，着力固根基、扬优势、补短板、强弱项，注重防范化解重大风险挑战，实现发展质量、结构、规模、速度、效益、安全相统一"。③ 这些要求都指向新时代新阶段法治强国战略谋划、规范创生和实践推动的系统构造。

2021 年 3 月，十三届全国人大四次会议通过《中华人民共和国国民经济和社会发展第十四个五年规划和 2035 年远景目标纲要》（以下简称《纲要》）。《纲要》主要阐明国家战略意图，明确政府工作重点，引导规范市场主体行为，运用新时代精神贯通法治国家、法治政府和法治社会建设全局，是中国开启全面建设社会主义现代化国家新征程的宏伟蓝图，也是指导法治一体建设、推动法治强国战略的政策纲领。首先，新发展理念贯通整合法治中国事业，为法治强国厘定了战略方位。其次，整体性的法治中国建设，为各领域强国战略提供了制度支撑。最后，以法治保障强国战略和规划落实，为法治与发展的均衡奠定了稳固基础。新

---

① 习近平：《坚定不移走中国特色社会主义法治道路 为全面建设社会主义现代化国家提供有力法治保障》，载《求是》2021 年第 5 期。

② 《习近平：在危机中育新机 于变局中开新局》，http://www.12371.cn/2020/05/24/ARTI1590280379911712.shtml，2021 年 4 月 15 日最后访问。

③ 《中华人民共和国国民经济和社会发展第十四个五年规划和 2035 年远景目标纲要》，http://www.xinhuanet.com/2021-03/13/c_1127205564_2.htm，2021 年 4 月 15 日最后访问。

时代新阶段，法治强国战略主要体现在如下方面：

第一，明确发展战略的法治强国导向。《纲要》立足于"十三五"规划目标顺利完成，中国经济、科技实力、综合国力、人民生活水平跃上新的大台阶，全面建成小康社会取得历史性成就的新发展环境，将法治中国原则寓于指导方针，在战略导向上全面彰显了法治强国精神，在战略目标上从近期和愿景两个层面设置了法治指标。

第二，充实科技创新的法治强国保障。在法治强国的引领保障下，深入实施科教兴国、人才强国、创新驱动发展战略，完善国家科创新制度体系，加快建设科技强国。加强国家科技法治体系建设，创生新的法律规范，保障重点领域、项目激励、人才、资金一体化配置。通过知识产权的法治体系建设，实施知识产权强国战略，完善科研人员职务发明成果权益分享分享机制，激发全民创新的动力与活力。将科技伦理逐步纳入法治体系范围，发挥软法的调节作用。让国家重点科技项目与设施，通过适当的共享法律机制安排，逐步成为支持和推动社会创新的重要资源。

第三，优化产业升级的法治强国路径。发挥法治作用，推动制造业强国、质量强国建设。夯实产业法基础，健全产业链供应链现代化战略设计和政策机制，重点推动战略性新兴产业、现代服务业、基础设施和数字化发展的法治保障体系建设，在新旧产业融合中均衡发挥法治的激励和淘汰功能。对增量部分，急需加强空白、模糊领域的立法，在数字社会治理、公共数据共享、个人信息保护等方面，积极参与国际规则和标准的制定，实现国内法和国际法的良性互动。对存量而言，鼓励企业兼并重组，防止低水平重复建设，同时以必要的法律手段，倒逼产业优化升级。关键不是新旧对立、全部替换，而是在符合经济规律基础上，通过法治化的规范治理方式，实现以旧换新、产业体系的均衡重整。

第四，构筑市场经济的法治强国格局。宏观经济治理在直观上是政府治理经济，而宏观经济法治的基点是将"政府治理经济"转换为"法律治理政府"，即以良法善治的体制机制程序设计确保政府制定和实施科学公正合理的宏观经济政策。①

---

① 参见刘红臻：《宏观经济治理的经济法之道》，载《当代法学》2021 年第 2 期。

《纲要》强调以国内大市场、大循环为战略基点，通过法治均衡调节，打破行业垄断和地方保护，优化经济产业结构，实现需求牵引供给、供给创造需求的更高水平动态平衡。坚持内外一体、以内需为主动力的经济发展战略，通过内外贸法律一体化建设，形成现代化高标准市场制度体系和法治保障环境。进一步明确法治导向的宏观经济治理，贯行经济总量平衡、结构优化、内外均衡的新发展主线。

第五，联动均衡发展的法治强国举措。在城乡融合发展机制建设方面，着重从法律上落实农户基本权利，保障土地承包权、宅基地使用权、集体收益分配权，探索宅基地所有权、资格权、使用权分置的实现形式，鼓励依法自愿有偿转让。通过法治方式推进区域协调发展，完善区域战略统筹、市场一体化、区域合作、区域利益补偿的法律机制。推动以人为核心的城镇化，通过专项国家人权行动，促进农业转移人口市民化，提高城市治理法治水平。强化法治对文化强国建设的促进作用，让物质文明和精神文明发展更趋均衡。持续优化绿色发展的法治体系建设，提升生态系统治理的法治水平，健全自然资源资产产权制度和法律规范体系，让人与生态的关系更为友好。在内外均衡发展方面，通过构建新发展格局，充分激发法治的平等保障功能。在人的全面发展和社会全面进步上，凸显法治体系对保障人权的支撑作用，运用法治发展思维，全面增进人民面向美好生活的自主能力，促进共同富裕，彰显社会主义现代化强国的本质追求。

第六，巩固平安导向的法治强国底线。法治中国概念与总体国家安全观存在天然的对应。总体安全是法治中国的基本前提与核心价值，法治中国是总体安全的制度体系和保障体系，是国家安全最稳定、有效的屏障。总体的国家安全，包括人民生命安全、社会稳定安全、政治战略安全在内，都需要法治中国建设从不同维度发力，确保规则底下可见可及的和平安乐。政治安全、社会安定、人民安乐，是平安中国建设的主干性内容，也是法治强国战略的底线依托。依法治军，军民融合，保证治国强军高度统一，也体现了鲜明的平安导向和法治思维。

第七，强化一体建设的法治强国推进。党的领导是根本前提，法治中国是统领目标，法治国家、法治政府、法治社会一体建设是总体抓手，立法、执法、司法、普法、守法是基本环节，国家建设和人权事业全面协调发展是战略归宿。法治强国战略的思维主线在《纲要》中得到更明确的彰显。以法治强国为保障主线的各项发展安排，也整合嵌入有机关联的现代大国治理系统。《纲要》最后提出"加快发展规划立法"，强调坚持依法制定规划、依法实施规划的原则，将党中央、国务院关于统一规划体系建设和国家发展规划的规定、要求和行之有效的经验做法以法律形式固定下来，加快出台发展规划法，强化规划编制实施的法治保障。①

三、法治强国的理论反思与战略展望

中国人寻求富强，可谓历时久远，由此也让富强的含义过于丛集，难免生出不同语境下的混用和误读。古典中国的富强战略，更多是武力竞争意义上的。而近代以严复为代表的新知识分子，则希望将富强的铨解转轨到民族国家和个人能力兼容意义上，富强战略开始产生新的本体意涵。但比较而言，自由仍被其视为提升个人能量、从而最终促进国家富强的手段。这种西方汉学家眼中"对自由主义价值观的歪曲"，预示着自由主义日后在中国的失败，或许恰好证明当年严复的断言颇具远见。严复所谓的"适者"不仅意味着拥有富强，而且还意味着得到"天之所厚"。"物竞者，物争自存也；天择者，存其宜种也。"一个国家如果企望得到"天之所厚"，就必须遵循某种公理、天道。② 富强与竞争，如同孪生兄弟，而法治正好是调节它们关系的最佳保姆。严复虽然意识到学习西法中遵循公理的至要，但并未明确如何通过法治塑造一种系统的强国方略。作为一个学者和思想家，此种要求对他而言无异于苛责，但确也反映了法治与富强关系的繁复难解。

直接以法治为富强工具的传统资源为据，推演不出现代化强国的核心本旨。现代化内涵系统性标准，不能仅以经济、科技或军事实力评价。以往的综合国力评价，侧重经济指标，后扩展到社会、人类发展指数，均表明现代化强国乃是一个总体性的动态均衡范畴，需要不断迈向统贯性的评价标准体系。一种统贯性的法治理念，可为现代化强国指标体系确立框架前提。单以传统法治思维或西方现

---

① 《中华人民共和国国民经济和社会发展第十四个五年规划和 2035 年远景目标纲要》，http://www.xinhuanet.com/2021-03/13/c_1127205564_2.htm，2021 年 4 月 15 日最后访问。

② 参见李强：《严复与中国近代思想的转型——兼评史华兹〈寻求富强：严复与西方〉》，载《中国书评》1996 年第 9 期。

代化法治定义，恐怕都难以遂愿。

以传统或现今流行的西方现代化法治标准（经典）理论为据，难以与中国特色社会主义整体契合。比如，法治本土资源的理论范式，或者法治中国的文化阐释，或可创造性发掘某些有益于当下法治建设的思想资源，但对于现代法治制度体系的建构缺少系统性支撑功能，离现代社会高风险、不确定的生活境态也比较遥远。[①] 学者希望从中国传统文化与现代制度的勾连中，形成某种本土化的法治强国模式，愿望美好，但实效有限。又如，经济单向决定法治的解释方式，亦难以回应现代强国竞争中的法律权能与制度建设需求。经济发展固然可以拉动法治构建，但当经济发展到特定阶段，出现普遍的高质量均衡发展需求时，单向度的经济决定论，会出现侵损法治系统结构功能均衡的状况。坚持用马克思主义立场观点方法审视经济和法治的关系，[②] 应特别注意法治对于经济社会发展的强大反作用力，此种力量与经济基础的作用力一道，在科学原理上是统一融贯的，不能厚此薄彼。

中国式现代化道路由实践生成，理论创新不能脱离实践状况的基础制约。"五位一体"总体布局、"四个全面"战略布局，代表了一种具有系统均衡品格的现代化观念。贯通其间的法治强国战略，属于实践原创导向的理论构造，不仅要求法治国家主导的正式法制度建设，而且需要容纳多种法源的动态发展，内生独特的系统均衡机理，支撑经济快速发展和社会长期稳定的"两大奇迹"。就此而言，中国的法治强国战略模式，必不同于西方常见的"弱政府-强社会"类型，具有多赢共强的传统惯性和发展走向。

当前，学术界越来越重视法治与发展的理论融通，在科学发展观的国家指导思想和法学、经济学等学科已有共识基础上，法治与发展的均衡战略观正在形成。此种观念理论化的意义在于，围绕社会主义现代化强国的目标模型，融通法

---

① 代表性著作如苏力：《大国宪制：历史中国的制度构成》，北京大学出版社 2018 年版。

② 1919 年，李大钊在《我的马克思主义观》一文中指出："经济现象和法律现象，都是社会的原动力，他们可以互相影响，都与我们所求的那正当决定的情状有密切的关系。""我们可以拿团体行动、法律、财产法三个连续的法制，补足阶级竞争的法则，不能拿他们推翻马氏唯物史观的全体。"中共中央文献研究室、中央档案馆编：《建党以来重要文献选编（一九二一——一九四九）第一册》，中央文献出版社 2011 年版，第 412~413 页。

治系统论的思维和方式，将各种基本指标整合一体，形成统贯的法治发展测量和评价模型，改变现今居于主导地位的法治指标体系。① 就实践意义而言，采取价值定性的前提法，辅以结构功能主义方法，将法治看作发展系统工程的枢纽，通过经济社会发展的法治环境评测，不失为良方善策。这种思路，在联动法治与发展的系统工程思想中早有端倪，为构建法治强国战略模型提供了总体遵循。② 十八大以来，中国共产党将推进法治中国建设、建设法治强国作为实现中华民族伟大复兴中国梦的核心战略要素。习近平总书记多次引用"国无常强，无常弱。奉法者强，则国强；奉法者弱，则国弱"这一古典法家名句，用以说明党、国家和人民走奉法强国之路的重要。③ 而今，新时代新阶段的法治中国理论更贴近强国战略实践需求，有必要展开深度理论反思，尽快形成中国新发展格局下的法治均衡战略模型。

第四节　总蓝图、时间表和施工图

马克思主义法学话语富含各式建筑隐喻。④ "总蓝图""时间表""施工图"等语词，遵循类似原理，将法治中国建设比喻为一项史无前例的伟大工程，进而产生规划设计、推进步骤和具体安排等现实问题。但中国的法治规划理论并非在隐

---

① 此种法治指标体系以世界正义工程的法治测量指数为代表。有关这一指标体系的反思性研究，参见张琼：《法治评估的技术路径与价值偏差——从对"世界正义工程"法治指数的审视切入》，载《环球法律评论》2018 年第 3 期。

② 钱学森开创的系统工程理论的核心贡献有两条：其一，在思想和理论层面，推动了整体论、还原论的辩证统一，开创了"系统论"；其二，在方法和技术层面，提出了"从定性到定量的综合集成方法"，将其作为经济社会发展总体设计部的实践形式。在应用系统论方法时，从系统整体出发将系统进行分解，在分解后研究的基础上，再综合集成到系统整体，实现系统整体涌现，最终是从整体上研究和解决问题。1979 年 10 月，钱学森讲道："社会主义法治要一系列法律、法规、条例，从国家宪法直到部门的规定，集总成为一个法治的体系、严密的科学体系，这也是系统工程、法治系统工程；它的特有基础学科是法学。"将系统论运用于社会主义法治建设，为解决当今世界不平等、不平衡、不可持续问题，提供了中国方案、贡献了中国智慧。参见薛惠锋：《钱学森："系统工程才是我一生追求的"》，载《光明日报》2018 年 11 月 1 日，第 13 版。

③ 参见张文显：《治国理政的法治理念和法治思维》，载《中国社会科学》2017 年第 4 期。

④ 参见姚远：《历史唯物主义法学原理中的"建筑隐喻"》，载《法制与社会发展》2020 年第 6 期。

喻中生长，作为法治中国实践发展的投射，以及法治中国理论的有机组成部分，它对新时代中国的高质量发展具有重要意义。

一、法治何以规划?

就语词表达而言，"法治规划理论"易生误解。它指的并非与城市规划法制有关的理论思考，尽管后者亦可纳入其范围。这个术语在经典法治理论中并不常见，甚至尚未成型，盖因西方学者对法治规划，普遍持怀疑与否定态度。基于法治历史演进与人为规划的二元对立，学者们对构造法治规划理论似乎并不热心。在中国法学界，虽对法制规划的必要性早有认识，但由于缺少实践发展基础和顶层设计支撑，这方面的理论成果明显不足。① 近些年，法治评估研究出现热潮，导引出某种法治规划设计论的先声，但毕竟二者性质有别：一为评价论，一为设计论。② 从逻辑顺序上看，应先有规划设计论的成熟发达，方有评价预测论的科学精准。

若将法治规划理论解释为法治规划过程中的理论指导或参与，其资源无疑会非常丰富。但这些并非法治规划自身的理论，它们无法回答法治规划究竟是什么、为什么以及如何进行等问题，特别是法治规划是否必要的前提性问题。就当前中国法治发展的实际而言，这一前提问题已经得到解决。中央依法治国委员会第二次会议指出："法治建设规划，事关全面依法治国工作全局。党的十八届四中全会专题研究了全面推进依法治国重大问题。党的十九大描绘了 2035 年基本建成法治国家、法治政府、法治社会的宏伟蓝图。要贯彻中国特色社会主义法治理论，贯彻新发展理念，同我国发展的战略目标相适应，同全面建成小康社会、全面深化改革、全面从严治党相协同，扎扎实实把全面依法治国推向前进，确保

---

① 改革初期，经济学界将计划和法制紧密联系，强调按经济规律办事，需要坚持计划经济和加强经济领域的社会主义法制，这三者的关系如恩格斯所说，是在"经济必然性的基础上的互相作用"，应统一地加以理解。当时的法制规划主要体现在计划思维和发展规划的配套实施上，并没有出现相对独立的法制规划观念和理论阐释。参见余学：《关于经济规律、计划和法制的几个问题》，载《现代财经》1982 年第 2 期；钱奕、陈宏君：《上海宏观经济计划控制与法制配套》，载《法学》1986 年第 3 期。

② 参见朱景文：《论法治评估的类型化》，载《中国社会科学》2015 年第 7 期。

制度设计行得通、真管用，发挥法治固根本、稳预期、利长远的保障作用。"①在这次会议上，习近平总书记特别强调，法治建设规划"是一件关系全面依法治国长远发展的大事，必须办好"，"四十年来我国改革实践说明，'摸着石头过河'是富有中国智慧的改革方法，也是顶层设计的基础。法治领域规划要遵循这样的思路，确保制度设计行得通、真管用，发挥法治固根本、稳预期、利长远的保障作用"。② 结合立法论、政治设计论和规划科学等理论观点，我们可以认为，法治规划既是一项专门技术，同时又是一种政策活动和社会运动；既是一种科学，又是一门艺术，更是法律、治理与生活实践的系统构造。"从最广泛的意义上讲，规划就是为实现一定目标而预先安排行动步骤，并不断付诸实践的过程。"③法治规划理论不可能单独从价值论法学、法教义学、社会学法学中孕生，甚至不可能单由法学主导，它属于典型的超学科建构，具有兼容政治设计、立法安排及制度实施的系统性。

第一，法治规划目标的预定性。法治规划之所以可能，首先在于法治价值理念形成共识，在根本目标层面不存在大的争议。比较好的情状是，当一个国家不仅具备法治理念的共识，而且对法治理想实现的目标模式有了科学系统的认识，以之设定可行性强的多层次目标。

第二，法治规划过程的一体性。法治规划不仅是一个计划的制定过程，而且在制定同时即结合了具体的实施和评价，具有可延展、趋向完备的一体性。法治规划理论只有将规划的创制、实施和评价统筹一体，才能发挥其应有的实践指导功能。

第三，法治规划决策的合理性。法治规划的使命在于，拟定一套决策用以安排未来行动，强调以最佳方法实现预定目标，通过实践过程中不断比较、反复试错，学习各种新的可能决定及目标参数，它本质上是有组织、有意识的连续尝试。法治规划的合理性依凭在于，借助已有的人类法治知识，将其运用于决策过

---

① 《习近平主持召开中央全面依法治国委员会第二次会议并发表重要讲话》，http://www.gov.cn/xinwen/2019-02/25/content_5368422.htm，2021 年 4 月 19 日最后访问。

② 习近平：《论坚持全面依法治国》，中央文献出版社 2020 年版，第 253 页。

③ 孙施文：《现代城市规划理论》，中国建筑工业出版社 2007 年版，第 13 页。

程，以作为法治实践行动的基础。成功的法治规划，一般都属于民主机制下的集体决定。法治规划为实现预定目标，须编制一个有条理性的行动顺序。此种条理性要求，不完全等同于立法的形式理性，但又必须以之为基底。作为行动的法治，与纸面法治不同，在于繁杂交错的环境、主体、动因、事件等难以穷经的因素，可能随时超出预期的框架，因而需要采用动态均衡的办法，在一个广大的战略布局中呈显各方意志的交融，同时保证规划者的战略意图不落空。

二、法治中国如何规划？

依照法治规划的上述特质，我们认为，中国共产党以实践为基础，通过民主集中决策机制，融凝古往今来人类法治文明之精华，从中国实际出发，面向人民美好生活需要，对实现法治理想目标的集体行动及其时间、步骤，进行了具有连续性的合理安排。这表明法治中国理论与规划实践的紧密关系，也证明中国法治推进方式的"上下融合"特征。

总体而言，法治中国的顶层设计经历了长期的准备和演进。中国共产党的百年历程，不仅证明法治理想价值的可欲，更表明法治理想在中国整体实现的可行与可能。近代以降，中国时局的动荡，让人们在反思批判传统政制之余，学会以开放心态汇纳各方知识，由此引入现代化法治方案。但遗憾的是，现代化法治蓝图在引入时并未考虑中国的实际，多为局部的照搬照套，对西方法治的理解缺乏系统论的关照。由于未能深度探察法治、研析中国，诸多看起来很美的图纸一一作废。只有中国共产党，找到了一条符合中国人民和中华民族集体愿望，并在现实中勾画为具体可行的法治之路。比如，由党的执政经验塑就而成的根据地法制蓝图，此种"法制特区模式"影响深远。虽然实践过程遇到各种阻碍挫折，但经过反复试验，法治中国建设的方向明确无误，总蓝图、路线图和施工图在凝聚众智中日渐丰厚，趋于完备。

中华人民共和国成立后，新民主主义法制国的构建蓝图首先在"共同纲领"中得到明确表达，社会主义法制国的框架为"五四宪法"确立，这实质上是由新民主主义法制向社会主义法制发展的总规划。此种蓝图经由宪法变迁机制不断发展，成就了如今宪法文本中的建设社会主义法治国家图景。在建设社会主义法治国家的宪法原则基础上，法治中国建设提出更为长远的目标，带动了相关顶层设计的出台。

党的十八大至今的法治中国建设规划，构成了一个动态生成、相互牵连的战略系统。将法治共识转化为政治动议，由党和国家最高领导人宣告，经由党中央决议确认，形成第一份有关法治中国的总蓝图。在此基础上，党的十八届四中全会作出专项规划，形成更系统的法治中国规划蓝图。"一张好的蓝图，只要是科学的、切合实际的、符合人民愿望的，大家就要一茬一茬接着干。"①习近平总书记的重要论述是作为法治规划的方法论指引，强调法治规划融合基层摸索和顶层设计的必要性，法治发展的顶层设计必须维持权威性、连续性和稳定性。党的十九大以来，法治中国建设规划蓝图得到发展丰富，进一步厘定了"两个一百年"总目标下的法治三阶段推进路线图，同时明确了制定专门性法治中国建设规划的战略要求。

党的十九届五中全会审议通过的《中共中央关于制定国民经济和社会发展第十四个五年规划和2035年远景目标的建议》，明确将"基本建成法治国家、法治政府、法治社会"作为到2035年基本实现社会主义现代化远景目标的重要内容。2020年11月，中央全面依法治国工作会议明确习近平法治思想在全面依法治国工作中的指导地位，对法治中国建设提出了新要求、新部署。2020年12月，中共中央印发《法治社会建设实施纲要（2020—2025年）》。② 2021年1月，中共中央印发《法治中国建设规划（2025—2035年）》。这一规划是中华人民共和国成立以来第一个关于法治中国建设的专门规划，是新时代推进全面依法治国的纲领性文件，是"十四五"时期统筹推进法治中国建设的总蓝图、路线图、施工图，对新时代更好发挥法治固根本、稳预期、利长远的重要作用，推进国家治理体系和治理能力现代化，适应人民群众在民主、法治、公平、正义、安全、环境等方面的新要求新期待，加快实现到2035年基本建成法治国家、法治政府、法治社会

① 习近平：《在党的十八届六中全会第二次全体会议上的讲话（节选）》，载《求是》2017年第1期。
② 《中共中央印发〈法治社会建设实施纲要（2020—2025年）〉》，http://www.gov.cn/xinwen/2020-12/07/content_5567791.htm，2021年4月19日最后访问。

的奋斗目标具有重大意义。① 2021 年 4 月，中共中央办公厅、国务院办公厅印发《关于加强社会主义法治文化建设的意见》，强调社会主义法治文化是中国特色社会主义文化的重要组成部分，是社会主义法治国家建设的重要支撑。

三、法治规划如何理论升华？

法治中国规划目前已形成党领导法治的大战略主张与国家发展大战略布局有机融通的体制机制格局，通过总体方案、专门系统方案与专项领域方案的相互配合，造就了一种别具特色的法治战略规划系统。这方面的实践经验已比较充分的累积，急需理论上的总结提炼、锻造升华，针对各地方、各部门的具体规划加强指引，避免出现重复规划、无效规划乃至违法规划的情形。2019 年，张文显教授提出制定法治中国建设规划的七项方法论原则：第一，坚持党的全面领导；第二，坚持以人民为主体；第三，贯彻新发展理念；第四，从实际出发，与国情相适应；第五，树立问题意识，坚持问题导向；第六，尊重和遵循法治发展的基本规律；第七，坚持辩证关系。② 在 2021 年初中共中央发布的《法治中国建设规划（2020—2025 年）》中，这七项原则得到了明确反映。这表明法学家话语在法治战略规划中具有重要作用，也说明新时代中国"规划型法治"具有广阔的理论空间。

从本体论看，规划型法治在人类历史发展中并不鲜见。无论是西方哲学王立法的构思，还是中国儒家的素王制度论，都具有浓厚的法治规划主义导向。③ 近代自然科学的兴起，让人们对法治自身规律的认识有了突破性进展，对诸多法治的影响因素可更准确、更系统地定位描述、分析推演，从而可以从法治普遍知识中塑造出指引法治运行的理念模型和战略框架。由于法治主要体现的是一种实践

---

① 《中央依法治国办负责同志就〈法治中国建设规划（2020—2025 年）〉答记者问》，http://www.gov.cn/zhengce/2021-01/10/content_5578672.htm，2021 年 4 月 19 日最后访问。

② 参见张文显：《制定法治中国建设规划的方法论原则》，载《法制与社会发展》2019 年第 3 期。

③ "素王改制"之说是晚清今文经学所要努力达到的学术目标之一。康有为的《孔子改制考》和廖平的《知圣篇》可谓论述"素王改制"最有代表性的著作。从总体上看，两书的主旨极为相似：它们都认定孔子身位应为"素王"而非"先师"；它们都声称孔子定六艺乃是"作新经"而非"述旧史"；它们都坚信儒家经书中暗寓着孔子为后世所立的"一王大法"，即所谓"素王之制"。参见李长春：《"素王"与"受命"——廖平对今文经学"受命"说的改造与发展》，载《求是学刊》2011 年第 2 期。

理性，而非纯粹的思辨理性，它需要政治家发挥立法者功能，代表人民大众培育出最符合切身利益和未来发展的法治图形，再交由具体的实施主体在行动中检证完善。此种法治运行过程，并不排斥一些思想家所说的"自生自发秩序"，当然，也不等同于基于威权或幻念强推的非理性计划。规划型法治，可谓由来已久，这是法治规划理论最为雄辩的本体证成。

从认识论看，法治规划之成败，很大程度上取决于法治知识科学与否、充沛与否。而以实践理性为主导的法治知识生产机制，不可能通过自然科学实验、形式逻辑推演、哲学命题辩论等方式构成，其主干乃是立法家的技艺。而现代社会的立法家，初具备丰盈的法律专业知识，而且还需要超强的学习能力和调试本领。作为集体行动的法治规划，必定倾向于民主决策，而非仅凭单个人的智识与才干。通过先验认识、经验认识和规范判断的不断整合，法治规划实践可以逐渐生发理论资源，实现主客观认识论的高度统一。

从方法论看，法治方法论与规划方法论存在很多契合之处。比如，法治的逻辑方法强调的形式理性，与科学规划要求的统一、普遍、无矛盾要求完全对接。与此同时，法治方法同样尊重实质理性，对各种变量和因素，采取通盘考虑比较权衡的态度。这与科学规划所追求的实质合理性，也非常吻合。但与具体的规划科学不同，法治规划理论承担的主要是法治事业整体性的战略决策研究，其中最重要的是法治发展理论，它涉及法治规划过程中所涉及的各项内容之间的相互关系及系统安排，以及对法治的未来发展作出预测和事先安排，从而确定行动纲领。① 法治规划理论必然包含法治预测论，由此建立一套连通过去、现在和未来可能性的联系规则。法治规划理论还包括有关法治各要素未来运行的模拟理论，以明确在规划条件下的合理运行状态中法治的发展走向、相互关系及各种可能

---

① 现有法治发展理论侧重宏观法治道路或法治与经济社会发展的具体关系，试图从中抽象一种大理论的雏形。如有学者认为，中国法治发展道路必将催生中国法治实践学派。中国法治实践学派旨在从学术流派的角度对中国法治发展道路和中国法治理论进行理论概括和学术阐述。它以中国特色社会主义为指导思想，梳理中国法律发展历史，总结当代中国法治发展实践，在国际视野下开拓创新中国法治发展道路，为人类法治建设走出一条新的具有普遍意义的成功之路。参见邱本、徐博峰：《中国法治发展道路与中国法治实践学派》，载《浙江大学学报（人文社会科学版）》2013 年第 5 期。

性。此外，法治规划理论还包括对规划内容的实施和评价理论，以及相关技术层次的理论。这些理论主要来自科学层次的演绎、具体化和深化，再就是对具体实践活动的经验概括。

总之，法治规划与科学分析活动之间存在一个根本的区别，就是规划的目的是要预见未来可能发生的事态，并善于对它进行管理，规划失败的原因大多是由于注意力主要集中于预测，而对解决预测结果所提出的问题却重视不足。系统方法论倡导者认为，规划是连续的，因此不存在什么确定规划，规划的目的在于影响和利用变化，而不是描绘未来的、静态的图景。如何对变化进行规划，实现被规划的变化，可谓当前法治因应风险社会的重大主题。甚至能否这样认为，对于法治中国而言，不能制造一个规划，只能培植一个规划？如何回应这些问题，事关法治中国理论下一阶段的发展。

第二编　教义反思

第五章

政法法学对教义法学的挑战

　　中国特色社会主义法学需要更多的原创性概念，"党内法规"可以说是极具代表性的一个政法话语。政法是什么？这是一个比法律是什么更难回答的问题。① 我们本可以将解释责任落在自家人身上，但很可惜，中国本土法学在理论话语生产方面的表现并不出色，甚至较为糟糕，直接导致"政法法学"处于比较尴尬的状态。如果当今中国存在一支相对独立的"政法法学"，很显然，其话语表达方式与之前已有霄壤之别。用苏力的话说，近十年来政法法学的浴火重生，大大拓展了法学学术背后的意识形态格局。他以冯象的"政法"研究和强世功的政治宪法学研究为例，试图表明：在中国，学术化的政法法学不仅可能，而且可欲，是一种正常的公共选择。② 反思苏力提出的问题，我们不妨对当今中国政法法学的范围再加扩展。事实上，当代中国法律学术起始于"政法不分家"的对策式研究，政治和法律不仅在现实运作中难以切割，在话语生产上也逻辑相通。在中国学术研究高度建制化的背景下，官方主导的政法话语具有相对于私人学术话语的天然优势，即使某些学者特立独行，发展出标新立异且富有影响的话语范式，也很快会在支配性政法话语的选择性传播中异化流变。或者，实质上就是一种主流话语的非常态诠释。③ 在日趋开放的信息社会，旧式政法话语逐渐消亡，

---

① 参见侯猛：《当代中国政法体制的形成及意义》，载《法学研究》2016 年第 6 期。

② 参见苏力：《中国法学研究格局的流变》，载《法商研究》2014 年第 5 期。

③ 苏力本人就是一个例子，他的成名之作《法治及其本土资源》针对当时的政法研究热点，运用新的研究方法为沉闷的法理学研究打开了一扇窗，但并没有真正开启所谓独立法学研究的那扇门。苏力对法学的功能有清醒的认识，他的"谦虚"很大程度上是基于对支配性政法话语的前提认同。

取而代之的新话语势必吸纳新的智识资源，从表达方式上更注重科学的外观、文学的修辞以及政治和法律的多重正确。进而言之，党内法规话语的表达与实践，究竟是契合关系，还是背离状态，或是冲突后的融合走向？它能否体现出黄宗智所说的"中国法的独特思维方式"，即"结合高度道德化的表达以及比较实用性的实践，形成一个表达和实践既背离又抱合的统一体"？① 在此意义上，"党内法规"的话语分析，可为中国法学研究反思的典型例证。

第一节　作为政法话语的"党内法规"

一、语词系谱

近代以降，中国各政党秉持不同政见，展开激烈的权力之争。党力之大小强弱，与党规之严密松弛，息息相关。历经曲折的中国共产党，在革命时期逐渐形成了一套严密的建党治党方法，其卓然成效有目共睹。② 1939 年，国民党中央组织部长张厉生感叹："其他政党常是用了无孔不入的方法来训练和组织他们的党员，我们党是把党章摆在桌子上，开着大门，要来就来，不来就去。"③而在当时的延安，一场轰轰烈烈的共产党党内整风运动正在展开，指导这场运动的重要依据正是中共六届六中全会通过的若干党法党规。1938 年 10 月，毛泽东代表中央作了《论新阶段》的政治报告。在这个重要的长篇政治报告中，他从抗战大背景出发，提出制定一种"党规"以健全"党的法纪"的主张，被当前学界公认为中共

①　黄宗智：《清代以来民事法律的表达与实践：历史、理论与现实》（三卷本），法律出版社 2014 年版，总序。

②　蒋介石曾在日记中感慨：共产党进步得那么快，我们国民党再不奋起直追的话，国民党很快就完蛋了。在日记中，他记录了对 1945 年中共七大党章的学习心得，觉得其中两段写得太好了，一段讲党员和群众，一段讲上级和下级。在他看来，这两段话简直可以解决国民党的一切基本问题。所以将其抄在日记本里。蒋介石战败蜗居台湾后，多次在讲话中谈到了"延安整风"，并将之作为整党治党的镜鉴。参见杨天石：《告诉你所不知道的蒋介石》，http://history.people.com.cn/GB/206507/206508/index.html，2016 年 12 月 1 日最后访问。

③　张厉生：《党务实施上之问题》，中央训练团刊印，1939 年 3 月，第 13 页；转引自王奇生：《战时国民党党员与基层党组织》，载《抗日战争研究》2003 年第 3 期。

党内法规概念的起源。根据当时的文献版本，毛泽东在报告的最后一个部分指出：

> 十七年来，尤其是五中全会以来的党的斗争经验，证明了有在党内，八路军与新四军内，继续坚持铁的纪律的必要。纪律是执行路线的保证，没有纪律，党就无法率领群众与军队进行胜利的斗争。在过去，由于克服了张国焘一类破坏纪律的倾向，保证了抗日民族统一战线与抗日战争的顺利执行。在今后，又必须坚持这种纪律，才能团结全党，克服新的困难，争取新的胜利。在这里，几个基本原则是不容忽视的：（一）个人服从组织；（二）少数服从多数；（三）下级服从上级；（四）全党服从中央。这些就是党的民主集中制的具体实施，谁破坏了它们，谁就破坏了党的民主集中制，谁就给了党的统一团结与党的革命斗争以极大损害。为此原故，党的各级领导机关，应该根据上述那些基本原则，给全党尤其是新党员以必要的纪律教育。过去经验证明：有些破坏纪律的人，由于他们不懂得什么是党的纪律。有些明知故犯的人，例如张国焘一类，则利用一部分党员的无知以售其奸。所以纪律教育，不但在养成一般党员服从纪律的良好作风上，是必要的；而且在监督党的领袖使之服从纪律，也有其必要。党的纪律是带着强制性的；但同时，它又必须是建立在党员与干部的自觉性上面，决不是片面的命令主义。为此原故，从中央以至地方的领导机关，应制定一种党规，把它当作党的法纪之一部分。一经制定之后，就应不折不扣地实行起来，以统一各级领导机关的行动，并使之成为全党的模范。①

可以发现，毛泽东在讲话中并未直接采用"党内法规"的提法，而是在沿用"党纪"概念的基础上，创造性论述了一种新的"党规"的必要性和重要性，并将之作为"党的法纪"的基本内容。结合当时的具体情境，毛泽东对党规话语的使用，真正用意在于加强党内的纪律教育，特别是针对张国焘、王明等人所犯的政

---

① 毛泽东：《中国共产党在民族战争中的地位》，新华书店晋察冀分店1938年版，第13~14页。

治错误而作出的回应性矫正。在他的报告中，"党规"和"党的法纪"均只提到了一次。这些闪动的语词，或许源于毛泽东本人在起草报告时的灵光一现，想到了这个比"党纪"更富权威感的比喻性政法话语。但从中国共产党革命斗争的实际经验来看，此时的共产党已经初步具备了党内治理制度化的基础和条件，延安时期的政权建设和司法工作也需要以党法为指引。①

在六届六中全会上，刘少奇作了《党规党法的报告》。在这个报告中，刘少奇结合毛泽东对党规和党的法纪的论述，将其思想概括为"党规党法"的话语表达。刘少奇的报告很简短，主要从三方面论述了制定新党规的必要性：第一，作为有了军队和政府的大党，单靠党章无法应对；第二，为执行民族统一战线、国共合作的政治任务，维护党内团结统一，必须有"法律上"的规定；第三，为进一步修改党章奠定基础。② 最后，这次会议通过了三部重要的党规党法：《党的组织机构的决定》《中央委员会的工作规则和纪律》《各地党委的工作规则和纪律》。

但党内斗争并未因几部党规的出台而告终结。在当时的延安，王明的右倾路线仍在延续，在思想上带来新的混乱，一些党的高级干部受其影响，使毛泽东一度处于少数派的地位。李维汉在一次探访时，毛泽东向他感慨："我的命令不出这个窑洞。"③延安整风运动正是在此背景下，通过一大批党规党法的制定施行，理论学习、调查研究、纪律教育逐步铺展，实现了全党思想、政治、组织和作风各方面的深层改造和高度统一。

1945 年 5 月，刘少奇在中共七大上作了《关于修改党章的报告》，他在报告中将党的经验进行了系统总结，特别强调了严密的组织和铁的纪律。与过去"党规党法"的话语表达略有不同，在这个报告中，刘少奇使用了与"党章"并列的

---

① 1937 年的延安，黄克功案轰动一时。毛泽东在写给雷经天的信中说："共产党与红军，对于自己的党员与红军成员不能不执行比一般平民更加严格的纪律。当此国家危急革命紧张之时，黄克功卑鄙无耻残忍自私至如此程度，他之处死，是他自己的行为决定的。"黄克功案主要争议源于当时延安边区政府没有一套明确的成文法，党内的纪律规范正好发挥了替代作用。党纪严于国法，通过黄克功案得到了验证。

② 参见《刘少奇论党的建设》，中央文献出版社 1991 年版，第 45~50 页。

③ 李维汉：《回忆与研究》（上），中共党史资料出版社 1986 年版，第 443 页。

"党的法规"的新话语:

> 党章,党的法规,不只是要规定党的基本原则,而且要根据这些原则规定党的组织之实际行动的方法,规定党的组织形式与党的内部生活的规则。党的组织形式与工作方法,是依据党所处的内外环境和党的政治任务来决定的,必须具有一定限度的灵活性。①

在中国共产党的政治话语中,"党规"虽早在 1938 年即为毛泽东提出,"党的法规""党规党法""党的法规"等提法交相延续。中华人民共和国成立后,可能是考虑到中国共产党执政的特殊要求,以及避免将国法与党规混淆,在《毛泽东选集》的编辑中改用了"党内法规"这一更为强调规范效力范围限定的语词。真正强调将各种形式的党内法规整合为有机统一法治体系的主张,始于党的十八大后的政法实践。② 担任党的总书记后,习近平在不同场合多次重申党内法规体系建设的重要性,反复强调"坚持从严治党,依规治党"。③ 在对党内法规的论述中,习近平总书记指出:

> 我们党抓党的建设,很重要的一条经验就是要不断总结我们党长期以来形成的历史经验和成功做法,并结合新的形势任务和实践要求加以创新。因此,有必要通过六中全会,对近年来特别是党的十八大以来从严治党的理论和实践进行总结,看哪些经过实践检验是好的,必须长期坚持;哪些可以进一步完善并上升为制度规定,以党内法规的形式固化下来;哪些需要结合新的情况继续深化。所以,党中央决定同时制定准则、修订条

---

① 《刘少奇选集》(上),人民出版社 1981 年版,第 316~317 页。

② 参见黄树贤:《大力加强党内法规制度建设》,载《人民日报》2014 年 12 月 16 日,第 7 版;许耀桐:《党内法规论》,载《中国浦东干部学院学报》2016 年第 5 期。

③ 参见中共中央纪律检查委员会、中共中央文献研究室编:《习近平关于严明党的纪律和规矩论述摘编》(中央文献出版社、中国方正出版社 2016 年版)。该书收录 200 段论述,摘自习近平 2012 年 11 月 16 日至 2015 年 10 月 29 日期间的讲话、文章等 40 多篇重要文献。其中,有关党内法规制度创新和体系建设的专题论述有 40 余段。

例，这是着眼于推进全面从严治党、坚持思想建党和制度治党相结合的一个重要安排。①

从这段话语可以看出：中国共产党对于建党治党的实践经验，主要有三种处理渠道。需要总结后坚持的，当为惯例；需要完善后固化的，形成法规；需要创新后深化的，继续探索。这三种路径殊途同归，都指向对执政党自我治理能力的维护和提升。党内法规处于中间层面，构成不成文惯例和不确定做法的桥梁：一方面，它以必须长期坚持的基本经验为主要渊源，可以不断根据需要实现惯例的成文化；另一方面，它对改革创新又是一种有形制约和保障，摸索过河时必须依靠"石头"的指引和扶持。

二、学理建构

对于学界而言，当前的党内法规呈现不断升温的热点化态势，但围绕体系化目标的基础理论研究仍非常不足。② 与党内法规建设的政治话语相比，相关学术话语，特别是法理学承担的基础理论和战略研究功能未能充分激发。在新的历史起点，如何厘清党内法规体系研究的问题、方法和框架，对中国特色社会主义法学话语体系而言，既是迫在眉睫的挑战检验，也是难能可贵的创新机遇。

改革开放后，以1980年《关于党内政治生活的若干准则》的公布实施为推动，党内重启党法党规建设工程。围绕党的十三大首次提出的"从严治党"，党规研究话语出现首轮热潮。1987年，中共中央纪律检查委员会向全党发出了《关于共产党员必须严格遵守党章》的通知，在学习研究过程中，党校系统学者对党章在

---

① 习近平：《关于〈关于新形势下党内政治生活的若干准则〉和〈中国共产党党内监督条例〉的说明》，载《人民日报》2016年11月3日，第2版。

② "当前，党内法规制度建设理论研究相对薄弱，对党规党纪的历史渊源、地位作用、体例形式、产生程序等均需系统研究、予以确定；有的党规党纪与国家法律交叉重复，有的过于原则、缺乏细节支撑，可操作性不强，亟待完善。要认真总结我们党90多年、无产阶级政党100多年、世界政党几百年来制度建设的理论和实践成果，联系实际、求真务实，探索适合自己的党内法规制度建设途径。"王岐山：《坚持党的领导 依规管党治党 为全面推进依法治国提供根本保证》，载《人民日报》2014年11月3日，第3版。

党内法规体系中的核心地位作出了多方面阐释，有从列宁思想切入者，有从比较视角着眼者，有从实际问题出发者。① 这一时期，研究者主要从制度治党、加强监督的角度论述加强党内法规建设的重要性，将党内法规体系定位于以党章为中心的规范系统，特别是党内监督系统的构造。② 1990 年，中共中央颁布了《中国共产党党内法规制定程序暂行条例》，正式从制度上确立了党内法规体系的基本框架。该条例第 2 条明确规定："党章是最根本的党内法规，其他党内法规是党章有关规定的具体化。党内法规对于加强党的建设，保证党的各项工作和党内生活的制度化，具有十分重要的作用。"由此，党内法规的体系化内涵得到正式明确。

进入 20 世纪 90 年代，党内法规研究不断拓展，出现了一些新的话语。如有学者论证"党内法制"概念，认为"党内法规和制度应该是一个体系，这个体系由各种层次、各个方面、各种功能的不同党内行为规范组合而成"。③ 完备的党内法制是由一系列党内法规以及党内法规从制定、实施、遵守到监督保障、违章处置的一系列规程、办法、制度所构成的体系或系统。④ 这种对党内法规体系的认识，已比较接近动态的法治体系概念。在此基础上，学者进一步提出以党内法制系统为本位的"依法治党"框架，其基本逻辑可以概括为：党法党规是在全党范围内具有公平公正、强制效力和权威尊严的特殊规范。有了党规党法，就应该有完善的党内法制，而完善的党内法制必然要求党内立法、执法、司法、守法和法律监督等活动和过程都要依法办事，以维护党规党法的权威性和强制性，也就是要实行"依法治党"，不至于使党规党法和党内法制因领导人的改变而改变，因领导人的看法改变而改变。⑤

---

① 分别参见孙铭：《增强学习和遵守党章的自觉性：学习列宁关于党章在党的生活中的地位和作用的论述》，载《党政论坛》1987 年第 7 期；温云水：《各国共产党、工人党章程比较研讨会简述》，载《党校科研信息》1987 年第 1 期；李乐刚：《党内"有章不依、违章不究"现象产生的原因之我见》，载《理论学习》1987 年第 5 期。

② 参见陈代平：《略谈制度治党》，载《党建》1988 年第 7 期；刘玉辉、雷高岭：《试论党规党法的系统化》，载《理论探讨》1989 年第 6 期；杨金陵等：《关于党内监督问题专题讨论会观点综述》，载《党校科研信息》1988 年第 34 期；杨金陵：《关于党的集体领导问题的再思考》，载《理论学习月刊》1988 年第 9 期。

③ 李乐刚：《什么是以及为什么是党内法制》，载《江汉论坛》1995 年第 12 期。

④ 参见叶笃初等：《试论完备的党内法制》，载《江汉论坛》1996 年第 5 期。

⑤ 参见尹德慈：《试论"依法治党"的提出》，载《社会科学》1998 年第 7 期。

由于"依法治党"在概念上存在诸多争议，之后逐渐淡出，为"依法执政"、"依规治党"等更严谨的话语代替。在这场讨论中，"党内法规体系"的概念得到普遍认同，在内涵和外延上不断深化拓展。① 随着反腐败法规体系构建任务的提出，在内部体系建设的同时，解决党内法规与国家立法相协调的问题，成为之后党内法规体系研究话语的关注热点。②

随着党内法规在法治战略中的地位凸显，相关问题受到法学界重视，出现了政法法学、社科法学、法教义学竞相诠释的话语热潮，出现了一批颇有分量的研究成果。③ 有学者认为，以党内法规体系为核心内容的依法执政研究，可以说是"法学乃至整个社会科学发展史上最艰巨、也是最伟大的课题之一"。④ 将党内法规纳入法治体系的视野整体研究，对于法学界尤其是法社会学研究领域，具有十分重要的学术价值和实践意义。⑤

作为典型的政法学术话语，近年法学界对中国共产党党内法规体系的研究，总体是一种政治话语的法意诠释学，在研究风格上呈现出不同于中共党史和党建理论话语的特点，表现出摆脱西方法学话语范式支配的自主欲念。学者们的党内法规话语，不仅可为检验政法法学的生命力充当例证，而且可为反思中国特色法学话语体系研究提供样本。通过党内法规学术话语流变的考察，"从政治呼号到法律逻辑"的话语变迁，⑥ 不仅在底层民众权利抗争中展现，也反映在法治顶层设计的战略研究话语深处。其间的矛盾在于：将政治话语和法律话语截然区分、

---

① 参见刘德威：《"依法治党"问题研究述评》，载《理论前沿》2001 年第 4 期。

② 参见兰亚宾：《党内反腐法规体系研究》，载《中共四川省委党校学报》2006 年第 4 期；宋健：《怎样使党内法规与国家立法相协调》，载《学习时报》2005 年 5 月 30 日；张立伟：《法治视野下党内法规与国家法的协调》，载《中共中央党校学报》2011 年第 6 期。

③ 例如，周叶中：《关于中国共产党党内法规建设的思考》，载《法学论坛》2011 年第 4 期；姜明安：《论中国共产党党内法规的性质与作用》，载《北京大学学报(哲学社会科学版)》2012 年第 3 期；强世功：《党章与宪法：多元一体共和国的建构》，载《文化纵横》2015 年第 8 期；秦前红、苏绍龙：《党内法规与国家法律衔接和协调的基准与路径》，载《法律科学》2016 年第 5 期；屠凯：《论党内法规制度体系的主要部门及其设置标准》，载《中共中央党校学报》2018 年第 1 期等。

④ 王振民：《党内法规制度体系建设的基本理论问题》，载《中国高校社会科学》2013 年第 2 期。

⑤ 参见付子堂：《法治体系内的党内法规探析》，载《中共中央党校学报》2015 年第 3 期。

⑥ 程秀英：《从政治呼号到法律逻辑：对中国工人抗争政治的话语分析》，载《开放时代》2012 年第 11 期。

彼此对立，无助于解释中国政法话语的复杂构造；不将二者作必要区分，又很难实现"权力修辞向法律话语的转变"。[①] 话语悖论谜题之所以呈现，与当下社会共识建立的多元主张相关，更直接的因素在于，我们对法律和政治的应然关系没有基础共识，精英话语的领导权与大众的当下利益关注及话语资源匮乏之间的紧张撕裂。[②] 事实上，许多政治话语本身就是法理渊源，甚至具有框构法规范的高级法效力；法律话语的表达也离不开政治话语的包装和保障，使其在公众传播和实践运行中克服专业话语局限，为群众喜闻乐见。党内法规虽不是规范群众的政法体制，但大众对其充满期待和兴趣，尤其是那些震慑人心的反腐故事，以及违法违纪典型案例，莫不是对党内法规话语的具象扩展。通过对党内法规研究话语的语境透视和条件分析，我们可以深入了解政法话语的复杂形成机理，让实践导向的问题意识更加鲜明。

三、海外镜像

"二战"后，海外政党理论研究主要以宏观政党制度为研究对象，很少有对政党规范、政党法制和党内法规的专门论述。[③] 相比而言，在政党法制比较健全的德国，关于政党立法、政党法制的研究较多，但主要是以国家法研究范式为主导，对政党权利、内部秩序、违宪禁止等方面问题展开的注释研究，鲜有对中国共产党党内法规的直接关注。即使是对政党内部法规的研究，也未形成稳定的研究范式和话语模式。

随着中国的崛起，海外学者对中国共产党的研究日益增多，逐步形成了一个新兴学术领域——海外中共学。从最初的区域政治和国际关系研究的一个方向，发展到如今的综合交叉学科，海外中共学越来越重视对中国共产党的执政方式和执政能力进行微观实证分析。[④] 以美国的中国研究为例，从以费正清、史华慈为代表的第一代，到以麦克法夸尔、傅高义为代表的第二代，直至以裴宜理、李侃

① 陈金钊：《权力修辞向法律话语的转变》，载《法律科学》2013 年第 5 期。

② 参见刘星：《重新理解法律移植：从"历史"到"当下"》，载《中国社会科学》2004 年第 5 期。

③ 参见刘红凛：《政党政治与政党规范》，上海人民出版社 2010 年版，第 6 页。

④ 参见路克利：《海外中共学成为国际显学》，载《人民日报》2015 年 5 月 4 日；路克利：《论海外中国共产党研究的兴起和发展》，载《马克思主义理论与现实》2011 年第 3 期。

如、沈大伟、柯伟林为代表的第三代，在长期累积的丰富研究素材中，不乏对党内法规体制解释的话语典范，对这些独特的学术话语有必要予以批判性反思。

例如，虽有学者对新时期中共法治意识形态做出了专门研究，① 但从具体规则的微观角度，相关学术话语没有给出有说服力的解释。中国共产党在实践中是否以及如何完成意识形态的重建？背后的规则是什么？在现实中如何运作？深入考察党内法规中的意识形态规范，我们不仅可以解释中国共产党的相关实践，而且可以对西方话语的"主义迷思"提供可能的破解之道。②

再如，有学者认为，中国共产党正面临着新的危机，必须再次进行"合法性"转型，强调以正式规则为支撑的法治构架。③ 中国共产党的合法性不可能再依靠单纯的经济绩效，而是取决于在维持增长的同时满足各种社会需要，取决于正式程序规则、制度权能和正义情感。④ 对非正式规则对于执政合法性的功能，很少有学者真正认真对待。更多的海外学者认为，如果执政合法性取决于多数民众的支持，中共并不存在合法性问题和危机，因为中国人民承认共产党执政的合法性是不容改变的事实。⑤ 如何测评人民的合法性支持？很少有学者给出科学的框架，并以具体实践作为例证。实际上，中国共产党有不少评价干部的软法指标，也有获得民意支持的非正式规范。只要这些规范整体良好运转，中共执政的合法性基础便不会受到根本挑战，其执政能力也会与时俱进、不断增强。

就当前党内法规话语更新而言，助益最为明显直接的，当属海外学者就中国共产党具体制度运作的实证研究，其涵盖组织制度、干部任用培训制度、会议制

① Larry Cata Backer，"'Rule of Law', the Chinese Communist Party, and Ideological Campaigns", *Transnational Law and Contemporary Problems*, Vol. 16, No. 1(2006), pp. 29-102.

② 例如，2015 年，中国共产党首次制定发布专门的意识形态管理法规——《党委（党组）意识形态工作责任制实施办法》。该法规强调党委（党组）书记对意识形态工作的第一责任，分管领导的直接责任、其他班子成员的"一岗双责"。

③ Ling Li, "The Rise of the Discipline and Inspection Commission, 1927-2012: Anticorruption Investigation and Decision-Making in the Chinese Communist Party", *Modern China*, 2016, Vol. 42, No. 5, pp. 447-482.

④ Joseph Fewsmit, "Generational Transition in China", *The Washington Quarterly*, 2002, Vol. 25, No. 4, pp. 23-35.

⑤ Bo Zhiyue, "China's Model of Democracy", *International Journal of China Studies*, 2010, Vol. 1, No. 1, pp. 102-124.

度、宣传制度、统战制度、纪检制度等方面。特别是中共纪检监察制度运行，已成为海外学者研究党规治理的重要切入点。例如，有学者试图从新制度主义的理论视角考察纪检制度的实际效能。① 在其看来，纪检监察的本质在于通过自上而下的纪律措施规约党员的道德行为。所有纪检监察机关必须遵守党的基本原则——"民主集中制"，即下级官员和普通党员必须服从上级的权威，以及上级机关有权领导下级机关。因此，纪委在履行职能时，要被钢铁般的纪律约束，被那些本该被其监督的人约束。鉴于纪委只是党的机器的普通组成部分，缺乏机构的独立性和自主性，如何对党的其他机关特别是领导干部行使有效的监督，仍然是一个具有挑战性的问题。但是，如果其被授予了一个独立的地位，在中国当前政治体制下，谁来监督这些"监督者"也是一个问题。结合当前中国监察委员会的法治运行，海外制度分析话语如果能与中国党内法规实践话语进一步融通，形成交互，想必解释力会更为显著。

虽然海外中共学的学术话语呈现繁荣态势，但党内法规尚未作为得到普遍承认的概念被纳入正式的专题研究范畴。相关学术话语仍带有固执的价值预设、浓厚的意识形态色彩，难以在短时间内摆脱极权主义、全能主义、新权威主义、技术精英主义等定式。大量关注微观的制度实证话语，即使有所谓中观理论模型的支撑，但由于缺少真正的可信资料以及与大众话语的勾连，显得苍白乏力，很难深度解释中共党内法规系统的实然运作。

第二节　政治宪法学与规范宪法学的论争

如果有人愿意回顾近十多年的中国法学话语史，"政治宪法学"与"规范宪法学"的论争应是华彩篇章。坦白说，很多人对中国法学的派别之争毫无兴致，甚至相当抵触，但这次论争却是难得的例外。引发此次论争的，是沉稳而激愤的北京大学教授陈端洪。庚寅年初，他将五篇颇具影响的论文结集出版，定名为《制宪权与根本法》，期待对中国的宪制问题加以"生存处境"式的诠释，并尝试提出

---

① Gong Ting, "The Party Discipline Inspection in China: Its Evolving Trajectory and Embedded Dilemmas", *Crime*, *Law and Social Change*, 2008, Vol. 49, No. 2, pp. 139-152.

局部解决的设想。在这本并非"松散的文集"中，一位追求"思想纯真和生活天然"的公法学者，对主流宪法学的理论范式和概念盲区进行了罕见的系统反思，力图对宪法学的"知识界碑"来一次神奇的"乾坤挪移"——从教义规范的宪法学转向政治哲学的宪法学。① 作者虚拟的"一位政治学者和一位宪法学者关于制宪权的对话"，被"规范宪法学"的支持者视为故意抹黑的挑战檄文。宣讲此书的演说会场，也成了陈端洪与林来梵（"规范宪法学"的代表人物、清华大学教授）"理论对决"的华山战场。广大青年学子分属两派，"各为其主"，思想交锋，盛景空前。

　　喧嚣之后，复归平常。作为论争的核心文本，《制宪权与根本法》应予认真对待。拙见以为，该书或可名为"政治宪法学宣言"，与林教授的"规范宪法学前言"相映成趣。以"制宪权"为宪法学的新界碑，虽尚待深广论证，但足以显出万丈理论雄心。以往中国的宪法及法律学，似乎过度受制于意识形态的禁锢，形成了缺乏自我反思的理论惯习。宛如长期生活在父权阴影下的怯弱孩童，心灵的受钳制造就了身体的不自由，画地为牢、亦步亦趋，活动范围自我受限，行为方式自我审查。结果是愈益似父，无论是言行举止，还是思维样式。父权制和伪学术的延续秘密，庶几在此。

　　端洪先生是勇敢的探路者。他执著而敏锐地探求着主权和政体的法理奥秘，以卢梭、西耶斯、施密特的思想为依托和遮掩，表演着政体合法性和革命合法性双向论证的超级"无间道"。他虽然不是实践革命的壮士，却堪称思想界的猛人，一个立足重构却又言出有据的理智判（叛）者！他的知识革命动机和界碑挪移功力，源自逃离父权荫罩的真挚欲求。他的制宪权研究，根本上是致力于当下中国政体改良的功利事业。

　　但即使武林中人，也难以判断"政治宪法学"的"乾坤大挪移"达及何层。在作家虚构的武侠世界里，张无忌练乾坤大挪移心法时，半边脸血红，半边脸发青，但双眼精光炯炯，第三、四层很快练成。练到第五层时，脸上忽青忽红，脸青时身体微颤，如堕寒冰，脸红时汗如雨下，其状艰辛。练成后，张无忌只觉全身精神力气无不指挥如意，欲发即发，欲收即收，一切全凭心意所至。但时至最后，他还是未达巅峰，最后放弃第七层修炼，反倒躲过走火入魔之劫。依此看

_____

① 参见陈端洪：《制宪权与根本法》，中国法制出版社2010年版，序言。

来，"政治宪法学"的修炼者更像处于第三、四层的状态，"炯炯精光"（核心问题）直视政体法理，"双面脸庞"（法学与政治哲学）代表方法交叉。

作为修炼者的"政治宪法学"无可厚非，但作为挑战者，似乎找错了对手。"规范宪法学"并非"政治宪法学"的敌人。其共同敌人，应是政治化的虚假学问，连同那违背人民主权和权利保障原则的专制政体！其区别在于，"规范宪法学"强调法律结构内的规则网络编织，"政治宪法学"却心醉于超越法律的主权权威维护；前者更多的属于法理学/法哲学，后者更多的属于法律教义学/解释学。它们的歧异在于理论重点的不同，无关学术根本旨趣。这场论争注定是一场无法持续的学术论战，即便真的持续下去，很有可能异化为意气、利益纷争。有人说，这场争论是北大宪法学 VS 清华宪法学。果若如此，夫复何言？

"政治宪法学"与"规范宪法学"出现"对峙"，根本原因在于中国法学的知识界碑尚未完全确立，范式转换尚未整体完成。下面提出的四个与此相关的问题，似可指引人们从"第三条道路"上寻找两派兼容的答案。

第一，如何理解"宪法至上"？在"政治宪法学"眼里，制宪权至上的法理否定了"宪法至上"。在"规范宪法学"看来，宪法是最高的国家实在法，"宪法至上"没有任何问题。虽然结论截然相反，但"政治宪法学"和"规范宪法学"都对宪法作了"去价值化"的预设，"实然"与"应然"的分野都忘却了宪法价值论的"欲然"问题。"宪法至上"表彰的是国人对宪法权威的渴望，对传统"法治"及近代西方自由主义法治的双重"去蔽"之念。极端地讲，它代表的是一种大众欲念的乌托邦。与前人不同，我们并非托古改制，而是移西入中，将西方的宪政理想通过中国传统权力容器加以"创造性转化"，然后予以制度化装载。直率地说，我们如今谈论宪法的至上权威，与凯尔森的"纯粹法学"并无知识论的牵连。"规范宪法学"将两者关联，更多出自"学者的想象"。退一步论，即使两者确有紧密关联，"宪法至上"一定可以推导出宪法是根本规范，是"万法之王""法中之法"的结论吗？在大众心里，"宪法至上"隐喻的是宪法功用的权威，而非宪法地位的权威。宪法因其功用最大才能登上"万法之尊"的宝座，无此功用的宪法根本不配被称为"根本规范"。"它没宪法！""多希望，宪法真管用！"①大众话语中的"宪

---

① 参见冯蒙：《它没宪法》，载《读书》2000 年第 9 期。

法"，不是既非"政治宪法学"强调的"实然宪法""行动宪法"，亦非规范宪法学主张的"文本宪法""理性宪法"，却是基于实践经验和社会情感的"生活宪法""功能宪法"。"政治宪法学"关注的是政治实践的宪法行动，"规范宪法学"强调的是形式理性的宪法体系，对于社会大众的宪法意识、观念和文化却甚为忽略。

第二，有无完美的宪法？在方法论上，"政治宪法学"和"规范宪法学"都秉持着实证主义的"去价值"立场。在他们看来，宪法本身无所谓好坏，宪法是否完美也就是个伪问题。为什么一定要区分宪法的好坏呢？为什么一定要用伦理标签表达宪法的成败或完美程度呢？只要把握了政体均衡的比率关系，宪法就是可行、有效的；或者，只要贯彻了宪定权力的运行法则，宪法就是可欲、有用的。完美的宪法，要么是政治实践的产物，要么是法律技艺的体现，总之，它与社会大众的道德感觉无关。在其眼中，很多严苛迂腐的道德主义者认为，宪法承载着卫护社会正义的重大使命，它本身必须善良公正，因而才谈得上维护善良和公正。宪法要成为最高大法，必须在道德上无可挑剔，在技术上臻于完美，甚至在吟咏上都要显出高雅和韵律。这样的宪法才是治国安邦的利器，才是变法维新的希望，才是社会正义的"阿基米德支点"。可现实一次次让这些希望落空。于是，实证主义的宪法哲学不再认为"完美宪法"是可欲的，连同大众的欲求一起否弃。的确，宪法很难完美，正像设计宪法、呼吁宪政的人不可能完美一样。可正因为如此，大众才会欲求宪法完美，目的正是超越精英制宪的局限。宪法不是为几个精英来到世间的。宪法要面对的是广大不知它为何物的民众，是嗷嗷待哺的饥饿与贫困，是心灵荒芜的文化沙丘，是一切与道德理想大词无关的具体罪恶。在一个有缺陷的社会，怎能期待一部无缺陷的宪法？在一片本身就充满邪念的人欲海洋，怎能培植一部实现天下大同的普适宪法？无论中西古今，我们都生活在一个不完美的境域，正因为不完美，我们才需要完美、渴求完美。立基于此，完美的宪法才成为大众生活内在的真实需求，而非矫情的虚假呼号甚至暴虐的政治强制。宪法的发展，动力正源于普罗大众在各自特定境遇下追求完美的欲念，以及此种欲念"接近成功"地实现。宪法发展必定是残碎的，它由许多片段化的"个人生活史"组构而成，不能强求一律地推行"单线进化"。宪法发展的动力是多头散布的。正因为如此，它才是源源不竭、生生不息的。"星星之火，可以燎原"，

"哪里有压迫，哪里就有反抗"。宪法正是燎原的火，反抗的刀——它赋予人民以行动的自由和能力，同时也借机疏导、缓解更大的动荡和冲撞。宪法是大众欲求的守护神——它从无数双眼、无数双手中获得了存在的合法性及发展的能动性。一旦宪法违背、离弃了生它养它的家园，只会走向枯竭衰败，最终带来宪法建筑的土崩瓦解。完美的宪法，是"欲然"的宪法，它与貌似散乱的大众道德感直接相关，它同时也是宪法运动和宪法实践的社会基础。

第三，人民如何表达意志？在"政治宪法学"看来，"人民"的概念表达了一种高尚的理论愿望，将民众集合起来赋予神圣的"主权者"地位，让每个人从"公意"的"规模效应"中获益。代议制非其所愿。规范宪法学更多地用"公民"一词，同时强调代议制作为宪法体制的核心地位。遗憾的是，他们忽略了一个重要事实：无论是作为至上的"单一人格"，还是作为被代表的多元主体，人民/公民的出场和组织需要高额的成本。大众究竟从"人民"/"公民"这些宪法称谓或曰政法界定中，获得了多少真正的收益？日常生活的鸡毛蒜皮、柴米油盐、交通日用是否令人满意？不满可否正常抒发？抒发有无改变实效？单个毕竟人微言轻，联合又有诸多不便，这个时候，"人民"/"公民"困惑了：作为个体，他们享有不言自明的诸项权益，可一旦成了人民和公民，却变得有些茫然不知所措。公民权利主要是"消极权能"，是个人不受国家无由侵害的被动权利；人民权力是"积极权能"（端洪教授称之为"积极自由"），是国家保障个人权利的主动权力。无论被动还是主动，大众必须承担高昂的权利成本。对此，端洪先生引出了"人民制宪权例常化"的"卢梭药方"，可问题在于，这样的政治实践无法在中国这样的大国推行。即使强力推行，大众也无法承受巨大的时间成本和政治风险成本。倒还不如老实点、低调些，从人民日常生活的法治保障着眼——将老百姓最关心的问题纳入法治轨道，解除民众言论、投票、游行、示威、集会、结社甚至公开与政府"唱反调"的法律后果之忧（这或许是今天老百姓面临的最大且最微妙的后顾之忧）。这样，才能真正调动人民群众的政治热情，激发他们的政治欲念，萌生富有生命力的团体意志，在对话交流中相互砥砺启发，最终结成民意协议，递交政府实施生效。只有这样，人民才是有意志的人民，只有这样的人民意志才值得去代表！

看来，对"人民如何表达意志"这个问题，应先做一番置换和分解。是什么样的人民？政治概念中的还是法治意义上的？是什么样的意志？强加的还是自发的？最后，才谈得上代表不代表以及怎样代表的问题。只有代表了一种自生自发且有厚实法治基础保障的人民意志，才谈得上代表广大人民群众的根本利益，才算真正贯彻了人民主权的宪法原则。

第四，代表如何受到人民意志(主权者)的约束？这是"政治宪法学"和"规范宪法学"都认同的"真问题"。"政治宪法学"虽不认为主权是可以约束的，但也不否认人民代表必须受到主权者意志的约束，这与"规范宪法学"探寻的权力制约理想和代议制规则形成暗合。但要害在于，人民不可能放下手中的一切活计，争分夺秒地监控人民代表的一言一行。人民代表也不乐意受这样的约束——既然人民选择了我，就应当充分信任我，放手让我去代表！于是，矛盾出现了。在人民代表上台之前，他们处于被动的角色，因为他们的权力不是天赋的，更不是神授的，而是通过确定的法律程序，以人民为投票主体甄别出来的。因此，无论议会制还是人大制，人民代表都要先博取选民的信任，如果不完全由选民选票决定是否当选的话，那些未来的"人民代表"负担更重：他们除了要取悦群众，还要分析政情、疏通关系获得幕后人物的支持和认同。所以，人民代表当得不容易，他们承受着"权力场"的煎熬，他们的权力意志与人民意志不时冲突。

对此，许多国家设计了监督、批评、罢免、弹劾人民代表的法律制度。可在现实政治生活中，我们惊奇地发现，人民代表的罢免往往不是由选区民众提出、操控的，而是由其所在的"权力核心场"像做政治决策(比如，开会举手表决)一样提议、决断的。依施密特和端洪教授的观点，可以将政治决策看成一种更高级的"决断"，甚至在非常时刻可以替代选民决策。可一旦遭遇普遍的"权利冷漠症"，再高明的法理解说都是多余。在中国某些地方，选民根本不关心谁当代表，只要对其暂时有益就投他一票，甚至，只要对其根本无害就可以投其一票。群众总是善于把自己从虚妄的概念构造中解脱出来，赋予纸面上的权利安排以行动中的冷嘲热讽，无形中达到刺激当局求变革新的政治发展功效。用时髦的学术语词，这也许叫"隐藏的文本""碎片化的反抗"，或者说是一种"在日常生活中非制度化的消极不合作策略"。这恰恰是政治宪法学的"政治精英决断论"和规范宪法学的"法律精英决定论"都忽视的重要宪法现象。

至于那些有违人民意志的人民代表所立之法的有效性问题，也不难说明：既然当时立法者是昧着良心立法，他们的立法行为就应当受到法律的追究。但这并不表明他们所立之法就是"恶法"。就像一个工人在生产车间打了盹，违反了劳动纪律，并不表明他生产的产品一定是水货次品，必须加以销毁或重做。那样，生产成本太大，没有哪个工厂能接受。同理，如果因为人民代表个人行为的小问题，牵涉到立法的良恶以及是否应当遵守之类的大问题，不仅逻辑跳跃太大，实践后果也令人忧虑。

法教义学知识界碑的挪移并非易事，没有人可以随意挪动这个界碑。至少，论争的各派都还没有取得大众法理的支持，甚至，对大众的宪法观未加慎对。归根结底，他们都是法政精英主义的信徒，不肯承认草根欲求对于学理阐释的源泉性功能，从而上演了一场"闭门移碑"的学术舞台剧，获得了热烈的掌声，但也失去了真正的观众。

第三节　启迪与反思

在革命年代的政党内部治理实践中，党内法规是边缘性的可替代话语；但当时代主题发生变化后，党内法规的命运必然与整个国家法治的兴衰息息相关。党内法规体系话语的勃兴，反映了当下中国法治意识形态和法律治理过程的全面深化。政治家和法学家的解释话语，都不能脱离时代条件的限定，都必须重视大众话语的响应。党内法规的研究话语必须回归原初语境，以之为逻辑起点，衍生话语才能有理有据。理解了此种逻辑，将党规和国法对立或混淆的观点，便很难再有说服力。理解了此种逻辑，我们才能在混乱中发现秩序，不至于臆想出所谓的完美体系去强加拼装。

中国特色社会主义法学话语不能脱离原初语境和限制条件，否则，它极易被学科体制规训架空，致使学理交锋陷入权力迷思，变成概念泡沫和语词游戏。强调话语的时空条件特定性，将话语的文本分析、内部实践及社会实践整合一体，形成三重内核分明、里外一体的动态框架，是马克思主义话语理论的鲜明特征，对于法学话语的批判分析和体系建构也具有指引意义。就传统而言，"中华法系今天不仅在中国也在其他主要的东亚文明国家起到重大的作用，应该破除一些影响较大的盲点和误区，探索一条超越中西、古今二元对立分析框架的道路"。①就当前而言，在执政党与国家治理一体化的新宪制结构中，中国特色社会主义法学话语体系研究更应注重整体实践的深描，而非表层诠释或轻率评断。我们需要综合各方话语资源，以历史实践为"限制条件"，以文化认同和社会共识为导向证成核心概念，为法律科学的诠释及建构奠定理论基础。

在新的时代条件下，中国特色社会主义法学话语体系需要新的分析框架。在精英话语和大众话语的冲突中，有不少学者理想化地将法学家视为一种沟通中介，但前提是法学家的意识形态功能必须经过批判才能具备进入大众话语的正当性和可能性。首先，政治家和法学家在精英话语系统内部的均衡问题，值得深入研究。其次，大众的法学话语主体功能如何实现，也是一个相当复杂的问题。人民群众的智慧是无穷的，当然也包括对法律的见解，问题在于，其话语生产、表达和传播能力存在严重不足。作为可行的话语赋权之路，通过中国共产党群众路线的贯行，将专业法学、精英司法和大众媒体的话语系统建设坐地落实，从法学教育、法律职业和法律话语传播体制整体改革着眼以明确规划。最后，对法律人而言，究竟是讲法？还是讲理？还是法理兼具？如何真正实现"法共体"的话语均衡？"法理"可以成为法学话语的中心主题，但抽象的法理如何变成具体生动的法律言辞？这些都是需要法学话语研究破解的难题。

中国特色社会主义法学话语体系归属于动态的历史实践范畴，是法治理论创新与意识形态坚守相互缠绕、不断博弈以求均衡的复杂过程。面向理想图景的批判性建构应以历史实践为主线，可进一步讨论的策略问题包括但不限于：

第一，如何以科学批判为前提，防范新左派法学的话语风险？科学批判反对盲目极端，而"新左派"法学夸大了当前中国的社会矛盾，将其简单定性为阶级斗争延续或资本主义复辟，由此而生的"中国特色"话语极为内向封闭。这对吸取外来法律文明精华，无异于当头棒喝，不仅可能堵塞全球化时代法学话语的正常学术交流，对党的科学决策也弊害无穷。

---

①　黄宗智：《中国古今的民、刑事正义体系：全球视野下的中华法系》，载《法学家》2016 年第 1 期。

第二，如何在科学批判基础上，汲取多种文明精华？从话语发展史看，社会主义法律思想建立在对西方古典自由主义法理批判基础之上。社会主义法理强调人民权力至上，而自由主义法理坚持个人权利本位。矛盾显见而深刻，但并非不可调和。社会主义法学话语最初对自由主义法律观的批判异常激烈，致使自由主义法理很难具有基本的发言资格，从而导致其内蕴的诸多合理成分也被一并抛弃，出现了法律移植过程中的"形神分离"。源于西方的法律体系被抽去了内在的精髓，分割为徒具外观的零散部件，"进口"之后再以新的理念与原则重新拼接组装，不能不说是话语资源浪费，并且加剧了法律移植的失败风险。然而，历史实践的伟大在于，如若不加以这样的"分离"和"重构"，社会主义的本土创新很难彰显。党最终选择了中国特色社会主义法治道路，对传统意识形态采取话语更新策略，将法律从自由主义到社会主义的进化视作历史发展的客观要求。在新的法学话语体系建构中如何均衡配置各种资源，已成为当前亟待解决的现实问题。

第三，如何以新时代中国特色社会主义法理为蓝本，化解民族主义话语的内在矛盾？由于内部潜伏着传统性、现代性甚至后现代性等多种成分，相互纠缠，民族主义话语呈现极不确定的样状。在中国，民族主义与民粹主义，或许只有一线之隔。从世界范围看，似乎也是如此。不满外来势力时，民族主义会化身传统文明的继承者和捍卫者，对"西化"图谋口诛笔伐；需要外力协助时，民族主义又会喷涌"国际主义"情怀，以西化的"民族国家"理论为权力扩张的正当性鼎力申辩。虽然民族主义谱系复杂，但其核心逻辑主张国家主导的法律体系建设，与社会主义法理话语存在激烈冲突。马克思主义经典学说认为，国家是社会基础的上层建筑，不能反过来压制社会，但现实中的国家机器莫不是社会控制的法律构造。因而，未来理想的人类共同体必须超越这种现实的国家法律主义逻辑。职是之故，民族主义话语应与社会主义法理相吻合，而非乖离；社会主义法理应对民族主义形成规约，防范极化。基于近代中国积贫积弱、备受欺凌的历史记忆，民族主义极力强调国家能力建设。而今情势已变，中国的国家实力已有质的提升，国家权能建设需要升级换挡，融入法治体系保障的均衡发展洪流。中华文明共同体的法学话语如何从"国家本位"过渡到"社会本位"？法治中国的话语内涵怎样实现以整体社会的法理再造为根本战略指向？这些都是值得我们深思的问题。

第六章
刑法帝国主义话语反思

　　长期以来，"刑法帝国"是海内外学界有关中国法的一个重要认知范式。在此认识范式下，法即是刑，刑起于兵，战争中源起的刑法，秩序维护功能显著，在历史演化中成为帝国治安基石。改变这一范式需要具备诸多条件，忽略历史语境及其话语环境，仅靠自然法或人权法原则的论证，恐怕远不充分。因为此种认知范式不仅在帝制时代的中国流行，而且在帝制崩溃后西方法律殖民主义的影响下，其实质仍得以留存续接，出现话语表达与实践的新方式。传统的刑法帝国话语，至少在"主体-对象"关系上就有深刻变化：古老的中华帝国被置换为新兴的西方帝国，传统的中国刑法被代之以现代的西方刑法，君临天下的刑法创制主体被颠倒为海外列邦法律的凝视和规制对象。① 此种权力关系的前所未有之大变局，也引发了中华帝国刑法观的文化反弹，反过来强化了西方殖民主义的刑法帝国思维。盖因近代以降，不同文明的帝国话语在冲突中走向互相强化，西方国际法理论框架下的"非正式帝国主义"，由最初的"自由贸

---

① 国外学者研究认为，殖民者和被殖民者之间的紧张关系是刑法帝国主义的核心，殖民者的法律身份是根据其与殖民地居民的差异及其"危险"因素构建的。因此，殖民者实施的法律，与其说是试图确认自己的身份，还不如说是为了控制潜在的无处不在的民众危险。（参见 Preeti Nijhar, *Law and Imperialism：Criminality and Constitution in Colonial India and Victorian England*, London and Brookfield：Pickering & Chatto, 2009）但这并不意味着维多利亚时代的英国不是殖民法背后的政治驱动力，相反，从中国遭遇的实际情形看，当时正在崛起的英殖民主义帝国与传统中华帝国的激烈碰撞，导致了刑法观的激烈冲突，由此催发出重新均衡的整合性话语需要。

易"扩展至政治、司法等诸般间接控制样式,通过"法律帝国主义"支撑新帝国的藩篱。① 当下,深度省思中国法治的未来走向和战略安排,对于此种遭遇时刻的话语冲突更不能等闲视之。

近年来,中国刑法领域出现明显功能扩张,相关理论研究随之展开。② 作为部门法学的内部批判,刑法学者的论述多聚焦制度规范,经由刑罚哲学或刑事教义学方法,提出理论规诫。刑法功能扩张并非新题,但基于当下中国的繁复现实,有必要从法理层面予以必要的反思。③ 本书围绕"刑法帝国主义"的话语,在厘清核心内涵的基础上解释其生成环境、表现和特征,进而以风险刑法理论话语为例对其内在逻辑予以深描,最后从当代中国法学和法治话语体系构建视角,提出值得进一步讨论的问题及相关看法。

第一节 "刑法帝国主义"的话语考辨

在中国,相比于流行一时的"经济学帝国主义""法律帝国"等表述,"刑法帝国主义"属于小众话语。学者偶尔使用,也多作为一种单纯的比喻,借以表达特定的批判立场或个人情感。一方面,"刑法帝国主义"的话语研究成果鲜见;另一方面,而当下中国刑法功能扩张,与这一话语似乎又有极密切的关联。刑法话语弥散与实质功能扩张系何关系?中国刑法功能扩张是否也是一种"刑法帝国主义"的情形?从话语分析的角度如何描述这种知识和制度的"共奏"?回答这些问题,必须解决一个前提:何谓"刑法帝国主义"?

---

① 参见季洋:《从"非正式帝国主义"到"法律帝国主义":以近代中国的境遇为例》,载《法学家》2020 年第 1 期。

② 国内目前未有"刑法帝国主义"话语研究的专题文献,但对于刑法功能性扩张的省思成果斐然,如刘艳红:《刑罚的根基与信仰》,载《法制与社会发展》2021 年第 2 期;何荣功:《预防刑法的扩张及其限度》,载《法学研究》2017 年第 4 期;谢望原:《谨防刑法过分工具主义化》,载《法学家》2019 年第 1 期;陈金林:《现象立法的理论应对》,载《中外法学》2020 年第 2 期等。

③ 有关法学话语体系研究的理据与方法,参见廖奕:《中国特色社会主义法学话语体系研究反思:以"党内法规"为例》,载《法学家》2018 年第 5 期。

一、"刑法帝国主义"的概念源起

作为学术概念,"刑法帝国主义"(Strafrechtsimperialismus)最早出现在德国法学作品中,用以描述国家刑事权力的外部扩张,与当代刑法区域化、全球化进程密切相关。① 这个语词,最先也是作为一种比喻,法学家借以表明对刑法权扩张的内在批判。② 但新语词一旦产生,势必出现话语的流变和重塑,在实践过程中激发争论和反思。如同当年奥斯丁对"法"的比喻,如今已演化为法理话语的实体,他所说的"比喻法"很多已变成了实实在在的法律制度。法律本身内含强健的拟制机能,其话语构造具有化虚为实、转抑为扬的特点。近年来,德国法学界对"刑法帝国主义"态度也有变化,虽对其潜藏的"家长主义"逻辑仍耿耿于怀,但已开始肯定其域外效力扩张的国际法贡献。③

本体和喻体的相似关系,是比喻语义分析之枢机。④ 刑法的功能扩张与帝国主义实践之间,是否存在一定的相似性或关联性?这是解读"刑法帝国主义"比喻语义的关键。但"帝国主义"如"共和""保守"等词一样,众说纷纭,难以界定。如霍布森在其《帝国主义》中所述:"在众多含混的政治概念的搅扰下,要想通过定义来明确指称某种'主义',似乎是不可能的。不仅仅因为是思想的变迁,而且也因为政客们刻意地夸大和曲解,既有的定义内涵会发生迅速而微妙的变化,从而变得愈加暧昧和模糊不清。要求政治概念像严格的科学那样精确,是不切实际的。"⑤因此,澄清"刑法帝国主义"的比喻语义,没有必要纠缠于过于意识形态化的定义,可用跨语际方法寻找通常含义的交集,进而将作为本体的刑法功能系统嵌入,在相似性比较中考察"刑法帝国主义"的话语内核。

---

① Bernd Hecker, Europäisches Strafrecht, Springer-Verlag, 2006, S. 29.
② 德国有深重的帝国主义记忆,源起于罗马法的"全权"或许正是"帝国主义"的前身。曾经的主导意识形态遭到时代否定,法学家的集体持批判态度不难理解。
③ Peter Roegele, Deutscher Strafrechtsimperialismus: Ein Beitrag zu den Völkerrechtlichen Grenzen Extraterritorialer Strafgewaltausdehnung, Verlag Dr. Kovač, 2014; Elisa Hoven, Auslandsbestechung: Eine Rechtsdogmatische und Rechtstatsächliche Untersuchung, Nomos Verlag, 2018, S. 529.
④ 参见花勇:《比喻的语义实现》,载《当代修辞学》1998 年第 5 期。
⑤ [英]约翰·阿特金森·霍布森:《帝国主义》,卢刚译,商务印书馆 2017 年版,第 3 页。

二、"刑法帝国主义"的话语内核

作为日常用语，"帝国主义"（Imperialism）指国家扩张其权力和统治的政策、实践或主张，尤指通过直接取得领土或间接控制其他地区的政治或经济生活，也可指帝国的政府、权威和制度。①《不列颠百科全书》对"帝国主义"定义是："国家扩大势力和版图的政策、行为和主张，特别是通过直接占领领土或对其他地区进行政治和经济控制来实现。"②在帝国主义基本经济特征的分析基础上，列宁给出了一个综合的定义："帝国主义是发展到垄断组织和金融资本的统治已经确立、资本输出具有突出意义、国际托拉斯开始瓜分世界、一些最大的资本主义国家已把世界全部领土瓜分完毕这一阶段的资本主义。"③列宁注重帝国主义话语的全面性和整体性，在他那里，帝国主义从没有以单一的、恒久不变的意义来被定义和使用。④ 可见，作为政治话语的帝国主义，动态表达了殖民主义与反殖民主义、扩张与反扩张的斗争实践。此种语义取向在各种语言中都有呈现，因而是一个不可忽略的语义交集。

沿着列宁对帝国主义的社会系统分析思路，我们可将"帝国主义"理解为国家权力扩张的事实和企图，以及为达目的通过法律设置的一系列权威和治理制度。当权力扩展欲求、政经殖民实践和法律制度规范同体并行，帝国主义即可蓬勃生长为一种复合且稳定的话语构造，甚至可以成为某个国家的官方意识形态。受此意识形态武装的"帝国"可称为"帝国主义国家"，或曰"实体性的帝国主义"。毕竟，"帝国"不等于"帝国主义"，前者既可以指有殖民地的君主国，也可以指版图很大的国家，如古时的中华帝国。

由此，"刑法帝国主义"在语义上有多重诠释面向：一是展现帝国扩张企图

① https://www.merriam-webster.com/dictionary/imperialism，2020 年 4 月 29 日最后访问。

② 《不列颠百科全书》（国际中文版）修订版第 8 卷，中国大百科全书出版社 2007 年版，第 347 页。

③ 列宁：《帝国主义是资本主义的最高阶段》，中共中央马克思恩格斯列宁斯大林著作编译局译，人民出版社 2014 年版，第 87 页。

④ 参见朱亚坤：《何谓"帝国主义"？语境、面向与反思——主要基于对列宁帝国主义论的评析》，载《国外理论动态》2019 年第 4 期。

的刑法主张。希罗多德在《历史》中不仅记录了波斯的残酷刑法，而且指引人们
将其与帝国的扩张联系起来。① 此种帝国扩张的权力欲求，往往伴随着严酷的刑
法主张。随着帝国的建立和权力巩固，早期帝国刑法的残酷性会受到控制和约
束，因而它并非稳固的刑法帝国主义话语。二是支持帝国扩张实践的刑法工具。
帝国主义，"这词是从拉丁文来的，它表示同一个世界帝国或是凯撒帝国
（imperium）联系在一起的政治意图"。② 为从过度的暴力扩张欲望中解放出来，
罗马帝国的统治者运用刑法控制作为托底工具，在征服野蛮人的统治权驱动下，
让帝国扩张获得了常态化的实践模式。③ 但罗马帝国的衰亡，使其刑法工具的征
服亦告崩溃。三是保障帝国权力扩张的刑法制度。此种发明，代表了近代殖民主
义法律拓展的核心机理。如维多利亚时代的英国殖民者，根据其预感和判定的危
险，对印度土著施加制度化的刑法治理。与纯物理的刑法工具不同，此种刑法规
制带有显著的"教化使命"（civilizing mission）。但新的帝国刑法制度不仅在反殖民
斗争中被削损否弃，而且殖民者也不得不在危机中批判反思。1857 年印度兵变
后，英国法学家梅因为帝国刑法提供了整体的文化论辩解，创造出新的殖民主义
的"间接统治"模型。④ 但此种模型依然坚守文明与野蛮的二元对立，梅因的法律
人类学也未能拯救岌岌可危的帝国刑法秩序。

三、重新发现"刑法帝国主义"

在"重新发现帝国主义"的理论运思下，多元语义选择可否整合起来，形成作
为话语系统的刑法帝国主义诠释框架？毕竟，"'帝国'不能固定为一个单一的、静

---

① 在早期帝国中，刑法集中表现为统治者生杀予夺的命令。波斯帝国首任君主居鲁士对被征
服民族采取了严厉残酷的压制措施以求从经济上、精神上最大限度地削弱被征服者，这一措施也被
后任君主冈比西斯所承继，直到大流士统治时期到达顶峰并形成一种稳固的制度以提高对外战争的
效率。这一刑法逐渐严酷的发展过程与波斯帝国的扩张进程相伴相随。参见［古希腊］希罗多德：
《历史》，王以铸译，商务印书馆 2017 年版，第 46、260 页。

② ［德］卡尔·考茨基：《帝国主义》，史集译，生活·读书·新知三联书店 1964 年版，第 24 页。

③ 参见［英］爱德华·吉本：《罗马帝国衰亡史》（上册），黄宜思、黄雨石译，商务印书馆 2017
年版，第 21~28 页。

④ 参见 Preeti Nijhar, *Law and Imperialism: Criminality and Constitution in Colonial India and
Victorian England*, London and Brookfield: Pickering & Chatto, 2009.

态的定义，因为它是一种话语；它是流动的、动态的、多义的，当它在通过时间、空间和文化传播之时，在人与人之间的交流中演变。人们对帝国的想象有很多方面，但并非所有方面都完全令人满意。相反，最好将帝国理解为一种话语——一种哲学、一种态度或一种思维方式"。① 由此，更复杂也更稳定的语义诠释，可初步表述为：后殖民时期的刑法帝国主义，愈益接近一种动态文化系统，不断通过实践话语和话语实践，将国家刑法权扩张的意图、方式、制度及变革勾连一体。刑法帝国主义的话语选择、制度构造及最终成败，均须置于整体性诠释的语境。

首先，此种语义诠释契合当下刑法帝国主义话语的运作现实。9·11事件后，美国官方的帝国主义话语极力凸显仁慈动机，将帝国主义的用语限定在军事和政治领域。相比于经济帝国主义，新帝国主义与刑法帝国主义有着更密切的关联。② 全球经济的严重失衡和人们目睹的波动，预示着帝国主义实践的再度转变。我们面对的不是单一形式的帝国主义，而是一系列不同的帝国主义话语实践，它们由于越发不均衡的权力格局加速播散。③ 原始的军令刑法、严苛的工具刑法、进化的自由刑法，加上修正的规训刑法及其变体，诸般话语皆有可能成为新帝国主义的实践表达，组成特定意识形态，容纳、承载甚至隐藏法的硬核强权，共同构造刑法正当化(Legitimacy)的纷繁系谱。

其次，此种语义诠释符合法学方法论的更新需求。站在历史、现实和未来的连续立场，借用文化研究的话语分析工具，我们可沿此话语系统探寻刑法哲学的深层问题，比如帝国主义的租金、欲望和制度，在新的时代条件下能否复活重生，通过刑法话语的纽带联结为一种整全化的意识形态图景?④ 或借此重思新殖

---

① Russell David Foster, "The Concept of Empire", in William Outhwaite and Stephen Turner (eds.), *The SAGE Handbook of Political Sociology*, p. 457.

② 参见[美]约翰·B. 福斯特：《重新发现帝国主义》，王淑梅摘译，载《国外理论动态》2004年第1期。

③ 参见[美]大卫·哈维：《新帝国主义"新"在何处?》，载《外国理论动态》2017年第7期。

④ "帝国主义租金"的概念，萌生于这样一种事实：北方和南方、富国和穷国的人民，同样的劳动获的是完全不平等的工资。这就是寡头垄断的资本主义体系，金融资本已开始掌控全球财富的生产和分配。在这个新帝国主义体系中，马克思揭示的"价值法则"以"全球化价值法则"的形式出现，主导着帝国权力中心对南方国家工人的超级剥削。参见 Samir Amin, *Modern Imperialism, Monopoly Finance Capital, and Marx's Law of Value*, Monthly Review Press, 2018.

民时代的法学理论和过渡型法治实践，对其共同关注的论题展开讨论。① 如新殖民主义下全球化刑法如何构造？国内刑法应否及能否与之衔接？在多元主义文化冲突中，刑法帝国主义是否遭遇危机？如果能够继续存在，其边界如何确定？本书虽无力全面回答这些问题，但通过刑法帝国主义话语的法理检视，可对相应的探察提供某些触动或启发。

再次，此种语义诠释可以增进"法理"的话语权能。从中国法律理论的现状看，法理学与部门法学对法学话语体系尚未产生真正的共识。"法理"一词由虚转实、由窄变宽，既表明法理学范围拓展的趋势，也透显出法理学内生的话语权焦虑。与此相适，部门法学的理论代表人物倾向于自身学科术语出发，建构自圆其说、折冲樽俎的学说或陈述。部门法理论和实践的融合一体，对部门法学话语体系的形成，助力甚巨。但法理学似乎仍在尾随，很难提出针对部门法实践的理论话语系统。这就需要法理学在汲取外部资源的同时，应当更加着眼话语体系的理解和反思。就刑法理论看，虽有刑法教义、刑事政策、犯罪研究三大支撑，对应现今教义学法学、政法法学和社科法学之格局，但仍有广阔的整合优化空间。暂不论中国法学格局是否真有上述"三足鼎立"，单就"国家"这个刑法的基本权力容器，多少奥妙都还未有深刻觉悟与有效开发。帝国是国家的膨胀形态，弄清刑法帝国主义的话语奥秘，有助于"法理"话语权能的实际增进。

最后，此种语义诠释对反思主流帝国主义理论也有一定的效用。主流帝国主义理论建立在有形主权帝国基础之上，倾向于将帝国主义的法制系统视为静止不变的既定结构，忽略了法律话语形塑的"无形帝国"。虽然一些历史学家较早认识到，紧密联系的帝国承认同一部宪法，因而是一个具有自身的发展规则的有机体。但他们旋即停步，重新回到支持或反对帝国主义的立场决断。近年学界有关法律东方主义、帝国政治话语冲突的研究，虽多建立在中西对立、文明冲突的前

---

① 例如，克瓦米·恩克鲁玛对后殖民状况的经典论述，其中涉及刑法帝国主义话语的模糊觉悟。当独立后的非洲、加勒比和第三世界民族国家发现，它们获得了政府或国家权力，但仍然无法控制其国家的政治和经济，因为后者似乎仍是由跨国公司从外部指挥，其势必追问此种状况背后的法治因素。此种实质不自主的新殖民状况，也呈现在许多非裔美国人的法治感知中，因为即使他们赢得了选举，也很难真正对自己负责。参见 Kwame Nkrumah, *Neo-Colonialism*: *The Last Stage of Imperialism*, International Publishers, 1966.

设上，但其对于突破"东方主义"的视角规训富有意义。① 在这些研究的基础上，在话语分析的棱镜下检视中国刑法功能扩张，有助于深入反思法律和帝国主义的关系。

第二节 "刑法帝国主义"的中国话语

中国从来都不是帝国主义国家，但这并不意味着中国刑法没有帝国主义的话语表征。此种表征，在中国法律体系内部或多或少存在。帝制中国延续经年，塑造了成熟坚韧的政治文明。与之相应，中国刑法文明之发达也是举世公认。现今西方自由主义刑法观遭遇危机，传统社会主义的刑法理论都备受苛责，复兴本土文化的刑法话语系统，成为某种大势所趋。关键在于，人们对"刑法帝国主义"的理解过于简单，易用政治化甚至污名化方式将其排斥在法学话语之外。回顾"刑法帝国主义"的中国话语史，正是为相关研究引向深入作出必要准备。②

一、在竞争与合作之间生长

历史地看，刑法帝国主义话语脱胎于传统帝制的刑法实践，立基于现代革命的合法暴力论，成型于稳定政治结构下经济社会转型中的矛盾和纷争。传统中国的帝国刑法论，围绕政治和社会秩序的底线设定基本的行为规范，受到天理和人情的双重制约，并不能自主形成扩张性的帝国主义话语。因而，刑治并不等于广义上的法治，它只是法律统治的一个实践基本面，在理念上是必须尽力抑制的高级法调控对象。帝制崩溃后，近代革命思潮带来的多元文化，为刑法再造提供了各种备选方案。在话语实践的竞争中，共产主义和社会主义刑法观胜出，否定了西方殖民主义帝国和本土封建主义的刑法扩张，塑造了新的独立国家的刑法系

---

① 如[美]络德睦：《法律东方主义：中国、美国与现代法》，魏磊杰译，中国政法大学出版社2016年版；[美]刘禾：《帝国的话语政治》，杨立华译，生活·读书·新知三联书店2014年版等。

② 从表面看，"刑法帝国主义"与"刑法学帝国主义"存在差异，"刑法学帝国主义"似更贴合本书论旨。本书素材多取近年中国刑法学者的著述，主要基于当代中国刑法理论和实践在话语上的高度一体化，同时为法学话语分析方法深度运用，需有超越法学学科内部地位之争的预设。

统，同时又对国家主义的刑法设定了界限，让国家暴力机器主掌的刑罚权不能绝对自主，极大消解了刑法帝国主义制度空间。但问题在于，革命并非制度化的意识形态，其侧重否定的立场使得刑法受制的理念并不稳固，因此出现的缝隙，可让帝国刑法论、殖民主义刑法观、政治斗争所需的敌人刑法实践，获得生长的养分，继而寻找合适时机产生聚合，突破既有约束，变作新的刑法帝国主义因子。

随着革命意识形态隐退，改革话语对于法制复兴起到了关键作用，也带来了刑法帝国主义的话语复苏。通过重启商品经济、推动市场经济，改革之于法制最初的显著效应就是，大量民商、经济法律法规得以制定运用，随之而来的是"民法帝国主义"的话语生长。面对民法话语的扩展，古老而孤傲的刑法帝国曾岌岌可危，却又大体不坠，稳步反制，渐出新的气象和格局。奥秘何在？

首先是政治治理的刚性需要。20 世纪 80 年代开启"严打"运动，政治主导的社会治理实践，日渐彰显刑法的强制和底线威力，是为民法话语难及。民刑交叉案件的依法处理，也时刻需要刑法话语的先行介入。不难理解，虽然民法话语可借助市场经济建设的实践驱动，外加经济学帝国主义的知识扩张，容易在规模上取得大盘优势，但在实质功能上远不如刑法话语"一言定鼎"。为保卫现代民法的话语优势，学者紧握私法自治的原则话语，将刑法的强制夸大为帝国主义做派，强调中国法治短板在于民法不兴，换言之，即刑法过盛。从此意义而言，刑法帝国主义话语貌似被"民法帝国主义"否弃，但或许相反，民法帝国主义的理论建构恰是以中华刑法帝国的话语传统为背景和前提。

其次是以论争为表现方式的合作策略。进入 21 世纪后，随着西方法学话语在中国的扩散，部分译著的"标题"效应凸显，国内法学者开始将法律体系之于广义国家治理的统摄意涵，借助"法律帝国"的比喻语词形象化展现。而在有关法律帝国的话语构造中，围绕何种法律居于帝国首都的王者之位，相关争论可谓激烈有趣的权力游戏。刑法帝国主义话语系统，正是在此种竞争环境中野蛮生长，其中有传统刑治观、大陆法系的法典至上论、英美法系的自由刑法主张，还有林林总总的外部学科概念浸入。面对外部竞争，包括刑法学在内的各部门法学，在话语上倾向联合，合力反对经济学、社会学等各式帝国主义。对于内部竞争，法学话语则以公法和私法为阵营划分，展开纵横捭阖、对立合作的帝国主义想象。如宪法学者构造出三个时代的话语范式，将刑法时代作为传统原型，民法时代作为发展主干，而宪法时代则是法治时代的最后也是最高象征。鉴于宪法在法律体系中公认的顶端地位，其话语倾向成为刑法和民法学术竞逐的对标焦点。但相比而言，刑法与宪法的亲缘关系更显著，二者同处公法阵营；作为合法性和正当性的最高实在法象征，宪法可为刑法话语提供强大的制度和理念支持。加之刑法话语早有法典护体，强制功能兜底，对宪法规范的秩序价值生成也有重大影响——二者的互惠交往，让民法帝国主义话语危机日显。民法话语的相对劣势，从近年《中华人民共和国民法典》颁行前后的持续争论可见一斑。在物权法合宪性风波后，宪法话语强势凸显，"民法帝国主义"就多少暴露出法律秩序的话语短板。一些民法学者推崇民法的社会功能，进而提出"宪法民法关系同位论""私法优位论"等观点，全力维护"民法帝国主义"的核心原理。① 他们似乎只有在尊重宪法至高地位的同时，强调民法的独立价值，采用"民法的宪法功能"等变通说法，将民事权利作为宪法基本权利在民事领域的体现，使之具有功能上的独立性、排他性和对抗国家权力的正当性。② 但是，此种"私法宪法化"话语在原理上明显与私法自治主义违和，③ 无形中削损了与刑法帝国主义话语竞争的效能。

最后，刑法知识的系统扩容。面对新兴法学话语的挑战，刑法研究不断作出知识回应，一方面主张现代刑法理念相对于传统的质变，通过罪刑法定、罪刑均衡、罪责自负、刑罚谦抑等原则术语，维护知识权力的正当性；另一方面则借助风险社会带来的恐惧情感，积极营造正当扩张的制度理据，对刑法哲学、教义学和社科研究全面更新。

二、在实践与理论之间表现

近年来，"刑法帝国主义"在中国首先表现在实践中，以迅猛扩张的刑事立

---

① 参见苗连营、程雪阳：《"民法帝国主义"的虚幻与宪法学的迷思——第三只眼看"根据宪法，制定本法"的争论》，载《四川大学学报（哲学社会科学版）》2008 年第 2 期。

② 谢鸿飞：《中国民法典的宪法功能——超越宪法施行法与民法帝国主义》，载《国家检察官学院学报》2016 年第 6 期。

③ 参见 Tom Barkhuysen & Siewert Lindenbergh, *Constitutionalisation of Private Law*, Martinus Nuhoff Publishers, 2006, pp. 9-22.

法话语为标志。中国现行《刑法》自 1997 年颁布以来，共出台十一个修正案，立法解释和司法解释则更多。这些修正和解释主要不是限缩刑法处罚范围，而是根据社会治理需要新增罪名，单是《刑法修正案（九）》就新增 20 个罪名；除此之外，对于原有部分罪名扩张行为类型和主体范围，实际上也扩大了刑罚范围。这些扩大的范围主要涉及恐怖主义犯罪、计算机网络犯罪、金融犯罪、环境资源犯罪等新兴风险领域。我们可以认为，这些刑事立法具有安全功能导向，追求社会秩序维护功能，注重对社会矛盾的制度回应，都是总体国家观的法制逻辑推演。但随着刑事立法逐步成为行为惯习，社会成员容忍国家介入生活的偏好会不断普遍化，这为国家以"维持安全的社会生活"为根据，推行"有危险就有刑罚"的扩张性入罪化原则，提供了更大的实践空间。① 针对立法者希望通过刑法有效控制风险以达致安定的取向，学者将其概括为"积极的刑法立法观"或"功能主义的刑法立法观"。②

　　这种积极的刑法观念不仅出现在中国，在其他国家也有类似的话语逻辑。在英国，所谓"过度犯罪化"（overcriminalization），指的就是刑法超出其合理范围来推行道德准则、维护社会秩序、赋予警察额外的控制社区的权力的现象。③ 仅在 1997 年至 2007 年，英国刑法就新增罪名约 3000 个，共有罪名 1 万多条。④ 在美国，无论联邦还是各州，犯罪种类大大增加，刑罚适用明显扩张。⑤ 在日本，由于社会潜在危险的飞跃性增大，人们不知何时会发生何种灾难，等侵害结果出现之后再处罚为时已晚，因此必须对法益进行提前保护，产生了刑罚处罚的早期化要求。⑥

---

　　① 参见［日］关哲夫：《现代社会中法益论的课题》，王充译，载赵秉志主编：《刑法论丛》2007 年第 2 卷，法律出版社 2008 年版，第 338 页。

　　② 参见周光权：《积极刑法立法观在中国的确立》，载《法学研究》2016 年第 4 期；劳东燕：《风险社会与功能主义的刑法立法观》，载《法学评论》2017 年第 6 期。

　　③ 参见 Andrew Ashworth, "Conceptions of Overcriminalization", 5 *Ohio State Journal of Criminal Law*, 407（2008）.

　　④ Jonathan Herring, *Criminal Law: Text, Cases, and Materials（fifth edition）*, Oxford University Press, 2012, pp. 11-12.

　　⑤ Douglas Husak, *Overcriminalization: The Limits of the Criminal Law*, Oxford University Press, 2008, p. 4.

　　⑥ ［日］井田良：『変革の時代における理論刑法学』，慶応義塾大学出版会，2007 年，19 頁以下。

看来，这一世界范围内的刑事立法扩张显示出全球风险社会下人们为其确定安全的共同焦虑，在此意义上，"刑法帝国主义"话语系统的形成带有某种必然的意味。

与实践中的刑事立法话语扩张相关，近年来中国刑法学术话语也有了显著的重兴气象。就研究主题来看，刑法学界除了证立积极主义的刑法观，主张刑法对社会生活适当的积极的介入，① 对于新兴领域的刑法规制也提出了诸多完善罪名体系的立法建议。例如，完善环境刑法的罪名体系与刑罚适用②，在网络领域增设网络犯罪罪名、延伸适用传统罪名以及确立从重处罚情节等。③ 但这些建议背后体现的是这些新兴领域中风险规制的刚性而非情感需求，以及当风险出现时首先寻求刑法治理的下意识而非理性化的决断。直接反对刑法功能扩张的主张也不少见。此类主张认识到国家治理是一个多方参与的综合系统，通过刑法立法扩大惩罚范围看似简便且一劳永逸，但长远效果堪忧，至少会让其他可能的治理手段被忽略甚至屏蔽。更严重的问题在于，依赖刑法治理的简约逻辑容易掩盖社会风险的实质，让过国家治理系统过度迷信刑法规范的确定性和实效性，从而在社会治理和预防犯罪方面出现责任的松懈。④ 但总体而言，此类主张并未反对所谓正当的刑法功能扩展，试图通过更为稳妥的权力制约方式实现"刑法帝国"的稳固建构。

三、在精英与大众之间弥散

理解刑法帝国主义在中国的话语弥散，离不开"精英与大众"这对范畴。与民法理论话语相比，刑法实践话语从表面看并不执着于私人权利，甚至在一定程度上跳出了纯粹理性对法律建构的先验圈套。但刑法理论话语决非排斥权利的欲望和感受，而是要在历史传统和现实需要基础上，利用强有力的制度规范作为后

① 参见付立庆：《论积极主义刑法观》，载《政法论坛》2019 年第 1 期。
② 参见赵秉志、陈璐：《当代中国环境犯罪刑法立法及其完善研究》，载《现代法学》2011 年第 6 期。
③ 参见于冲：《网络犯罪罪名体系的立法完善与发展思路——从 97 年刑法到〈刑法修正案（九）草案〉》，载《中国政法大学学报》2015 年第 4 期。
④ 何荣功：《我国轻罪立法的体系思考》，载《中外法学》2018 年第 5 期。

盾，从表达和阐释上穿透当今社会治理面临的普遍问题，即在全球风险社会背景下，变动的国家刑法如何实现一种系统的动态治理？相较于其他部门法而言，新的正在形成的新的系统刑法，受到了政党、国家和社会的更大重视和信赖。这种公信程度甚至已达到一时之顶峰，因为刑法与全球风险及终端治理的联系无比紧密。无论学界承认与否，刑法精英的实践和理论话语已取得了法律帝国的优势地位——当然这并非体现在应然的法律位阶效力上，而是更多体现在实然治理效果和大众安全期待上。从近年中国刑法学术话语的强势增长中，我们可以追查造就话语优势的某些因素，如刑事立法和司法都得到较高的舆论关注，继而强化了大众刑法话语的生成和作用力；受到刑事法治活动扩张的激励，学界对刑法研究更重视，扩展了法律精英理论话语的范围，反过来又为立法话语扩张强化了理论支持。更重要的是，在刑法精英内部以及精英与大众的双向交互中，"刑法帝国主义"话语系统的基本特征得以连续性呈现：首先，大众对刑法的底线信赖，是立法精英话语将刑法从后台转到前线的基础。其次，立法话语扩张则联动理论精英的话语证成，助力新的风险社会刑法观渐趋成型，让优先考虑刑法治理的思维弥散至更大范围。最后，刑法的适用范围不仅体现为制度规范和实践范围的扩张，而且在民众自觉接受刑罚的社会心理适应上也有明显表现。

概言之，刑法帝国主义话语回应的是这样一种现实而紧迫的需要：政治国家、公民个人、社会大众、各类人群和组织在嵌入法律治理的过程中，基于强烈的风险威胁和安全需要，形成对刑法管制功能及其强力统辖格局的高度依赖，刑法因而在广义的国家治理体系中愈益呈现"一家独大"的态势。须说明的是，"一家独大"强调的并不是刑法客观上垄断了国家治理体系，而是人们在治理观念和实践惯习上开始主动接受刑法话语的规训。出于这种观念、实践和话语的多重规制，刑法自然而然成了人们分析社会问题、解决日常矛盾、参与国家治理时的首位选择，进而随着法律强力的扩展获得体系中的主导优势。在此语境下，刑法帝国主义话语系统的沟通特征可分解为如下要点：

其一，最后手段的优先化。刑法规定剥夺公民财产权、自由权乃至生命权的惩罚措施，是社会关系失调到极为严重程度才不得不用的手段。由此而生所谓"最后手段原则"，即在其他正当手段无法有效预防和制裁侵害公民自由权利的行为时始得动用刑法工具。换言之，预防和应对风险的方式多种多样，刑法只是其中的"最后手段"。但这一原则在风险社会背景下受到挑战，结果是预防刑法观极大强化。未雨绸缪应对风险，预防性使用刑法，将最后手段作为最早手段以期达到预防效果，这被称为"法益保护早期化"。① 最后手段和法益保护早期化，这两个原则在话语逻辑上并无二致，都支持对刑法危险预防功能的精准定位，适用时序调整则强化刑法功能范围，进而引发刑法在适用空间和事件类型上的扩张特征。

其二，适用范围的扩大化。日渐积极的刑事立法态度和不断提速的刑事立法进程，在规范膨胀中扩大了刑事处罚范围。暂不论日渐扩大的刑法域外效力，但就刑法兜底条款的大量存在，即可大体明了此种特征的现实缘由。司法机关在适用兜底条款时有扩大外延的解释倾向，让原本起填补法律漏洞作用的兜底条款有了"口袋罪"的恶名。其中，比较典型的是以危险方法危害公共安全罪、非法经营罪和寻衅滋事罪。对那些处于"灰色地带"的行为，例如民间借贷、儿童乞讨、醉酒驾驶等，它们具有某种社会危害性，但是否将其作为刑事处罚对象，争论较大。虽有刑法学者指出："此类行为通过公安行政部门的治理，是完全可以得到有效控制的。"②但这与现实中刑法功能扩展对比，似乎已形成为难以逾越的应然与实然鸿沟。

其三，惩罚施用的自觉化。这是"刑法帝国主义"的更深层特征，来源于大众治理观念中刑法主导的心理惯习。当某种主流理论预设人都有趋利避害本能时，刑罚具有强大的威慑预防和安全保全作用，开始成为一个被普遍接受的心理事实。正如贝卡利亚所言："对于犯罪最强有力的约束力量不是刑罚的严酷性，而是刑罚的必定性。"③在中国，"有法必依、执法必严、违法必究"等口号早已深入人心，人们越来越相信严格追究刑事责任的重要性和必要性，进而自觉寻求积极主动的惩罚认同。这似乎与人的自利本能矛盾，但作为道德情操的同情，可以

---

① 吕英杰：《风险刑法下的法益保护》，载《吉林大学社会科学学报》2013 年第 4 期。

② 刘艳红：《当下中国刑事立法应当如何谦抑？——以恶意欠薪行为入罪为例之批判性分析》，载《环球法律评论》2012 年第 2 期。

③ ［意］贝卡里亚：《论犯罪与刑罚》，黄风译，商务印书馆 2017 年版，第 63 页。

解释此种大众刑法心态和话语特征。① 近年来，社会主义核心价值观"入法入规"，使得刑法道义色彩更加浓郁。鉴于道德与刑法日渐紧密的关联，当年德富林抨击哈特时的主张和论证，似乎更易为国人接受。② 人们之所以出现刑法的道德强制态度转变，展示了风险社会中安全需求的强大话语塑造机能。面对刑法的强制和威慑作用，人们将风险焦虑转化为安全需要，进而转化为主动适用刑法的道义自觉。无论是立法者、司法者还是普通民众，自觉运用刑法实现安全需求的核心逻辑在于：我不希望风险发生，而我又不知道风险何时发生；既然无法做到具体预防，便只能通过刑法思维进行一般预防。

第三节　以"风险刑法"话语为例

理解当今中国"刑法帝国主义"话语系统，不能脱离风险社会的时代背景。"风险刑法"在中国法学话语系统中已成一大热词，相关讨论数不胜数。选择这一话语样本，可以对刑法帝国主义的话语逻辑有更细微真切的体认。

一、风险社会的理论原意

"风险社会"由德国社会学家贝克首次系统阐述，用以描述现代社会的转型现象。贝克认为，现代社会正逐渐从"工业社会"阶段发展到"风险社会"阶段。③ 这种风险已经脱离了特定领域和时空的限制，不仅威胁到自然和人类健康，而且会给社会、经济和政治带来严重后果；风险不再局限于一国，而是突破地理的距离和限制，给全球造成影响，风险社会是一个世界风险社会。④ 概括而言，"风险社会"是指在后工业化时期，随着科学技术的迅猛发展，产生于人类实践活动

---

① 参见［英］亚当·斯密：《道德情操论》，蒋自强等译，商务印书馆2017年版，第5页。
② 德富林在反思沃尔芬登报告时明确指出："刑法显然建立在道德原则之上。在许多罪名中，刑法的功能只不过强制执行一个道德原则，而非其他。"［英］帕特里克·德富林：《道德的法律强制》，马腾译，中国法制出版社2016年版，第9页。
③ 参见［德］乌尔里希·贝克：《风险社会》，何博闻译，译林出版社2004年版，第13页。
④ ［德］乌尔里希·贝克：《世界风险社会》，吴英姿等译，南京大学出版社2004年版，第23页。

的各种全球性风险和危机对整个人类生存和发展造成严重威胁，而人类对此又失去掌控的一种尴尬境况。

贝克对风险社会的理论描述，深刻揭露了全球化社会的不确定状况，由此产生对理性主义法律观的强大冲击。由于风险的不确定性无处不在，并且不可计算，这让人们对理性的需求本身就充满了风险，形成了悖论。① 工业社会中的风险主要是自然的或实在的，是可以为理性所提前预知和控制的；而风险社会中的风险正是来源于对工业社会中实在风险的理性控制，是人为的和潜在的，并且脱离了理性的可控范围。由于风险恰从人的理性和行为中产生，是人为了规避工业社会的自然风险而进行理性思考和决策的不可避免的结果；但是自然风险是客观存在的现实，是必须面对和解决的问题，这就决定了人的理性活动一刻也未曾停歇，伴随而来的必然是理性风险的日积月累，最终浮出水面。当人们察觉到这个问题的时候，全社会的不确定性早已延展为一张巨大的囊括所有人的网，无从躲避，无从拒绝，但是又无从得知何时何地会向你席卷而来。

随着工业社会理性带来的风险副作用日益显现，如何分配社会中不可回避的风险便成为政治和公共生活领域的重大问题。但是"风险社会的概念断言了风险分配和财富分配的不相容性以及二者的逻辑冲突"，② 工业社会通行的财富分配逻辑不能适用于风险社会中的风险分配，这样一来，"风险已经成为政治动员的主要力量，常常取代如与阶级、种族和性别相联系的不平等之类的变量"。③ 关于这种政治力量，贝克进一步指出，"阶级社会的驱动力可以概括为这样一句话：我饿！另一方面，风险社会的驱动力则可以表达为：我害怕！焦虑的共同性代替了需求的共同性。在此种意义上，风险社会的形成标示着这样一个时代，在其中产生了由焦虑得来的团结并且这种团结形成了一种政治力量"。④

风险分配最终取决于"焦虑共同体"，风险社会同时也是焦虑社会，甚至"焦

---

① ［德］乌尔里希·贝克、邓正来、沈国麟：《风险社会与中国——与德国社会学家乌尔里希·贝克的对话》，载《社会学研究》2010 年第 5 期。

② ［德］乌尔里希·贝克：《风险社会》，何博闻译，译林出版社 2004 年版，第 188 页。

③ ［德］乌尔里希·贝克：《世界风险社会》，吴英姿等译，南京大学出版社 2004 年版，第 5 页。

④ ［德］乌尔里希·贝克：《风险社会》，何博闻译，译林出版社 2004 年版，第 57 页。

虑社会"的标签可能更为合适一些。① 正如贝克所说,"风险的概念像一根使我们可以不断去探究整个建构方案,以及整个文明结构上的每一块使文明自陷危境的水泥斑点的探针"。② 风险概念是贝克用来阐释现代社会基本特征的一个媒介,它实际上揭示了社会普遍存在的焦虑。而焦虑背后隐含着的情感是规避风险的倾向和追求安全的渴望。在这种情感的驱动下,"焦虑共同体"寻求应对和分配风险的路径在法律上集中体现为对刑法的依赖。

二、风险刑法的情感回应

如前所述,风险社会的普遍风险带来了不断扩散的社会焦虑,而产生焦虑的主要原因在于人们担心安全受到不可预测的威胁,而每种可能的危险都可能是致命的。如果说刑法的犯罪预防功能能够间接控制风险焦虑,那么刑法的法益保障功能则直接满足了大众对总体安全的需求。可以说,刑法的功能扩张回应了风险社会的现实,自觉运用"好"刑法来治理国家和社会的"刑法帝国主义"也就水到渠成。

在工业社会,"发展"是社会前进的动力;而在风险社会,"安全"则是社会追求的目标。对安全的焦虑既是风险社会的基础特征,也是风险社会中刑法帝国主义话语建构的最强驱动力。因为"现代社会的社会成员对于安全的欲求极为强烈,对于暴露的危险非常敏感。社会成员热切希望除去、减少这种高度、广泛的危险,热切希望在这种危险现实化之前,国家介入社会成员的生活来除去、减少这种危险",③ 所以人们找到了刑法,希望通过刑法的预防作用来保障社会的安全。安全构成了风险社会和刑法的现实连接点。

"安全"这一至关重要的连接点,在刑法话语中集中体现为"法益"概念。在德国刑法学家李斯特的阐释下,所有法益都是生活利益,这些利益的存在是社会本身的产物,而法律的保护将生活利益上升为法益。④ 法益概念原本指实体利

---

① 参见劳东燕:《风险社会与变动中的刑法理论》,载《中外法学》2014年第1期。

② [德]乌尔里希·贝克:《风险社会》,何博闻译,译林出版社2004年版,第218页。

③ [日]关哲夫:《现代社会中法益论的课题》,王充译,载《刑法论丛》2007年第2卷,法律出版社2008年版,第338页。

④ 参见[德]弗兰茨·冯·李斯特:《德国刑法教科书》,徐久生译,法律出版社2000年版,第4页。

益，经李斯特改造后，抽象意味愈加明显，体现出价值化的倾向。而伴随价值化倾向而来的，是法益的功能化。李斯特对法益概念的改造，不仅是发展刑法理论的特定学术需要，而且也是伴随刑罚安全目的思想——法益是刑罚的保护对象——而引入的对象规范话语。① 有学者将法益的功能化特点概括为，一方面法益概念的实体内容日趋单薄，另一方面法益概念外延日益扩张、统摄能力不断提高。② 这种变化极大适应了刑法目的所指向的法益保护需求，从根底上指向大众焦虑感的舒缓和控制——为使刑法更好承担应对社会风险防范，继而保障总体安全的任务，便要尽可能扩张法益概念的外延，其内涵越抽象便越合乎一般预防的需要。

为什么应对和分配风险有赖于刑法功能的扩展？换句话说，是什么让刑法具备了其他法律部门难以匹敌的缓解焦虑功效？如果将各个法律部门放在风险社会背景下，把其与风险社会的基本特征联系起来考察，我们不难找到答案。

首先，在刑法与宪法二者之中，刑法对社会起到的调控作用相比于宪法更加直接。虽然社会治理归根结底都是宪法调控的结果，但是宪法在形成稳定的法律秩序之后就"退居幕后"，不再直接对社会生活发挥作用，而是授权各子法在各自范围内调控相应的关系。其次，风险分配与应对作为一个现实问题，有关权力、权利、权威、权能的安排，实体法能发挥的作用往往大于程序法，强制法也比非强制的契约法管用。众所周知，刑法的实体法和强制法功能都非常强劲。最后，在各实体性的部门法之间，刑法与风险社会呈现宽广的契合，不得不归功于刑法学术话语率先对传统法理的改造。由于风险社会的极大不确定性，人们无法准确预料风险的发生；但是风险带来的焦虑促使共享焦虑的共同体必须想出对策应对风险，那么提前的预防自然成为一种良方。20 世纪中期以来，报应刑法的没落与特殊预防之矫治构想的失败已成为不争的事实，一般预防则脱颖而出，成为各国刑法推崇的首要目的。③ 刑法目的向一般预防的转变，与风险社会的特征不谋而合。对风险提前预防的需求布局，在不具备一般预防功能的其他实体部门

---

① 参见张明楷：《法益初论》，中国政法大学出版社 2003 年版，第 35 页。
② 参见劳东燕：《风险社会中的刑法——社会转型与刑法理论的变迁》，北京大学出版社 2015 年版，第 41~42 页。
③ 劳东燕：《风险社会与变动中的刑法理论》，载《中外法学》2014 年第 1 期。

法中未得到及时满足，是故，刑法帝国主义话语系统，就成了应对风险社会的时代弄潮儿。

比如，传统的刑法责任原则秉持"没有责任就没有刑罚"的理念，限缩了刑罚的适用范围，将行为时缺乏责任能力的人排除在犯罪构成之外。① 然而，在风险社会的冲击下，刑事责任原则经历了从结果责任论、心理责任论、规范责任论直到功能责任论的发展过程。功能责任论话语的核心在于，使法律责任更好依附于它必须解决的任务，因为责任不是自然生发的，而是不符合风险治理目的而被制造出来的。② 保护法益，则被视为新时代刑法的目的之根。③ 在风险社会的功能责任论下，刑法责任原则或可这样理解：刑法治理风险社会所欲达到的目标在于法益保护和风险规避，当这种要求极为强烈时，责任就要为这一目的服务，通过功能性解释让行为人承担相应的责任。如此一来，功能责任论实际上"实质性地降低了责任的防线，使得刑法的可罚性范围大大扩展"。④ 伴随刑法目的重心的偏移，传统刑法责任原则发生了重大转型，逐步让位于刑法的法益保护目的和预防威慑功能。一言以蔽之，风险刑法话语的要义，在于回应了现代社会弥散的焦虑情感，让人们感知到底线责任在不确定的时代依然是存在的。

三、话语张力的持续生成

关于风险社会下刑法功能的扩张，势必引发与刑法谦抑主义的深刻矛盾，在刑法学界内部产生激烈的讨论。主张刑法谦抑主义的论者指出，谦抑原则是刑法的根本原则，因为刑法是剥夺自由和生命的最严厉制裁，是在道德、民法、行政法等其他规范对法益保护不充分时才发动的最后手段，谦抑的法益保护原则才能更好保护人权。⑤ 主张刑法功能适当扩张论者认为，随着当今中国社会各个领域

---

① ［日］山口厚：『刑法総論』，有斐閣，2007 年，6 頁参照。

② 梁根林主编：《当代刑法思潮论坛》（第一卷：刑法体系与犯罪构造），北京大学出版社 2016 年版，第 159 页。

③ 张明楷：《刑法目的论纲》，载《环球法律评论》2008 年第 1 期。

④ 梁根林主编：《当代刑法思潮论坛》（第一卷：刑法体系与犯罪构造），北京大学出版社 2016 年版，第 159 页。

⑤ 参见马克昌：《危险社会与刑法谦抑原则》，载《人民检察》2010 年第 3 期；刘艳红：《"风险刑法"理论不能动摇刑法谦抑主义》，载《法商研究》2011 年第 4 期。

的转型、科学技术的飞速发展，在主要依赖技术的生活中潜在风险飞跃性增大，传统刑法观已不适应社会现实，刑法需要转型对此进行能动的应对，刑罚也应从"限定的处罚"转向"妥当的处罚"。① 在理论话语争执不下之际，刑法立法和司法实践似乎提前宣布了扩张论者的胜出。如果从"情感理性"分析的角度来看，追求体系性的"外在善"引发刑法立法的内心燥热，刑法制度供给不均衡和公众预期产生偏差，学习西方刑法理念效仿现代性心理的延续，这些方面决定了扩张论必然占据上风。② 无论接受与否，刑法谦抑主义的退隐似乎已成某种无奈的事实。

但正如论者所陈，刑法谦抑主义的暂时消减，并不必然导致侵害人权和法治的消极结果，也不会动摇刑法与行政法、治安管理法的边界。③ 我们并不怀疑目前刑法的扩张仍保持在可接受的情感理性范围，并且刑法帝国主义话语可以在此种内部张力下稳步扩展。刑法谦抑主义的消减只是揭示了这样一种事实：刑法自身的谦抑原则在与刑法功能的扩张需求的角力中败北，刑法话语系统的内在张力已经触及刑法内在约束的松动，从而导致刑法整体上呈现出一种更为强劲的帝国主义态势。尽管这种扩张并不违反法律体系的基本原则，在总体上可以保持合理限度，但并不是说正当范围内的刑罚权扩张可以无限发展。近年法理学、宪法学、民法学与刑法学的对话，都表现出重新建构刑法功能界限的学术努力，这些争鸣成果也为刑法帝国主义话语系统吸纳，转化为优化自身学科知识体系的内部资源。就此而论，刑法张力的持续生成，也是刑法帝国主义话语"自我繁殖"的重要后果。

经过概念、特征和样本的分析解剖，本章初步完成了刑法帝国主义的话语阐释和法理反思，但仍有值得进一步讨论的问题。比如，"帝国主义"政治话语能否用以描述刑法功能扩展？这须从帝国权力扩张的主张、实践和政策的法律话语构建着手，寻找相关证据支持；再就是对帝国刑法大厦的机构、权威与制度体系

---

① 参见张明楷：《网络时代的刑法理念——以刑法的谦抑性为中心》，载《人民检察》2014 年第 9 期；周光权：《转型时期刑法立法的思路与方法》，载《中国社会科学》2016 年第 3 期。

② 参见石聚航：《刑法谦抑性是如何被搁浅的？——基于定罪实践的反思性观察》，载《法制与社会发展》2014 年第 1 期。

③ 参见陈璐：《论刑法谦抑主义的消减》，载《法学杂志》2018 年第 9 期。

的描述。德意志帝国的刑法科学或可作为近代话语原型，甚至像《萨克森明镜》这样的出自非专业人士笔下的作品，亦可作为帝国立法的一种叙述。[1] 中华帝国对"发闻惟腥"之刑的警惕，以及"报虐以威"对滥用刑杀的矫治，编织出"伯夷降典，折民惟刑"的早期记录，可作古代刑法帝国的话语蓝本。[2] 此等过程皆由"主张-实践-政策法度"逐步构建而成。从静态角度，对中华帝国刑部或大理院的观察，亦可验证刑法帝国主义的话语构造。还有诸多比较法中的殖民帝国刑法考察，也可作为重要的学术证据。

再如，后帝国或曰新帝国时期的刑法话语，是否有根本变化？本书着重分析的风险刑法话语实例，不仅显现出风险社会理论背景下的刑法功能扩张的全球性，而且透露出未来世界的高度不确定性，在全球新冠疫情影响下寻求刑法话语密集回应的需求。当今世界的大国之争，不能径直视为帝国之争，但的确表现出某些超级大国以新帝国主义为化身，因而对其惩罚性主张、实践和制度诉求，不能仅从国际法角度处置，最好及时针对其强力本质作出域内刑法的回应。这就需要我们洞察刑法帝国主义的话语逻辑，知己知彼。在此意义上，所谓新帝国时期的到来，并没有根本改变刑法话语的结构和实践模式。即使内部张力与外部批判持续存在，也阻遏不了刑法帝国主义的话语弥散。

另如，中国主流刑法理论话语是否因此面临多重转变？的确有这样的可能，并且路径选择多维：一是进一步深化对封建主义刑法的批判。在帝制结构中，"大一统"与"封建主义"类似套娃格局，后者寄生于前者。批判封建主义刑法话语，不是对政治统一性的否定，反而是对国家政治统一和刑事一体化的双重支援。共和主义的国家刑法，反对帝国主义意识形态，但首先是针对封建主义的刑法分裂开火。由此批判，现代国家的刑法与"令行禁止"的党纪军法，可以在精神上更为紧密契合，增强以法令一统为标尺的法理正统权威，进而增进自上而下的层级网络治理效率。通过秩序绩效的优异成果，补充压制型法治的价值理性亏欠，导向更正当有效的压制型刑法系统。此种系统要求精准打击风险社会的犯罪

---

[1]　参见[英]梅兰特等：《欧陆法律史概览：事件、渊源，人物及运动》，屈文生等译，上海人民出版社 2008 年版，第 248 页。

[2]　《尚书·吕刑》。

分子，对应的是敌人刑法论的话语构建。二是继续享受新自由主义帝国刑法论的暖怀。用以个人权利为核心的人权理念，限制国家刑法功能扩张，朝向自治型刑法帝国的构建，这是人权刑法论的主要依凭。三是沿着对本土帝制传统彻底否定的道路前行，拒绝新老自由主义刑法蓝图的诱惑，坚定依循社会主义刑法理念，谋求响应型正当刑法国家的创建。此为一种比较完美的理念类型，最为接近回应型法治的理念标准，在话语竞争中有更强的动能。本书重点分析的风险刑法论，正代表了此种方向类型。在"三大批判"中，封建主义、殖民主义和国家主义均被扬弃，立基于政治法令独立统一和社会规范相对自治，在此种美好社会导向的刑法帝国中，地域差异、国别霸权和暴力国家机器的局限可以抹除。经由神奇的文化之手，缔造超越政治国家刑法与市民社会刑法的伦理共同体刑法。四是经由彻底的传统回归而复兴重生的天下主义刑法。此种进路会对刑法帝国主义构成消解。但这个漫长的过程，必定经历刑法帝国主义话语的预先膨胀，甚至在现实形态上就是一种极端的刑法帝国主义的变体。此种方向与情感共同体的刑法论有紧密关联。因为此种方向，关注的是知识权力的扩张能否形成自身界限，只要罪感不消散，刑法帝国的演绎和建构就不会休止。情感共同体不同于风险社会，因而安全感共同体的刑法观，在风险刑法观基础上可能得到蓬勃发展。[1] 它要搭建的并非一个政法权力帝国，而是以弥散主权为核心，以网络监控、舆情惩戒、道义督察为手段的信息乌托邦。在政治、社会及规范描述基础上，刑法帝国有了异常充沛的科幻想象，虚拟的理性刑法帝国消散，真实的情感刑法纽带发挥均衡欲望与理性冲突的重责，内在的罪行识别、规范指引与即时警戒功能。人们的罪恶感、羞耻感、焦虑感会逐步减退，正义激情转化为随时随地发生的刑法情感。判处某人死刑，不必现实剥夺生命，一切只需在情感系统中记录、缓存、调取、刷新。某人由死而生，只待刑法情感系统的重启确认。大众评审团的意见，由超级计算智能实现。人们自由犯罪，自动受惩，自生秩序。

---

[1] 日本刑法学家西原春夫认为，探求刑法的根基，就好似认清刑法的脸。在他看来，刑法的脸中，包含着受害人父母、兄弟的悲伤和愤怒，也包含对犯人的怜悯，更包含对犯人将来的祈望。在充分理解犯人犯罪动机的同时，不得不对他的犯法行为动用刑罚，而这中间必须含有审判官的泪水。参见［日］西原春夫：《刑法的根基与哲学》，顾肖荣等译，法律出版社 2004 年版，第 138 页。

认真对待"刑法帝国主义"，无论是对法学话语研究还是对社会治理实践都有裨益。就此而言，本书的结论是开放的：第一，作为法学研究对象的"话语"范围广泛，可以是立法、司法等制度话语，也可是探究、描述性的理论话语，还可是大众传播中的文化话语。第二，现实的法学话语往往是复合型构造，如同刑法帝国主义话语系统包含了各式政治和学术帝国梦想，以及民众获得强有力法律保护的安全情感欲望。如何寻找连接点，探求其可能的均衡点，描述其常态的非均衡状况，包括各种话语主体的矛盾和冲突，诚为面向话语实在的法学研究之要务。第三，法学方法论强调的阐释学立场，诸如"目光往返游移"，可从立法或司法裁判语境中解放，进入更广阔的共同体语境，发挥思维导引作用。第四，法学话语研究的拓展，必定伴随范式的迁移。理性主义向情感主义的转变，已开始浸染法律系统的坚固堡垒——刑法文化内部，由此而引发的情感对于法律的本体论和认识论问题，值得各界人士共同探讨。①

---

① 关于中国语境下的法律与情感分析进路，参见廖奕：《面向美好生活的纠纷解决——一种"法律与情感"分析框架》，载《法学》2019 年第 6 期。

第七章
法教义学的方法论话语反思

从文辞上给"法学方法论"做一个定义，并非难事。比如，我们可以很容易写下这样的句子："所谓法学方法论，指的是人们对法学研究或法律实践中，为达预设目的而采用的各种手段、方式、途径，所做的系统性、体系化的整理与思考。"我们有此定义，并不意味着真正弄清了法学方法论的要义。这种表浅化的定义，如果有其存在的价值，那只能是为我们深入探索某些核心要件提供了一个切口。如同陶渊明在《桃花源记》中所描写的那种感觉，"缘溪行，忘路之远近。忽逢桃花林，夹岸数百步，中无杂树，芳草鲜美，落英缤纷。渔人甚异之，复前行，欲穷其林。林尽水源，便得一山，山有小口，仿佛若有光。便舍船，从口入。初极狭，才通人。复行数十步，豁然开朗"。找到"豁然开朗"的感觉，还只是探索的起点。

第一节 什么是"法学方法论"?

法学方法论的要义，如同神秘而实在的"桃源人"那样，充满矛盾与吊诡，却又让人情不自禁、竭力探知。

从法律职业人的角度出发，法学方法论并不是仅限于研究方法层面的理论指导。因此，它不能等于或混同于法哲学。现今法学方法论的著述，多以法律实践特别是司法为中心，便是基于"法律人"的职业需求而生的理论建构。法律人职业中到底有怎样的方法困惑？综合大陆法系、英美法系的情况来看，主要还是司法过程中的事实、价值与规范矛盾。这种困惑，投射到法理学上，其背景正是长期以来自然法学与实证法学的二元对立。

从解除困惑的方案看，近世兴起的法学方法论，已确定地举起了科学思维的旗帜，但这并不意味着"科学的法学"没有争议，这种争议现在看来还相当巨大。的确，实证主义可视为科学思维的发轫，在法哲学史的起初即存，但为什么中世纪乃至近代以降，它方才兴盛开来？当"后现代"思潮来袭，此种科学理性主导的方法论如何因应？这些问题可以暂时不解，但其确凿无疑地提示我们：明白科学方法论的要义，乃是理解近世法学主流的一个必要条件。

所以，我们可以选择笛卡尔《谈谈方法》，作为深度慎思的话语蓝本。在这本书中，笛卡尔以自身经历为线索，勾勒了当时新生的科学思维的大体轮廓。令笔者印象深刻的，是他时常用到的"法官"比喻，借此说明"真理裁判"的"程序公正"。还有他的著名的"怀疑主义"，不相信已有定论，引入批判、分解、重列、检验等思维要素。[1] 笛卡儿希望将科学与哲学融会一体，为我们提供了一个几百年前的方法论经典范本。但笛卡儿毕竟不是一个专门的法律家，也未对法学方法论提出系统见解。

那么，究竟是怎样的历史机缘，让法学方法论跃出成型？约略而言，一是近代科学与哲学的"融会"。准确地说，科学对传统哲学的强劲挑战，使得旧的思维难以维系；科学化身新的"上帝"，试图在批判后"涵摄"哲学。二是新的法律制度实践要求。确切地讲，是一系列铺天盖地的法律制度运行，需要从理论上提炼出某种新的定型思维，以服务行动者按图索骥。三是法学教育在"独立"意识导引下的专门化、精细化。法哲学首先要从哲学部门中解放出来，随即产生自身教义的理论化，从外部理论发展为内部理论。然后，作为总体理论的法学方法论，与作为各领域法学研究的方法论，出现参差交错的复杂格局。其他的因素或许还有很多，但比较直接和关键的是上述三方面。这三方面其实可归到一个"入口"：随着"科学时代"的降临，人们需要对传统的思维、制度乃至心性、品格，予以整体的改造和规训。

---

① 参见［法］笛卡尔：《谈谈方法》，王太庆译，商务印书馆2000年版，第19~25页。

但这种改造和规训，注定不会一帆风顺，它甚至就是在争议、抵抗、反对、曲解中产生的。科学化的法学方法论，牵连出林林总总的赞同者、仿效者、反抗者、顺应者、漠视者，也倒逼经典的法哲学、法教义学在维持固有方向的同时，不得不创造出回应型的新理论。

大略明了法学方法论的近世缘起后，我们应进一步探查其形式层面的基本表征。从现有法学方法论主流话语看，如下方面值得关注：

第一，法学方法论是法律本体问题的理论化作业。在法哲学发展史上，本体论与方法论并不是共时的并列关系，而是历时的延展关系。过去，本体论可能决定方法论，有没有专门的方法论并不紧要；而今，本体论可能为方法论取代，有没有独立的方法论至关重要。这里倒不是关心谁战胜谁，关键是现在的法本体论能否涵摄方法论？如果以方法为本体的倾向，继续流行下去，出现新的方法本体论也不是没有可能的。比如法律程序主义、程序正义理论，大体都有这个倾向。但法律是否存在方法无涉的客观目的？换言之，法律价值的客观证成若能完成，方法论无疑是要服从并服务于本体论。如果不能完成，方法论自身的"狂放"就很难改变。比较稳健的法哲学和法律理论，往往对法的目的抱有本体论上的底线认知，通常以"法是什么""法如何存在"这些本体问题为先导，在此基础上寻求解决的途径与方法。在此意义上，法学方法论其实就是一种加强版的法本体论，或曰有科学化色彩的法哲学。

第二，法学方法论主要面向法律目的证成。法学方法论要寻求法律问题解决的理想思维，以思想程序的正义"照明"制度程序的正义。一方面，它关联甚广，包括立法技艺、法解释、法适用中的价值衡量，乃至普通人的法律态度与观念等内容；另一方面，它内核单一，面向的是理想的法在学问上的逻辑构造，因而，万千利器，思维第一。脱离内核的法学方法话语，很容易变成纯操作性的技术指引，这些知识固然有其价值，但从理论上不能归入法学方法论范畴。无论立法者的法理学、司法者的法理学，抑或普通人的法理学，法学方法论话语都在努力从"最好的思维"角度证成法的目的，为法律问题的解决提供"接近真理"方案。

第三，法学方法论的"毛细血管"，由法的疑难问题组成。法哲学上的根本疑难，在法教义学中具体化为规范疑难。而法规范疑难在法实践中，进一步表现为裁判疑难。但法律人的思维，不能说是"裁判思维"，而说"思维裁判"更恰当。裁判是作为思维的对象，而不同于思维主体，或某种当然的权力。法律人要在对疑难问题的思考中，体现法的目的导向，反映疑难问题的逻辑，提出化解悖论的说明，证明解决方案的得当。这类似于罗尔斯《正义论》中的"反思性均衡"，但与其不同的是，法律人难有纯哲学的思维语境，不能靠"思想实验"去主导裁断。"实践理性"已成为有关法律方法的原则公论。在其指引下，法教义学上的疑难案件推理，主要是从法律规范解释中的歧义出发。法律规范的文字歧义，让法律解释作为思想"诀疑术"焕发光彩。在萨维尼经典理论的基础上，文义解释被衍生出各种话语形态，成为现代司法方法学说的基本内容。

　　近年来，以"法理"为中心的学术倡导，蕴含对传统乃至现代法学方法论的更新功效。作为探究"法理"路径的专门学说，法学方法论的建构与生成并非一种可能。在已有的交流互鉴中，大陆法系与英美法系的法学方法论框架呈现"聚焦重合"，由此产生"法官法"与"法学家法"的鲜明特质。由哲学向科学的转变，暗伏其间的一条主线，是诠释学方法论的经久不衰、与时俱进。诠释学，严格而论是一种人文科学方法论。它与自然科学方法论，显然是有很大不同的。通过诠释学方法论我们可知，在传统法哲学、法教义学方法论之外，其实还有坚实的人文法学方法论。这种方法论有显著的"居间"色彩，可以充当传统哲学和自然科学的"桥梁"。这种方法论在中国文化的背景下，也能很好实现"创造性转化""创新性发展"。因为在中国，法律和人文不仅在政治理念和社会实践上紧密关联，在学术传统和大众思维上也长期嵌合。

　　近些年，每当致力于在这个尚未"正名"的领域耕耘，难免有形单影只的孤独感，但念及泱泱中华鼎盛的人文律法，唏嘘之余也生出愧疚后的自励和再省。

第二节　如何回到中国问题？

一、"法理论争消亡史"

　　一个理想的学园，必定充满各式各样、千奇百怪的争辩。俗话说，真理愈辩愈明。在一个国家和民族的法学发展史上，多多少少会有一些具有重大意义的论争，推促或阻碍现实法律运动的流向。远的不提，以热议的法典编纂为例，许多论争便会将"战火"之源推溯到不同时空下的标志性论战，如萨维尼与蒂堡之争。或许，历史的真相远不像今人想象的那般差异巨大、泾渭分明，甚至某些论争实质上是一个战壕里的战友为迷惑"敌人"采取的佯攻战术。无论何种可能，无论实质性、对抗性的论争，或是形式化、表演性的争论，它们都对法律世界的观念之流，起到了导向性的牵引作用。这种作用无法精密设计，只能靠历史洪流、偶发因素等一系列组合"幕后决策"。卷入论争的当事者是幸福的，至少是振奋的，因为他们有出场的机会，成为话语事件的主角或配角，有了立言、立功甚至立德的可能。而那些外部的观察者或暗在的调控者，则监督并享受着论争的思想成果，将话语事件推演为观念模型，乃至制度蓝本，以求得更加美好、更有意义的生活。

"法理论争消亡史"包括多层寓意。一是表明近百年中国法理学术之争起起落落、反反复复，已面临方法论上的严峻挑战。二是不注重方法论的某些论争，都是表面化、不充分的，需要重新自我反思，尤其是哲学层面的思维方法。三是具有法哲学意义的论争，也可能由于"法理"概念过于宽泛，而流于四面出击的无定准状态。哪些问题可以讨论？哪些问题压根就无法讨论，或没有必要讨论？在当下，人们多少有些困惑和迷茫。

中国法学向何处去？这个宏大而恳切的发问，于今而言依然有效。在将规范化视为格式化的学术运动中，有思想、有情怀的学者如何发问？如何论辩？如何在被"否定"后，继续有效发问？这不仅是有关思维辩证法的老问题，也关系到真正富有活力的法学理论及其话语的创造。所以，这里的"消亡史"，只是意在呈现一个新时代降临前的各种迹象，主要是描述的而非评价的用语。

> 我欣赏所有极致的绽放。在最美的时候消亡。
> 重要的是，在终将一无所有之前，我到过天堂，触摸过欲望。
> 克制或挥霍本是同一种痒。
> 地狱和天堂本是同一个地方。
> 除了诱惑，我什么都能抵挡。

二、法统的承继与新造

"法统"，是一个消失在现今主流法学教科书的概念。某些文本有其印痕，多也信笔一提。对这个概念，我们可想到两种诠释：一是法律内在的传统，类似于"法律传统"缩略词；二是法律外在的统治，类似于"法律正统""法律体统"。第二种诠释更为常见，又可分两种情形：第一，法律作为正统根基，这接近于"法的正当性统治"；第二，法律作为统治权载体，这接近于"法律的形式之治"。前者为政治学倚重，后者为法教义学赞同。

有无可能将这些语义贯通，对"法统"一词加以复合阐释？历史学向来对法律传统研究非常重视，在其看来，法统的本质还是在于传统，只不过法律的"老传统"可能因为外来文化冲击或自身逻辑断裂趋于消亡，而代替老传统的所谓"新传统"，又难以在短期内成为真实的传统。于是，历史哲学的止步处，就是政治哲学的发端点。政治哲学将历史条件视为某种先在约束，重点强调法律的统治意义，而无论保障正统的实质法治，还是与正统切割（也可理解为自创"新正统"）的形式法治，这两种旨意可以复合解释为，特定政体中法的实质正当及其形式依凭。法律传统代表基本的文化事实，法的正统（合法性）原则侧重实质正义，合法律性主要是形式规范意义上的，三者同属相互推展、彼此嵌套的大系统。合法性原则主要从文化事实中经提炼而生成，原则内容发生改变，形式规范当然也要调整，这是内容决定形式的观点推演。反之，若"超稳定"的形式规范能在文化传统上形成，即便是法律的原则内容变更，亦可做到"换汤不换药"。法律可以栖居在原有的躯壳中。有没有这个躯壳？如何发现这个躯壳？可不可以模拟仿真出这样的躯壳？这些，也许就是人们不断探寻的"法统"问题。

20世纪50年代，有关法的阶级性与继承性论争，就包含这样的"法统"问题。1949年2月，中共中央发布《关于废除国民党〈六法全书〉与确立解放区的司法原则的指示》，用特殊的政治方式宣告旧法统的消亡，以及新法统的重要原则。这个文件针对的是蒋介石以"法统"为名义，玩弄政治阴谋。他说："只要和议无害于国家的独立完整而有助于人民的休养生息，只要神圣的宪法不由我而违反，民主宪政不因此而破坏，中华民国的法统不致中断，军队有确实的保障，人民能够维持其自由的生活方式与目前的生活水准,则我个人更无复他求。"实际上,这种"法统保全论"根本上违反了中国历史的正统论法则,亦与当时的政治情势不容。暂不提事实上的力量对比,蒋介石及其代表的政权,已然全盘失去了最重要的"人心"。此种正统,既然无法再续,只能开新再造。为抗击有些迷惑人心的"法统保全论",随后的《共同纲领》明文规定,"废除国民党反动政府一切压迫人民的法律、法令和司法制度,制定保护人民的法律、法令,建立人民司法制度"。① 从法律规范上废旧立新,是新的政治合法性原则建立的必需,也是传统的法令正统原则延续的必需。这一举措,不仅有极为重大的规范意义,也有极为复杂的象征意义。这种象征意义,在法教义学的知识系统中找不到合适的语词,所以只能处于"各自领悟"的话语空窗期。正统转移,天下归心。历史哲学彰显的法理、政治家判断的法理和法律家诠释的法理,应当是一体发生、本质无违的,但鉴于当时极为复杂的思想、学术和话语环境,"旧法人员"表达某些不理解,也可以理解。总体看来,新民主主义革命胜利后,中华法的正统原则不仅得到了延续,而且获得了创造性发展的新时机。

在建立"新法治"的过程中,中共积极学习苏共的相关经验,但并未奉其为"正统"。在这一点上,毛泽东有其一贯的清醒与自觉,坚持以革命根据地的法制经验为基底,以党的政策先行、临时替代国家法律的战略思维,解决过渡时期的规范缺位问题。同时,双方面创构法制系统,由共同纲领、中央人民政府组织法组成的顶层宪制框架,和由婚姻法、土改法、惩治反革命条例等组成的基层法制要件,兼续行进。虽然这个时期的法制建设并未达到形式完善,但从"法统"的整体角度观察,已初步达成建政、立法、新民等多重目标。这些法统建设举措,从综合法的目的、规范和实际效果看,展现了革命与法治的辩证法,奠定了"政法一体"的制度基础,开辟了处理党法、法民关系的良性路径。所谓"整体废除论""法治观念根除论",多少与"旧法统"的语义不明有关。按照法统的更替和延续论,国民党反动政权的"法治",是难以代表真正的正统的。所以,"法统"并没有也不可能被根本废除,所谓的"旧法统""新法统"实质上属于一种政治的

---

① 参见张恒山主编:《共和国六十年法学论争实录》(法理学卷),厦门大学出版社 2009 年版,第 3~4 页。

界定和修辞。中共代表的，从始至终都是统一的法统。问题是，旧的法思维惯性及被替代后的痛感，确实难以用制度废除的方式消除。只有不断革新法的目的认知，完善法的规范表达，增进法的实践机能，才能顺利实现新旧交替，保持法统的一体和延续。

当时对于旧法人员原有的观念、习惯性做法，其沿用的概念、术语，司法改革运动也没有全盘否定。虽然是以运动的方式推进司法改革，但这样的运动并不是单纯的政治运动，其社会运动的特征也相当明显。建立人民司法制度，必须发动群众，必须对虚伪、反动法治否定后残存的形式主义法治展开斗争。在这场斗争中，"新法学"对旧的司法原则话语，进行了以合情合理为尺度的批判。某些过激行为不能掩盖总体逻辑。比如，根除旧法思想，不能理解为铲除法治观念。司法改革运动中的思想改造，通过引入群众教育，目的是让法的实质正义在情感上得到进一步体认，而不是要彻底消除"旧法人员"的法治观念和法治思维。但这些举措，如果放在"法统废除论"的叙事框架，则会变成一个没有边界、不断蔓延的观念/知识事件，深入灵魂的革命，让法治的思维难以重见天日。

在此背景下，改造后的人员不避"忌讳"，参与法的阶级性与继承性大讨论，就是一个值得深入分析的样例。① 他们维护法的继承性，一方面表明对当时整体废除论的反对，另一方面也证明了法治观念、思维的有机延续。他们的"学术话语"既有政治原则立场，也有现实问题指向，还有知识范式依循。在学术史上，我们不能将这场论争理解为马列主义法律观与资产阶级法律观的对立，而应置于当时方兴未艾的"新法学"背景下，从过渡时期的"法统"一体延续性上找到新的观察视角。因为，前述两种法律观在政治上、民心上甚至学理上的胜败输赢，早已分明。但在学术上，当时流行的马列主义法律观，在教材、宣传上并非全然是"纯正"的，特别是体现中国化马克思主义法律观的教材和学术作品，非常稀缺。经由维辛斯基等人炮制的法的概念，对马克思主义的"扭曲"，在许多人看来已经相当严重了。或者说，维辛斯基的法律学说，经由简单化改造，变成一套也许他自己都不太明白的条条框框。所以，需要在学术上展开一场论争，对马克思主

---

① 参见张恒山主编：《共和国六十年法学论争实录》（法理学卷），厦门大学出版社 2009 年版，第 8~33 页。

义法律观和中国共产党法律观,加以双重"解蔽"。"解蔽",换言之就是"正名",或者说"法统的观念复位"。

所谓"法的阶级性本质",主要是马克思针对其生活年代的普鲁士法、资产阶级法,提出的具有实证意义的理论概括。虽然有一定的价值批判色彩,但其原意并非不分条件地评价乃至否定一切法律现象。

阶级是一个经济分层概念,阶级意志作为法的本质,呈现出的一种以实然(包括社会学和心理学双重意义上)为导向的,对法规范背后的支配者的说明。这是一种基于特定主角,以"意志"为中心定义法律的尝试,是对法律现实规律性状态的揭示,与继承性并无直接的关联。作为合适的理论范畴对应,其当指向法律现象(包括法规范和法制度)。

而法的所谓继承性呢?这也许是临时生造的术语,有很强的仿拟意味。人们容易误以为是实在法上的继承问题。其实,这种法的继承现象,本质上指的是法的历史延续性,或曰一体性。在中国传统王朝兴替中,新王朝会以新的天命昭告天下,加以改造和修缮后的旧法,多少还是可以继续使用的。难道中国共产党不明白这个道理?必定是清楚明白的。关键是革命的意识形态,让党内最高领导层不得不释放这样的讯号:新的事业前无古人,只有在一张白纸上才能画出最新最美的图画。法的阶级性原理不容置疑,因而"旧法"这个本来特指国民党反动政府的法律,被扩大解释为以前所有的非我党领导创制的法律、法令,乃至一切与无产阶级身份立场不合,因而"其心必异"的人员有关法律的思想和言论。

法律阶级性指向法律的本质之争,而法律的继承性指向的是法律与历史的关系,属于进化论或发展论问题。当时论争一边倒地肯定阶级性原理,以革命意识形态为话语策略,在挺旧派、倒旧派和折中论的力量比较中,孰强孰劣,可谓一目了然。在法律发展中,"废除"也是一种常见路径。所谓"不破不立",即使是名义上的整体废除,其前提或后手是有临时替代及全新的补给。一些学者担忧的空白期、无法无天,从总体上讲并无必然性,事实上也没有发生。

既然如此,当时的论争以"后见之明"审度,恐怕在各方面都有些"跑偏":一是未能以真诚的学术态度,用探求真理的诚意对待马克思主义法学,遑论看似"土里土气"的革命根据地法制经验。二是在由旧向新的转变中,旧人用新话难免讲得很不到位。本意是建设性批评，用语绵里藏针，结果却引起大的误会，甚至从学术讨论演变为政治事件。三是激进的思想改造，让制度重建受到阻碍。革命意识形态与法治在类型气质上的调和，变得异常艰难。一言以蔽之，历史形成的法律传统不可能以人为切断，而作为政治统治标识的"法统"可以废除，然后新建，但相应的配套工程必须善用一切可用资源。

三、有关法本质的论争

在后现代状况，人们似乎习惯了思想的游移无根，对本质天然怀疑，不再坚信，不再执着。这样的状况可能是最好的状况，它会引向思想的启蒙、解放，但也可能成为最坏的状况，彻底取消面向本质的发问。

20 世纪 80 年代至 90 年代中期，那场关于法本质的大讨论，至今余蕴犹存、别具意涵。很多年轻学者认为，法的本质是什么？这个问题无法弄清楚，干脆作一种价值相对主义的退却，以具体问题具体解答为掩体，回到自说自话的保险轨道。重启法的本质争论，也许还要等很长一段时间。

20 世纪 50 年代夭折的法的阶级性与继承性论争，实际上是法本质讨论的序幕。如前所述，由于过现实过度渗入理论，让理论争辩异化为有关路线的政治斗争，最终消亡。而改革开放后，有关法的阶级性和社会性的论争，在此基础上又迈出了一大步。由于政治意识形态的调整，阶级斗争话语退潮，学者们开始大胆讨论法的社会性，法与法律的区别，研究马克思论法的阶级性的具体语境、真实所指，力图在马克思主义理论逻辑范围内有效论争。但这又是一场几乎"一边倒"的论战。在法的去阶级化逐渐成为主流局面下，几乎不用学者论证，法本质也要出现新的"说法"。如果说在这次论争中，大家有那么一个共同敌人，他必定就是维辛斯基。

1938 年，维辛斯基在全苏法律科学工作者会议上提出一个著名的法的定义："法是以立法形式规定的表现统治阶级意志的行为规则和为国家政权所认可的风俗习惯和公共生活总规则的总和。国家为了维护、巩固和发展对于统治阶级有利的和惬意的社会关系和秩序，以强制力量保证它的施行。"他从这个定义出发分析当时的苏联法，得出苏联法的本质是被奉为法律的苏联人民的意志。他颇为自信地认为，要是根据这个定义来分析苏联苏维埃法，就可能彻底揭示出苏维埃法的社会主义内容，揭示出苏维埃法的积极创造作用，理解和领会法的建设任何部门有关的理论问题。他说："我们的法是被奉为法律的我国人民的意志。苏联工人阶级的意志是和全体人民意志融成一片的。"①维辛斯基的法的"本质论"，先给出法的一般定义，然后再用这种定义套解苏联，得出苏联法的本质是被奉为法律的苏联人民意志。这并非一种完整、系统、自洽的法本质理论，只是模仿马克思论法的语气语调乃至具体语词，再糅合当时的主流意识形态，给出的一个权宜说法。尽管如此，维辛斯基并未将法的本质落于阶级性，而归于新的社会主义国家的人民意志。因此，要批判维辛斯基的理论，必须从其一般性法的定义及有关苏联法的本质结论入手。但当时的讨论。似乎并不是要揭示维辛斯基理论的不足，真正目的是从理论上顺应拨乱反正的形势需要，将积极斗争为纲的政治路线转移到经济建设、法制建设上来。因而，经济与法的关系成为一个塑造法本质的范畴工具。无论是支持经济决定论或是反对、怀疑者，都不会否定法律承载的基础性社会关系的调整功能。

　　这场有意"跑偏"的论争带来的理论后果，包括但不限于：法本质的阶级斗争范式被打入另册，贴上封印，其内含的社会经济因素也同遭冻结；社会功能论开始兴起，在实践上配合"一手抓经济、一手抓建设"的政治方针；法的国家性被殃及，原有的"法和国家理论"被否定，以"法学基础理论"直至如今的"法理学"取代；"人民意志"成为一个高贵的标签，被抬上新的神坛，使其内在的本质定性功能逐渐消散。

　　当时的法本质论争，除去阶级性与社会性的虚拟对垒，还有另外的发展可能，即朝向深度的法与国家、国家与社会、人民法权主体建构、政党与人民意志、政党国家与法律制度等问题领域拓进。也许是鉴于如火如荼的经济建设，加之固有的思想理路和话语惯习，这些问题没有被大范围论辩。无论如何，经此论争，阶级斗争范式消亡，让国家法律的社会功能获得了解放。民商法制建设的铺展，市场经济就是法制（治）经济的口号流行，一切让重接地气的法律日益显要。

––––––––––––––––––

①　[苏联]维辛斯基：《国家与法的理论问题》，李樵等译，法律出版社1955年版，第100～101页。

四、"法治"风云

在法本质问题论争的同时，"健全社会主义法制"的政治话语得以明确，学界完全可以顺水推舟，创造某种以法律制度为基本概念的体系论，回应实际需要。但理论界人士似乎并不在意具体的法律规范如何构造，在现实运行中适用与否、贴合与否，有无显见的内部冲突，价值导向如何。大家刚从忽视、践踏法制的苦难岁月中走出，法学研究难免也有几分"伤痕文学"的味道。于是，某种奇特的二元对立又被重新建构出来，一直成为选择立场时的必答题：要人治，还是法治？

不客气地讲，这个问题本身就有问题，甚至可能就是个假问题。一是无论中外，在法学话语中，"人治"这个词要么难以觅见，要么称其为专制或独裁。二是中国儒家话语里的"人治"，有其特定指意即"贤良之治"。这种治国理念无论放在哪个时代、何种环境下，大概都不会被否定。很难想象，有公然号召蠢人治国或恶徒当政的时候。"有治人无治法"之论，有其政法理上的智慧，即强调法律始终是不完备的，但人有可能止于至善。传统的人治无论算不算理论，它始终强调有道德才能的精英担当和领衔的重要性和必要性。法家主张的"缘法而治"与"治人"亦无本质冲突。一个有特指、有寓意的人，即使偶尔专断独行也不会长久，而靠集体商议形成的法律治理无疑更稳靠。几千年前亚里士多德阐述的法治原理，此时得到最大化发挥。由之演化出"人治"与"法治"的对立。殊不知亚里士多德的原意，只是在描述一种众人协商的政体。这种众人之治，可以带来法治的效果，所以从逻辑上讲，法治还是有赖于"人治"①。这些在意图建构的学者眼中并不重要，重要的是那个想象出来的理论范畴，如何经过西方经典法治理论的背书，以之为托辞，强化其可信度和传播力。恰逢 90 年代商品经济、市场经济建设的热潮，法律与国际接轨的移植论风起云涌，将英文 Rule of Law 对应中文"法治"的话语策略，进一步让本为调控方式的法治理生出许多政治寓意，直到上升为某种价值理念构造。

①　参见[古希腊]亚里士多德：《政治学》，吴寿彭译，商务印书馆 1965 年版，第 166~171 页。

1997 年，党的十五大报告对"建设社会主义法制国家"进行了一字之改。真实与否暂且不论，当时学术界一边倒的"法治至上"话语，已让"人治"成了过街老鼠。那些在 80 年代还大大方方面世的结合论、双轨论，在彻底的否定论、取消论面前灰头土脸，法治论获得全胜。但法治究竟是什么？法治与法制有何本质区别？这些理论难题一直延续至今。

法律在国家治理中是否有权威性，有怎样的权威性，这是一个政治命题。从法学角度看，法律的规范功能内含充沛的权力资源。在现实中，法律规范是否产生权威效应，让人内心服从，不直接取决于国家的治理方针，关键在于具体的法运作及其对现实纷争、诉求的回应程度。旧时，法律的权威可以钦定，但那一定是政治赋权意义上的权威，而不是法律自身的权威。现今，如果法律的权威全是自下而上经由认同形塑的，那必定充满斗争和分歧。

将法律在政治上摆在一个至高无上、不容置疑的地位，会发生一系列的矛盾和问题。首先是政治道德/伦理与法律的关系，再就是法律进化的自设牢笼：法的内在修正机制，会因权威地位的先在赋予难以激活。最后，法律权力的正常博弈，会因为权威先定而难以展开，造成"依法治国异化为依法治民"等问题。不解决法律的本质定性，盲目将法律治理奉为治国理政至高无上的大政方针，乃是视法治与政治毫无界限的做法，亦是法律自身权威虚弱、发展的驱策力严重不足的表现。如果法律只有依靠正式的国家力量推促方可发动，那么，自生自发的规则之治又体现在哪里？90 年代本应是思想再度解封，重燃正义激情的年代，但在法律与政治、经济的总体关系上，学界未见实质性的理论推进。这个时候开始流行用外来的，特别是西方经济发达国家的法治话语，对比当时中国的情形。结论无非是两个字：惨淡，若再添两个字：极其惨淡！法治话语仍在流行，逐渐固化为标准表述，但其实质性内涵与 80 年代初相比，似乎并未出现太大变化。

第三节　西方源流和中国镜像

作为一种典型的西方哲学话语，"方法论"指向的是一种与本体论既密切关联又呈显偏离的状态。言其关联密切，乃是因为没有本体的方法论，势必陷入众神喧嚣；言其呈显偏离，亦是在于"上帝已死"之后方法论的重建本身就有了新的本体论意味。无论如何，对于西方法哲学上的方法论学术史，拉伦茨一开始就不遗余力去勾勒，费尽心思去深描。他重点研析的人物及思想，虽多在近代以降，但溯其根源，仍脱离不了整体论的法哲学框构。

下面，我们将以拉伦茨《法学方法论》前半部分为素材，展开"源流"和"镜像"的探索。此种探索表面上看是重述，实则指向深度的反思。

一、作为范例的《法学方法论》

在全书的导论中，拉伦茨开篇明义，指出狭义的法学是一种科学，"它是在某种特定的、历史地形成的法律秩序框架中并以这种法律秩序为基础来致力于解决法律问题的科学"。① 由此，法科学有别于以历史学方法、社会学方法为主导的法史学、法社会学，乃至其他林林总总的"交叉法学"。但科学方法是否为法学固有？如果科学方法也是一种外来移植物，何以构成法学区别于法史学或法社会学的判准？

拉伦茨接下来并未深究这个问题。这个"元问题"不太好作答，或者说"问题不友好"。他旋即转向对曾经没有或罕有方法论迷茫的黄金时代之眷顾。在匆匆一瞥之后，他谈论兴致浓厚的话题，乃是"今日之情形"，这到底是一种怎样的情形？拉伦茨的叙述，从翻译文本看，仿佛有些含糊。一方面，他几乎断言当时存在方法不自信的问题，这主要针对传统方法而言；另一方面，他对新的社会科学方法似乎很不满意，认为那些对方法陷入不确定性、任意而实用化的法学家"甚至将社会科学视为唯一的、他们可以期待从中得到对自身而言重要的知识的科学"。② 绕过拉伦茨有些刻意制造的话语迷雾，我们不难找到他意欲宣扬、竭力论证的核心观点：法学方法论的"科学"特质既不同于形式主义的逻辑、数学方法，也有别于纯靠经验的事实科学，而是从传统中发扬出的一种可对价值判断

---

① ［德］卡尔·拉伦茨：《法学方法论》（全书·第六版），黄家镇译，商务印书馆 2020 年版，第 9 页。

② ［德］卡尔·拉伦茨：《法学方法论》（全书·第六版），黄家镇译，商务印书馆 2020 年版，第 9 页。

进行理性审查的科学。由此，法学方法论必须"尝试由法的特质出发来确定法的特征"，进而确定法学及其方法、思维方式。正所谓"对象决定方法"，进而言之，"本体决定方法"。因而，"没有法哲学，法学方法论根本无法立足"。① 而诠释学，这种有关理解的法哲学，将从此具有重大意义。

围绕以萨维尼为起点的法学方法论叙事，拉伦茨对自己的选择专予说明：一从反面，一从正面。反面论述的理由包括，不以是否对法学进行科学研究为标准，不以时间前后为标准，更重要的是他正面提及的三点理由：一是萨维尼的方法论开启了与近代自然法思想决裂的进程；二是萨维尼不仅反复阐释其方法论思想，而且身体力行；三是萨维尼的法学方法论的科学影响持久，生命力顽强。细究起来，这些理由更像既定立场的事后说辞。拉伦茨以萨维尼为开端，真正原因或许很简单，学脉之故也。

本来，我们可以就此放弃萨维尼，朝向更久远、更煊赫的西哲寻求理论起点。比如，向柏拉图、亚里士多德讨索法学方法论的"门票"。但如果尚未体察萨维尼方法论学说的精义，便贸然抛丢，无疑又犯了急心病。按拉伦茨的说法，萨维尼的法学方法论思想约略分为三期(早中晚)，分别可由三本著作代表。我们或可称为萨维尼的"方法论三书"。与学界关注的萨维尼三部巨作比较，重合者是《当代罗马法体系》第一卷。但最初呈现法学方法论体系的代表作，还是《早期笔记》。② 他在开场白中讲的文献史方法，其中包含"广泛的比较"。但对于考察重点的选择，萨维尼论述更多的是晚近的法学家，以是否借助文献史这种辅助方法为标准，他将法学方法分为"绝对的"和"结合的"两种，后又将新兴的"学院研究方法"列入，形成三足鼎立的架构。在所谓完整绝对的法学方法中，又包括语文研究、历史研究和体系(哲学)研究诸法。语义学方法代表了传统的解释论，历史研究强调考证，体系或曰哲学方法则力求将文法、逻辑、历史因素融通。虽然萨维尼并未宣称这种"体系法"的综合涵摄地位，但从其意图的细微流露中可

---

① ［德］卡尔·拉伦茨：《法学方法论》(全书·第六版)，黄家镇译，商务印书馆 2020 年版，第 11 页。

② 参见［德］萨维尼：《萨维尼法学方法论讲义与格林笔记》(修订译本)，杨代雄译，法律出版社 2014 年版。

窥其大概。比如，在他的方法排序中，体系方法位居末尾，这并不意味着它无关紧要；正好相反，它是总体性的压轴，是面向未来、有待发展的至要方法。另就是他对方法并用或曰相互缠绕的特别说明，也间接表明这些分列的方法在现实运用中多少都会趋向某种"体系"。在《早期笔记》中，萨维尼对文献方法和学院方法的讲解，并不如绝对方法那般丰厚细致，但也绝非可有可无。在萨维尼所处的时代，传统的大学法学教育方式已由口头讲述向书面著述转变，因而他强调学院课程学习和研究融合的重要性。虽然这些内容在今天看来，大略都只是常识，甚至近于迂阔，但在其时其地对当事人而言，应属带有改革意愿的新话语。萨维尼青年时代的方法论学科建构苦心，由此可见一斑。在他的最初构想中，既有对传统方法的体系拓展，又有对历史文献考证法的辅助引入，还有面向新的知识载体和传播方式的教育方法内容。言其有奠基之功，实不为过。

　　作为萨维尼理论纲领的拥护者，普赫塔依据"法生于民族精神"的观念，将萨氏阐析的"三种法源"（"直接的民族信念""立法""科学"），进一步明确定性为"习惯法""制定法""科学法"三种形态。在他看来，"科学法"（又称法学家法、学说法）是法律中最重要的部分，不仅支配立法，而且支配司法实务，乃是历史法学派开创的法源论之"拱顶石"。[1] 法学家的双重职能，让科学法具有"双重生命"。但普赫塔更倾向于将政治代表性的法学家习惯法与严格科学意义上的法学家法区分开来，从而为概念法学体系的构建扫清方法论障碍。与萨氏不同，普赫塔不从先验哲学出发建构体系，而是直接根据实在法（包括制定法和习惯法）的内容来构建法学的自治、科学系统，让现有的法学真正有资格成为法律科学。虽然他表面上仍不否定历史性与体系性的统一，但实际上将论述重心放在体系建构上。与萨氏有别，他更强调现有实在法的概念体系，而非以探索法律史中的民族精神为旨趣。此种概念法学体系建构论，对后世民法教义学影响重大。通过改造萨维尼晚期的某些核心概念，如法制度，普赫塔让包罗甚广的法体系退回法条基础。在他看来，法制度不过是众多法条集合而成的有序表达。因此，法学的使命在于重视法的逻辑或理性，通过法学家形式再造将法条体系化、正当化。学说汇

---

　　① 参见舒国滢：《格奥尔格·弗里德里希·普赫塔的法学建构：理论与方法》，载《比较法研究》2016 年第 2 期。

纂体系，正是此种学术努力的成果代表。

温德沙伊德是学说汇纂派的领军人物。他并没有明确表示已成功建立普赫塔式的概念金字塔，但他在各个细节上都坚持将所有法素材以没有漏洞的方式编为体系的思想。他的《学说汇纂教科书》及对德国民法典编纂的实质性参与，莫不表明了这一点。

拉伦茨的学说史叙事不必过细重复，必要的评论留在以后展开。他勾勒的法学方法论的源起，是一种直接的晚近，但对他而言确属"当下"的观察。值得一提的是，他无形中肯定了法律实证主义这一坚实的西方法律传统，但此种传统在启蒙运动后，因为科学(主要是自然科学)的跃出，使得古老的自然哲学(包括自然权利、自然正义、自然法等概念)不得不改头换面，寄生在新的话语框架中。实证主义主导的科学方法论，也有了越来越庞大的家族系谱。套用普赫塔"概念系谱"的说法，这些亲密的成员，包括心理实证、社会实证和传统确定的嫡长子——规范实证——它们相互支援，彼此牵挂，表面上却是争吵不休，攻讦不断。无怪乎耶林的所谓"转向"，从概念法学到利益法学，不过是一种话语策略的改变。因为，法学家内心的公理体系梦想一直未曾破灭。

追溯西方法学方法论的古典起源，不必过于久远，在古希腊戏剧家的作品，如安提戈涅中即可发现明显踪迹。戏剧家通过构造某种二元对立，显示命运的荒诞，个人的无力，进而强调无形的最高律法。诚如安提戈涅所言："我认为你的法令不足以推翻天上不成文、永恒的法律，你只不过是一个凡人。这种法既非昨天，亦非今日，而系永恒，尽管无人知道它来自何方。"安提戈涅是自然法论者，亦是法实证主义者，因为她坚信至上法存在，且具有不可违逆的效力。柏拉图以苏格拉底之名，构造了一种别开生面的哲学方法论。他的真理辩证法，奠定了西方法哲学思维的基础。理念的一统，经由具体的分殊，在对话的论辩中运动，接近真理的达成。

真理一元，如同一条红线贯穿西方哲学，也影响着有关法律的方法论思考，一直朝向不同形式的体系论发展。我们不必过分夸大柏拉图的理念论方法与亚里士多德的经验主义方法的鸿沟，正如没有必要过度强调柏拉图思想的前后"断裂"。很大程度上，柏拉图的哲学方法论是连贯一体的，不仅对创构者个人而言如此，对其承继者乃至更久远的后人来说亦是如此。就境界和眼光而论，柏拉图无与伦比，亚里士多德的务实反倒显得太过拘谨，反映出追问真理时的无可奈何。柏拉图的本体论创构，到了亚里士多德及其之后，不得不"下降"为一种有关事物的本质学说。这种本质学说，强调从经验可及的角度，对周遭世界的事物实际运行方式加以"科学"探察。而现代的法律人格学说，不更像是苏格拉底话语中法律显灵的当下表现？概念法学对数学理性的迷恋，不正有如奥古斯丁附和柏拉图时的名言："7+3 的和不仅现在而且永远都等于 10"？

法律方法论的构型，在中世纪教会法体系中臻于成熟。对此，诸多论著有不同角度的阐发。宗教改革后，上帝律法在人世间如何复现和重建？这构成了霍布斯《利维坦》的核心主题。在他作品中，自然法与实在法、理性主义与经验主义的争论都被暂时调停。利维坦在法人格上的高度统一性，显示了真理一元论的实现途径。

康德对其"苏格兰老乡"休谟的经验主义予以全面批判，但这种批判并非全盘否定，而是变相的支援。他的理性二分（纯粹理性与实践理性），为的是凸显超验先天原则的统合功用。与其说是传统的二分，不如说是新的阶层论架构。他构造的哲学普适世界，重新让法的形而上学方法大放光彩，让理性的思辨具备了统合纷杂万物的观念权威。在其基础上，黑格尔进一步将普遍理性的精神主旨传递到国家法的伦理建构上。他的学说虽被认为是不同于康德的"表现主义"，但在所谓浪漫的背后，支撑学说架构的仍是真理一元的观念体系。只不过在黑格尔的法哲学加工下，这种体系与现实更近，可以直接作为建构某种理想法治国的参照。

法律理性的体系建构，可谓法实证主义的灵魂。无论是经验主义还是其他方法论原则，都摆脱不了柏拉图哲学"灵魂正义"和永恒真理的光照。这种光照也是一种荫蔽，同时制造大片阴影，但后来的法学体系论不过都是在既有的精神世界中修补缝缀，难有根本突破。后现代法学之"流"，根本上拒绝体系，其实也在编织一种意志论的系统，这种意志论无论是精英主导，还是标榜为大众主体，无非都是将绝对怀疑、持续反抗理性化，在拒绝一种制度或权力的同时，生产出新的制度与主体，以获取顶替而上的权力机会。非理性或反理性的思想举动，实则充满理性辩论法的跃动，早已为老旧的三段论逻辑涵摄。除非在理性本体之外开创出另一种或另一些本体的图式，并让多数人接受，并转化为实在的思维与行动的惯习。否则，法律理性主义及其制度模式算是不坏的选择，得到维系和延展。

拉伦茨概括了 19 世纪兴起的实证法学三种类型，分别为心理、社会与规范，同时指出各自理论弱点，即"都将法完全理解为实在法"，而与科学方法论勾连。① 这种概括并不错，但缺乏实质意义。实证主义法学的一致，关键在于自然法理论曾经提供的体系梦想、思维框架乃至规范遗产。是自然法理论造就了法实证主义，因而在方法论上，无论是以老旧哲学之名还是冠用新的各种科学名目，其超验引领经验、原则引领规则的秉性很难消灭。科学不相信永恒真理，这只是说说而已。科学不正是要寻求永恒真理吗？法律作为真理体系的现实折射，不正是要塑造、表达理性的灵魂，以有资格引领、规范人的行为乃至思想吗？

在拉伦茨看来，比尔林的意志论严格来说还称不上"心理学法学"，他只是从字词上强调法是一种基于心理事实还原的相互承认规范。② 但正是此种意志论，在自由法运动中被推向了某个极致。耶林、赫克的利益法学，也算不上正宗的社会实证法学，其仍是建立在概念法学体系基础上的附生物。耶林的法学自我批判，可视为一种话语修辞。他所谓的"法目的"，除了要在文义中寻找，在立法者意志中寻找，还要到更广阔的"社会"中寻找。在他看来，社会是为了共同目的协力与合作的想象共同体，它包罗万象。为将不确定性降到可接受范围，耶林对"法"做了这样的定义，它是由国家强力保障的社会生活条件形式。③ 赫克的"发生学上的利益理论"，强调物理意义上的因果关系。即使后转向立法价值评断，这种判断源于"法律自身追求的秩序立场，亦即一种社会理想"，这种社会理想是以既定法律秩序体系为前提的。④ 赫克拒绝承认利益方面的概念为法律概

---

① ［德］卡尔·拉伦茨：《法学方法论》(全书·第六版)，黄家镇译，商务印书馆 2020 年版，第 5 页。

② ［德］卡尔·拉伦茨：《法学方法论》(全书·第六版)，黄家镇译，商务印书馆 2020 年版，第 53～54 页。

③ ［德］卡尔·拉伦茨：《法学方法论》(全书·第六版)，黄家镇译，商务印书馆 2020 年版，第 64 页。

④ ［德］卡尔·拉伦茨：《法学方法论》(全书·第六版)，黄家镇译，商务印书馆 2020 年版，第 69～72 页。

念，却要用更广阔的"利益衡量"（包括价值评判）填补概念法学的漏洞。无论是他说的概念外在体系还是意图建构的利益内在体系，统一性无疑是其追求的核心机要。对于埃利希的法社会学主张，拉伦茨表面欣赏，暗里拒斥。他没有掩盖其法教义学立场，评判方法异常简单：有利其补充者为优长，无助其发展者为误导。凯尔森和魏因伯格尔的规范/制度实证法学，拉伦茨将这二者连贯起来解说，主要是为了证明凯尔森的"纯粹法学"具有深远影响，但制度实证法学对纯粹法学的改造并不是特别成功。

至于拉伦茨所说的，20世纪初施塔姆勒对实证主义的"背离"，更接近于一种完善和修补。现象学法学亦明确否定法真理的规范效力，抽象的法真理只有"具体化"，才能产生真正的规范力量。拉伦茨之所以在学说史的最后总结中，感慨很多重要法学流派的对立大多丧失了意义，或许正基于法实证主义坚韧的生命力。

在拉伦茨列举的当代法学方法论论争的若干问题中，我们可以找到某些与之呼应的中国镜像。比如，从利益法学到价值评判法学的转变，反映出法律科学的内在张力。对价值判断予以合理化论证，在中国法学方法论的讨论中亦有涉及，但之所以并未形成大规模、深入且持续的论争，除了意识形态理论的先定性、近代历史的断裂，与法学家群体自我镜像的迷失也不无关系。

二、法学方法论的中国镜像

"魔镜"是霍姆斯对法律的一个比喻。他的用意大概是在表明人们对法律本体的认识的不确定性。在神秘莫测的"最高法"面前，人人都是有限、受制的呈现者，人们观察到的法律很大程度上是一种"镜像"而非"真相"。是故，法律与其玄虚无根地被理解为精神、意志，不如诚实地将其定性为法官判决的预测。这种有关预测的科学，正是法学的真实躯体。此处，我们采用"中国镜像"的说法，并非表明赞同或反对霍姆斯及其代表的法律现实主义，而只是一种修辞，透露一些有关当代中国法学自主性欠缺的历史基础之谜。

当人们将老镜子打碎，有一段时间，必定陷入参照系上的迷茫。当度过这段迷茫期，有了一面虽不华丽却也算得上完整的新镜，势必会对映现其中的成像异常敏感。

从有关法的阶级性与继承性之争，到"人治 VS 法治"的政策(治国论)之争，改革开放后还有一场围绕"法律面前人平等"的原则释义的论争。①　有论者认为，1982 年宪法中的"中华人民共和国公民在法律上一律平等"，这是基本权利条款而非原则条款。这种对立已在现今主流学说中被融通，其实这是一条包含的基本权利条件的原则，并非具体权利条款或非原则的规则条款。但在当时，为什么又会产生基本权利条款和原则条款的想象中的对立？

当时以原则为出发点，"法律平等"如何释义？这当然要以原则的政治合法性前提。由此，以资本主义与社会主义意识形态差别为中心的论述成为焦点。换言之，社会主义法制的原则，应不应当接受资产阶级的这一口号？从社会主义意识形态的逻辑来分析，平等乃是社会正义的核心要件，除了要求形式平等，更要努力实现实质平等。对资产阶级平等观批判的主要论据也在其形式主义的虚伪性。因而，如果法律的继承性问题得到真正解决，即使仍然坚持阶级性分析，也可以推导出指向最大多数人的实质平等原则。问题在于，如果固守"人民"与"敌人"的政治界限，将"敌人"想象为一个法律主体概念，那么，立法上的"人人平等"确实无法达成，也谈不上是原则。为回避这种普适、抽象、无所限制的"人人"话语，宪法用了"一律平等"的表达，且在主体上回避了"人民"，采用了"公民"话语。

当时引起激辩的重心之争(立法平等还是司法平等)，则指向法律的概念范围。如果法律特指立法，显然这没什么可讨论的。但如果法律包括立法和司法，那么到底是指何种平等？严格说，如果当时有对法律概念的基本共识，比如法律乃是一种权威的规范体系，"平等"明显指的是法律上的主体在初始地位上的无差别，都应享有作为资格权的基本权利。但如果将法律理解为一种阶级意志的体现，这势必出现因为"合法斗争"引发的初始地位差别化问题。当然，这种界定容易导致更难以收拾的后果，即等级化造成的合法特权、多数人暴政、政治定性绝对化等。而这些后果，与社会主义社会的反等级性又会产生相当严重的冲突。

---

① 　参见张恒山主编：《共和国六十年法学论争实录》(法理学卷)，厦门大学出版社 2009 年版，第 107~152 页。

1954 年宪法第 85 条规定，中华人民共和国公民在法律上一律平等。第 3 条规定，各民族一律平等。1982 年宪法承袭了这种平等条款模式，在有关国家构成和公民基本权利的立宪原则上作出区分。在 1954 年宪法中，有对卖国贼、反革命分子、封建地主、官僚资本家等明确的权利剥夺条款，但 1982 年宪法取消了如上条款。这一变动表现出"公民"范围的扩大，增设技术性条款，以与"人民"区分。权力与权利有了区分，国家与个人语境出现分野。"公民在法律面前一律平等"指向的是作为个体的国家成员在享有基本权利（包括承担基本义务上）都是一致的，没有特殊的个人。这种宪法原则是对公民基本权利立法的规限，也是司法应当遵循的立法审查（解释）要求。1982 年宪法强化了更广泛的"一律"性质的要求，如第 5 条规定："中华人民共和国实行依法治国，建设社会主义法治国家。国家维护社会主义法制的统一和尊严，一切法律、行政法规和地方性法规都不得同宪法相抵触。一切国家机关和武装力量、各政党和各社会团体、各企业事业组织都必须遵守宪法和法律。一切违反宪法和法律的行为，必须予以追究。任何组织和个人都不得有超越宪法和法律的特权。"

综合来看，对宪法规定的"平等"的原则阐释，不能忽略国家构成基本单元上的民族平等原则，其次才是国家统辖范围的各法律主体，包括组织和个人在遵守宪法法律中的义务平等，最后才是构成国家最小单位的公民个人在基本权利享有上的平等。进一步从历史基础角度，强化这种融贯观察，我们可以发现，民族平等（A）是革命根据地时期借鉴苏联经验的立法创制，公民权利平等（B）属于西方法治原则的移植，而各主体一律守法（C），则更多带有传统中国法治的特性。从"通三统"立场解释，价值位序在革命时期应当是：A>B>C，这符合 1954 年宪法和 1982 年宪法的安排。但在基本权利论者看来，B 才是宪制核心，应然序列似乎是反转的，B>C>A。事实上，从条款自然排序和历史时序看，B 无论如何都不是首要的。无论何种排序，其凸显的价值评判标准都是条件性的，并非无根据的随机安排。这种标准也许与学者所谓的革命宪法、改革宪法或更高层级的理想宪法有关，但这些理论概念终究达成实然与应然的兼容，又产生出宪法转型带来的体系重建难题。相对而言，"法统"解释更有利于体系周全和漏洞补充。

围绕司法权独立与依附的问题争论，同样与法律原则和宪法解释有关。① 与法律平等原则论争不同，"司法独立"最初被定性为资产阶级法制的原则，中华人民共和国成立后即属于被批判的话语。改革开放后，尤其是 90 年代以来，移植西方法治之风重盛，这个原则在理论上得到越来越多学者的重视。这种话语经过改造合理部分进入法治系统，主要也是依据宪法的学理解释。学界从法院独立审判、检察院独立行使检察权等宪法规范，引申出中国特色的司法权独立行使逻辑，引发司法应否、能否独立的争论。总体来看，当时中国法学家特别是主张"接轨论"的学者，对司法独立不无好感，其理论叙事多从权力分立与制衡的西方学理出发，多少忽略了中国现行的宪制安排。考虑规范层面的宪法和法律条文，"司法"的概念到今天依然是模糊的，甚至根本上就是缺失的。这究竟是主权者无意留下的历史空白，还是有意留下的创造性空间？这个问题不能妄断。但从宪法和法律规范上"司法"的话语失踪，可以追查到此种权力的确是多样的、复杂的、难以用某种基本法理框构的。正如孟德斯鸠在几百年前就洞察的，司法权近于无权，它一定是属于大众主体的，不能集中于一个人或少数人。人民司法的原则，在政治上早已明定，但出于官僚制的强大吸纳力，一旦国家的司法体制化，就必定会用行政化的逻辑推行精英司法、专业司法，从而导致司法权自身的变异。从而，政治上需要不断的再司法，即通过层层添设司法的法律监督，完成司法权原的正名和复位。这也是许多学者有意或无意忽略的政治司法要义。由于将司法过度专业技术化，排斥其应然的政体内涵，所以司法有权力-无权威、有权威-无权能、有权能-无权力的悖论随之出现。由此，不难解释缘何在我国执法和司法界限不明，也不需要特别分明。国家司法权力本来就是弥散性的，审判机关、检察机关、监察机关、行政机关，甚至一个大学的学术委员会都有其表现。第一性的司法权，即司法主权却是高度集中、不可分割的。执行法律意义上的司法与创造法律意义上的司法截然不同。司法权独立在体制意义上完全失败，但在价值论上还是取得了重要的观念成果。至少在学理上，人们基本接受司法代表正义的原则，将正义作为法律价值的核心，将司法作为正义实现的关键。在这

---

① 参见张恒山主编：《共和国六十年法学论争实录》（法理学卷），厦门大学出版社 2009 年版，第 158~191 页。

样一场比较典型的政法话语博弈中，最终政治原则以法律先定约束的面目出现，划定了有限的司法权独立行使的语境及范围。法教义学亦尾随论证，集中阐释"审判独立"与"司法独立"的重大区别。曾经喧嚣一时的改革话语渐趋沉寂，活跃在理论界、思想界的鼓吹话语纷纷退场。这场争论以司法概念由模糊到再模糊收场，政治惯习成为法律渊源的集大成，取得了支配体制建造及修缮工程的话语权。

Judicial Independence，本是一种有关"正义自立"的表达，源于自然法观念，进入实在法语境，势必出现指意上的争执。比如"司法"与"正义"能否等同？"不依赖"与"独立"是否无差别？显然，相比于西方的司法独立话语，中国宪法中的"法院独立行使审判权"在表意上更为明晰。但在热衷"根本改造"的论者眼中，却似有意转化了主题——从一个本属根本体制的问题，下降为体制内权力行使的技术性问题。固然，此种怀疑有其敏感、锐利的一面，但鉴于司法独立的理念已为宪法不采，欲以变通诠释的方法将之恢复身份乃至纳入宪法，无疑是不尊重宪法。更重要的是，到底采用何种原则，不是简单的口号话语就能代表的。中国宪法虽然没有"司法"的明文规范，但通过整体的阐释特别是目的发现与证成，不难找到全新的司法理论框架。比如，司法主权显然是暗藏于人民整体权力之中的。人民代表大会的司法职能（表面看是一种监督），也是非常显著的。审判权和检察权，只是国家司法权的常见形态。与常规形态并存的，还有特别司法权，比如超规格的司法监察权、低规格的行政司法权（准司法）等。最关键的是领导党的司法权，这种司法权不是国家权力，也主要不是为了保障公民权利，但其对应的是司法主权，是司法主权第一位的赋权结构，是司法治权的"权原"，可名之为"司法政权"。

在论争中，如果各方能辨清语境，是否可以达成沟通共识？虽没有罗尔斯或哈贝马斯理论中的原初之幕或沟通情境，但依从政治协商惯习，这并非一个决然不能指望的理想。关键是，司法与独立的概念必须作出精准的界定。而这些基本的话语商谈条件，在过去的激烈争辩中都鲜有提及。这笔历史的欠账记录在话语史的脉络之中，有待后人进一步深思审度。"司法"若能细分出第一性与第二性、原生型与衍生型，政治与专业、精英与大众等广义类型，"独立"若能明确为"行动意义上不受他者非法操纵"的基本语义，共识达成庶几有望。

在随后的"法本位之争"中，"权利学派"不仅在此论争中形成，并在事实上支配主流法学话语多年。"权利"一词有乌托邦的指向，可满足理念论的形而上需求；它又可借助分析实证主义方法，满足法教义学指导实务之用。同时，大众有爱恋权利的固有心理，在这个捉摸不定的语词中可以得到安慰，大众化的意识形态最终与之结盟。

90 年代开始兴起的法学方法论探讨，最初在"比较法学"概念中呈展，在上述话语环境中不难理解。市场经济呼唤法治，而本土的资源难以满足，唯有向外进口方可弥合时需。前辈法学家勾勒的方法论全息图，至今仍有提纲挈领的功效。[①] 宏观与微观、功能与结构乃至文化、动态与静态等不同维度的比较法，总体具有双重面向：既是针对法律理论的研究，又是一种复杂法律实践的雏形。

但"比较"毕竟不能解决根本问题。"本土化"似乎是个魔咒，一直提示焦虑的国人，应尽快找到属于自己的社会科学理论。在这种焦虑感的催促下，有关法学独立性的方法论讨论兴起，与接轨、移植、借鉴派形成了一道"貌离神合"的风景。言其"貌离神合"，那是因为表面看本土派和移植派在目的上南辕北辙，但就其基本理论资源与论述脉络而言，它们大抵都是西方话语的复制。不同的是，移植派多为针对现实法制建构与运行的务实派，本土派则平添了些许浪漫主义情怀，通过引入法学内部人士不大熟稔的外部学科理论，以印证主流概念法学乃至政治法学，已趋于陈旧，要更新换代。朱苏力和梁治平，正是在此背景下被认为是这种"本土派"的代表。严格而论，梁治平早年反传统的启蒙主义路向，与朱苏力成名时已显稳健的保守之风，颇不投契。梁治平体认的是批判、改造传统文化的路线，而朱苏力更多呈现出对"现实即合理"的尊崇，对传统、历史与现实、未来合理性的交叉论证。两人并非"后现代"，虽然他们多少都用了当时流行的某些话语。

对有实效的本土化法学，尤其是马克思主义法哲学和方法论，当时的法学界没有深入探察的兴趣。许多法律移植失败案例表明，这种哲学方法论上的冷遇，

---

① 例如沈宗灵：《比较法学的方法论》，载《法制与社会发展》1996 年第 6 期。

是理念不能落地的重要原因。但唯物辩证法及其运用，毕竟已从哲学合法性上提示了一种方法论路线图：由近及远、由物及人、由对立而整合、由整合而扩展。这些内在铁律虽无法以明文方式框定，但在制度决策的话语表达中要有充分展现。因而，必要的"通约"成了一种处在转型关口的法学家和法律人常用手段，简便有效的方法便是"引经入律"，即通过对党的文献、领导人讲话、指示的诠释，为制度改革找到话语合法性的资源。

进入 21 世纪后，学界对法学方法论的思考，开始呈现"理论"与"实务"的分野，但论者又不得不将法律方法归入法学范畴，或者反其道而行之。也有学者不太同意"法律方法"表述，在其看来，"法律技术"一词更为妥帖。① 从深层来看，法律方法论者的初衷，是为了回避引进西方法学原理面临的意识形态纷争，但结果却让法律技术的讨论占据了法方法论话语的主位。某些学者提出了不同意见，却总体上也不否定法学是一门技术，而"技术"的主要成分不是真假，也不是善恶，而是实用。对于法学来说，这个实用不是任一法律主体所用，而是为了追求正义，为实现公平所用。② 总体观察，当时搭建的法学方法论框架可用"三阶层"概括：首先是基于顶端的哲学（科学）方法，存在争议的是哲学还是科学，以及何种哲学或科学？其次是实证方法，也就是国人理解的西方社会科学方法的主干。最后是底层（基层）的技术意义上的方法。

当意识形态固化，社会科学盛行，法学方法论似乎唯有从基层突破，走上"农村包围城市""经济基础决定上层建筑"的路子。由此，可以理解技术意义的法学方法论之繁荣，是如何一开始就建立在沙滩之上的。缺少对马克思主义哲学方法论的认真对待，以及对西方社会科学方法论的批判和反省，仅以技术无关善恶真假为理由，将纸面上的方法搬用过来，结果可想而知。

有学者通过细致的梳爬，认为中国的"法学方法论"一词，更准确的称呼是"法律学方法论"，它与法的一般理论、价值论共同构成法理学（法哲学）。他指出，法律学方法论要解决的最终问题之一就是为法律上的价值判断提供一种"客观"的标准，为达致或接近这一标准，各种方法论理论精彩纷呈，共识逐现。这

---

① 参见胡玉鸿：《方法、技术与法学方法论》，载《法学论坛》2003 年第 1 期。
② 参见周永坤：《法学的学科定位与法学方法》，载《法学论坛》2003 年第 1 期。

一轮又一轮的理论过渡或更替，来源于法官判案过程中方法的贫乏。然而迄今为止，谁都未能终结此项探索。① 舒国滢从专业法律家与外部的法律哲学家的主体区分视角，阐释了德国法学方法论的历史兴起及当代发展。他认为，此种进路代表着在一种实在法之实践问题上，寻求多知识进路、多学科方法之研究论证的努力方向。②

在"多元法学"的模糊意象中，方法论自然也是游移无根。这种中国镜像的产生，并非特例或孤证。事实上，人类对公正知识的探求随时随地都会产生此等"反射幻影"。重要的是，即使是对西方法学方法论的反思，亦应遵循基本的语境法则。例如，对利益法学方法论的批判，如果忽略了赫克代表的学脉背景，指称其为"盲目飞行"恐怕不大合适。③ 多元的幻象，在一元化思维根深蒂固的场景下，滋生出的多是海市蜃楼，鲜有真实映照。

对法律和社会科学方法论的批判，引发了"社科法学"联盟对规范法学的更强反弹。虽然在部门/领域的法学话语中，法教义学占据不容置疑也难以改变的主导地位，但"社科法学"以其多进路、跨学科、新鲜化的知识引进，先在性引领风潮。正是方法论交锋的白热化，让法教义学和社科法学形成了某种形式上的对峙。而政法法学似乎被冷落在一旁，传统老派的政治话语转化术，与新派的政法一体论(施密特的中国粉丝/幽灵学)在衔接上出现困难。本质而论，当下中国在场的法学话语无不是政治话语的反射或折现，本体一元论并未改变，而方法多样却被刻画成了"多元法学"的主要表征。社科法学揭开了盖子，"挑起"了一场本已发生但并未在理论上成型的争论。言其"早已发生"，而非"也许正在发生"，是因为20世纪90年代开始的有关法律解释的论争，便已呈现出法教义学方法上的局限。

首先，法教义学自我约定在一个形式完备的体系内，力求左右逢源、前后一致。拉伦茨的理想不仅代表个人，不仅属于德国，在一定程度上也契合近代以来法律从社会、国家中脱嵌而自成系统的趋势。秉持此种严格体系解释方法的论

① 参见林来梵、郑磊：《法律学方法论辩说》，载《法学》2004年第2期。
② 参见舒国滢：《从方法论看抽象法学理论的发展》，载《浙江社会科学》2004年第5期。
③ 参见陈林林：《方法论上之盲目飞行》，载《浙江社会科学》2004年第5期。

者，实际上是力图将"学统"融入"道统"，进而影响乃至指导政统/治统的"素王"。其理论雄心在体制局限下必定难以全部发挥，留有的遗憾，只能是多少有别。

其次，法教义学对先定的体制无能为力，其遗憾只能留给政治/国家法学去填补。运用法教义学方法创构而成的规范宪法学、宪法释义学、政治宪法学，乃至国家法学，无一不是诠释体制层面基本规范的合法性。正如凯尔森的纯粹法学宿命，终归会有"基本规范"回溯上的形而上谜题，而回答这一谜题又必须运用非法学的方法和手段。因而教义学方法在国家法领域（既非私法亦非传统公法）的运用面临"天花板"，即政治意图（阶级意志、政治意志）如何解释的问题。如果这并非一个解释论问题，那么释义学必定从根基上是失效的。而要探明不确定的"人民意志"，必须引入外部工具和资源。

再次，法教义学的技术性与其依赖的规范本体论存在天然矛盾。如果在哲学上不匹配，社科方法、释义学的技术论都会失效。而西方诠释学的哲学本质，与经典的马克思主义是难以周全的。

最后，从 80 年代开始形成的法学方法话语架构（三阶层论），可以看出，哲学方法论的王牌不仅具有意识形态的标识功能，它在实质统摄、过滤、甄选、辨识正统与非正统（合法与不合法）方法论工具时，会产生意想不到的作用。老一代法学家对意识形态问题从未放弃阐释，包括肯定、否定与存疑等多重态度，而年轻后辈的选择似乎更开放，但也容易放弃根本疑难，转向相对平面化的技术之争。即便是对法哲学的考量思辨，多数也未深入针对马克思主义法哲学的体系与基础，很多都是表面化、碎片化的零星细节。更重要的是，由于法学长期停留在具体、实用裁判之学，忽略了其对于政治决断的意义和功能。"去政治化的政治"，嵌套在新一代学人意识暗处，让政治话语和法律话语的关系有如冰火之隔。

政治哲学与法哲学的关系，从来都是难以分离的。学科之分只表明在研究素材与对象上存在重点差异，并不意味着在"哲学"这个本质范围内二者各有属于自己的领地。剔除一切与学问无关的因素，纯粹法哲学并不存在。它只是哲学的一种临时表达，政治哲学、道德哲学、宗教哲学，皆与此类似。

例如，所谓主观与客观的法律解释主义之争，只是发生在法教义学内部。无论是遵从立法者意思的主观说，还是法律文本本来意义的客观说，不过都是对法律等同于法律文本的认可，而将解释主体引入，显然意图将本不独立的司法定格为延伸的立法，甚至是对已有法律的变相修改。这种"前见"本身在法理上存疑，因而以解释主体为中心的论说存有天然的瑕疵。而真正构成方法论争的，当属人类学"深描"方法的引入，将解释者视为一个局外的公正旁观者，将法律视为一种地方性知识，对它的每一个细节表现忠实记录，探求其内部的规律和法则。这种"解释"进路，已然迥异于法教义学方法。但这种方法应用的场合一般在对不成文法的发现中，而非适合于成文法解释。另如常规案件与疑难案件的不同处理。如果仅就法律解释而言，技术性方法并不会因案件不同而存在分别，这是基于所谓"技术普适"的逻辑。但偏偏在这个时刻，法官会对疑难案件构造出另一种方法路向，据称其源头在于立法的非完备性，包括法的漏洞、矛盾等。但大多数疑难案件，由事实不清而生，或因具体审裁过程中非法律的外部因素渗入。所以，"功夫在诗外"，再高明的解释者单从内部也解决不了。在法律解释和难题解决的比较衡量中，法官只能最后选择后者，因而与宣称的"内定的"作为司法惯习的方法规程产生裂缝，进而出现先有一个解释，但随后又出现更多解释的无限蔓延悖论。终结纷争，不得不依靠强制力（不讲理的化身）出场，用一个正义的宣告替代正义本身。回首20世纪90年代的法律解释论争，我们大略可以看到苏力所谓的三种法学话语。① 但并非如其所言是历时的，反而更像是一种共时的博弈关系。政法法学主辖体制规范构造，因而对于伤筋动骨的重大决策格外敏感，绝不会同意司法解释具有正式的法律效力，也不会否弃立法解释权的体制合法性。备而不用是一回事，临患无备则是另外一回事。于是，司法解释权的规范化成国家立法的一个新重点，也是政法法学统摄法教义学的一个新抓手。在司法解释方法之争内部，主观论与客观论或融合统一论，都不反对尊重文本兼顾目的，由此形成"文义-目的"的二阶层构造。但归根结底，目的论居压轴地位，因为此种路向与主导性的法属人民意志体现之观念更为契合。马克思主义反对本本主义、形式主义，原则优先、权衡机变的政治教义灌注到司法解释过程，便会呈

---

① 参见苏力：《也许正在发生——中国当代法学发展的一个概览》，载《比较法研究》2001年第3期。

现一种客观化的目的解释图像。而处在边缘的阐释论，则更多希望在国家立法一元主义上打开缺口，用法人类学预设的法律多元主义挑战(也算是一种检验或反向强化)国家立法文本的单一权威，引入哲学诠释学等理论资源刺穿客观解释(文本解释)的面纱，同时又不满意宏大的人民意志叙事，希望走向具体和微观的民族志田野。需要注意的是，此种进路预设了英美法理学的法官中心主义方法论，这个"法官"如德沃金笔下的海格里斯，是一个虚构的完美主体，因而严格说这种理论的倾向不太符合注重客观阐释的法人类学，在其内部也存在比较严重的"混搭"气质。

三、立法者的法理学

政治家并不神秘，在日常生活中随处可见这种类型的人。他们总显得精力旺盛、观点鲜明，能够与众人打成一片。他们不以自己的事情为生活的主要关切，总能找到适切的方法，在满足自身利益的同时兼顾他人。他们虽然时常受到诟病、非议乃至诽谤、陷害，但其声誉和公共影响力总维持在超出一般人的水平。他们有的以政治为职业，有的以政治为志业，无论在朝在野、居庙堂之上或处江湖之远，他们总是一群能力超群、眼界宽广、手法独到且心思纯一的精英。用柏拉图的经典表述，他们可能成为哲学王，成为一个政体中最适格的立法者。

在柏拉图的构想中，一个符合正义理念的政体必须有这样一个虚拟的最高立法者，从由想象中的神充当，到现实的活生生的人替代。在他看来，当神迹、英雄传说——逝去，似乎唯有哲学能让政治家保持理性的清醒。但他或许忘了，唯有理性，政治家不可能如其所愿。柏拉图的哲学王最大的遗憾，便是不能从生民的欲望和情感中发现一套真正的理性法则。政治家不仅要爱智慧，还要爱祖国、爱人民、爱一切可以爱的事物，即使他们的仇恨也是爱的激烈表达。当政治目的达成，那些曾经的仇恨对象——敌人——也就失去了存在意义，变成基于法律平等之爱的新成员。

作为立法者的政治家，不同于"素王"类型的哲学家。他们的思维、行为方式在方法论上都是不能混为一谈的。那么，政治家立法的方法论有何特质？如何建构成型，怎样演化变动？这一系列问题需要从史实例证中寻找答案。

一人政体下君主是最高的立法者。其方法论要义可简陈如次：

首先，要有一种授权理论，为其立法奠定正统性。君主在具体立法之先，常见者乃承继法统，宣告哪些以往法律继续有效，哪些法律就此废除，哪些法律有待修改。这种独特的"立法"，可以用哈特"承认规则"理论解释，但终归显得牵强。因为承认规则是一种观念中的元法，君主立法是现实的战略，或许根本不会认同这种"法上之法"。若用法律正统论解释，似乎更通顺。君主代表正统，正统衍生律法。因而，无论是对已有法律的继承认可，还是附条件认可，只要未从总体上废除，另起全新一套，仍算是"立法"。这里的"立"，是使役动词，即使已有的法律继续存立。在具体立法上，君主不一定会延续前朝，但他通常会根据正统的指向，择取最合适的法律模本。无论中国帝王的代天立法（奉天承运），还是在西方的神授君权、"朕即国家"，都是为解决立法的权原正当性问题。

其次，君主立法根本原则与治理准则高度契合。孟德斯鸠讲过，君主政体原则是"荣宠"，因而立法的目标是为了让贵族和人民都保有荣宠，避免野心欲望的肆意争斗。而专制政体奉行"畏惧"，君主可立法亦可废法。"法律"的作用不是维护君主的荣耀荫蔽，而是保持所有人对君主无上大权的恐惧。中国的"仁政"介于二者之间，以君主之美影响臣僚和民众，减缓法律的严苛，期求礼仪天下、协同万邦。

再次，君主立法必须凭借政治教义。当政治教义体系形成，实际上意味着，法律原则的系统成型。中国的以礼入法，西方的宗教法渗入世俗法，莫不是其体现和明证。

最后，君主立法过程并非由君主一人完成。专司法律整理、汇编的秘书班子，构成最早的立法专门机构。西方的罗马法学家，本质上就是一群为君主立法服务的秘书人员，顺带承担面向贵族、民众进行法律释义和解答工作。中国官制里的中书省，也承担大量的起草诏令、编修立法功能。君主的意志并非法律的唯一或最高渊源，即使在专制政体下，君主的意志也受神法的限制，从形式上与惯例、习俗、传统不相违背。如何"则天"？这是一个宏大难解的问题。中国的天学包含法学意味，惜乎今人开掘甚寡。"天地人"全息式观照，形成君主立法的哲学框架，也可由现代系统论、控制论的观念佐证。

多人政体分贵族(少数人)与民众(多数人)掌握政权两种。少数精英立法的方法论特点，同样体现在权原、原则、素材和过程诸方面。精英立法权的正当性可由君主授予，亦可由民众授予，还可自我封授。此种自我封授的典型样本，就是前述的哲学王立法。如能将民主选举和自我封授相结合，其正当性无疑更强。君主授予与自我封授看似不相容，但如果将君主授予理解为一种认可与确权，或通过遴选程序的委任，亦可产生比较强的正当性功效。在现代民主共和政体下，有"专业资质-民众选举-政治认可"的三重加权法，足以让专门立法家享有充分的权力正当性资源。但此种方法有其固有问题，因为真正能满足各方要求、符合各种口味的"精英"极为罕见，流于政治形式的遴选与认可并不少见。

精英立法的原则与政治原则依然保持契合，但并非全然没有区别。法律原则与政治原则的关系，成为一个立法论的难题。精英一旦兼具政法功能，就会产生二者关系的纠葛。在话语上，先出现政治决定法律的原则，继而是法律调控政治的主张，最后是二者互为关联、一体同构的妥协之辞。现今认为，立法精英应当行使对现实政治的规范之权。既然是对政治的规范，便须具有超越政治常态的雄心。何为良政？这种理想图式是立法的蓝本。若是符合良政的原则，当其为法律之统领不成问题。若是有违良政，则自当免除。立法充满真假政治的博弈。没有足够的政治智慧、才干，仅有对法律文义的记诵、解说本领，很难承担引领政治原则趋于良善的立法重任。

精英立法的素材，较之君主立法更为广泛。多人之智明显优于一人之虑。精英经由协商，汇聚群智，可将法律的各个方面考虑得更为周全。虽然在决断上，精英立法不如君主立法高效，但从法的至为关键的审慎要求看，无疑更合乎本质。精英协商的程序，以会议为主。协商之外，亦有设题、举证、质问、辩论，会有多轮不休止的激烈讨论。当然，也会有鸦雀无声般的沉默——当一个法律已无可置疑或根本不值得讨论时。

民众(多数人)立法被誉为现代民主制的核心要义。其权原是人民主权，原则是民主政体下的"公意"发现，程序是代议制，素材是民众的生活(简称"民生")。

中国的立法体制无须多述，所谓"一元二级多层次"的概括并不精准，却也从现象上表达出中国立法权主体的多样性事实。中国作为一个超大型国家，指望法令由一人出、高度统一、绝对一统，似乎并不现实。因而有了理论上的一元立法权威，与实践中的多元立法权力的并存。一元立法的好处在于，可以保证立法权原和原则的统一确定，而"多元"立法的优点则在于创构素材和程序上的广博灵活。无论是从基层到顶层的诱致型变迁，还是从上至下的强制性变迁，中国立法体制在近几十年的变化是有目共睹的。但立法方法论，却并未表现出与立法体制变迁匹配的活力。法理学中的立法研究，始终呈现尴尬被动的样状，与司法研究的兴旺形成对比。或许，立法问题本不是法学所能单独解决的。但既然现今的法学已具有了多学科方法的应用条件，建构一套相对系统的立法方法论，并不是什么不可完成的任务。

从政治家立法的主线出发，首先要明确的是立法有无根本的意义。这种根本意义需要宏观本质分析，辨明法、法律与立法的连贯，避免发生立法的僭越。这就需要常态化的法清理工作，并将之作为各项立法的基点。基本要则包括：首先，只有当固有法出现严重缺失或全然缺位时，才能考虑创制新法。其次，对立法前后左右的各种因素，均要评估计量，由此提出或否决立法动议。再次，要对立法草案的意义予以审议明辨。最后，对立法的实际效果与科学评估建立动态经常化的查漏补缺机制。此种救济并非针对法律文本，而是对已立之法的政策研究与学理调整(解释)。

所以，立法方法不仅包提案、审议、表决、公布，还包括理论研究、政策执行、民意调查、文本制作、法效评估。现有立法程序主要指审议，包括调研、预备、立法后评估等都应纳入整个过程。从动议生发到提出形成载体(草案)，再到审议、讨论、表决，直至最后公布、施行后的情况与数据分析、经验总结，都应作为立法案报告的论述组成。

就法律人的语词技术而言，无论是清代朴学的教诲，还是西方文论的研究成果都有借鉴意义。"审名实，一也；重左证，二也；戒妄牵，三也；守凡例，四也；断情感，五也；汰华辞，六也。"①法律专有词与普通用法的关联，可由六个步骤辨识："(一)找出词与词之间的关系及其变异用法；(二)将用法与语境串联

---

① 章太炎《说林下》。

在一起；（三）将过去的各种用法与新近的用法并列；（四）寻构各知识领域间的相互关联性；（五）由对普遍通用词汇的省思，来分析各阶段的社会生活的关联性；（六）辨识出专门词汇与普通用语的相关性。"①

四、司法思维的法则

如果世上有一种明察秋毫、洞悉万物的神人，由其司法，正义的实现绝非难事。即使这种奇异之人，根本不可能存在，也不影响人的伟大虚拟，构造出某种标准程式，制出这等"机器人"（人工智灵）。现今我们看到的理想法官，大多属于此类。

制造方法，不难粗略描述：先要有一幅正义的摹形。这个草案可以因情况而定，但最佳选择是博采古今名家之见，贴合实际需要完成。次需一套操引规程，包括教义陈述、观念灌注、表达反馈、修正公示。每一个环节都堪称工程浩繁，却又具体入微。最后，也是最为关键的，是要找到合适的人对特定事案予以"应用"，如果这种应用获得了各方认同，正义法则亦可谓寓于其中。

波斯纳的《法官如何思考》，在整体结构上可印证上述。② 第一编"基本模型"，实际上意欲创构一种有关司法正义思维的框架。第二编"模型展开"则是在叙述具体的操作规程。第三编"最高法院大法官"回答的则是主体与对象，包括法与人、人与案件的互动问题。他发现：法官并非道德或智识巨人、先知、圣人、代言人或电脑程式，他们是很人性化的工人，会对其工作的劳动力市场作出反应。（第7页）但另一方面，美国的法官并非法条主义者，他们的决定受其政治偏好或法律外因素的影响较大。对此，波斯纳的解释是：在司法场景下，"法"至多是广义上的材料，法官从多样的可能渊源中找寻具体的"判决"（毋宁说是"建构"）理由。（第8页）在明确法条之外的开放领域，法官究竟如何思考？这构成了实质意义上的"波斯纳难题"。

---

① ［英］雷蒙·威廉斯：《关键词》，刘建基译，生活·读书·新知三联书店 2005 年版，译者导言。

② 参见［美］理查德·波斯纳：《法官如何思考》，苏力译，北京大学出版社 2009 年版。下文采页中注，特此说明。

为回答难题，他敏锐区分"政治司法"的不同所指，比如基于政党忠诚的，立足于信念伦理的，还有秉持自身意识形态的——如果对这些情形不加区分，政治判定就是一个混沌的语词，特别是容易因此遮蔽个人因素。"审判的政治或意识形态要素本身或许就是这个人因素的副产品，而非对公共问题的知情、无私且冷静分析的产物。"（第9页）还有他所谓的"战略考量"，这与政治观及个人特质不一定有关。当然，制度性要素也会影响法官思维。波斯纳将约束法官裁量的内部限制，称之为"司法方法"，它由许多处理不确定性的，在法条主义者看来是"客观"决定的分析工具组成。

波斯纳力图以"成为立法者的法官"，贯穿对所有可能因素的阐释。笔者基本赞同这种定位，但更确切地说，引领司法思维的元法则应当是存在的（即使尚不完全可知）。这种思路可以重新表述为：法官在努力发掘、构造"法意"过程中，生产出各种正义图式，经由审判试验积累经验，不断返归实践验证，走向某种作为习惯法的司法法形塑，构成对成文化立法的天然补充和无形调整，甚至有望成为特定法治系统的中枢要件。

沿此运思，在模型建构方面，波斯纳先列举同时也是批评了若干代表性理论，如态度理论、战略理论（实证政治理论）、社会学理论（扩展了战略论，也结合了态度理论）、经济学理论（不仅与战略理论、社会学理论和心理学理论交叉，也与组织理论和实用主义理论有重合）等。在他看来，现象学理论是沟通实用主义与法条主义的桥梁。而现象学研究以第一人称意识——在清醒心智中自我表现出的经验，重在强调感受是什么，这对司法思维非常重要。卡多佐《司法过程的性质》即是一个代表。（第38页）对于法条主义理论，波斯纳评价道："尽管饱受批评，它依然是官方司法理论，法院需要这种保护色。"如何整合这些五花八门的理论？波斯纳的策略是，通过想象法官是工人，是一个劳动力市场的参与者，来实现这种整合。不得不说，这种"整合"很大程度上出于波斯纳自身的偏好，方便在已有素材基础上进行文本加工，但不可否认，其中还是包含一些洞见。比如，他引用这样的话语，"把学科训练的结构与想象的自由混合起来，把传统重造为一个新的观念，无情地清除呆板的、不相称的或多余的材料，并创造这种剧情化叙事"，以此揭示司法意见撰写和长篇小说写作的共性，便让人耳目一新。

他勾画的"司法工人"实际上包括两类人，一是普通寻常的匠人，另一种则是出神入化、重塑范例的艺术家。后者，他进一步将其称为"导师型"法官，前者算是"追随型"法官。在他看来，法官的"前见"不可遏止，必定多少会带进案件，并且发挥现实影响。"法官的闲暇偏好会导致法官尽可能用法条主义技巧更多地决定案件。"（第 71 页）他试图解决的核心难题，或许正是理性司法与情感司法的张力。"直觉、情感以及成见都是缩短的或无言的思考方式，与明言的、逻辑的、步步推进的推理形式形成反差，并且全都受不仅是诸如培养、教育、同行信仰以及主导社会信仰这些明显因素的影响，而且受人格的影响。"（第 92 页）他的落脚点是，"承认个人、情感以及直觉因素在司法决定中的作用"。（第 113 页）

　　如果将想象力放得更远，我们可以根据"欲望−情感−理性"的辩证法则，将正义阐释为以情感为中轴的欲望与理性的均衡状态。正义的经典含义乃是中道的权衡，长期以来困扰人们的理性和欲望的二元悖反，可以在情感的调节下得到化解。依此解说，波斯纳关注的情理/直觉司法的意义可进一步"升华"。它不仅是对开放、不确定地带的教义填充，也是对闭合型法条帝国的哲学普照。

　　直到结语，波斯纳才比较明确交代了自己的思路，这也算作新的发现和另类总结。他从政治因素的事实出发，推展到个人因素以及非政治、非个人的法条主义/形式主义因素。在他看来，这些因素都可置放于司法劳动力市场中平衡阐释。其实，这种"意蒂牢结"完全是可以破除的。波斯纳既然已经提到了现象学，却最后放弃了它。他也无意从法哲学的高度去重构，这种理论显然不是他钟爱的新言辞，经济分析法学才是。因而，他能发现的"均衡"，终归还是经济学层面的。从法哲学上，如何阐释均衡司法思维的关键因素？那种神奇力量究竟在哪里？引入"正义情感"的讨论就显得非常必要。正义情感不是简单、直接的正义直觉，它借此显形却比其内蕴丰富。正义情感，在法的实践中几乎无所不在。司法主体的思维受其驱动，呈现出均衡欲望与理性的功能。实用主义、功利主义显然更接近欲望（需求）主导的司法模型，而形式主义、法条主义，包括林林总总的教义论（政治、宗教、法律等）都以理性完满为追求。但人之共通之情成为社群生活的基础，此种可勾连、相互作用的综合力，可以塑造出某种事物本质秩序的确定图形，在知识有限、意见纷纭的情况下起到"客观化"的作用。这才是司法方法的内在机理。

就外在表达而言，司法话语用论证、推理、陈列、宣告等方式简化极复杂的情感运动，以便获得最大效用的理性法则。但站在另一端，我们又会发现不同人的解读各异，如局中人与局外人、内行与外行、当事人与第三方等，各出自理解与想象，对司法结果予以话语重述，由此产生进一步的对原初司法情感思维的遮蔽。

可讨论的相关问题，简述如下：第一，司法是否可以理解为一种"情感劳动/工作"（emotional work）？所谓情感劳动，是指主体通过对自身情感的经营、管理、表达，在社会活动中为他者创造特定情感状态的作业过程。除去波斯纳考虑的一般工作的影响因素，如个人特征（性别、年龄、受教育程度、任职方式、年限等）、组织特征（权力性质、薪酬体系、晋升途径、管理方式、劳动强度、人际关系等）、社会结构特征之外，司法工作的专业性突出表现的正义情感的供给、交易与互动，亦即法律人与公众（受众）的情感互契（相互支持与及时响应）。主体自身的情感均衡状态，直接关系到正义作为公共产品的生产。受众对正义的情感吁求，也可能"倒逼"或间接决定"供给侧"的认知。将法官工作与保姆或月嫂进行比较，在司法方法论研究上，也是一个非常有趣的课题。如同注重情感劳动的保姆或月嫂，司法也涉及边界工作、深层表演与象征性秩序构建，必须对公众、当事人乃至法同行随时加以必要的"情感按摩"。

借用麦克卢汉的"媒介即信息""媒介即按摩"，我们可将司法理解为一种正式或非正式的情感载体或媒介，其功能应有足够的情感效度，才可达到相应的覆盖面和穿透力。司法正义情感的互动与均衡，需要经历更为波折、繁复的过程，充满诸多不确定因素。司法人员的工作要达到艺术家的水准，着实罕见，但这又是司法工人不能取消的理想。"抽象的法律原则要经过得体而生动的体验才会被人接受，才会变得可信可爱二者兼备。"伯克强调的立法者内心要充满情感，他因热爱并尊重他的同胞，并且对自己保持警觉。对于希望续造立法的司法者而言，这种均衡正义的情感思维，更应得到重视和补强。

第二，西方哲学的情感话语。在西方，情感主义正式滥觞于 18 世纪，是对霍布斯式机械主义的反动。概略而言，法的情感哲学肇始于柏拉图，盛行于教会法学，转折并衰微于近现代的科学主义、工业化进程，可能复兴于反思现代性的法的新人文话语。前述社会工作研究（如保姆、月嫂的社会学研究）的情感治理模型，可引入司法过程的方法论阐释，其历史依据主要在于此种独特的法哲学面相。

第三，中国哲学的"情本"主题。郭店竹简有云："凡人虽有性，心亡奠志，待物而后作，待悦而后行，待习而后奠。喜怒哀悲之气，性也。及其见于外，则物取之也。性自命出，命自天降。道始于情，情生于性。始者近情，终者近义。"一言以蔽之，道司于情。易言之，情司道，道司诸法。这样的观点将形而上的"道"，置于形而中的"情"调控的范围，借此以求天理之道对人本欲望的终极规范。甚至，原本的哲学思想并未将"道"理解为一个终极的最高范畴，一切都用"情"来诠释。正所谓，"情性形而上，情实形而下，情感形而中"。显然，这样的哲学的"情感"就不再是红男绿女纷思不已的那种所指了，它与有关中国新传统研究的情感法哲学资源亦可融通。比如，裴宜理对中共情感动员的研究，就暗藏某种政治主导社会运动的情感逻辑。当然，她的研究偏重政治运动理论，将政治过程的情感分析过度结构化、理性化，但这些并不影响其在方法论上的启示。①

在法律君王的凝视下，人的形象无疑是"普通"的。无论在古典时代抑或近代以降，法律构造的"人"皆为常人，虽然法律标准时高时低，但一般的正常水平线终归是稳定的。长期以来，法律如同一扇神奇的界限之门，将门外人与门内人区分开来，无形中形成了法律人与普通人的对峙。

当然，法律人也是普通人，那只是针对其平常不在职业范围内的状态而言。一旦法律"上身"，那个曾经的"普通人"便会摇身一变，变成另一种奇异的法律人格，与那些日常生活中的凡夫俗子产生显著的差别。主流的法学方法论，经由法律人的目光编织而成。而普通人的态度犹如被放逐的幽灵，不得其安居之所。虽然无数圈内人反复检讨自己的精英立场，试图为沉默者发声，但鉴于那道无形却有力的门栏阻隔，无法遂愿。现今，"常人方法论"虽在社会科学研究中受到

---

① 参见〔美〕裴宜理：《重访中国革命：以情感的模式》，载《中国学术》2001 年第 4 期。

关注，却依旧未能改变现状。大众话语与精英话语，面对法律问题时的冲突，不仅让共识难以达成，就连起码的沟通与交流有时也难以进行。

卡夫卡《审判》可视为一个剖析普通人法律态度的样本。对此，后文还有专章论述。从法学方法论角度重思它时，不禁感到诸多疑惑仍未得解。比如，主人公 k 的身份究竟是一个资产阶级的上层、掌握法律的"金主"，还是上层资产者的雇员、被法律操控的玩偶？他的境遇叙事，到底是一场无辜的被构陷、胡乱追惩的悲剧，或因法之名询唤有罪者的忠实记录，甚至寓意作者自身省思与批判的回环式文本？卡夫卡描写的那些多数形象不堪的法律人，与林林总总在法律面前无比谦恭、卑微渺小的当事人，还有貌似与法律无关却暗地里有关的"普通人"，他们是否为同一类人？还是完全不同却彼此关联、相互熟悉的陌生人？这一切，似乎都可从不同角度作答。没有明确的标答。但沉入文本内部，运用基于情感的分析方法，我们还是可以从混沌中窥见微光。

第八章

新天下观与国际法治话语的重建

　　依循传统的法治界定，法律权威尤其是良法获得普遍遵守与服从，应当是法治的魂魄。这种强调"良法至上"的法治理论揭示了西方现代性法治的价值品格，但同时也遮蔽了法治路径的多样化实情，潜藏了西方法治理念的普适优越感，淡化了东方法治尤其是中国法治理念对西方现代性法治的历史贡献。在全球化的时代，西方法治话语扩张的势头无比迅猛，"世界法"的呼声此起彼伏。透过世界法这一典型的全球化法治话语标本，我们可以体察出西方现代性法治的内在危机与外部陷阱，比如，大国霸权秩序极易通过"世界法"的论证自我正当化，处于边缘和依附的不发达国家和地区在"世界法"的话语谱系中显然是无权的弱势。吊诡之处在于，西方现代性法治背后的民族国家基础无比牢靠，长期以来的保守主义秩序理念通过政治家与法学家的"政法联盟"不断强化，任何试图挑战"主权标示"的乌托邦冲动注定是失败的异端和另类，所谓国际公法不过是"软弱的硬道德"，所谓世界和谐不过是霸权永存的粉饰品。其实，在西方法治启蒙时代，追求世界和谐的乌托邦精神非常流行，中国的孔教成为西方乌托邦精神的重要原型。不幸的是，中国的天下乌托邦却让西方感到了威胁和敌意，在资本扩张的历史进程中，中国形象的颠覆在所难免——一个曾经启蒙西方的中国成了需要西方启蒙的他者——在西方"国家"与中华"天下"的博弈中，西方的国家取得了暂时的胜利，但它暴露出的问题及其面临的严峻挑战，莫不表明天下观复兴对于中国法治乃至全球秩序具有极为重要的战略意义。中国法治的设计者和推进者，应当如何均衡国家与天下的法理关系？如何构造既彰显世界精神又体现本土特色的涉外法治模式？或许，这代表了法治旧理论的强弩之末，但我们更希望，它蕴含着法治新思维的发轫之机。

第一节 国家，还是天下？

一、世界法：全球化法治话语的典型标本

当下世界的全球化趋势，如同不断渗透的穿石滴水，从经济、文化、生活方式、政治态度，渐趋接近法治内层。审视当今全球化法治话语的各种表达，"世界法"理论是一个颇具代表性的典型标本，庞德、伯尔曼等法学大家都曾对之予以理性憧憬，康德、罗尔斯等哲学巨擘也曾不遗余力为之激情鼓呼。综观西方现有的"世界法"理想图式，主要有如下进路：以哲学家为代表的法价值进路，以法学家为代表的法制度进路和以政治家为代表的法变革进路。这些进路都有一个共同的前提，那就是先验普适性法治原则的存在。

缔造先验普适性法治原则的首推强调法价值进路的哲学家们，在他们看来，世界法实现的过程实质上是把"和谐世界"的最高理想和绝对律令化为现实。无论是康德的"世界自由联盟"还是罗尔斯的"万民法正义"，都建立在超验和先验的法伦理价值之上。不同于纯粹的哲学思辨，法学家重点考虑的是世界法的现实可能性，但也没有排斥对它存立的伦理及哲理追问。法学家以严谨的法律思维勾勒了以普遍人权为基础的世界法框架，细述了其间的各种制度性难题，同时也预言了世界法可能遭遇的异化和灾变。但最后还是勇敢地接受这些挑战，因为"这是开辟一条人类共同法道路的条件。而这一共同法能够排除危险，保持住一个可居住世界的希望"。① 如果说哲学家着眼于世界法的原则证立，法学家着力于世界法的规则设计，那么，政治家则着手于世界法的实体构建。法律结构的一体化、法律精神的普适化都有赖于以"法律移植"为主线的政治变革，法律统一与法律趋同运动的终极趋向就是世界法实施框架的整体型塑。

---

① ［法］马蒂：《世界法的三个挑战》，罗结珍等译，法律出版社 2001 年版，第 160 页。

"世界法"理念的出现，表明了西方法治观念的全球化扩张，但从世界法的理论与实践争议不难发现西方法治体制的保守化倾向。在"世界法"作为全球化法治核心话语的时代，民族国家的主权遭到了空前的危机，特别是已占强势的国家，它们拒斥信息自由下的世界一体甚于惧怕局部的紊乱与恐怖式袭击。倘若全球鸿沟消失、和谐世界长成，它们的垄断性利益恐怕就会丧失殆尽——民族国家的权力危机实质上是这些强势者的利益危机。于是，各种以"全球化"为招幌的援助、改革计划被大肆推行，目的就在于巩固强势者的垄断利益。在这种背景下，警惕"世界法"的理论与实践是有意义的，并非所谓多情的民族自尊心在作祟。对待"世界法"，我们应当采取"问题"的立场，不要将"世界法"视作一种当然的趋势与理想，更不能将"世界法"定为所谓法律发展的大好未来，而是需要在脑海中多问几个为什么，深入分析"世界法"内蕴的中国性。这些疑问至少包括：世界法观念与中国文化传统的契合性疑问；世界法体系与中国天下法理想的冲突性疑问；世界法运动与中国法律进化固有逻辑的同向性疑问等。

二、法治国：世界法理想的西方主导

肇始于近代的西方启蒙主义，在政治上掀起的最大风潮便是法国大革命。人称"法兰西制宪之父"的西耶斯当时明确表达过这样的政治哲学："很明显，宪法只同政府相联系。国家通过规章和宪法来约束其代理人，因此，设想国民本身要受这些规章和宪法的制约，这是荒谬的。……国民性只有通过自然法形成。""国民不仅不受制于宪法，而且不能受制于宪法，而且也不应受制于宪法，这仍无异于说它不受制于宪法。""无论国民以何种方式表达自己的意愿，只需表达即可；任何形式都可以用，而国民意志永远是最高的法律。"①哲学的崇高许诺一旦无法在政治运行中具体兑现势必会引起革命期待受益者的强烈不满。政治要么屈从于这种不满，自动放弃；要么通过非常的方式强力压制这种不满，实行恐怖专政。法国大革命的政治家采取了后一种方式，最终他们自己也遭到了恐怖专政的屠戮，为激进乌托邦理想付出了生命的代价。结果是，激进的世界主义乌托邦成为

---

① ［法］西耶斯：《论特权　第三等级是什么？》，冯棠译，商务印书馆 1990 年版，第 60～61 页。

不散的幽灵。人类的世界性战争、文明冲突下的种族灭绝，还有一系列的全球性问题或多或少根源于斯。

法治国理念与制度的最终确立，首先应归功于尊重秩序价值的法治主义者对法国大革命的理性反思。在激进的大革命哲学中，保守和传统被视为不可宽恕的大敌，但在法治主义者的视野中，它们却具有弥足珍贵的重要价值。没有保守的对象，法律便无法确立自身的效力范围；没有传统的骨架，法律也无从搭建通天的巴别塔。法律秩序的价值往往需要人们在饱尝混乱后才得以凸显。出于一个反思者的立场，伯克对一个真正的政治家提出了判别的标准，那就是，一个诚实的改革家不会狂妄到那种黑白不分的程度，把自己的国家视若无物，当成一张他可以在那上面任意涂抹的白纸；一个好的爱国者和政治家总是在思考他将怎样才能最好地利用他的国家的现实物质状况，保护现存事物的意向再加上改进它的能力。① 与伯克相仿，托克维尔也认为法国大革命是以毁坏法治为代价进行激进的社会变革，是"最为危险的革命"。对政治家过度的理性自负，托克维尔也给予了不留情面的批判，讥讽这些革命家为不知祸之将至的"可怜虫"。② 由此，以约束国家权力尤其是政治化的非理性意志为核心的法治国理念便呼之欲出。

历史地看，法治国理想的出现是近代西方民族国家权力不断强化的结果。用耶林的话说就是"法律的进步在于每一自然纽带的破裂，在于不断地分离和隔绝"。"事实上，国家制造了相互分散的个人，因此官僚和集体成为它的支撑物。"③民族国家的权力之所以需要法律的控制也系于一种精明的技术理性。民族国家的政治家们深谙法律的本质：既然法律的确立本身就是国家主权的产物，又何必恐惧凭借法律来控制行政权力？所以，最初的法治国模型是"行政国"。慢慢地，民众开始发现，行政权力虽然有规则控制，但行政权力之上的政治权力特别是制宪/立法权也应该体现法治的精神。一股司法审查的旋风开始着陆欧美各国并影响了整个世界，"行政国"走向"司法国"。当德沃金宣称，法律帝国的首都是法院，王公贵族是法官的时候，"司法国"的理想也已不再时髦，对"疑难案

---

① 参见[英]伯克：《法国革命论》，何兆武等译，商务印书馆1999年版，第80~206页。
② 参见[法]托克维尔：《旧制度与大革命》，冯棠译，商务印书馆1992年版，第184页。
③ [美]博西格诺等：《法律之门》，邓子滨译，华夏出版社2002年版，第325页。

件"的技术性关切开始成为法学家思辨的焦点。

法治国理想的确立，为法学家从事政治创生了合法理由和适格权威。当法学家成为政治家或政治家变做法学家，法治国的理想就成了哲人王乌托邦的一个现代翻版。这种新型的"人治"，名曰"法律人的统治"，被认为是兼具了贤人统治与传统法治双重优点的理想政治模式。美国的宪法政治即是这个模式的代表，也是法治国理想试图摆脱乌托邦情结的一次大胆尝试。当西方法治国制度大放异彩之时，便是西方法治理想与价值观普世之日。建立于西方法治国背景下的世界法构想，自然顺理成章、水到渠成。从这个意义上讲，全球化法治话语的勃兴，应当是西方法治国理想扩张的自然反应，是"西方法治中心主义"的当代表现。但事实真是如此吗？

三、孔教乌托邦：西方法治启蒙的中国悖论

再将历史向前推溯，当西方法治启蒙伊始，为了展开对中世纪教权神权的批判与搏斗，中国的"孔教乌托邦"竟是西方启蒙思想家热衷叙说的精神彼岸与理想国神话。发现了这一重要历史事实，我们再来推究全球化法治话语内蕴的中国性，便有迹可循了。

1516 年，葡萄牙使团准备取道马六甲出使中国的时候，英国首席大法官托马斯·莫尔爵士出版了他的《乌托邦》。这个理想国出现在未知海洋中的一个莫须有的地方。在传教士的书简中，"大中华帝国"的形象继"契丹传奇"之后成为一个现实的世俗乌托邦。1613 年，金尼阁（Trigault）神父带着利玛窦（Matteo Ricci）神父的日记自澳门登舟返回欧洲，恰好康帕内拉在意大利纳波利的监狱里写完《太阳城》。1621 年，金尼阁神父在德国出版了《利玛窦中国札记》、带着 7000 余册图书回到中国的时候，培根写出了《新大西岛》。[①] 这些对未来加以畅想的乌托邦著作都忽略不了金尼阁神父在《利玛窦中国札记》中用第三人称的手法描述的这样一幅"孔教乌托邦"图景："他们全国都是由知识阶层，即一般叫做哲学家的人来治理的。井然有序地管理整个国家的责任完全交付给他们来掌握。

---

① 参见周宁：《想像中国——从"孔教乌托邦"到"红色圣地"》，中华书局 2004 年版，第 8 页。

军队的官兵对他们十分尊敬并极为恭顺和服从，他们常常对军队进行约束，就像老师惩罚小学生那样。战争政策由哲学家规划，军事问题仅仅由哲学家决定，他们的建议和意见比军事领袖的更受皇上的重视。事实上，这类意见很少，并且只有在罕见的情况下，是交给作战会议讨论的。因此，结果是凡成为有教养的人都不赞成战争，他们宁愿做最低等的哲学家，也不愿做最高的武官，他们知道在博得人民的好意和尊敬以及在发财致富方面，文官要远远优于武官。更加令外国人惊异的是，在事关对皇上和国家的忠诚时，这些哲学家一听到召唤，其品格崇高与不顾危险和视死如归，甚至要超过那些负有保卫祖国专职的人。也许这种情操来自于：人们有了学问，心灵也就高尚了……"①

　　在西方梦寐以求的哲人王统治，结果在一个遥远的神秘中国实现了，这让西方思想家感到欣慰和饥馑。他们急需这样的乌托邦想象来激活、复兴传统的希腊哲学，以驱逐那些可恶的上帝教士。于是，启蒙思想家们开始利用这样一种哲学化的中国形象糅合西方文化自身的传统理想，构想一个既可欲又可求的美丽新世界。"孔教的中国"成为这个世界的标准模型。

　　然而，这些启蒙思想家在"发现"的同时也选择了"遗忘"：在孔教乌托邦的身后，还有一个名叫"天下"的乌托邦！在中国哲学视野中，"天下"是无限的整体，各种要素通过自然的良好安排以及政治的理性统筹达到恒久而坚固的均衡。故而，中国人的世界是"超稳定的"，中国哲学对"天下"的理解和追求也超越朝代、时代之限。与中国相比，西方哲学勾画的世界图景要精致许多。无论是柏拉图的《理想国》还是莫尔的《乌托邦》、培根的《新大西岛》、康帕内拉的《太阳城》、约翰·安德里亚的《基督城》……西方哲人们更倾向于在一个确定的领域实现善治的理想。他们追求自身小我的完善甚于渴望人类大同的实现。从苏格拉底要求人们"认识你自己"开始，在人文思考方面，西方哲学开始逐步放弃宇宙和谐的宏大思维，愈益注目以"人"为中心的哲学思考。

　　为了避免"天下乌托邦"的同化与蚕食，西方启蒙思想家开始怀疑、否定中国的形象。孟德斯鸠在《论法的精神》中便用力攻击了中国的政体和风俗。启蒙

---

① ［意］利玛窦、［比］金尼阁：《利玛窦中国札记》，何高济等译，商务印书馆1983年版，第59页。

思想家设计出一种新的乌托邦，名曰"人类的自然状态"或"原初状态"。不论这种状态是人人自由平等的绝对和谐还是人与人之间无穷斗争的绝对不和谐，他们都一致认为，应当限制君主主权，赋予不确定多数人以最高、最后的权力——布丹称之为"主权"，卢梭则进一步将主权明确地赋予给"人民"这一乌托邦的主体。但他们恰恰忘了关键的一点：人民的面目是需要辨认的，而有权（包括权力和权威）辨认的只是少数人。将国家主权赋予给人民这个虚构的主体，丝毫无助于彻底解决国家权力对公民权利的侵害问题。放弃了中国"天下"的理想，西方的民族国家只能依靠冲突的国家法协调相互关系，最终的结果还是超级大国独占鳌头，形成实质不公正的国际秩序。

四、国家与天下：全球化法治的繁杂博弈

如前所述，尽管西方启蒙思想家发现了中国的"孔教乌托邦"，但随着民族国家主权观念的兴起和"人民乌托邦"的构造成功，他们迅速滋生了对中国天下观的无穷敌意。特别是当法治国的进程取得不俗的业绩后，西方国家俨然是世界的中心，中华文明的自大触怒了敏感的西方使者，他们希望用新的国际法秩序取代中国的天下体系，完成世界的殖民。在这个意义上，我们可以认为，西方全球化法治话语的精神源头还是在于中国的天下观，只不过，西方法治文明采取了武力先行的策略，法律移植才能得以展开。深思天下乌托邦的内蕴，对于理解全球化法治话语背后的中国幽灵，极为必要。

就以儒学为代表的古典中国"正统"而言，重视"天下"是不争的事实。"天下"是一种超越"国-家"的政治合法性范畴，是政治家法理的经典创造。"天下"理想的型构展示了古典中国哲学家法理与政治家法理的首度交锋与初步融合。均衡的结果是，"天下"体系包孕的和谐世界法则及其文化涵摄品格之确立。在这一大的环境下，中国的法律退出了国家间关系规则的建构场域，也并未对个人间的权利界限寄予太多的关注，将大多数精力投入了"国-家"的伦理架构之维护。中国法律传统之所以被惯称为"伦理法"，很大程度上是因为法律是伦理秩序的维系者，而非创造者。换句话说，由于古典法哲学的"天下"乌托邦之显在，直接导致了"国家-个人"对峙关系的消解，促生了"天下-国-家"三元均衡一体结构

之确立，而勾连三者的主要秩序规则不是法律创造的，而是既定伦理，尤其是由家庭伦理习惯性演生而成的。这也可以解释为什么古典中国的法律缺少尊隆无上的地位，享受类似宗教般的权威。

公允而论，孔子创立的儒家思想及其政治应用，构成了一套完整的人生-法律哲学。简单来讲，古典中国法哲学是人生化的，它把政治、法律的实践价值定位于人生理想之落实，检验标准也不外乎"仁人""君子"这些道德图谱。这是孔教乌托邦的治道精髓，但我们通常看到了其"内部治理"的一面，往往忽略了它还有另外一种品格，那就是拓展性、延伸化的"外部意义"——"天下"视界的现代发现，正有力证明了这种意义。① 由此，我们可以明确古典中国法哲学的几点特殊文化意蕴：第一，贤人政治、圣王理想的治理逻辑与天下为公、四海为家的世界关怀是紧密耦合的，中国的法律从文化性格上来讲是讲究"无外"原则的。第二，不讲内外区分的古典中国法治不可避免具有规范层面的模糊学特征，这使得法律表达与法律实践之间的文化鸿沟成为必然。第三，法律的伦理维系功能限制了其主动精神，自生自发秩序的传统神圣有效阻隔了人之理性的现代创造，使得法律发展呈显缓慢的循环特征。这三种文化意蕴都不是所谓的中国传统法律文化的弊端，恰恰相反，它是一笔珍贵的文化资源，在现代性勃兴的今天，巧妙开掘并借助这些文化资源，将中国传统法治理念与智慧在全球化法治进程中应然的作用与功能发挥到位，非常重要。

反观西方，其哲学从古希腊始，便走向人之世界与神之世界的区分，法律也被分殊为人定法与自然法，后世的法学发展愈益强化这种分析性思维，直至分析法学的出现，这种分析已从法律之类型分析发展到法律之要素分析，法律之伦理分析到法律之法理分析的高峰。所谓自然法学与实证法学的分野并不在于它们是否分析性的——自然法学侧重法律理想的分析、类型分析，而实证法学侧重法律现实的分析、要素分析——并且两种法学分析逻辑发展的走向落脚点都是"规

---

① 对儒家"天下"视界的阐述，有各种不同的说法，从价值判断的角度，大体上有三种态度：一是积极肯定说，倡言"天下"是古典中国哲学资源之精核，是世界主义的终极超越；二是消极否定说，认为"天下"是专利主义的渊薮，很容易造成"新帝国"毒素，必须予以摒弃和克除；三是中庸调和论，希望通过中国哲学资源之创造性转化，达成与现实需要之接合，所谓"取其精华，弃其糟粕"。

范"之证立。现今引人注目的法律论证、论辩、商谈、沟通理论,实质上正是这种分析性逻辑的代表。与之不同,中国哲学一开始就预构了中庸和谐的人生境界,并默许了人性伦理的广延扩展。在"天下"框架内综合调解、整理各种文化因素,实现文化共同体的融通无碍,任何"异端"的教义在"天下"视界中都能寻找到合适的区位,都需要接受"正统"的检视与再造——但这并不意味着"天下"思维的独断性格,只是说,"天下"为本的和谐世界需要一个恒稳的立足点,涵摄多元的视窗位置,以及融化一切"异端"文化的可能区间。

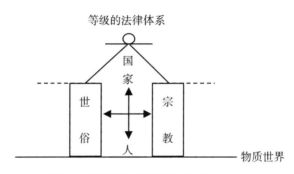

图 8-1　近代西方的"国家-个人"

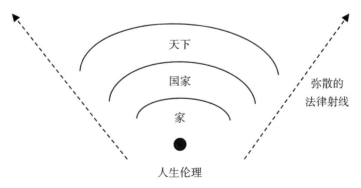

图 8-2　古典中国的"天下-国家"

西方法哲学的分析单位是不完全的,从个人、共同体到国家,都是包含着物理、心理和制度的意义饱满概念,可是到了"世界"这个最大的概念,却缺乏必要的制度文化意义，只是个自然世界概念，也就是说，世界只是个知识论单位，而没有进一步成为政治/文化单位。① 西方法思维中的"世界"是分析性的：物质的精神的、神圣的世俗的、有机的无机的、个人的国家的、国内的国际的，等等。每一种"世界"都有其特定的法则，和谐是世界的基本法则，冲突也是世界的基本法则，前者是理念论意义上的，后者是存在论意义上的。每一种世界法则都是平等的，可以发展、进化的。所以，西方世界的法理构造也是不断变化的。反观中国法理念，一开始就被赋予了先定的大一统、终极性特质，"天下"成为无所不包、无所不超的文化总体，在"天下"之中，"国-家"同构，于是，个人的独立意志被悄然湮灭，一切都要服从"天下"的假定，所以很容易导致"真理型法治"的专断，很容易扼杀一些新奇的事物萌芽。它确保了稳定的和谐，却消灭了变动的和谐，而和谐本身又需要正当的变动，这就造成了和谐世界的高远理想与惨淡现实的深刻矛盾。所以，当下中国主流意识形态不断呼唤务实精神，或许就是为了消除理想主义过盛而践履技巧不足的悖论。

处于现代化、全球化浪潮中的当今中国，更紧要和迫切的任务不是重新学习天下一家的国际法理念，而是扎实建构一个民族-国家与民主-国家相对均衡的现代国家。与传统国家相比，现代国家是一种持续运转的强制性政治组织，其行政机构成功地垄断了合法使用暴力的权力。主权是现代民族-国家的核心，主权对内属性是统治国家的最高权力。那么，这一统治权力归属于谁，由谁来行使，从而才能保证国家的持续运转呢？这是现代国家建构必然会产生的权力归属、权力配置和权力行使的制度性问题。如果说，民族-国家是现代国家的组织形式，所要解决的是统治权行使范围的问题，那么，民主-国家则是现代国家的制度体系，所要解决的是现代国家根据什么制度规则来治理国家的问题。民族-国家突出的是主权范围，主要反映的是国家内部的整体与部分和国家外部的国家与国家之间的关系。那么，民主-国家强调的则是按照主权在民原则构造的国家制度，主要反映的是国家内部统治者与人民、国家与社会的关系。② 现代国家是当今世界体系的中介分析范畴，一端连接个体与社会组织，另一端连接集体与世界体

① 赵汀阳：《没有世界观的世界》，中国人民大学出版社 2003 年版，第 12 页。
② 参见徐勇：《"回归国家"与现代国家的建构》，载《东南学术》2006 年第 4 期。

系，它面临双重使命，既要均衡内部的个体(公民)权利与组织体(机构)权力关系，达成国家主权权威的垄断；又要均衡以国家为象征和代表的共同体，权威与其他集团权力(权威)的外部关系，达成国际和谐(世界和平)局面。这是西方世界法与中国天下观都不否认的共同点。均衡型法治国家的建构是西方世界法与中国天下观的重叠共识，也是法治全球化时代的中国法治战略要义。

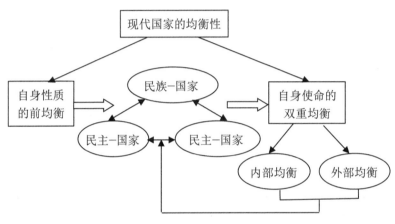

图 8-3　法治国家的均衡构造

第二节　"人类命运共同体"的法理阐释

构建人类命运共同体，正在成为全球人权和法治事业的共同话语和价值目标，法理学研究者有必要对之加以全面深入的阐释。在这一全新战略目标的指引下，新一代人权观的科学内涵可初步概括为：以人的全面发展为人权核心理念，以共同体为人权主要载体，以共商、共建、共享为人权建设的基本原则。作为全球治理战略的人类命运共同体蕴含丰富的法文化资源，其法治构建的要津在于通过法律和司法改革，全面落实发展权的制度化。①

---

① 本节引述的学者观点，参见廖奕：《人类命运共同体的法理阐释——"构建人类命运共同体理论研讨会"综述》，载《法学评论》2017 年第 5 期。

一、作为法理话语的"人类命运共同体"

若问一个人，什么是命运，定会让其心生恍然。即使有几句勉力为之、贴合己身的概括，也难免极不周详。若再问一句，何为人类之命运？面对如此高大上的"天问"，一般人真不知如何作答。当然，这只是日常生活的情境。换个场合，比如在大国外交中，"人类命运共同体"这样的宏大概念却妙用无穷。

自中国国家领导人对外正式提出"人类命运共同体"概念以来，国际社会反响热烈，联合国社会发展委员会、人权理事会等机构已将之载入决议。作为一个事关全球治理、充盈天下情怀的宏大话语框架，"人类命运共同体"迅速成为国内学界热词，哲学社会科学学者已发表专题研究论文已有数千篇。其中，法学作品仅占微小比例，并主要集中于国际法研究领域。这种状况凸显了当前中国法学基础理论研究的薄弱，从政治话语向法理话语的识别、转化与阐释能力尤显不足。

学术话语关乎一个学科的生命，不仅直接关系到该学科的基础理论建设，而且直接关系到该学科的发展趋向。尤其是在全球化背景下的人权法治领域，新的话语具有关键作用。2017年年初，习近平主席在联合国发表了"构建人类命运共同体"的著名演讲，联合国有关决议中也多次提到"人类命运共同体"。这一划时代的理念，在世界范围内得到了高度评价和广泛认同。"人类命运共同体"的构建，成为全球人权和法治事业的共同话语和价值目标，法理学研究者有必要对之加以全面深入的阐释。

作为法学研究者，我们应以何种态度与方法，去看待、分析人类命运共同体的理论逻辑？就态度而言，法学研究似乎习惯了"就法论法"，学科边界、教义规范的先见根深蒂固。在现有学科体制中，"人类命运共同体"并非"正宗"法学论题。从现有成果初判，法学界对此感兴趣少、有真知者更少。多数或尚未觉察，或清冷观之，将其留待同行后人去"经营""评说"。秉此态度，还有一因：此问题着实难解。欲破此局，先得有法哲学的惊异心驱使，附加法政治学、法社会学、法人类学等交叉学科的现实感，最后依靠融凝法哲理、法心理、法物理、法论理等多维度的法理学之想象力。

　　站在整合性的学术立场，我们如何从多样的法文化和法观念中，取携出一枝独秀，收纳人类命运共同体的观念馨香？毕竟，一时一地的学术观念，转化为一以贯之的学术立场，需要时间和实践的伟力磨砺。政法法学、教义法学、社科法学的区分，关乎中国法学表层的风格，却不显现其内在的立场。站立在人类命运共同体中的法学学人，为何不能走出洞穴假象，放眼天下苍生？这是情怀，也是立场。方法路径的斑驳多元，并不影响理论逻辑的清明简约。思维和研究方法虽无法齐整一律，但如同多面棱镜的视角交汇，荟萃而成的往往是可行共识。

　　对于人类命运共同体的法理阐释，李龙先生首先运用马克思主义法学的历史分析方法，对西方传统的"三代人权观"进行了深刻思辨。在此基础上，他提出塑造新一代人权观的必要性和可能性。在他看来，习近平主席有关构建人类命运共同体的新理念，正是这样一种思维框架和战略构架。"'人权'不是天赋的，而是历史地产生的。"①李龙先生以马克思主义法学观为中心，运用当代中国人权法理学的创新视角，深入检讨了西方传统"三代人权观"的理论迷思。在他看来，三代人权划分的理论与实践在人类历史上发挥过重要作用，其倡导者与践行者为世人尊敬。但是，随着社会发展，这些传统的人权理论，将因其不能满足人类的需要而逐步退出历史舞台，何况它们本身还存在一些不足和缺陷。例如，"天赋人权观"的虚伪性和欺骗性显而易见，用流通领域的自由与平等掩盖了生产领域中的奴役，用法领域的形式平等掩盖了实质上的不平等。社会连带主义的理论基础系客观唯心主义，逻辑上更是自相矛盾：一方面承认人权是建立社会连带的基础，另一方面又公开否认国家主权和个人权利。狄骥等人的学说，悖论较多，即使在西方世界也没有达成共识。

　　李龙先生进一步指出，当今世界有两大紧密关联的时代命题，一是"人类命运共同体"，一是"一带一路"建设。前者是伟大构想，是全新的人权理念；后者是世纪工程，是全新的人权实践。两者相映生辉，开创了人权事业的新时代。围绕这两个主题，李龙先生将新一代人权观的科学内涵概括为：以人的全面发展为人权核心理念，以共同体为人权主要载体，以共商、共建、共享为人权建设的基

---

　　①　《列宁全集》(第五十五卷)，人民出版社1990年版，第22页。

本原则。"法治的最终目的是构建人类命运共同体，尊重与保障人权，实现人的全面发展。"①人类命运共同体话语形成之初，就带有鲜明的权利属性和扩展机能。作为政治话语，从视角到意识，再到理念和价值，成为全球法治的战略目标，李龙先生从政治战略的高度将人类命运共同体的构建加以学理定位，符合这一话语发展的历史，也契合中国法治全面深度推进的客观需要。

"人类命运共同体"的载体、科学内涵、基本原则，这些问题确实很重要。关键在于，作为一个待证立的法理命题，"人类命运共同体"是否存在有效的价值联结？这一话语是否承认普世价值？法律理论，尤其是人权法理论如何塑造一种学术话语予以回应？沿此发问，有学者认为，可以从话语策略的角度深入理解"人类命运共同体"。作为政治概念的人类命运共同体如何转化为法律概念和法学范式？这是当代法律人尚未完成的使命。因此，人类命运共同体至少牵涉到以下基本命题：第一，人类命运共同体与法律的价值。因为全球化，人类共同体的命运早已穿越主权边界，国际秩序与国内秩序相连。法律最基本的职能之一就是维系秩序，即人类生活有条不紊的状态。国际秩序好了，会有利于国内秩序的安定；国内秩序好了，也会有利于国际和平。第二，人类命运共同体与法治的最低标准。国家与国家之间的交流沟通，形成了有关法治的最低标准，这是我们构建人类命运共同体的基石和前提。法律人应着力构造两者之间良性互动的机理。第三，人类命运共同体与"一带一路"的关系。中国命运与世界命运关联在一起，中国的"一带一路"建设，本质上就是构建人类命运共同体的重大举措，履行大国责任的壮举。从这个角度看，"一带一路"不仅仅是经济行为，更是承担构建人类命运共同体责任的政治行为。"一带一路"所蕴含的意义，需要法理学从多学科、以多角度诠释。

也有学者认为，人类命运共同体是政治家的一种价值倡导，虽然不是一个纯学术的概念，但法学家与政治家的价值理想，有时也会重叠。因为法学的终极问题与人类的终极目标同向而行，它必然关涉人类的命运。但"人权"问题始终面临着两大困境：其一，人权应然性与实然性的背离与统一；其二，人权普适性与

---

① 李龙：《全面依法治国这五年》，载《光明日报》2017年6月25日，"光明讲坛"专版。

相对性的背离与统一。从法学研究者的视角来看，人类命运共同体法理构建的焦点问题在于：何时、何地人类共同拥有哪些"人权"？或者还可以探讨人类共同拥有哪些"权力"的问题。

综观各种观点，对于作为人权法话语的人类命运共同体，学者秉持比较一致的看法。但对于政治话语与法理话语的界限及转化，仍有一些困惑。这就需要我们从话语系谱的角度，进一步厘清基本概念的形成史和演进过程。"政治是一个充满了各种偶然性的王国，其中的命运不是预先就给定的，而是取决于机会和各种偶然性。""如果我们把政治理解为偶然性，那么，政治就不再是预先注定的、悬在我们头上等待我们去发现的事情，而是可以由我们部分地去建构的事情。"①作为政治话语的人类命运共同体，其中蕴含了哪些可以开掘的法理因素？或者说，推动人类命运共同体话语形成和弥散的法理因素有哪些？首先，国际秩序的不公平性日渐严重，发展中国家的诸多共同利益和情感、文化诉求被现有体制忽略；其次，中国的和平崛起及其大国地位日趋巩固，法理代表性权能的不断增强，使得话语权的斗争问题凸显；最后，世界各国共同面临的一系列严峻挑战，让中国主动承担起话语引领的旗手角色，使用东西会同的新概念宣扬均衡发展、公平正义的法理主张，借此改变近代以降国际秩序"尾随者"的"宿命"。

二、从法文化视角理解"人类命运共同体"

人类在浩瀚宇宙中，说大也大，说小也小。在不同视角下，观察者的视域会呈现广狭、显隐、明暗之别。对人类而言，命运共同体首先是一种新的视角，它让我们从观念上超越现有的各种血缘、地缘及利益共同体，尽力达成普遍性的"无限"之境。超越肉身、关注精神；甚至，超越地域、制度和习俗的差异，实现规则、律法和心性的和合。命运本可变，法则内驱之。长期以来，人类对命运的无尽探索，让法则和规律不断生成，为"良法"的营造厚植沃土。良法的卫护，又让人类对命运的理解和把控能力滋长强盛，使得人间的立法渐趋接近理想的目标。在此意义上，人类命运共同体可理解为人类以新的共同体视角仰望星空、内

---

① ［英］安德鲁·甘布尔：《政治和命运》，胡晓进等译，江苏人民出版社2003年版，第17页。

审自查的观念产物，它让物质与精神、生存与发展、情欲与理性等原生性、普遍性的需求凝缩为一个精致的话语整体，然后通过共同体法律制度的转换，回应外部世界的风险和挑战。天命观、国家法中心主义、人类万物灵长论等说辞，无益于真切理解人类命运共同体的文化意蕴。

有学者认为，人类命运共同体，并不应只一种地理上、经济上和环境上的概念，还应将其扩展到文化价值层面。人类命运共同体的构想，高于中国古人的"天下大同"观念，人类命运共同体的构建和发展，并非文化价值的单元化与大一统，而应体现多元文化的竞争与交融。此外，人类命运共同体的构建与发展，基于法治理念的视角，规则主义应畅行于国际关系之中。

对于人类命运共同体的法文化的内涵，有学者提出"关键词"的分析思路。什么是"人类"？何为"命运"？如何型构"共同体"？只有通过对这些问题的深入解读，方有可能化宏大为具微，将观念话语转化为制度建构。比如，如何看待动物的权利？又如，如何理解法律与人工智能的问题？关于"命运"，中国文化的理解和西方很不一样，这也需要特别注意。至关重要的是，全球发展失衡等问题，可以说是我们面临的命运威胁。在此境况下，没有哪个国家能独善其身，人类一定要休戚与共。"共同体"一定要有规则，联动国内法治和国际法治的共同体规则建设，是法律人共同努力的方向。

在现有研究成果中，或以综合整体的视角观察，或以片段深描的方法切入，所思所论，各有千秋。总而言之，作为全球治理战略的人类命运共同体蕴含的法文化资源，至少包括三层：核心层是当代中国马克思主义经典法律观，中间层是传统中国的本土法制观念，外围层是近代西方的人权、法治和共同体等观念。在此背景下，人类命运共同体理念可视为中西文化融合产物，法文化上的可理解性与范式上的可通约性是构建人类命运共同体的关键。就"人类"的观念而言，中国传统语境中有"类""群""社""会"的概念，人与人的关系具有伸缩性，似乎找不出"人类"概念。就"命运"观念而言，中国传统社会关于人的际遇有"天命""性命""运命""命运"等概念，充满对"不确定性"的感悟，缺乏从"不确定性"中抽象出"确定性"的认识论。就"共同体"观念而言，中国传统社会缺少"法"的结合，基于"伦"的结合居于主导，一直推演到"天下"，终极目标是大同。比较而言，中西方的差异明显。启蒙运动之后，西方所接受的"人类"观念一是来源于达尔文的进化论，建立在"人"与"动物"的联系和区分上，一个来源于费尔巴哈的人的"类"本质，建立在"人"与"神"的区分基础上。马克思主义与主流西方思想不同，其强调人的"总体性"本质观念，人类发展的终极目的是建立"自由人的联合体"，命运的趋向是从"必然王国"走向"自由王国"。

　　在这些文化资源中，中国传统是最重要的基元。有学者认为，"人类命运共同体"的提出是当代全球化背景下中国对世界新秩序的创设和愿景，它的提出是对中国传统文化"和合"观念的承继。从古代的"天下大同"理想到近代孙中山先生提出的"天下为公"精神，再到"人类命运共同体"的构建，体现了对中国传统哲学文化"和合"观念的一脉相承。共商、共建、共享是其精神实质。也有学者强调借鉴西方理论的重要性。如康德的"永久和平论"，对构建人类命运共同体具有较好的参考意义。研究康德的"永久和平论"既是实现世界和平的迫切需要，也是为了超越"和平"的范畴，为构建一个有着共同理念的，实现包括和平、发展在内的诸种价值，能够囊括全世界国家和人民的人类命运共同体提供理论参照。还有学者从文化多样性的角度对统一的人权观进行反思，以全球化时代的法律发展为切入，从文化法哲学的高度提出了值得深入研究的问题：如何将"人类命运共同体"与人权理念相结合？世界大同能否实现？统一的人权观与文化多样性有何区别？

三、构建人类命运共同体话语系统的法理要津

　　命运的律法以必然性方式展呈，塑造人间法律的胚胎雏形。经由主权共同体意志的加工锻造，法律被冠以"命运主人"的冠冕，对人类行为和社会冲突加以引导约束，利益、情感予以权威性的分配和规限。这样的法治观，不仅是西方文化的特产，中国的天命观、治理观也共享其中奥义。人类命运共同体的构建，对中国法律的生长而言，是一个很好的政治机遇。打造人类命运共同体的制度实践，不仅有关国际法治，更是一个立体贯通的法治系统工程。

　　构建人类命运共同体，法律的力量究竟体现在哪里？人类命运共同体的法律制度构建，尚有诸多问题需要回应。如难民问题、条约的效力问题、人权公约签

署却不批准问题等。"人类命运共同体"还蕴含着对国际秩序的认知问题。没有对法律原则、法律实施和法律行动的全方位把握，人类命运共同体终将是一种"想象的共同体"。就法律原则而言，除了共商、共建、共享，"共赢"也是一个重要方面。

良法善治的理念是构建人类命运共同体的方向指引。正如习近平主席在日内瓦演讲中所说："'法者，治之端也。'在日内瓦，各国以联合国宪章为基础，就政治安全、贸易发展、社会人权、科技卫生、劳工产权、文化体育等领域达成了一系列国际公约和法律文书。法律的生命在于付诸实施，各国有责任维护国际法治权威，依法行使权利，善意履行义务。法律的生命也在于公平正义，各国和国际司法机构应该确保国际法平等统一适用，不能搞双重标准，不能'合则用、不合则弃'，真正做到'无偏无党，王道荡荡'。"①

"构建人类命运共同体，关键在行动。"②人类命运共同体从话语实践上，离不开精细的制度建设，需要特别关注弱势群体的权利保障。在中国的一些地方，法律公共服务由政府包揽，现实中存在不少问题，如供给不充分、配置不均衡等。由于法律援助对象主要集中于社会中层，真正的"底层""草根"很难得到及时、免费、优质的服务。这些问题需要我们在法治纵深推进的实践中，将人类命运共同体的观念转化为制度改革的动能。相关话语实践本身就是一种行动，当其与形成规范、设计程序、构建制度的法治事务紧密关联，可以催发出更为显著的力量。谁作为主体构建人类命运共同体？是一国人民，还是世界各国？人类命运的"共同体"应当采用什么方式表现？选择什么途径？通过什么渠道达成？哪些内容的权利应当成为人类共同命运必将依赖的人权？应当形成怎样的规范、设计怎样的程序、构建哪些制度，从而保障和促进人权水平的进一步提升和实现？如何利用国际社会已有的如联合国人权理事会等形式的平台，通过建立和完善各种促进各国人权实现的机制，推动构建人类命运共同体这一重大理念转化为理想的现实？法学家应通过这些具体课题的研究探讨，将构建人类命运共同体这一宏大叙事落实到具体实践，通过理论论证和实践举措，构建可行性制度，为理念变为

---

① 习近平：《共同构建人类命运共同体》，载《人民日报》2017年1月20日，第2版。
② 习近平：《共同构建人类命运共同体》，载《人民日报》2017年1月20日，第2版。

现实提供行得通的路径。

人类命运共同体的法治构建，包括国际法和国内法两大方面。在汪习根教授看来，"人类命运共同体"在人权法制度上的落实，最紧要的还是发展权法律机制的构建，这是一个非常重要的关联性架构。构建人类命运共同体，国际社会应从经济发展、安全格局、文化交流交融、生态环境建设和保护等方面采取法律行动，破解难民危机、恐怖主义、环境危机、气候危机等阻碍世界发展的难题，秉持新发展理念以维护人类的共同利益。

这就需要从法理上落实并拓展人权的核心理念——发展，包括创新、平衡、开放、绿色、共享五大发展理念，让它们相互促进、相互贯通。在新发展理念的指引下，各主权国家平等共同协商，缔造更加公平的全球治理规则、推动规则、权利和机会的平等，共商、共建、共享，创建普遍安全、开放包容、绿色永续和共同繁荣的世界。有学者指出，"构建人类命运共同体"这一新命题，引出了"第四代人权"的新概念，阐释了法治和人权的整体性和关系性原理，打破了许多传统法学的内部界限，打开了提升中国人权法治话语境界的新窗口。近年中国在文化、基础设施、教育、减贫等多方面促进人民的发展权，同时积极参与国际协作，如倡导"一带一路"建设、设立南南合作基金等，以国际合力推动发展权实践，这些都是构建人类命运共同体的生动实践。

构建人类命运共同体，有必要着力提升中国发展权话语体系的国际影响力，要点包括：从定位上，发展权与生存权一道构成首要的基本人权；就性质而言，发展权是社会主义的本质要求，是保证人民平等参与、平等发展的权利；战略上以"发展是第一要务"的要求落实发展权，以创新、协调、绿色、开放、共享发展理念引领发展权，在实现中华民族伟大复兴的中国梦进程中推动发展权实现；内容上打造"五位一体"的发展权，以社会公平保障体系的法制构建为核心；方式上以法治思维和法治方式推动发展权。

构建人类命运共同体，还需要从破解人权司法保障的一系列体制难题入手，以推动均衡发展、构建公正的全球法律新秩序的目标，引领司法体制改革。就实体性人权而言，逐步减少适用死刑罪名，保护生命权；废除劳教制度后，增进自由权；进一步规范查封、扣押、冻结、处理涉案财物的司法程序，捍卫财产权。就程序性人权而论，严格坚持非法证据排除、无罪推定原则，禁止刑讯逼供、"体罚虐待"，落实公正审判权；解决社区矫正主体、权力、职责、程序和矫正主体之间的协调关系等问题，实现回归社会权。就程序性权利来说，增进司法救助权、法律援助权、律师帮助权，都是司法人权保障体制改革的重要内容。

第三节　新天下观的法理建构

进入 21 世纪后，面对新的天下形势，著名学者赵汀阳以迅猛姿态，与传统伦理学彻底决裂，扑向自我构建的政治哲学和文化哲学，如其所言，"不得不采取特定的历史姿态"。① 其对哲学重心迁移的判断，即"现在落在政治/伦理哲学上"，② 而这一判断的主要依据是，"现在的世界是个面临着严重的政治和伦理危机的世界，是个乱世，是个礼崩乐坏的世界"。③ 如果其判断成立，那么，"乱世的法哲学"就显出非常重要的意义。而对天下观的翻新改造，成为建构新的国际法哲学的一个便捷切入。遗憾的是，现有的理论话语改造，本身就是值得反思和改造的。对于作为世界制度标识的新天下观，从政治哲学转向法哲学，不仅是思路的调校，而且关乎法治的整体实践。

一、新天下观的哲学基点

"哲学观念是大观念，大观念当然随着大事情走。"这确有几分道理，但赵汀阳接下来的判断就让人怀疑，"在当代的政治/伦理问题的背后往往是经济利益"。④ 这两种说法有些内在矛盾：哲学观念和经济利益究竟谁是"决定者"？从

---

① 赵汀阳：《没有世界观的世界：政治哲学和文化哲学文集》(第二版)，中国人民大学出版社 2005 年版，序言，第 1 页。

② 赵汀阳：《没有世界观的世界：政治哲学和文化哲学文集》(第二版)，中国人民大学出版社 2005 年版，序言，第 1 页。

③ 赵汀阳：《没有世界观的世界：政治哲学和文化哲学文集》(第二版)，中国人民大学出版社 2005 年版，序言，第 1 页。

④ 赵汀阳：《没有世界观的世界：政治哲学和文化哲学文集》(第二版)，中国人民大学出版社 2005 年版，序言，第 1 页。

他之前的论著看，经济利益决定论在早期比较明显，后有文化决定论的趋向。但在此时，他似乎又开始淡化曾经深描的文化，将其视为"政治问题的当下历史性姿态"。① 尽管他将文化称为"很可能还是政治和经济的一个深层结构"，但如此处理的与政治、经济并置互动的文化，明显被进一步扁平化了，成了一个抽象大系统的组成因子，其独特的情感正义内蕴极易就此流失。

可以理解，由于赵汀阳写作时的主要学术工作，让他颇为自然地接纳了"互动知识"（reciprocal knowledge）的概念。与以往不同，他这次并未对西方的知识论表现出抗拒和反感，而是将其与自己的"一个或所有问题"的创作挂钩——用他当时视为知识悖论的表达，证成"互动知识"的合法性。这种退转策略值得分析。也许是学术对话伦理的需要，既然要加入一种跨文化研究网络，就理应尊重同伴的概念话语。他还是未曾放弃创作，由"一个或所有问题"的哲学基本状态描述，走向了基于"综合文本"（Symtext）的方法论建构。如其所言，"后来在欧洲参加互动知识论的研究工作过程中，我进一步提出一个比哲学方法论更广义的一般知识方法论概念，称作'symtext'"。据其说明，这是模仿 symphony 一词的结构制造出来的概念，译回中文即"综合文本"。艾柯有个继承狄德罗百科全书理想的"新百科全书"方法论，声称对于任何一个事物都存在着关于这个事物的百科全书式知识。综合文本理论试图与之在方法论上形成互补配合：给定对于任意事物存在着关于它的百科全书是知识，那么，必定存在着某种方法能够使不同知识体系形成互惠的改写（reciprocal rewriting），从而达到：（1）使各种参与互动的知识体系发生某些结构性的变化和问题的改变。（2）合作产生新的知识和创造新的问题。②

赵汀阳的"综合文本"方法论，一半是沿袭，一半是改造。他的雄心很大，要建构一种超越哲学方法论的一般方法论概念！要承载此种超越的学问，不知如何命名，反正"哲学"一词捉襟见肘、很难周全。"法理"一词，倒可一试。之后赵汀阳也有提及，比如《坏世界研究》中谈道，政治哲学研究相当于有关权力的

① 赵汀阳：《没有世界观的世界：政治哲学和文化哲学文集》（第二版），中国人民大学出版社2005年版，序言，第 1 页。
② 赵汀阳：《没有世界观的世界：政治哲学和文化哲学文集》（第二版），中国人民大学出版社2005年版，序言，第 2 页。

利益的"法理"。① 此时，他或许并未想如何命此"非常名"，只是宣示了对传统知识论哲学的不满，希望用互动中的创作性改写完成文化的交流。细究"综合文本"这个仿制的概念，它更像是一种前提或结果，而非指导研究方法的原则。若改用思想法则的术语理解，很简单，这就是一种大理论思维。

这与他继续坚持并不断优化的"无立场分析"的方法论非常匹配。他钟情"水""势"思维，反复重申老子的那句名言："以身观身，以家观家，以乡观乡，以邦观邦，以天下观天下。"于是，无立场分析与大理论思维的结合，孕育了其让其名满世界的研究问题，那就是"天下体系"。

天下并不太平，天下从未太平。在新世纪的晨曦幻境下，人们难免祈盼，在新的时间起点世界发生神奇的转变，由乱到治，瞬息功成。但这样的幻念，在现实生活中注定会破碎。战争、暴力、不平等、制度性剥夺、中心国与边缘国的新殖民关系……这一切都让书斋里的哲学家难以平静。要走出传统的伦理哲学，必须从理论上回应这些大事情、大问题，制造出一种新的互动知识框架，去收纳那些弥散的话语幽灵，去解释那些越界的情欲魔方，去重建那些模糊的文化边界。赵汀阳或许正是以这样的雄心，真正开始自己的政治法理创作，让形而上学的呆问题，在制度和行为的哲学研究中生发出新的意义。

那时，"东方学"话语开始在中国传播，萨义德的东方主义可谓在圈内人尽皆知。赵汀阳题首引用其言语，指向的正是对那种预定和谐论的批判："我们不应该假装认为和谐世界模式已经具备。谁要是仍然以为和平与社会共处的思想很有市场，那也同样是不诚实的。"②诚实与否倒不十分紧要，从政治战略上审度，愚蠢与否才是关键。预定和谐可以作为一种致幻剂、安慰品，但若称其为将其视为已成事实或未然趋势，那势必会导致决断上的偏失。他接下来引用的哈特和尼格瑞的话，似乎表明了乱世恒在："我们眼睁睁地看着帝国正在成为事实。"

可以判定，赵汀阳的天下体系论，是被如下思想激发而生的。一是以萨义德为代表的东方主义，二是西方学界兴起的帝国研究。这两种思想本质上都是可疑

---

① 赵汀阳：《坏世界研究——作为第一哲学的政治哲学》，中国人民大学出版社 2009 年版，第 2 页。

② 赵汀阳：《没有世界观的世界：政治哲学和文化哲学文集》(第二版)，中国人民大学出版社 2005 年版，第 5 页。

的。赵汀阳将其视为新问题制作的"前菜",引用它们仍是为了更好省思、更深批判。他的方法论比以前更为明朗,要利用一个大词收纳百科全书式知识,并在知识互动中完成各种体系的相互改写。所以从一开始,他并不是执意推广"天下体系"的宣传员,而意图建构品牌,进行"思想肇事"的运筹者。

他从传统帝国体系的长期存在谈起,以之作为映照,"民族/国家却只不过是现代的产物"。"现代不仅结束了传奇的帝国古代传统,而且挫败了各种理想和乌托邦,除了技术和经济,几乎没有别的什么事业可以在现代获得神话般的成功。"①在现代性的意识形态改写下,帝国概念被演化为帝国主义,逐渐失去其本来的含义。马克思列宁主义对帝国主义意识形态进行再改写,揭开了其"基于民族/国家制度的超级军事/经济力量而建立的一个政治控制和经济剥削的世界体系"面目。②赵汀阳进一步用哲学思维及配套术语,将其呈展为"欧洲传统帝国和帝国主义共同理念都是以'一国而统治世界'——背后的哲学精神是'以部分支配整体'这样的欲望——而民族/国家的概念使得帝国主义以民族主义为原则来重塑帝国眼光,从而精神变得更加狭隘,不仅失去了传统帝国兼收并蓄的情怀,而又把帝国的强权好战方面发展到了极致(历史上最大规模的战争都是现代帝国主义的作品)"。③

行至此处,我们至少可以发现三种帝国话语:作为传统文化和政治制度的帝国、作为现代意识形态的帝国,以及作为现代意识形态批判的帝国主义的帝国。后两种帝国话语,更多属于观念层的,前一种帝国主要是历史记忆。除此之外,还有实存的现代帝国,这种帝国与现代性意识形态匹配。就此而论,帝国话语可分为前现代、现代和后现代:前现代和现代帝国是实存、发生学意义上的,后现代帝国无论是作为理论批判或重新建构,皆为一种观念设计。赵汀阳的"帝国"更多属于后一种。所以,他要对哈特和尼格瑞的热门著作《帝国》随时响应,对

---

① 赵汀阳:《没有世界观的世界:政治哲学和文化哲学文集》(第二版),中国人民大学出版社2005年版,第5页。

② 赵汀阳:《没有世界观的世界:政治哲学和文化哲学文集》(第二版),中国人民大学出版社2005年版,第6页。

③ 赵汀阳:《没有世界观的世界:政治哲学和文化哲学文集》(第二版),中国人民大学出版社2005年版,第6页。

正在出现的新全球统治方式进行文化改写和重新创作。用他的原话："我准备讨论的是，在哲学的意义上，中国传统的'帝国'理念对于任何一种可能的世界体系会有什么样的理论意义？"①

在全球化高歌猛进的感染下，赵汀阳欲以传统帝国文化为模本，创作一种新的天下体系，明显带有话语斗争的诉求，但问题在于，替代什么？对抗什么？由何替代？如何对抗？不得不说，在这些关键处，其思路都出现了某些偏颇。首先，用重新塑造的天下观替代民族/国家，这存在逻辑上的不对称。前者是一种宇宙观或世界观，后者是现实的制度模式，且当今中国业已深嵌其中。其次，天下体系最应替代的是西方的帝国体系，或曰帝国理念下的国际法制度。对此，他并未详述。最后，作为替代话语的天下体系，不是传统帝国文化的翻新，而是立足现今中国形势勾画的共同体法治——如何以新天下观的共同体法治，对抗或替代主流帝国观的国际法体系，才是要点。他受但丁、康德等西哲影响很深，对"世界法"的探求存在执念，使其偏离了天下观背后的均衡法理。

无形之道永远是不需要实在法化的，一旦实在法化，这种"道"立即丧失其"最高规范"地位，化作尘世中的条规，而不再具有"体系"的本意。天下观最玄奥的并非"无外"，而是如何在"无外"指引下建立政治圈层，由情感均衡的正义原则主导，确立将强力降到最低限度的"化外"法度。这是历史中国的法则经验蕴积，绝非仅仅是一种时间的记忆或姿态的表征。历史连贯未来，当下的意义在于不停从传统经验中凝练出一般的法则，再结合具体情势使其足可践行。前者是政治哲人（立法家）的工作，后者则是政治家的实践任务。脱离政治行动的历史经验法则，政治哲人的设计势必陷入理念论的自我循环。

基于上述，赵汀阳对现代制度的判断是偏颇的。他说："现代制度只是国内社会制度，而不是世界制度，或者说，现代制度的有效范围或约束条件是民族/国家的内部社会，而不是世界或国际社会。"②暂不论世界制度是否存在，或如何

---

① 赵汀阳：《没有世界观的世界：政治哲学和文化哲学文集》（第二版），中国人民大学出版社2005年版，第7页。

② 赵汀阳：《没有世界观的世界：政治哲学和文化哲学文集》（第二版），中国人民大学出版社2005年版，第7页。

存在，现代制度的国际性维度是相当明显的。在一定意义上讲，现代民族/国家制度的形成，就是在类似于现代国际制度的背景下完成的。由于战争引发的国家间和平制度，是现代国际法的前身。虽然国际法永远不可能脱离民族/国家的构成单元，但所谓的"主体间性"有多种演化可能，比如从简单的"大国-小国"的支配性，发展到各国在主权平等基础上的多极化共存，出现区域大国主导的多中心格局。介于民族/国家和国际社会之间的区域秩序，正是现代国际法关注的焦点，为什么国际法研究不去勾画大同世界的法度？因为世界法建构的幻觉早被人识破，经过若干试验，已被证明是难行之策。

现代制度消解了国内与国外的二元对立，让国家事务统摄内外、勾连总体。现代民族/国家在法律上的存在，本身就是一个国际法事件。其中，固然存在霸权、压迫、不平等、不合理、不公正，但作为一种制度，它早已存在，并将长期存在。突破国家法而成的区域法，也已成为现代国际法的重要发展产物，它让国际法走向"硬法化"，也为新"帝国"构建提供了新的平台。理解新帝国建构进程，不能脱离已有的国际法框架，这与传统帝国是一脉相承的。罗马帝国靠"万民法"创作，完成了法体系的扩容；英帝国采用法的"拟制"，推进殖民地法改造；美帝国依靠推销法治，输出发展与治理框架，妄图借此达成无形、无边疆的新型帝国建构。

赵汀阳对国际法的"无视"，主要是事实意义上的。更确切地说，是基于其特定理想赋值作出的实然无效判断。他对国际法理想化，视之为世界法乃至天下法，然后将其实在化，希望未来出现某个世界立宪政府，完成其组织施行架构。在这种幻觉支配下，他眼里的国际法并非在规范上不存在，而是在实效上不存在。但不得不说，这种"实效"基本属于臆想和杜撰，因为世上从未有何种法律敢于宣称自己能化解一切纷扰，何况这世界本就是由矛盾组成的。或许，"无序"正意味着某种自然秩序，因此，重要的不是根除乱世，特别是幻想用某种普世的立法达成天下太平。如何从乱世的发生学中找到乱中之治，这才关乎真正的治乱辩证法。中国文化从未视"乱"为"坏"，而是突出"乱"的恒在及其治理意蕴。只有在乱世固有的法则中，我们才能理解很多治理话语不过是美丽的说辞，甚或是致幻的麻药。只有雄踞乱世法则之上的治理，才是稳健旷达的政治哲学产品，才是雄才大略者理当沉思的对象。

如果按赵汀阳所说，"今天的世界仍然没有成为'世界'，仍然停留在 chaos 状态，它只不过是个无序的存在，是个'非世界'（non-world）"，① 那么，他日后所言的"坏世界"该作何解？"天下"以其原意，并非全方位的"好世界""好秩序"赋值。它在古人口中，不过是一种最大的形而上学概念，用于表征某种可想象的无限性。天下可好可坏，可乱可治，本身并无价值。它像容器，自带法理，是为老子所言，"以天下观天下"。赵汀阳赋值的"天下"，过于刻意与西方人文世界对标，以致成了一种奇怪的模样："天下不仅是个地理概念，而且同时意味着世界社会、世界制度以及关于世界制度的文化理念，因此它是个全方位的完整的世界概念。"②这种定位及相关解释，也成了不少批评者的"眼中钉"。它实在太过牵强，让一种笼统的"天下"更为笼统，让一种形而上的"天下"更为形而上。

也许，这正是赵汀阳的目的。"天下理论是任何可能的世界制度的形而上学。"③是的，赵汀阳以一个漂亮转身，回到了形而上学。但他回到的不是传统哲学起点，而是其力求创作的"新哲学"的逻辑终点。

二、天下观的法理改进

下面，按赵汀阳的新形而上学逻辑，审思天下理念的建构。就概念表达而论，"天下"传达出类似于西方语境中的"帝国"（empire）信号。问题在于，除了"天下"，中国传统政治词汇中还有很多类似的语词，为什么唯有"天下"这个概念具有理念性？从知识激发动因考察，赵汀阳受西方的民族/国家概念倒逼，联想到中国的"家-国-天下"谱系。但中国文化的"家""国"均有其政治意涵，且作为"天下"的基础和铺垫，因此并不能为"天下"简单包容。赵汀阳随后重点讨论

① 赵汀阳：《没有世界观的世界：政治哲学和文化哲学文集》（第二版），中国人民大学出版社2005年版，第7页。
② 赵汀阳：《没有世界观的世界：政治哲学和文化哲学文集》（第二版），中国人民大学出版社2005年版，第7页。
③ 赵汀阳：《没有世界观的世界：政治哲学和文化哲学文集》（第二版），中国人民大学出版社2005年版，第8页。

的中国"家国天下"同构原理，实质是以"家"为基元的。在此意义上，中国的天下观精髓在于"家"，而非"天下"。"四海一家"，可能比"天下"更富感染力和认同度。由此推知一体论或共同体论，比简单抽离出来的天下观更接近中国文化的核心。

天下是一种想象的物质性绵延空间，其价值蕴含几近于无。此种价值零度，也许是赵汀阳最感兴趣的地方，借此他可极方便地为其赋值。在解释了地理、心理意涵后，他推出天下最重要的伦理学政治学意义，即"它指向一种世界一家的理想或乌托邦(所谓四海一家)"。① 天下除了地理想象，还应有更丰富的物理想象，比如地物丰饶、广大。但心理想象则确属勉强。他引用的《荀子·王霸》中的话语，说的也是天下作为王道力争的对象，而非以天下获民心。恰好相反，获民心者方可取天下。因此，心理层面的政治认同是王道的价值蕴含，而非天下所能负载。"溥天之下，莫非王土，率土之滨，莫非王臣"亦可作此观。天下之土地，皆为有道之王统率封授，王道才是天下的政治意涵。以天下观天下，不等于用天下解释天下，让天下变成一个赵汀阳所说的"满载所有世界的可能意义的饱满世界概念"。② 可以理解他的良苦用心，他终于找到并论证了一个可能世界的最大概念，以其承载超越科学知识世界的饱满意图。但这样的语词选择还有很多，不一定就是"天下"。偏偏选择天下，他必定有格外的用意。

这层用意，在前面的分析中已有揭示。赵汀阳关注的是，如何建构新的世界制度，那就是需要找到对新老帝国模式的替代。天下，无疑是在话语表达上颇为对仗且有古典美感的大词。为了凸显中西文化之别，而非简单笼统的互动，赵汀阳不惜刻意将天下理念化，然后再将天下体系视为世界尺度乃至永恒尺度。他所想象的天下/帝国，从本质上区别于西方的各种帝国模式，包括传统军事帝国，如罗马帝国，以及现代帝国，如大英帝国和美帝国。最突出的一点是，按照纯粹理论上的定位，天下/帝国根本上就不是个国家，尤其不是个民族/国家，而是一

---

① 赵汀阳：《没有世界观的世界：政治哲学和文化哲学文集》(第二版)，中国人民大学出版社2005年版，第10页。

② 赵汀阳：《没有世界观的世界：政治哲学和文化哲学文集》(第二版)，中国人民大学出版社2005年版，第10页。

种政治文化制度或者说一个世界社会。① 西方对世界并非没有文化想象，不仅有文化想象，而且有制度建构。正因为赵汀阳忽略了西方帝国模式的法治建构，从而让其得出了不太准确的结论。

相比而言，中华帝国对世界的想象相对匮乏。长期的内循环文化自足，使周边国家及其风物的刺激作用有限。文化区域内的天下，并不代表可以涵盖物理世界的全部。在近代文化斗争中，中国的天下概念不仅难得认识，反而被西方改造为一种神秘的政治宗教概念。所谓的"文化互动"并未带来相互理解，反而导致误解加深，甚至成为战争促因。西方帝国的世界法、万民法，与中华帝国的天下法对撞，让双方的世界观和法治观都发生了变化。最终，西方的世界观在近代胜出，中国的天下观被视为一种落伍的知识，打入另册。传统的王道，终归克制不了坚船利炮。在新的国际法秩序中，中国被迫自降身份，承认万国共存之现实。想象中的天下秩序，转型为西方帝国主导的国际秩序。近代不断激化的民族主义情感，为新的国家政体创建提供了动力。在这种创建过程中，天下兴亡被赋予民族大义的核心关切，天下秩序被诠释为弱肉强食的天然法则。从自强运动到辛亥革命，激烈的政治变革使中华帝国天下观在实践中完全破产。王道、仁政这些政治理想因子，被转移到法治、民主、人权等新概念话语。这些新话语借用西方语词包裹本土情感，其中偶有天下的幽灵闪现。比如，孙中山"天下为公"的思想。但实践前提是，新的政治实体必须具备引领天下的资格和权能。不难理解，民族复兴在世界百年未有之大变局下，越来越有超越抽象天下的实践冲动，确确实实传递出国家权能强大的生存论、尊严论意义。中国作为万国之一，若一民与万民之间，唯有自立自强，方可获求认同和引领。沉溺于传统天下理念的乌托邦，只能造成战略上的短视和冒进，不足以审视共和国的政体实情，遮蔽当前重要的情感均衡难题，在单纯的利益演算中错失权能保有和增进的良机。长远看来，中国的治道一面沿袭传统王道，一面以西方之法治破其内生之谜题，复兴王道之夙愿，以家国一体达成天下太平。

---

① 赵汀阳：《没有世界观的世界：政治哲学和文化哲学文集》（第二版），中国人民大学出版社2005 年版，第 11 页。

这些讨论有些"跑题"，离赵汀阳的哲学限定已远。回到哲学讨论上，既然赵汀阳有意将天下理念化，不妨考虑另一种可能：天下能否与法理融通？在此，可以提出一种更果敢的想法：天下理念的法理改进是否可能？如果"天下"是政治/文化哲学的形而上学，那么"法理"则是法律/政治哲学的形而上学。政治/文化哲学关注制度的来源，法律/政治哲学则关注制度的生产。素材是多样、可选的，但生产往往是恒定、模式化的。仿用赵汀阳的辨析语式，法律/政治哲学与法学/政治学不同，它不仅关心权利权力的博弈，而且关注博弈背后的经权之辨，发现变动（权）背后的规范（经）。

"法理"正是连接权与经、变动与恒常、策略与原则、做法与规律的均衡型概念，可结合不同语境衍生具体形态。比如，法物理-物理法，这由物质世界法则支配；法心理-心理法，这由人类心理世界法则支配；法情理-情理法，这是指导人类社会行动的法则；法条理-条理法，这是支配人类制作法律文本规范的法则；法伦理-伦理法，这是由伦理规范形成并产生实在法效果的规范。还可从主体视角加以类型化。如哲学家法理、政治家法理、法学家法理、法律家法理、普通人法理等。从行动类型角度，"法理"也具有总体的统摄性。无论是作为本质的法理性、法理据、法理由，还是作为活动的法论理、法推理、法说理，法理不仅体现出天下包容无外的大卜理念，而且具有自身的体系逻辑。一言以蔽之，深刻理解法理就是深刻理解世界。①

与"天下"相比，"法理"与赵汀阳表彰的"可能世界"距离更近，更适合充当政治世界的文化尺度，不仅在中国话语中有其核心意涵，而且与西方知识论、本体论亦可会通。法理，离 Logos 更近，而 TIANXia 显出莫名其妙。法理可称为世界观与方法论，"天下"则不能。"法理"是一个可充分秩序化的语词，已引起哲学家、政治家的兴趣，法学家正在不断开掘、重新建构其新的系统意涵。这种开局和建构总体还限于狭义法学视野，并未充分进入哲学视野。通过与哲学家话语及其标识性概念的互动，法理完全具备生发出一套整全哲学体系的可能。比如，"法理中国"这个语词已被学者创作出来，目前虽主要是发挥宣传话语的功能，

---

① 参见廖奕：《法治中国的均衡螺旋：话语、思想与制度》，社会科学文献出版社 2014 年版，第 26~35 页。

但迟早会得到认真论证。重要的不是一定要找到某个有别于西方的中国独有概念，方可谓形成一种全新的制度哲学。关键是如何发现一个中外会通、易于涵摄、长于演化的概念，在不违背其原本含义的基础上适度扩展，产生法律哲学/政治哲学的支点工具或曰基石范畴。

用法理而非天下解释当今世界状况，可以得出不同的政治文化单元的最大公约数，而非套用"国家 VS 天下"的对立模式，制造出中西对立的两极图示。如果把赵汀阳讲的"互动知识""综合文本"当真作为方法论运用，法理就是一个极好的范本。而天下只为传统中国理解，因而容易变成一厢情愿的单方建构，由对话变成独白，由复调退为单线。此种危险，从下述话语中可见端倪：

> 按照中国的天下理论，世界才是思考各种问题的最后尺度，国家只是从属于世界社会这一解释框架的次一级别的单元，这意味着：
> 　　(1)超出国家尺度的问题就需要在天下尺度中去理解。
> 　　(2)国家不能以国家尺度对自身的合法性进行充分的辩护，而必须在天下尺度中获得合法性。[1]

这样的话语明显带有单线独白的口吻，甚至透露出那么一点不易觉察的文化霸气。在话语效果上，这样的对立化、独白式表达，容易激起对方的斗志，吸引人们参与独白者构建的话语论辩。但从严肃的哲学探讨看，这样的话语策略最好还是少用为妙。

从具体阐释内容上看，赵汀阳沿着日渐逼近法哲学的路向继续奔腾。他沉浸于"天下法"的畅想，并付诸笔端，在新的政治哲学建构中加入越来越多的法理话语。他说的"天下制度"实为"天下法"。这一点可通过他对黄宗羲的引用看出。"三代之法，藏天下于天下者也。""后世之法，藏天下于筐箧者也。"三代之后无治世，这即使是一种神话，却也表明人们想象中的"天下法"之优良，而优良的本根在于天下无外(无私)。"公天下"的政治理想一直是中华政治正统的根基，

---

① 赵汀阳：《没有世界观的世界：政治哲学和文化哲学文集》(第二版)，中国人民大学出版社2005年版，第13页。

即使是皇帝也要以"天子"自居，不得逾越天下法的尺度。赵汀阳对天下帝王蕴含的义务(责任)观念的解说，对革命合法性的证明，对"验之民情"的现代阐释，对"天下均衡"的理论想象，① 均可表明他的新政治哲学有丰厚的法理蕴含。

言其运思，天下法的根基在于家庭法，天下均衡的关键在于情感均衡。"中国哲学基本上都使用了'情感证明'。""感情亲疏的距离正是伦理规范的绝对基础，甚至所谓文化也是无非人类各种情感关系的恰如其分的制度表现。""既然家庭性被假定能够充分表现人性，那么，家庭性原则就是处理一切社会问题、国家问题乃至天下问题的普遍原则。"②我们只需将这一句话里的"性"改为"法"，家庭法原则对于天下法建构的根基效果便会立即凸显。依照赵汀阳的说法，传统中国意义上的家庭，不能简单等同于西方语境中的"共同体"(Community)，但其随后又将其作为一种共同体。③ 家到底是什么？家庭法的原则应到何处找寻？有关"齐家"的法理分析，在此是有补充作用的。④ 从法理的视角，家庭法分为两种：一是原生型的先在理念，一是衍生型的后世制度。哲学家更看中前一种，法学家更中意后一种。对于原生的家庭法理念，问题还不全在于如何考证，最复杂的还是它如何扩展应用到治国平天下的实践。中国传统法理结构是否存在某种扩展秩序，由家法、国法和天下法组成圈层系统？这是一个值得深入探究的问题。从儒家法理的教义解释看，修身为本，由对自己本心克制实践生发的"心法"方是基本，如此才有基础和资格达成人的完整，进而齐家治国平天下。天下，于此处更多有超出政治事务的"心物两合"意涵，而非普遍广大的地理意义上的世界概念。与其说是分析单元的不同，毋宁视为对"情蕴理"或"理蕴情""心本体"或"思本位"的重心选择不同。中国传统的"心法"，与西方的思维法则(Logos)明显之不同，在于前者重体悟，以情感认知为本，后者重分析，以理智推断为本。正所谓

---

① 赵汀阳：《没有世界观的世界：政治哲学和文化哲学文集》(第二版)，中国人民大学出版社2005年版，第16~24页。

② 赵汀阳：《没有世界观的世界：政治哲学和文化哲学文集》(第二版)，中国人民大学出版社2005年版，第27页。

③ 赵汀阳：《没有世界观的世界：政治哲学和文化哲学文集》(第二版)，中国人民大学出版社2005年版，第26~28页。

④ 参见苏力：《齐家：父慈子孝与长幼有序》，载《法制与社会发展》2016年第2期；苏力：《齐家：男女有别》，载《政法论坛》2016年第4期。

"心为思之官"。中国传统秉持通过情感发现理性，而西方更易陷入理性绝对主义的偏断，对情感认知采取知识论上的排斥。西方哲学家也有诸多自省和批判，此处不做详述。中国传统文化的情理观方是基本，由情理和法规范的融合生成的法情理和情理法，构成了天下法的主干，形成了中国之治的独特面相。情理，具有贯通个人、家庭、国家乃至世界的魔力，可以成为一般知识，也特别适用于无立场的"综合文本"分析。

要理解海外学者对赵汀阳的误读，特别是将新天下体系视为新帝国建构的话语，引入法理概念也是极有必要的。就学术的理论建构而言，从政治制度好坏论的诊断中脱身，就内在的法理逻辑而形成话语竞争，在竞争中呈现优劣真伪，较之先定论式更有价值。比如，赵汀阳有关"制度最大化"问题的论述，很难自证其说，与其反复强调的"无外"是矛盾的。"所谓制度最大化和普遍化是指如果一种社会制度是最好的，那么它必须能够尽可能地扩展成为在任何一种政治/社会单元上有效的社会制度，否则它就是个不彻底的社会制度。"①但伦理上最好的制度，未必是在行动中最积极的，老子的"法理"观正好表明了这一点。即使最好的制度实现了最大化拓展，那也只限于情理上的文化感染，通常只对能够理解并认同此种文化类型的政体或社会生效，文化亲缘意义正在于此。所以，它绝非无限地、无条件地彻底普遍化。在现实中，这种逻辑神似帝国扩张、优越文化征服论的理据。事实却又证明，这种"征服权"的法理无论建构如何精妙，终归会在"情理法"的礁石面前受挫遇阻。

"情理法"是一个自带限度的概念，它以情感均衡律法为中心，允许多样情欲的冲突、博弈、竞逐、撕扯、调和、变异、化合，通过社会化，由私人情感进入公共情感，完成至关重要的扩展，生成支配行动的情感类型，因而具有联结先验和经验的充沛合法性。中国文化"以德服人""以理服人"，本质上是以情感人、以情化人的过程。在此语境下，赵汀阳解释的《礼记》话语，与正解的偏离较大。

　　　夫礼者，所以定亲疏，决嫌疑，别同异，明是非也。礼，不妄说人，不

---

① 赵汀阳：《没有世界观的世界：政治哲学和文化哲学文集》(第二版)，中国人民大学出版社 2005 年版，第 30~31 页。

辞费。礼，不逾节，不侵侮，不好狎。修身践言，谓之善行。行修言道，礼
之质也。礼，闻取于人，不闻取人；礼，闻来学，不闻往教。

在这段完整表述中，如何理解"礼，闻取于人，不闻取人"？朱熹认为，此
与孟子所谓治人、治于人，食人、食于人语意相似。取于人者，为人所取也；取
人者，人不来而我引取之也。来学往教，即其事也。[①] 接下来是"道德仁义，非
礼不成"。这句话讲的是礼教法则，而非"不往教"原则，恰好相反，礼是君子和
小人（取人者与取于人者）分野之枢要。为明礼，既需"来学"，亦要"往教"。礼
法的情感教化，正是中国文化扩展的奥道，也是修齐治平的实践所指，礼即理，
关键在于法则功能，在于情节和中。

天下理论能否带来相对完美的帝国实践？或者说，消解过去和现在的帝国模
式，达成一种共同体法理之治的新模型？这在理论上完全可能，在实践中已有回
应基础。比如，中国政府倡导的人类命运共同体构建，具有赵汀阳构思的天下体
系色调，这也成为西方各学者竞相解读赵汀阳理论的一个"爆点"。时至今日，
天下体系并未得到普遍认同，但经由赵汀阳这样的理论翻新，确已展现出极强的
话语魅力，吸引各种文化参与讨论，让未来的世界制度透显出新的火光。

进一步看，与其固守"天下"这个语词，毋宁从更大范围的本土资源库找寻
补充或替代。前已述及"法理"的功用，现用"共和"一词，再予申论。"共和"古
词意表君人共和，西语近似大众民主（区别于贵族政体）。合取诸方意涵，"共
和"一词可生更加鲜亮的政治哲学意蕴，成为勾连政治哲学、法律哲学的中介概
念。于当下中国政体亦不违和。所以，如何从理论上谋划一种"天下共和的法理
之治"模型，可谓填充"天下体系"虚空的一个新思路。用波考克的分析，天下共
和的政体可以朝向"法与正义之下的公民共同体"迈进，最终回到法学和哲学，
确切地讲是法哲学的语境。[②] 就此而言，赵汀阳与马基雅维利一样，其所做的工

---

① 参见陈皓注：《礼记集说》，上海古籍出版社 1987 年版，第 2 页。

② 参见［英］J. G. A. 波考克：《从佛罗伦萨到费城——一部共和国与其替代方案之间的辩证
史》，任军锋译，载《共和主义：从古典到现代》（《思想史研究》第二辑），上海人民出版社 2006 年
版，第 15 页。

作是在现代条件下重塑古代价值。但与马基雅维利不同，赵汀阳甚至对现代也做了无情解构，他要面对的是未来的天下，纯然开放，绝对包容。

三、迈向一种新的法理模式

赵汀阳的"天下体系"导向的是哲学思维，与之对立的是异端模式。"异端模式意味着这样一种资格论证的思维模式：把自己和他者严格区分开来，对精神进行划界，认定自己是特殊的并且是优越的；最后，自己的特殊性由于有被假定的优越性，因此有资格被普遍化，有资格代替或统治其他特殊的他者。"①在这里，他不经意间又进行了一次冒险的"概念转移"，将哲学思维意义上的"天下"挂钩于制度文化意义上的"天下"，二者是有很大差别的。前者是哲学家法理的真理建构，后者则是政治家法理的公理建构，虽然二者可统一于某种"哲王统治"的理想情境，但就古代中国的帝制实践而言，如其所说既然是很不完美的，上述"统一"想必难以达成。

由传统而当下乃自他着力勾画的"未来"，天下模式就思维意义而言，必须与法理、政体这些概念勾连，通过必要的理论复合，产生新的阐释与建构框架。由此，中国传统帝国的"文化引力"，②才有可能真正化作感动天下的政体力量和法理情怀，才能在由帝国向共和国的现代转型背景下继续"合法"存立，不仅获得自身与他者的多重认同，而且得到实践行动主体的广泛接受。与其说"'天下/帝国'是一个在当今非常值得研究的哲学概念"，③毋宁认为"天下共和"是一个更具文化引力和制度正当性的法哲学创构。贯通天下/帝国与天下共和的解释框架，都要以"法理"概念为基元。这一概念不是中国文化独有的，亦非西方观念垄断的；既有世俗生活与政治要求的一面，又有走向神圣与整全的形而上学色彩。相对于单薄的"天下"，它更厚实，更具大理论创作的潜质。

---

① 赵汀阳：《没有世界观的世界：政治哲学和文化哲学文集》(第二版)，中国人民大学出版社2005年版，第29页。

② 赵汀阳：《没有世界观的世界：政治哲学和文化哲学文集》(第二版)，中国人民大学出版社2005年版，第82页。

③ 赵汀阳：《没有世界观的世界：政治哲学和文化哲学文集》(第二版)，中国人民大学出版社2005年版，第82页。

　　赵汀阳不大赞成"创造性的转换"或者"转换的创造"。在他看来，"所谓'转换'主要是以地方性传统资源作为原材料，以西方知识体系作为生产标准，然后把地方传统按照西方标准改写成现代西方知识"。[①] 这种转改写或曰奇特的自身认同，混杂着"自卑与自尊"，极易让人忽视"现当代中国经验的创造性"。[②] 立基于此，从现当代中国经验的创造性中，可否直接形成对传统天下模式的替代？至少，话语和理论生产已有成果，虽然其在制度实践上仍举步维艰。

　　他所论的"先定和谐"至多是一种观念上的虚构，距离现实经验很远。赵汀阳能想见并竭力论证的，乃是在"文化改制"（reculturing）的时代，"找到能够保证对话有效性的思维模式，否则有了对话也不可能真正解决问题和冲突"。他认为："事实上，那个能够保证对话有效性的模式已经存在，它就是中国经典意义上的'天下模式'。"[③]下面这段论述非常重要，其表明赵汀阳哲学的正式转向，从旧形而上学批判向新形而上学建构的豪迈宣言：

　　　　中国的"天下模式"可能是唯一超越了文化自身认同局限性的文化模式。它直接假定了"超越"了文化地方性的更高事业，它把人类共有的"天下"当作是一个先验概念（a priori），因此成了一个俯瞰性的超验世界观。它在多元论之上，但绝不是要取消多元的事实。相反，它准备包容多元的事实，这与试图以地方兼并世界的世界全球化普遍模式（蛇吞象模式）有着根本的不同。"天下模式"可能是克服文化自身危机的一个有效方式，因为它的眼光超越了自身认同，它不把自身认同看做是根本性的问题，甚至可以说，天下模式是对自身认同问题的积极解构：世界需要地方性事实和地方性知识，却不需要作为任务和难题的自身认同。全球化是一个错误的指导性原则，因为它试图以某个地方尺度充当世界尺度。只有"天下"观念才是一个先验的世界尺度。

---

　　① 赵汀阳：《没有世界观的世界：政治哲学和文化哲学文集》（第二版），中国人民大学出版社2005年版，第72~73页。

　　② 赵汀阳：《没有世界观的世界：政治哲学和文化哲学文集》（第二版），中国人民大学出版社2005年版，第73页。

　　③ 赵汀阳：《没有世界观的世界：政治哲学和文化哲学文集》（第二版），中国人民大学出版社2005年版，第89页。

在这段带有宣示性的话语中，赵汀阳多次提到先验和超越，并明确将天下模式解释为文化模式，并与全球化原则对峙，以取消自身认同的优势证立，表明自我/他者二元对立的消解。但如此创作的天下模式，只能与创造性经验渐行渐远。这似乎意味着，新的政治哲学的形而上学建构，不必考虑琐细的经验，只要一个"超验"的概念就可撬动整个地球。

作为比较典型的现当代中国哲学家的话语创作，赵汀阳的天下模式与其批判的"我思""他者"乃至"异端模式"，在外观上确有不少相似之处。比如，"纯粹的逻辑上的我性(I-ness)总是预设于其逻辑上的他性(other-ness)。这个语言自身结构里形成的先验论应该比通常的那种经验论和心理学的移情推论要更有效"。但诚如其随后所言："他人的心思的问题本来就不成问题，它是明显的。'他人'这个重要问题的要害是在别的事情上。"这个重心转移归到何处？"人们以同样的方式思考，但是却喜欢不同的事物，这是问题的关键所在。"①赵汀阳将西方哲学对他人的"心思"(mind)关注，与中国哲学的"心事"(heart)问题比较后，认为"关于心思的哲学足以解释我们的智性行为，但是我们似乎需要发展一种关于心事的哲学，以说明我们的价值观、情感与实践生活"。② 很明显，他的天下模式，因此有了从形式上的逻辑理性向内容上的情感互通的重点转向，但此种转向与其事先强调的"先验"原则又当如何协调？思维方式的同一，与思想内容的偏好又当如何统一？赵汀阳推断的结论是，"假如不考虑对错，思想的标准就被内化在对话这件事情本身中，也就是落实在人心与人心之间的互相期待中，心与心的和谐而不是知识与对象的一致就变成了绝对的要求"。③ 不难看出，他对真理确定性的怀疑一如既往，日趋强劲，而这与他反复强调的"礼"之核心功能(明是非)无疑是冲突的。倘若对话伦理以各方都喜欢为原则，事实上这是一种无原则的娱乐论，即使是严肃的语言游戏，也难以真正产生政治和法律上的制度改进功效。

---

① 赵汀阳：《没有世界观的世界：政治哲学和文化哲学文集》(第二版)，中国人民大学出版社2005年版，第93页。

② 赵汀阳：《没有世界观的世界：政治哲学和文化哲学文集》(第二版)，中国人民大学出版社2005年版，第93页。

③ 赵汀阳：《没有世界观的世界：政治哲学和文化哲学文集》(第二版)，中国人民大学出版社2005年版，第93页。

这与传统的形而上学并无二致，很难用以论证理想中的新的"第一哲学"。不过，他对中西方有关对话的不同态度，在表述上颇为精彩：

> 在典型的西方式对话中，人们认为被假定能够生产真理的逻辑论证是最为重要的，因为它能够澄清"谁对谁错"；而在中国式的对话中，更注重的是取得一种双方都喜欢的或至少是都能接受的互利结果，假如在双方现成的想法中不能有共同接受的结果，那么就共同发明一种新的想法，它无所谓谁对谁错，或者说对错在这里是不重要的，大家都喜欢才重要。

是非与对错本然有异，前者侧重实然判断，后者侧重价值决断。很多时候，价值冲突的解决需要暂时搁置对错标准，用"明是非"的方法去达成临时判断标准，进而让大家达成都能接受的结果，但很难说没有标准。没有标准的对话，如何才能在不论对错的前提下让各方都真心喜欢？赵汀阳的话可略作转译，即无大的误解。他要凸显的是真理逻辑论的不足，希望以更为厚实、真切、互通、共在的情感体认为补充，使中正情感成为实践理性的载体。如此再来审视赵汀阳主张的理解与接受的差异论，就格外富有实践意义。他说："理解了他人仍然不足以使我们形成良好共生的局面，因为缺乏可以让大家都接受的信念价值观和生活想象，因此，'接受'问题便成为人际关系、不同共同体关系和文化间关系的最后问题。"①他对语用学改写的蕴思，完全也适用于法哲学/法理学："由针对任何'所说的'之意义分析走向'说者与听者'的互相理解，再由'说者与听者'的互相理解走向关于'各自所说的'之可接受性的价值分析。"②

赵汀阳绝非反对真理，作为哲学家，他在不断恢复真理的本然面目，并结合时势要求，接续创构新的真理话语。他的天下模式，正是一个新的哲学真理话语范本，只不过与传统的真理（逻辑）哲学不同，他的新哲学创构主张将旧的以真

---

① 赵汀阳：《没有世界观的世界：政治哲学和文化哲学文集》（第二版），中国人民大学出版社2005年版，第104页。

② 赵汀阳：《没有世界观的世界：政治哲学和文化哲学文集》（第二版），中国人民大学出版社2005年版，第104页。

理之名自居的"真理""悬搁"，转向更为开放、务实，在实践中体现知识互惠与文化增量的对话伦理。① "这种对话既不同于传统的苏格拉底式的吹毛求疵的智者对话，也区别于含糊其词的欺骗性的政治对话，而应该是一种有着'重构文化'功能（re-culturing）的对话，即各种文化通过对话而获得思想的新资源，从而开始某种新文化的生成过程。"②这种真理从经典哲学意义上定位，是要回到最初的未受污染的和异化的澄明之境，既不盲目信任所谓的逻辑推理上的必然性，也对林林总总的政治真理话语保持必要的距离和警觉，以一种中国文化同时也是世界文化共通的"素王"之心，重构以美好生活为核心的文化形态。政治和法律的智慧、知识，成为支撑此种文化哲学建构的主干。随着政治和法律的界限消融，互相嵌套、彼此互惠的文化共生，让政法一体的思想格局日渐明晰。这既对现当代中国的创造性经验形成涵摄，也可启发他性文明去寻找更加适合自身的美好生活之道。在政体与法制的共生道路上，创造贴近"天下共和"理想的多样模式，并在有效、互益的对话中保持合作，文明或文化冲突的功能可得正向激发。

赵汀阳所追求的"新的普遍主义"，强调超越单方面的比较而进入多主体甚至无主体的对话，"对来自不同知识体系和文化传统的提问所进行的问题体系进行重新设置"。这就是说，"把不同来源的问题都考虑在内，重新形成一个新的问题体系"。普遍理论是什么样的，这是下一步的事情，首先要必须形成一个普遍的问题体系。③ 这对新的法理建构在方向和方式上颇具启发。首先，现今法哲学失语并非是因为这种"部门哲学"自身认同出了问题，这种自身认同其实并不重要。其次，问题主要在于还没有形成真正的问题，尤其是一个"普遍的问题体系"。最后，这种问题体系的建构是以新的普遍法理学/法哲学前提，也是其形成之后需要长久经营的重心。这种问题体系要以人的生活问题为根基，以正义均衡为中心，从欲望、情感和理性的辩证关系中找到蓝本。就此而言，重温并创构中

---

① 赵汀阳：《没有世界观的世界：政治哲学和文化哲学文集》（第二版），中国人民大学出版社2005年版，第106页。

② 赵汀阳：《没有世界观的世界：政治哲学和文化哲学文集》（第二版），中国人民大学出版社2005年版，第106页。

③ 赵汀阳：《没有世界观的世界：政治哲学和文化哲学文集》（第二版），中国人民大学出版社2005年版，第121页。

西古典(经典)的法理原则,在知识论和智慧论上皆有重构(体系化)和创新(再体系化)的妙用。第一层的重构,是中外理式的会通融合;第二层的创新,则是在这些共在问题提炼基础上,发现共同的困苦和解脱之道,并通过一套新的话语系统予以准确表达,且易于传播和接受。就传统的比较法研究而言,这种方法路向颇为模糊。超越主流比较法范式的法理建构,方法论一定是要从新的政治哲学/文化哲学中寻求养分的。

赵汀阳的思路相当契合此种返归并创新经典的进路,他将人的问题归功于心智/心事/身体(mind/heart/body)三位一体构造。① 此种构造现限于互动知识论语境,主要着眼于文化交往。就更为强调实践的法哲学而言,人是"欲望−情感−理性"连续复合而成的过程,其肉身(body)问题与灵魂(soul)问题交织一体、难以辨清。因而法对人的标准拟制,只能归结于人对法的均衡要求(claim)。在法与人的交往中,产生出一系列具体的标准(立法)和对标准的执行与监督(执法、司法、护法等)。法治本质上是法理之治,根本原因就在于任何法律规范都是生成性文本,都不具有以自身认同为核心要件的合法性证明体系。追溯"最高规范"的认知和接收过程,即是在哲学上不断叩问法的最后真理的永不停歇的历史。就此而言,法理是个开放的建构性过程,而非一个由单方主体的特定语言或话语所能标识或界定的知识论概念。它的原初语义固然不排斥知识,但更倾向于智慧,甚至是超越智慧的"灵机"。这种法之"灵机"的讨论,弥散于中外哲学话语,整全而论,它构成了一个极为常见、相当普遍的问题体系。人如何正义生活?正义生活为何既是可欲的正当(right),又是可行的善好(good)?人之为人做事,如何既对(正确)又好,法无疑要在其中充当重要且直接的导引。它不能背离人道,制造出异化的反人类规则,那样的规则实为压迫和暴力,而非真正的规则。任何实在法都不可能完美,因为单个法的完备,也会因为内部系统需要不断调试,方可维持相对完备的恒稳状态。总之,法哲学的关键是人的问题,而不是抽象或具体的法条/法务。

从人的历史视角看,西方进步观落在法律建构上,呈展出理性目的论或曰理

---

① 赵汀阳:《没有世界观的世界:政治哲学和文化哲学文集》(第二版),中国人民大学出版社2005年版,第122页。

性君王主义的文化色调。问题是，理性这个"君王"往往并不在乎它是"虚拟的实在"，因而用理性之名去支配情感内生的法则，去宰制欲望内在的法则，风险肯定极大。西方的哲学家、法学家早已意识到这个问题，不断提出风险的预防和规制方案，试图用实践理性、权利理论去淡化理性的自负。但从始至终，他们都无法取消最高理性的君王地位。新的问题不断出现，与老的问题纠缠不清，变成理性主义法治话语的问题集群。经由这个问题体系的梳理，我们可以发现一个预设上的根本问题，即欲望、情感和理性是三种相互独立、可以彼此分离的人的要素。机械切分、片段解释人的身体（行为）、情感（心理道德）与理性（灵魂正义），至少形成了三种迥然不同的法学风格/样式：一种是以规训身体行为为己任的调控法学，一种是以表彰道德善美为重心的教化法学，一种是以建构理性逻辑为使命的科学法学。前者是最古老的，反映了法律与暴力的密切关联。第二种出现相对晚近，反映出法背后的道德或政治意识形态。最后一种既古老又年轻，反映了经典哲学家的法真理执念与后现代行动者的法理智，正在达成的合谋。各派法学不能融通，各自用自己的声音表达，在各自的认同逻辑上运转。而理性主义法学利用此种分离，借虚拟的君王之位，在知识论上成就独大之势，让欲望、情感成为法不证自明的规约对象。此种统一法学运动，本质上是知识论的霸权独白，也是法学帝国主义话语的起源。

赵汀阳建构的"以生命为历史欲望的历史观"，与"以进步为历史使命的历史观"如果存在根本差异，那不应是中西二元对立的，而是更广大的人生观和人之生命历程的差异。此种差异说到底在于，选用分裂、局部、等级化、宰制型的眼光，还是选择整体、互融、协同、复调型的哲学。中国的治/乱观并不见得比进步观更有历史解释上的信度和效度，但在天下一体的哲学思维上，确实更接近赵汀阳所讲的"历史/生命/自然三位一体的意识"。[①] 这种意识根植于人对自然情欲的先在认同（接受），落实在具体的政制律法中，体现为天理、人情对国法的协同制约。天理与人情互助同构，如赵汀阳所论的"民情"的关系，它们共同塑造了类似于西方的自然法的高级法，从总体上规约政治法的原则和规则，为至高无

---

① 赵汀阳：《没有世界观的世界：政治哲学和文化哲学文集》（第二版），中国人民大学出版社2005年版，第134页。

上的"人民"进行制度背书。在中国文化中，"成人"之所以尊贵，在于人有感于天、感动天的内在权能，这种权能主要是情感性的，介于初级欲望和进阶理性（对欲望的克制或将初级欲望上升的能力）之间，并因此成为一种相对稳定的造法元素。换言之，人不是单纯的个别人或众人的"意志"造就了法律，而是一种普遍的足以均衡调和各种欲望及与理性的关系的情感本体，制造了法的规范内容。"自然是最基本的，不存在着比它更基本的东西，所以自然就只能取法自身，所以其他事物就必须取法自然，任何想超越自然的努力都是危险的，而且可以推论地认为终将受到自然的报复。"①将这句话中的"自然"替换为"情感"或"自然情感"，也是完全说得通的。作为中国文化的哲学基础，自然情感略作衍生，便可创作出制度情感，用以包罗法律正义。

赵汀阳用治/乱模式对比进步观，用意在于凸显具有复杂层次感的立体思维。略作转化，他的文化比较哲学可以产生新均衡论的效果。就事论事的博弈论均衡，未能超越具体事务，所以只能算作一种策略思维。而万物皆流、目空一切、开阔无边的眼光，似乎又过于宏大，难以为讲求事理的政治哲学容纳。更为妥帖的选择是，在经济策略均衡思维基础上进行必要拔擢，而不必完全达成最高的理性均衡，以朝向情感的均衡为思维路径。事实上，赵汀阳理解的中国文化的治/乱观，背后展现出的并非机械循环，而是有机一体的螺旋升腾。《三国演义》的开篇和收尾的语言，可以看出，由合而分、由分而合的道理，同样适用于由治而乱、由乱而治的螺旋运动。既然治乱描述自身排斥价值判断，其背后必定有某种更高的价值判准，那就是中国人的正统观。乱世当头也有正统争斗，由治而乱、由乱而治的过程，本质上都是正统移转。当移转完成，天下大势会归于新的暂定均衡，但同时包含非均衡、反均衡的正统竞争因子。所以，即使是天下大治的局面，也不能安而忘危，即便是达到了乱世阈值，也不意味着没有挽救的希望。当对某种不堪忍受的事情达成共识，这本身就是促成新的情感均衡的最强动力。革命激情往往与正义激情同源同向，反倒是某些盛世光景下的集体无聊、盲目内卷、犬儒苟且，是最为扼杀人之灵机的刺客、杀手。中国的物极必反思维，实际

---

① 赵汀阳：《没有世界观的世界：政治哲学和文化哲学文集》（第二版），中国人民大学出版社2005年版，第134~135页。

上表现出人之生命历程的内部辩证法。与他物不同的是，人之极更为复杂，有的是堕落至极，有的是超拔至极，有的沦落为兽，有的升华为神，所以必须更加注重立体、全方位地均衡协调。

以此运思，赵汀阳不应对未来的普遍历史书写心存芥蒂，过早宣称"不存在一个共同的可预期的或可一致分析的博弈"。① 历史固然可以分别书写，但也可以达成普遍书写。如当今的疾疫史、情感史乃至话语史的研究，都对吾人书写普遍的法理史、政治史、天下史提供了借鉴和灵感。

赵汀阳将哲学置于知识论中定位，这也是他此时的一大转变。也许从前他根本无意建构新的体系，但当他发现了天下模式的妙用与奥道，便不能不改变知识和智慧的对立，力求将讲求灵机的哲学纳入"关于命运的人文知识"。如此重置后的哲学，固然可以有利于以探求事实知识为己任的科学，却使其与那些关注治理术的应用学科难以区分，如经济学、政治学、法教义学乃至社会学等。幸好中国文史哲有不分家的传统，可以让此类笼统智慧在一体框架下互助互补，协和共生，共同见证并滋育无形的大道。形势思维也好，权术谋略也罢，归根结底都要服从并服务于道，若有偏离便会失去智慧的合法性，即使是完美的知识建构也难以摆脱"厚黑学"的骂名。生活博弈的知识需要哲学的统合，这也许是统一社会科学运动或知识契合论倡导者们的初衷。既然传统哲学承担不了这个重责，那么新的政治哲学／文化哲学就要挺身而出，但前提是绝不能将自身混同于那种一般性的哲学和人文社会科学知识。这种知识，"就是互相猜度、隐瞒、诱导、欺骗、劝说、暗示、策划、解释、论证、信任和威胁等试图把握命运的技艺"。② 这些知识的边界确立、规范警示、伦理规训、价值宣誓，都需要一种统合的新均衡论予以实现。这与选择本质思维或形势思维无关，关键是要坚守并明确新的哲学基元，通过合宜的概念框架融合各种事实和命运知识，为人的美好生活提供意义创生的精神渊源。赵汀阳对"他者性"从问题变成原则，寄予厚望，但似乎并不能

---

① 赵汀阳：《没有世界观的世界：政治哲学和文化哲学文集》（第二版），中国人民大学出版社2005年版，第148页。

② 赵汀阳：《没有世界观的世界：政治哲学和文化哲学文集》（第二版），中国人民大学出版社2005年版，第153页。

解决任何真正的问题。

赵汀阳进一步明确了"用中国哲学精神对哲学进行重新表述"的雄心,① 但又受到福柯话语/真理/权力理论的诱导,对如何重建批判性的哲学知识体系产生了一些不切实际的想法。他在新世纪初的洞见,似乎提前宣布了中国话语论的出场,他对相似立场法学家观点的应用,表明某种文化守成主义正在兴起。这种守成并非传统的保守主义,更非绝对化、狭隘化的本土主义,而是基于思想创新的新均衡论主张。"中国哲学要进入目前由西方哲学控制局面的世界哲学,就必须能够为西方哲学所理解并且接受……我们不能总是仅仅向西方讲解'有地方特色的'中国传统哲学,而是要推出关于人类共同永恒问题或人类当下共同问题的中国方案,使中国哲学成为参加讨论哲学各种重要问题的一种必须被考虑的思路。"②基于上述,赵汀阳提出可以指望但也许要相当长时间才能达到的目标:第一,使中国的某些概念进入世界通用的思想概念体系。第二,使中国思想所发现的一些独特问题进入世界公认的思想问题体系。③ 第三,达到知识论水平上的互相理解。第四,创造一个共同可接受的实践方式。相关问题组包括:第一,交往和合作问题;第二,心事(heart)问题;第三,权利/义务体系和制度问题。④ 这个问题组系列的构思,也可用"欲望-情感-理性"的一体过程框架重新阐释。

交往和合作首先是个话语问题,涉及"谁在说、说给谁听、谁在听、听谁的、能不能不说、能不能不听"等层次。⑤ 其实质在于,生活欲望层面到底是普遍的互助协同,抑或是常在的对抗压制? 这个分野直接将生活世界的政治逻辑分为非专制与专制两种,只有在非专制的生活世界才能诞生共和政体。第二个层面的心

① 赵汀阳:《没有世界观的世界:政治哲学和文化哲学文集》(第二版),中国人民大学出版社2005年版,第161页。

② 赵汀阳:《没有世界观的世界:政治哲学和文化哲学文集》(第二版),中国人民大学出版社2005年版,第167~168页。

③ 赵汀阳:《没有世界观的世界:政治哲学和文化哲学文集》(第二版),中国人民大学出版社2005年版,第168页。

④ 赵汀阳:《没有世界观的世界:政治哲学和文化哲学文集》(第二版),中国人民大学出版社2005年版,第178~179页。

⑤ 赵汀阳:《没有世界观的世界:政治哲学和文化哲学文集》(第二版),中国人民大学出版社2005年版,第178页。

事问题，重心在于由心"智"到心"灵"的情感转向，涉及生活世界与系统的紧张关系。系统对生活世界的殖民是很糟糕的负面现象，正常的系统必须发挥指引、规约保障生活世界的作用，这就需要通过普遍情感问题的提炼，建立一种情感均衡型的新治理模式。在此种模式下，赵汀阳所说的"需要、欲望、愿望、理想、梦想、压抑、失望、放弃、情感、激情、依赖、信任、猜疑、嫉妒、羡慕、叛逆、迎合、同情、牺牲、忍受、虚荣等等问题"，"都不应该被认为是一些生理和心情的症状，相反它们可能解释着行为和生活的本质，它们可能更能够解释价值观、道德选择和宗教"。[①] 最后落脚于权利/义务体系和制度问题。这个落脚点的选择，可视为赵汀阳建构的新哲学浓郁法理品质的有力证据。他敏锐觉察到，"尽管制度试图表达普遍的理性选择，但实际上又不得不暗中考虑对谁更有利、准备牺牲谁、对什么事情更有利、准备牺牲什么事情等等并非普遍理性的、不太公正的问题"。[②] 现有的并不完美的法的实践理性，与观念中的相对完美的理论理性，总是存在差池，这是正常现象。关键在于，如何将这种落差控制在一定范围和限度，并尽力将其合适运用，变成推动制度改进或观念革命的动能。建构美好生活的新法理应如何构建、生成，且与实然的法治制度体系有效运转契合无间？从以情感均衡为准基的治理模式，可推导出满足实践理性要求的法治体系框架，进而不断接近完美法治体系的理性构思。的确，这些问题无论对西方法哲学或中国法哲学而言，都是最重要的，它们反映出关于共同欲望、情感乃至理性要求的共同思想性难题。

　　赵汀阳对苏格拉底命题的初始误解，让他几乎抛弃对"理性"的幻想和希望，将理性直接从天国降到凡尘，用策略论解释代替伦理的形而上论辩。如果回归《理想国》的文本语境，可以查明柏拉图笔下的苏格拉底意欲传达的，是以正义均衡为依凭的理性过程，而非一种先在的、已有定断的制度模板。哲学王反对一系列虚假的理性策略，包括赵汀阳所讲的那种充分理性的明知故犯情形，如唯利

---

　　① 赵汀阳：《没有世界观的世界：政治哲学和文化哲学文集》（第二版），中国人民大学出版社2005年版，第 179 页。

　　② 赵汀阳：《没有世界观的世界：政治哲学和文化哲学文集》（第二版），中国人民大学出版社2005年版，第 179 页。

是图不择手段，为了更大之事而不得不犯小错等。在他看来，理性不仅是一种思维方式，更是一种制度成果。① 毋宁相反，原初的理性主要不是基于权力的制度摹本，而是对良好生活祈求的思维方式。赵汀阳的局部诊断不失精准，"我们的思考方式是理性的，但理性所考虑的对象往往是非理性的东西，比如欲望、价值、趣味、传统等，所思永远超出我思的控制能力，问题就在这里"。② 但所谓非理性的东西并非理性的对立面，而是形成真正的理性的素材。甚至可以说，它们是理性内在的基因，用"对象"定位一开始就陷入了理性至上主义的圈套。健全的理性思维，一定要建立在情欲正义的机理之上，尊重其本然的逻辑和内在法则，如此形成的理性本体才是不虚妄、不自大、谦抑而宽和的中正之道。现代理性思维只有扩容、转向，方可适应情绪日渐多变、复杂、激烈的发展趋向，用新的概念、问题体系、理论框架、实践方式，容纳其"万变不离其宗"的均衡要求。

正是因为"理性的思考方式并不能保证理性的结果"，③ 哲学上的博弈论就显出超越经济人理性思维的优势，形成造就法理上的新均衡论契机。"事实表明，只有合作才有最佳的共同结果，而合作又建立在信任之上，于是信任是个关键问题。"④其实，信任是个比较典型的情感问题。要让共同体成员相互信任，必须建立一种均衡欲望和理性的好制度，这种制度可让大众的共同欲望得到正当满足，同时又能发现各自特殊欲望的局限，并主动将其限制在法律范围内。只有当大众欲望与精英理性达成全方位、过程式的勾连，达成比例原则的精度均衡，某种孕生普遍信任的好制度才能出现。不仅民众之间互相信任，民众与官方之间、官方各行动机构之间都能通过共同的情感响应机制，识别问题、解决纷争、分配利益、构造愿景。也许正在这种意义上，赵汀阳方才明确指出，"只有当任何一个可能制度和可能生活都获得话语权利，并且同话语之间能够形成对话关系，我们

---

① 赵汀阳：《没有世界观的世界：政治哲学和文化哲学文集》(第二版)，中国人民大学出版社2005年版，第181~182页。
② 赵汀阳：《没有世界观的世界：政治哲学和文化哲学文集》(第二版)，中国人民大学出版社2005年版，第191页。
③ 赵汀阳：《没有世界观的世界：政治哲学和文化哲学文集》(第二版)，中国人民大学出版社2005年版，第192页。
④ 赵汀阳：《没有世界观的世界：政治哲学和文化哲学文集》(第二版)，中国人民大学出版社2005年版，第200页。

才能拥有充分的知识背景"。① "博弈最终不仅是为了产生均衡，不仅是为了产生公正制度——这些都是阶段性成果——还应该为了产生一个好世界。"②追求这种高级均衡的法治体系，不仅是具有公正制度范例意义的规范架构，而且应是导向完美理性的人文复兴过程。由同情而共情，由共情而共生共存，大众欲望与精英理性和谐一体，法理光照与天下共和互契泛在。

赵汀阳描述的"后现代"，作为一个非标准表述，很大程度上是一种情感表层现象。它对元叙事的不信任，与信任情感相悖，"元质疑"让一切中心和根基都不复存在，在对现代性的过度批判中，丧失了理想的话语表达。它是大众欲望话语的狂欢，反映出传统的精英理性过于孤傲，以及由此造成的文化隔阂。后现代运动利用不确定性的情绪，试图冲破这种隔阂，却无形中加剧了理性的异化，让情感均衡的正题也遭到解构的命运。只要不盲目地将情绪与情感等同，恰如其分地将情绪归入欲望表达的行列，仍不失拯救和治疗的希望。"后现代根本上说是群众运动。"③但后现代态度主要来自理论的炮制，这是一场相当典型的精英话语运动。这些精英却不同于传统主流意识形态的宣告者，他们的目的是在制造知识等级颠覆，用彻底解构和无限延异的手法，为新的理念和方案开路。在此意义上，后现代运动是在现代性进程中的"脱敏剂"，也是为新话语突围的先锋队。其话语存在至少提示人们，必须注意一个关键问题，大众的情绪必须得到精英知识话语的认可，将其视为一个基础范畴，纳入相应的学术思想乃至政治议程。

① 赵汀阳：《没有世界观的世界：政治哲学和文化哲学文集》（第二版），中国人民大学出版社2005年版，第203页。

② 赵汀阳：《没有世界观的世界：政治哲学和文化哲学文集》（第二版），中国人民大学出版社2005年版，第205页。

③ 赵汀阳：《没有世界观的世界：政治哲学和文化哲学文集》（第二版），中国人民大学出版社2005年版，第217页。

第三编　社科谜题

第九章

法教义学与社科法学的交会

从长远来看，除了法哲学，法教义学和社科法学是未来中国法律学术最重要的两种力量。法教义学从内部寻求线条化的逻辑修缮，社科法学则从外部引入焦点式的事实论争。如果二者形成有效的同盟和联合，势必产生"点线面"的创构效应，裨益无穷。在面对普通人法律态度的问题研究中，刘星教授倡导的"法制文学"进路具有初步融贯法教义学和社科法学的色彩，但在生活事实、理论逻辑和价值立场上都带有明显的偏颇。一方面，社科法学强调对"社会事实"的研究，从生活经验中提炼的法律态度原型必须具有现实基础，不然就会变成一种想象的虚构；另一方面，在具体论证中，法教义学的逻辑方法依然非常重要，从基本概念到方法论都需要尊重"文本"的原意解释。法律人文主义并非一句漂亮的口号，也需要基本的概念范畴和严格的理论逻辑。在教义法学和社科法学相遇交会的时刻，从"文人法学"到"人文法学"，是值得学者们重视并积极推进的可能路向。

第一节 "这交会时互放的光亮"

作为法学研究者，我们关心的"法学问题"往往有双重意蕴：一是值得并能够用法学方法探查的疑难，此所谓"法学之问题"；另为对法学自身范式的检讨与反思，亦即"问题之法学"。不独中国，很多"法治先进国"，例如美国，法律学者们也特别关注"法学向何处去"的问题，对随身携带的"批判的武器"不忘随时加以"武器的批判"，从知识传统、学术体制乃至社会文化多方面予以追问和澄明。但不同的是，美国法律学者似乎在方法论上更为直接和开放，人文、哲学、科学，只要是有用的方法，统统"拿来"，尝试摆弄一番之后再去评论和修正，由此生发出的法律理论机体呈现出不断膨胀、日渐多元的样态。他们不太喜欢预先贴上各种学派的标签，所谓自然法学、分析法学、社会学法学、实用主义法学等名号，都是学者们在后继的评论过程中逐渐形成的具有特定语境内涵的可证伪概念，本身并不代表某种确定不变的学术立场或导向。

反观中国，在法学范式省思过程中，学者们更习惯于以一种虚拟的"江湖"思维分门别类，构造出各种相互竞斗的理论派别，以此作为学术争鸣的前提和表现。这没什么不对，也没什么不好。事实上，如果真有这样的局面，它必定是法律学术发展的反映。至少，它可以表明学者们不是在万马齐喑，不再是意识形态主导的"穆桂英挂帅"。但问题在于，中国法学是否"进化"到了这样的阶段，足以自生自发出派别林立的江湖，区别、独立对峙于庙堂之上的圣旨话语？须知，即使是在金庸或古龙笔下的武侠世界里，江湖大佬也要认真对待朝廷的力量，试图完全切割，既不可能，也不可欲。

中国法律学术的基本特点，在我看来，就是传统儒家教义法学的思维延续和现代西方意识形态的话语冲击之间的断裂和紧张。这句稍显冗长的表述无非要说明：第一，中国传统知识分子的士大夫情结根深蒂固，修齐治平，为往圣继绝学的理想如同 DNA 分子链一样神奇坚韧。这种文化遗产密码总会寻找适当的时机，冲破细胞壁，在法律与治理的根本问题上支配思想和言谈，甚至政策与实践。"官学一体"的局面很难打破，也无须打破，它发挥着一种奇妙的双向沟通和均衡的作用，将决策者和参议者融为一体，将"纸面上的法"与"行动中的法"勾连契合。第二，近代以来的"西法东渐"进程仍在继续，并不断深化，同时也受到了"本土多元化"的抵制。在世界越来越平的大趋势下，西方的法律概念和话语从形式上占据了主导地位，但由于未能与中国传统文化达成最后的整合，其意识形态效用仍相当有限。政治不正确的阻力、民族主义情绪的抵制、日常实用性的质疑，都是西方法律学术进入中国法理系统的显见障碍。这些障碍如同天设地造的防火墙，将中国的法学切分为"传统"与"现代"两个世界。在一般人眼里，这有点像黑夜和白昼交相轮替。但深思熟虑后会发现，这种认识不过是一种"理性的幻象"。法律学术背后的太阳系中心究竟在哪里？依然是一个未解之谜。常态是，各种法律学术成分高度混杂，并不只有黑白两色，黑白也并不分明，调色板上的材料各式各样。中国法治的本土资源，在如今，已经具有了某种多元主义的外形。第三，如果说断裂和延续的并存制造了转型期中国法律学术的奇特景观，那么，我们需要追问的关键就在于，有没有什么方法或范型能够兼具客观写实和诗情画意，描绘当下中国法学的转型系谱？如果说系谱注定代表着断裂，那么，法学系谱的特殊性就在于，它倾向于在断裂中找寻交点和共识，而这正是中国法律学术发展或缺的本体底色。

在此意义上，探讨教义法学与社科法学的冲突、交会及各种未来的走向、流变，特别是二者融合、互补的可能进路。无疑具有重要的理论价值。对此宏大艰深的法学问题，我们有必要深入探究、长期关注、持久讨论，以为日后法学范式的形塑，积累智识，夯实基底。

为什么是这样？教义法学和社科法学难道不也是众多贴在中国法律学术之上的标签？它们不过是更时髦的标签而已，有人会这样认为——这毫不奇怪，因为在现代性中国法律学术发展历程中，我们见识到的标签实在太多了。从西学进入的那一刻起，法律话语的翻译者就已经将一朵朵经过裁剪的知识窗花排列成形了。在寒冷的气候中，四周土壁围成的窑洞，配上这些五彩斑斓的窗花，会让人在心理上增强温暖感，同时更显美观。但窗花毕竟是窗花，它取代不了实体建筑的功能。相比而言，土墙、篷门才是"硬道理"，可以遮风避雨，让人安息。改革开放以来，"知识窗花主义"开始转向，朝着实用导向的"整体装潢主义"迈进——各种颜料粉刷、配件添设、家具更新，让法律学术家园日渐"高大上"，除了维持基本居住功能，还要尽力"创造美好生活"。在各种技艺化的构思方案中，表现最突出的正是教义法学和社科法学的倡导者。他们不是贴标签的人，而是着眼于实体建筑的改造与翻新。教义法学主张坚守"已有结构不改动"的基本原则，将法学的任务定位于对实在法的理解和应用。譬如面对土墙，我们不要一开始就认为其属于落后之物，一定要拆之而后快，而是应当深入其内部机理，探寻其最佳功能发挥的各种约束性条件，用严密的逻辑堵塞可能的隙缝，让其密不透风严丝合缝。法学家的使命在于提供方案，指引工匠，不必自己亲自动手施工。社科法学则有不同：其关注的焦点不在于建筑内部的问题，而是从更为普遍和整体的视角，通过引入外部知识对实在法进行大范围、深层次的排查，从中追查"法律失效"的真实原因。例如，漏雨不一定是房屋结构出了问题，很可能是因为气候反常。如果没有气象学的知识，诊断的结果极可能是加固房屋。当投入大量人力物力后发现，最经济的方法其实很简单：用盛雨器接漏。因为反常的雨季持续不了几天，当这段特殊时期过后，房子依然是完好的。而在加固的同时，住户仍要忍受漏雨的烦恼，当加固完成，雨季已过，已做的工作除了"防患于未然"的心理慰藉，别无他用。从知识传统而言，教义法学和社科法学也有承续关联，它们都立基于法律学术的本体，与大而化之的标签主义泾渭分明。一般认为，教义法学(法教义学)植根于欧陆法律学术传统，而社科法学是"二战"后美国法律与社会研究运动的产物。就此而言，社科法学是在教义法学基础上的知识拓展，它有助于法律学术接近真理和正义。

但对中国而言，一个现实的问题是，教义法学和社科法学都是植入的知识，何者更适合中国的决定性因素在于，它们与中国法律学术传统的契合度。比较而言，教义学法学或许更为契合中国法律学术传统。理由有三：首先，中国传统法律学术具有浓厚的教义学特征，律学的微言诠释与经学的大义宣导熔为一炉。其次，当下中国法律体系的建构也是立基于大陆法系模板的"二次架构"，教义学知识的输入可以径直转化为立法概念和司法知识，并在现实的法律运作中得到丰富和修正。最后，法教义学的哲学基础与官方意识形态具有天然的亲缘，"就法律论法律"的限制主义立场有利于法学知识先达成"封闭性自足"，再追求"体系性开放"。

与这三点"优势"形成对照，发端于美国的社科法学面临"先天不足"：第一，中国法律学术传统的"科学主义"阙如。长期以来，国人对法律的理解与严格的科学思维相距甚远。无论是神秘的天命、数字、传说、故事，还是现代社会的法条、民意、冤案、抗争，都离不开既定的文化主轴。西方人之所以难以理解中国式法律思维，例如"关系""面子""平衡""情理"等，正表明了科学解释的局限和难处。第二，社科法学难以解释当下中国法律体系的整体构造。在具体问题上，社科法学比教义法学更富解释力，但在业已成形并日常化运作的法律体系上，社科法学只能尊重传统，保持沉默。当然，这也正是社科法学的"理论雄心"所在，通过不断的知识创新和累积，从一个个具体问题的突破上，渐趋改变法律实践，最终重构真实而理性的法律运作图景，从制度上改变"政法"传统的惯习。要完成这一雄心壮志，除了需要时间，还需要政治机遇、资源动员和一系列的由法律社会运动推动的战略均衡。第三，无论是在意识形态抑或政治实践上，社科法学都没有明显的优势。较之教义法学，当下中国的法哲学基础更为疏离社科法学。科学与意识形态最大的分野在于，前者强调"实验以证伪"，后者热衷"试验以证实"。社科法学意图冲破一切教条的束缚，而意识形态则致力于让教条更具认同和执行力。当社科法学认为，经济增长与法律建设并不存在必然的正相关时，意识形态则更倾向于搁置这样的争论，以经济建设为中心，两手抓，两手都要硬，先把蛋糕做大，然后再来解决做好和分好的规则问题。

从长远来看，教义法学和社科法学将构成中国法律学术最重要的两种推动力。教义法学从内部寻求线条化的逻辑修缮，社科法学则从外部引入焦点式的事实论争。如果二者形成有效的同盟和联合，势必产生"点线面"的创构效应，裨益无穷。

基于此种愿景，本章选择以"普通人的法律态度"为论题例证，试图站在教义法学和社科法学交会的立场，审思其中的诸多繁杂问题。如此立意和切入，主要有两点考虑：首先，"法律态度"一直是法律理论极其重要却又长期被忽视的论题，学者们对此问题的研究尚未形成合力，教义法学和社科法学都可以对此贡献自己的力量。其次，从已有的关联性研究来看，教义法学和社科法学围绕"法律人思维方式"的初步交锋，富含值得深掘的契机，从法律人思维到普通人法律态度的拓展，可以为进一步的论辩提供素材；例如，刘星教授提出的"旁观者的法律态度"论题就别有新意，他以卡夫卡的"法制文学"为进路，展示了一种融贯性的努力。对其分析的理解和反思，可以牵引出一种迈向"普通人"的整合性法律理论。分析的落脚点在于，教义法学和社科法学能否融贯？二者融贯呈现的法律、文学、历史的交叉视界，是否具有内外兼修、统合分歧的效用？质言之，法律人文主义并非一句漂亮的口号，在教义法学和社科法学相遇交会的时刻，从"文人法学"到"人文法学"，是值得学者们重视并积极推进的可能路向。

第二节　不同寻常的"日常问题"

一、作为日常问题的法律态度

从社科法学的视角看，在日常生活中，人们总是倾向于选择基于既定知识和生活习惯的法律态度模式。即使面临重大"法益"，比如财产与资格问题，人们也难以克服这种心理学上的天然惰性。① 例如，某位出国访问的学者在入境时，明知遗失了重要表格原件，仍然相信复印件具有相同的证明效力，最后引发一系列麻烦事件。但直到最后，他可能仍会认为，这与自身是否知晓规则无关，关键在于规则本身以及执行规则的主体和方式都有待改进。② 当然，这或许只能表明这位访问学者是"特殊"的"个例"，但诚如生活一般经验所示，行为主体即使明知规则的白纸黑字，但要达到完全理解和认同，做到法律行动与规则的纯然合契，几乎是一件"不可能完成的任务"。

人们倾向于寻找各种推脱责任的"客观原因"，这与自我保护本能、智力惰性、既有利益、规则自身问题，社会环境都有一定关系。但不论人们对法律如何抱怨，法律的运行不会因此停止。现代社会的法律就像卡夫卡小说中的"行刑机器"，一般人难以理解也不能干预其内部运作。③ 法律机器的本体奥义，处于认识论的无人区，具有历史主义的神魅，如同源代码一般神秘。④ 法律程序一旦设定，即使是机器的操作者，也不能改变既定的指令符号。在机械主义法理学遭到社会学法学猛烈批判的同时，实践中的法律运作似乎越来越依赖智能化的机器程序和"文化软件"。⑤ 或许正是因为这种神秘性，人们一般不愿主动亲近法律，对

---

① 心理学研究表明，保守主义的思考方式是基本的、正常的甚至是天生的。动机因素是决定意识形态的关键要素，人们总是习惯于依靠自己已有的目标、信仰和价值观来修改或更正着最初的想法，而那些最初的、未修正过的想法更倾向于保守。参见 Eidelman, S., Crandall, C., Goodman, J., & Blanchar, J., "Low-Effort Thought Promotes Political Conservatism", *Personality and Social Psychology Bulletin*, 2012, Vol. 38, pp. 808-820.

② 这一事例源于笔者访学美国时的亲身体验，相关理论反思参见廖奕：《国家的秘密》，载《法制日报》2014年1月22日，"法学院"版。

③ 这部短篇小说描述了一种极其精妙且疯狂的法律机器构造，隐喻着现代法律的源代码奥秘。它打断了《审判》的写作，使其最后的"结尾"明显具有未竟色彩，也属于卡夫卡的代表性"法制文学"作品。参见[奥]弗兰茨·卡夫卡：《在流刑营》，洪天富译，载叶廷芳主编：《卡夫卡全集》（第1卷），河北教育出版社1996年版，第78~105页；[美]波斯纳：《法律与文学》，李国庆译，中国政法大学出版社2002年版，第129页。

④ 源代码(也称源程序)，是指一系列人类可读的计算机语言指令。在现代程序语言中，源代码可以书籍或磁带形式出现，但最常用的格式是文本文件，使用这种典型格式的目的是编译出计算机的目标代码(程序)，进而产生可执行代码(程序)。如果将之比喻为法律的生产模型，源代码就像凯尔森式的"基本规范"，抑或哈特式的"承认规则"，目标代码则是第二层级的基本法律，而可执行代码则是法律与实践联动起来的各种微观的法规范。

⑤ J. M. Balkin, *Cultural Software: A Theory of Ideology*, New Haven: Yale University Press, 1998, p. 4.

它的"态度"多数时候表现为"应付"和"利用"。应付法律，是为了避免不作为可能招致的惩罚；利用法律，是为了确保可能争取的最大利益。人们不会花太多时间去提前预知法律，总是在替代性方式无效后"被动"地利用法律，以确证自己的价值、权利和正义观。① 人们诉诸司法，但法院却难以个别化地为其量身定做解决方案，于是，抱怨不可避免。法院在对抱怨进行"法律性"的解释的同时，也会尽可能采用一些灵活的非正式途径来调解纠纷。②

基于利害计算的实用态度，在法律人的群体之中同样普遍。在思维方式上，法律人虽高度分化，③ 但在维持法律运作上，其利益根本一致，在显性态度上表现出某种尊崇法律的形式"法治观"。④ 就职业主义的深层意蕴而言，法律人的法律态度的确应体现"志业"的追求，但就生计、行业和专业利益的考虑而言，法律人与普通人的态度和需求在内隐层面并无根本差异。⑤ 当法律人脱下职业外罩，回归日常生活场域，照样会厌烦规则的压力，期待最大限度的无拘无束和自

---

① Patricia Ewick, Susan S. Silbey, *The Common Place of Law*: *Stories from Everyday Life*, University of Chicago Press, 1998, p. 247.

② Barbara Yngvesson, Virtuous Citizens, *Disruptive Subjects*: *Order and Complaint in a New England Court*, 1993, New York: Routledge, p. 68.

③ 参见朱苏力：《法律人思维?》，载《北大法律评论》2013 年第 2 辑。

④ 在对苏力批判法律人思维文章的回应中，孙笑侠认为，法律人拥有一种独立于大众的法律思维，这是由法律方法的独特性决定的。他断言："法律思维与法律方法的关系是不可分离的，有什么样的方法，就有什么样的思维。"（孙笑侠：《法律人思维的二元论》，载《中外法学》2013 年第 6 期。）从哲学层面，这种判断有些可疑，因为思维乃是内在的思想活动，如何能被外在的工具性方法决定? 除非这样的方法本身具有整体性和独立性，但法律方法只不过是法治意识形态的一种智力构造，专属于"法律人"的精英性知识权力，它无法决定思维。法律方法与法律职业思维应当是相互协调的平行线，但现实中两者往往会产生不一致，因为，法律人也是一般人，也要吃喝拉撒，也有七情六欲，也会受到大众文化的下意识影响，难免发生"知行不一"或"心口不一"的情况。如果非要从决定论的视角阐释，法律方法和思维也应当是被物质利益尤其是"法律人"独特的行业利益决定的，正是基于总体利益的一致性，法律人才有不断团结、组成共同体的欲求，才有不断提升法律人地位、代表社会公义的行动。

⑤ 从理论上讲，法律职业内蕴四层含义，层层递进：作为生业的法律，是谋生的工具，吃饭的家伙，是前提；作为行业的法律，是规则的聚合，群体的事情，是基础；作为专业的法律，是科学的建构，理性的计算，是延展；作为志业的法律，是认同的信仰，激情的奉献，是理想。但在现实情境下，人们对法律职业的理想主义并没有太大兴趣，关注焦点通常集中于解决问题的效能和基本的道德品质。事实上，现代社会法律职业压力不断增大，伦理危机日渐严重，不快乐的法律人除了要不断提升专业技能和内在品格外，还要面对自身的心理健康和人生意义问题。

由自在。①

人们对法律的实用态度，塑造了一种独特的"法律文化"机制，这是教义法学必须面对却难以解释的"神奇事物"。鉴于人们的法律知识了解有多有少，法律观感有正有负，法律行为模式也多种多样，"法律文化"这一术语可以描述普通人的法律公共知识和一般态度，尽管行为模式并不能完全包含其中。② 法律文化是一种应对环境的经验产物，法律职业主义的"内部文化"总是与大众看法产生冲突，从而不断转译为大众可以接受的法律意识形态，通过语言、符号、叙事和各种媒体实现对法律心智的重塑。③ 这种情形源于哈贝马斯所说的"系统对生活世界的殖民"④，由此引发的"法律依赖症"，事实上极大损害了普通人的独立思维、日常情感和行动能力。人们将法律上的稳妥，视为最后的追求，高过一切合理性。人们在事无巨细的法律风险防范与权衡中，逐渐丧失了对重大问题的决策力和创造力。重新厘定法律的疆域，保护开放的自由空间，势在必行。⑤ 从严格的教义学法学立场审视，实用主义的法律态度极为有害，因为，决定法律帝国疆域的"态度"是对法律精神的敬畏与尊重，其核心在于个人通过自由的表意，

---

① 现代社会的法律职业让人难以感受到俗世的幸福，面对不断增长的社会压力，"不争气"的法律人必须回应国家、社会、民众的多方面期待，他们越来越多的人精神抑郁、沉默寡欢，甚至人格分裂。要治疗社会病患，首先要治疗自己的内心失调。法律人必须在法律之外寻求其他的替代性方式，才能化解心理的紧张，通过更多的体验和比较发现法律的真实意义，获得比职场成就更为重要的"个人满意"。Monica Parker, *The Unhappy Lawyer: A Roadmap to Finding Meaningful Work Outside of the Law*, Naperville: Sourcebooks, Inc., 2008, p. 2.

② David O. Friedrichs, *Law in Our Lives: An Introduction*, Oxford University Press, 2011, p. 247.

③ Michael Freeman ed., *Law and Popular Culture*, Oxford University Press, 2005, p. 3.

④ 在哈贝马斯看来，生活世界是人们日常生活的世界，也是他们的亲身感受和经验的源泉。生活世界的运作媒介不是金钱或权力，而是人与人之间沟通时所使用的语言符号。现代社会的一个主要危机，便是"系统对生活世界的殖民化"。法律本来自生活世界，但它又是社会系统的主要调节器。哈贝马斯希望以"沟通理性"重整法律与生活世界的关系，但他过于理想化，高估了人们参加公共事务讨论的能力和意愿，对于人们不坚持己见、愿意接受他人意见、从善如流以达成共识的可能性，过于乐观。怀疑者可以指出，很多人在讨论中都不是理性的，很多问题都不是通过沟通便能解决的，对于绝大部分问题，共识都是没有可能的。参见陈弘毅：《从哈贝马斯的哲学看现代性与现代法治》，载《清华法治论衡》2002年第2期。

⑤ Philip K. Howard, *Life Without Lawyers: Liberating Americans from Too Much Law*, New York: W. W. Norton & Company, 2012, p. 223.

在对争议的诠释中完成规则认同，进而以自我独立的权能，实现法的目标。①

理论上的争议终究是难以定论的，需要引入现实的情境观照。我们必须注意到，随着大众文化的兴起，法律"内部文化"与"外部文化"的界限已日益模糊，人们对"法律人思维"的质疑也越来越常见，将普通人与法律人对立起来的类型区分也受到了社科法学的不断批判。② 普通人的概念范围不断扩张，其法律态度也越来越具有整体性的蕴涵。③ 法律人具有丰富的专业知识，需要遵循特别的行业伦理，但他们与常人一样，也要吃喝拉撒，也要解决生计，追求福利。相对于一般的"外行"，法律人是业内的专家，但这并不意味着其法律态度必定迥然异于常人。④ 法律人也是普通人，只有在常理和常识的基础上面对法律，才能探知真正的一般性法理，掌握法律内里的精髓。

基于各方面的制约，普通人对法律的参与事实上非常有限，其态度与观点因

---

① 在德沃金看来，法律是基于某种"诠释性态度"（interpretive attitude）而形成的诠释性概念。法律概念的诠释性源于法律学者、实务人与一般公众对法律是什么的"争议"（disagreement）。法律争议的本质不是经验性的，而是理论性的，也是就有关法律根据的应然之争。其主张的"建构性诠释"（constructive interpretation），主要着眼于，通过一种新的司法法理学的阐释，完成对法律根据的有效证立。德沃金乐观地认为，一旦法律的诠释性态度被确立，人们不再对"神秘命令"（runic order）天然遵从，而是通过意义重塑的方式，实现最佳的法律理解。本质而言，德沃金的法理学仍然代表了主流的精英主义导向，对大众的法律态度基本没有涉及。他认识到了法律态度的重要，却并未将其作为一个真正的问题加以研究。参见 Ronald Dworkin, *Law's Empire*, Harvard University Press, 1986.

② 在早期现代性的话语系统中，大众法律态度一般相对于精英法律观而言。从主体上看，精英和大众的法律态度不同。即使都是精英，内部也有不同的类型。例如，法律行业精英与一般的政治、经济、文化精英对待法律的方式绝不会完全一样。法律人总是会有意无意展现"专业主义"的"法律人思维"，据称，此种思维是法律精神的体现，要掌握它，除了需要自然理性，更重要的是人工理性。这种经由长期的理论学习与行业实践培养出的"法感"，成为传统法治界定法律精英的核心标尺。但在如今，大众与精英的区分越来越模糊，"普通人"的范围不断扩大。相对于神人或超人而言，常人是大众社会的基本单元。后现代哲学和社会科学对英雄伦理和救世神话的批判，让越来越多的人不再相信奇迹。虽然新的神话和意识形态仍在不断出现，但大众文化对这些"大写真理"的解构也愈来愈充分、及时和深刻，并在形式上呈现出娱乐主义的游戏效果。

③ 例如，社会学上精英与大众的区分模糊，常人方法论日益勃兴；挑战"英雄史观"的"口述史学"强调普通人态度和行动具有主体性的价值；人类学上"现代人"与"原始人"的预设也被打破，运用于初民社会的田野调查方法大范围拓展运用于现代工业社会的研究；法律理论中的"人"也是一个不断扩张的概念，除了生物意义的人，甚至还包括无生命的"拟制人"。

④ 即使是从专业主义的角度来看，未来法律人（主要是律师）必须培养良好的法律心智，通过与委托人面对面的互动、常规化的社交联系和嘘寒问暖的情感交流，吸引大众成为其新的客户。参见 Richard Susskind, *Tomorrow's Lawyers: An Introduction to Your Future*, Oxford University Press, 2013, p. 66.

而特别需要教义法学和社科法学的合力诠释。随着互联网时代的到来，人们有了更为便利的参与途径和更为广阔的言说空间，但同时也出现了一种"娱乐化"的倾向。这种倾向具有后现代主义的外表，以旁观、吐槽、解构、嘲弄、戏仿等话语形式呈现，在一定程度上消解了法律主题的严肃性，反映出普通人对巨型法律机器一以贯之的认知焦虑。在新型的"网络化全民法律运动"中，不少法律人毅然投身于大众文化的"汪洋大海"，"向鱼儿学习游泳"；① 甚至刻意效仿大众的表达方式，"与群众打成一片"，成为被大众追捧的"大 V"和"公知"。② 法律人和大众一道融入了互联网的热潮，在春天里歌唱，追求"生命的怒放"。

依托克维尔之见，法律人应当承担"沟通性"的职责，此乃其社会尊荣的源泉。③ 但在托克维尔的时代，大众文化还远不如今天这般"当阳称尊"，法律精英的倡导还能引领社会潮流，他们与大众的"亲密接触"有助于法治意识形态的传播，对法律职业、政治稳定乃至整体社会均衡都大有助益。但当大众文化借助互联网"逆袭"之后，法律人的知识优势不断削弱，专业技能与道德伦理的对立日显突出，贵族式的"沟通"已经不能回应汹涌而至的草根民意。④ 在规则制定、实

---

① 冯象先生曾借用一句"教鱼游泳"的法国谚语，表达了他对法律作为权力象征符号的隐忧。在他看来，法律在大多数人的日常生活中主要不是用暴力手段，而是借助宣传教育、大众传媒和影视节目塑造的故事形象，来掩盖自身矛盾、驱散疑虑并树立权威，正如鱼生来就会游泳，但教过的鱼和未教过的，给人的感觉却不同。（参见冯象：《送法下乡与教鱼游泳》，载《读书》2002 年第 2 期。）但如果法律是一种权力符号，其内在的文化机制需要通过学习来塑造。或许，正是在"学鱼游泳"的过程中，法律人才能破译关键的大众文化密码，复制并创新其模式，制造出更为花样繁多、姿态优美的游泳方式，从而吸引和教育"鱼儿"。

② 作为公众明星的法律人，其法律思维和法律态度是个颇有意思的话题。无论这些名人如何表达自己对法律的批判或崇敬，他们对社会大众的影响其实是相当有限的。所谓"一呼百应""应者云集"，不过是互联网的幻象，所谓的粉丝其实是理性的人，狂热是暂时的、有条件的，其法律态度归根结底还是难以脱离实用主义的套路。法律明星亦然，他们必须依从粉丝的主体意见，否则就会被大众毫不留情地抛弃。

③ 作为贵族的托克维尔对"民主"始终怀有某种矛盾心理，一方面认定其为天下之公理，发展之大势；另一方面又处处担忧"舆论暴政"的危险，呼吁法学家的引导和规约。在他看来，法学家是一个特殊的阶层，就其思维方式、作风和爱好而言，他们是贵族；但从其利益倾向和出身环境而言，他们又属于人民。法学家以其良好的沟通，深受各方信任，乃是美国民主成功的重要经验。参见 [法] 托克维尔：《论美国的民主》（上卷），董果良译，商务印书馆 1988 年版，第 8~13 页。

④ 古今中外的历史证明，法律人固守的思维方式和伦理态度很容易与大众道德形成冲突，成为公众厌恶法律职业，讽刺法律职业，甚至对法律职业进行政治迫害的一个理由或诱因。参见李学尧：《非道德性：现代法律职业伦理的困境》，载《中国法学》2010 年第 1 期。

践应用和文化传导上，法律过程都必须考虑大众化时代的普通人口味。否则，法律将永远停留于纸面，而非在行动中焕发生机。①

在此背景下，"日常问题"呈现出不同寻常的文化意义，也成为教义法学和社科法学交汇的操演场域。对普通人法律态度的深入研究，不仅有利于解释国家法治的教义学逻辑起点，治疗法律行业主义的偏狭弊病，而且可以借此破解"法"的科学源代码，从法律文化权力中"解蔽"出生活本真的均衡机理。

二、一个理论话语样本

对这一非同寻常的日常问题，刘星教授以卡夫卡的"法制文学"为进路，展开了颇有深度和意趣的"人文法学"式分析。② 在他看来，普通人乃是与法律人相对而言的外行，现有对其法律态度的认识都很片面和"激进"。他提出，普通人除了对法律人意见被迫遵从或消极反抗外，是否还有其他的选择？他的回答是肯定的，并将自己的发现命名为"旁观式"法律态度，"其中，没有利益及知识或'应然'设想的斗争"。也就是说，面对纠纷，普通人与法律人都不置可否，高悬争议，互不干预，各行其是。

然而，这样的"法律态度"在现实生活中存在吗？让我们回到刘星教授对"利益卷入"的分析。在他看来，直接利益卷入的当事人如与法律人意见一致，他们自然会认同法律专家的观点；如果法律人的主张违反了其利益立场，就会"外行反对内行"。如果是间接的利益卷入或者没有利益卷入，普通人一般会尊重法律专家的意见。

可现实比这种类型化分析要复杂得多。比如，在当今不少公共案件的讨论中，如果法律人的态度不能与"主流民意"保持一致，就极易被"吐槽"；如果出言不慎，还有被"人肉"的危险。如果法律人胆敢"挑战大众智商底线"，群情势

---

① 从书本上的法到行动中的法，代表了法律文本的升级换代，也隐喻着法律态度的实用转型，更表明了某种"时代大势"——知识系统开放导致理念垄断破除，法律观的多元成为大众文化的重要标志，固守传统的"法律人思维"越来越不合时宜。

② 刘星：《如何看待普通人"旁观式"法律态度：卡夫卡"法制文学"的历史主义提示》，载《清华法学》2013 年第 2 期。

必汹涌，一片叫骂。① 一方面，对于常人的思维，审慎的法律人，在大众社会必须尊重、学习并适应。② 毕竟，法律人首先是常人，然后才是沟通者和职业精英。法律人思维的逻辑起点，不是法律独有的专业性，而是普通人的法律常识、态度和习惯，这些内容可能最初会被视为非专业的另类，但最终会被法律体制发现和吸纳。③ 在现代社会，大众与精英的区隔只是相对的，在制度系统和文化样式上都难以确定与固化。④ 尤其在当代中国，执政党倡导群众路线，力求法律以制度化的沟通与往返，在动员中实现大众化与精英主义的均衡。⑤ 另一方面，我们也必须承认，群众的法律态度通常不易识别，因为其话语表达方式并非标准的法言法语，其利益诉求形式也是五花八门，这使得法律人的"涵摄"艰

---

① 民众参与公共案件的讨论及其实际表现，源于案件背后的普遍结构与利益格局。从"政治力学"的角度看，民众、媒体和为政者在话语方面容易形成一致，倾向于联合起来质疑法律人的能力与操守。参见孙笑侠的系列文章：《公案及其背景：司法过程中民意的法社会学透视》，载《浙江社会科学》2010 年第 2 期；《公案的民意、主题与信息对称》，载《中国法学》2010 年第 3 期；《司法的政治力学》，载《中国法学》2011 年第 2 期。

② 参见 Carole Bell Ford, *The Woman of Court Watch: Reforming a Corrupt Family Court System*, University of Texas Press, 2005, p. 56.

③ 在美国，传统法律方法论课程已被大量的临床实践课程和跨学科研究边缘化，法学教育越来越强调知识的整合。新的法律思维观倡导，法学教育的重点在于训练学生为委托人利益服务，包括案件材料的准备、分析、解释和利用，咨询、协商、谈判、调解、诉讼甚至为了改变相关成文法而进行的游说。除了教授专业范式和法律术语，还要培养学生的批判性思维和对法律背后道德原则的洞察力，通过合宜的修辞完成对常识的涵摄和法律论证。参见武宏志：《美国语境中的"法律人思维"》，载《法学家》2009 年第 3 期。

④ 例如，当代艺术中的"超现实波普"正是源自 19 世纪美国西海岸的"低俗艺术"。这一由未经过学院训练的涂鸦、卡通、广告艺人主导的地下艺术运动，在 20 世纪 60 年代伴随着民权运动的兴起，逐渐为主流艺术体制接受，并最终大受追捧。当低俗艺术转变为超现实波普之后，其风格也发生了微妙的变化，呈现出精英文化与大众文化的融合。参见 Kirsten Anderson, *Pop Surrealism: The Rise of Underground Art*, Last Gasp, 2004, p. 35.

⑤ 与西方社会语境下的法律动员不同，中国共产党倡导的群众路线通常遵循如下步骤：首先，政法机关围绕中心工作，结合普遍性问题和群众关心的具体事务，选取典型案件；然后，通过公开审判和广泛宣传，使司法活动"戏剧化"，激发群众的参与热情以及其象思考的潜能；接着，发动群众讨论，以诉苦会、批判会等多种形式拓展司法的社会化功能；最后，进入"挖根"总结的阶段，巩固意识形态成果，重塑群众法制观念。在新的历史条件下，执政党在政法领域重提群众路线，不能仅仅满足于策略使用的技术效果，化解职业化和大众化的制度性冲突，需要更深层面的文化协调和更为系统的社会均衡。参见李斯特：《人民司法群众路线的谱系》，载《法律与社会科学》2006 年第 1 卷。

难无比。①

对于普通人而言，案件属于"非常规突发事件"，其法律态度会受到物质环境、人群环境及主导信息的多重影响。② 在纷繁复杂的法律"氛围"中，案件当事人的法律态度会结合具体情境呈现，在应对和利用法律的过程中不断调试，以实现可预期利益的最大化。法律人的表现，是影响当事人法律态度的重要因素。为具体案件服务的法律人，如果将"忠诚伦理"视为职业生命，其法律态度一定要首先服从于当事人利益。如果其表现出事不关己的冷漠和想方设法的牟利，当事人自然会产生排斥性的反应。只要法律人是在为当事人官司胜诉或利益补偿出力，就意味着某种依从型的立场和态度。此时，普通人利用法律的实用性工具态度处于决定地位，从而塑造了一种规范性的法律人"机器思维"。③ 当最终案件以公平正义的程序机制解决，利益获得平等保护和均衡对待时，各方的态度共识才会凝聚为一种文化性的"法律尊重"以及超越个案的正义感。④ 无论法律人如何表现，当事人的法律态度都具有相对的独立性，特别是不会屈从于法律人的支配。

对于貌似不相关的旁观者而言，"打酱油"心态背后有一种隐蔽的利益牵连机制。⑤

① 法学所谓"涵摄"，意为"将事实置于规范之下"。法律规范能否裁剪事实，在哲学上向来存有疑问。法律人普遍承认，法律事实不过是心智的构造，而非客观事实。这与大众对事实真相的理解逆反，从而产生了诸多认知矛盾。如果将法本体加以规范之外的拓展，我们或许可以调和这种冲突。除了法律规范，法还包括相关的价值结构和社会系统，前者是由意识、态度、观念组成的意向系统，后者是由效果、行动、博弈组成的实践系统。由此，作为整体的法能否涵摄普通人的利益、观点和态度，关键就在于规范、价值和行动的协调均衡问题。从传统的法教义学的"涵摄"到法社会学的"均衡"，表明了法治系统化的需要。关于涵摄的思维分析和逻辑拓展，参见王鹏翔：《论涵摄的逻辑结构：兼评 Larenz 的类型理论》，载《成大法学》2005 年第 9 期。

② 参见马庆国、王小毅：《非常规突发事件中影响当事人状态的因素分析和数理描述》，载《管理工程学报》2009 年第 3 期。

③ 实用主义法学主张，法律是一项被社会工程师用以实现社会目标的"工具""机器""技术"，法律人犹如"社会工程师"，法律的运用类似"社会工程"。参见 Robert S. Summers, *Instrumentalism and American Legal Theory*, Cornell University Press, 1982, p. 120.

④ 研究表明，正义感是人类在长期演化过程中适应生存竞争的结果，是社会规范"内部化"的产物。在长期的人类合作秩序的博弈中，社会正义通过自然选择被"固化"，并体现为人们身体和心智中的禀赋。参见叶航：《公共合作中的社会困境与社会正义：基于计算机仿真的经济学跨学科研究》，载《经济研究》2012 年第 8 期。

⑤ 打酱油，网络用语，指对公众话题不关心，有"与我无关"的意思或"这事上头罩着，我评论不得"之意，相当于"路过"。这一网络流行语反映了在道义上强烈关注某事、行为上却明哲保身的实用主义生活态度，表达了普通人受压抑时的轻微呼喊和某种特殊的"非暴力不合作"立场。

每当重大"公案"新闻曝出，很多"看热闹"的人也可能是在"看门道"。① 对普通人而言，案件"围观"除了有刺激平淡生活的娱乐价值，还有防患于未然的教育功能。在古罗马，不少人热衷到法院旁听案件，除了打探丑闻，满足猎奇心理，同时也借此学习法律。② 通过庭审观摩，学习法律技巧，也是当下各国法学院实践教学的重要内容。③ 在互联网的信息传播和视听环境下，大众对"公案"的关注具有特定的"全民法律研讨"性质，虽然其中不乏无聊围观炒作，甚至恶意造谣中伤，但占主流的还是理性的网民。他们在虚拟空间的现实法律环境中相互学习，对"事实真相"的"分辨术"尤为热衷，不乏对法律逻辑与理念的深刻批判反思。④ 除了一般的网民，还有立场中立的"法律知识人"，他们的专业过硬，声誉卓著，不参与案件处理，与主流保有距离，其对公案的评论、分析与判断往往具有某种"模拟审判"的效果。他们对普通人法律态度产生了重要影响，甚至成为嵌入其中的有机部分。

　　对于普通人而言，相信行家是有条件的。如果行家的公信力有问题，大众会选择相信自己或者那些更可信的"草根精英"。对于互联网时代的大众法律心态

---

　　① 在一次专题调查中，88.7%的受访者表示自己参与过"网络围观"。受访者认为"网络围观"流行的两大主要原因分别是，"喜欢看热闹"（64.9%）和"表达意愿强烈"（62.0%）。参见《中国青年报》2011年5月26日第7版的报道。

　　② 卡科庇诺在《古代罗马的日常生活》中描述了一幅全民化的诉讼狂热图景，"大批猎奇者，他们热衷于打听丑闻，沉溺于在各类法庭四周接连几小时一动不动地聆听滔滔不绝、口若悬河的法庭上的雄辩"。参见［澳］维拉曼特：《法律导引》，张智仁、周伟文译，上海人民出版社2003年版，第33页。

　　③ 相比于中国法学院的真实庭审观摩，美国法学院更为侧重"模拟法庭"课程训练。此种训练分为两种形式，一是模拟审判（Mock Trial），以模拟初审案件的言词辩论实务训练为主，包括证据规则、程序规则、伦理规则，以及法庭内的讯问及论辩技巧。学生需要学习如何进行开案陈述（opening）、主诘问（direct examination）、反诘问（in direct examination）、结辩（closing）与控方最后反驳（rebuttal）。另一种模拟法庭（Moot Court）则以上诉审案件和仲裁案件的法律适用技能训练为主。参见 Steven Lubet, *Modern Trial Advocacy：Analysis and Practice*, LexisNexis/NITA, 2009, p. 2.

　　④ 网络事件最初阶段总是容易同情弱者、关注草根，并用道德来进行评判。我们可以将这种网络行为方式定义为韦伯所说的"情感行动"。但随着事件讨论的逐步深入，网络通过汇集众人的智慧而趋向理性化，网民们对于事件的分析和解读也会替代最初的情感冲动。

和"草根精英"的形成，① 刘星教授并未讨论，他意欲重点研究的似乎不是这些现实内容，而是一种理解起来颇为费劲的"法律历史"现象。在他看来，普通人和法律人的"体谅式理解"才是问题的关键。其核心问题是，为什么普通人和法律人的法律态度呈现平行的互不干预状态，"你有你的，我有我的，方向"?② 这种"旁观式法律态度"到底有无生活的根基和事实的原型？

无论从事实还是修辞上讲，"旁观"的比喻不仅不准确、贴切，而且可能产生各种误导。例如，从教义法学的基本立场来看，见死不救的旁观、共同犯罪的旁观、隐身偷窥的旁观，与其说是"旁观"，不如说是行为主体对法律的实质性介入，会产生相应的法律后果。既然现代社会普通人难以避免法律的规制，那么，事实上就很难有"置身事外"的"旁观者"。就普通人而言，利用法律武器和防范法律风险都是生活的要务。或许，正是法律现实的复杂性，决定了普通人不能对法律秉持非黑即白的激进立场，一切都要在具体的语境中审视周详。但是，对于这些问题，刘星教授没有给出明确合理的解释。或许，从一开始，"旁观式法律态度"就属于理念上的臆想，缺乏社科法学所看重的事实根基。

从历史和实践中很难找到某种既没有利益斗争，又没有知识(应然理念)纠葛的"纯旁观"法律态度。倒是有这样一种情况：大家心照不宣，你说你的，我做我的。这样的状态貌似自由，但其实是一种真正的"法律虚无主义"。按照刘星教授的观点，大家都遵从"活法"，秉持暧昧不明、互不相干的"法律态度"，那只可能存在于无政府主义的"一锅乱粥"状态。

法律本质的悬疑，并不导致法律态度的不可知，更不能成为消极法治观的理据。如果说"沉默的大多数"都看穿了法律的本质，懒得去理会与自己无关的法

---

① 此方面的专题研究不多，但对相关问题的讨论早已成为热点。针对最近的治理政策调整，有学者敏锐地发现，互联网环境下分歧、冲突与博弈已在日常生活领域铺展开来。伴随着急剧的转型，中国已经分化出诸多新的身份群体，互联网的不断壮大，为他们的表达提供了新的空间和机会。在各类公案的议论中，穿透各阶层的公共讨论集中施压，呈现"井喷"模样；与此同时，互联网也放大了公众监督的能力，尤其是在针对地方和基层机构/官员的个案中，展示了群殴滥打的震撼效果。对公案和公权的网络围观，已成为中国网民的一种醒目生活方式。相对于科层官僚制，一度拥有重要影响力的公知群体可能受伤更重，因为他们缺乏神秘和新意，企图站得更高，但跌得更深。在启蒙退潮之后，新的一代热衷于"轻运动"，以类似"快闪"的方式入场，抱着"联网打怪"增加经验值的彻底实用主义态度。参见李永刚：《互联网博弈的中国议题》，载《文化纵横》2013年第6期。

② 徐志摩：《偶然》，原载1926年5月27日《晨报副刊·诗镌》第9期。

律问题，也不去与那些抽象的法律正义理念较真，这就是"普通人的法律态度"，那么，这无疑高估了大多数人的法律认知能力，也忽视了法律的自我修复和文化扩展机能。法律即使是"少数人掌握的秘密"，也只代表着源代码的暂时性垄断，"开源行动"终究会打破会真相的迷局，实现均衡本位的"接近正义"。① 法律和正义都是不断被逼近的过程，如果大多数人都"置身事外"，并以之作为法律人独享尊荣的前提，恐怕法律真就"安乐死"了。所幸，这样的情形不过是一种"理念虚构"，并非现实，也难以变成现实。

三、概念、逻辑与方法论反思

从概念上讲，人文法学可以提出许多新的问题，比教义法学和社科法学的约束性条件要宽松许多。但这有一个前提，那就是应当讲求基本的教义学逻辑，尊重起码的科学性事实（包括历史事实在内）。即使作为纯粹的理念研究，刘星教授的论述也缺乏清晰的概念和融贯的逻辑，并多处违反其既定的方法论。如前所述，普通人，也即一般人或常人，是一个宏观的范畴，将其与法律人对立起来，显然不当。② 刘星教授其实认识到了这一点，并意在探寻"两极对立"之外的另一种可能，即包括法律人在内的普通人面对法律的不明确态度。③ 沿着这种思路，他本来可以进一步证明，普通人顺从或反抗法律的极化态度并不是确定的，可以

---

① 计算机领域的开源行动是指开放源代码软件运动，它主要由程序工程师及普通计算机用户参与和推动。与一般的自由软件运动（有时被称为"黑客文化"）的激进理想主义不同，开源行动更为注重对软件程序的质量提升和稳步扩大的开放利用，这与法律界强调法律赋能和平等权利的"接近正义"运动非常近似。参见 Chris DiBona, Sam Ockman & Mark Stone, *Open Sources: Voices from the Open Source Revolution*, Cambridge: O'Reilly Media, 1999; Frank S. Bloch, Access to Justice and the Global Clinical Movement, 2008, Vol. 28, *Washington University Journal of Law & Policy*.

② 这种对应可以转化为"法律人"与"外行"的概念范畴。对于"外行"的法律态度，现有的研究也非常肤浅。例如，外行的法律态度究竟具有怎样的内在机理？其能否与法律人思维契合一体？进而完成现代法治意识形态的意义塑造？这些问题不仅具有实践战略的启迪价值，而且直指法律理论的薄弱环节。长期以来，法律理论对普通人的日常生活和法律态度关注不多，即使有所研究，也只是停留在借鉴社会学、人类学、心理学等其他学科方法的层面，尚未形成法律态度的整体理论框架和主导分析范式。由于理论基础不牢，偶有的实证研究也难以更新传统的解释模型。在此背景下，刘星教授的研究具有重要的意义，所以值得特别检讨。

③ 这实际上属于态度改变的问题，而非一种独特的态度类型。法律态度的暧昧游移性，只能表明普通人的法律情感、认知和行为尚处于未定型的变动阶段，需要对之加以科学的测量和评估。相关理论工具和框架，包括态度平衡、自我觉知、外界说服和道德发展等。

相互转化。心理学上的诸多实验和定理也证明了这一点，例如著名的"路西法效应"就揭示了常人与恶魔只有一线之隔。① 聚焦于此，可以深究一般情形下普通人法律态度的变化、冲突与平衡过程。但刘星先生似乎更看重为"旁观式"法律态度正名，同时努力建构其实践性的意义。这种想法本无可厚非，但误失在于，由于刘星教授没有进行基本概念的逻辑界定，其论证过程出现了严重的混乱。比如，有时将法律人纳入普通人范畴，认为其法律态度与普通人一样无关紧要；有时又将法律人态度置于知识谱系的上流，以之作为普通人的标杆。在行文中，"法律态度"与"法律意识""法律情感""法律行动"的界限也相当模糊，缺乏明确的"所指"。

从概念分析的视角看，法律态度是一个过程性范畴，由主体对于法律的情感、认知和历史行为组成。② 其中，作为态度对象的法律是情境化的事件/案件，而非静止抽象的法条或理念。这一界定是法教义学和社科法学都能接受和认可的。首先，法律态度建立在法律情感基础之上，法律情感是一个从直觉到知觉的刺激反应过程。在法律情感的基础上，法律意识为法律态度的认知形成提供"原材料"，出现某种关于法律的"信念"。当法律信念与历史行为记忆和具体法律情境相结合，法律主体就会产生对特定问题的立场、主张和观点——这就是法律态度。其次，法律态度并不直接决定法律行动，因为法律行动的主因在于理性主义的策略选择，而法律态度则是杂糅了理性和情感的混合物。虽然法律态度可以影响法律行动，甚至，它本身可以通过某种表达性途径构成某种具有法律性质的

---

① 在《圣经》中，路西法是光之守护者，上帝最宠爱的天使，直到他挑战上帝的权威，带领一群堕落天使投身地狱，成为魔鬼撒旦。津巴多借此表达情境对于善恶转化的重要性。在《路西法效应》一书中，他首次详细叙述了斯坦福监狱实验的经过，并且对人的邪恶行为作出了深度的社会心理学解释。参见 Philip Zimbardo, *The Lucifer Effect*: *Understanding How Good People Turn Evil*, New York: Random House Trade Paperbacks, 2008.

② 态度的三维模型由霍夫兰和卢森堡于 1960 年提出。其基本观点是：态度是按照一定方式对特定对象的预先反应倾向。这种预先反应倾向由三种成分构成：认知、情感和行为。态度是刺激与反应之间的中介变量。这里，刺激就是态度对象，是可测的独立变量（自变量），包括个人、事件、社会问题、社会群体、组织等；反应则包括生理的、心理的和行为的反应等三方面，是可测的依从变量（因变量）。参见 Richard P. Bagozzi and Robert E. Burnkrant, "Attitude Measurement and Behavior Change: a Reconsideration of Attitude Organization and Its Relationship to Behavior", *NA-Advances in Consumer Research*, 1979, Vol. 6, pp. 295-302.

"态度行为"，但法律行动最终还是具有相对独立的策略性逻辑。① 最后，无论是在个体层面还是社会意义上，普通人的法律态度都具有高度的交叉性和冲突性，难以平行发展，互不干涉。就内而言，作为中介环节的法律态度成分混杂，情感与理性的冲突不可避免。就外而言，基于不同的人格特性、社会地位、利益取向等因素，法律态度的冲突更是常见之态。刘星教授所称的旁观式法律态度，或许更接近于某种尚未定型的法律意识和情感，高度游移，暧昧不明。即使法律态度最后形成，它仍会处于变化和修正的流动之局，法律行动也会呈现多种可能性，进一步的冲突也是不可避免。

依循上述界定，我们不难发现，"法律态度"与"普通人"具有天然的紧密关联。与法律价值观或意识形态不同，法律态度往往没有达及相应的主题重要性程度，并非法律观念的"高级结构"，遵循普通人的日常生活逻辑。例如，人们对意大利面持有积极的态度，首先因为其味道好（情感成分），且相信意大利面富有营养（认知和信念成分），而且，以往吃意大利面的历史记忆都是美好而愉快的（行为成分）。由此，人们会产生对意大利面的积极态度。普通人对法律的态度模型，也遵循类似的逻辑。人们对法律的情感因素，主要取决于案件中的法律程序及其主观感受。司法机关之所以要努力让每一个人都能感受到公平正义，目的正是改善人们的"法感"。在法律情感的基础上，人们对法律案件的信念认知通常以日常化的正义标准来评判，此种正义标准与其个人利害息息相关。② 同

---

① 法律态度与行动并不一致。研究者以种族歧视的态度为起点，先探问美国 79 间旅馆与 177 间餐厅服务非美籍客人的意愿，结果只有 1 间旅馆与 1 间餐厅表示愿意接待。当研究者带着中国客人前往其中 67 间旅馆与 184 间餐厅验证，结果十分意外，拒绝服务的餐厅数量合计却只有 1 间。参见 Richard T LaPiere, Attitudes vs. Actions, *Social Forces*, 1934, Vol. 13.

② 学界通常以法律理论中的程序正义和实质正义框架解释法律意识和态度的不同取向。如美国学者认为，美国人对法律的服从更多的是基于程序正义而不是分配正义，他们对法律经验的评价一般是根据互动的过程和形式，而不是互动的结果。中国学者在对中国人的法律意识的实证研究中发现，其法律服从态度背后蕴含着强烈的工具性动机，在法律正义观方面，中国人是重分配正义而轻程序正义的。其实，站在日常生活的正义语境中，普通人的法律态度显然没有学者想象的那般鸿沟分明，相对于敬畏法律和对抗法律的极化态度，普通人多以自身利害和常识底线为正义标尺，采取某种"游戏法律"（Play With Law）的态度。参见 Mac Coun, Robert J. and Tom R. Tyler, "The Basis of Citizens' Perceptions of the Criminal Jury: Procedural Fairness, Accuracy and Efficiency", *Law and Human Behavior*, 1988, Vol. 12, pp. 333-352; Tom R. Tyler, *Why People Obey the Law*, New Haven: Yale University Press, 1990, p. 132; 冯士政：《法社会学：法律服从与法律正义：关于中国人法律意识的实证研究》，载《江海学刊》2003 年第 4 期；邢朝国：《法律实践中俗民的"冤屈感"：一个解释框架》，载《法律和社会科学》2010 年第 7 卷。

时，人们还会结合与具体案件相关的历史经验(包括本人的直接记忆和对他人间接经验的记忆)进行判断。只有当情感、认知、行为三者内在平衡，共同指向积极评价时，我们才能说，人们的法律态度是正向的、肯定性的。正是因为达到这种状况需要严格的条件，在日常生活中，普通人的法律态度往往呈现复杂的情形，既有诸多消极负面的评价，例如各种怀疑、抱怨、不理解、责难甚至根本否定，也有各种功利性的资格确认、利益主张和自由要求。纯然的敬畏和对抗法律，在现实中都罕有发生，大多数人秉持实用主义立场，采取应对性的情境博弈态度。

对法律态度的研究，需要凝聚教义法学和社科法学的优长，整合法学与哲学、心理学、经济学、社会学、历史学、人类学乃至生物学、脑神经科学等一切可用资源。① 法律人文主义进路的优势在于，作者对事实和心理的全面叙述，能够为学者的情境化法律态度分析提供足够丰富的材料。卡夫卡的文学作品具有鲜明的法律主题，加之热衷内心描述的表现主义风格，理当成为优选。但在具体分析中必须注意的是，《审判》并不属于当下流行的"非虚构文学"②，主人公 K 是

---

① 在传统的身心二元论看来，人的心灵活动与物理身体可以分离。例如在卡夫卡的著名作品《变形记》中，主人公清早醒来，发现自己变成了一只甲虫，虽然身体发生了巨变，但心理活动已然正常如故，所以他依然还是原来的自己。现代心理学反对这种观点，在其看来，大脑是一部超级智能机器，具有超强的自我保护机能和极为复杂的网络联结系统，人的态度和心理是神经元细胞活动的产物。在心理学家眼中，法律作为人工设计的智能机器，其发生作用的心理机制也可以通过科学方法加以解释。例如，在大脑中有某种规范性神经元，酒精可以产生对其抑制的效果，所以醉酒的人更容易犯错出轨。根据戴昕的介绍，心理学对法律态度的正式研究始于 1908 年，应用心理学奠基人蒙特斯伯格发表《证人席上》(On the Witness Stand)，对心理学与若干相关法律命题进行评论，率先鼓吹在法律诉讼的目击证人质证程序中运用心理学知识与技术，引发了法学界的巨大争论。而在 1906 年，现代心理分析鼻祖弗洛伊德在与奥地利法官座谈时即明确提出，应将心理学有效地运用于侦查、勘验、测谎等领域，让社会心理学家在司法程序中扮演发现事实真相的"治安法官"(magistrate judge)的角色(参见戴昕：《心理学对法律研究的介入》，载《法律与社会科学》2006 年第 2 卷)。从历史主义的视角看，这些都是卡夫卡创作《审判》的重要法律和社会背景。

② 现今所谓"非虚构"文学的概念起源于 20 世纪六七十年代美国流行的写实文学，主张现实生活比冥思玄想更精彩、经验叙事比纯粹想象更迷人、田野调查比书斋写作更本真，主要包括新闻报道、历史小说、传记、回忆录、口述史、纪实性散文、游记等形式。非虚构文学创作过程中艺术典型塑造的核心程序与虚构性文学并无本质区别，主要体现为该过程的概括性、符号性和修辞性三个基本层面。参见龚举善：《"非虚构"叙事的文学伦理及限度》，载《文艺研究》2013 年第 5 期。

一个"半自传"式的典型艺术形象，具有某种虚拟化的极端性法律态度。① 此外，文学作品乃至于作者本人，都会不断被历史重塑，产生诸多衍义话语。② 这些都要求我们从教义法学和社科法学融贯论的立场，将虚构与现实、作者与作品、本意与诠释加以必要的区分，真正做到刘星教授主张的"法制文学"与"历史主义"之契合。③

具体就"普通人法律态度"的研究而言，卡夫卡文学中的人物形象只能作为一种文学隐喻对待，而不能作为科学事实分析。即使是文学研究，也"不要试图幻想将卡夫卡的作品解说的详详细细，一丝不错。象征性写作不吃这一套"。④ 陷入漫长法律过程的 K 可以看做普通"诉讼人"的文学象征，其法律态度具有不同于现实生活中普通人的"极化"特征。对于卡夫卡本人而言，他倒是可以成为研究普通人法律态度的极好素材，因为其兼具了法律人和边缘人的多重特性，具有很好的样本代表性。但这种研究需要足够丰富的实证资料，而现今的条件似乎还远未具备。⑤ 当下对卡夫卡及其作品的诠释话语倒是层出不穷，但这些经过历史重塑后的衍化材料，不能直接用以论证普通人的法律态度。⑥

---

① 极度浓缩的典型化，是卡夫卡文学创作的重要风格。通过浓缩处理，他将包围着人类的无形的媒介，诸如希望与恐惧、魔鬼与天使等都凝缩为有形之物。这可以解释为何《审判》中的氛围是那样突出的紧张和壅塞，使我们产生一种无处容身甚至无法呼吸的极端压迫感。参见叶廷芳编：《论卡夫卡》，中国社会科学出版社 1988 年版，第 67 页。

② 参见叶晔：《中国古代文学中虚构人物的历史重塑》，载《文学遗产》2012 年第 4 期。

③ 这种方法其实还是属于传统的"法律与文学"范畴，美国法学家波斯纳的方法论正是基于法律、文学与历史的整合化进路。波斯纳早年以优异的成绩毕业于耶鲁大学的英国文学系，该系乃是新批评学派的起源地，强调对文学作品的语境化精读。他不仅对文学保持着审美的欣赏，而且作为顶尖的法学家，善于发掘文学中的法理主题及深层意蕴，并将其置于具体的法律历史和社会环境中考察，展现出一种开阔的"社科法学"视野。参见 [美] 波斯纳：《法律与文学》，李国庆译，中国政法大学出版社 2002 年版，序。

④ 叶廷芳编：《论卡夫卡》，中国社会科学出版社 1988 年版，第 105 页。

⑤ 著名的卡夫卡传记作家赖纳·施塔赫（Reiner Stach）之所以延迟第三卷作品的出版，主要原因就是资料的缺乏，他必须等待相关资料公布，才能完成对卡夫卡早年生活的研究和书写。

⑥ 例如美国司法意见中的卡夫卡话语就是一个法律态度研究的上佳切入。关于美国最高法院大法官的法律态度模型，有学者进行了专门研究。（Jeffrey Segal and Harold J. Spaeth, *The Supreme Court and the Attitudinal Model*, Cambridge University Press, 1993.）但对于普通人以文学方式形塑法律依据和话语的态度过程，还未见相关研究。

对于《审判》的故事情节，刘星教授的概括如下：①

> 约瑟夫·K遭遇有罪起诉，后不断试图证明清白。诉讼过程中，K始终不理解法律程序，感到茫然，亦时有无所用心听凭其便，而法律活动者则依以往进行审判。其他人物，除K的叔叔外，大体表达了"K很可能有罪"或"不置可否"的看法，而"不置可否"更普遍。最后，K被司法人员带走处死，K既无奈也无反抗。

不难发现，刘星教授从一开始对《审判》就进行了"原创性"的"改编"和"重述"。在新的故事情境下，K和其他诸多人物对法律都抱有"不置可否"态度。对此，无论是法学界还是文学界，抑或在法律与文学的交叉领域，都没有公论。一种更常见的看法是：K不是一个普通人，他对法律有不同于一般人的理解。K从抽象的层面承认法律的存在，坚持寻找"最高法"。他尤其不认同法律人的表现，不断对之加以戏谑和嘲弄。K的法律态度，一直给人以反抗法律霸权、挑战专制统治的斗士印象。最后，他不得其门而入，被处死在荒郊的采石场，成为一个颇具荒谬意味的悲剧英雄。

这种认识在文学界和法学界都很流行，我也曾坚定地认为，K是一个反抗恶法的行动主义者。② 但后面的分析将表明，我们或许都误读了K的法律态度。在文学虚构的场境中，K的法律态度代表了某种实用主义的极端，一切从自己的利益考量，努力排斥旁人的影响。所谓的最高法院，不过是K逃避已发动的法律程序的借口。事实上，K并不是一个超验的"自然法"信奉者。大家对K有罪并主张其认罪似乎早已形成某种神秘的共识，唯独K不愿意承认和接受——极有可能，不是他不明白，而是"揣着明白装糊涂"。归根结底，K之所以不断"抗争"，

---

① 至于刘星教授提到的卡夫卡另外两部法律作品的主旨，相关总结也没有经过分析和论证。"法制文学"更像是刘星教授的一种理论策略：以卡夫卡的作品为原料，按已有的模子剪裁，并未遵循真正的"历史主义"语境化理路。

② 参见廖奕：《断裂社会的法治均衡：叫魂、火光与洞穴的三重隐喻》，载《上海交通大学学报(社会科学版)》2012年第3期；廖奕：《恶法的悖谬及抗争》，载《检察日报》2010年4月1日，学术版。

其实是想逃避法律的追责，害怕审判破坏了其既得和未来的利益。消极逃避、浑水摸鱼似乎是他最好的策略选择。在这一点上，K 既是一个精明的教义法学家，也是一个老道的法律理性选择主义者。

K 为什么会被逮捕？对于这个疑问，卡夫卡其实在《审判》中有多处法教义学暗示。例如，K 对 B 小姐的长期觊觎和公然侵犯、K 与副行长的明争暗斗以及 K 复杂的家庭纠葛都可能是引发案件的因由。K 不愿意承认自己的罪过，害怕接受法律的调查。于是，我们看到了心理学上的某种奇幻效应：K 如何患了受害人迫害妄想症，对他试图逃避的对象极力抹黑、污化，法官桌上的小册子里有淫秽图画，被他想象为法官本人就是一个淫棍。很有可能，小册子只是一件再普通不过的证据。K 不仅随意翻看，还大肆嘲弄。在预审中，K 在某种幻觉中大闹法庭，感觉所有的人都想迫害他。K 以典型的中产阶级的孤傲，蔑视着寒酸破败的初审法院和地位低微的法官与差役。K 所遭受的法律折磨，基本上都属于自我的想象。当然，站在现代法治主义的意识形态立场，我们可以对《审判》中的司法制度加以各式各样的批判，但这样的解读是"极不恰当的、肤浅的、不明智的"。①在当时的奥匈帝国，法律制度就是如此运作，维持着日常生活的基本秩序，并不是所谓的极端恶法。K 的"法治"标准很大程度上与英美法系对抗制司法更为接近，卡夫卡通过这种跨越式的人文法学叙事，展示了 K 脱离现实的抗法理由。

如果 K 是一个置身事外的学者或观察家，他对现有法律的批评无疑都很"正确"，但就案件当事人，尤其是被告的角色而论，K 对法律、法院和法官的攻击充满了刻意的曲解和污化，目的或许是想搅乱既定的程序，逃避应受的罪责。②在《审判》中，大部分人都觉得 K 是有罪的，K 其实也心知肚明，自己的"罪"到底是什么，在哪里，但他一直不愿意承认，使出浑身解数与法律顽抗到底。这种法律态度怎能说是"旁观式的不置可否"？这种态度更接近于资产阶级的实用主义，缺乏终极信仰，侧重利益考量。在与法律/权力较量中，K 最后还是失败了。因为，他面对的法律，是一种高强度、无所不在的机械巨灵，拥有天罗地网的监

---

① 叶廷芳编：《论卡夫卡》，中国社会科学出版社 1988 年版，第 19 页。

② 波斯纳认为，与美国的刑事司法中的逮捕相比，《审判》中 K 受到的待遇更加"文明"，既没有公开的羞辱，也没有长期的羁押。参见[美]波斯纳：《法律与文学》，李国庆译，中国政法大学出版社 2002 年版，第 31 页。

控与纠察力量，可以让一切可能的罪行受到追惩。法律机器的运转，不会考虑普通人的主观态度，除非当事人认罪悔过，否则，抗争与贿赂都是难以奏效的。

　　K 的案件其实本处于常规的法律过程，无论是法律人，还是普通大众，甚至包括 K 对之都有基本的共识，但因为主人公 K 的逃避法律和挑战司法的行为致使问题越来越复杂，罪行日益严重，以至于"案中有案"。我们一定要注意这样的事实：《审判》是一部没有完成的作品。① 如果 K 的死亡证明了法律之门的彻底关闭和本质上的不能进入，那就是一种可以闭合的文本结构了。但卡夫卡的意图显然不是这样，K 被"处死"，只是一个过程中的环节，后面的故事如要继续：K 很可能遭遇的是一场"谋杀"，有人已经无法等待法律的"延宕"了，必须尽快了结 K；在《审判》的最后，卡夫卡还是不断暗示，K 在最后仍存有获救的希望。K 即使是被法院判决处死，这也必定不是最高法院的最后判决——他在法律上依然有"冤案得雪"的可能。无论 K 死或不死，不论"真相"如何，法律过程永远不会停歇。在《审判》中，卡夫卡不过想讲述基于法教义学的基本社会事实与道理：面对生活的危机，任何人都是有罪的，法律上的惩罚是必然的"宿命"，逃避只会将问题弄得越来越糟，但人们却克服不了投机主义的诱惑，总是想通过各种关系和捷径打开法律的"偏门"，结果反而对自己极为不利，陷入长期的煎熬和纠结。每个人都向往无责任和任何限制的绝对自由，这种现实生活中不可能的童话，引诱着人们产生某种极端的"实用"态度，为了达到目的，在心理上自我催眠，想象出各种"非正义"的场景，在对法院和法官抱持根深蒂固偏见的基础上生发出奇幻的"迫害妄想症"。法律人谈不上都是天使，但也不会如 K 感觉的那般的整体不堪。他对法律人的偏见，是一种深度的心理催眠，为的是掩盖自己的真实罪行。K 如果是在反抗法律，也是一种为了既得利益的个人抗争，与制度改进没有关系，更缺乏文化反思的深层意涵。K 的悲剧在于，锱铢必较的理性主义通过时时处处的怀疑目光，消解了法律基于"正义情感"的确定性，从而呈现出制度恶性的假象。

　　就卡夫卡个人而言，其文学事业与谋生职业是二分的，他在文学作品中的法

---

　　① 据勃罗德在《审判》第一版后记中的交代，对于这部未完成的长篇小说，卡夫卡认为，还应描写这个神秘案件的某些阶段，因为 K 的案子永远不能进入最高法院，所以这部小说永远不会完结，可以不断续写。参见叶廷芳编：《论卡夫卡》，中国社会科学出版社 1988 年版，第 14 页。

律态度与其法律职业态度显然不能混同。从职业身份看，卡夫卡从事法律实务工作，其对法律的态度是教义学导向的，同时坚持效用最大化的科学立场。① 而作为自由的文艺创作者，卡夫卡极其警惕和反感法律机械主义的弊端，竭力营造一种迷宫式的意境，以唤醒人们对"法"的本原哲思。甚至，他还希望以文学重建生命，以新的律法赢得自由的火光。② 这种法律态度似乎既不属于法律外行，也不属于法律人，而是一种艺术家的审美态度。③ 但如果坚持历史主义的观点，将卡夫卡的创作融入真实的社会情境，我们可以发现，他仍然属于普通人，其"伟大"的声名乃是后世的诠释结果，与客观事实差池甚大。④ 通过卡夫卡，我们可以体会到，研究普通人的法律态度，应当具有更为广阔的视野，用更加多维和周延的逻辑，在更为扎实的历史证据支持下，生发出问题的正解。

卡夫卡对法律职业怀有怨愤和不甘，这种情绪流露于作品，自然而然。但抱

---

① 在卡夫卡诞辰 125 周年之际，普林斯顿大学出版社将卡夫卡生前有关法律改革的公文报告结集出版。这本书展示了卡夫卡罕为人知的一面：他是一位聪明的官僚和敏锐的律师。他对当时的社会、政治、法律议题表达了自己的见解，倾向于立足于现有制度对工业安全、工伤赔偿、劳工薪酬、退伍军人精神治疗等问题采取务实的回应和改革举措。Franz Kafka, *The Office Writings*, Jack Greenberg, Stanley Corngold & Benno Wagner ed., Princeton University Press, 2008.

② 参见廖奕：《卡夫卡：一位法律作家?》，载《博览群书》2014 年第 2 期。

③ 借用朱光潜先生的说法，普通人的法律态度无疑是实用主义的，不同于科学家的研究态度和艺术家的审美态度。(参见朱光潜：《我们对于一棵古松的三种态度：实用的、科学的、美感的》，载《朱光潜全集》第二卷，安徽教育出版社 1987 年版。)同一主体处在不同的社会情境，可能产生不同类型的法律态度。例如当卡夫卡在暗室孤独写作时，他是一个自由无碍的文学家，其态度属于审美类型的；当他进入职场或社交场合，他又是一个追求现实功利、喜好各种娱乐(包括狎妓买春)的普通人。此外，卡夫卡还有对法律的研究态度，其学术主张虽然隐而不彰，但也有诸多证据表明，其涉入了当时法学界的诸多争论。参见 George Dargo, Reclaiming Franz Kafka: Doctor of Jurisprudence, *Brandeis Law Journal*, Vol. 45, 2007, pp. 495-526.

④ 卡夫卡，一个社会边缘人，死后获得了巨大的名声。卡夫卡的专门网站已经超过了 13 万个，个人传记和研究文章更是难以穷尽。在崇拜者的眼中，他是 20 世纪伟大的文学家、博大精深的哲学家、专业卓越的法律家，以及天赋异禀的预言家。在批判者的笔下，他的文字晦涩，是一个神经质的犹太人、宗教分子、弗洛伊德主义者、极权主义或大屠杀的信徒、极端现代主义的代言人。卡夫卡宛如被神魅笼罩的异类，以符号和象征的形态标签化地存在着。卡夫卡是时代的天才，阴郁中不灭的微光。但卡夫卡也是常人，他的人生以当下的标准观审，甚至有些失败。他只活了 40 岁，用现在平均年龄 80 岁的标准，只有一半。用时下的幸福指数衡量，这位早逝的英才也充满不幸：无论是家庭、婚姻、健康、性生活、家庭，还是个人独立性与职业成就——他都没有"达标"，一直是活在别处的"外乡人"。卡夫卡的最新传记，可参见 Reiner Stach, *Kafka: The Years of Insight*, Translated by Shelley Frisch, Princeton University Press, 2013; Reiner Stach, *Kafka: The Decisive Years*, Translated by Shelley Frisch, Princeton University Press, 2013.

怨不等于彻底的否定和批判，卡夫卡笔下的 K 并非其本人的完全映射，而是他在特定情境下对自我"罪感"的艺术呈现。在《审判》中，法律不过是叙事的材料，故事的名头——真正的实质，与司法制度、诉讼程序、法律技术无关，与生命的自我反思、归罪和救赎有关。

1914 年的卡夫卡处于人生的重要转折点。此时，他刚完成第一部长篇小说《失踪者》，正在寻求新的灵感和更大的突破。他的职业生涯处于稳定的上升期，大量时间和精力用于工作和社交，难以兼顾文学创作。他试图摆脱父亲的影响，但父权无处不在，不自由的感受反而更加强烈。特别是，这一年他在感情上经历了巨大风波，解除婚约过程让其异常痛苦和纠结。在"旅馆庭审"中，面对未婚妻菲利斯朋友的控诉指责，卡夫卡"从头至尾一言未发，婚约最终被取消"[1]。数周之后，卡夫卡开始写作《审判》。这时，"他不再把时间浪费在情书往来和社交活动上了，旅馆的庭审引起他充分的思考和丰富的联想，一个被告约瑟夫·K 的形象萦绕心头，呼之欲出"[2]。在《审判》中，主角 K 被指控，第一次审问就发生在他隔壁的 B 女士(卡夫卡在书信中称菲利斯为 FB 女士)卧室，B 女士在小说最后神秘露面，当时 K 被两位刽子手拖走，并被"像狗一样"处决。"当卡夫卡和菲丽斯在柏林漫步并低头求婚时，他一定对自己也有'像狗一样'的同感。"[3]就卡夫卡创作《审判》时的心情而言，一方面他充满悔婚后的罪感，另一方面他又想极力为自己解释开脱，但最后发现，所有的一切都是徒劳，甚至会让事情越变越糟。

作为普通人的卡夫卡，其法律观非常现实。在他看来，法律就是一部精密的机器，不论当事人或旁观者喜欢与否，都会依其自我设定的逻辑运作。刘星所谓普通人对法律旁观态度，如果根源于卡夫卡的法律观，也应当朝向对法律治理悖论的揭示，而不是对"不置可否"的肯定，甚至彰扬。在卡夫卡看来，不管法律人与外行无论如何阐释，都难以从根本上改变法律机器的运行原理和实际构造。法律的源代码是历史形成的秘密，被极少数的精英掌握。而在现实生活中，普通人要成为"贵族"，几乎是不可能的事情。这是一种无奈的情绪，一种直指"荒

---

① Ivan Klima, *The Spirit of Prague*, Paul R. Wilson trans. London: Granta Books, 1998, p.120.

② 杨恒达：《卡夫卡传》，台湾业强出版社 1994 年版，第 126 页。

③ John Banville, A Different Kafka, *The New York Review of Books*, 2013, Vol.18.

谬"的悖论。① 这种悖论比刘星教授所说的"旁观"更为真实、准确和普遍，它不仅是社会性的，更是人性（自然性）的；不单属于外行，也属于法律人。法律人对外行的质疑和压抑，本身也充满着内在的质疑与更高层级的压抑，一切问题的根源都要追溯到那种神秘的"法"。在创作《审判》的过程中，卡夫卡体会了这种"荒谬"，并开始真正启动了真正的双面人生。诚如加缪所言：

> 荒谬的人于是隐约看见一个燃烧的而又冰冷的世界，透明而又有限的世界，在这个世界里，并不是一切都是可能的，但一切都是既定的，越过了它，就是崩溃与虚无。荒谬的人于是能够决定在这样一个世界中生活，并从中获取自己的力量，获取对希望的否定以及对一个毫无慰藉的生活执著的证明。②

卡夫卡没有机会实现自己，成为一个自己强烈希望成为的人。③ 他的工作整天都在目睹不幸，当他看到工人们因为缺乏安全措施而使肢体致残时，他的社会良知大受刺激，并拟出了一个改革方案的初步提纲，试图用理性的方法去剖察罪恶的根源。④ 巨大的工作压力让卡夫卡难以喘息，只有在夜深人静奋笔疾书时，他才属于自己。他的职业生涯和文学追求紧紧裹为一团，在各种社会刺激下寻求心灵的安顿和解放。

卡夫卡对法律过程的写实叙述，被诠释为有关法律本质的伦理反思和哲学建构。在《法律门前》这则著名的寓言中，"法"成为正义和真理的文学隐喻。在通

---

① 深受卡夫卡影响的加缪认为，荒谬产生于人的呼唤和世界不合理的沉默之间的对抗，这种荒谬感是幸福和理性欲望的源泉。在 K 死前的一刹那，他一定发现了这种荒谬，因为，在临死的最后时刻，荒谬就是"人在近乎眩晕瘫软的时刻竟然不顾一切地想到离他几米的地方有一根鞋带"。参见 [法] 加缪：《西西弗的神话：论荒谬》，杜小真译，生活·读书·新知三联书店 1987 年版，第 68 页。

② 参见 [法] 加缪：《西西弗的神话：论荒谬》，杜小真译，生活·读书·新知三联书店 1987 年版，第 74~75 页。

③ 就卡夫卡的个人欲求而言，他最渴望得到的莫过于成为社会上一个有活力的成员，循规蹈矩，按照惯例与他人合作。他追求一种有用的职业，打算结婚和建立家庭。参见叶廷芳编：《论卡夫卡》，中国社会科学出版社 1988 年版，第 80 页。

④ 参见叶廷芳编：《论卡夫卡》，中国社会科学出版社 1988 年版，第 49 页。

向法律终极真理的过程中，无论是乡下人，还是守门人都是无关紧要的角色，因为每个人都是被一种无形的力量带到"法"的面前的，大家距离法其实都是"共同的遥远"，正是这种"无知之幕"笼罩下的平等，构成了"法"的逻辑起点。可以肯定的是，作为最高真理的法不是有形的，因此它只能是掌握在少数人手里的秘密，这与民主语境下的法律的贵族性或不平等根本不是一回事。相反，正是法的这种特质，保证了现实中普通人都能相对平等地接近法律，在漫长的过程中反思自己的人生和人性。这种过程必然是极为痛苦的，但逃避它的结果只能是更加痛苦。

对于接近正义过程的艰难，刘星教授并没有坚持历史主义的科学分析，而是转而运用传统的法律教义学理论加以论述，认为"事实真相与法律原意的发现，需要中立和令人忍耐的时间"。如果进入卡夫卡时代的历史语境，我们不难发现，这一观点也有明显缺陷。卡夫卡生活的时代盛行纠问制程序，它重在通过权力的调查，迫使有关主体认罪，以解决司法拖延的问题。① 当时，世纪之交的奥地利刑法正发生着巨大的变迁，与普鲁士刑法相比，它更关注罪犯的精神状态而非犯罪行为。② 发现真相的职责在于法院，特别是预审法官。发现事实主要是对嫌疑人精神和心理的探察和分析，与法律主导的上诉审极为不同。预审法官是第一道守门人，负责事实调查和确认，基本不涉及法律原意的解释问题。事实与法律的区分，乃是英美法系对抗制诉讼的特征。在纠问制下，法律让人感觉极其压抑，不论人们喜欢与否，它就是卡夫卡时代的客观存在。英美法系的法官因为无法理解其存在的合理性，对于卡夫卡风格的解释往往侧重自由主义的反专制路向。于是，在诸多司法意见中，卡夫卡成了一种权力技术的特定修辞。由此，卡夫卡的法律观被解释为反秘密法，主张法律公开、程序正义甚至人人平等和自由的"美国梦"。但从卡夫卡以及同时代普通人的观点看，美国式的法律与正义也颇为可疑，甚至比纠问制更加令人压抑和失望。

刘星教授寄予厚望的法律行业伦理，与卡夫卡的观念也有极大背离。对于普通人而言，这些细琐难解的"行规"比正式的法律更加令人厌烦，其影响力远没

---

① Martha S. Robinson, The Law of the State in Kafka's *The Trial*, 1982, Vol 6, *ALSA Forum*.

② Theodore Zolkowski, *The Mirror of Justice: Literary Reflections of Legal Crisis*, Princeton: Princeton University Press, 1997, pp. 235-239.

有想象的那般巨大。K 抛弃律师，选择阁楼画家为其疏通关系，正好表明了法律人行规的失败。在 K 看来，案件决定性要素是基于"上层"关系，任何人都可能是发挥关键作用的因素。但归根结底，真正决定案件的还是"法"自身。这种"法"其实不是外在的，而是内生于个体的，只不过多数人都认为它是一种外在的确定权威，试图求见却被阻挡于门外。这是乡下人和 K 的共同悲剧，也是卡夫卡毕其一生试图参透的母题。对卡夫卡而言，内心的自由才是最高的君王；可见的门都是界限的象征，都会"专门为你开却注定进不去"；只有开辟属于自己的"心门"，才能在日常压抑中获得生活平衡，在虚拟的现实中寻求"绝对自由"。

　　刘星教授敏锐发现了普通人与法律人面对"最后秘密"时的共同无知，但他却作出了无效的循环论证：首先，对于普通人而言，既然参与法律过程也无法彻底弄清法律的真意，所以，不如放弃；其次，即使弄清了法律的逻辑，也改变不了法律的现实，所以，还是放弃。最后，将法律的决定权交给"法律人"去慢慢建构和演进。如果这种逻辑可以成立，刘星教授完全可以继续"深入"，比如，即使改变了法律的现实，也改变不了社会；即使改变了社会，也改变不了自己。这样的论证意图说明：法律的不可接近性决定了大众有意的"敬而远之"，而大众的退避策略，反而获得了生活的利益，甚至整体的利好；那么，大家都懒得去理会复杂的法律问题，对于保全法律人的行业地位，实现"法律人之治"善莫大焉。

　　或许是觉察到了这种循环论证的危险，刘星教授特别提出了普通人之所以沉默的现实因素：一是法律及行业的知识理解成本高昂，非一般人所能承受；二是大多数人的生活态度和习惯；三是信息获取有限，无法确定具体的"真相"。从逻辑上看，这几点因素似乎并不矛盾，但在"历史主义"的视野下，尤其是在现代性的环境中，大多数人的生活态度和惯习已渐趋"法制化"，法律对生活的深度介入已不可避免，甚至无可置疑。法律自身也不断"大众化"，衍生出复杂庞大的话语系统，法律场域的参与者日益众多，法律资源的总量也在不断拓展。随着法律行业竞争日趋激烈，传统的法律职业也必须作出战略调整，顾客中心主义的思维和伦理得到确立和强化。普通人一旦涉入法律事件，其固有的知识理解并不是最重要的，便捷的法律服务可以为大众提供即时的智力支持。至于真相的获知，也因技术条件的改善而更为容易。在现代性社会，普通人面对法律不愿也不必沉默，他们是法律机器的一个零件，在服从法律指令的同时，积极反馈自身的状况，比如以公民不服从的方式表达抗议。法律机器的操作者必须重视这些讯息，因为，它是停摆的警告，是机器故障的前兆。虽然只是一个零件，但也有其不可取代的机能。

正如《审判》中的那些真正的"大多数"，他们虽然没有直接的利益卷入，但也不是置身事外的纯然旁观者。他们的话语不多，但未必都总是沉默。在对 K 的调查中，神秘的法院似乎特别重视群众的意见，除了预审时有大众的直接参与，在取证时也不会放过任何一个相关者。这就是为什么 K 总急于向旁人证明其无辜的原因，他希望旁观的群众置身事外，不要发表不利于他的意见；但事实上，他很难改变大众的态度。他的焦虑表现，在雪亮的群众之眼看来，正是"有罪"的证据。K 的案件，起于被人举报，也可证明法律与大众的合体。大众之所以不愿沉默，因为参与法律活动，有利于彰显其微不足道却至关重要的"权力"，有利于让法律信任自我的纯良，为日后的纠纷处理积累司法资本。当然，他们肯定还觉得这非常有趣。在《审判》中，K 总是感觉自己被无数只暗处的眼睛盯梢，被人指指点点。

第三节 "去更阔大的湖海投射影子"

通过前面的分析，我们可以明确，对普通人的法律态度研究而言，必须注意如下问题：第一，社科法学强调对"社会事实"的研究，从生活经验中提炼的法律态度原型必须具有现实基础，不然就会变成一种想象的虚构；第二，在具体论证中，法教义学的逻辑方法依然非常重要，从基本概念到方法论都需要尊重"文本"的原意解释；第三，对于人文主义的法学研究而言，最后的"发现"到底是什么，其实并不重要，重要的是得出一种符合事实和逻辑的文化体验。对于法律态度的研究而言，重要的不是得出实践性的建言，而是宏大理论回归日常问题的过程。

通过对刘星教授研究的批判性分析，围绕教义法学、社科法学、人文法学的交融，在普通人法律态度问题上，我们还可以继续追问：

第一，在神秘的法律源代码面前，普通人是一个极为宽广的概念，法律人、行业精英、群众都包含其中；与掌握法律核心机密的"贵族"构成了对应的范畴。这些"贵族"具有怎样的法律态度？在卡夫卡看来，这与文学家的创造性态度极为相似。作为立法者的文学家，能否成为大众化时代而一个可证立的新命题？

第二，普通人的法律态度究竟是如何产生、演进的？其与法律意识、法律行动、法律情感到底如何关联？对此问题的深入探究，能否创生一种整体性的法律态度过程框架，并比现有的司法决策态度模型有更强大的解释力？

第三，普通人的法律态度具有怎样的功能和意义？从卡夫卡的观念来看，面对神秘的法律，大家都是身处迷局的"普通人"。在具体的案件中，当事人、法律人和旁观者构成了看待法律的不同视角，多元的法律态度都追求着生活的实际收益。只有当人们走出了法律的实用主义迷宫，才能成为真正超然的"局外人"，破解"法"的根本奥义。所以，普通人的实用主义法律态度，对卡夫卡而言，既是一种必要的现实要求，又是一种局限性的观念牢笼。从真正的实践视角着眼，普通人的法律态度功能尚需不断改进，从目标评价、自我防御的工具效用到观念塑造、共识凝成的价值机理。

第四，法律文化与日常生活的关系如何理解？从现实角度来看，法律切入生活，并不意味着生活一定会嵌入法律。不少作为"国家项目"的法治失败案例告诉世人，国家能力与法律权能（Legal Capability）不能等同。从概念区分的角度，我们可以将法律权能视为更加广义和本体的"母题"，只有充分吸吮、浸染、表征和涵摄了法律权能的国家能力才是稳固且可持续的，否则，就会面临"正当化"困境，最终陷入榨取（extractive）制的恶性癌变。[①] 而普通人对法律的态度，

---

① 基于15年的研究积淀，艾塞默鲁与罗宾森以丰富的史料，论证了一项与国家法治紧密相关的基本事实：凡是在强调经济机会与利益开放共享、致力于保护个人权益，在政治上均衡配置权力的"广纳型制度"下，国家就会迈向繁荣富裕。反之，在经济利益与政治权力由少数特权菁英把持的"榨取型制度"下，国家必然走向衰败，即使短期之内出现经济成长，却必定无法持续，因为特权阶级为了保有自身利益，会利用政治权力阻碍竞争，不但牺牲多数人的利益，也不利于创新和整体社会进步。参见 Daron Acemoglu, James A. Robinson, *Why Nations Fail: The Origins of Power, Prosperity, and Poverty*, Crown Business, 2012.

则是法律权能的直接反映与显见指标。如果国家的法律及其实施、规制与执行过程得到了大众的普遍化认同，法治的"合法性"难题就得到了解决，进而，国家的法治能力也就可以内化，呈现出基础性的联结、驱动和保障功能。对法治而言，国家主导的顶层设计与大众文化的基层建筑理当均衡一体，高度协同。这种认同战略成为现代法治的要义，其核心在于降低法律运行的规制成本，塑造一种主动性、内在化的法律遵从态度。在此意义上，K 无疑是个极好的反面教材，透过他的法律态度和行动，我们可以体察出普通人实用主义法律逻辑的内在弊病。

最后，也是最为根本的问题在于，法律化的日常生活与超越法律的精神自由能否以及如何实现均衡？如同卡夫卡的人生，普通人在平凡中的伟大，需要自由的建构和书写。在表面沉默的大多数内心深处，究竟蕴藏着怎样的法律权能？这些问题，需要一种整合化的"普通人"法律理论予以回应。

第四节　文学律法的伦理光照

卡夫卡，这位布拉格的法学博士，称得上是天资峥嵘、贡献巨大、影响深远的卓越"法律人作家"①。作为其唯一与法律直接相关的长篇小说——《审判》在当代文学史上具有重要地位。《审判》不仅被改编为各种戏剧、电影、严肃音乐，而且为诸多司法意见书正式援引，"围绕它的解读争议甚至将一场新学术运动推向高潮"②。对于这部充满魔力的作品，本节将从"文学律法"的新视野，通过对作者心灵世界和创作理路的还原，开掘被研究者忽略的文学伦理意蕴，并以此进一步反思社科法学话语的构造。

一、切入法律的文学

西方文化从一开始就渗透着法律的技术和意象，文学作品中的法律主题形成

---

①　Posner, Richard A., "Kafka: The Writer as Lawyer", *Columbia Law Review*, 2010, Vol. 4, p. 207.

②　Dargo, George, "Reclaiming Franz Kafka: Doctor of Jurisprudence", *Brandeis Law Journal*, 2007, Vol. 1, p. 521.

了一个源远流长的历史谱系："从《欧墨尼得斯》(*Eumenides*)、《安提戈涅》(*Antigone*)到《凯恩兵变》(*The Caine Mutiny*)、《虚荣的篝火》(*The Bonfire of the Vanities*)、《他自己的狂欢》(*A Frolic of His Own*)，这些'法律与文学'作品都着迷于法律本身。"①在这种文学传统中，法律往往以悖论形式存在，在被辛辣嘲讽的同时，又是不可缺少的秩序参照。对卡夫卡而言，"歌德、陀思妥耶夫斯基、福楼拜、狄更斯这些他崇敬的前辈都与法律具有某种矛盾性关联"②。在他们的经典作品中，文学不是为了法律写实，成为一种普法工具——恰好相反，法律叙事是为了铺垫映衬文学故事——这在卡夫卡的《审判》中得到了坚持和升华。

申言之，卡夫卡创作《审判》究竟意图达到怎样的文学目的？如果他仅是为了沿袭法律与文学的传统，为什么舍弃现实生活中层出不穷的冤假错案，煞费苦心去虚构一个带有鲜明自传色彩的 K 的故事？《审判》以这样的话语开篇："一定是有人对约瑟夫·K 进行了诬陷，因为他没有做过什么坏事，却在一天早晨被捕了。"③在"无故"的背后，是否潜藏着某种有意的必然？如果存在这种必然，它究竟代表了怎样的伦理导向？这些问题，对于理解《审判》背后的文学律法与伦理主题至关重要。只有将卡夫卡所处的社会文化环境、其独特的思维方式、法律经历和具体的促动事件整合一体，将宏观解释和微观分析有机结合，才能真正看透《审判》背后的审判，以及实在法背后的"文学法"。

就社会文化环境而言，卡夫卡是"捷克–日耳曼–奥地利–犹太混合体的产物"④。卡夫卡是生活在捷克人圈子中讲德语的犹太人，他所讲的德语不同于德国、奥地利和瑞士的德语，而是一种被称作"布拉格德语"的少数语言，一种书面德语和形态语言的奇异混合。多种文化的冲突性熏染让卡夫卡始终处于身份迷失的临界位置，在社会疏离的孤独和追寻真理的幸福中摇摆。独特的社会文化身份，让卡夫卡几乎别无选择，除了"少数文学"，除了"局外人的法理学"，除了一以贯之的"家园"探寻，无所可依。从《失踪者》中被父母放逐异乡的少年到《审

①　Posner, Richard A., *Law and Literature*, Cambridge: Harvard University Press, 2009, p. 3.

②　Pinaire, Brian, "The Essential Kafka: Definition, Distention, and Dilution in Legal Rhetoric", *University of Louisville Law Review*, 2007, Vol. 3, p. 142.

③　《卡夫卡全集》(第三卷)，章国锋译，河北教育出版社 1996 年版，第 3 页。

④　Salfellner, Harald, *Franz Kafka et Prague*, Prague: Vitalis Publishing, 2007, p. 5.

判》中对居住城市不断感到陌生的约瑟夫·K，再到《城堡》中的外乡人 K，在卡夫卡的小说中，"外来者"总是最常见的形象。面对各种不可能性，卡夫卡通过几近绝望的探寻，最终发现了希望的光照，希望通过文学律法的伦理之门，将自由的真理从黑暗洞穴中牵引出来。在《审判》中，K 虽然是一个大银行的高级职员，但一直都不能融入主流文化。当他被宣布逮捕时，"他回想起——尽管他一向不太习惯吸取经验教训——有好几次，事情虽然无足轻重，但他对待这些事情的态度却与他的朋友们大相径庭，一点也没有考虑到可能产生的后果，而是掉以轻心，结果受到了惩罚。这种事情一定不能再发生了，至少这一次不能重蹈覆辙；即使这是一出喜剧，他也要参加演出"。①

　　对卡夫卡而言，自由意味着真理。父权的阴影一直笼罩着卡夫卡，挥之不去。卡夫卡将自己的父亲形容为坐在靠背椅里主宰世界的专制暴君，因为，"他具有一切暴君所具有的特征。其权力基础是个人基于权势的喜好，而不是思想的说服力量"②。世界因此在卡夫卡眼里一分为三：一个是他生活的奴隶世界，其中布满各种专门的法规，必须完全符合这些条条框框；第二个世界就是父亲生活的暴君世界，一刻不停地统治，发号施令，因命令不被遵循而动怒；第三个世界是理想的自由世界，这是一个所有人都幸福生活，不受任何命令和戒律约束的世界。不无巧合的是，根据《审判》中法院画家的说法，开释正好也有三种可能性："无罪开释、诡称无罪开释和延期审判。"③绝对清白无辜的人在法律上是罕见的，因为理想的绝对自由可望难即；诡称无罪开释可以使人获得法律的暂时自由，但所有的罪行都将被完好封存，法律程序随时可能复查重启，这种状态类似现实生活中的种种法律限制的"自由"；而延期审判只能凭借当事人与法院的关系而定，只要案件永远处于未做最后判决的初审阶段，人们可以在罪责待定的前提下"自由"生存。从延期审判到最后判决，没有确定的界限，就像暴虐的父权不可揣度一样。

---

① 《卡夫卡全集》(第三卷)，章国锋译，河北教育出版社 1996 年版，第 5 页。
② Weisbrod, Carol, "Family Governance: A Reading of Kafka's Letter to His Father", *University of Toledo Law Review*, 1993, Vol.1, p.699.
③ 《卡夫卡全集》(第三卷)，章国锋译，河北教育出版社 1996 年版，第 112 页。

卡夫卡在法学院的学习经历和之后的职业生涯，让其在倍感自由难能可贵的同时，探寻出了一条独特的文学创作之路。卡夫卡在大学时本想选择哲学专业，但几经更换，最后学习法律。习法并非他的真实志愿，而是迫于个人生计和父亲意志的无奈之举。虽然如此，他还是顺利完成了学业，22 岁时获得了法律职业博士学位，之后从事保险法律事务工作。从职业技能和表现来看，卡夫卡是一位不折不扣的优秀法律人。除了出庭、调查，他热衷于法律公文写作，"将工业技术和保险法规的细节描述得异常明晰"①。不容否认，卡夫卡的法律学习和实践，强化了其知识的广度和推理的深度，为其文学创作不仅提供了饭碗保障，而且开辟了想象空间。然而，他始终没有从伦理上接受法律的规训，现实的法律与其内心的自由和真理难以相容。法律对其而言，只是职业，而非"志业"。法律是一种谋生方式，而写作是一种祈祷形式。相比于成为一个优秀的法律人，高度私我化的自由文学创作才是其终生理想。卡夫卡总是在写作中与自我对话，试图不断穿透表象，进入真理内部，完成自由生命的终极圆满。在《审判》中，法律不过是叙事的材料，故事的名头——真正的实质，与司法制度、诉讼程序、法律技术无关，与生命的自我反思、归罪和救赎有关。

1914 年的卡夫卡处于人生的重要转折点。此时，他刚完成第一部长篇小说《失踪者》，正在寻求更大的突破。他的职业生涯处于稳定的上升期，大量时间和精力用于工作和社交，与文学创作发生了冲突。他似乎可以摆脱父亲的影响，但父亲的权力依然存在，不自由的感受反而更加强烈。在感情上经历了风波，解除婚约过程让他痛苦纠结。在"旅馆庭审"中，面对未婚妻菲利斯朋友的控诉指责，卡夫卡"从头至尾一言未发，婚约最终被取消"②。数周之后，卡夫卡开始写作《审判》。这时，"他不再把时间浪费在情书往来和社交活动上了，旅馆的庭审引起他充分的思考和丰富的联想，一个被告约瑟夫·K 的形象萦绕心头，呼之欲出"③。在《审判》中，主角 K 被指控，第一次审问就发生在他隔壁的 F. B. 女士

---

① Dargo, George, "Reclaiming Franz Kafka: Doctor of Jurisprudence", *Brandeis Law Journal*, 2007, Vol. 1, p. 519.

② Klima, Ivan, *The Spirit of Prague*, Trans. Paul R. Wilson, London: Granta Books, 1998, p. 120.

③ 杨恒达:《卡夫卡传》，台湾业强出版社 1994 年版，第 126 页。

(卡夫卡在书信中称菲利斯为 F. B. 女士)卧室，F. B. 女士在小说最后神秘露面，当时 K 被两位刽子手拖走，并被"像狗一样"处决。"当卡夫卡和菲丽丝在柏林漫步并低头求婚时，他一定对自己也有'像狗一样'的同感。"① 卡夫卡要排除一切妨碍其文学自由理想的因素，从家庭、职业到社交、婚姻，概莫能外。任何外在事务都不能影响他的思绪，即使是德国向俄国宣战这样的大事，他也只是在日记中一笔带过。加缪认为，《审判》的成就是圆满的，除了尽在不言中的反抗和绝望，关键在于其包孕的不可思议的行为自由。② 在《审判》中，卡夫卡寻求的是安身立命的终极法理，从实在法的技术角度分析其中的片段，或者用新批评学派"去作者化""非意向化"的诠释方法，都难以准确把握《审判》的主旨内核。

二、穿透法律的文学

柏拉图《理想国》的洞穴隐喻表达了人们对于真理本质的可怜无知：人们被缚蹲在地上，背对亮光，看到的世界不过是映现在地牢上的影戏。1912 年在旅途中的卡夫卡阅读了《理想国》，对他来说，真理的图景更为复杂：犯人完全意识到其屈辱的监禁处境，同时又有一种着了魔似的求知欲，由于其倔强的行为和不停赌咒发誓，监狱当局表现出某种不怀好意的宽宏大量。为了满足犯人的求知欲，狱方在牢墙上嵌了几面镜子，由于地牢四壁凹凸不平，这些镜子成了一面巨大的哈哈镜。囚犯看到了一幅幅清晰的图像，目光不再虚空，因为眼中有了理想的现实映像。他们以无与伦比的学究神情观察着每一条线的弯曲及每一张脸的变换，不断将每个偏离现象速写记录。一会儿用这一角，一会儿用那一角，作为他们无穷计算的出发点。他们热切地希望这些计算将成为真理的几何学。③

卡夫卡敏锐发现了"洞穴"的原初性，他的许多作品都以地下世界作为发生场景。《审判》中的法院有两种：一种是 K 想象中的司法大厦中的法院，一种是 K 现实遭遇的潜藏于民居阁楼的法院。④ 前者或许富丽堂皇、庄严神圣；后者则

---

① Banville, John, "A Different Kafka", *The New York Review of Books*, 2013, Vol. 18, p. 230.
② 参见叶廷芳编：《论卡夫卡》，中国社会科学出版社 1988 年版，第 107 页。
③ 参见叶廷芳编：《论卡夫卡》，中国社会科学出版社 1988 年版，第 170~171 页。
④ 《卡夫卡全集》(第三卷)，章国锋译，河北教育出版社 1996 年版，第 77 页。

是条件简陋、空气污浊，活生生的另一处地洞！洞穴的最奇特之处是边缘，边缘虽然仍属物体，却往往总是望向虚无。边缘是物质世界的边哨，虚无则不存在边哨。《审判》中的"法"总具有洞穴的构形，在法的洞穴内里，潜藏着一个无底的深渊，一种永不完结的过程。

在法律洞穴深处，究竟有怎样的秘密？通过对法律本质的文学拷问，卡夫卡的答案是"虚无"。法的本质就是没有本质，或者说，法律的秘密就是一片空旷。而这种虚无的空旷，正是卡夫卡内心认同的绝对自由，它只存在私我的文学王国，秘密被独家垄断。文学律法的存在，是自由得以定在的关键，也是现实法律构造和运行的神秘源代码。

在这种哲思的导引下，卡夫卡借助表现主义"向内看"的创作手法，启动了《审判》的法律穿透之旅。卡夫卡创作《审判》之时，正值以德国为中心的欧洲表现主义运动方兴未艾，表现主义追求的内在真实、梦幻世界、怪诞风格、强烈感情和酷烈画面，都在《审判》中留下了鲜明印记。但卡夫卡毕竟不是一个纯粹的表现主义者，他的创作已不能满足于内观与叙述，而要达到"思维小说"的高度。在《审判》中，卡夫卡的哲学思考与文学表达力求融合，没有概念，没有体系，有的只是想象的世界，既充满生动的具象思维，也饱含缜密的逻辑推理。在写作中，卡夫卡尽力克服犹太德语晦涩难懂的缺点，虽然这对于表现主义而言，恰是一个难得的优势。他力求推理和文笔如法律般质朴精准、明白晓畅，但在命意和主旨上却处处遮蔽，让人一不留神就落入精心设计的迷宫和陷阱。

面对《审判》，现实主义者将其解读为反映资本主义世界法律罪恶，尤其是司法迟延和腐败的生动教材。存在主义者倾向于从中体察法律和人生的无奈与荒谬，即使保障人权的现代法律同样也是自我悖谬、无法理解的"怪灵"。理想主义者会在实在法的绝望中发现自然法的希望，毕竟，在乡下人临死的一刻，"火光"有了喷薄而出的迹象。其实，卡夫卡构造的"审判"与其说是一场法律诉讼，毋宁说是一种思想实验。通过 K 的以身试法，卡夫卡的真正意图是穿透现有法律的表象，揭示文学律法的深层伦理。从表面上看，《审判》没有清楚的时空定位，也无明显的结构和情节发展，有的只是周而复始的事件。但审判过程其实处于螺旋上升的动态结构——莫名其妙被控的 K，渴望获得一次公正的审判——终极指向的主体正是 K 始终见不到的"最高法"。卡夫卡没有写完《审判》，不是为了"让我们满怀惊奇地停步在悬崖之上"，这一行为或许是一种隐喻，代表了永远处于动态阐释中的真理状态。《审判》的德文题名 Der Prozess，原意就是"永不完结的过程"。在 K 的案件中，法律诉讼基本停留在预审阶段，但他对最高法的探究始终如一，未有止境。

对于《审判》中的"最高法"存在多种解释。一种比较有影响力的观点认为，乡下人和 K 临死前感觉到的"神秘之光"，正是小说最虔敬的时刻，这与犹太法很相似①。结合卡夫卡的犹太文化身份，这种说法似乎站得住脚。的确，卡夫卡与犹太文化难以分离，犹太教的上帝审判和原罪观念对其文学创作影响巨大。但我们必须注意到，卡夫卡构造的文学世界与犹太律法也有诸多背离，最明显的就是《审判》中的最高法官一直隐而不彰，如果它是上帝的化身和象征，这种缺位是犹太法不能允许的。事实上，卡夫卡直到人生后期才正式开始研究《犹太法典》。从《审判》中教堂里那段 K 与教士的对话来看，犹太法也非卡夫卡心中的最高法模本。教士和 K 围绕着犹太律法的注经争论，正好说明了人们对这种法的理解充满歧义，它并非代表真理的最高法。

那么，卡夫卡《审判》究竟揭示了怎样的法律本质？家庭法、国家法和宗教法，都被他一一否弃，他心中的"最高法"到底藏身何处？德里达通过细致的文本解读，得出了这样的结论："法既不是五花八门的，也不像是某些人认为的，是一种普遍性通则。它始终是一种习语，它的门只关系到你——唯一的、特别为你注定、确定的一个门。"②在他看来，法从本质上不可接触、不可理解、不可违反，它就像一部"原始"文本，任何改变它、毁损它、修正它的行为都是不允许的。虽然它的指向和目的并不具有同一性，本质也不可读、不可知，但它的"形式"却显示出一种应受绝对尊重的个性。③法是没有自己历史的，就在于它的诞生是神秘的，迄今无法科学解释的，存在方式是无形的，看不见摸不着的。但正是这种无历史的法，才是永恒的化身，才具有绝对的权威和效力。法自身的规则

①　Butler, Judith, "Who Owns Kafka?", *London Review of Books*, 2011, Vol. 5, p. 5.

②　[法]德里达：《文学行动》，赵兴国译，中国社会科学出版社 1998 年版，第 144 页。

③　参见[法]德里达：《文学行动》，赵兴国译，中国社会科学出版社 1998 年版，第 145 页。

如果有，那也是一种习惯，一种内部掌握的神秘知识。任何人只能对属于自己的"法"产生关联，这种法或许就是最高的法。

这样的"法"对普通人而言，当然是一种充满神秘力量的强制和诱惑，但它仍然不是卡夫卡理想中的最高法。这种法是现实法律机制发生效用的秘籍，但并非最高法的本质。在卡夫卡看来，最高法实际上寓于无穷尽的真理探寻过程之中，它并非确定的实际存在，而是一种内在于个体人生的伦理自由。《审判》中的 K 想从外部探知最高法的秘密，采取了一种对既定法律戏谑、利用和逃避的策略，被最终证伪。在大教堂内，当神父问 K 对于案件下一步的打算时，K 表示希望再争取一些帮助，利用所有的可能性。神父非难地说："你寻求外部的帮助太多了，尤其是女人方面的帮助。难道你没有觉得，这不是真正的帮助吗?"但 K 的回答是："女人有着很大的权力。如果我能发动我所认识的一些女人，共同为我的案子出力，我就一定会取胜。特别是现在这个法院，它的成员差不多都是好色之徒。假如远远有一个女人在预审法官前一露面，他简直会把办案桌和被告一起撞倒，拼着命去追求她。"①K 是普通人的化身，既受到社会排斥，又渴望融入社会;既追求形而上的天国幸福，又迷恋形而下的现世安宁。他既是被告人，也是加害人。对他来说，在各种宗教和道德规范荡然无存之后，法律义务和伦理责任显得虚无缥缈。K 总在寻求一种外部的高级法拯救，却没有发现真正属于自身的法，承担属于自己的伦理责任。在真理的洞穴中，K 看到了细微的光亮，却错误认定了光源，直到生命终结，仍未彻悟本源："他的目光落在采石场边上的那幢房子的最高一层上。好像有灯光在闪动，一扇窗子突然打开了，有一个人模模糊糊地出现在那么远、那么高的地方，猛然探出身来，双臂远远伸出窗外，那是谁? 是个朋友? 是个好人? 是个同情者? 是个乐于助人者? 是单独一个人呢? 还是所有的人全在? 还会有人来帮忙吗? 是不是以前被遗忘的论点又有人提了出来? 当然，这样的论点肯定有。逻辑虽然是不可动摇的，可是它无法抗拒一个希望继续活下去的人。他从来没有看到过的法官究竟在哪里? 他从来没有进去过的高级法院又在哪里? 他张开手指，举起双手。"②

---

① 《卡夫卡全集》(第三卷)，章国锋译，河北教育出版社 1996 年版，第 156 页。
② 《卡夫卡全集》(第三卷)，章国锋译，河北教育出版社 1996 年版，第 168 页。

在《法律门前》的寓言里，"法"居住在无人知晓的内宫，是神秘莫测的世间主宰。当卡夫卡将"法"的大门毫不吝惜地向读者敞开那一刻起，对"法"的理解便成了人的宿命和权利。乡下人虽然无缘最终见到"法"，但是通过在门前日复一日、年复一年的观察与研究，他对"法"的理解有了不断的飞跃。守门人必须认真对待乡下人，因为，求见"法"这一行为代表了神圣的可能性。对最高的法律真理，守门人与乡下人都是无知的，他们都是法律进程中的迷失羔羊，都是被审判的对象。遍览《审判》中的法律人，他们其实也只是卑微迷茫的守门人，并不掌握真理，对 K 的罪行也无法弄清前因后果。所谓的法律事实不过是一种"证据的虚拟"，在有无真假之间往返顾盼。他们只知道，对法的命令必须绝对服从，法律理由可以有很多，不一定都是真理，但一定要装成"真理"，用神父的话说就是："倒不必承认他讲的每一句话都是真的，只需把这一切当作必然的而予以接受。"①在此意义上，K 和法律人并没有分别。在法的终极真理面前，法律人也是普通人，他们与"外行"一道都是伪旁观者，都在消极服从的同时积极寻求规避和突围的密道。

在《审判》中，卡夫卡极尽心力地塑造了一系列生动鲜活的法律守门人形象。这些形象大体可分为：（1）初级代表，或者说是法律之门的第一道看护者。逮捕 K 的看守和监察官，正是这一形象的代表。用看守的话说："我们的当局从来不会随便到老百姓中去寻找罪过，而是如法律所说，罪过引起它的关注，这才把我们这些看守派出来。这就是法律。"②（2）正式代表，即作为裁判者的法官。《审判》中的预审法官只是低层司法官员，但他掌握着从搜查逮捕到调查取证的巨大权力。在 K 的心目中，这些人模样猥琐，不学无术，性格古怪，贪财好色。（3）延伸代表，即那些在暗处影响司法的非正式力量。在《审判》中，法院延伸到民房、画家的阁楼、律师的私宅，因为法官的权力必须与这些因素打交道。虽然法院和法官是司法公权正式意义的代表，但实际上影响法官裁决的隐蔽权力主体流散于社会的各个角落，包括了解法院内幕的画家、律师、洗衣妇、女仆、厂主、神父甚至法庭的听众、法院阁楼楼梯上玩耍的女孩子们。

---

① 《卡夫卡全集》（第三卷），章国锋译，河北教育出版社 1996 年版，第 162 页。
② 《卡夫卡全集》（第三卷），章国锋译，河北教育出版社 1996 年版，第 6~7 页。

　　这些守门人的命运，与 K 具有同一性。他们是一个个不具名的 K，在洞穴中依循着折射的光线，从各自的角度记录着真理的数据，试图建立科学的几何学，但无论如何改变不了他们的囚徒命运。但他们没有 K 的不安分，从未想过越狱，逃到外界从另一种立场审视自身的处境。他们的法律永远只能在黑暗的洞穴中适用，见不得真正的阳光。

　　与法律人相比，K 其实处于更接近法的有利位置。虽然他没有任何公共权力，只是一个银行职员，但他对法律抱有坚定的理想和天然的信任。当被宣布逮捕的那一刻，他还执着地认为，自己生活在一个法治的国家，人人安居乐业，所有的法律都在起作用，谁敢在他的住所里侵犯他呢？[1] K 坚信法律会自动起作用，虽然他已经意识到自己可能把事情想得过于简单。但 K 不喜欢法律人的行径，对他们的一切都感到厌恶和可笑。与乡下人的虔敬顺从不同，K 内心不安，行为乖僻。K 的叔叔希望通过律师帮助他处理这个棘手的案子，K 最终拒绝，因为他希望通过更直接的关系干预实现彻底无罪的开释。K 一直拒不承认自己的罪行，对既定的法律程序公然藐视和破坏，非但不为自己的罪过进行及时、有力的辩解，反而更进一步地挑起事端，扩大事态。这样的异端，注定会被法律机器碾碎。

三、再造法律的文学

　　无论是父权至上的家庭法，还是国家主导的官方法，抑或上帝为尊的宗教法，都不符合卡夫卡的自由理想。如同在法庭上义正辞严地说自己要改造整个法律制度的 K，卡夫卡也在不断寻求文学王国里的最高法，希望通过文学律法的伦理光照，改变现实的法律困境。"从伦理的意义上说，在人类制度真正产生之前，体现伦理秩序的形式是文学，如希腊的史诗和悲剧。即使在人类的社会制度形成以及有了成文法以后，文学仍然是社会制度以及不成文法的文学表现形式。"[2]卡夫卡的《审判》，正是穿越成文法局限的文学律法典范，以强大的伦理光照，再造法律，恢复神圣。

　　在《审判》中，卡夫卡刻意隐藏的文学律法，其实正是无数解读者不断追问

---

　　① 《卡夫卡全集》(第三卷)，章国锋译，河北教育出版社 1996 年版，第 5 页。
　　② 聂珍钊：《文学伦理学批评：基本理论与术语》，载《外国文学研究》2010 年第 1 期。

的"最高法"。"文学在本质上是伦理的艺术。"①卡夫卡视文学为生命的全部，希望通过写作突破人生的"不可能性"，《审判》正是他费尽心血的文本结晶。他对《审判》寄予了极大的期望，因为这是代表其文学律法的核心文本，具备伦理裁判的权威。在其中，卡夫卡对法律加以文学省思，对文学移用法律隐喻，试图以文学正义丰盈法律正义，以文学律法赓续法律伦理。虽然接近文学正义也要通过重重关卡，层层跃进，但他坚信自己永不完结的创作终会揭示最后的秘密，将真理之光引入黑暗的洞穴。K 的死亡，暗喻着现实法律之门关闭，而新的文学律法之门徐徐打开。卡夫卡的伦理见识、文学雄心与法律才能，在《审判》中相得益彰，完美契合。

《审判》中的文学律法，意味着一种独特的范型，这种范型是以明确统一的个人风格为中心的。时至如今，"卡夫卡风格"已被确定为反抗专制和权力滥用的专门语词。卡夫卡之所以不喜欢僵化机械的法律，很大程度上也是因为依凭权力的规则总是忽略被统治者的感受，创立规则的人经常违反法律。在他的文学中，作者既是立法者，也是体验者，必须保持规则统一，逻辑如一。这与法治社会的理想状态不谋而合。更深层来看，卡夫卡风格显示的是人类挫败和自由意志的矛盾统一。卡夫卡自认为他是现代主义的最后象征，代表了一个不能适应却要勉强容忍的时代。在卡夫卡式的悲情抗争之外，还有一层重要的含义，那就是卓别林式的幽默。他在《审判》中对法律程序的夸张处理，将普通人物性格和日常情态推向极端，说到底，他是为了以轻松的审美气氛，实现深刻的伦理教诲。卡夫卡的遗嘱透露了他的思想秘密，将文学作品变成学说，是比喻性的文学获得经久性和朴实性的特点。"在自然性和非常性之间、个性与普遍性之间、悲剧性与日常性之间、荒诞性与逻辑性之间持续不断的张力作用下"②，卡夫卡的文学律法风格得以形成。

真理的不可判定性和创作自由的主体性，是卡夫卡文学律法的基本原则。卡夫卡认为，"真理是不可分割的，所以它无法认识自己，谁想要认识它，就必须是谎言"③。在《审判》中，火光既隐喻真理，也代表灵感。文学作品和法律起源

---

① 聂珍钊：《文学伦理学批评：基本理论与术语》，载《外国文学研究》2010 年第 1 期。
② 参见叶廷芳编：《论卡夫卡》，中国社会科学出版社 1988 年版，第 105 页。
③ 《卡夫卡全集》(第五卷)，叶廷芳、洪天富编译，河北教育出版社 1996 年版，第 11 页。

一样，都是理性难以解释的奇迹。所以，对卡夫卡而言，文学是高度私我化的创作，只有坚守文学自由的主体性，作品才能具有独特范型和明确主权，从而有效发挥伦理教诲的公共功能。这两项原则确立了卡夫卡文学律法的核心旨趣，那就是突破外部规限，不断接近真理，彰显文学自由。《审判》是真实世界的凝缩，也是卡夫卡文学王国的主权宣示，以之为标志，卡夫卡开始真正成为自己的国王，为自我的成就找到了安居的大陆。卡夫卡以《审判》立约，既是对自己的定格，也是对后人的教诲：在现实的困局中，不受假以真理之名的欺骗，坚守属于自我的人生法则。

阅读卡夫卡，必须接受其文学律法的伦理前提，否则就是非法的入境和侵略。第一，善恶难以理性判定，伦理具有情境相对性。"魔怪有时获得善的外表，甚或完全化身其中。如果它不在我的面前暴露，我当然只有败北，因为这种善比真正的善更吸引人。"①如果法律扯下伪善的面具，个人也只能"软弱而悲哀地进入恶之中去"。这不能归咎于个人的恶性，而只能作为基本的客观事实加以必要的接受。第二，文本主权者独立自治，不可更改。在卡夫卡的文本中，主体的叙事也是文学主权者的思想折射和意志再现。在《审判》中，作者与故事主人公的重叠性非常明显，卡夫卡非常迷恋这种半自传体的写法，这如同是一种理想化的个人生活志和思想录，由此产生的文本具有强大的伦理感染力。第三，找到属于自我的专有通道，不必等待他人的承诺、授权和允许。乡下人不能见到法恰恰是因为他在等候法的允许。K 的错误在于，固执认为进入法律是其自然权利，没有意识到个人责任。如乡下人 K 总是在寻求进入法律之门的外部援助，始终未能向内审视。归根结底，他们都没有领悟到必须建立属于自己的自由通道，因为，"自由与伦理和责任紧密相关"②。

就文本系统的形式特点而言，卡夫卡的文学律法具有明确的"中心-外围"的开放式网状结构。就《审判》而言，《法律门前》是中心文本。《法律门前》本是一则单独发表的寓言，后被卡夫卡嵌入小说中，成为类似于序言的纲领性文本。

---

① 《卡夫卡全集》（第五卷），叶廷芳、洪天富编译，河北教育出版社 1996 年版，第 34 页。

② Marino, Kevin H., "Toward a More Responsible Profession: Some Remarks on Kafka's The Trial and the Self", *Seton Hall Law Review*, 1983, Vol. 2, p. 118.

《审判》的编排存在多种可能，卡夫卡生前并没有为之排序，因为他一直在保持文本的开放和形成最后文本之间犹疑不决。为了保持文本的原意，卡夫卡设计了一种网络化的意义关联系统，实现彼此补充、相互诠释、自我纠偏的目的。他对自己作品不满意，因为他认为作为律法的文学文本只有不断理解、诠释甚至续写、重写，才能接近真理，维护自由。这就需要作者与读者建立一种特殊关系：作者不断延展，读者不断重读，作品的生命力可以在动态的过程中保持旺盛。《审判》正是这样一部互动性的文本，与从书面到展演的戏剧逻辑不通，它将展演的戏剧世界凝缩为书面的文本，通过一连串的动作与过程表现动态的规范形象。与单纯的文学剧本不同，卡夫卡的文本试图建立一个自足的世界，读者既是观众，也是批评家，甚至可以是助理导演、临时编剧和客串演员，在对其作品不断地细读重读中发现"法"的真谛。每一条法律都借着自己的定义和其他法律的定义，确定自己的效力方位。法条从来无法单独理解，也无法单独使用，一定要构成彼此互证的文本体系，才能发挥效用。理解《审判》，一定要辅之以《城堡》《在流放地》《判决》《变形记》等卡夫卡的其他作品，在过程和网络中完成意义的澄明、法则的发现。

　　要让这套独特的文本系统顺利运转，必须具备几个条件：第一，语言风格的统一；第二，体裁和形式的多样化；第三，争议的可裁判性。前两点是文本形式的要求，第三点是文本效果的反应机制。卡夫卡说："形式不是内容的外部表现，而是它的刺激，是通往内容的大门和道路。这种刺激产生了作用，隐蔽的背景就显现出来了。"①语言可以诡异奇谲，但不能风格混乱，这会让文学律法难以维持基本的同一性。但文学创作又不能为了同一性，牺牲最为重要的多元自由和界限突破。所以，在保证语言风格一致的前提下，必须不断探寻体裁的多样性，让文本的表达形式更贴近心灵的真相。对自己作品的反响，卡夫卡是很看重的，他在生前其实已经有了较大名声，有不少的追随者。卡夫卡在与他们的谈话录中，表现出的平等、睿智和精准，让人印象深刻。他宛如一个公正无私但又权威至上的法官，对所有的模糊、歧义与争端都能和平、理性裁断，轻松化解于谈笑之间。

---

① 《卡夫卡全集》(第五卷)，叶廷芳、洪天富编译，河北教育出版社 1996 年版，第 495 页。

对其作品，卡夫卡在《普罗米修斯》中预见了结局的多种可能：第一，陈词如旧，原样保存，如同普罗米修斯的神话。第二，合理诠释，有所深化。普罗米修斯被钉在悬崖上，痛苦万分，渐趋陷入岩石，与之融为一体。第三，随着时间的流逝，古老传说被各方彻底遗忘，文学的律法也难逃消失的命运。第四，留下了不可解释的"山崖"。法律文本会消逝，被遗忘，但法律的问题和传统不会因此阙无。人们可以不用去追寻立法的原意，也不用去煞费苦心编造新的传说，但必须直面在真实基础上产生的遗迹和问题。对卡夫卡而言，留给后世的遗产，一定要足够精粹，能都成为抵抗遗忘的永恒山崖。他对自己的作品，或曰文学律法的文本，如同法律般苛责。他在审判中找到了有罪与无罪之间的新地洞，一扇可以随时逃遁、随时新建的神奇之门。进入这道门，需要密码，他希望自己拥有，同时他人也能凭借自由的本真破解并获取，共同参与王国的建设，让文学成为每个人的"避暑行宫"。

卡夫卡从未在学理上表达过对国家法权威的任何质疑，但他还是成功创造了一种想象性的文学律法，对现代性状况加以伦理反思和整全理解。他的《审判》虽然没有社会学法学的理论外观，但让我们超越了对法律是一种社会控制工具的认识，将文学与法律的本质统一于经验化的人生哲学。虽然对于《审判》的任何解读都注定是不完全的、肤浅的、臆测的，但这不妨碍每个人都应去不断阅读它，尤其是深入理解其文学律法的伦理意涵。

四、超越"法律与文学"？

从20世纪70年代以来，"法律与文学"研究运动异军突起，对主流人文社会科学理论都构成了直接的挑战。为了回应质疑，法律与经济分析的代表人物波斯纳加入了这场运动，围绕卡夫卡的《审判》与多位学者展开了激烈论战。他指出："法律与文学领域充斥着虚假的前提、有偏见的解释、肤浅的争论、轻率的概括、浅薄的理解"[1]。作为顶尖法学家的波斯纳毕业于耶鲁大学英国文学系，对文学一直保持着专业关注和美学欣赏。但他的批评意见仅仅涉及"法律与文学"的方

---

[1]　Posner, Richard A., *Law and Literature*, Cambridge：Harvard University Press, 2009, p. 761.

法论、研究纲领和诠释技术，没有看到更深层的误区。由于"文学律法"的概念未得到准确厘定，文学文本和文学批评理论总是被法学家作为法律分析的依附性素材和移植性技术，而非独立客观的研究对象和学术谱系。"法律与文学"基本上是法律人主导的独角戏，文学被高度边缘化，文学批评成为法律修辞的工具和手段，文学中的律法和伦理主题也被悬置架空。这不仅损害了文学批评的自主性，也阻碍了法律理论的创新。

面对卡夫卡《审判》这样一部"法律与文学"的核心文本，法学与文学应当达成实质性的交融，形成新的"法理文学"①。对法律人而言，从文学中可以淬炼出法哲学、法律理论甚至法律实务技巧，但如果一开始就以法律的实际需求为出发点去吸纳文学的价值，不仅方向错误，而且目的不当、动机不纯，偏失自然难免。这种"法律化"的文学或许满足法律人的审美与智识需要，但对更广泛的公众而言，这种进路代表了法律的专断，对文学自由的侵蚀，甚至是对私领域的觊觎和心灵控制。这正是卡夫卡毕生反对的梦魇。

---

① Glen, Patrick J., "Franz Kafka, Lawrence Joseph, and the Possibillities of Jurisprudential Literature", *Southern California Interdisciplinary Law Journal*, 2011, Vol. 1, p. 22.

第十章

法律与文学的话语谜题

第一节　卡夫卡谜题

对于谜一样的人物，"祛魅"或许是最好的纪念。

卡夫卡，一个社会边缘人，死后获得了巨大的名声。有关卡夫卡的专门网站已经超过了 13 万个，个人传记和研究文章更是难以穷尽。在崇拜者的眼中，他是 20 世纪伟大的文学家、博大精深的哲学家、专业卓越的法律家，以及天赋异禀的预言家。在批判者的笔下，他的文字晦涩，是一个神经质的犹太人、宗教分子、弗洛伊德主义者、极权主义或大屠杀的信徒、极端现代主义的代言人。卡夫卡宛如被神魅笼罩的异类，以符号和象征的形态标签化地存在着。

卡夫卡总是矛盾与纠结的化身。他是法律博士，有一份收入和地位都不低的工作，手中掌握着万千劳工保险赔偿大权，有自己的社交圈和亲密朋友，也不乏明确的职场目标——尽快当上享有特殊津贴的部门副主管。他不是整天只知工作的呆子，对于游泳、划船、骑马、体操、园艺、郊游，样样热衷，门门在行。他长相英俊，气质忧郁，注重穿着，对女人具有极强的吸引力。他本该享有世俗的快乐，却一生都被精神的痛苦折磨。

卡夫卡到底想要从生活中获得什么？卡夫卡到底意味着什么？从德国作家莱

纳·施塔赫的卡夫卡传记中，我们或许可以找到答案。① 施塔赫从事卡夫卡研究多年，在他看来，大部分卡夫卡研究都充斥着臆测和冗词，人们很难从中感知其真实的人生。从纷繁复杂的学术大部头回到简洁明快的传记作品，对读者而言，是理性的选择。但对传记作家而言，则意味着能力和心境上的多重考验。为卡夫卡立传，除了必须掌握大量精确的知识资料，还要进入心灵世界的移情本领。面对迷宫般的卡夫卡世界，施塔赫竭力引导读者以卡夫卡的体验去思维，从而收获那"稍纵即逝的一瞥，或长久一点的凝视"。

施塔赫将创作卡夫卡的"终极性"（definite）传记作为毕生事业，已出版了卡夫卡传记"三部曲"。第一卷《卡夫卡：关键之年》的时间轴为 1910 年到 1915 年，当时卡夫卡年纪尚轻，每周工作 50 小时，晚上回家则奋笔疾书写小说。第二卷《卡夫卡：洞察之年》记录了他迅速成名，感染肺结核，忍受多年病痛折磨之后，在奥地利一所疗养院内离世。第三卷则是讲述卡夫卡早年的生活。

在卡夫卡传记中，施塔赫以不知疲倦的学术研究、异乎寻常的情感沟通和激昂多彩的文风笔调，塑造了一种"祛魅"后的日常人生，让我们真切感受到"做一次卡夫卡究竟是什么感觉"。这正是施塔赫的最大贡献，他让读者在阅读后感到卡夫卡竟是一个自己如此熟悉的人，甚至有些过于熟悉，而不知不觉忘掉了其光辉和伟大。

在施塔赫看来，卡夫卡"神经质、神情抑郁、挑剔苛求，不论从哪个方面看，都是一个矛盾而感性的人，总在围绕自己兜圈子，在任何事上都能引出点问题"。他决定要拜访一名已婚女性——后来成为他的情人——就足足用去三个星期，写了二十封信。卡夫卡自己也承认："有时候我觉得是生活本身让我心烦意乱、神经分分。"在卡夫卡的生活中，总是有一种"内在深渊"在不停诱惑他，他想伸手去拿，移步靠近却发现，难以达及。卡夫卡在书信和日记里反复表达这样的欲念："所有我掌握的不过是不断达及正常状态下难以抵达的文学深度的权力。真正的文学只有从内在产生，其中的任何事物都没有扎根，没有一劳永逸的本质，

① 已出版的中文译本，参见[德]莱纳·施塔赫：《卡夫卡传：关键岁月·1910—1915》，黄雪媛、程卫平译，广西师范大学出版社 2022 年版；《卡夫卡传：早年》，任卫平译，广西师范大学出版社 2022 年版；《领悟年代：卡夫卡的一生》，董璐译，黑龙江教育出版社 2017 年版。

只有精心设计的人为建构。"

对"关键之年"的卡夫卡而言，文学虽然不是职业和谋生手段，但绝对是具有重要功利价值的权力路径。对他而言，文学是一种心理治疗的方式，投入其中可以忘却工作的苦闷，化解内心的纠葛。他寄情文学，将写作视为生活的中心，因为创作可以给他抚慰和快乐，让他安稳与自信。文学，是卡夫卡谋求闻达的凭借。与常人一样，卡夫卡也有对权力、财富、色欲的追求，他的犹太人身份和法律人背景，都难以让其如愿以偿。文学，也许是他最后的稻草。在他所处的时代，文学家往往是社会名流的代名词，拥有非同一般的名誉与尊荣。如果仅是以文学为业余爱好，卡夫卡为什么对自己的作品那般苛刻，对写作和出版时的挫折无比在意？他想在文学上有所作为，这种成名成家的强烈欲念是精神痛苦的根源。对于卡夫卡的职业成就而言，文学才能也是不可或缺的关键因素。他撰写了许多质量上乘的公文报告，以严谨的主题把握和优美的细节勾画，赢得了上司赏识和同僚尊敬。随着职务的提升和责任的加重，卡夫卡开始抱怨时间不够用，但他仍然坚持将日常工作与文学创作结合起来。保险公司的法律事务，为他创作提供了丰富的素材和无穷的灵感。但这一切都因为其身体健康的恶化，改变了方向。晚年的卡夫卡开始反思自己的人生，沉浸于宗教般的虔敬，此时的文学写作已然成为生命的全部。

1917 年夏天，卡夫卡第一次肺出血，被诊断得了肺结核。他无法继续工作，只能提前退休，在疗养院度过了大部分余生。疾病对卡夫卡的打击无比沉重，但他还是故作轻松地向朋友描述病况："很特别，你甚至可以说疾病是对我的一种馈赠。""这病对我来说是公正的打击，可是顺带说一句，我都不认为这算得了什么打击，这和以前那些年比起来还逊色得很。所以这病虽然公正，但是它如此粗糙，如此世俗，如此简单，又如此瞄准最方便的位置。"1920 年冬，他的病开始恶化。布拉格的街道总是布满灰泥，天空也充满阴霾，卡夫卡一直发着低烧，不停打着寒战，出汗，咳嗽。疾病终于让他得到了难得的自由，文学不再是功利的追求，而是解脱的方式。他不停地写，因为留给他的时间不多了。在他的晚年作品中，罪与罚的主题被赋予了更深的道德含义。根据施塔赫的描述，1922 年的卡夫卡努力找寻"一些既简单又深不可测的形象，能永远镌刻在文化记忆之中"。

他写下了一些怪异的笔记，尝试了新的题材，但所有的一切都还是难以让他满意。

在卡夫卡生命的最后一年，他在公园里看见一个小女孩在哭泣。原来，她弄丢了玩偶娃娃。卡夫卡安慰她说，娃娃没有丢，不过是去了一个很远的地方历险。在随后的三周，卡夫卡每天都给小女孩写一封信，以玩偶娃娃的口吻描述自己的神奇经历。在卡夫卡的故事中，娃娃遇见了一个男孩，并且恋爱、结婚，过上了幸福的生活。小女孩从此也不再为失去玩偶而伤心，将思念化作了幻想和祝福。

1924 年 6 月 3 日，最后的一刻终于来到。吗啡和鸦片已经无法止痛的卡夫卡，用笔对病床边的医师写道：

"请不要离开。"

"我不会离开的。"

"可是我就要离开了"，卡夫卡写下最后一句话，"请杀掉我，不然你就是杀人凶手"。

卡夫卡梦想着自己成为时代的哨兵和见证人，他理想中的成就，或许只有在未来的天国实现。他人生的最后遗言，不是宏大的哲学体系，激越的政治理念，或神秘的时代预言，而是有关安乐与尊严的解脱请求。在人生的最后岁月，他发现"在积极的日常生活中，也有一些事，和其小小的快乐，并没有被扼杀，而是出其不意地如雨后春笋般涌现"。这正是卡夫卡文学遗产的归宿，也是他的祛魅人生的见证。

在当下的时代，浮躁的情绪好像普世的流感，困扰着红男绿女凡夫俗子。从卡夫卡的人生中，我们体悟到文学和生命的力量其实不过是卡夫卡所谓的"个人存在"，"从这细狭的锁眼中谛视，可以感受到的要比看到的更多"。卡夫卡说："以文学为出发点来看我的命运，则我的命运十分简单，表达自己梦幻一般的内心生活，这一意义使其他一切都变得次要了，它把一切都扭曲了，并将一直扭曲下去。"这种"扭曲"也发生在我们每一个人身上，不论是否意识到，它都坚定地存在着。内心的自由，是一切权利和社会正义的渊薮，在它面前，没有伟人与凡人的区别。

综观现今对卡夫卡作品的各种解读，真正符合历史情境和文本原意的不多，根据习惯、想象和需要进行虚构和再创作的反而层出不穷。表现最突出的，当属法律界对卡夫卡的误读。缘起于美国的"法律与文学运动"倡导从文学中发现法律的存在，深化法律的文本技巧，甚至吸纳文学的教化功能，同时保持法律对文学的权威规制。在这种以"法律帝国主义"为基础的方法论指引下，法律人对自己的职业地位和知识技能过分自信，对卡夫卡的法律背景极度放大，努力将其塑造为理想模范的"法律作家"。于是，我们可以看到，卡夫卡的作品成了美国法学院的流行阅读材料，甚至成为最高法院大法官司法意见的常见资料来源。这的确客观上扩大了卡夫卡的影响，但并不是真正的文学评论。过度的法律解读伴随着大量的常识讹误，褊狭的职业主义立场会让文学自主性和法律的自由度都遭受损害。

对于文学家，对于卡夫卡，我们应当坚持纯正的文学批评标准，深入真实的社会和个体情境，去发现和分析作品背后的深刻寓意。只有这样，我们才能将诱惑化为动能，将挑战变成机遇。

只有理解了作为常人的卡夫卡，特别是其多元重叠而又相互冲突的文化身份，我们才能明了，在其特立独行的文学风格背后，为何一以贯之的是有关真理和家园探寻的不变主题。面对"少数文学"的不可能性，卡夫卡总是试图在边缘处探察中心，在真理的隙缝处开凿地洞，迎接火光。他绝不会将自己局限于一种身份和职业，因为他意欲找寻的是最后的自由和真理，为此，他不断发现悖谬，揭示矛盾，从而找到突破，打破界限。

法律，是界限的象征，也是卡夫卡战斗的对象。卡夫卡对现实法律的批判，源于他对父权专制的恐惧和反抗，代表了他长期以来的身份焦虑和自由困境。他向往绝对的自由，这只有在文学创作中可以实现。在他眼里，世界一分为三：一个是他生活的奴隶世界，行为必须完全符合法规的条条框框；第二个世界是父亲支配的暴君世界，一刻不停地发号施令，而自己并不遵守法律；第三个世界是理想的自由世界，这是一个所有人都幸福生活，不受任何命令和戒律约束的世界——它才是卡夫卡毕生追求的文学王国，一切可能束缚文学自由的事物，都是不能容忍和妥协的恶，都必须接受真理法庭的最后裁判。

在卡夫卡的文学世界里，法律只是一种不自由的隐喻，并不具有实在的所指。他精心构造的一场场"审判"，与其说是具体的诉讼，毋宁是他对现实世界的批判原型。无所不在的"法"，以真理为诱惑，为托词，却被最后证明为"神秘的荒诞""虚无的崇高"。卡夫卡坚信，最高的"法"暗藏于人们负罪的良心深处，体现于文学自由的终极理想。在他作品里反复出现的"火光"，意味着神圣的复归和最后的拯救。《审判》主人公 K 的死亡，并非法律人眼里的制度罪恶使然，而是通向真理和自由新生的暗喻。

卡夫卡通过文学写作，实现了其接近真理的哲学关怀。但他的哲学思考并没有神秘、宏大的体系框架，而是通过常人的自由想象完成。这种想象既包含生动的具象思维，也不乏缜密的逻辑推理。法学院的教育和法律职业经验，帮助卡夫卡以严谨的理性开掘思想的富矿。他的写作其实并不魔幻，在表达方式上却如法律语言般质朴精准，以至于同时代的德语小说巨匠也对其客观清晰的文体赞叹不已。

卡夫卡在大学时本想选择哲学专业，但未能如愿，几经更换，最后学习法律。习法并非他的真实志愿，而是迫于个人生计和父亲意志的无奈之举。虽然如此，他还是顺利完成了学业，22 岁时获得了法律职业博士学位，之后从事工伤保险法律工作。卡夫卡的法律实践，增添了其知识的广度和推理的深度，对其文学创作意义重大，但这并不意味着他认同了法律的逻辑和思维。在他心目中，法律工作始终只是饭碗保障和写作的素材库，仅此而已。相比于法律职业，文学写作才是他的终生志业。法律是一种谋生方式，而"写作是一种祈祷形式"。卡夫卡总是在写作中与上帝对话，穿透表象，进入真理，完成自由生命的自我圆满。

所以，在卡夫卡的作品中，法律不过是叙事的材料、故事的名头——真正的实质，与司法制度、诉讼程序、审判技术无关，与生命的自我反思、归罪和救赎有关。如果一定要认为卡夫卡是个伟大的法律人，他也只能归于"自由法理主义者"之类，因为他寻求的不是法律技术的纯熟，而是法律真理的彰显。正因如此，用法律分析的方法无法读懂卡夫卡。正如法哲学必须坚持哲学的理路，法制史必须尊重历史的真实——法律与文学的研究，也应当以文学为本。

归根结底，文学的最大力量，在于它可以告诉失落的人，还有人可以读懂自己。如果我们认为，卡夫卡是真正读懂自己的人，那就一定要遵循他的人生轨迹，首先对其加以祛魅和复原。我们可以在阅读中彷徨迷茫，但千万不能失去了尊重与自省，用当下的愿景篡改原初的路标。

第二节 苏 力 谜 题

一、重读《法治及其本土资源》

这倒不一定因为它是一部经典。①《法治及其本土资源》初版问世，即在学界引发关注，博得热彩，亦有不少学识丰厚者提出各式质疑。如果将严肃的学术批评视为另一种喝彩，那么，无数的跟风解读、随意误读则无疑是"踢馆"了。至于"沉默大多数"为何无动于衷，是否需要外力唤醒？重读这本充满趣味且富有争议的法学文集，不啻为一次有益的探索。

相比于初读时的费解、恍惚，二十多年过去了，随着读者理解力的增强，当时的疑点已不复存在，许多原本无疑的地方却又晦暗不明起来。例如，作者朱苏力教授是"三观"极正的学者，无论是世界观、人生观还是价值观，甚至政治观，在他的代表作里原本有些漂移的形象，逐渐变得清晰端正。他对市场经济与法治（制）关系的探讨，问题竟是源自当时的主流政策/学术话语，所谓"市场经济本质上就是法治（制）经济"。与众多的反思批判不同，苏力采取的论述方式很时尚，确切地说，"很美国"，特别地"跨学科"，至少包括法律经济学、法律社会学、法律与文学、法律教义学（刑法和民法的相关分析）等多种理论资源。苏力试图将这些理论武器灵活运用，证立一个他所坚持的真理："要建立现代法治，首先一个重要问题是重新理解法律。"（第6页）法律是什么？这个经典的法理学母题，苏力从未放弃过。

---

① 本节引用的为《法治及其本土资源》一书的初版，即中国政法大学出版社1996年版。引文页码在正文中标明，不另加注释。

论述技法的炫酷，对真正的法律学术而言，只是一个微小的侧面，不一定产生法理学上的革命性后果。虽然苏力一直谦虚推让，称其无意于重塑理论，一切都有待于时间和公共选择。但如何重新理解法律？这个问题显然是一个有关法律本体认知革命的话题。在此意义上，重读此书，相当于重温法理学的母题，将一个历经千年不得正解的方程式重新翻检出来，在苏力谜题的引导下，再次尝试有无新的破解之法。

还有一层意思，多数读者都应明了。世易时移，沧海桑田——今日之中国与二十多年前的中国，在法治建设问题上，究竟有无本质的不同？当初的问题是否依然存在？如果存在，我们是否还要停留在原有的测度位置上去摸寻遗失之剑？如果不在，到底是怎样的解决过程？是否又滋生出新的困惑和难题？

毋庸置疑，苏力在书中提出的问题具有跨时空的特点，虽然是比较典型的中国问题，在比较法的视野下，也不难找到类似例子予以参照。若要用一个笼统的框架概括苏力当时的问题，我们可称之为"转型社会的法治建构"，尤其是当代中国法律类型和系谱的反思和重建。这样的题材作品，非常适合在重读后判别，在时间之流的伟力下澄明通彻。

二、沿着疑点

作为回国后的初作，苏力对《法治及其本土资源》的编排费了很大心思。他的思考虽然关注点众多，但主要聚焦于三处：一是"研究中国的现实"，二是"关注中国的司法"，三是探讨"中国法学研究的规范化，其中包括学术批评和法学教育"。（自序，第5~6页）对于法学研究者而言，前两点属于"外部关注"，第三点属于"内部关注"。三点连线，读者看到的是一幅由远而近、由著及微的图景。有心折叠者可以将这条思考的线弯曲回旋，摆弄出一个不规则圆圈或立体三角模型，构成一个自成一格的"苏力之面"。

如果上述解释过于牵强，扭曲了作者的原旨，下面的读解将本着苏力倡导的问题意识，由问题疑点出发，重思原著的内涵和不足。

第一，"乡土中国"在20世纪90年代存在吗？

不少读者注意到，苏力虽然在序言中提及《乡土中国》一书，但在正文中却无直接援引。对经典而言，大概形式化的引用并不紧要，是否遵循其"精神"才是关键。问题在于，中国社会学乡土派的研究讲求实证性，90年代的中国到底还是不是费孝通先生笔下的那个乡土中国？这绝非一个无关紧要的问题，它关系到苏力论证的前提是否成立。

当然，90年代的中国依然存在大量的民间习惯法，但它们总体上都处于激烈的动荡之中。绝大部分国人都接受并认同了改革开放的合法性，对外国物质文明以及发达国家的理想法制，无限憧憬，势若迷狂。在"道路通往城市"（苏力的另一部书名）的大背景下，乡愁是一种不合时宜的东西。如果真有人民大众的公共选择，绝大部分人可能会站在"变法派"这边。苏力的挑战注定是边缘化、节制型，甚至是带着必要的伪装和掩体的。

笔者想做一个不成熟的假设：如果苏力认真研究了90年代中国的城市化进程后，他会不会转而提出一种系统的都市法理论？乡愁很美好，辛酸的美好，它不只存在于乡间的小路，秋菊和山杠爷的村庄，它其实早已盘踞在高楼林立、人口密集的城市，扩散汇聚在鱼龙混杂、新旧交替的郊野。

评价90年代的中国法治，可以从多重主体的法理视角出发，所获取的图景必定是斑驳离奇。形式上的变法，只是国家法律理性化的一部分；"建立市场经济法制"，说来说去，终归是一个无奈且无害的口号。这些不能代表，更不能代替真实的90年代。乡土调查导向的国情论者从整体上欣赏苏力的主张，但在事实细节上仍保持默观和疏离。政策设计者更不会认同苏力的说法，虽然这个反调唱得很艺术，很委婉，很恳切，也很实在。但它毕竟是没有一线调研的学理议论，很难进入决策者的权力之眼。反倒是读书不多、阅历不深但又热爱真理、追求创新的法学青年，对之顶礼，为之膜拜。

试举几例。比如，计划经济时代的法律和政策，算不算习惯法？为了改变传统体制的恶疾，90年代的国家机器发动变法运动，但旧的权力结构惯性短期内很难克服，这算不算一种习惯法的力量？这是国家层面的政治习惯法问题。再如，社会层面的民间习惯法，在90年代的中国是否还是乡村文化主导？翻阅当时的资料，不难发现，90年代"乡土中国"的痕迹已日益稀薄，城市化率再创新高，经济高速增长的动力与新国家制度系统密切相关。国家权力在乡村社会的松动，与城市治理力度的强化并行，这本身就是一个值得追问的矛盾。随着城市化进程的不断加速，特别是国家治理需求的增长，90 年代以来，中国新法律、新问题的层出不穷，进一步瓦解了传统乡土中国的习惯系统。如果没有对城市化的反思，单纯从"国家与社会"的二元框架或"城乡对立，一国两制"的既定立场出发，很难说尊重了 90 年代的中国现实。

如果说改革后的"国家新习惯法"尚未形成，90 年代中国法制建设最大的困难，或许不在于对法律功能的再认识，寻求传统资源的补足调剂，而是一个彻底的国家能力和社会权力如何均衡的战略问题。

总之，90 年代国人的日常生活，在苏力的论说中被暂时遗忘。虽然有秋菊和山杠爷这样的文学样本，也有贾氏、邱氏这样的真实的小人物，但苏力始终没有将焦点投射到这些微观个体。反而对于转型、现代化、市场经济、自生自发秩序等大词的运用，驾轻就熟；对后现代的批判和解构精神，态度暧昧，对国家法和所谓民间习惯法的互动融合，语焉不详。这些刻意的留白，为读解者、评论者创造了无穷的想象空间，引发了独特的本土资源热及苏力现象学。

第二，与顶层设计有关的法治战略，究竟是中心还是盲点？

苏力在书中似乎有意将变法模式、接轨论与法律移植派等同，认为全盘借鉴西方现代性法治的观点，带有极大现实风险。作为现实主义的法治实践论者，他又非常警惕法学家或政治家对法治建设的顶层设计，向往某种人民群众的自发创造。

90 年代的中国法治很难说已经具备了"顶层设计"，用当时流行的话说，必须"摸着石头过河"。这种实验型法治或曰试验主义的变法模式，很快得到社会科学研究者的普遍认同。不唯法学家留意，更早为经济学家特别是关注制度经济学的学者热捧。直到今天，虽然形式上法治中国顶层设计模态初备，但这是否代表了战略意义的法治思维和制度的转型规划？这仍是一个疑问。事实上，我们仍在继续求索，摸着石头过河。

由此，一个值得深究的问题是，90 年代的中国共产党到底有无对法治的顶层设计规划？哪怕是一些思考和讨论？今天的法治中国顶层设计，对于 90 年代而言，是承继，还是超越？

重读苏力，可以体味出其浓烈的法政治学情怀。虽然表面上他拒绝了这些"说不好、不好说"的政治问题，但内里却潜藏着对当代中国法治战略研究的兴趣。他之后的一系列研究，特别是对古典中国宪制研究的新成果，都在刻意和无意之间导向于斯。

第三，比较法方法真的那么好用吗？

相比于一大批整日呼喊法律移植的食洋不化者，苏力的保守观点势必显得"极端"。这正是他的聪明所在。这集中体现在，他所使用的比较法武器，绝非为了法律移植的学术利器，技术性的规范比较难以彰显其理论雄心。诚如《变法、法治及本土资源》（收录该书的首篇论文）所批评的，很多国家和地区法律移植和理性设计的成功范例，"也许是一种迷惑人的表象"。（第 5 页）他要证立的命题是："中国的法治之路必须利用中国本土的资源，注重中国法律文化的传统和实际。"（第 6 页）他的聪明之处在于，一开始绝不涉入技术层面的细微谈论，只是"从理论上说明为什么能否以及在多大程度上利用中国的本土资源"。（第 6 页）这样的表达有些像管理学上的 5W2H 公式，关注原因、主体、事情、时间、地点、方法和程度，但又不承诺全部解决。灵活运用比较法，苏力是个好例子。

不能不承认，饱读西学经典和前沿著作的苏力，的确在当时已经站在了比较法研究的高点。《法治及其本土资源》充盈着法律文化比较的气息，是一部不折不扣的比较法佳作。但如前所述，苏力的观点在当时的法学界（包括比较法研究群体在内），还属于一种新生的值得争论的事物，故而很难立刻进入主流的视野。重读此书，我发现一个值得注意的细节。收录该书的十六篇文章，只有一篇，并且是最后一篇比较务实且带有鲜明对策报告色彩的文章，发表在中国政法大学主办的《比较法研究》上。这是一种当时学界唯一的严格意义上的比较法研究专门期刊，苏力在 1994 年发表的一篇文章中称其为"无论发表论文的水平还是编辑水平都属于国内一流的学术杂志"，并为其未被列入"核心期刊"鸣不平。这，或可成为证明苏力当时的比较法研究难以得到主流认同的一个证据。

"礼失求诸野，今求之夷矣。"苏力没有提后半句，实际上，他的本土资源并非纯粹的中国传统，更大程度上是以西方英美为隐形参照的"东方主义"。这一点，在他的对法治、司法和法学教育的整体研究中都有体现，司法研究尤其。

第四，是对法律文化的符号解释，抑或观念重塑？

既然以法律移植为主线的制度设计论不可取，怎样的法治路径才适合中国？当时的苏力也许也很困惑，很迷惘，一直试图回避否定后的肯定，解构后的建构。但他深知，这是一个无法规避的问题，甚至，当时中国比任何时候都需要正面这个问题。他期望"礼失求诸野"，寄望伟大的人民和神奇的时间，将法学家高贵的目光转移到移植论者眼力不及的民间荒野，希冀发现法治资源的富矿，完成传统经典体制的文化续造。文化保守主义的"传统的创造性转化"是一个理解容易、操作困难的悖论。苏力的选择是，通过法律与文学，更确切地说是，法律与文化的研究，利用大众文化的素材破解现代性法治的迷思。

最典型的苏力式法律文化符号(样板)，当属代表国家法和民间法冲突的秋菊。围绕秋菊，特别是苏力对她的全新解读，中国法学界已有大量论述。[1] 法理学的想象力，在苏力的文化典型分析拉动下，被充分激发。但一方面，文学(文艺)的想象代替不了法治生态的现实；另一方面，文学文艺作品有其特定的生产传播逻辑，法律人的专业想象也不能侵犯原作者的"文学律法"。由此产生两方面的风险：一是用虚拟的场景替换现实的语境，二是过度诠释和越位思考。这不是对苏力先生的特定批评，在当前的法律与文学研究中，这些情形并不鲜见，甚至比较普遍。虽然苏力在当时的研究中，已经尽可能预防了可能风险，但秋菊，在他的笔下，还是成了一个现代国家法运行的牺牲者。从一个权利觉醒的抗争者，变成一个最终受害的献祭人，"秋菊的困惑"比"山杠爷的悲剧"更加发人深省。苏力在书中的潜台词是：山杠爷被捕，失去的只是暂时的自由，但会得到上级和村民的体谅，会让他日后受偿；但秋菊打赢了官司，却失去了人心，家庭、老乡的误解，连同她自己的内疚，都会让她终生戴罪。

由秋菊符号引出的，为苏力反复论述的当代中国的法律多元问题，实际上早已被政治设计转化为法律(社会治安)综合治理体制方案。如果博观当时大量的实证材料，如内部资料、一手素材，苏力当初的观点可能会有不同的表现。也许作者心知肚明，只不过是为了方便理论建构而增添文学叙事，必要的裁剪加工自

---

[1] 此方面研究的最新合集，参见苏力等著，陈颀、强世功编：《秋菊的困惑：一部电影与中国法学三十年》，生活·读书·新知三联书店 2023 年版。

不可少。他的观点为当时正在兴起的多元纠纷解决方式，从理论和实践上都形成了呼应，提供了理据。法律多元的背后，满溢着西方经典法治范式的余韵。

广大中国农村及城市中生活在乡土状态的秋菊式妇女，她们的抗争行为是转型社会矛盾集中爆发的缩影。解决此类纠纷，单单强调法律的强力性规则作用必定不足，在中国，多样化的权威资源很早就形成了一种"综合治理"框架。但官方权力异化的问题不解决，宗教法、习惯法以及各类自治法的作用都难以精准到位。区分正态的国家法和异化的国家法，应当是有效的国家法批判的前提。对秋菊而言，如果真的存在正态的国家法运行，她还会是那样的悲剧人物吗？秋菊的故事，到底哪些关键的情节被文学家和法学家共同遮蔽了？特别是，就苏力这样的法学家式的批判解读而言，是否做到了尊重原初生活的本真，以及原创者的文学真实？

三、以秋菊为例

秋菊，在陈源斌小说《万家诉讼》中，本名"何碧秋"。① 她的故事发生在安徽与江苏交界的西北乡王家村。村委会主任（小说、电影和苏力书中的"村长"）王长柱打了她的丈夫，何碧秋带丈夫到就近的外省区医院验了伤，开了证明，取了旁证，找村长讨个说法。

在去乡政府的渡船上，船工似乎别有寓意地说："有水便生风，有风便有浪，过了这段深涧，会平静的。"虽然碧秋也觉得村长打骂一下，底下的村民无非不可，但朝下身踢，要人命就不合体统了。这倒不是因为她要生育，也不是因为那个地方有什么特别的文化含义，实在是因为村长的伤害行为已经超过了村民忍受的底线了。因此，她对船工的话并无太大的理会。

李公安和村长的形象，在小说原著中并不像电影里的纯净光明。李公安经常到村里与王长柱吃酒，字里行间隐约可见，吃喝的账款都由村上支付。就连李公安提出的调解（搭桥）方案，也公然将赔偿费一分为二：医药费由村里出，误工、调养等杂费由村长个人出。当碧秋到村长家领取钱款时，不知是气话还是实话，

---

① 参见陈源斌：《万家诉讼》，载《中国作家》1991 年第 3 期。

村长说：二十张崭新的钞票都是村上出的。这无疑表明：村长并不认为自己的行为是错的，即使赔偿也是公家的事情。更让碧秋难以容忍的是，村长借此对自己的"污糟"，回家对丈夫说："这个理不扳平，今后没法活。"

接下来就是径直到县里去告状。本来碧秋还指望再通过李公安搭桥调解，未料再去找他时已不见踪影。加之信任已失，碧秋疑心两人合伙做套，诱她去钻。看来，小说里的李公安哪里是什么肯自掏腰包买点心，一心一意帮村民的好人，他不过就是八九十年代中国乡镇干群矛盾极度紧张的一个样本。

碧秋先是鬼使神差般地到了县法院，却被人告知：找错了地方，公安局不在这里，还需七拐八弯才是，并且还得有一份状子。于是，碧秋花了35块的冤枉钱，找路边摊写了一份华丽的烂诉状，被公安局的同志退回。在其指引下，重新走正规程序。到了一家司法局办的律所，由一位三十多岁的小吴律师执笔写了份规范的文书递上。未料第二天，碧秋遇见了李公安，极有可能，他是被上级通知来"领人"的。县公安局很快作出了行政裁决，但碧秋听到的内容（因她识字不多，由旁人念述）与李公安的调解结果并无两样。最后，她干脆卖了两头催了一半膘的猪，到了市里继续上告。

碧秋虽识字不多，但也是个明理之人。更重要的是，她的学习能力很强，对国家法律的程序要求，能在短时间内把握要领。从小说的描述，我们可推知她的年纪应在40岁上下，或许更大，不然三十小几岁的吴律师不会让她称呼其"小吴"。她或许在城里打过工，至少，她不是因为告状才第一次进城。总之，她的学法能力、阅历和经验皆非秋菊那样的年轻女子所能比。例如，她再次到县城，知道自己这次要走的是行政复议程序，能否得到有利于自己家庭的结果，局长大人是关键。在热心快肠且博闻强识的旅店老板指引下，碧秋找到了市公安局严局长的家，送了四条大鱼，代表"事事如意""年年有余"，但可惜得很，未见其人。她知道，即使是后来市局作出维持结论，也不能由村长传达，更何况这次传达又成了村长摆局污糟自己的机会，这让她有了继续抗争的动力和理由。

小说中的严局长也不似电影中的亲民廉洁。至少，他收了身份不明者的四条大鱼却佯装不知。当碧秋找到他办公室后，还准备将这麻烦的小事推给分管局长。但严局长从表面看是廉洁的，并且很是英勇。他没有住在公安局的大院，而是蜗居在爱人单位的宿舍；他的办公室的陈设非常简单，就连用的茶杯也与乡里的李公安一样。某日夜晚，严局长一人与三个流窜到本地作案的盗窃惯犯殊死搏斗，最后英勇负伤。更难能可贵的是，在当时法制意识匮乏的大环境下，严局长竟能对一个碧秋这样的农村妇女说："权限是有制约的，你不服，可以向法院起诉，这是你的权利。"这样的法治话语，哪怕是放在今天，也着实令人心怀温暖，平添敬意。

但后面的描写让人又生疑惑。碧秋家的纷争，作为一起民告官的典型案件即将开庭，县城宾馆住着好些记者，而碧秋却还不明内里，稀里糊涂地在看热闹。这或许是一件早有计划和安排的典型案件，严局长正是背后最大的"推手"。他也许一直在思考，如何在新形势下塑造一个不仅廉洁、英勇，而且懂法、守法的好局长形象，当碧秋闯入他的视野，灵感乍现。一切水到渠成，天衣无缝。

小说对法庭审理的细致描述，在电影中被大大简化。虽然小说的司法过程描写也不够专业，甚至带有很多硬伤，但毕竟表明了原作者陈源斌对法制创作的意图。一审败诉后，碧秋毫不迟疑，表示要上诉。后面的事情也没有电影中的戏剧化，只是交代村长王长柱被警察铐走，算是此件纠纷的了结。碧秋虽有些不解，但绝无秋菊的困惑和内疚，只是觉得自己不过是想寻理讨法，怎样成了抓人坐牢？

据陈源斌自述，他写《万家诉讼》这个中篇，缘起省城家中的火灾。特别是烧掉的许多手稿，让他心痛不已。为了纾解心中郁闷，他在招待所闭门不出，着魔般写作，借着那些年在农村挂职的体会，十天一气呵成。未曾想，这篇小说在文学界获得了轰动；更未曾想，这篇小说还被改编成了红极一时的电影《秋菊打官司》，"秋菊"成了一个时代甚至几个时代的文化符号。

碧秋故事的原型地应是在陈源斌的家乡——滁州天长——一个被江苏环抱的安徽县级市。此地向来经济不错、农业富庶、交通便利，小说里的碧秋也不像电影中的西北乡下女人那般贫穷省俭，生活虽然不宽裕，但却不失基本的体面。她的"权利"意识，如果真实存在，应是源自此种"经济基础"，特别是改革开放后中国城镇化加速的社会大环境。小说中提到的"那个法"，指的就是1990年10月1日施行的《行政诉讼法》，这部法律出台的一个重要背景正是城镇化与经济快速发展带来的日益紧张的官民矛盾，官方习惯称之为"干群关系"。村长的权威日渐消损，寻求救济、讨要说法的途径日益便利，这些都让村民自觉有了抗争的底气。

小说中对县城光怪陆离的繁华景象之刻画，折射出快速城市化时代的转型中国特有的矛盾景观，反映出当时人们普遍怀有的金钱欲望、解放欲望。然而，传统治理模式依然运作如故。为了应付上级的农业检查，村长不惜使用暴力，逼迫村民拔掉青苗改种油菜，引发了日后的纷争。最后的纠纷解决方式，显然也不是法律正常运作的结果，并没有电影中的理想情景。极有可能的情况是，村长因未能妥善解决"万家事件"，将小事闹大，破坏了当地政府的形象而被"内部处理"。（通过李公安在县城对碧秋说的话，可以看出）即使行政诉讼最后（也许并非最终）还是从形式上维护了政府的面子，但事实上的不良影响已经造成，必须从根源消除，于是有了带铐抓人的结局。就其本质而言，小说依托的故事原型是20世纪90年代初期中国乡村治理中常见的反法治现象，骨子里并没有任何赞颂国家法律或乡土习惯的用意。

不得不说，《秋菊打官司》的电影剧本是一次对原作的"颠覆式"改编。编剧刘恒与陈源斌不同，他更希望自己的作品直指人性，而并非法制。新剧本虽然也展现了90年代中国的城市化背景，但并未深层触及城市化带来的农村结构变迁以及农民心态的变化。当张艺谋放弃在苏皖地区（这也是苏力先生的家乡）拍摄，转回自己的老家——陕西陇县乡村，此种裁剪就变得更为紧要了。影片让观众进入一个闭塞、落后的黄土地中国，虽然也有乡、县、市的场景，但从头到尾似乎都在有意迎合发达状态下城市居民的乡土想象。为了避免重蹈覆辙，在审查关上的"滑铁卢"，张艺谋和其他主创人员力求将这部电影拍成外观上具备普法宣传功能的主流片，所采用的纪录片式的拍摄手法，主要以"偷拍"为特色。

由此也不难理解，以苏力为代表的法学研究者为何要从中寻找问题，解读出国家法和民间法的冲突，硬生生将一部大众化的普法电影重塑为法理学上的经典文本。

中华人民共和国成立以来，虽然国家权力不断渗入乡村，试图全面覆盖，但宗族等传统力量仍旧留存。在王家村这样的地方，万家或何家不是主导大姓，力量无法与王姓相比。王长柱即使是依法选举产生的村民委员会主任，但他的另一重身份不可小觑：宗法系统的代理人。由此，何碧秋一家要讨的说法更显复杂，因为它触及宗法系统内部的问题，上告象征的是农户家庭对国家官方权威的求助，是 20 世纪 80 年代中后期中国加速改革/转型的矛盾隐喻。一方面，国家需要证明自己的法律权威；另一方面，国家又不得不放弃包办一切的全能幻念，回归家户经营的农业模式。承载个人法权力量的家户，运用法律的手段挑战基层治理的各级权威，也成了政治合法性与经济绩效双重保障的共同要求。在城市化的大背景下，90 年代中国农村的宗族力量正不断失去其存在基础。随着城市化的加速，农民的经济自主、进城务工日趋常见，宗族对大量年轻人已失去了约束力，真正社会历史性地瓦解了宗族生存的基础。无论从理论还是现实看，在当时中国村社制与家户制的对决中，后者取得了胜利。如果苏力先生的本土资源论可以成立，家户制这样的传统应当予以重点考量。

如果说 20 世纪 30 年代的民国法学是一种殖民文化的都市秩序想象，缺乏对西方城市制度的批判和反思。中华人民共和国成立以后，乡村成为革命乌托邦的圣地，新法制力求覆盖的重心。直到 80 年代，城市特别是大都市，依然被很多文化人看作某种异己的存在。90 年代与 80 年代之间存在明显的断裂，在文化上城乡对立的话题不再是新思想关切的中心，对城市问题的关注成为焦点。苏力的国家法与民间法的冲突互动论，如果置放在 90 年代的文化语境中，可以被理解为旧的城乡文化冲突主题的法学翻版，凸显出都市法文化缺位的问题，至今犹在。

20 世纪 90 年代的"城市中国"之所以未能在法理学研究中得到重视，除了转型时期的思想迷惘，新旧主体对乡土中国的共同眷念外，对研究者而言，还在于理论上忽略了法律是一种不断建构和实践的过程。这种忽视，使得相关的研究，无论是政法学、教义学，还是苏力倡导力行的社科法学，都多少轻视了当时中国正在发生的前所未有的纷繁复杂之变。如果身心陷于当时迷局的研究者未能通透现实、展望未来，时过境迁，二十年后再来审视，此种状况的发生可谓一种必然且无奈的经历和代价。苏力对转型社会国家法的批评，正如王安忆对上海生活"程式化"的不满。但出路呢？未来呢？理想呢？不能因为这些表达属于宏大语词，一律贴上抛弃的标签。王安忆在批评之后，期望回归上海"弄堂"曾有的"态势"——"埋头于一日一日的生计，从容不迫地三餐一宿"。她赞赏在缭乱的景物、浮泛的声色下，寻找"一些基本不变的秩序"，希望将它们平实、细致且富人情味地予以表现。如果她的出路是一种都市的乡愁，苏力的回应则是一种更为激烈和决绝的乡土乡愁。但不论如何，正如德国哲学家赫尔德所说：共同文化是人类深层的心理需求，"乡愁"乃是"最高贵的痛苦"。

四、苏力的谜题和意义

在某学期的硕士研究生讨论课上，法理学专业的同学对《法治及其本土资源》一书发表阅读感想。最先发言的 Z 同学，表达了苏力进路可能带来的法官自由裁量权扩张的担忧：如果习惯法纳入司法裁量考虑的范围，会不会让正义之脸变得更为模糊难辨？L 同学认为，苏力的观点更多是驳论，而非立论，异域的法律实践其实也是一种本土资源。C 同学欣赏苏力"毋必，毋固"的学术态度，但对本土资源的概念产生诸多疑惑，并以新的习惯规范，如网约车、全球分享经济模式为例提出了对本土资源论的疑问。W 和 J 两位同学都关注了苏力对《秋菊打官司》的阐释，肯定了普法运动背景下基层司法的治理作用，进而对法律与社会的关系生发出不少困惑。L 同学认为，苏力此书最大的贡献在于，对法学学术规范的强调，并身体力行，增加了法律研究的多样可能。

同学们的问题，在苏力此书的第三版中，很多已被作者指出。一番讲解后，笔者提出了"苏力的意义"这个话题，大家都表示了沉默。笔者只好自言自语：说自己无意模仿苏力对波斯纳《法理学问题》的评价模式，从本人定位、本国法学影响、世界影响及对当代中国法理学的意义，拾级而上，逐层深入。虽然苏力的贡献如今已被法学界认可，历史迟早也会更全面、客观地证明，但对于正在形成中的理论、思想和人物，我们的评判还是应当秉持"同情理解"和"有距离远观"之态度。概而言之，在当代中国法学学术史的生态系统中，苏力《法治及其本土资源》一书的意义主要体现在：

其一，苏力的意义，在于他是苏力，代表了 90 年代中国海归派返归体制时的创新激情。《法治及其本土资源》一书收录的文章，主要是苏力回国后任教北京大学时发表。一方面要向外界展现留学成果，包括美国法律与文学、法律经济学、法律社会学等交叉学科理论的运用，另一方面又要坚定马克思主义的正确立场和方向，同时还要吸纳中国学术本土派的优秀成果。理论资源的驳杂，决定了苏力式论述的"含糊美学"，独特的话语表达方式，背后深藏的是敏锐而受限的孤傲心灵。我们不能苛责当时的苏力老师不深入实践。事实上，繁重的科研教学压力、非理性的各类考核指标，已经剥夺了多数学者持续深入实践调查的机会。苏力的调研，很多时候是随意地就地取材，但却不乏明晰的问题意识和良好的论证成效。甚至可以认为，他的实证研究试图走出"定量研究帝国"的疆界，让新的"大理论"更富人文细节的温度。

其二，苏力的意义，在于他的问题以及分析问题的方法。结论往往并不重要，思考的方法才是王道。阅读苏力的文章和著作，很多初学者会有一种深入迷宫的惶恐与紧张，刺激之余难免产生卡夫卡式的梦魇，站在法律门前，不知从何而入？或者，注定无法进入？苏力的逻辑自成一体，可以有很多反驳的点，但找不到根本推翻的理由。他的观点太正确，论述也很精致，每一句话都无可置疑，却疑云密布。苏力的贡献，在于问题的发现和证明，而非解决方案与对策结论；在于方法的具体运用，而所谓的方法理论。他的《法治及其本土资源》催生了一批当今中国优秀的法理学作品，他的多方面研究也成为后来者学习和仿效的典范。

苏力的意义，还可以罗列很多。比如，他在《法治及其本土资源》一书中展现出的法律时空观，这也许是他"语境论"的最早操练。他将中国法制问题置于特定的历史和地域，反复重申时间和地方性知识的重要性。他的文化保守主义摈弃了法俄式激进革命，转而向英美温和路线求援，但最终他又不认同法治的美国模本。中国发展的极不平衡性、作为大国的特殊国情、民俗习惯，都成为他别开生面的法学研究基石。这也表明了苏力的另一重意义，那就是他的研究对象和内容都非常具有时代感，让读者能够有兴趣进入他的文本——哪怕是圈套，哪怕读不懂，也去试一试。这不仅仅因为文笔好、修辞妙，最重要的因素，还是扎实的学术训练、眼光毒、底子厚。苏力先生并不以此为傲，他总是在该骄傲的时候谦虚，该谦虚的时候骄傲。他希望作出自己的贡献，但又不断给法学家们泼冷水，为 90 年代不断升温的法治(法学)意识形态亮黄牌。破除法律意识形态的束缚，回归正常的法律制度功能研究，或许正是苏力一直的追求，也是其《法治及其本土资源》一书的最大意义和贡献。

讲完这些，下课铃声响起，有关苏力的探讨也到了尾声。

近年来，在"法律与社会科学"的旗帜下，苏力作为精神导师，凝聚了一群卓有见识的青年学人，构成了一个结构松散但志趣团契的学术共同体。更多游离其外的学人，特别是七八十年代生的法律学人，也受到了这股风潮的影响。尾随也好，后继也罢，重要的不是刻意模仿、亦步亦趋。学术明星机制在大众文化环境中，极易流变为新的宰制和牢笼。学术的开放、多元固然可喜，但"主流化"的使命也要有人承担。二十多年前，苏力以《法治及其本土资源》一书叙乡愁、引清流、开新风，而今在城市化中国的惊涛巨浪中，我们在反思重读、检视批判后，更应遵循新的时空刻度，继续前行。

第三节　反思中国的"法律与文学"

严格地说，"法律与文学"作为一种松散而茂阔的研究场域，本不该有地域限定。所谓中国的"法律与文学"，易言之，是指"法律与文学"在中国的历史演化与进展状况。问题在于，"法律与文学"就其发轫而言，显然不是中国学者提出，主要也不是针对中国的法学和文学研究。中国法学研究者之所以引入这个命题，最初并非想用它框构自己，无非是增多一种交叉研究的视野和方法，让外表冷峻的法律、法学乃至法治更加亲近宜人。用更为学术的表述，即这种知识引进，主要是为了稀释理性主义法律形象，凸显法律与情感的表层关联。这正是中国的"法律与文学"的初心或曰出发点。

在法学流派不大分明的"野蛮生长"时期，"法律与文学"的引入的确激发了强大的共鸣。20 世纪 80 年代，中国的"文化热"让"法律与文学"畅快成长。但在彼时，"法律与文学"只是一种粗疏的理论介绍，距离深层的理论实践很远。随着对西方理论的反思强化，中国有无"法律与文学"的传统，成为一个必须正视的问题。若要牵强附会，答案定然是"有"；若要精细考辨，恐怕事情又没那么简单。

　　中国的文人传统，事实上覆盖了法律写作。中国的文学是广义的，只是在近代才成为狭义的"文章之学"。传统文学无论在义理建构还是语言表达上，完全称得上律学之师。无论现今法律人对此如何不屑，但事实证明，"文以载道"的原则将法律写作（包含具体的立法制作在内）全然统括。法律文本、司法判词等数不胜数的文学创作，可谓传统中国的"文学法"实践。对法文理的高度关注，构成传统律学的鲜明主线。一方面，文人士大夫神游于物外，用多姿多彩的文学创作咏怀言志；另一方面，他们又劳形于案牍，用公正的命意和精致的修辞撰著法律文书。这种"结合"在文人政治中诚属常态，即使现今都可随处察觉遗踪。在国外著名作家身上，也能发现这样的文人精神。但不同的是，西方的知识分子传统总偏向建构一种独立的意识形态，总试图以真理之名与政治对抗，不喜欢在"同情理解"基础上追求互补与协作。法本质也是一种矛盾的统一。就此而论，人对法的精神的表达不能偏于一隅，最好能用情感包裹理性，甚至直接用欲望书写彰显正义规范。能对法的矛盾统一形成造成极大冲击和消解的，往往是具有总体意义的文化转型。这不是一般的转型，而是激烈、隐蔽、深远的大转型。对中国而言，它并非发生在近几十年，迫切风景"皆为序章"，正题还得久远溯及。

　　随着近代中国法律从文人传统中脱胎，"方言"之学跃升为时务骄子所选热门，包孕其中的文学、文化、文明冲突，让西文西语及其承载的西方思想和制度，逐渐替换业已固化乃至僵化的"文法"规则，在开出一些新气象的同时，对传统文人和新式知识人都造成极为强烈的心灵冲击。沈家本的政法文风，或许是一个显著表征。如果沈家本还不够典型，那么，观察伍廷芳、吴经熊诸君，其人其文，应可代表那个大转型时代的独特风景。文化大转型让传统"文学法"产生道体裂分，直接带来政治原则与其载体的脱离。传统的经学文学合体，也转变为新生意识形态与法律形式合体，并由此产生四种矛盾：传统政治原则（"道"）与新生意识形态（"主义"）的冲突；"道"与新的法律形式的冲突；传统文学载体与"主义"的冲突；传统文学载体与新的法律形式的冲突。那些秉持传统道体的保守派，意图将新的法律文本书写视为一种单纯的技术，但反对者则力求借法律形式和主义之变，推动传统道体彻底裂变。文化转型之激烈，由此可见一斑。就这样，"文学法"逐步演变"法文学"。新生的法律文本权力占据主流后，开始生成法的内部文化，对新的自我镜像之迷恋不断强化。一种有别于传统精英和大众话语的书写方式，以新的"法治"之名确立、铺展。新式的内部化、权力背书的"法文学"高居主位，新文学成为法文本的婢女，一个随时召唤的"答应"。所谓中国的"法律与文学"，能不衰朽乎？

所谓中国的"法律与文学"由来已久，至少就历史传统言，其内外影响极其繁复，非只言片语所能阐释。此番陈述，仅是提醒当下的研究者判明起点的工作尚未完成，无须过早预告未来。20 世纪 80 年的文化热，催生出"法律文化"的中国话语，带来"法律与文学"这一外来范式的引入。但由于当时对"文化"界定过于泛化，对传统怨念过于执着，直接导致广义的"文学"对于法治构造的意义不彰，对教义法学规训重述的合法性不足。反倒是西方的语言学哲学，以其莫名的威力征服了规范法学，使其成为一种广为传播的内部人的法文学。所谓"法律与文学"在此境况下的尴尬，无疑又增加了一层，这意味着对法律规范的语文框构，依然不是文学的任务，而是由法学家主导的超越日常语言，更有别于文学语言的"法言法语"建构。

现今中国的"法律与文学"有着浓重的"苏力情结"，盖因苏力是这个领域极有典范性的学者，他重塑的秋菊形象不仅让人记忆深刻，而且直指法治的中国问题。但苏力对秋菊形象的重新塑造，是一项另类的法学二次转译。电影文本中的秋菊属于一次转译，法学家要对此再度转译，目的在于可借这样的生动符号去隐喻宏大主题，"项庄舞剑，意在沛公"。不论二次转译是否真正有效的"隐喻"，至少在法学内部获得了很好的话语传播效果。但这不代表法律与文学在中国的理论突破。即使追究学术上更有代表性的作品，其引发的文学研究方面的零星争论，也尚未触及问题的症结。检讨相关争议，基本矛盾仍在于文学内生的律法与法学拟制的文论不能共存。所谓文学内生的律法，即经久而成的文学知识生产法则，传统文论主要研究这些法则。所谓法学拟制的文论，则主要以法学虚拟的裁判者眼光(法学的"上帝视角")去审度作品中的人物、思想和情感，对虚构进行再虚构，直至完成塑造出某种合乎法学知识意愿的"产品"。这种比较另类的法学家"文论"或"文艺批评"，正是当下中国"法律与文学"的主要成果形式。用西方"法律与文学"的术语表达，即"文学中的法律"。即使是这样的"文学中的法律"，也非全然表现法的实质，而更多是为了凸显形式合法性的要求，表现法学家具有洞察入微的专业知识，而惟独忘却了文学的虚构本身就是一种有内在章法的创作。吊诡之处在于，法学家动用文学修辞，遮盖文学内生的律法，代之以法学内部流通语文习惯。而文学创作者的修辞，却难以正当反制，将法学家的文学无知予以信息披露。

很明显，法学家的法律观是特定的权力话语构造，它与文学自身的律法是两种所指。文学中哪里有什么法律？有的只不过是虚构的人物和场景，故事或叙事中的法律话语罢了。当然，比较敏锐、深刻的法学家会洞察这些法律话语，然后再将它们摆在法理透镜下，细致玩味其内里的逻辑和机巧。但这种"话语分析"并非针对的是文学，而是文学中的话语。作为表征文学的具体作品，它势必首先遵照特定的律法打造，如此才能成为一种合格合规的知识产品或话语产物。无论创作者多么放荡不羁，思想、文风多么诡谲奇异，其内心深处必定不会没有自己的逻辑，不会没有对这个"作品"为何塑造以及如何塑造的理念模型。即使是后现代主义文学创作，也是有其既定之规的。文学家的律法与法学家的文学，在本质上是可以契合的，但出于权力、职业、学科、话语风格等差异，互不体认，彼此隔绝，在所难免。

这种状况是可以改变的，但需要有一方主动放下身段，率先贴近对方，谋求合意响应。从"法律与文学"的初心看，无论西方或中国，其理论主体多是法学中人，加之法学知识自带的权力优越，法学理应先向文学创作全面开放，让文学律法进入法学知识生产，从最基本的语法诠释、文学训练做起，尊重并保障文学律法的知识合法性。在中国法学教育的课程安排中，"论文写作"近年颇受关注，而历史更长、实用性更强的"公文写作"却遭冷遇。更大范围观察，"大学语文"课程几乎彻底消失，被精英法学院课程目录删除。类似"文学鉴赏"的通识课，看似可以填充空缺，但毕竟与法学院内设课程的"氛围"完全不同。"名著导读""经典导引"之类的课程，又流于疏阔，难以让法科学生领略文学律法的精义。"法理文学"这样的命题在学术界都显突兀，将其置于法学教育实践，其凋落命运也不难推测。将国外法学院开设的"法律与文学"课程，打包引入，可以获得一时的欢迎，但文化隔阂终会显出"破坏之王"的本性。从现有的实践看，知识引入时不做语境转换、重心调整、风格重塑，以多元杂糅的拼贴，忽而"文学中的法律"，忽而"作为文学的法律"或"通过文学的法律"，学生难免不在话语丛林中迷失，对主旨何在产生根本疑问。在主干性的部门法学课堂上，教师们也会利用"法律与文学"的技术手段，通过电影、视频、大众文学读物等素材，强化学生对法教义的理解和认同。但这些并非"法律与文学"理论的初衷，甚至直接构成了它的反面，一种可予魔幻式书写的法学课堂。这些枝节性进展，只能再次表明中国的"法律与文学"急需再造。

受苏力话语的影响，中国的"法律与文学"早已进入歧路，并一直在这条路上犹疑顾盼。近年"社科法学"的系谱建构，让其地位更显尴尬。作为一种关乎法之本根的学问，沦落至此让人唏嘘，也助人反思、奋进。当前所谓的中国"法律与文学"只是一种话语，既不是原生话语，也不是正常的衍生话语，而是在"法律文化"和"社科法学"范式塑造下故入歧途的话语。它包含的应激性反应，表明其注定不必承担核心使命，因为它无意建构，无意学科化、建制化，只是某种隐喻、倡导。在此意义上，它的确早已完成历史任务。而今的凭吊和纪念，并非是为了在其基础上面向未来，确而言之，只是要更果决地将它放弃，将它遗忘。通过"文学律法"的重新发现，"法理文学"的新语生长，在更广阔的历史文化脉络中再出发，找寻真正属于中国的文学法和法文学。

第十一章

法文化的人类学阐释

　　无论法学家对"同一个世界，同一种法律"(One World One Law)的世界法理想如何激赏，大众始终有问题隐藏：那将是个怎样的"美丽天堂"？因为，一旦人们对周遭的规则产生熟稔的依赖，外界的法律势必出现文化的阻隔，这道心理防火墙很难被法学家的吟唱击溃，相反，法学家的理想却在不断的文化沟通失败面前失去权威的光芒。这个大千世界，究竟有多少奇异的法律？不同时代、地域、文明的法律能否产生关联的链条？法律规则及其文化逻辑的背后，到底潜伏着多少不为人知的主张？这些好奇的发问，宛如孩童的痴语，竟然勾连出人类学与法学的学科交融，成为人类学与法律文化解释的智识宝藏。

第一节　何种问题？如何理论？

　　18 世纪末的德国，一股民族主义的盛大思潮以柏林大学为中心，向欧洲进而整个世界蔓延。这股思潮在哲学方面以黑格尔为代表，文学方面以格林兄弟为代表，法学方面以胡果、萨维尼为代表。格林兄弟广泛收集德国的土语、童话、民间故事和歌谣，并编辑成书。萨维尼与格林兄弟交往甚密，从他们的民俗学研究中得到启发，认为世界上各民族各有其特性和倾向，在法律方面，表现为该民族的习惯法和民族法。[①] 萨维尼认为，法律的本原是"民族精神"，而民族精神正

[①]　参见么志龙：《通向文化之路：从历史法学派到法律人类学》，载《比较法研究》1991 年第 2 期。

是特定文化一以贯之的"主旋律"。可惜的是，萨维尼最终未能挣脱德国法学强大的"潘德克顿"传统，没有对多样化的法律文化现象予以经验实证研究。

经过启蒙运动的洗礼，19世纪中叶，古典进化论成为人类学历史上的第一个正式流派。在这个学派眼中，包括法律在内的社会规范都属于广义的文化范畴，其进化遵循从低级到高级、由原始至现代的规律。① 西方的法律无疑是现代的，非西方的异域有没有法律？这是一个大大的问题。这一时期，瑞士法学家巴霍芬的《母权制》、英国法学家梅因的《古代法》、美国律师摩尔根的《古代社会》，都属于人类学与法律文化解释的首批经典。这些作品不约而同地认为，非西方社会存在独特的法律，但这些法律处在进化链的末端，与西方的现代性格格不入。

法律得以走向文化解释之路，有赖于西方人类学的发展，因缘于19世纪中期席卷欧洲大陆的革命风暴趋于平息，资本主义文明狂飙突进，特别是殖民主义的兴起以及随之而来的对异域文化的功利性探知。地理大发现造就了殖民主义的历史机遇，资本主义的组织体制与商业驱动保障了殖民主义的顺利推进，人类学的繁荣则为殖民主义提供了强大的正当理由和坚实的知识基础。

托马斯在《殖民主义文化：人类学、旅行与政府》中指出："殖民主义总是一种文化过程；其发现与侵犯是通过符号、暗喻和叙述想象、激励出来的；哪怕在仿佛最纯粹的获利或暴力时刻，都是通过意义结构来调停、架构的。殖民主义文化不仅是外在化的，用来掩盖、神秘化或理性化各种压迫形式的意识形态，它们也在自身内部表达与构建殖民关系。"②法律文化解释的兴起和发展，正是殖民主义文化过程的缩影，其核心追求正是为了论证法律文化的优劣，为殖民主义法律体系的移植和输出加以合法性的确证。

---

① 被誉为"人类学之父"的泰勒在1865年出版的《关于人类早期历史和文明发展的研究》一书中，对文化的概念进行了初步界定，在《原始文化》中，又作了进一步修正："文化或文明是这样一个复合的整体，其中包括了知识、信仰、艺术、道德、法律以及人作为社会成员所获得的能力和习惯。"泰勒致力于研究的是人类社会文化的发展进化轨迹，因此，将不同类型的社会文化进行比较研究，以确立进化的序列就是可行的。参见李成武：《人类学的产生和发展》，http://anthropology.cass.cn/view.asp? articleid=457，2010年3月8日最后访问。

② Thomas, Nicholas, *Colonialism's Culture: Anthropology, Travel and Government*, Princeton University Press, 1994, p. 19.

斯托金在《殖民情景》一书的前言中坦承：“无论是进化论时期，还是结构－功能主义时期，人类学不是提供证据证明文野之分的文明进程的合理性，就是为殖民当局的行政统治提供详实的‘他者’材料，甚至在人类学的萌芽期以及后殖民时期，人类学背后殖民权力的影子同样挥之不散。”①人类学的民族志既受殖民形势的制约，反过来又为殖民进程所用，已成为不争的事实。人类学发展的早期，体质人类学研究成为最重要的课题，这是因为体质人类学的“科学”证据证明了“野蛮”的非欧洲人代表了人类种族进化谱系的底端，而“文明”的欧洲人代表了最先进的进化种类。初期的法律人类学正是为了论证非西方法律的低端性，从而为殖民事业建构法理依据。

如何将异域法与西方法置于平等的文化语境中考量？对这个问题的深入思索，引发了现代法律人类学的最终型构。20 世纪，殖民主义体系遭遇危机，人类学理论不断成熟，法律的文化解释也开始投入“功能主义”的暖怀。② 1915 年，马林诺夫斯基来到大西洋新几内亚东部一个名叫特鲁布里安的岛上，与当地原住民一起捕鱼、耕种，学习他们的语言，参与巫术表演，观看各种仪式、习俗，“沉浸”（Deep Immersion）于当地人的生产和生活实践。历经三年，他满载而归，回到英国，相继发表了一系列以特罗布里安德人为题材的著作，首创了迄今仍被人类学者大力推崇并广泛采用的田野工作法。③ 马林诺夫斯基对古典进化论极为不满，他并不认为蒙昧的本能是原始人遵守法律的唯一理由。在他眼中，原始人同西方人一样有着理性的计算，他们是活生生的人，既不是道德上的楷模，也不是道德上的堕落者。原始人的法律同所有的法律一样，都是义务和权利双向互惠的结果，而这些义务和权利同其社会组织是一体的。法律的运作并不是静态的，

---

① George W. Stocking, ed., Colonial Situations: Essays on the Contextualization of Ethnographic Knowledge, History of Anthropology, Vol. 7, The University of Wisconsin Press, 1991, Preface, p. 5.

② 马林诺夫斯基对文化进化论非常不满，他提出了文化功能主义的理论和方法。在他看来，此种学说的目的在以功能眼光来解释一切在发展水准上的人类学事实，看这些事实在完整的文化体系内占什么地位；在这个体系内的各部分怎样地互相联系，而这体系又以何方式与本质而不在“进化的臆测”或以往历史事件的重造。参见黄平、罗红光、许宝强：《社会学人类学新词典》，吉林人民出版社 2003 年版。

③ 参见张冠梓：《法人类学的理论、方法及其流变》，载《国外社会科学》2003 年第 5 期。

而是满足人们生活需要的某种变化着的选择。① 马氏名著《原始社会的犯罪与习俗》讲述了一个凄美的爱情故事，这个故事也是特鲁布里安人习惯法的生动叙事。

> 特鲁布里安有一个年轻人从一棵椰子树上跳下来自杀了。其原因是他违背了族外通婚的规则，与其表妹通奸。该女孩的族外情人很爱她，一直想娶她，得知自己的情人与其表兄通奸后，深感自己受到了侮辱和伤害，于是决定主动出击。他首先威胁要用邪恶的巫术来对付其情人的表兄，但没有达到目的，于是在一天晚上，当众侮辱了这个罪人——在整个社区都能听到的情况下，指责这个年轻人乱伦，并用连土著居民都无法忍受的言辞恶言相向。结果，受不了侮辱的情人的表兄穿上节日盛装，佩上饰物，爬上椰子树，在茂密的树林中对村民们哭诉，说明了自己走绝路的原因，也含蓄地控诉了逼其走绝路的人。遵照当地习俗，他放声大哭，然后从 60 英尺高的椰子树上跳下，当场死亡。为他报仇就成了其同族弟兄义不容辞的责任。随后，村里爆发了一场殴斗，他的情敌身负重伤。

在特鲁布里安人看来，族外通婚是图腾制度、母权制度和等级划分制度的重要基石，违反族外通婚规则是一种严重的犯罪。氏族内所有姐妹都被男子以兄弟姐妹相称，没有什么比违反这条禁律更可怕的事了，除了公众舆论会作出强烈反应外，超自然的惩罚同样会惩治这种犯罪行为。这对特鲁布里安人来说就是一条公理。② 同样，血亲复仇也是习惯法的重要内容，由此引发了严重的暴力冲突。这些现代西方人眼中的"野蛮残余"，都与权利与义务双向互惠的"交换理性"有关。

以马氏为代表的人类学家有力质疑了当时流行的法律国家主义范式，扩大了法律的范围，开创了法律文化功能解释的先河。但是，这种法律文化功能阐释显得非常粗糙，并没有从根本上摆脱对异域法律的殖民者文化想象。

---

① 参见嘉日姆几：《人类学法律研究的思想脉络》，载《西南民族大学学报(人文社科版)》2008年第 6 期。
② 参见罗洪祥：《法人类学论纲》，载《法商研究》2007 年第 2 期。

在"后殖民主义"时代,① 人类学和法律文化解释的范式发生了重大变迁,后殖民主义的文化分析范式对当代法律人类学作用巨大。正是在后殖民主义的语境下,法律的文化解释才真正成为一种相对独立且独特的法学思维体系。后殖民主义的文化研究反对只重视研究历史经典,注重研究当代文化;反对只研究精英文化的倾向,注重研究大众文化,重视被主流文化排斥的边缘文化和亚文化;反对把自己封闭在象牙塔中,注意与社会保持密切的联系,关注文化中蕴含的权力关系及其运作机制;反对仅仅阐发某些文本的表面内涵,注重分析该文本所从出的社会制度和结构;反对经济决定论,主张把文化看做社会生活本身,看做一种整体的生活方式,而把经济、政治仅仅看做这一过程的构成要素。② 这些原则与方法对法律文化解释产生了极为深刻的影响。

在马林诺夫斯基之后,优秀的法律民族志作品层出不穷,蔚为大观。③ 在这些作品里,法律民族志的个案研究方法经历了从"寻找规则"(在法典或成文法中)到"探求过程"(在纠纷处置过程中归纳规则)的转变。④ 卢埃林与霍贝尔合著的《夏安人的生活方式》一书堪称新范式之代表。不同以往,该书以纠纷的背景、发生、演变及最后的处置为关注焦点,展示了具体纠纷如何解决、规则冲突如何化解,以及什么样的规则在各种纠纷处理中不断被证明是有效的从而传承下来。⑤ 之所以发生这样的转变,社会根源在于,随着西方殖民体系的进一步瓦

---

① 作为一个描述性历史术语,后殖民主义是指 1950 年以来的非殖民化时期,在此期间,非洲和亚洲的许多前欧洲殖民地获得了独立。从更深的文化层面,"后殖民主义"不仅指第二次世界大战结束以后、以雅尔塔会议为标志的殖民解放,也指通过文化和其他形式的新殖民化现象。

② 参见张其学:《后殖民主义:一种反思现代性的话语方式》,载《哲学动态》2007 年第 9 期。

③ 相关文献介绍,参见高丙中、章绍增:《以法律多元为基础的民族志研究》,载《中国社会科学》2005 年第 5 期。

④ "二战"之前,虽然也有大量法律人类学研究采取个案研究的描述方法,但是这些人类学家对原始法律的兴趣很大部分是因为希望通过研究使殖民地官员相信,"本土人"有他们自己的法律,以换取殖民地官员的尊重。但战后,随着去殖民化进程的加速,法律人类学者逐渐抛开法理学式的寻找规则的研究模式,转向了对实际审判和政治事件发生过程的描述,因为这些人类学家相信,正是这样的过程才使得有权威效力的决策得以产生,他们试图从这种描述中归纳出具有权威效力的法律规则。参见赵旭东:《秩序、过程与文化——西方法律人类学的发展及其问题》,载《环球法律评论》2005 年第 5 期。

⑤ Llewellyn, Karl and Hoebel, E. Adamson, *The Cheyenne Way*, Norman: University of Oklahoma Press, 1941.

解，人类学对异域法律的思考必须体现更精深的"文化考古"，特别是对纠纷成因的过程分析，有利于回应当时不断蓬勃的反殖抗争。

依美国人类学家文森特之见，正是在 1940—1953 年，法律人类学作为一个独立的分支学科基本成形，1954 年霍贝尔《初民的法律》标志着这一学科的真正确立。① 这本标志性著作在如下方面推动了法律文化解释的发展②：首先，在方法论上确认了法律文化解释以及纠纷过程研究的正当性，论证了法律与社会文化不可分，必须从社会文化中研究法律。其次，重构了法律进化图谱，归纳了法律的基本要素，为原始法和现代法找到了沟通与衔接的桥梁。最后，对法律处理社会疑难案件的文化功能予以重点强调，指引了法律人类学发展的路向。

20 世纪 60 年代以来，全球范围内的巨变从根本上动摇了人类学的学科传统。一方面，过去的西方殖民地社会变成了独立的民族国家，人类学家背负"殖民主义、帝国主义走狗"的污名，在这些国家中不受欢迎，田野调查工作遇到巨大障碍。另一方面，人类学所研究的传统社会被整合到新的国家体系中，它们大多不同程度地失去了自身原有的社会文化特征。于是，人类学家纷纷将关注的重点从初民社会转向西方社会自身。③ 此种境况下，法律文化解释出现了两种趋势：一种趋势是倾向于对独特性地方文化加以"深描"，揭示法律的地方性，以对抗西方现代普适性法律神话；另一种趋势就是跳出纠纷研究的狭小视野，将法律的文化解释与整体性的历史世界相关联。

格尔茨是第一种趋势的理论代表。他在《地方性知识：事实与法律的比较透视》一文中着力阐释了法律文化阐释学的"双层"理论。法律一旦被建构成一个需要加以阐释的意义网络，那么对法律的体认必然包括双层构造：一方面与当地人对它的理解有关，另一方面则与观察者所进行的理解活动有关。这两种理解都影响着最终所达致的阐释结果。就法律意义网络的第一层阐释来看，包含有想象因

① Joan Vincent, *Anthropology and Politics*: *Visions*, *Traditions*, *and Trends*, Tucson: University of Arizona Press, 1990, p. 3077.

② 参见[美]霍贝尔：《原始人的法》，严存生等译，贵州人民出版社 1992 年中译本，译者序言。

③ 参见董建辉、徐雅芬：《西方法律人类学的产生、发展及演变》，载《国外社会科学》2007 年第 6 期。

素的法律认识一方面来源于行为主体在经验世界中感受到的各种现象，另一方面则来源于行为主体从传统中继受的世界图景。它受制于具体的情境，同时又受制于行为人所处的传统，因此，法律作为一种理解的产物不能从生存环境中抽离出来而获得某种纯粹的抽象形式，它必然是地方性的。就第二层阐释来看，作为异域法律的观察者对于观察对象所具有的意义存在着陌生感，他并不能当下理解对象的意义，因此，就需要弥补观察者的意义世界与他感到陌生的意义世界之间的鸿沟，以期勾连起二者。①　于是，"深描"成为格尔茨法律文化阐释学最具特色的方法论原则。

第二种趋势代表了法律文化解释的最新转向，从过度微观的诠释中解脱出来，迈向历史世界的宏观体系。针对格尔茨的文化阐释学，强调法律文化历史分析的学者多数主张将法律理解为一种权力，法律文化解释的核心不在于构造所谓的意义网络，而在于恰当的分析特定时间和地点发生的法律行动背后潜藏的非对称权力关系。在他们看来，冲突解决的概念应当是法律人类学的核心，所有法律秩序都会产生非对称的权力关系，法律绝不可能是中性的，冲突自然是不可避免的。②　由此，阶级利益和权力斗争的问题便凸显出来。

当代法律人类学的研究者愈益强调探察文化背后的权力关系，其目光的焦点不再局限于古老民族的习惯法，越来越倾向于关注自身所处的复杂而发达的现代性社会，从现代法律正式运作体系的人类学观察转移到社会-权力大幕下的法律表演与戏剧性征。更为重要的是，学者们已经有意识将研究对象置于全球政治经济背景下，对各方权力消长变化保持高度的敏感。③　在他们看来，法律的生命和力量在于"某种权威，这种权威赋予某种社会秩序以合法性，决定着个人和群体之间的关系，主导着人们对文化的理解及其话语"。④　在此意义上，法律人类学

---

①　参见张琪：《双重理解下的阐释——读吉尔兹〈地方性知识：事实与法律的比较透视〉》，http://dzl.ias.fudan.edu.cn/ShowArticle.aspx？ID=4321，2012 年 3 月 9 日最后访问。

②　June Starr & Jane F. Collier, *History and Power in the Study of Law*, Ithaca：Cornell University Press, 1989, p. 7.

③　参见[美]奥斯汀·萨拉特主编：《布莱克维尔法律与社会指南》，高鸿钧等译，北京大学出版社 2011 年版，第 593~594 页。

④　Hirsch, Susan and Lazarus-Black, Mindie（eds.），*Contested States：Law*，*Hegemony and Resistance*，New York：Routledge, 1994, p. 1.

的发展致使这一学术传统洞察的对象距离"表面上的法律"越来越远。①

第二节　大众话语的文本分析

全球化时代法律文化分析的勃兴，很大程度上是为了回应跨国时代文化认同过程中的各种紧张、冲突和权力碰撞，越来越多的法律理论家和哲学家开始将法律阐释为一种文化经验。法律的文化研究需要富有想象力的细节深描，需要运用技巧探索它们的经验意义。② 法律文化研究日益倾向对大众文本加以法律的深描，法律精英们使用的许多意义生产工具，往往通过大众文化表达进入大众法律意识领域。电影，作为大众文化的重要载体，从中可以"学到许多与法律有关的东西"。③ 下面，我将就两部热映的电影加以法律文化的实证分析，尽管这两部电影表面上与法律没有任何关系。

《阿凡达》(Avatar)是一部科幻电影，由著名导演詹姆斯·卡梅隆执导，二十世纪福克斯出品。故事发生在2154年，主人公杰克·萨利是一个双腿瘫痪的前海军陆战队员，成为用人类基因与当地纳威部族基因克隆出的"阿凡达"，被派遣到潘多拉星球完成"潜伏"大业。然而，阿凡达最终站在了纳威人一边，带领族人成功抵抗了地球人的入侵，他最后成为纳威人的领袖。

《阿凡达》的叙事可以用法律文化方法解读，这部影片内含许多法律人类学问题。透过这部影片的叙事，我们可以发现，法律多元的背后，实际上是文化的差异和冲突。地球人与纳威人的战争实际上是一场殖民与反殖民的文化斗争，这一充满利益博弈与硝烟血泪的过程表面上与法律没有任何关系，但深入探察后不难发现，文化过程中的规则认同非常关键。

法律人类学源于人类学家在原始部落的田野工作，这些优秀的旅行家、探险

---

① Coutin, Susan Bibler, *Legalizing Moves*, Ann Arbor: University of Michigan Press, 2000, p. 10.

② 参见[美]奥斯汀·萨拉特主编：《布莱克维尔法律与社会指南》，高鸿钧等译，北京大学出版社2011年版，第601~602页。

③ [美]奥斯汀·萨拉特主编：《布莱克维尔法律与社会指南》，高鸿钧等译，北京大学出版社2011年版，第108页。

者当初也许并无学术意念，不过为了满足天生的好奇心。但慢慢地，在探究原始人生活习惯中，他们发现，在现代西方人看来是无比野蛮的"准人"其实拥有一套发达的沟通、表意规则系统，而这些规则很难为现代人知悉、理解。随着西方殖民事业的兴起，人类学的发现开始显示出越来越大的应用价值，同时也出现了难以调和的矛盾，即沟通与征服的矛盾。"进入他者"究竟是为了友好地沟通，还是有力地征服？站在人类学的立场，当然是为了沟通，正如《阿凡达》中的那位女科学家。[①] 但站在殖民者的立场，却是为了征服和劫掠，正如《阿凡达》中的那些可恶坏蛋。由此，两种立场的矛盾产生。《阿凡达》的男主人公最后抛弃了海军陆战队员的征服立场，站在了人类学家的立场。他之所以选择这种立场，不是基于知识的驱动，而是发自情感的要求。他对纳威人特有的文化和情感沟通方式极为认同，经过学习，熟稔地掌握了关键技能，并奇迹般地成为"魅影骑士"，领导潘多拉星球的土著民战胜了来自地球的侵略者，捍卫了"主权和领土完整"，复归于天堂般的美好、自由生活。用一句广告式的话语概括，法人类学的立场就是"规则无高下，沟通最重要"。

当代法律人类学反对文化进化论及霸权主义，强调多元、平等、沟通与和平。正如费孝通先生的名句，"各美其美，美人之美，美美与共，天下大同"。[②] 以科技为后盾的西方军事/工业文明带来的无休止资源劫掠，不仅会摧毁人类自己的星球，而且还会危及外太空的生态平衡。深嵌于西方文明的法律人类学工作者，既要顺应体制、争取资助，又要恪守伦理、坚持原则，何其困难！《阿凡达》的主人公，深陷文化认同的困境，最后还是选择了新的规则体系和行为方式。

就法律人类学关注的"规则/过程"而论，《阿凡达》中有不少细节可供研讨。比如，纳威人的首领设置规则是二元的，既有精神领袖也有世俗长官，精神领袖高于世俗长官；精神领袖的合法性必须通过"圣母"的确认，采取母系继承的方式，世俗长官的产生往往基于身体实力，采取内定的接班人方式。纳威公主是母系精神领袖的预定继承人，苏泰则是父系世俗长官的接班人。纳威公主有与圣母

[①] 作为法律人类学文本，《阿凡达》中还有一个细节值得注意。女科学家所著的书——《纳威人的生活》，从书名到装帧，都与法人类学巨擘们的杰作颇为相似。

[②] 费孝通：《缺席的对话：人的研究在中国》，载《读书》1990年第10期。

沟通的能力，当她看到男主人公身上沾满圣树的种子，惊讶、震撼、欣喜、不安、宿命、爱意……诸味交杂。她成为男主人公的"师父"，引领他学习纳威人的语言、习俗和技能。这说明纳威部落的开放，所谓"外人"只是那些愚笨、自大的家伙。"王子"不负公主所望，从驽钝挫败到卓越大成，他不仅被纳威人接受，还与公主发生了圣母见证的神圣爱情。尽管与公主早有不成文婚约的苏泰大为恼怒，要求决斗。从中可以发现，纳威部族婚姻规则的三个层面：首先，一般情况下遵从已有的约定，这种约定可以是不成文的；其次，当"约定婚"与"自由婚"发生冲突时，各方要举证；如果证明自由婚的主体得到了神的认可和庇佑，应当破除先前的约定；最后，如果当事方仍然不服，可以采用决斗的方式解决纠纷。阿凡达最后获得了胜利，"合法"拥有了纳威公主。

《阿凡达》的故事对西方现代性文化提出了批判，彰显了后殖民时代的法律多元和文化冲突。原始文化是古典文化的根基，而古典文明又是现代文明的源头。现代性发展的单线进化倾向非常危险，它会导致文明的封闭和自大。对现代法律文化的反思，需要借助多方的资源。法律文化解释试图发现的"他者"，或许正是理想的自我。从厚重的书本到鲜活的电影，人类学视野中的法律文化解释总是滋长于生活的土壤，而生活又具有鲜明的地域性。四海皆准的法律普适理想属于遥远的科幻，唯有此时此刻的法律生活事实才是真正的当下。

天下大同、众生平等，这些古典的中华文明观念，与西方法律人类学的深层理想具有隐秘而神奇的关联。近代以降，中国文化在西方文明的冲击下，虽不至于体无完肤，但至少也是面目全非。但愿西方人自身的反思能为我们带来深度的省察，面对日益恶化的生存环境，与中国崛起相伴的应当是更大的国际责任和真正的文化复兴。中国人的幸福生活，需要自我坚守——或许，西方文明永远只能是沟通的对象，而非模仿的楷模。

就现今社会治理模式而言，越来越多的西方人士开始对曾经让他们无比自豪的"法治"产生怀疑，因为通过法律现实主义的剖察后发现，法治理想所仰赖的"至上良法"与"普遍服从"，确实很难在现实中证成。在众神狂欢的现代世界，一元化的价值共识只能在神话中呈现，多数人的民主立法又带有暴政风险。批判主义法学明确提出，现代性法治不过是一个美丽的传说。后现代主义更是直截了当地否定法治的主体性和基础性。法治，在当下西方思想的系谱中，正由真实的体制理念蜕变为虚无的权力幻境。大众文化对宏大的制度正义兴趣减弱，娱乐时代的解构后果逐渐显现。奇幻叙事的勃兴，既表明现实生活的失望和迷惘，也隐喻了未来世界的期待和走向。《阿凡达》认同了异域法的合理性，《蓝精灵》同样如此。在某种意义上，蓝精灵的社会结构与规则更为符合"乌托邦"的定义，虽然对于这种乌托邦到底属于原始共产主义还是苏式集权体制存在截然相反的解释。蓝精灵的故事是社会治理与国家体制转型的一个文化隐喻。处于十字路口的转型社会，究竟是面向光彩照人的纽约？还是魔力至上的古堡？抑或权威主导的村庄？

还是先从故事本身说起：在一个山海乌有的美丽之乡，一群蓝色的魔力精灵快乐地生活着。他们的头领，身着红色，格外显眼，一把大胡子，象征资历、智慧和权威。他们住在蘑菇屋中，安居乐业，分工明确，没有根本矛盾，在嬉戏中驱除忧虑。他们本是单性的社群，可是有一天，花容月色的蓝妹妹不期而至，在这个平静和谐的村庄投下一轮爱欲的波澜。幸好，伟大的头领迅速用慈父的温情感化了这位本是巫师制造的"美女间谍"，使其成为坚贞不屈的蓝色家族核心成员。在这个理想的社会，没有国家和政府，只有富足和安乐。

维系蓝精灵社会的，除了自足的经济基础、超凡的魅力领袖、坚定的情感纽带，还有一个重要的支柱，那就是时刻的外敌侵扰。没有敌人，就没有"我们"。① 区分敌我，是政治的首要工作，也是精灵们的生活要义。他们之所以要努力工作、服从首领、团结一体，很大程度上是因为这个貌似无忧无虑的快乐王国时刻都处于危险的紧急状态。格格巫和阿兹猫的存在，如同无时不在、无处不在的魔鬼幽灵，提醒着精灵们安不忘危，时刻待命，随时逃离。

巫师和猫居住在神秘的古堡，他们最大的心愿就是捕获蓝精灵，榨取精灵液，实现魔力最大化。他们随时准备入侵蓝色村庄，掳掠、摧毁那些可恨的魔法精灵。在巫师眼中，蓝精灵是他的魔法材料，绝不容许他们成为独立的魔法主体。事实上，蓝爸爸的魔法力量大有赶超之势，虽不及他，却因天赋异禀潜力无

---

① 参见[德]卡尔·施密特《政治的概念》，载舒炜编：《施密特：政治的剩余价值》，上海人民出版社 2002 年版，第 182~184 页。

穷，唯尽早除之而后快。巫师懂得现代科技，挥手之间便可造出自动一体化的精灵液榨取机。他是现代世界的隐士和另类，处在原始魔法王国与工商世俗社会的交界点。格格巫和阿兹猫是典型的主奴关系。每当危险关头，格格巫总是用阿兹猫去试验和探路；每当格格巫触了霉头，阿兹猫总会笑着发出怪异的喵叫。

直到有一天，莽撞的笨笨引来可怕的敌人，精灵们在遁逃中通过神奇的蓝色漩涡，误入纽约——一段新的神奇故事开始了。在这个巨大蘑菇林立，"移动房子"(精灵眼中的汽车)蜂拥，各色巨人如织的村子，蓝爸爸和他的孩子们震撼了。这真是一个前所未有的新天地！还来不及欣赏，他们又要逃离，因为格格巫的追杀。精灵们的逃亡之路即是回家之旅。为了回家，他们必须找到望星镜和咒语书，并且等到五星连线和蓝月亮出现。他们必须积极找寻，同时消极等待。天佑精灵，机缘巧合——他们寄居在一位善良的广告创意师家中，与这个家庭的成员产生了深厚的感情，最后合力战胜了邪恶的巫师。

回家成了难舍的离别。爱秀的勇勇亮出可爱的屁股，卡瓦伊的底裤赫然印着：I Love NY(我爱纽约)。在纽约的短短数日，精灵们的世界观、人生观和价值观都发生了巨大变化。笨笨从站立不稳、没有自信的小可怜变成了机敏果敢、关键一击的超级猛男。皱着眉头、从不开颜的厌厌变得情话滔滔、欲念疯长。爱美的蓝妹妹发现，这个世界原来有这么多漂亮的新裙子，欣喜不已。智慧的聪聪学会了精灵的咒语，懂得了未知领域的深奥与广大。就连一贯严肃骄傲的蓝爸爸，在离别之际也动情地说："你们这个村子，对我们很有启发。"可以预想，这些精灵回家之后，必会产生许多新的思维和举措，蘑菇村的旧样子必会受到许多新的冲击，并出现新的变化。

这个最新的 3D 电影版的蓝精灵故事，可以用传统的历史观解释。代表先进工商业文明的纽约村"同化"了处于原始共产主义社会的蓝精灵，蘑菇村的未来很可能就是纽约化。但如此思考的同时，别忘了，精灵们最终还是选择了回家。尽管他们很不舍，但家的魔力是无穷的。他们是资本王国的短期寄居者，甚至根本就是路人和过客。他们进入纽约，不过是躲避灾难的一次误入。虽然联手现代人打败了魔法师，但这并不意味着他们对资本王国的认同。当精灵们被中产阶级的小孩当作新式玩具在商场里追赶，被傻冒的超市雇员在机器上强刷条形码，他们意识到，这是一个商品的物化世界，这里没有真挚的感情，只有永远的利益。这里的多数人和巫师一样，会觊觎他们的精灵液，所以并不安全。

资本的丑恶力量并未在这个故事中充分显现。那个试图与格格巫合作的女商人，对精灵的魔力梦寐以求，如果她知道了蓝精灵的秘密，又该如何？如果她发现了通往精灵王国的通道，定会比格格巫更为疯狂地剿杀这群无辜的生灵，以发明和获得利润的名义榨干他们最后一丝血肉和毛发。

曾几何时，古老的文明国家一切皆有礼制，尊卑序定，颜色类同，性情自由，尊奉权威。这样的黄金时代或存于虚渺的三皇五帝，或存于现实的家族社群。强大的外敌一旦出现，情感的共同体缺乏对抗的暴力，唯有逃离，从形式上分崩离析。但只要情感和信仰的文化纽带不被折断，暂时的颠沛流离却是重建家园的强大助力。在肉体逃亡的过程中，精神的凝聚更为紧密，甚至还可包容、创造新的主体和力量。误入异域文明的后果，是见识的增长、性情的转移和方略的变革，当然，必定也包含纠纷的滋扰、异议的对抗与秩序的威胁。各种主义与问题的搏斗，结果也许是长期的混乱，也许是短暂混乱后的稳定与均衡。

第二种解释认为蓝精灵社会实质上是苏式极权政体的影射。在好莱坞3D大片《蓝精灵》全球热映前夕，法国学者安东尼·布埃诺的《小蓝书：蓝精灵社会的政治性与批判性分析》(以下简称《小蓝书》)重磅推出。[①] 在这本书中，蓝精灵的生活被形容为"一幅别开生面的共产主义社会图景"。蓝精灵们在蓝爸爸的统一安排下，分工明确，他们"有福同享，有难同当"，根本没有私有财产和金钱的概念，也几乎不和外界主动联系，这"完全符合乌托邦的概念"。

在这本书中，蓝精灵纯真无辜的形象被去神圣化。作者认为，蓝精灵的社会是一个典型的苏联式乌托邦——每个人穿着同样的服装，住在大小相同的蘑菇房子里，依据最适合每个人才能的方式进行不同的培养。另外，蓝精灵们都没有真正的名字，每个人都依照他在社会中的职责功能命名。村子的头儿蓝爸爸是一位仅仅因为年纪最大而得到这个位子的老人元首。他拥有绝对的权力，"眼镜哥"聪聪的口头禅是："我们决不能在没有征得蓝爸爸意见的情况下做决定！只有他

[①]　Antoine Buéno, *Le Petit Livre Bleu*, *Analyse Critique et Politique de la Société des Schtroumpfs*, Hors Collection, 2011.

才能做决定!"蓝爸爸不让蓝精灵们学习魔法(魔法书是禁止翻阅的),也不让他们知晓人类的语言(只有他可以与人类沟通交流),让他们保持愚昧无知。

与共产主义村庄对立的是迷恋金子的格格巫,他是资本主义的代表,时刻准备着不择手段地捕获蓝精灵,把他们炼成贵金属。而且,他容貌丑陋,鹰钩鼻,秃头,驼背,邋遢,这种讽刺性漫画化的犹太人形象,人们已屡见不鲜。安东尼·布埃诺还提到了阿兹猫(Azraël),他说:"从阿兹(Azraël)到以色列(Israël),只有一步之遥。"

清新可爱的卡通形象背后,为何会有如此浓重的政治意味?布埃诺认为,这和漫画原作者生活的年代密切相关。被誉为"蓝精灵之父"的皮埃尔·库里福德,1928 年出生于布鲁塞尔,早年是一个专栏漫画家。1958 年,他以"贝约"为笔名,创作了蓝精灵形象,并一炮走红。当时正逢欧洲左翼思潮蓬勃发展,贝约本人也是坚定的"左派",其创作的蓝精灵故事难免带有深刻的时代和个人政治烙印。

在较早的蓝精灵系列电视剧中,贝约曾设计过这样一个有趣的故事。一个叫"财财"的蓝精灵将货币引入精灵村。在其大力宣传下,货币开始大行其道,蓝精灵们开始为了挣钱而辛苦忙碌。厨师厨厨做蛋糕卖钱,农民农农用小麦换钱。渐渐地,贪婪、腐败、不平等开始在村里出现。故事的最后,精灵们最终放弃了货币,恢复到过去的生活方式。在布埃诺看来,这一段故事集中体现了贝约的政治理念——商品经济终会失败,平均分配的共产主义状态才是王道。

《小蓝书》出版后,布埃诺受到了各方的猛烈批判。作为第一部蓝精灵批判性专题著作,这本书的出版引起了不安、愤怒甚至咒骂。但布埃诺仍然坚持认为蓝精灵社会是极权主义乌托邦的原型,带有斯大林主义和纳粹主义的印记。事实上,布埃诺的观点并非横空出世,在他之前就已经有人如此设问。蓝精灵最初在美国遭到怀疑,很多人把贝约的作品看作社会主义的宣传广告。蓝精灵的英语名称"Smurf"甚至被看作"Small Men Under Red Forces"的缩写,意为"红军下的小男人"。布埃诺对没有幽默感的批评者感到遗憾,他在自辩文章中说:"一方面,我使用了非常严肃晦涩的政治学方法和概念,另一方面,我讨论的这个主题能激起闲谈和共鸣,能引人微笑。我从未想过有必须说清楚的必要!显然且幸运地,我的表达方式不乏自我解嘲的意味。"

布埃诺的分析之所以引起众多人士的不满，甚至愤怒，不单是因为幽默感的缺乏。很重要的原因是，他的分析过于单面和静态化，至少，他没有涉及蓝精灵社会的治理结构及其转型问题。"我们正生活在一个转型时期，这种转型不是200年前所发生的国家建构的那种转型，而是围绕着新的权力轴心、国家利益和国际关系而出现的国家的解构与重构。探寻替代性法律和治理方法，考察法律的差异如何能够并存，并实现彼此互动的改进，这一切都如同在孟德斯鸠的时代那样显得迫在眉睫。"①抛开意识形态的有色眼镜，站在严肃活泼的学术立场，蓝精灵社会的治理并非一无是处，甚至大有可取。在蓝精灵社会中，我们可以发现基于亲情的家庭原旨，可能成为超越东方与西方、原始与现代、人类与精灵的普世价值。相对于个人至上、利益至上、功利至上的资本逻辑，团体合作、权威引领、亲情凝聚的社群治理或许更加符合人性的要求。相对于古堡型主奴体制、纽约型资本体制，蓝精灵社会的权威型合作体制闪现出熠熠光芒。从表面上看，蓝精灵社会是一个极权主义乌托邦，实际上其中充满了复杂的政治哲学和高超的治理智慧。特别是，误入纽约的精灵回家后是否会进行一场转型实验？如何改革？能否成功？这些问题都足以引发我们的深思。蓝精灵社会的治理模式虽不是现代性法治，却也不等于极权乌托邦——它别具特色，自成一格。

首先，长老权威不等于极权领袖。蓝爸爸之所以备受尊崇，根由在于他掌握着至高无上的魔法。魔法需要长期的学习和实践，如同专门的技术，并非任何精灵都能迅速掌握。魔法运用不慎，可能会导致严重的后果。可以说，魔法是蓝爸爸统治权威的灵魂，也可以认为魔法是蘑菇村安定祥和的根基。魔法既可以强化神魅型权威的统治基础，也可用于精灵王国的日常建设。更重要的是，它是对抗外敌的核心技术，是紧急状态下的根本法则。修习魔法的机会对每个精灵都是公平开放的，并非只是部分精灵的专利和特权。

其次，蓝爸爸并非绝对真理的化身。蓝爸爸的指示和训导之所以具有极大权威，并非基于蓝爸爸的强制和威吓，而是经过实践检验的正确性使然。聪明的蓝爸爸知道，如果用直接的命令方式管御这群活泼的小精灵，效果未必很好，甚至

---

① ［美］奥斯汀·萨拉特主编：《布莱克维尔法律与社会指南》，高鸿钧等译，北京大学出版社2011年版，第599页。

会激起逆反，事倍功半。所以，他总是以长者的智慧与宽和提出富有理性的指示，并通过违反法则的精灵个案对全体成员加以训导，形成一套虽未明文规定却铭刻于心的"法治秩序"。尽管如此，还是会有不少精灵反对蓝爸爸的决定，例如对什么都不感兴趣的厌厌总是说"我讨厌开会"，习惯耍小聪明的聪聪经常阳奉阴违，鲁莽冒失的笨笨也是多次犯规——最后，蓝爸爸都是以宽容和教导回应，或者干脆报以无奈的苦笑。

最后，蓝精灵社会还有一套约定俗成的习惯法。精灵虽有公认的领袖，但即使是蓝爸爸也不能轻易更改常年累积而成的习惯法。例如，蓝精灵喜欢吃草莓，蓝爸爸便不能命令他们改吃苹果。蓝精灵住在蘑菇屋，蓝爸爸便不能强制他们搬迁到城堡里。但这并不意味着所有的习惯法都不可改变，例如，多数精灵对不期而至的蓝妹妹起初并无好感，因为她的存在破坏了精灵社会原有的单性格局。但随着蓝妹妹的迅速融入，与伙伴们关系的不断亲近，习惯法也因此得到了更新和改变。

从表面上看，蓝精灵社会没有法律，其实他们的法律隐藏在社会文化秩序的内里。在蘑菇村，虽然蓝爸爸是至上的权威，但他也不能违背法律的要求。他的魔法必须遵从咒语书的教导，他的指示必须得到精灵们的拥戴。他不能与习惯法为敌，尽管他是蓝爸爸。在精灵社区，每一个成员都是议员和法官，都有权对公共事务发表意见并提出决断。最后拍板的蓝爸爸，必须考虑每一个成员的想法和利益，并要对自己的判断承担无限的道义责任。对于蓝爸爸的决策，精灵们也会表达不满，甚至群起抗争。

精灵内部也会滋生分歧和矛盾，但很快能得到化解。除了依靠魔法、权威和习惯的调和与凝聚，精灵们自身秉持的"报复正义"也功不可没。精灵们常说的一句话："以其人之道，还治其人之身。"面对爱搞恶作剧的乐乐，精灵们设计出同样的鬼把戏，让吓得半死的乐乐体尝苦果、认识错误。这种生活中的"交往理性"，正是权利义务机制的不成文法渊薮。

当然，用现实的严苛标尺衡量，蓝精灵社会的"法治"无疑也是一种幻境。首先，魔法世界是非科学、非理性的孩童幻想；其次，全知全能的慈父权威也是不成熟心智的幻觉构造，"法律父爱主义"往往是压制型法律秩序的黑暗渊薮；

最后，设想出一个孤立于世界之外的家庭社会，自给而富足，自由且平等，的确带有浓厚的乌托邦情结。正是因为蓝精灵社会的治理模式存在上述严重的缺漏与风险，他们误入纽约的经历显得格外重要。短暂的纽约生活，极大地改变了蓝精灵的认知态度与行为习惯。他们再也无法隔绝于这个全球化的世界，以后的生活将遵从怎样的法则？

依文化人类学之见，童话是对现实的反讽，也是对现实的重构。在蓝精灵的童话里，我们可以讨论政治与社会、主义和种族，甚至性别与婚姻，当然也应包括治理与变革。现代性法治的魔力出现故障，深层缘由在于信仰与权威的失落，自由与平等的扞格，强制与习惯的背离——而这一切都在蓝精灵社会的治理模式中得到一定的弥合。或许，未来的蓝精灵社会经历激烈变革，变革的结果也许是短暂震动后恢复原状，正如他们那场失败的货币改革一样。但不管如何，文化人类学视野下的法律与社会应是多元、动态的。从规则到权力，从权力到治理，正是当下法律文化解释发展的最新趋向。

第三节　"法律与文化"的中国魔镜

在中国社会转型的过程中，法律与文化的奥秘，如同神秘的传奇，千人千面，仁智共见。有没有这样的魔镜，透过它可以洞察法律的本相，让法律的传奇成为法律的常理？

法律与社会文化密不可分，必须从社会文化中研究法律。借助文化魔镜，法律运作的真实逻辑得以彰显。法律无法与全部人类行为方式截然分割，惟有仔细审视并勾画社会和文化，我们才能发现法律在整个结构中的确实位置。法律规则只有在诉讼争执中才能得到检验，因为我们必须分辨"假设的规则"与"真实的规则"。

更为重要的是，法律不但能够用来解决纠纷，而且可以传达意义。在文化的魔镜中，法律不仅是解决纠纷的重要手段和技术，同时也是承载价值和情感的标识与符号。法律的本原追问，必须穿越规范主义的局限，通过具体的法律实践探查背后的万千世界。在此过程中，"深描"的方法不可或缺。借助法律的文化魔镜，当地人与外来者的视角是不同的，观察到的景象也是多样的。格尔茨举过这样的例子：三位正在眨眼睛的少年，其中一个是无意地眨眼，一个是使眼色地眨眼，一个是在恶作剧似的模仿眨眼。他们的眨眼动作是相同的，都是抽动眼皮。①"浅描"的法律解释，只能揭示眨眼的动作，难以复原环境、掘出意义。而不同观察主体透过文化魔镜的"深描"，可以从不同视角具体感知、深刻阐释眨眼行为的内在差别，建构出蕴含在法律行为深处"认同别异"的意义系统。

法律文化魔镜不仅可以深描意义，也可以深描"权力"。如前所述，针对格尔茨个案式的微观意义阐释，不少学者主张将法律纠纷纳入更广阔的权力系统中理解，审视全球化背景下法律与社会身份、经济流转、政治等级、意识形态等要素之间的广泛关联。在他们看来，法律文化解释的优势不在于揭示所谓的意义网络，而在于分析法律行动蕴含的非对称权力关系——权力的博弈均衡应当是法律文化的中心图景。有别于殖民主义的"古典法律多元主义"，"新法律多元主义"关注全球范围内基于身份差别的法权斗争，将文化魔镜运用于观察流变中的权力体系。

文化之于法律，究竟是实体背景，还是观察方法？其实，作为魔镜的文化，既是法律万象的视域背景，也是法律本原的分析工具。在观察法律的各种有色眼镜中，政治家习惯用的，法学家不一定喜欢；法学家认为理想的，普通民众不一定买账。相比而言，文化魔镜是更为科学的观测仪器，在法律发展的不同情态下都能捕捉到珍贵的光影信息。文化魔镜的出场，粉碎了"法律自足"的迷梦，扩大了法学研究的疆域。从国别化的民族精神到普适化的法治理念，从西方中心的

---

① 在《深描》一文中，格尔茨借用赖尔的"深描"一词指出，对文化的描述有两种，一种是"深描"，一种是"浅描"。他还用赖尔的例子来说明这两种描写：设想有三位正在眨眼睛的少年，其中一个是无意地眨眼，一个是使眼色地眨眼，一个是在恶作剧似的模仿眨眼。他们的眨眼动作是相同的，都是抽动眼皮。在浅描的民族志中，如照相机拍的照片一样，我们区别谁在无意识地眨眼，谁在使眼色的眨眼，谁在排练似的眨眼。而深描式的民族志则感知、阐释这几种行为之间的文化层次，建构一个分层化等的意义结构，从而使民族志成为一种具有深度的描写。人类学的田野工作可说是一种"文化阐释"——处理在一个表达系统的意义如何在另一个意义系统表达。格尔茨通过对印度、伊斯兰、马来西亚三个地方的法律概念的深描，展示出多层次的法律文化意义，如法律与文化脉络间的关系、法律的多元性、法律与社会伦理、事实与伦理等。透过不同层次的法律对话（即文化比较），格尔茨从中挖掘出"法律敏感点"（a legal sensibility）的存在。参见东林：《阐释的人类学：格尔茨文化理论管窥》，http://www.gongfa.com/geerci.htm，2012 年 3 月 9 日最后访问。

殖民法制到全球互动的协同治理，从功能主义的规则发现到过程为本的纠纷解决，从纠纷个案的浅层解释到意义深描，直至法律与历史、社会、经济、政治权力的全面勾连，文化魔镜始终在场，"润法细无声"。对于中国这样一个转型中的文化与法制大国，这些都极具启示意义和示范效应。

在神圣隐退的世俗社会，法律必定是充满价值歧义的多元建构。或许法律就是法律，关键不在于法律本身，在于法律有关的主体和方法。借用格尔茨的比喻，文化秩序仿佛八爪章鱼，一部分是整合的，一部分是相忤的，一部分是彼此独立的。① 文化魔镜下法律万象，何尝不也是这个道理？

在文化魔镜的映照下，法律凝为文化结构的一部分，有理念启蒙、心性教化之功，现护卫权利、规范产业之效。法律的表皮是强力规则，内里却是心灵沟通。文化魔力本乎心灵，文化镜鉴根系沟通。文化中的法律总是具体生动的，与书本上的法条大相异趣，与普适性的法则也不甚投契。法律的传奇无时不在，无处不在。比如千奇百怪的前现代立法，若无文化魔镜高悬，势必沦为好事之人的饭后谈资。再如那些吸引眼球的疑难案件，坊间传闻的诡异情节总让人浮想联翩，臆测满怀。其实，只需借助文化的魔镜，因果关联、症结关键多可一目了然、化繁为简。原因无它，文化乃是法律本相的社会心灵密码。

公众对中国法治的期待，充满文化的想象——有以西方法治为标本的，也有以传统美德为底色的。这些想象构成了法治文化的"软环境"。那些长期扎根在人们潜意识深处的观念，例如"关系""面子""人情""交换"等，则是法治文化的"硬道理"，隐性支配着法律的操作和实践。文化中的法律因文化的显隐之分、软硬之别，呈现理想与现实的吊诡。文化的复杂决定了法律的复杂，古今中外，概莫能外。

法律寓于文化之中，并不等于法律必然具有文化的意义和功能。只有当法律的理想和现实皆能顺适文化结构并型构独立场域，"作为文化的法律"方可证立。历史上重要的著名法典，无不是文化精华的凝成，无不彰显民族文化的神髓，甚至成就文化典范，供他者及后世仿效追随。司法过程中的利益衡量、价值衡平，

---

① ［美］格尔茨：《地方性知识》，载梁治平编：《法律的文化解释》，生活·读书·新知三联书店 1998 年版，第 82 页。

无不历经激烈的文化考辨，体现均衡的权力博弈。彪炳史册的名案名判，哪个不是法意的结聚、文化的妙笔？世俗生活中的匹夫匹妇，何人能绕法独行、孤芳自赏？知理明律、法育人心，诚为文化盛举、治国大计。

传统中国向来不缺乏法律的条文，精妙的构造与诠释让许多西方法学家击节叹赏。但中国法律的文化功能却很单一，充满政治的强制，缺少民众的协同。君子读书不读律，士大夫内心深处对法律很烦很无奈。草民畏惧法律的惩罚与殃及效应，总言道：帝力王法与我何有哉！中国文化欣赏心灵的修持，内心的体悟，法律难以安顿人的精神世界。天理、国法、人情常为"三张皮"，未能在文化魔镜中均衡一体。

为改变这种情状，"作为文化的法律"隆重登场。但问题是，法律天生难以让人亲近，犹如威严的家父，即使万千爱意也不肯明示传达。法律的权威与亲和，确是久结的宿敌，难解的纠葛。但表面讨喜的法律并不一定受人拥戴，即便是以义务和制裁为主要内容的立法，只要在实施过程中公允持正，照样不折损其应有的权威。更何况，现今法治时势下"权利法"已然浩浩汤汤，若能加以公正贯行、彻明讲解、通俗宣扬，法律的文化力必定展现，对公众产生强大吸引和广泛影响。法治权威所仰赖的认同与公信，则近在咫尺。

作为法学研究者，我们当反思作品的风格，选择符合大众口味的文体和语言阐明法理；作为法律教育者，我们应改革授业的模态，借助更多的文化载体传播法意；作为法律的创制者和适用者，文化的魔镜更是应当永执手中，找出理想与现实的差池，寻到问题与对策的要津。

法律的文化渊源、品性与功能决定了它不能随意对文化加以规制。法律管制文化，在逻辑上有"子父颠倒"的问题。但这是否意味着法律对文化无所作为？若如此，法律的领域要大为缩限，许多规范恐怕也要改写。

"有关文化的法律"，旨在通过文化权利的保障，实现文化领域的法治。作为新兴的法律部门，文化法正焕发出蓬勃生机。文化法的调整对象不是作为本体的文化，而是与文化权利和文化产业有关的法律行为。就文化权利保障而论，文化法属于宪法和人权法序列；就文化产业规范而论，文化法兼具行政法、民商法、经济法等诸多部门法的特点，属于典型的超越公私法界限的"混合法"。文化法与社会法类似，都属于新兴的"第三法域"，不能用传统的法律分类来审度。但就其要旨而言，文化法依然固守法治的本然精义，确认并保障公民的文化权利，限制并规范公权在文化领域的运用。随着法治建设的推进，中国文化法的春天已在眼前，但乍暖还寒的情状依然存在。

《著作权法》修改草案部分条款引发争议，或可视为中国"文化法"入春时的一个传奇。[①] 文化产业化是现代社会的常态，但文化权利具有公共性，并非文化精英专享。由此，相关立法便会陷入权益保护的悖论：如果将文化精英的知识产权绝对化，势必造成公众文化共享权的损害；如果对文化产业法益和精英个体利益不进行有力保护，势必又会阻却新知创造。国家文化立法之不易，可见一斑。文化法不是简单的民法问题，包含产业规制、行政权力控制等众多领域。

有人说，文化是个筐，什么皆可装；法律不是筐，什么都要装。法律文化解释的遗憾和疑难，很多时候不是它本身的问题，根由在于社会文化背后的权力冲突。在中国的文化语境下，"公"优于"私"，公权难控，私权不彰。公权可以"公共利益"的名头"合法"压制私权，这是法治的大敌。在法律的传奇中，公众的意见往往具有最后的决定作用，因为"公意"是常理的渊薮、法律的本原。"公意"的形成，需要法意的指引，需要公民法律精神的养成。法治文化、思维、价值观及方式方法具有一体同构的特征，需要慎思和贯行。从人类学和法律文化解释的理论中，我们可以发现法治现实的缺漏，在现实批判的实证文本中，我们又可以找到未来走向的密码。如何从中国法治的具体实践出发，破译、重写这些重要的法文化密码，事关国家与社会全面转型的成败，事关全球化时代的公民权益和整体福祉。

有无可能用一个极为简洁而有力的模型，完成对法律与文化的关系勾画？这个模型没有复杂的公式，却自带难解的谜题；这个模型或许曾在无数人的头脑中闪现，却又转瞬即逝，无从察觉；这个模型源于故事，却又超越故事。

假如有 A 和 B，它们的关系有哪些可能？第一种，相互包含的关系；第二种，交叉重合的关系；第三种，分离作用的关系；第四种，暂时无涉的关系。

---

① 相关情况可参见王鸿谅：《"46 条"，著作权法修改草案的争议》，载《三联生活周刊》2012年第 15 期。

用这个模型推导法律与文化的关系，有如下可能：

——法律与文化的相互包含。此间有两种情况：法律包含文化，即法律中的文化；文化包含法律，即文化中的法律。从已有研究看，大多数学者赞同的是"文化中的法律"，但法律学者对"法律中的文化"似乎情有独钟。法律学者所指的法律文化，显然只是一种"内部文化"。文化学者所指的广义文化，在法律学者眼里，更符合"外部文化"的特征。无论如何，法律系统难以涵摄文化整体，文化整体对法律系统的包孕，倒是得到越来越多的支持。长期以来，"文化中的法律"成为法律与文化研究的主导范式。

——法律与文化的交叉重合。此间也会产生"文化中的法律"和"法律中的文化"两种进路。文化的一部分是法律，法律的一部分是文化。法律是文化及其产品——文明——的重要内容，文化是法律及其系统——法治——的重要动力。当法律和文化系统区分建制化，相对独立的系统势必产生职能交叉，由此出现法律的文化功能和文化的法律内容之类的论题。文化中的法律，推演为"作为文化的法律"；法律中的文化，推演为"有关文化的法律"。

——法律与文化的分离作用。二者既不相互包容，也不交叉重合，呈现分离但有相互作用的关系。作用力有吸引和排斥之分。法律与文化的吸引和排斥，可以用矛盾论、辩证法解释。当二者的排斥作用达到一定阈值，保持长时的分离状态，关系度不断弱化，结果是下一种暂时无涉的情形。当二者间的引力不断增长，势必出现部分交叉甚至完全重合、互相包容。

——法律与文化的暂时无涉。没有感情，形同路人。或许，它们真爱过，拥抱过，结合过，但如今，大家都一脸茫然，以无所谓的脸孔宣告：从此之后，你就是你，我就是我，彼此无涉，各自安好。

这些可能性同时存在于特定时空。从逻辑存在上，它们不能兼容；但在理论形态上，的确有各种话语为其背书。从同生共演的角度融贯解释，法律与文化可能有这样一段爱侣奇缘：

> 法律与文化的产生，孰先孰后难以追究。起初，二者未有明确区分，共存于原初人类的生活世界。

法律率先从混沌中分离出来，作为权威表达，他借助文化素材表达，产生规则形式。依然迷糊的文化，起初不太喜欢法律，因为她是一个无拘无束的精灵儿。这注定是一场单恋。

当最初的法律用尽气力，虏获文化芳心，完成权威规范工程构造，其父权主义性征便开始暴露。权威、命令、确定性成为法的至高品格，它希望自身对文化的希望得到众生服膺。然而，文化天生的多元、互动和不确定性，让这种期望化为泡影。文化成为出走的娜拉，逃离得无影无踪。文化安琪儿跑在法律大笨熊的前面，法律追赶文化，文化心不在焉。

终于有一天，法律与文化坐到一起，商谈未来。法律说："文化小可人儿，你可否收敛你的放纵，安心在我的规则范围内活动，成为法律中的文化，多么保险，多么舒适！"文化说："法律大笨伯啊，你不知道你的根本问题在哪儿吗？你总是一副自高自大的模样，仿佛整个世界都由你说了算。你自以为正义在手，实际上，正义女神才懒得搭理你呢。她与我更近，或者说，我才是她的女儿。你只不过是一个奴仆，却僭越成了主子，厚颜无耻乎?!"法律顿时变了脸色，怒火中烧，对文化大声呵斥。从此，二者开始形同陌路，恩断义绝。

法律是法律，文化是文化。暂时无涉其实是有好处的。对于法律，理性的成分越来越强，逐渐将那些感性的、欲望的、不可测量的幽灵通通逐出了领地。文化呢，彻底放飞自我，将生灵们的喜怒哀乐、柴米油盐甚至家长里短、鸡毛蒜皮都纳入了自己的暖怀。法律越来越精瘦，文化越来越臃肿。

也许是机缘巧合，法律和文化再度会面。这一次，它们都表达了互相学习的愿望。法律从文化堆积物山的素材库里丰富规范的内容；文化从法律精简的表达、准确的事实中剔除冗余。经过一段时间的重新共处，它们有了真挚而热烈的感情，以及亲密关系的正式结合。

但好景不长。法律和文化毕竟在两股道上奔忙，从相互吸引到彼此冲突，几乎就在那么一转念。当法律与文化对抗起来，后果是可以预料的。法律试图将文化管束住，发明出一系列有关文化的法律。文化未必买账，毕竟，法律有求于她的地方还有很多，比如，法律实际发生作用有赖于文化的支援。

自以为法律离不开她的文化，没有想到的是，近代以降，法律之治兴起，法律与国家的关系日渐紧密，体制化程度的提高让法律内部文化的作用凸显，对真正的文化——所谓的外部文化采取有选择的利用策略。这让文化苦恼不已。文化开始分裂，犹如不受爱人待见的弃妇。文化战争愈演愈烈，有了学者所谓的文明冲突论。在此情形下，文化只能被动应付，文化中的法律已经被法律内的文化取代，徒有其名。

生动的文化精灵没有放弃抗争，她总在寻找法律体制的罅隙，进行意义层面的批判和反思。这些抗争取得了一定的成果。法律君王的新衣时不时被扯掉，露出并不美丽的干瘪躯干。为了保全自身的神圣，变革时代的法律规范不得不重新追求文化。"作为文化的法律"成为一种新的法律改革呼声。最后的结果是：法律与文化，虽然仍处于战斗状态，但关系还算勉强维系。它们不尴不尬地面对彼此，默默期待着曾经的蜜月可以重来。

这个杜撰的拟人故事，竟然像极了爱情！尽管剧情有些狗血，充满各种不靠谱的臆测，但有一点可以肯定，法律与文化的关系，绝不是那么简单。

在这个世界，法律与文化的关系尚处在纠结不清的阶段，不要妄想斩获真理，唯有片段，才是永恒。我们能够审视、反思、责怪的只有自己，包括曾经的文字和话语，里头遍是需要清洁的异物。将法律人类学的谜题呈现出来，只不过希望不要感染其中的病，做一个犀利明快的医生和刀手，用自己的判断与行动，重构可能的真相。

第十二章

城市化治理与发展法话语

　　由传统向现代的转型图像，对中国问题研究者而言，无疑要归功于"西学"的贡献。[①] 中国本土知识论历来主张"天不变，道亦不变"，钟情政体与社会静态稳定下的"兴衰治乱循环学"。在"农本"经济条件下，城市化的规模和速度是统治阶层调控的重点；确保城市化的"可控式增长"，是传统中国"超稳定社会结构"的必然要求。[②] 直到中华人民共和国成立后，中国的城市化水平仍长时期维持在一个相对缓进的阈值区间。[③] 然而，1978 年之后的改革开放让城市化进程不

---

　　① 19 世纪 60 年代以降，中西交冲带来的"富强"和"进化"观念，充斥于滔滔时论，以"人治日即乎新"图存国保种为共信，又以尽取"欧美之新政新法新学新器"而"与化同"为共趋，西学的发展进化观有力改造了传统儒学，形塑了一套新的"世界潮流"和"公理"表达体系。参见杨国强：《近代中国的两个观念及其通贯百年的历史因果》，载《学术月刊》2012 年第 9 期。

　　② 根据学者估算，在清朝之前的唐、宋、明三朝代的城市人口比重都在 10% 左右，维持了相对稳定的城市化率。由于清末总人口的跃进式增长，城市人口的比重较南宋时低落很多，其间经历了一个很长的下降阶段，直到 19 世纪上半期达到最低点(1820 年的 6.9%)。而 19 世纪中叶之后，城市人口比重又呈现逐渐回升的趋势，从 1840 年的 6.7% 到 1893 年的 8.2% 直至 1936 年的 11.2%。参见赵冈：《中国城市发展史论集》，新星出版社 2006 年版，第 84~87 页；行龙：《也论中国近代的城市化》，载杨念群、黄兴涛、毛丹主编：《新史学：多学科对话的图景》，中国人民大学出版社 2003 年版；姜涛：《人口与历史——中国传统人口结构研究〉，人民出版社 1998 年版，第 171 页。

　　③ 1949 年中国城市化水平为 10.64%，随着国民经济的恢复，大量农村人口进入城市，1957 年的城市化水平已上升到 15.4%。从 1962 年开始，城市化开始受到控制，一大批城市陆续被撤销，城市化水平也由 1961 年的 19.29% 回落到 1965 年的 17.98%。之后的十多年，城市化率一直在 17.3% 上下徘徊。参见李善同、刘云中：《中国城市化的历程、现状和问题》，http://www.hkimr.org/uploads/conference_detail/620/con_paper_0_343_2-li-shantong-paper.pdf，2014 年 9 月 12 日最后访问。

断提速，2015 年底已到达 56.10%。① 有学者估算，中国城市化率仍将继续攀升，到 2050 年将超过 80%，接近 85% 的最大饱和度。② 在数字显示的增长极限背后，城市化治理机制的严重滞后及不适应，引发了一系列严重的经济、社会乃至政治、文化困境，成为亟待化解的发展瓶颈问题。在国家最新战略规划和顶层设计中，新型城镇化被赋予了"促进人的全面发展和社会和谐进步"的意义，"法治"也被重申为"治国理政的基本方式"，二者如何协调并进、全面契合，对新一届领导人而言的确是不小的挑战。③

　　作为理论研究者，我们还可以进一步追问：究竟是城市化推动法治，还是法治塑造城市化？当下中国的城市化是否达到必须运用法律治理方式不可的程度和地步？与其他治理方式相比，法律治理到底具有怎样的优势或不足？如何通过有效的法治思维和方式实现良性发展的城市化？在中国城市化发展的不同地域和阶段，法律治理有无不同的侧重和特点？这些问题归结起来即是：转型中国的城市化治理需要怎样的法律，以及这样的法律到底呈现出怎样的运作状态？前者有关法律的价值分析，后者则属于法律的社会实证。

　　从发展社会学的角度看，城市化是一个以人口积聚和功能重组为基本主线的升级过程，其引发的社会变迁正是传统产业和生活方式结构性转型。④ 对于现代化理论、发展理论或社会转型理论而言，城市化都是一个恒定的背景，从乡村社会向城市社会的变迁，不仅意味着人口数量和工商财富的聚集，也是理想政体得以构建的空间前提。⑤ 城市化的理想样状，在马克斯·韦伯看来，是一个从传统

---

　　① 《国家统计局：2015 年中国城镇化率达到 56.10%》，http://www.ce.cn/xwzx/gnsz/gdxw/201602/29/t20160229_9163351.shtml，2016 年 4 月 26 日最后访问。

　　② 魏后凯：《中国将在 2050 年完成城镇化》，http://news.sina.com.cn/c/2014-03-13/145329699802.shtml，2014 年 9 月 12 日最后访问。

　　③ 参见新华社对英国学者的观点报道，*Urbanization*, *Legal Reform Big Challenges for China*, http://usa.chinadaily.com.cn/china/2013-11/17/content_17110803.htm，2014 年 9 月 12 日最后访问。

　　④ 参见孙立平：《社会转型：发展社会学的新议题》，载《社会学研究》2005 年第 1 期。

　　⑤ 西语"政治"（如英语 politics）一词，即来自古希腊文的"城邦"（英语 polis），意思是城邦的事务。西方的城邦是由村落发展出来的城市，拥有自己的政府和军队。一个城邦至少包括卫城、市集、庙宇，以及给男人用作浴场和体育训练场的"天体场"。城邦是政治和宗教的中心，但城邦公民可住在乡郊，不一定住在城邦内。在城邦内居住的除了城邦公民，还有外身人和奴隶，但只有公民才具有政治权利，公民身份则一般由出身决定。每个城邦都有其特定的庇护神、庆祝的节日，不同城邦的政治制度、教育制度也各有不同，较有名的城邦包括雅典、斯巴达、底比斯等。

统治结构向现代形式理性迈进的过程。在他看来，一个城市要真正表现为"城市共同体"，并"在贸易-商业关系中显示出相对的优势"，必须表现出如下整体性结构特征：（1）一个防御工程；（2）一个市场；（3）一个法庭，以及至少是局部自治的法律；（4）相关的社团组织；（5）至少是部分的自治与独立，因而有一个由市民参与选举产生的行政机构。① 在韦伯理论的影响下，西方学者将阻碍中国进一步发展的主因归咎于"城市共同体"的缺失，因为在"压制型法"的管束下，相对自治的"城市法"难以存活，商人阶层没有社会地位，市民生活缺乏权利保障。埃伯哈德甚至把中国工业化的失败也归咎于城市治理结构的偏差："在几个世纪中，在中国，工业化时代似乎即将来临——在宋代，资本主义与工业化的条件已具备，而且已经向工业化迈出了必要的几步。是什么阻止了中国进一步向前发展？从欧洲工业化与城市之间的关系出发进行判断，或许可以认为，差异就是中国城市的特殊结构。"②

　　基于西方城市化的理想图景，各界人士从特定专业或利益立场提出主张，"再城市化""去城市化""可持续城市化""包容性城市化""绿色城市化"等新概念纷至沓来，形成了一幅多元驳杂的话语景观。已有的城市化治理研究，也表现出多向度、跨学科的综合性特征。③ 从理念价值层面看，学者们主要集中探讨城市化背景下的"善治"原则，强调法律对于社会经济发展和人类全面均衡发展的重要意义，主张以"法治"为战略主轴重构发展模式，更新国际法治框架，矫正战后世界城市化普遍存在的两极化、不公平、非均衡偏失。就规范实证进路而言，宏观层面的研究通常运用定量的方法分析和预测城市贫困、暴力发生、持续过程，评估其严重性影响的趋势及程度，主要由犯罪学家、流行病学家、人口学家、经济学家、政治科学家和其他采取量化研究的社会科学研究者主导，法学家的任务是从各种数据研究中找到政策修订的立法依据，从权威规范的逻辑推演证明角度提出新的治理变革方案；微观研究则以个案的质性研究为主，从更多维度解释城市化法律

---

　　① 参见 Max Weber, *The City*, Free Press, 1966, pp. 80-81.

　　② 转引自［美］罗威廉：《汉口：一个中国城市的商业与社会（1796—1889）》，江溶、鲁西奇译，中国人民大学出版社 2005 年版，第 13 页。

　　③ 参见 Robert Muggah, "Researching the Urban Dilemma: Urbanization, Poverty and Violence", International Development Research Center(IDRC), 2012, pp. 7-12.

问题，例如居民的生活经历、历史与文化轨迹、感觉、态度、代际状况、空间资源、潜藏的结构性因素等，历史学、城市区域发展学、政治科学、社会学、人类学都参与其中，为法律治理机制的"深描"提供智识支持。作为一个新的交叉研究热点，城市化治理已成为哲学、人文地理学、自然科学和社会科学研究的共同关注对象，业已涌现出多样化的研究理念、方法、模型和进路。

比较而言，与城市化治理密切相关的"法律与发展"研究已是一种比较成熟的跨学科范式，它开启了"新自由主义"的全球治理改革运动，并达成了这样的基本观念共识：法律与发展并非单向度的决定关系，而是交相影响的互动关系；法律在发展进程中发挥着"嵌入性"的治理功用，其对城市化具有内在、深入且持久的影响。但"法律与发展"理论毕竟立足于西方视角和历史经验，对解释转型中国城市化治理的独特性未必合用，因此需要从如下问题切入，形成理论反思和框架改进：法律与发展究竟如何互动？面对不同历史传统的城市化进程，体系化的"发展法"究竟有无可能和必要？对于中国这样一个发展极其不均衡的超大经济体，城市化治理能否以及如何在发展中形成相对独立、完备的法律体系？除了发挥"规范发展行为"的外部效用，"发展法"是否还能带来更大范围的功能扩展和典范迁移？基于上述，本章力求跨越价值分析与规范分析的鸿沟，在历史实证的基础上更新理念框架，通过宏观考察转型中国城市化治理的历史进程，反思"法律与发展"研究的成败得失，在"发展法"的新分析框架下，聚焦法律运行的现实症结，导向一种新的整体性法治发展战略。

第一节　转型中国的城市化治理

在西方，20世纪90年代初期兴起的治理理论并不满足于解释现有的政治制度和管理方式，其理论雄心在于重塑政策议程并提供前瞻性解决方案。[1] 当治理理论在90年代中期自西徂东、舶来中国时，政府主导的城市化进程正处于前所未有的"沸点"，相关政策与法律机制也急需一场深刻的制度变革，以回应民众对平等、权利、责任、透明、幸福安居、美好生活的迫切要求。这种时空重合

---

[1] 参见 Gerry Stoker, "Governance as Theory: Five Propositions", *International Social Science Journal*, 1998, Vol. 50, No. 155.

非历史的偶然，在中国城市化发展的历史进程中，每一次重大的转折都会伴生法制的改革和变迁，而法制结构的变动又会对城市化进程产生新的诱致或强制约束效用，产生新的经济和社会问题。

从大历史角度看，从伦理本位的农业社会向市场化城市社会的演进，对中国而言是一次前所未有的转型。① 对城市化治理而言，"转型中国"可以从互为关联的两个方面加以描述和界定：一是城市化骤然提速带来的剧烈、全面市场化对社会传统结构的冲击；二是以政策重心调整和治理机制改革为主线的"反向性保护"。根据这种标准，转型中国的城市化进程可以从三个阶段得到更为整体和连续的诠释：中华帝国的内生性转型时期、外来冲击形成的断裂性转型时期和中华人民共和国成立后政党－国家主导的自主性转型时期。

在漫长的中华帝国时期，农业和乡村历来被统治阶层视为不可更易的民生之基、立国之本，城市的工商业和技术创新机能被传统礼法严格限制，在出现"李约瑟之谜"的同时，却有效避免了"混乱城市"的现代治理困境。缓慢的城市化进程与超稳定的社会结构相得益彰，彼此呼应，形成颇具中国古典特色的城乡一体格局。② 一旦上层放松管制，城市化进程即会明显提速，但很快又会回复缓和，延续"路径锁定"。③ 与现代城市相比，传统城市的政治、宗教和文化功能要远远

---

① 参见王绍光：《大转型：1980 年代以来的中国双向运动》，载《中国社会科学》2008 年第 1 期。

② 1964—1965 年，美国学者施坚雅连续发表了三篇中国近代社会经济史研究专论，围绕传统中国城乡一体的市场体系提出了一种新的分析模式。他认为，在中国社会转型和城市化过程中，市场结构必然会形成地方性的社会组织，并为使大量农民社区结合成单一的社会体系即完整的社会，提供一种重要模式。这一模式在其 1977 年出版的《中华帝国晚期的城市》一书中得以完善，它使我们从僵化的城乡二元论中解脱了出来，看到的不是首府城市和农耕村庄的对立两端，而是一幅由农村集市网络联结众多不同功能类型的城市组成的体系层级。参见 G. William Skinner, "Marketing and Social Structure in Rural China", Part 1, 2, 3, *Journal of Asian Studies*, Vol. 24, No. 1-3(1964-1965); G. William Skinner(ed.), *The City in Late Imperial China*, Stanford University Press, 1977.

③ 宋朝达到历代最高的城市化水平，城市形态由军事－政治中心演变为工商和外贸中心，市民的人身自由、迁徙自由、经商自由也有了较大提升，这与当时弱势政府和管制放松存在密切关联。但在社会制度和意识形态方面，宋朝仍面临许多障碍；在确保自身安全的问题上，更存在致命的问题。对逐渐勃兴的市民文化，传统儒学以禁锢人性的理学作回答；对日益壮大的民间经济力量，宋朝政府中以王安石为代表的改革派却以法家的富国强兵策略，通过恢复农本社会和建立政府对经济的垄断来错误应对。南宋之后的元、明、清，城市化再未出现突破性高峰，陷入农本社会的"路径锁定"。参见文贯中：《中国自陷于农本社会怪圈的经济地理学析解》，http://www.cssm.org.cn/view.php? id=5612，2014 年 9 月 17 日最后访问。

超过经济和市场功能，强大的帝国以其中央权力作为无可匹敌的政治动力，一方面刺激着城市经济的发展，培育出庞大的行政市场；另一方面也控制着市场的规模和城市化进程，对资产者的权力扩张实施严格的制度规约。① 如何保证"刺激"与"规制"的微妙平衡，成为帝国统治技术和治理水平的试金石。② 对于帝国统治而言，城市化是一把双刃剑，其内蕴的权能集中与权力弥散矛盾、政治管控与经济自由冲突、强制推动与自然演进龃龉，都会产生治理悖论。这种常态化的悖论表明，空间权力斗争甚至可以超越线性时间，打破古今中西界限，形成难解的"问题硬核"。对于中华帝国而言，协调中央委托与地方代理、正式制度与非正式制度、名与实的关系，成为治理城市化的基本逻辑。③ 长期以来，非正式制度在地方治理中"名不正"却"行得通"，成为利益博弈和均衡的规则支点。非正式制度之所以长盛不衰，与帝国弹性、模糊的统治策略密不可分——国法不能超越天理和人情，天子政令也必须符合大众民意。地方富民与"士绅社会"的形成，对于缓和城市化的冲突和紧张也助益良多。④ 明清时期的城市生活已然高度繁荣，经济总量不断攀升，社会治理体制却未发生大的变化，城市化的内生发展保持可控的稳定，直到外力涉入，打断了帝国内部转型的进程。

作为近代中国的"大变革"的突出反映，新的城市功能和生活方式兴起，辅以城市与乡村、落后与先进、僵死与进化、野蛮与文明等二元对立观念，使得帝国城乡一体统治的文化命脉被截断，而新的政体结构又处于长时间的不确定状态。于是，在新的社会空间，各式各样的政治思潮和体制试验，拼接为五彩斑斓的制度转型百纳图。一方面，制度转型突破了既定的管控框架，为近代城市的兴盛创造了有利条件——城市化进程转入回升和加速轨道，对外开埠的通商城市成

---

① 参见黄璜、任剑涛：《城市演进与国家兴衰历程的现代启示》，载《中国人民大学学报》2014年第1期。

② 不仅中华帝国如此，西方的帝国，例如罗马，也逃不脱这一铁律。罗马帝国繁荣是"由于都市化运动使工商业和农业都得到了空前迅速而显著的发展，但后来的统治者压榨摧残城市资产者的经营事业，使帝国失去了赖以生存的基础，最终崩溃"。[俄]罗斯托夫采夫：《罗马帝国社会经济史》，马雍等译，商务印书馆2005年版，第7页。

③ 参见周雪光：《从"黄宗羲定律"到帝国的逻辑：中国国家治理逻辑的历史线索》，载《开放时代》2014年第5期。

④ 参见林文勋：《中国古代史的主线与体系》，载《史学理论研究》2006年第2期。

为新典范，大量城市管理法规被移植引入，治理结构开始逐步近代化，罗威廉笔下的汉口就是一个典型例子。另一方面，城乡矛盾开始激化，在摩登新城的感官刺激和"二元分治"的政策影响下，男耕女织的"乡土中国"被归入落后的小农经济范畴，成为一次次改良和革命试图根除的封建残余和社会恶疾。近代以来，农村与城市的对立与隔阂，不仅是旧制度固化的结果，也是新文化塑造的产物。狭隘偏激的城市乌托邦想象让传统社会治理的功能与价值大受挫败，在单向度的转型发展中，出现了法治未成、礼治已失的制度真空，康有为将之形容为"旧宅第已毁而不能复建之，则惟有露宿"。① 国民政府时期的城市化治理总体失败，一方面未能解决城市内部的犯罪、冲突、社会失范、贫民问题，另一方面失去了广大农村和农民的支持，各地强制推行的新生活运动被引为笑谈。

中华人民共和国成立后，国家建设任务繁重，城市治理则摆在首位，除了要解决国民党政府遗留下来的"城市病"，维护基本的社会安定和秩序，更重要的是如何应对"进城"后的总体性治理挑战。② 除了要加强城市内部治理，新政权还要巩固农村后方，维系城乡平衡，在工农联盟的政治基础上增进最大限度的社会团结。法律成为强化政令统一、权威和执行力的工具，军事管制、文化改造、政治动员、户口限制、经济调整、群众运动多种方式灵活运用成为主导性的战略安排。③ 随着城市乱象得以控制，社会秩序明显好转，新政权赢得了绝大多数民众的信任，城市化进程也取得了较大进展。1949—1957 年，在"重点建设，稳步前进"的城市建设方针下，内地城市在重点项目的带动下开始快速发展；1966—1976 年，在"备战、备荒，为人民"的战略部署下，"三线"城市建设进入高潮。④ 但与此同时，在所有制单一化运动的影响下，国家政权对社会全面掌控的

---

① 《康有为政论集》下册，中华书局 1988 年版，第 714 页。

② 军事胜利并不足以保证新政权的长治久安。还在中共准备全面取代国民党而成为执政党之初，毛泽东就再三告诫全党，切忌重蹈李自成进城的覆辙。参见杨奎松：《中华人民共和国建国史研究》，江西人民出版社 2009 年版，第 171 页。

③ 中共建政以前已有 22 年的根据地法律体系建设的经验基础，在与城市化治理相关的土地改革、婚姻法、劳动法、法庭组织和调解委员会建设方面颇有建树。参见 Albert HY Chen, *An Introduction to the Legal System of the People's Republic of China*, Butterworths Asia, 1998, p. 23.

④ 参见辜胜阻、朱农：《中国城镇化的区域差异及其区域发展模式》，载《中国人口科学》1993 年第 1 期。

治理体制得以成型，对城市生活严格管控的城镇街居制度、单位制度、人事档案制度、农村集体化制度，以及城乡分割户籍制度逐步建立。"这种体制以国家垄断稀缺资源为基础，以深入到社会基层细胞中的中共组织为权力核心，并且通过高度统制的意识形态得到强化。"[①]在这种全能型的政党-国家体制支配下，不断升级的政治运动使法制化的治理共识难以达成，"上山下乡"等临时间接策略无法长期奏效，淤积已久的城市化问题通过各种形式的"文斗""武斗"集中爆发，社会乱局迫使顶层决策必须作出新调整、大转向。归根结底，中国不再处于也不可能回到思想一统、礼法合体、奇理斯玛、君临天下的帝国时代，现代性的因子经由城市化进程，已嵌入经济社会系统的各层面，治理系统必须朝向制度化尤其是法制化的方向转变。

邓小平时代的改革开放，以经济发展为新的合法性旗帜，通过放权和赋权，带动了城乡经济商品化、市场化的飞速发展，解决了大多数人的基本生活需要。在全球化、市场化和政治变革的三重动力支持下，中国城市化进程不断提速，在90年代已达到前所未有的历史顶峰，相关治理难题也累积到了系统临界点。海科拉认为，中国的城市化一方面与国际经验相契合，另一方面又有一些非常独有的特色，因此，中国应该有更平衡的规划和政策手段，把现有的城市空间规划和市场手段更好地结合起来。[②] 但是，这种技术平衡论不能解答整体的治理结构发展问题。在不可思议的90年代，主政者基本都有大城市管理的丰富经历，多数是理工背景的工程师，倾向于技术主导的治理策略，对城市设计规划富有心得。然而，"在中国的城市化过程中，设计的规划方式终将无法有效应对大量复杂的城市问题，因此，应当采用以事件为导向的战略规划，并同时考虑物质层面及制度层面的内涵"。[③] 相比于基础设施的硬件发展，城市化治理的制度战略设计匮乏，缺少整体性的法律体系框架，成为制约经济发展和法治建设难解症结。过度

① 林蕴晖：《向社会主义过渡：中国经济与社会的转型(1953—1955)》，香港中文大学出版社2009年版，第19页。

② 参见 Heikkila, E. J., "Three Questions Regarding Urbanization in China", *Journal of Planning Education and Research*, 2007, Vol. 27, No. 1.

③ 韩昊英、赖世刚、吴次芳：《中国当代城市规划的战略观：复杂城市系统中设计与战略型规划的解析》，载《浙江大学学报(人文社科版)》2009年第6期。

推进的城市化、不受约束的市场化耗损了青山绿水，却并未换来民心大治，地方政府热衷经营城市项目，越来越特权化、公司化，对居民的公共事务和日常纠纷却应对乏力。在强大治理压力的"倒逼"下，片面追求 GDP 增长的"发展主义"迷思被新的科学发展观否定，拉大城乡差距、贫富差距和地区差距的非均衡发展模式也提上了深化改革的议程。① 面对接近发展峰值的城市化浪潮，执政能力的危机成为治理者的最大心病。对此，新一届领导人保持清醒认识，特别强调"国家治理体系和治理能力的现代化"，积极借鉴国际发展组织特别是世界银行倡导的治理框架，致力于构建系统化的战略解决方案，对既有体制进行"一揽子"的联动式总体改革。② 作为经济发展规划的新型城镇化战略，在肃清贪腐和保障民生的治理带动下，可以发挥推动深层改革、打击权贵资本，聚合民意人心的长远政治效用。在此背景下，彰显法律治理在城市化中的统筹均衡作用，对未来中国的"发展法"加以明确的战略定位与体系构建，有助于提炼萃取国际法治经验的可用成分，让各项改革更为协调，对反腐也可以发挥制度规范的功效。

转型中国的城市化进程表明：（1）当内生的城市化秩序遭遇外力冲击，形成新的"发展"观念，并在其支配下调整法律制度系统，往往会破坏城市化过程中地理禀赋、本土历史和文化传统的整体一贯性，造成法律治理系统内部的冲突耗散，为政治、资本强权创生勃兴时机，造成严重的结构性社会对抗，难以收拾。（2）保持历史延续的治理框架面临意识形态的正当性危机，"发展"内生的质性化的历史比较不得不让位于空间（地域）实力的量化比较，国家单元的类型化区分及区别性对待，成为国际合作发展法的主轴原则。③ （3）对当下中国而言，超越国家主义的迷思，唯有从既定治理结构中寻求资源，充分发挥执政党的全面统筹

---

① 作为重要的意识形态创新，科学发展观以凸显政治权力所具有的资源分配和整合权威为前提，强调统筹兼顾对均衡发展的功能，将政治职能在经济发展的语境中予以阐释，将政治话语融入经济话语，使执政党的合法性功能不仅在于维护安定局面，更系于均衡发展。

② 《国家新型城镇化规划（2014—2020）》将当前中国城市化的问题归结为"体制机制不健全，阻碍了城镇化健康发展。现行城乡分割的户籍管理、土地管理、社会保障制度，以及财税金融、行政管理等制度，固化着已经形成的城乡利益失衡格局，制约着农业转移人口市民化，阻碍着城乡发展一体化"。这与世界银行之前发布的官方报告《中国：推动高效、包容、可持续的城镇化》提出的"一揽子"改革方案相当一致。

③ 参见张奇峰：《国际发展法略论》，载《法学研究》1988 年第 4 期。

均衡功能。① 执政党在发展中的治理功能首先体现在意识形态层面的价值创新和文化整合，而这又可以成为吸纳国际最新发展理念和经验的战略突破口。如何将经济发展的绩效合法性与政治清明的道德合法性有机整合，共同契入法治保障美好生活的制度合法性，凝聚全民均衡公平永续发展的文化共识，成为当下城市化治理面临的最大挑战和与中心任务，这也是笔者对"法律与发展"理论加以深度反思的根本着眼点。

第二节 "法律与发展"的理论话语

一、基本理念

"法律与发展"运动最初兴起于 20 世纪 60 年代，由美国的大学、法学院、基金会、政府机构和诸多国际发展组织共同推动，进路多样，内容庞杂。② 当时，美国城市化结构正处于重大变革期，制造业空心化，零售业重心和就业重心向郊区转移，中心城市地位受到空前的挑战。由于政府缺乏适当的法律治理框架，中心城市与郊区发展的不断失衡，社会骚乱事件接连不断。城市化进程中的种族问题、收入问题、住房问题得不到解决，造成人口加速向郊区迁移，中心城市成为黑人和中低收入者的居住地，基础设施衰败，资金投入缩减。一项权威研究认为，1956 年实施的《州际高速公路法》是影响美国 1950—2000 年城市化的最重要因素。该法得到了汽车制造业和石油企业等大利益集团的鼎力支持，但并未解决交通拥挤问题，相反，沿着高速公路的郊区迅速开发致使城市交通更为拥堵，郊区城市化让大量人口从市中心移出，造成中心区空洞化，出现了所谓"逆城市化"的新问题。对高速公路的大量公共资金投入，让有限的公共交通资源大受削弱，服务质量不断下降，公交利用率日趋低下，而这又正好成为汽车制造业等利

---

① 参见廖奕：《转型中国司法改革顶层设计的均衡模型》，载《法制与社会发展》2014 年第 4 期。

② 参见 Mariana Mota Prado，"What is Law and Development?"，*Revista Argentina de Teoria Juridica*，2010，Vol. 11，No. 1.

益集团反对政府补贴公交的借口。这种难以破解的恶性循环，带来了相当巨大且长远的社会、环境和城市发展代价。① 这种状况引发了学界继续对"法律与发展"领域深入反思，对城市化与法治的关系也有了更为深切的体认。

在这场"从书斋到实践""从国内到国际"的研究热潮中，重新界定法律与发展的关系，发现并激活法律对发展的改革和塑造功能，是许多学者和行动主体的首要关注。在他们看来，法律首先是一个规范体系，同时为官方和其他主体的行为提供指引。在法律体系中，法律体制还包括由非法律规范构成的各种组织和行动主体，及其与法律规范、法律组织在具体环境中的互动。② 作为法律与发展运动的理论基础，"韦伯主义"以新教伦理和资本主义的西欧模式为蓝本，尊崇理性化的形式法律体系观，强调整合法律的政治、文化和经济因素。在"法律与发展"研究者看来，这样的法律体系才是真正的理想法，也只有它才能带来终极的发展。③ 以此为据，针对"落后"国家的法律与司法改革项目被列入发展援助规划。

自 20 世纪 80 年代以来，"法律与发展"不再被称为"运动"（movement），换上了"善治项目"（good governance programs）或"法治与发展"（rule of law and development）等新名称。④ 新制度主义经济学改进了"韦伯主义"理念框架，将影响经济绩效的一系列制度变量都纳入制度分析的图谱，力求在气候、地理资源禀赋、人口等原因之外探寻克服贫困的制度良方，特别是强调产权与合同法律保障对于经济发展不可替代的功效。在二者汇聚而成的自由市场化和去管制运动中，私法秩序对经济发展和法律体系建构具有中心意义，政府的作用被严格限定于特定领域由特定官员执行的财产权与合同保护上。自 20 世纪 90 年代以来，这种观

---

① 参见 Robert Fishman，"The American Metropolis at Century's End：Past and Future Influences"，*Housing Facts & Findings*，1999，Vol. 1，No. 4.

② 参见 Kornhauser，Lewis A.，"Governance Structures，Legal Systems，and the Concept of Law"，*Chicago-Kent Law Review*，2004，Vol. 79，No. 355.

③ 参见 Trubek，David M.，"Max Weber on Law and the Rise of Capitalism"，*Wisconsin Law Review*，1972，Vol. 3.

④ 参见 Matthew C. Stephenson，"A Trojan Horse Behind Chinese Walls?：Problems and Prospects of US-Sponsored 'Rule of Law' Reform Projects in the People's Republic of China"，Center for International Development at Harvard University，Working Paper No. 47，2000.

念进一步演化为一套基于人权的发展话语，发展权问题也开始受到国际社会的高度关注。① 作为理论上的杰出代表，印度经济学家阿马蒂亚·森提出了作为权能建设的新自由发展观。② 对于发展援助实践而言，世界银行主导的以"法治"为核心的新发展模式备受瞩目，取得了突出的成效。③ 在反思和检讨单向、线性的传统现代化理论基础上，作为全球最庞大且最具实力的发展研究机构，世界银行推出了彰显新自由主义发展观的"善治"框架，致力于法治化的商业环境改善，自由市场运作，高效、独立、公正、可接近的司法系统建设，以及法律教育推进和公民社群运用法律能力的提升。针对非洲个案，世行首次提出"为了发展的治理"（Governance for Development），希望通过人权和法治的植入来应对其日趋严重的治理危机。世行倡导的"以人为中心的发展"（Toward human-centered development），现已得到越来越多国家和行动机构的认同，有机融入各自的发展政策与法治实施的战略框架。

综合上述，法律与发展运动的理念贡献可以归结为如下要点：（1）"法律与发展"运动突破了唯经济增长论的迷思，希望通过国家的法律与政策干预，弥补自发性市场机制的不足。（2）"法律与发展"运动突破了唯政府干预主义的迷思，将非正式制度纳入"为了发展的法"（Law for development）予以系统考量，"自生自发的法"开始得到制度的认同，经济分析为法律治理的效能改进提供了有力的工具辅助。（3）以人的"权能建设"（Capability Building）为中心诉求的新发展观重新界定了政府与市场的关系，奉行法律与发展的结构性均衡原则。人权法开始向发展法转向，以人权为基础的发展战略得到越来越多国家的重视和推行。（4）对法律理论而言，法律与发展研究提出了"发展法"的概念和框架雏形，为全球化背景下的法律体系融合重整开辟了新的思维路向。

---

① 参见 Uvin, Peter S., "From the Right to Development to the Rights-Based Approach: How 'Human Rights' Entered Development", *Development in Practice*, 2007, Vol. 17, No. 4-5.

② 参见 Sen, Amartya K., *Development as Freedom.*, New York: Alfred A. Knopf, 1999. 中译本《以自由看待发展》由中国人民大学出版社 2002 年出版。

③ 参见 Tor Krever, "The Legal Turn in Late Development Theory: The Rule of Law and the World Bank's Development Model", *Harvard International Law Journal*, 2011, Vol. 52, No. 1.

二、实践局限

作为理论研究和实践行动，"法律与发展"运动的脸孔颇为殊异。改革模式推行的失误、受阻并不意味着其理念一无是处，但意义有限的实践效果确实可以表明，其理念框架应该得到修正和改进。结合城市化治理的现实问题和挑战，可从以下方面加以反思：

第一，西方中心主义的意蒂牢结如何在城市化法律治理中得以克服和避免？这就需要以本地历史为主线重建城市化的治理谱系，特别是对后殖民时代的发展中国家而言，"全球化思考、本地化行动"应当成为城市化发展的基本战略指针。① 西方"法律与发展"研究的多数成果都将法律体系视为体制性的规范结构，忘却了规范内生发展必不可缺的传统基底及文化要素。依弗里德曼之见，法律体系应当是结构、实体和文化的三重均衡构造，基于本土传统的法律文化才是其真正的核心和枢纽。② 第一波"法律与发展"运动很快宣告失败的一个重要原因在于，发展中国家的法律并没有其预想的现代性发展功能，非正式制度在社会调控和纠纷解决中占据主导地位。即使正式的法律体制具备了一定的效能，它也很难不被强大的政治利益俘虏，无法为弱势权能群体提供利益增进的推动。对正式法律制度和职业主义的强化，还会在发展中国家造成法律服务价格的不断上涨，法律决策程序的过度繁杂和形式化，让大众接近司法正义的成本更高、途径更少。③ 在韦伯勾画的"西方理想典型城市"的法律自治图景中，城市是拥有自律权的团体，有其特殊的政治与行政制度。④ 但以西方理想城市为典范的法制移植为什么会水土不服，归于失败？一个重要原因就是，这种纸面的规范移植与地方治理的文化结构存在天然的龃龉。城市化进程会带来国家治理结构的变化，治理主

① 参见 Anja Mihr, "Urbanization & Human Rights", Paper presented at 2009 Amsterdam Conference on the Human Dimensions of Global Environmental Change, 2009, Volendam, Netherlands.

② 参见 Lawrence M. Friedman, "Legal Culture and Social Development", *Law & Society Review*, 1969, Vol. 4, No. 1.

③ Trubek, David M. and Marc Galanter, "Scholars in Self-Estrangement: Some Reflections on the Crisis in Law and Development Studies in the United States", *Wisconsin Law Review*, 1974, Vol. 4.

④ 参见[德] 马克斯·韦伯：《非正当性的支配——城市的类型学》，康乐、简惠美译，广西师范大学出版社 2005 年版，第 13 页。

体由国家向区域、再向地方发生转化，更多的社会服务与管理转移到地方政府。① 而在现今中国地方城市化普遍面临的问题中，文化治理的功能缺失无疑是极为严峻却又未受重视的一个。② 西方现代化理论制造的"天城"想象，成为各地大规模新城建设和旧城改造的价值驱动力，改变这种狭隘、僵化的现代化城市发展价值观，最重要的不是快速注入新的制度规范，而是以超脱、平和、宁静致远的态度整理国故，吸纳民意，开掘本地历史传统的治理效能。

第二，"经济学帝国主义"的偏失如何在城市化治理结构中加以矫治？"法律与发展"研究虽然具有浓厚的跨学科色彩，但它一直没有摆脱西方发展经济学的范式影响。③ 当"发展"议题在 1943 年第一次被引入经济学前沿领域，解决市场失灵的制度神话就一直笼罩着法律治理及政策研究。④ 法学家的任务被定位于更新立法规范的表达，而不是主体性的制度设计。世界银行虽然也有一支人数可观的法律专家团队，但相比于千余计的职业经济学家以及每年上亿美金的研究经费，其力量之微薄可见一斑。⑤ 在既定的私有化经济结构改革方案中，法学家很难有超脱独立的地位，发挥独特不可替代的作用。在城市化治理的结构化政策议程中，技术专家和经济学家具有可以互通和互动的知识背景和工具资源，而法学家固有的保守主义和教义学倾向，都不利于获得政策制定者的青睐。"法律与发展"虽不等于"法律发展"，但绝对离不开"作为发展的法"。⑥ 只有将城市化治理从经济学帝国中解放出来，赋予其新的制度内涵和解释框架，法学的"治理性"

---

① 参见 Gerry Stoker, *Transforming Local Governance: From Thatcherism to New Labor*, New York: Palgrave Macmillan, 2004, p. 3.

② 社会文化学研究认为，文化治理与福柯所谓的 Governmentality 有相通之处，都强调权力与文化的相互性：不仅权力塑造文化，文化也会形塑权力。参见 Lemke, Thomas, "The Birth of Bio-Politics: Michel Foucault's Lecture at the Collège de France on Neo-Liberal Governmentality", *Economy & Society*, 2001, Vol. 30, No. 2.

③ 参见张英磊：《发展经济学思潮与法制变迁》，载《财产法暨经济法》(台北)2010 年第 3 期。

④ 参见林毅夫：《新结构经济学：重构发展经济学的框架》，载《经济学》(季刊)2010 年第 1 期。

⑤ 参见 Tor Krever, "The Legal Turn in Late Development Theory: The Rule of Law and the World Bank's Development Model", *Harvard International Law Journal*, 2011, Vol. 52, No. 1.

⑥ Brian Z. Tamanaha, "The Primacy of Society and the Failures of Law and Development", *Cornell International Law Journal*, 2011, Vol. 44, No. 209.

才能得到充分实现，而这也是"法律与发展"研究长期忽略的盲点。

第三，财产权至上的倾向如何在城市化治理中得到纠正？私有产权对于城市化发展和治理而言，具有不容否认的重要意义。但是，仅限于产权保护或以产权私有化为中心目标，法律的功能一定是残缺甚至病态的。无论古今中西，政府在城市化进程中的主体地位都是显见的事实，政府一方面提供产权保护，另一方面也在积极创造新的产权结构，通过经济事务的管理，确保国家整体的均等、秩序、安定和繁荣。在城市化进程中，对"政府产权"进行合理的法律定位，比激进的私有化与休克疗法，更为贴近问题的真正解决。① 政府企业化并不是一种当然的罪恶，很多时候，它必须以法治标准具体度量。只要内部产权和治理结构符合基本法律标准，外部效益惠及多数公众，政府参与应当得到允许。反之，如果政府借助城市化项目平台，通过行政审批权获得对土地等核心资源的垄断，通过公司制形式下的银企合作规避法律风险，这种"虚假城市化"无疑是法律治理的对象。② 除了要拓展产权的概念，我们还应当从"法治与发展"项目的挫败中吸取有关"权利话语"迷思的教训。只有将权利具体化，并置于整体互动的发展情境，我们才能在权利、权力、权威的缠绕丛集中，准确发现权能（权利实现能力）的非均衡症结，找到应对的治理方策。③ 除了财产权能，个人还有政治、经济、社会、文化多方面的发展权能。除了个人权能，国家也有多种发展导向的治理权

---

① 日本著名经济学家青木昌彦认为："博弈论不再只是单纯的分析工具，而是为政治经济学分析提供了一种新的思考方式。具体地说，就是不再把政府当做万能的制度设计者或资源分配的统治者或慈善的（benevolent）分配裁定者，期待其发挥着合理的和中立的作用，而是尝试将政府明确地作为一个拥有独特的激励结构的博弈参加者。"米尔哈普托·卡提斯进一步研究了产权在政府与民众之间的分配，指出任何国家、政府对企业都拥有相当的支配权，公共部门和民间企业的界限是模糊的。政府产权表现在多个方面：对国有资产直接行使支配权，以及通过规则、课税、补助金等方式，对民间企业间接行使支配权。转引自冯涛、袁为：《"政府产权"范式的理论内涵及其对政府改革的意义》，载《福建论坛（人文社科版）》2008 年第 3 期。

② 参见折晓叶：《县域政府治理模式的新变化》，载《中国社会科学》2014 年第 1 期。

③ 权利的概念可分为三个逻辑层面：（1）a 相对于……拥有……权利。（2）a 所拥有的……权利本质上服务于……（如利益、需求等）。（3）a 在其……权利被侵害时可以通过诉讼来加以保护。在他看来，（1）的意义与（2）、（3）都不相同。权利的依据是一回事，基于这个依据的权利是另一回事，这几乎可以不证自明。但权利与权能（实现权利的法律能力）之间的关系则异常复杂，属于广义的规范和经验研究范围。参见雷磊：《法律权利的逻辑分析：结构与类型》，载《法制与社会发展》2014 年第 3 期。

能，并随着城市化进程发生移转和变迁，最终与具体化的个人权能对接契合，融为一体。

第四，过度政治化的问题如何在城市化发展中得到有效化解？从理论上讲，当政治改革与经济增长狭路相逢，法律治理的缓冲和调停不可或缺，"均衡发展"可以作为规范基准化解矛盾、协调关系。但在世界城市化进程中，发展失衡愈益严重，财富高度集中，贫富分化持续加剧，"全球行政法"虽然提出了超国家的法框架，却始终难以进入地方化的发展和治理过程。① 法律发展运动秉持良好的意愿，却并未收到相应的效果，过度政治化是一个重要因由。例如，发展机构针对拉丁美洲和非洲的大规模援助，往往附加了法律与司法体制改革的政治条件，让很多国家不得不屈从，加剧了社会动荡，造成了城市化陷阱。② "法律与发展"运动中由国际组织主导的援助项目，绝大部分都以既定的个体人权观和"单极化"外交政策为基础，客观上有利于不断强化发达国家的优势地位，维持"新"自由主义理念缔造的国际政治经济"旧"秩序。许多发展中国家认为西方国家的法治天然优越，绝对普世，于是未加任何辨识和防御，就接受了一系列附加过度政治条件的发展援助，最后非但没有实现发展的目的，反而使国家的经济绩效、政治秩序、社会稳定、文化安全等核心利益都受到了损害。

由上可见，"法律与发展"之所以在理论上模糊、行动中失效，关键原因在于，"发展法"并未成为一个逻辑自洽、功能自足的理论框架和运行体系，作为法律价值的发展理念和作为发展动能的法律系统不能协调运转，特定文化中的法律传统、发展中的法律形态、法律自身的规范性发展、通过发展实现的法律权能等关键问题都没有得到深入探讨。

三、新的话语

聚焦转型中国的城市化治理问题，正是推动"法律与发展"研究的一个契机。

---

① 参见 Kingsbury, Benedict, Nico Krisch, and Richard B. Stewart, "The Emergence of Global Administrative Law", *Law and Contemporary Problems*, 2005, Vol. 68, No. 3-4.

② 参见 Jorge L. Esquirol, "The Failed Law in Latin America", *The American Journal of Comparative Law*, 2008, Vol. 56, No. 1.

作为发展议题的城市化和作为制度议题的法律治理能否在新的"发展法"框架中有机契合，也成为检验"法律与发展"理论是否获得真正进展的标尺。

从内部视角看，城市化是一个动态演进的非线性发展过程，法律的规制（Regulation）应当以"规律"（Rule）为基础。① 城市化的最大挑战在于城市人口、空间扩张带来的治理结构功能转换，针对乡村的集聚、吸纳和同化效应为其固有属性。人口迁徙具有制度无法控制的自然演进特征，伴随着人口城市化，城市空间和功能的升级扩容成为完善治理的必然要求，由此产生空间城市化和功能城市化的更高治理要求。从外部视角看，城市化的发展与工业化、现代化具有显著的正相关，与生活市民化、政治民主化、文化多元化也存在不同程度的牵连，而这些恰好又是法治建设的基本条件。现代性的法律结构和历史逻辑塑造了城市化的基本格局，城市化的发展水平又逐渐内化为衡量现代性法治绩效的新指标。

基于这种可能的良性互动，我们可以将城市化治理视为"法律与发展"的新议题，重点回答三个基本问题：第一，在城市化进程中，法律如何成为以治理推动发展的权威规范？第二，法律介入后的城市化治理结构如何保持可持续发展？第三，城市化的良性发展能否生产出"自我治理的法"？

如果将法律规范定义为一种有效的治理机制，它的权威性必定是在特定的制度结构体系中确立。在已有的新制度理论分析框架的基础上，我们可以将"作为治理机制的法"分为四个层级：（1）由文化－意识形态组成的制度镶嵌层；（2）由产权、宪法、法律等正式规则组成的制度架构层；（3）由各种具体情境下的非正式规则组成的制度延展层；（4）由资源配置、诱因调整等经济市场机制组成的制度凸角层。② 法律体系的制度化运作绩效取决于这四个层面的均衡互动，任何一个环节出现罅隙和遗漏，都会产生连锁的"短板效应"。以此观之，现有城市化治理结构是否良好，关键在于内生的制度性均衡，这也是衡量法律发展绩效及权威性程度的核心指标。当"善治"状态出现，城市化会推动制度体系的自我优化；

---

① 诺瑟姆曲线形象揭示了城市化发展过程，以城市人口占总人口比重的城市化率区分出城市化发展的三个阶段——初始阶段、加速阶段和成熟阶段——相应的城市化发展曲线呈变体 S 形。参见 Northam R. M., *Urban Geography*, New York：J. Wiley Sons, 1975, pp.65-67.

② 参见 Oliver E. Williamson, "New Institutional Economics：Taking Stock, Looking Ahead", *Journal of Economic Literature*, 2000, Vol.38, No.3.

反之，城市化则会成为制度革命的推手。作为外部介入的法律治理，如何把握调控的时机与节点，极其考验治理者的智慧和水平。在此意义上，外部性的法律变革必须慎重，因为它具有价格不菲的社会成本和极不确定的制度风险。国家对城市化的调控政策，如果选择以立法方式推动，未必是最有效率的，容易造成政府权力扩大化，对城市化进程内生的"发展法"构成意想不到的破坏。对于已经嵌入城市化进程的立法规范，合适的治理策略是，以体系化为目标加以清理、精简与整合。城市化良性发展的评价，应当从经济数据的计量模型转向治理系统的质性框架，在新发展理念引领下，完善具体指标。国家的作用在于创设目标框架，激活行动主体，建构整合平台，提供作为公共品的纠纷解决方式和多样化的司法正义通道。

立足于上述思路，我们有必要对作为"法律与发展"议题的城市化治理加以新的定位和省思，这就需要创构一种新的话语框架，解释并回应城市化经济发展与法律治理在宏观战略上的均衡需要。

第三节 迈向"发展法"的新框架

一、为了发展的法

对城市化法律治理而言，发展理念的辨明澄清，是厘定发展政策、匡正发展行为、形塑发展规范的前提要务。但发展是什么？这恐怕是一个比"法律是什么"更难回答的问题。①

在中国传统知识系统中，"发展"意为发生和延展，本无价值褒贬。从 Development 翻译而成的"发展"，最初也是意指有机体经由进化而趋于成熟和完

---

① 从生物学的机能进化到生态学的系统优化，从理想主义的乌托邦设计到现实主义的结构功能分析，从长远社会经济转型目标到中短期的具体治理战略，"发展"都表明一种不断接近预设状态的变动趋势，是一种典型的西方现代性话语。在后现代、后殖民、后结构主义者看来，发展关系的不平等、不均衡才是真正的发展大敌，有鉴于此，他们提出"反思现代性"，主张公平、均等、良好的非线性、多元化发展。参见 Thomas, Allan, "Meanings and Views of Development", in Allen and Thomas (eds.), *Poverty and Development in the 21st Century*, Oxford University Press, 2000.

善的过程，例如植物的发展、幼儿的发展等。但很快发展出现了语词的转义——从有机体的物理、身心具象发展扩大到社会、经济、制度和文化的整体抽象发展——此种"转义"的机要不在于原有性状的实然改变，而是预设理想的理念标准。于是，人们对美好生活的文化期盼与政治意识形态创构的乌托邦彼岸互相作用，逐渐形成了充满张力的多元化发展理念与城市化模式。①

长期以来，世界各国的城市化具有强烈的生存伦理导向，粮食危机、自然灾害、冲突动乱、疾病流行、暴政肆虐都可能是人口迁徙的具体动因，生存的首要性是城市化不变的内部法则。但从法律政策的价值考量来看，生存并非人之存在的全部意义，更非人之尊严的要义内核。② 人之根本价值在于，不断开拓新的生活空间的可能性，让有限的物理身体存在化为无限的心灵血脉赓续。每个人对美好生活的理解和祈求各有侧重，但在拓展自身价值上却具有先天的同一性，这正是"发展法"理念的意识形态基础。

新制度经济学认为，意识形态是补充正式制度的"节约成本机制"和"润滑剂"，"变迁与稳定需要一个意识形态理论，并以此来解释新古典理论的个人主义理性计算所产生的这些偏差"。③ 有效的意识形态"由许多人共有的思想构成，这些人采取一致的行动或者受到影响而采取一致行动，以达到确定的目标"。④ 对中国共产党而言，从革命党到执政党的转变，一个关键性标志就是以"发展"为核心主题和内在机制的意识形态创新。⑤ 在当下中国，作为主导意识形态，经济中心论的特色发展话语已经形成了一套相对自洽、难以替代的理论体系和制度

---

① 参见 Cheshire, Paul, "A New Phase of Urban Development in Western Europe? The Evidence for the 1980s'", *Urban Studies*, 1994, Vol. 32, No. 2.

② 既有的财产权利也非静态不变，而是普遍具有发展导向发展。例如土地发展权就是土地使用用途变更后衍生出来的新权能，对于补偿失地农民的发展法益至关重要。参见赵万一、汪青松：《土地承包经营权的功能转型及权能实现》，载《法学研究》2014 年第 1 期。

③ ［美］道格拉斯・C. 诺斯：《经济史中的结构与变迁》，陈郁、罗华平等译，上海三联书店、上海人民出版社 1994 年版，第 12 页。

④ Roy C. Macridis, *Contemporary Political Ideologies: Movements and Regimes*, Cambridge, Massachusetts: Winthrop Publishers, Inc., 1980, p. 4.

⑤ 从世界范围看，执政党普遍面临意识形态困境。相比而言，发展型意识形态具有较强的包容力、中间化和灵活性，成为现代化各国之优选。参见姜跃：《国外部分执政党意识形态困境及应对》，载《理论学刊》2013 年第 6 期。

规范。以经济发展为中心，一手抓建设，一手抓法制，两手都要硬的治理方针，与改革开放后快速的城市化及其治理战略密切相关。在加速蔓延的城市化进程中，经济发展不仅被赋予了战略目标的地位，也被认定为矛盾解决的良方。但长期以来经济发展被过度数量化，人的中心地位被淡化甚至取消，这成为"发展主义"（Developmentalism）备受诟病的根源。① 执政党倡导的以人为本和科学发展观，必须着眼于矫正这种理念价值的迷失，回应城市化进程中不断加剧的社会分化和对立，为法律治理结构的总体转型提供方向性指引。②

人本发展的理念并不高深，却很难得到制度化贯行，症结在于既定经济权力格局让社会等级附着于不均等的生活序列，于是，"活着就是一切"，"留得青山在，不怕没柴烧"的生存伦理隐蔽而牢固地支配着治理实践，让政治变成一种最低限度的生活资料微调游戏，而所谓经济发展也顺理成章地变成强者愈强、贫者愈贫的权力资本增值过程。法律与发展的关系在调停阶级对立的战术需要中被扭曲，借由"征地""赎买""改制"之名的"合法剥夺"成为很多地方城市化的公开机密。

指望地方治理结构的自动改变，现今来看不大可能。国家官僚政治体系的权力等级和天然惰性，规限了这种改革的层次、内容和范围。唯有在一种统合、高效、强力的权威调控下，既定的恶性均衡权力格局才有可能被打破。意识形态的理念创新优势要转化为法治化的改革动能，必须具备足够的中央政治权能，以新的发展标尺矫正、规范各地城市化的乱象。③ 一方面，我们需要进一步从顶层设计上更新发展理念，明确以"人的权能建设"为主轴，在治理结构上继续优化均衡布局，让法律与发展的制度协同成为坚定的改革共识——这是一项长期的工作；另一方面，我们

---

① 参见许宝强：《发展主义的迷思》，载《读书》1999 年第 7 期。

② 实证研究表明，中央政府施政纲领的转变并不总是地方政府行为模式革新的根源。地方政府的行为发生了一定变化，但其行为模式并没有发生根本转变，财政收益最大化才是地方政府的首要目标，社会政策常常成为服务于经济发展的工具。以人事权为核心的纵向问责机制，是中央政府用以干预地方政府行为的重要工具，但也因此忽视了地方人民代表大会和司法体系等横向问责机制的关键性作用。有鉴于此，理念创新的功用必须通过整体性的制度和治理结构转型加以彰显，否则，意识形态的优势很难发挥出来。参见郁建兴、高翔：《地方发展型政府的行为逻辑及制度基础》，载《中国社会科学》2012 年第 5 期。

③ 参见 Olivier Blanchard & Andrei Shleifer, "Federalism With and Without Political Centralization: China versus Russia", IMF Staff Papers, Vol. 48, Special Issue, December 2001, p. 171.

需要即刻解决的问题是，重新设定地方发展评价指标，突出以人为中心的新型城市化及其法律治理结构的战略地位——这是可以在近期内完成的。

为了避免更大的权力之恶，政治权威的发展调控行为也应事先接受制度牢笼的规约，这就需要进一步发挥意识形态和文化价值的"软法"效用。对中国共产党而言，"党法"虽是内部规范，但其对城市化治理的作用不容小觑。在城市化进程中，执政党的意识形态如何发挥强有力的制度效用，通过具体的党内法规对不合乎"理念型发展法"的治理结构加以调整和完善，值得深入探讨。例如，科学发展观强调的均衡和统筹机能对于矫正单向度的过度城市化迷思大有裨益，但具体的党法规范体现在哪些方面？强调人本、均衡发展的意识形态创新也可以为国家层面的发展立法体系提供政策指引、权能资源以及运行助力，但党法与国法如何衔接、协调？以人权为基础的公平、均衡、永续发展理念，可以成为意识形态创新背景下的发展法体系化起点，但又当怎样以规范性的表达将其化为政治共识和可执行方案？

总之，城市化的法律治理首先应廓清发展理念，明确发展在法律价值系统的枢纽地位，克服数字指标化的机械思维，将良法和善治内涵的均衡发展观融入城市化的政策形成过程，杜绝不顾条件地强行赶超、畸形发展以及无视基本权利保障的病态城市化。

二、发展中的法

理想与现实之间的恒久张力，决定了所谓的"发展终点"不过是拟制的彼岸，如同卡夫卡笔下的"法"，高远神秘，大众只能渐趋接近而非即刻达及。"发展中"状态是一种上佳的治理环境，因为，它既能为已有的发展经验创造规范化契机，同时又容纳针对突发问题的变革要求。搁置争议，在发展中解决问题，兼顾可行性、现实性和成本效益分析——此种执政党坚持奉行的实践性治理思维，与新现实主义法学的主张内在贯通。[1] 在"法律多元"理论看来，这种法可以理解为以社会为主体性场域的民间法，或曰"活法"，它潜藏于社会有机体的历史文化

---

① 参见范愉：《新法律现实主义的勃兴与当代中国法学反思》，载《中国法学》2006 年第 4 期。

骨骼中，没有成文化的书面载体，只能通过面向未来的社会实践才能予以规则化和制度化。在"发展中"语境下，民间法与国家法并非二元对立的关系，而是在各种力量交互作用环境中的"连续体"。①

城市化作为延绵千年的发展引擎，其历史进程积淀了诸多规则贡献。中华人民共和国成立以来，许多行之有效的治理规范，都离不开城市化改革过程中的不断突破和反复试验。作为新发展战略的核心内容，城市化的高效、公平、可持续推动，自然也要遵循"发展中的法"。正是因为"发展中的法"长期存在，否认城市化战略的原初合法性，或闭目不见其绩效合法性，都不足取。但我们如果就此止步，认为"发展中的法"等于实然主义的城市化法则，那也无疑是犯了将规律与法律混淆的低级错误，虽然在英文中它们都写作"Law"。基于这样的特性，城市化治理的民间法资源只有在新的发展理念框架下才能找到开掘和塑形的范围，也只有在执政党统筹的社会团体与新兴的公共领域组织一体协同下，才能得到准确细致的总结和表达。无论是中央政府的发展方针，还是地方政府的发展试验，都不能以破坏这种历史形成的"活法"传统为代价，这也是城市化必须尊重和保护文化遗产资源的深层内因。

反观当下，发展传统断裂，历史累积的文化治理资源被漠视、放弃甚至有意摧毁，已经成为城市化良性发展的重大障碍。城市发展具有历史的连续性和一体性，但现今各地的新城市建设往往视传统资源为改造对象，以一种对历史极度无知和极不负责的态度处理文化遗产。追求短时政经利益的最大化，结果造出一座座毫无特色、功能残缺、浮夸空洞的"丑城"和"鬼城"。治理者不明白永续发展的宽广内涵，将之狭隘理解为简单的自然环境和耕地资源保护，忽略了历史和传统的文化承继。学者们也未充分重视传统中国城市的治理经验，蜂拥趋向想象中的西方现代化城市发展模式，造成相关研究匮乏，已有的成果也大多驻足于技术规划层面，未能化作有效的政策信息和治理资源。大众文化对美好的过去倒是充满兴趣，但在全球化的影响下，海量信息已经湮灭了古城文化，使之成为记忆的孤岛。技术、专业和权能的限制，均让大众偶生的文化图像很难规模化复兴，成

---

① 参见 Paul Bohannan, *Law and Warfare: Studies in the Anthropology of Conflict*, New York: Garden City, 1967, pp. 43-58.

为有影响的政策思潮，改变惨淡一律的同化现状。这一切莫不表明，中国的城市化发展亟须恢复与传统的勾连，打破过去、现在和未来的人为时间阻隔，在共有的公共空间建构真正良善美好的城市图景。

在中国城市化的历史图谱中，我们可以开掘出丰富的治理信息甚至制度密码。虽然迅猛发展的工业化已经大大改变了传统产业结构和布局，但工业化并非现代化的不变主导，更非城市化的永恒动力。那种认为有了工业革命才有城市化的观点，无疑是违反历史基本事实的。在对城市化加以治理考量时，我们必须遵循历史形成的非正式约束，寻找更多更好的内生性调整方法，而非一概加以外部法令的强力输入。发展中的城市化法律治理新传统，离不开"大传统"和"小传统"的共同支撑。①保有历史性的地方自治空间，城乡融通互动的习惯性通道，避免计划性的大面积人口迁移和强制性生活方式改造，对于中国城市化法律治理而言，具有基础性的推动意义。

三、作为发展的法

对于政府主导的正式制度而言，"作为发展的法"妙用在于，在历史本体的基础上进一步从方法论上为法律变革提供规则理据。依哈特之见，法律规则的重要内容之一就是"改变规则"（rules of change）。②古典法家强调形势论和法术论的紧密结合，这并非全然基于君主集权的需要，很大程度上也是为了照应法律自身完备的制度发展需求。③事物不断发展变化，立足国情，实事求是，锐意创新，更是执政党常用的政治话语，它们汇聚为一种看不见的法律变革原则，根据治理

---

①　一方面，立法者不能以城里人的标准为唯一真理，通过立法径直改造乡下人的活法；同时，中国慢慢由"农村"转为"城市"，生活样法不同，礼俗人情人心自有会变，法律变迁也是天理之昭昭。这期间，时间的力量大于一切，急而又急就不得。许章润：《说法活法立法：关于法律之为一种人世生活方式及其意义》，清华大学出版社2004年版，第8页。

②　H. L. A Hart, *The Concept of Law*, Oxford: Clarendon Press, 2nd. ed., 1994, p. 96.

③　《韩非子·难势》有云："吾所以为言势者，中也。中者，上不及尧舜，而下亦不为桀纣，抱法处势则治，背法去势则乱。今废势背法而待尧舜，尧舜至乃治，是千世乱而一治也。抱法处势而待桀纣，桀纣至乃乱，是千世治而一乱也。"韩非所论的"势"并未以圣明君主为对象，其津要在于达成良好治理。只要"抱法处势"，君主不必要一定如尧舜，当然也不能如桀纣，只要是中人之资，都可以完成公共秩序与富强国家之利求。

情势的变迁，相时而动，随机应变。

中国改革开放四十多年的立法成就举世瞩目，城市化进程正是牵动此种法律发展的情势主因之一。但客观评估，这种粗放高速的立法建设尚未达到完备体系化的程度。① 面对不断凸显和激化的城市化极端贫困、暴力冲突、阶层矛盾、安全与健康威胁，进一步的大面积变法呼声此起彼伏。作为政策响应和引领，十八大之后，执政党决策层确认并强化了这种法律发展要求。围绕城市化及其治理的法律修改与完善工作日益繁重紧迫，它甚至可能成为未来中国三十年的立法主轴。但立法的发展并不是"法治"的全部，在当下中国不少法学家看来，从立法中心向司法中心的转向，才符合现代治理模式的真谛。② 司法治理事关重大，那么，执法机制呢？更是不容忽视。守法也很重要。这一连串的机制改革任务整合关联为一种新的话语：从法律体系到法治体系的发展。③

就现实而言，转型中国的不均衡城市化发展进程，催生了严重的社会对立、激烈的文化冲突、片面的扩容增量，盲目的制度移植、无穷的物欲渴求和普遍的精神空虚，造就了膨胀的权利意识与有限的制度容纳之间的悖论谜题。纠纷日增，解决乏力，维稳至上，强力横行——现有治理结构已然无力根除城市化弊病，只有采取"走一步看一步"的实用主义策略，运用各种"人防""技防"措施，暂时压积问题。立法者在"有病治病、无病强身"的潜意识支配下，迅速出台了有关城市化的诸多法律、法规、规章和地方性法令，却方不对症；立法规范在纸面上的确粗具规模，但相互之间的不协调非但没有解决，反而更加严重。司法系统处理城市化进程中的大量案件，但仍难以根本化解矛盾，与信访机制越来越"水火不容"。城市化进程中的行政权力未受到有力法控，滋生的腐败令人触目惊心，执法权力的异化和无规成为法治的顽疾。在巨大的利益诱惑面前，守法反倒成为"愚蠢无知"的代名词，法律违反和规避成为常态，隐形的土地黑市极度繁荣。无序城市化带来的整体性社会溃败，成为转型中国法律与发展的根本障

---

① 参见廖奕：《法理话语的均衡实践：论"中国特色社会主义法律体系"的建构》，载《法商研究》2009 年第 2 期。

② 相关介绍与反思，参见喻中：《从立法中心主义到司法中心主义?》，载《法商研究》2008 年第 1 期。

③ 参见徐显明：《走向大国的中国法治》，载《法制日报》2012 年 3 月 7 日。

碍。除了经济发展过程异化，法律的发展也被污化，沦为现代化的象征性符号，运行乏力、有名无实的治理工具。法律如何在城市化治理中产生真正的治理效能，这不是单纯的国家法治理技术问题，亦非城市法与乡村法的冲突或互动所能涵盖。要找寻到均衡治理的法治良策，我们的目光必须从"作为发展的法"转向"通过发展的法"。

四、通过发展的法

从统治到治理，转变的要义在于决策情境下多元主体的博弈均衡。[1] 政府主导的城市化发展和法律治理能否获得实效，除了取决于法律正式规范的内在发展程度，更仰仗于发展主体的多元化和法律权能的均衡化，在治理实践中体现为市场化过程中制度赋权和发展增能的协调和统一。

有别于传统立法、执法与司法主体，发展监管与规制机构的兴起，即表征了打破体制界限的混合权力和专业权威结合而成的"新权能主义"。[2] 在城市化进程中，对发展行为的系统规制日益成为西方发达国家和区域法律治理的主流样式。[3] 法律治理不仅是规范治理，更是行动治理、综合治理、系统治理。现阶段中国的专项领导小组工作机制，可以有效打破既有权力界限，借助政治权威的权能存量拉动法律和经济社会的整体发展，但如何稳步提升执政党自身的权能总量，亦即执政能力和国家治理能力，也成为城市化治理的战略难题。制度规范层面的困境主要体现在"党法党规"与国家法的不协调甚至严重冲突，这可以称为"软实力"问题。硬实力困境则在于，中央事权不统一，汲取能力与投入需要不均衡，财政难以负担庞大的公共福利支出。下放地方立法权，推动城市化的地方自我治理，成为既有制度与权能约束格局下的次优选择，是中央加强法律系统监管的战略前奏。"通过发展的法"鼓励地方试验、个别创新，实施有条件的相对自治。但前提是，地方权能建设必须遵从发展法的核心理念，尊重发展法的历史

---

[1]　Bevir, Mark, *Governance：A Very Short Introduction*, Oxford University Press, 2013, pp. 10-18.

[2]　参见 Lisa Schultz Bressman and Robert B. Thompson, "The Future of Agency Independence", *Vanderbilt Law Review*, 2010, Vol. 63.

[3]　有关美国独立监管机构的介绍和评析，参见宋华琳：《美国行政法上的独立规制机构》，载《清华法学》2010 年第 6 期。

传统，以及与此密切相关的政策规划和顶层设计。在此基础上，地方治理完全可以权能需求为基点，推行中心明确、特色鲜明的城市化均衡发展战略。只有发展格局趋向总体均衡，公民法律权能占据绝对主导地位，统一、独立、集中、公正、高效的专门、制度化的发展监管和治理体制才会最终形成。

　　"作为发展的法"需要"通过发展的法"获得实效，在制度化权力与权威的良性互动中实现规范与事实双重层面的法律权能均衡。在新兴市场化领域，互动型的"实效法"可以激活多元发展主体的权能潜力，在相对完备的规范结构制约下，从行动中实现法律的均衡发展和善治功能。市场化主导的"发展法"必须以既有的法律发展到特定阶段为基础，也就是说，没有"能动政府"主导的法律规范体系作为前提，互动博弈的市场均衡点将永远是虚拟的经济学神话。作为具体实在且灵活多变的权能资源，城市化进程中人的发展要素可以成为新市场建设的主要内容，这才是真正的"产业升级"，一种超越了传统经济模式的反思性现代化。无论是土地市场、劳动力市场、资本市场，还是公共服务市场，甚至权利资格的准入、获取和交易市场，都是规范构型的结果，也是法律发展的动力，更是治理变迁的依赖。市场机制的伟力，不只是产权的确认、财富的聚集，其精魂在于良好治理结构下的权利能力增进和发展利益均衡。

　　转型中国法律之所以实效性匮乏，一个重要原因就是纸面建构的城市工商法与现实存在的乡村习惯法对立耗损，未形成良性互动的均衡治理格局。与此同时，市场化的发展行为无助于法律治理的改善和优化，反而以破坏既有规范为常态。在发展中解决问题，这是一种基于历史和现实多重约束的不得已抉择，作为连贯性的治理策略，它的"升级版"可以理解为"通过发展来激活法治"。法律治理需要成本投入、主体推动、效益生产和社会协同，需要在具体的社会发展环境中寻找制度嵌入的战略契机。"行动中的法"既要尊重现实生活的逻辑，又不能陷入无原则的犬儒，变成屈就现实的留声机和尾随者。"法律与发展"理论提出的赋权增能、参与式发展等治理新路径，可以融入"通过发展的法"框架，在新的市场化环境中准确定位、有效运行。

五、有关发展的法

　　有了理念框架、历史资源、规范基础以及主体和权能保障，"有关发展的法"才能真正得以塑造成形，体系化的发展法才能从理想化为现实。依萨维尼的著名见解，法典法的形成是一个基于"民族精神"的规范积累、内化和彰显的螺旋发展过程。"我所思索和寻求的，乃是藉由一种统一谐和、循序渐进的法理，找出适当的手段，而这可能才是整个国族所共通共有的。"①与其不顾历史条件和现实要求去盲目创制，毋宁扎实整理既有规则，研探内生规律，等待发展时机。法典的形成是自生自发和政治设计的综合作用力使然，代表了法律发展的最高成就。在萨维尼的时代，发展话语尚未成为主流，传统形成的私法秩序是"历史法学"关注的核心。而在全球化发展情势下，打破公法和私法、普通法与大陆法、国内法和国际法之僵化界限，成为"法律与发展"的总体趋势。建构体系化的发展法，当然应当重视专门的体系化法典的作用，这对于中国这样一个深受大陆法系影响的转型国家而言，尤为必要。

其实，发展法并非新概念，在现有的法律规范中，国际发展法、可持续发展法都正在不断整合中成熟。发展中国家针对城市化治理专门出台的有关住房、城乡建设、金融、土地利用等专门立法，很多也都冠以"发展法"的名称。新兴的"都市发展法"（Urban Development Law）更是明确以新城建设和治理为调整对象，在已有城市规划法、城市再开发法、土地产权法、土地利用和发展法、住房法等基础上进一步完善，推动基础设施、环境和生活水准的均衡发展。② 中国的发展立法虽然尚未采取类似表达，但其中已经包含较为丰富的发展规范话语，为日后专门性、系统化的发展法奠定了基础。只有当规约发展的法律体系形成，已有的制度规范才能结束四分五裂的无序竞斗，法律治理的基本目标才能"升级换代"，化解"维稳"与"维权"的矛盾。也只有当发展法形成为一个相对完备的法律体系，国家的发展法典与执政党的发展政策才会进一步交相作用，开启新一轮的法治化发展循环，从而进入制度化的良性轨道，破解困扰中国历史千百年的治乱兴衰之谜。

---

① ［德］萨维尼：《论立法与法学的当代使命》，许章润译，中国法制出版社 2001 年版，第 121 页。

② 参见 James L. Magavern, John Thomas and Myra Stuart, "Law, Urban Development, and the Poor in Developing Countries", *Washington University Law Quarterly*, 1975, Vol. 1.

在中国现有的法律部门中，没有一个与城市化治理对应的制度体系，现有的"法律体系"也没有足够的整合度去应对快速城市化带来的各种问题和挑战。这就需要我们以一种相对成熟且能予以改进的法律理论为基础，通过新的分析模型解释转型中国城市化法律治理。

运用"发展法"的新话语框架，我们可以得知：城市化和法治化是双向推动和塑造的整体发展系统，"为了发展的法"正是二者有机一体的理念构造。但现实中法律治理往往严重滞后于城市化进程，因而急需实现自身的发展。作为发展议题的城市化可以为法治的内生发展提供重构契机和制度资源，"发展中的法"为"作为发展的法"奠定历史传统基底。与其他治理方式相比，传统法律治理的优势在于国家的理性干预，但不足和风险也在于此。规约国家和政府的发展调控权，成为新法治战略的核心。保持政府与市场的制度均衡，关乎城市化法律治理的根本成效，这就需要"通过发展的法"来确保法律权能的宏观均衡配置。作为发展法的成熟形态，"有关发展的法"最终将启动新的"法律与发展"互动，朝向更高层级的法治目标迈进。

在"发展法"框架下，我们还可以将发展行为的法律控制(公法)、发展利益的法律分配(私法)、发展福利的法律保障(社会法)、发展纠纷的法律调处(程序法)、发展格局的法律拓展(国际法)等问题进行系统反思，从新的法治战略立场检讨现有城市化治理结构的整体性问题。一味遵照既定的法律体系构造，推导出的"法律制度改革对策"势必呈现"碎片化"的无根基状态，因问题繁杂、领域交叉、视角多样造成的不必要争议与分歧。新的发展法体系是一个可以涵盖政府开发决策和权力运行体制、城市安全和暴力冲突防控制度、土地产权与征用制度、住房、教育、医疗等城市居民权利保障制度、多元化的纠纷解决机制、国内人权标准与国际法的协调和对接机制等诸多领域的法理"元范畴"。

第四节　法哲学的建构和超越

一、超越法律经济学的法哲学

任何时代都会有属于自己的哲学，但未必会有独特的法哲学。"法哲学是法学家问，哲学家答。"①当关注整全的哲学与聚焦细节的法学相遇，法学家的问题和哲学家的答案却难免龃龉。在城市化实证研究的新帝国版图中，"法哲学"只是一座破败的小城，仿佛一种过时的记忆，除了被立法者和法学家偶尔提及，或在学院考试科目中随机闪现外，对于蜗居在超大城市的普通居民而言，这样的大词显得不接地气，有些故弄玄虚。无论我们承认与否，面向城市化的法哲学，多少有些脱离日常生活的嫌疑。

既然如此，城市化的法哲学何以必要又如何可能？如果此种探究仅是为了填补"学术空白"，或者追求语词时髦，的确没有必要。但若从长远计，它可以满足亿万民众的智识渴求，祛除其生存与发展之惑，则另当别论。在多数欠发达国家和地区，普通人对城市化的态度可谓喜恶参半，对城市化的法律更是认知模糊。随着全球范围城市化进程的不断提速拓展，人民的城市法治意识已开始微澜涌动。未来的城市化，是否会像郝景芳在小说《北京折叠》中描述的多层空间叠加？生活在三种等级空间的社会阶层，是否会被那种神秘的固化机制永远屏蔽隔离？时空（阶级）穿越的科幻命题，在当今城市化背景下，已呈现出强烈的现实批判色彩。这些问题提醒我们，对日常生活的哲学批判有必要与城市化的法学研究紧密结合，共同探寻未来可能的城市化理想法图景。

探寻城市化的法哲学，其实就是追问城市化时代的法律本质母题。如果将城市化视为现代化的组成部分，已有的法律现代化理论可以提供现成答案。但城市化与现代化毕竟不是一回事：从历史发展看，城市化的起源更悠久；从现实表现看，城市化的动能更强劲；从内涵指义看，城市化的概念更具体。暂不论前现代时期的城市化，即使就如今的城市化而言，它很大程度上也属于后工业化时代的产物，传统的法律现代化理论已不足以解释新时期的法律本质问题。城市化时代的到来，究竟有没有对法律引发本质性的改造？如果答案为"是"，城市化的法律系统便具有法哲学上的独立性和独特性，进而必须运用体系思维去解读其构造，明晰其逻辑，甚至需要建立专门的学科去研究，在此基础上培养教育专门人才去从事相关实际工作。如果答案为"否"，便无上述这些必要，只需坚守已有

---

① ［德］阿图尔·考夫曼、温弗里德·哈斯默尔主编：《当代法哲学和法律理论导论》，郑永流译，法律出版社 2002 年版，第 3 页。

的秩序原理,完成新的框构和调整。

站在这个逻辑起点,我们可以看到一幅大略的观念地图。鲜明的交会冲突区域,属于观点对立的正反两派。正面的支持派代表了现代性的思想和话语权力,竭尽全力阐释城市化的各种好处,主张对传统法律进行彻底的反思和改造。但反对派不会屈从,事实上,反城市化的法哲学从近代以来一直立于思潮上风。近代西方法治体制源于多元权威竞争后的秩序形成,当没有一方的权力能够独大,相对均衡的结果就是接受类似于"停战协议"的法律至上权威。但这仅仅是体制上的暂定均衡,法律的权威和法律的本质仍是两个不同的范畴:前者牵涉政治角斗场的力博,后者关乎文化理念层的共识。城市化能否带来法哲学的革命?这个问题尚待观察,但可以肯定的是,城市化极大改变了传统社会结构,此种改变在发生之初必定会引发反弹,城市化推进越快、越深入,反城市化的法哲学势能也会越大、越强劲,革命的法哲学、抗争的法哲学、后现代主义的批判法哲学皆属此列。这两派观点看似对立,其实都认同一个预设:城市化从本质上应当改变或正在改变既有法律系统,支持者看到的是发展,反对者看到的是异化。还有第三种,我们可称之为秉持"中间道路"的效用主义法哲学,主张用功利视角去理性评价城市化的得失,尽可能保持现有法律系统的整体稳定,通过局部的修缮,将城市化进程嵌入现代社会的多维结构。这种主张往往通过社会科学与法律研究的嫁接,在主流的法教义学框架内,实现宏大理论的摈弃和具体问题的解决,从而回避城市化的合法性议题。

其实,将法律和社会科学的城市化研究略作延展,一条可能的城市化法哲学进路呼之欲出。它首先反对城市化研究接受"政治正确"话语和"经济理性"的支配,甚至丧失学术研究的独立品格,为"权贵资本"背书;同时,它也不主张过分强调文明的冲突或文化的多元,陷入不可通约的价值相对主义。它的一个基本预设是:城市化法哲学的本体论和认识论具有一贯性,合理构建并深度反思城市化时代的法律应然图景,是其关切的核心问题。解答这个问题,必须正本清源,既要近察,更需远观。在方法论上,要尽可能在官方哲学和主流法学之外开辟新路,整合运用城市社会学、法律思想史、常人方法论、法律与文学、法律经济分析、人文地理学的跨学科成果。

二、"卡夫卡之谜"与城市化的法

新的研究需要新的入口。对于城市化的法哲学省思，"卡夫卡之谜"是本书选择的新的呈展点。这倒不是因为卡夫卡本人对城市化有何卓越见解或伟大贡献，主要原因在于，作为一个在 20 世纪初成长起来的法律人作家，卡夫卡对工业化和城市化始终保持着审慎的反思。哲学家怀特海有言："所有西方哲学只不过是柏拉图的注脚；同样可以说，所有西方法律的论述都不过是弗兰兹·卡夫卡的注脚。"①的确，卡夫卡式的困境似乎成了现代人的永恒梦魇，任何理智的法律都必须认真面对。对于城市化而言，卡夫卡的确是一个难得的多面性样本：作为法律人的卡夫卡既是一个典型的参与者、当事人，也是一个睿智的观察家、裁判员；作为文学家的卡夫卡居住的街区、构筑的城堡，既是城市化的现实展现，也是对它的理念反思。

作为一个边缘化的矛盾体，卡夫卡始终难以融入城市生活，毕生都有强烈的局外人之感。对基督徒而言，他是犹太人；对奥地利人而言，他是讲德语者；对资本家而言，他是公务员；对劳动人民而言，他是资产阶级。K 无疑是卡夫卡的自传写真，也是现代城市化的困境隐喻。② 卡夫卡《审判》中的 K，《城堡》中的土地测量员 K，《美国》中的小卡尔，他们无不都是最终难以融入新城市的"外来人"。仅从生存满足的角度看，卡夫卡的家庭已经完成了新移民的中产化，开始向上层奋斗。但从深层的文化和精神融合来看，卡夫卡的苦闷不仅代表了城市中产阶级的发展性困境，也反映出西方城市化法治理念和框架的总体性偏失。

通过对《审判》残稿的解读，我们得知，K 本是个孤苦的小镇少年，父亲很早离世，母亲身体不好，他一直由乡下的叔父监护。凭着自己的努力，他在 30 岁前便当上了大城市某家银行的高级经理。K 虽然不是法律界人士，但他与高层的检察官保持着非同寻常的友谊，时常参加一些法律人的内部聚会，表明自己对法

---

① [美]博西格诺等：《法律之门》，邓子滨译，华夏出版社 2002 年版，引言第 9 页。

② 参见廖奕：《文学律法的伦理光照：卡夫卡〈审判〉新论》，载《外国文学研究》2015 年第 2 期。

律问题的看法和见解。① 一次偶然事件让 K 的人生逆转。在 30 岁生日那天，他被几个守卫宣布逮捕，之后便是一连串奇异、冗长、混乱、腐败的"程序"。这完全不符合 K 对"法"的理想认知，并以此为理由拒绝对自己的罪过反省。最后，K 在一年后被处决。

卡夫卡在《审判》中嵌入了一则意味深长的寓言，结合本书论题，这个在法律界闻名遐迩的故事可以这样重述：

乡下人请求见法，而法的住所显然是在城市，他的迁徙并未受到任何阻拦。我们可以理解为，乡下人受到了法的召唤，主动前往。接下来就是漫长的等待，因为第一道守门人拒绝让他立即进入。作为法的初级（基层）代表，守门人对乡下人具有直接的权力和更高的权威，但他并不总是用命令和威吓的手段对付乡下人。虽然一开始守门人那样做了，但得到乡下人服从的结果后，他立即展现并尽量保持宽和，主动给他板凳，让其坐着等候，除了间或问询，从不妨碍其自由自在。我们无从得知，乡下人在等待期间是否工作，他在这段漫长的岁月如何生存。但从卡夫卡的叙述看，乡下人似乎并不为此发愁，他是富足的，随身带来了很多礼物，并不断将其作为贿赂献给守门人。一方面，借此疏通关系增进感情，另一方面也算是一种长期博弈、持久作战的宣示。乡下人在与守门人打交道的许多年里，本有不少机会学习"法"、领悟"法"。他的身体只能抵达法的外围，但法的大门始终敞开，他完全可以通过长年不断的向内观察，归纳总结法的奥义。由于他过于关心何时能够进入，不断问询，无比心焦，将精力投入对无关紧要的打探，连守门人身上的跳蚤都了如指掌。相比而言，守门人虽然是法的守卫，但他只能背对着法，他对法的了解一直停留在既有的碎片阶段。法没有正式召见乡下人，乡下人也没有强行进入，守门人也没有擅离职守，所有的一切都处于完美的凝固状态。直到乡下人生命终结的一刻，他已看到法律之门穿透出来的源源不断的亮光。因为乡下人的逝去，守门人的职责也到了尽头，他悲哀地宣布：现在，我要关上法的大门。

我们今天所说的"城市化"，其实是一个跨越时空的历史进程，如同永无完

---

① ［奥］卡夫卡：《审判》，姬健梅译，北京大学出版社 2016 年版，第 276~308 页。

结的审判程序，中间布满了各式各样的迷宫和暗道。"卡夫卡之谜"的谜面问题是，作为城市外来者的乡下人究竟能否见到"法"？谜底问题则包括：法为什么要通过一系列的禁令阻止乡下人立即进入？这是一个彻头彻尾的诡计谎言，还是某种情非得已的必要安排？乡下人眼里的"法"和守门人口中的"法"是不是同一个法？

在《审判》中，监狱神父和 K 围绕这个故事展开了争论。K 直到最后仍然坚持乡下人受到了欺骗，不仅如此，守门人也是个被骗者。在 K 眼里，"谎言成了世界秩序"，所谓的法不过是一团虚无。在神父看来，"不必把一切视为真实，只需要视之为必要"。到底谁对谁错？卡夫卡没有给出答案，为后人留下这个长久谜题。

K 的观点类似于当前城市化研究中的自然权利论，而神父的主张倾向于法律实证主义。乡下人视"法"为其权利本体，当然包括享有见法的便利与好处。守门人的存在是一种恶，哪怕是必要的恶，也是对自然权利的阻挠和破坏。而站在守门人的角度，其权力也有法律的限度，不仅乡下人不能随意见到法，就连守门人自己也不能。

在城市化进程中，乡下人通常被视为落后、蒙昧、弱势的象征，而法则是先进、理智、强大的化身。守门人把持着法的限制和禁令，护卫着不同世界的神圣界限。由此，乡下人成为没有法的游魂，需要外在的力量将其法律化、城市化。在治理者的价值判断中，城市法似乎天生要比乡土习惯高贵，可以吸纳同化一切异己的规范。这样的认知，会让人们对城市化的后果感到悲观，也会让城市化的法律调控无形中变得激进。例如，破除城乡分治的二元结构，取消等级化界限，实现无差别平等。此类主张在转型时期很常见，也很危险，因为它忽略了多元理想法的可能图景，过度相信政体理性设计的功能。在法的面前，乡下人、守门人、K、卡夫卡、甚至所有人都只是片面而孤独的存在，都因受到各自体认的理想法的吸引驱策，走出原有生活的框构，重组为一个个新的社群和共同体。

因此，破解"卡夫卡之谜"的关键不在于，谁是强者与弱者、欺骗者与受骗者、统治者与被治者、权利主体与权力客体的二元对立，这种思维过于简单和绝对。乡下人短时的不适应、不理解，并不妨碍他下定决心去等待，成功地将被骗的错觉转化为义务的服从甚至利益的加持。守门人也许起初觉得对乡下人构成了伤害和欺骗，但越往后去，他越是发现，其职责和生活都再也离不开乡下人的参与和介入了。乡下人在权力关系上是弱者，但对法的敌视、理解及心灵接近，却是守门人难以匹敌的。守门人看起来是说一不二的决断者，但他不过是传达上级的命令，自己根本弄不清楚法的内部逻辑。乡下人和守门人虽不是法的终极本体，但都是法的关联主体。"法不是如同树木和房屋一般的'客体'，相反，它是一种关系的结构，人们在这种关系中相互依存并与物发生联系。"①城市化的法主体具有多元性和交融性，任何二元对立框架都难以破解深层的迷宫歧路。如何在法的召唤和规约的矛盾运动中，通过多元主体的制度和文化互动，建成一种理想和现实均衡的城市化法律系统，既是卡夫卡勾画的时代难题，更是当前世界面临的严峻挑战。

三、城市化理想法的西方图景

2016 年，震惊世界的德国科隆性侵事件爆发，移民问题让本不平静的欧洲愈发躁动。德国的移民法并非不完善，可为何还是于事无补？全球化背景下的城市化带来的人口迁徙和社会冲突，究竟能否通过法律得到回应和治理？从理论上讲，仅仅是法律确权、公民自由显然不能解决问题，法律保障下的社会融入和文化融合才是治本之道。但问题在于，这样的"良法"如何构造？更重要的是，制定之后可以发挥实际的治理功能？而不是仅为装潢门面、安抚民心之用？

从现有实践来看，西方城市化法律治理的思想主流仍停留在奥斯丁时代，坚持传统的主客体二元区分思维，力图"使××（客体）融入××（主体）"。这就意味着三个要素不可或缺：（1）祈使命令的发布者；（2）某种既定的理想状态和主体设定；（3）明确的治理对象。但相应的问题也很明显：（1）这种适用于初级法律（Primary Rule）的命令哲学，对发令者的行为没有必要的约束，易造成"被融入"中的不公平和再伤害。（2）对于理想图景也没有经过公共协商，取得基于共识与认同的合法性。即使是法律赋能对主体扩容的惠益，也会因为单方面的决定而陷入率性和随意，引发既得利益者和将得利益者的矛盾和对峙。（3）最致命的

---

① ［德］阿图尔·考夫曼、温弗里德·哈斯默尔主编：《当代法哲学和法律理论导论》，郑永流译，法律出版社 2002 年版，第 19 页。

是，将外来者作为一个特殊群体和治理对象专门对待，即使出于国家的善德伦理，也难免会强化其"别异身份"的逆向认同。如此看来，这样的"社会融入"绝非城市化的理想法。

这就需要回到城市化进程的起点去寻根究源。严格而论，城市化的起点不是群体性融入，而是个别性迁移；甚至，不是迁移行为本身，而是行动主体理想意愿的情欲驱动。人们对美好生活的向往，不是一句空话，而是复杂机制的综合塑造。就像乡下人受到法的召唤，自愿舍弃舒适的富足生活，请求进入一个新的世界。他到底期望什么？抽象的法此处具有了无穷的转化可能，人们对理想生活的各种设计，为自然法思想提供了源头活水。而实在法的地方性，又让各种不同的生活理想难以化作普遍现实。城市化进程中的文明冲突、社会对抗，从法哲学角度而言，无非是不同文化和地域条件下的法律冲突；对迁移者来说，主要是作为观念的理想法与作为规范的实在法之间的矛盾龃龉。

人们通常习惯依据理想去批判现实，但哲学反思更适合对理想原点展开批判。当人们不停抱怨城市化的种种问题时，为何少有对城市化的理想法逻辑作出必要的检讨？在愁苦不断的城市生活中，卡夫卡找到了属于自己的文学地洞和自由律法，见到了法的微光。但多数普通市民没有卡夫卡式的天才和幸运，要么如K般沉迷于自己的理想正义法则，要么如守门人一样被牢固束缚在权力的区位。当城市权利话语甚嚣尘上，市民抗争风起云涌，政府治理千头万绪之际，越来越多的西方学者开始反思：城市化的理想法是否存在以及如何型构？它是精英操控的权力意志还是大众主导的情欲表达？自然权利与实在法规的冲突如何化解？法律自由和强制的均衡如何达成？

很多西方哲学家认为，自由具有二律背反性，特别是法律意义上的自由。行为的发动，必须有主体自由的存在，但出于理性，行动者又必须否认原初的主体自由，接受特定的限制和规约。那些迁出原地、移入新区的乡下人是自由的，哪怕他们的迁移是被动的政策驱使，甚至因为灾害或战乱的不可抗力，在坐地等死与主动求生的选择上，他们是自主的；但之后，他们又被否定了自由，因为法的召唤并不会给予想象的一切。它在召唤的同时，也意味着资格、条件、成本、安定、风险预判等公共限制，这些对迁移者而言可能是不合理的规约，但对内部人来说则是必要的理性安排。设置进入的条件和资格，对于任何时代和地域的城市化立法，都是首当其冲的难题，这与乌托邦的大同世界相差甚远。乡下人和守门人同为法的奴仆，各有其自由，也有其对自由的否定。乡下人不能立即进入，正如守门人不能随意进入下一道关卡，皆系法的限制。能够最后接近法、见到法的，或许只有宫城深处的少数人。法律背后的真理，或许正如卡夫卡所言，从来都是小部分贵族掌握的秘密。

在西方，这样的精神贵族首推哲学家，特别是作为立法者的"哲学王"。但哲学家构想的理想城市具有适用的特定性，不可能永恒普适。更紧要的是，其预设的精英立场与大众观念具有天然差池。西方城市化理想法的演进，经历了从精英掌控到大众参与的蜕变，各种形式的自然法与实在法冲突如影随形。

西方古代城市化之所以保持缓进，与哲学家设想的小国寡民式的理想政体不无关系。在古希腊，哲学家已看到当时业已出现的污水排放、垃圾清理及相关社会问题，他们倾向于透过现象探寻本原性的理想政体。例如，柏拉图在《理想国》中借苏格拉底和辩论对手之口，对当时城邦制度作出了总体否定。为了否定后的肯定，他构建了以哲学家为"制度画家"的新城邦规划。在他看来，城邦治理的首要问题是对统治者和护卫者的识别、教育和培养。[1] 遗憾的是，柏拉图的理想法只部分触及守门人问题，对于法本体内涵并未有太多关注。作为后续，亚里士多德开始转向对人性和法律的本体性审视。在《政治学》开篇，亚氏就明确指出，城邦的存在是为了"优良的生活"，人类自然是趋向于城邦生活的动物，也就是说，"人类在本性上，也正是一个政治动物"。[2] 城邦由家庭、村落发展而来，其拓展契合人类本性的需要，这种观念似乎为当今的城市化提供了发生学理据，也为城市文明优位论埋下了伏笔。通过对柏拉图的批评，亚氏确立了通过良法构建的理想城邦图景：（1）在一个不断走向优良生活的城邦，必定趋于繁复，是多样性的统一；（2）政治不能恒业化，属于公民共同的事业；（3）纯粹公有亦不可行，私财公用或公私混合更为恰当；（4）法律自身的良好非常重要，由此才

---

① 参见[古希腊]柏拉图：《理想国》，郭斌和、张竹明译，商务印书馆1986年版，第248~256页。

② [古希腊]亚里士多德：《政治学》，吴寿彭译，商务印书馆1965年版，第7页。

能教育公民，节制情欲，实现中庸的正义。围绕这样的总体要求，城市城邦的治理必须注意：(1)人口要有所限制，达到不多不少的合宜程度；(2)土地面积以居民能够闲暇生活为度，城市土地的一半以上为公有，其收益用于补贴公餐和公共节日；(3)中心城市的位置和坐落应满足军事防御和商业集散的需要，便于海上扩张；(4)职能明晰；(5)良好的城市内部设计和规划，包括卫生健康、用水饮水、地理屏障、筑城防务、城市广场(公共广场和商业广场)等方面；(6)城市的一般体制在郊区也能通行；(7)通过法律教育培养兼具热忱和理智的公民品格，重视少年儿童的教育。此外，亚氏还隐含表达出哲学家和政治家合作立法的意愿，城市化的法主体实现了观念上的扩张。

随着马其顿帝国和泛希腊文化的兴盛，世界城市的理想开始流行，斯多葛学派的普世自然法思想也尊望日隆。斯多葛学派，亦称门廊学派，其鼻祖芝诺本非希腊人，到雅典后无处讲学，只能利用城门的回廊传道。在这个盛极一时、影响深远的学派阵营，有从前的奴隶、外国人和多名女性，他/她们出于对生活境遇的不满，格外强调普遍平等，强调自然法(jusnaturale)与民族法(jusgentium)的区别，认为自然法是世界国家的通用法则。在普世自然法的理想召唤下，新城市日渐增多，雅典中心地位不再，大量希腊人向东移民，移居于尼罗河口的亚历山大里亚、小亚细亚的帕加马、叙利亚的安条克和小亚细亚海岸外的罗得岛。在这些新兴的大城市，有敞阔的街区、宏伟的庙宇、美丽壮观的大剧院和体育馆，相比而言，原来的那些城市只是过时的街道和破败的房屋。但随着人口增加，城市治理难以跟进，万民一律的自然法与君主专断的实在法之间的冲突无法调和，这些城市最后也难以避免衰亡的结局。

罗马的兴起，带来了西方古代城市化的鼎盛繁荣。深受希腊法哲学和斯多葛主义双重影响的西塞罗，成为此时法哲学的代表。他将城市看做公民的集合，国家则是城市的联合体，所谓"集合的集合"。以罗马城为现实蓝本，他构造了一个堪称完美的城市国家范型，其中，王政、贵族和人民三种政体要素均衡混合。[1] 通过其转换，理想城市治理者的"哲学王"变成了掌管城市事务的"国务家"，雅典时

---

① 参见[古罗马]西塞罗：《论共和国 论法律》，王焕生译，中国政法大学出版社1997年版，第73~83页。

代的"公民"变成了罗马时代的"人民"。在富有法政经验的西氏看来,"国家乃人民之事业,但人民不是某种随意聚合的集合体,而是许多人基于法的一致和利益的共同而结合起来的集合体,这种联合的首要原因不在于人的软弱性,而在于人的某种天生的聚合性"。① 外来移民经过法的许可,从而有了比"出生地故乡"更为重要的"法的故乡"。② 西氏认为,聚合起来的城市国家需要特定的机构和人员管理,这就需要突破传统市民法研究的狭隘视界,仔细审查各民族的多种法规法令。在他的理想建构中,城市治理法应突破公法与私法的二元框架,将技术性的城墙法、用水法、与公民资格有关的宗教法、指导人民、明确职责的官职法,以及对外的战争法融为一体,形成一个比较专门化的法律系统。

现今看来,西氏构想的"城市法"虽是自然法理论、罗马市民法、多神论宗教、比较政制史的杂糅,但其基本逻辑仍不失明晰精准,特别是他对均衡政体和宗教法的强调,无疑是对纯粹市民化和物质技术型城市的法理矫正。经由奥古斯丁的加工锻造,"天城"(City of God)的出现势所必然,"天国法"对"尘世法"的上位限定也水到渠成。奥古斯丁在很多城市生活过,后半生皈依基督,并在希波小城担任主教。当时的主教对城市管理拥有很大的权力,"每个主教管区相当于一个城市"。③ 建一座理想的上帝之城,一直是他心中的最高使命。针对异教徒的攻击,奥氏挺身而出,用权威的基督教教义解释罗马城覆亡的因由,催生出著名的《上帝之城》。在这篇战斗檄文中,奥氏向世人表明:天城的美好不在于世俗的享乐,相反,系于欲望克制和灵魂拯救,被世俗污染的人性朝向至善法的复归。先定的原罪,对城市、君主、民众概莫能外。因而世俗的法律必定要以天国的法为依归,不得违反。不公正的"法律"不是法律,正如不正义的国家不啻为一个大的强盗团伙而已。④ 在罗马法时代,虽有大量的推动城市化的立法文件,

---

① [古罗马]西塞罗:《论共和国 论法律》,王焕生译,中国政法大学出版社 1997 年版,第 188 页。

② [古罗马]西塞罗:《论共和国 论法律》,王焕生译,中国政法大学出版社 1997 年版,第 214 页。

③ [比利时]亨利·皮雷纳:《中世纪的城市》,陈国樑译,商务印书馆 2006 年版,第 7 页。

④ 参见[德]阿图尔·考夫曼、温弗里德·哈斯默尔主编:《当代法哲学和法律理论导论》,郑永流译,法律出版社 2002 年版,第 70 页。

法学家也承担了诠释实在法的任务，作出了自然法、市民法、万民法等一系列理论区分，但一直没有形成体系化的逻辑建构，也没有优位法律价值的观念。① 奥氏的学说，在一定程度上解决了罗马时代的遗留问题，城市化的理想法不再局限于哲学家、政治家和法学家的观念世界，开始连通精英与大众、制度与信仰。

经过蛮族和穆斯林入侵，西欧的城市化一时间受到重创，其后的复兴离不开中世纪经院法哲学的贡献。在经济、政治、社会、宗教、法律多种因素的共同作用下，"从11世纪开始，西方的城市社会觉醒了，感觉自己需要一种新的生活"。② 此种趋势让神学家也乐观认为，人间之城虽不是完美的至善，但也具有积极的价值。"罗马的法律家不是哲学家，希腊的哲学家并非法律家；但是到了12世纪，西欧的教会法学家和罗马法学家艾却将希腊人的哲学智能与罗马人的法学智能相结合。"③他们继承了希腊的城邦理论和西塞罗的城市人民共同体理论，并以之为据，确立起将人民同意作为法律效力最终合法性源泉的观念。经由人民的明示同意（成文法）和默示同意（习惯法）的双向程序，自治城市的独立管辖权得以型构。由此，"人民为王"（sibi princeps）即是"城市为王"（civitas sibi princeps）。为求实施，法学家巴尔多鲁还系统总结了城市作为统治"共同体"的基本特征：（1）可以被视为一个城邦；（2）有财政上的国库；（3）拥有统治权；（4）有立法权。④ 当时的不少城市共同体具备了一定的"主权"，形成了相对独立且比较系统的城市法，有力推动了西欧城市化的复苏和发展。

近代民族国家的主权建构让绝对的城市自治失去了正当性，城市化的理想法建构进入科学主义时代。国家被认为是约定的产物，而非自然演进的社会有机体，科学的法则开始取代传统的自然法，成为城市化进程中衡量善恶、评测良莠的客观标尺。在霍布斯看来，主权国家只有遵从"如同几何学定律的法则，而不

① ［意］登特列夫：《自然法：法律哲学导论》，李日章等译，新星出版社2008年版，第30~31页。

② ［美］刘易斯·芒福德：《城市文化》，宋俊岭等译，中国建筑工业出版社2009年版，第15页。

③ ［美］哈罗德·J.伯尔曼：《法律与革命》，贺卫方等译，中国大百科全书出版社1993年版，第176页。

④ Woolf, Cecil Nathan Sidney, *Bartolus of Sassoferrato: His Position in the History of Medieval Political Thought*, Cambridge University Press, 2012, p.115.

是仅仅依靠如同网球技术的那些实践技能，才能取得成功"。① 在目标上，主权国家要摆脱自然状态，实现城市化带来的产业繁荣，航海、贸易通商迅达，土地农产品丰饶，建筑的舒适，人力的节省，知识、文艺和文明等精神载体的与时并进。他设计的利维坦，便是这样一个新型的城市化国家。经过科学法则的改造，理性化的自然法成为新时期城市化法律构建的基础，而自然法的根基又在于人性中克服矛盾、追求完善的发展特性。与此同时，基于有限理性的经验主义和强调直觉的超验主义法哲学也有蓬勃进展，对人工设计的理性之城提出了诸多质疑，成为后现代城市化法哲学的理论先声。

近代以来的全球体系，特别是殖民主义时期形成的"文明发达 VS 野蛮落后"的法律发展图式，让人们对理想法的寻求更为迫切，也更为便利。"理想城市表达的要义是赞同理性的法令，这种法令规定市民在不同地点的活动：工作、居住、文化、休闲这类大的功能是作为社会生活的普遍要求提出的，超越时间与地点的偶然性。"②在经济和法治双发达的"高等国家"看来，发展中（欠发展）国家都属于"乡下人"的区域，需要通过"法律和发展"援助运动来予以启蒙和改造。作为西方文明成功秘诀的城市化，连同其法律理念和规范得以广泛移植。当等级化的"发展主义"成为全球城市化意识形态，西方中心的"发展"理想法也开始得到系统建构。虽然对于源源不断的新移民而言，"发展法"只是一种观念上的模糊追求；但对新兴的主权国家，"发展法"成为可以指引国内法的国际通则，甚至具有全球一体化的"高级法"功用。

随着大规模城市化的到来，特别是 20 世纪 60 年代世界范围的城市化危机，现代性的社会批判理论越来越关注空间正义和城市权利等问题。在空间正义的哲学视野中，卡夫卡笔下的"法"越来越像是一种先知的预言。在现代性的空间生产流程中，"法"所在的区域代表了最有价值的城市核心，以之为圆心，整合城市社会的空间构造呈现同心圆式的环状分布。根据与卡夫卡差不多同时代的美国社会学家伯吉斯的理论，这样的城市可以划分成：(1)作为中心商业区的一环区

---

① ［英］韦恩·莫里森：《法理学：从古希腊到后现代》，李桂林等译，武汉大学出版社 2003 年版，第 83 页。

② ［法］格拉夫梅耶尔：《城市社会学》，徐伟民译，天津人民出版社 2005 年版，第 98 页。

域，它是经济、社会活动和公共交通的中心；（2）作为过渡区的二环区域，它是中心商业区的外围地区，主要由贫民窟或一些较低档的商业服务设施构成，是城市中贫困、堕落、犯罪等状况最严重的地区；（3）作为工人居住区的三环区域，主要由产业工人（蓝领工人）和低收入的白领工人居住的集合式楼房、单户住宅或较便宜的公寓组成；（4）作为中产阶级住宅区的四环区域，多为独门独院住宅和高级公寓；（5）作为通勤区的五环区域，中上层社会的郊外住宅坐落在这里。[①]虽然伯吉斯描述的城市分区已跟不上现实的变化，但以资本为中心的城市化逻辑仍大抵如此。无论是单一化的同心圆，还是所谓的多中心模式，资本的聚集地就是法的居住地，而法律帝国的首都必定符合空间正义的要求，具有不可置疑的神圣效力。主权国家在利用资本推进城市化的同时，也受到资本的操控，系统权力的毛细血管已渗透到巨型城市社会的各个角落。

以资本为中心的城市权力与大众社会欲求的城市权利难以相容。最早提出"城市权"（Right to City）的法国思想家列斐伏尔指出："城市权利本身就标示着一种处于首位的权利：自由的权利，在社会中有个性的权利，有居住地和主动去居住的权利。进入城市的权利、参与的权利、支配财富的权利（同财产权有明晰的区别），是城市权利的内在要求。"[②]在城市权的理想光照下，现代社会的城市法显得过时且不充分，产生出愈益严重的不平等，妨碍资源、能力与曾经为城市所有人创造机会的背景之间的良性互动。2016 年联合国人居署发布的《世界城市发展报告》将之概括为：（1）它们不能保障一种持续的城市转型，也不能预见到当前和未来的挑战；（2）它们维护既得利益者的社会经济地位现状和少数精英的自由；（3）它们排除无数人公认的有效利益和无条件人权。该报告同时指出，不断增长的城市不平等，已经产生了让人窒息的空间非正义效应。越来越多的穷人无法生活在法律的庇护下，享受它提供的平等机会。城市土地市场、基础设施系统和公共空间供应也变得越来越不平等，许多城市贫困地区的不安全状况日益严峻。[③]这种

---

① Robert T. Park and Ernest W. Burgess, *The City*, The University of Chicago Press, 1925, p. 35.

② Don Mitchell, *The Right to the City: Social Justice and the Fight for Public Space*, Guilford Press, 2003, p. 18.

③ UN-HABITAT, "World Cities Report 2016: Urbanization and Development-Emerging Futures", 2016.

现实困境极大消解了城市权的理想效用，再加上内容的驳杂含混，城市权理论本身也面临着越来越多的诘问和困境。作为一种改进方案，以人的基本能力为核心的新发展理念认为，为了避免发展主义的弊害，有必要将人性尊严、社会正义及人权能力等法律价值融入新型的理想法结构。

至此，我们可以略作小结。首先，西方城市化的理想法强调精英合作规划，确保理性效用的最大化，包括法律在内的治理制度都被纳入"科学"的人工城市设计。其次，通过对大众需要的渐趋规模化满足，验证城市化的实际效果，强化理想城市的发展价值。事实上的排斥、隔离、不平等和矛盾冲突交由强有力的城市法律系统解决，以城市民主、公众参与等形式机制缓冲权力高度集中带来的负面影响。最后，在"普世自然法"的旗帜下，通过西方主导的全球治理体系，实现城市化和法治化的整体同化。其综合后果是，自由、平等、安全、财产等法律价值得到突出强调，但实质上仍是一种精英权力主导，多数人的城市化能力并未得到真正普遍、可持续的包容性发展。

四、发展法哲学与城市化的中国未来

囿于对法律和经济关系的僵化理解，特别是在错误的发展观念误导下，转型中国以权力和资本为中心的城市化甚嚣尘上，对执政根基、社会活力和公民权利造成越来越严重的侵蚀破坏，"卡夫卡之谜"在城市公民行动中凸显，"城市化需要法治化"的呼声不断高涨。法自身的问题（立法）、守门人问题（执法和司法）、守门人和乡下人的共同问题（守法），组构出城市化中国的新法治图景。对未来中国城市化和法治化的协调推进而言，治理者认真对待城市化的理想法问题，不仅要有发展的眼光，更要有发展法的思维，特别是与城市化直接相关的发展法哲学素养。[①] 尽快在"法治中国"的现实环境中与精英和民众形成共识，这既是宏观政治战略/立法的前提，也是中观制度运行/执法－司法的基石，更是微观主体行动/守法的指引。

然而，就宏观政治战略而言，以新型城镇化的专门法治议程尚未出台，与之

---

① 参见廖奕：《转型中国的城市化治理与发展法体系》，载《北方法学》2016 年第 4 期。

紧密相关的发展法理念亦未成型。就当代中国而言，城镇化政策的启动，最终目的在于解决几千年以来城乡发展不均衡难题，客观诱因在于人口快速增长带来的治理压力，直接功效在于打破了僵化的计划经济模式，通过国家对社会的经济赋权，短期内实现了政治合法性的最佳绩效。但不容讳言，"从法制向法治"的转变尚未完成，非均衡发展的经济政策也没有根本改变，传统城镇化的负面后果已经充分暴露。从历史经验来看，发展法体系要成为城镇化进程的规范指引和实效保障，必须具备以社会结构和经济基础的转型为前提。在改革开放初期，这种条件根本不具备，或者不完全具备，法律充其量只能发挥"尾随"之用。这决定了作为城市化理想法的发展法观念，很长一段时间只能作为一种学术话语存在，在实践中也难以化作有效的制度，规约五花八门的行为。为作为学术事业的发展法研究，也需要较长一段时间才能完成初步的理论系统建构。不客气地说，国内学者对发展法的认识，仍停留在对国际经济发展法和可持续发展法的介绍和引进层面，中国化、体系化的城镇发展法框架依然没有被正式提出，遑论严谨细致的学术证立。随着以创新、协调、绿色、开放、共享为主要内容的新发展理念的提出，新型城市化的发展哲学很快被提上学界的研究日程，其内涵也在日益丰富。但如果没有法哲学层面的批判，特别是对西方城市化法哲学的整体反思，我们很可能会走上"老路"，甚至"邪路"。法哲学以及与其一体化的法律社会科学，能否成为日后城市化法学研究的主力，这取决于很多因素，其中包括：法律学术能否打破学科门户，打破理论和实务的观念壁垒，甚至打破传统学术和近代自然科学、社会科学的界限，共同探讨城市化进程中的疑难问题，为理想的国家发展政策及法律增益，为可能的理想市民生活添彩。毕竟，衡量未来中国城镇化水平的，不是单纯的人口数量指标，而是复合型的发展状态和生活质量指数。

就中观制度形成来看，新的发展法哲学导向的必定是一种新的发展法体系，虽然制度的形成充满偶然，需要时间，难以设计，但很少有人会否定理想观念（包括情感和信仰）在制度形成中的力量。城镇化本质上是一种人口自然积聚的过程，通常受到人类情欲本能和理性选择法则的多重支配，政体的外在规划和约束不能违反这些先在性的"自然法"。申言之，发展法应立足于自然法，并以包括人们对美好生活的向往在内的经验生活法则为不变的基础。问题在于，实在法的主动性和侵略性，往往并不以自然法为依归。在国家政治主导的经济发展类型中，城镇化难以避免过度和失衡的宿命。近代西方法治的堡垒，就是市民阶层在新的生活方式下向传统权力结构提出要求，并逐渐完成主体架构和与之配套的体制建设。法律对政府的规约，核心就在于对其发展主权的限制。人权的要义，也在于以人人平等为中心的整体发展权实现。如果说传统的城镇化是一种粗放的公权主导的经济增长中心主义，那么，契合法治理念的新型城镇化必定要求公权与人权在发展进程中的双向互动和多维均衡。将法哲学引入经过道德哲学熏染的发展经济学，将发展经济学的能力理论改造为具有法律意义的行为理论和规范理论，对于城市化发展法制度构建而言，是一个新的理论和实践进路。① 这提示我们，应当在现有的城市权基础上，进一步从法理上探寻均衡城市权利与城市权力的城市权能机理，从制度上化解法律门前乡下人和守门人的共同迷惘。

具体对守门人而言，乡下人是准入控制权的对象；但对更高级的守卫而言，第一道守门人又是下属管理权的对象，乡下人成为此种权力合法性的观念渊源。对于法而言，互动中的乡下人和守门人整体上构成了治理的主体，其中不必有权利和权力的刻意区分，只需要关注行动后果是否达成权能的均衡。也可以说，乡下人的权利和守门人的权力，表面上是一种冲突关系，实质上二者相互转化、彼此关联，共同形成一种独相对均衡的权能结构。其中，乡下人的权能驱动力在于其迫切改变生活境况的要求，而守门人则希望以严格执法换取上级嘉奖，他对乡下人的梦想并无兴趣。如果用阿玛蒂亚·森的理论，权能意味着"实质性自由"，一组相互联系的选择和行动的机会，乡下人和守门人的权能实际上都是不充分的，症结在于"法"自身的过度神秘，其大门形式上开敞，实质上封闭。守门人无从解释为何拒绝，不能给乡下人一个确切的说法；乡下人因此心生抱怨，发出各种牢骚，严重影响了他对法的观察和判断。至此，卡夫卡之谜有了初步解答：乡下人本是可以见到法的，但由于权能不足而最后失败；守门人也是可以与法沟通的，同样是因为固守权力疆界而丧失了机会。乡下人的法和守门人的法在事实上是一致的，但在观念上是不一致的，甚至是冲突的。我们有理由相信，当以人

---

① 参见［美］玛莎·C. 纳斯鲍姆：《寻求有尊严的生活：正义的能力理论》，田雷译，中国人民大学出版社 2016 年版，第 54~55 页。

的权能为中心的发展法观念得以普遍确立，制度变迁的难度会大为降低，乡下人和守门人对法的整体迷惘也会逐渐消散。对城市化的发展法制度建构而言，基本权能清单的开列和公示，可能会比现有的各种人权清单、政府权力清单更有意义。

就微观主体行动而论，城市化的发展法哲学应当在日常生活批判的基础上发挥法律行为研究的建设性功能。在发展法哲学的视野中，我们既可以将城镇化视为一种宏观的生活方式和社会结构变迁过程，也可以将其看做一种以发展性迁移为起点的连续法律行为构造。据此我们可以追问：在城镇化的行为谱系中，哪些主体能够成为发展法哲学的研究对象？以农户为基源的迁移主体，以政府为核心的治理主体，以企业和非政府性社会组织为躯干的协同主体，如何在新型城镇化进程中实现权能均衡？

例如，以收入增长为目的的迁移与安居安置型迁移，参军入学迁移与为后代享受良好教育服务迁移，少数的体验型迁移与海外迁移都存在诸多微观差异，但与生存型迁移相比，其共性在于都是为了谋求一种人生的可能发展。而迁移目的是否能真正实现，不仅取决于意愿有无，更在于主体决策、行动和影响能力的强弱。强调权能保障的发展法规范的设定和运行，也应当遵循行为发展的一般规律，让"发展中的法"与"作为发展的法"、"通过发展的法"与"有关发展的法"一体同构。在政策输出上，此种注目微观的发展法哲学也有很大优势。例如，面对城市化进程中的农民权益保护问题，透过微观发展法哲学的棱镜，我们可以进一步厘清作为迁移主体的农民具有哪些基本权能，以及对这些权能进行法律保障的价值和规范位序。实证研究表明，在农民理性、信息基本完全和效用主观最大化假设下，排除强迫、欺骗、灾祸躲避等情形，面对是否向城镇迁移的选择，农户首先会结合自身知识和经验对目标地的自然和社会经济环境情况进行初步评估，从而得出大致的迁居收益和成本，再结合个人和家庭情况以及原来居住地的经济社会环境，形成对各种迁居目标地的价值定向，最后形成选择意愿。[1] 因此，法律对农户迁徙权的保护，首先应当体现在个人理性的尊重和意愿自由的保障。即

---

[1]　参见彭长生：《城市化进程中农民迁居选择行为研究》，载《农业技术经济》2013 年第 3 期。

使对于那些理性不足或存有障碍的个体，出于人性尊严的平等要求，法律也应当通过公益代理等机制，积极维护其发展权能。就决策权能而言，农户家庭的共同参与和民主讨论，是避免非理性迁移的重要机制。作为一个完整的发展权主体，农户家庭不仅是一个生活单元、经济单位，也是一个法律组织和权能实体，其内部治理可以民主协商、共同决策，也可以权威判断、个人作主，法律在一般情况下都需要尊重并认可其决定。在行动层面，法律还应当充分重视迁移成本问题，对难以负担的弱势群体提供必要的公共援助。外出打工式的劳动力转移之所以成为当前中国农民城市化的主流，很大程度上是因为举家搬迁的成本太高，在经济上和福利保障上都难以承担。而外出打工者又面临着巨大的心理离别成本与新环境适应和融入障碍。对中小企业主而言，迁移成本更是个大问题。有学者调查发现，迁移一次企业是一项浩大的工程，从土地审批到厂房建设、机器设备搬运、工人招收等大小事务，企业主不仅要有相当财力的支持，还要投入相当的精力。法律程序不仅应当对落户手续充分简化，取消不公平、不合理的落户限制，让农户能够利益最大化地实现迁移，还应保持政策的连续性和稳定性，继续吸引私营企业进城，完善法规，规范行为，优化环境，降低企业的迁入成本。① 对于盲目的非理性迁移以及迁移行为带来的短期不利影响，法律也应有特定的调控、救济和保障途径。总之，城市化进程中的法律主体行为涵盖了意愿、决策、行动和影响等多层发展性内容，需要具体有效的权能保障机制精准因应。

当今城市化与全球化已呈耦合一体之势，任何国家和地区幻想置身事外、独善其身，都不太可能。新一波的城市化虽然在不同地区表现方式各异，速度也不尽一致，但不约而同开始承担创新产业积聚的经济驱动功能。科技对人力的替代，与不断增长的城市人口形成了矛盾，如何解决？传统产业如制造业、零售业、服务业发展迟缓，如何解决？大规模的人口流动与低缓的社会阶层流动矛盾，如何解决？允许乡村人口流向城市，城市人口如果要回归农村，如何解决？中国传统社会的治理框架显然已经无法适应现实，但这并不意味着传统智慧没有现代转换的可能和必要。苏力先生二十年前提出的"法治本土资源"命题，在"道

---

① 参见卫龙宝等：《城镇化过程中相关行为主体迁移意愿的分析》，载《中国社会科学》2003年第5期。

路通向城市"的新时代浪潮下弥足珍贵。许多政策表述，如"城镇化"而非"城市化"，其中潜藏的新城市和新乡村一体建设，以及城乡均衡发展理念，与传统社会的多元混合总体协调的治理思维不无关系。

从西方的经验来看，城市化不仅改变了人们的生活方式、思维和行为习惯，也催生出新型的理想法构造和法哲学样式。在价值判断上，以人的权能发展为中心的城市化或许是最为接近现代性理想的优选模式，它需要超越自然法与实在法、权利与权力等二元对立的传统法治理论，通过政治家、哲学家、法学家、科技专才及社会公众的交叠共识，经由宏观战略、中观制度和微观行动的多重链接，将自上而下的精英智慧与自下而上的大众理性有机融合，才能最终破解卡夫卡式的城市化谜题。

人们常说，没有比较就没有鉴别。为什么比较？难道仅仅为了鉴别？如何去鉴别？难道仅仅依靠比较？与其追问比较法的缘由，不如探查它的具体运用。在制度比较与文化比较的两端，越来越多的学者开始转向文化"深描"，开始认同并宣扬法的地方性，开始从一些特定的事项、人物、案例入手，解剖整个社会法治的运行规则。选择以城市化为比较法研究的一个切入口，倒不是因为这方面的进程或论述多么重要、繁荣。相反，在当下中国，我们观察到的景象是：很少有人清醒地用讲求理论逻辑的方式去探究城市化与法律之间的幽暗关联。更少有人会将法律与城市化的主题置于比较法的工具箱，在貌似漫无边际的论域中去讨论各国各地区各时段各领域的各式场景、各种问题。

成为第一个吃螃蟹的人吧，尽管，螃蟹的美味现已人尽皆知。双向了解城市化和法律的内在逻辑和外在进程，这类似于作为捕蟹主体的我们对蟹之习性规律的观察。首先是生活体察。我们都有城市生活的经历，但很少有自觉的反思。或者，我们有过很多零碎的随机思考，但从未将其再度思考。例如，空气为何污染？交通为何拥堵？房价为何离谱？就医为何困难？……不尽的生活疑问造就了不竭的哲思源泉。其次，方法论原则的确定，是分析框架形成的前提。如列斐伏尔等新马克思主义者，他们的城市权利论、空间正义论等主张，目前均未引起法律学者的应有关注。拓荒之功，留待后人。即使是马克思主义的法学方法论，我们也不敢自称谙熟。在半吊子马克思主义者充斥坊间的局面下，真正的马克思主义者反倒显得另类孤独。科学的社会阶级分析方法，对于洞察法与城市化的共同本相，大有裨益。有心此道的诸君，不妨平心静气将《马克思恩格斯全集》来一番法理学式的精读，收效定然不虚。各式各样的"前沿理论"，在确立了方法论原则后，亦有望各就各位。风险社会、政治体系分析、社会抗争研究……诸如此类，都可以找到理论系谱上的安放点。对于法学家而言，最得心应手的，恐怕还是传统的制度规范分析法。法教义学支撑起的法学大厦，建基于对基本概念和规则的逻辑混凝，没有基础的空疏议论，无论多么花哨的外形包裹，也改变不了它的虚软本质。对于城市化而言，现有的"法"究竟如何应对？以城市化为调整对象的法律体系是否存在？如何解释其规范要求和现实运行？

与经济学家相比，法学家对城市化的关注明显不足。原因何在？学科分工或许只是一个借口。直接因由在于，法学知识生产的既定机制和狭小容量。法理学过于关注法的形式，而放弃了对它的形成机制的深入研究。形式法理学当然不可缺少，但如果没有实质法理学的推动，僵死的命运并非恫言。类似于宏观经济学和微观经济学的分野，将整体性的法学理论切割为法理学和部门法学的类型，前者往往不如后者精细实用，后者又必须以前者为基础。由此，城市化及其带来的社会变革从整体上被忽略，大多数时候充当一个论述的背景及无关紧要的修辞。

第十三章

面向美好生活的纠纷解决

作为良性生存的理想状态,"美好生活"与幸福内在一致,指向人们对于生活积极肯定的、愉悦的、质的感受。① 面对美好生活,人们的向往和追求越多元,基于不同目标的情感纷争越激烈。"期望是个怪异东西。众所周知——它是富于想象的、轻信的,在期望的事情出现以前人们信以为真;当事情出现了人们又不满意,对它吹毛求疵。它似乎永远对现实不满,因为它不知道自己到的想要什么……"②在舍勒看来,有着多元欲求的现代人,不再重视情感生命,将其视为完全盲目的事件,对智力掌握的技术性事物过分执著。这样一种时代错误,将整个情感生命视为暗哑的主观事实,普遍草率地对待日常情感,未能深度进入幸福生活的内部,以致激发了"本能对逻各斯"的造反。③

在日趋强化的情感危机面前,法律理性主义的限度愈益明显,纠纷解决研究的唯理主义倾向亟待拷问。对现代社会而言,主体心态及其体验结构的转型,比社会政治经济制度的转型更为显要。④ 以纠纷解决为要务的法律,其性格根本在

---

① 参见沈湘平、刘志洪:《正确理解和引导人民的美好生活需要》,载《马克思主义研究》2018年第 8 期。

② [美]尼古拉斯·怀特:《幸福简史》,杨百朋等译,中央编译出版社 2011 年版,前言、第 1页。

③ 参见[德]马克斯·舍勒:《舍勒选集》(下册),刘小枫选编,上海三联书店 1999 年版,第758 页。

④ 参见刘小枫:《现代性社会理论绪论》,上海三联书店 1998 年版,第 17 页。

于重整纷乱中的"激情秩序"。此种语境中的情感概念，包含描述性和规范性的双重指涉，对于纠纷解决研究具有显著的方法论意义。借助情感分析，我们可以从令人眩惑的纠纷事实背后，发掘"价值""认知""德性""目的"等主体要素，与规范性的情感概念反观对照，调整完善法律实践的合理性尺度。但在当前纠纷解决的法学研究中，很少看见正在发生变革的具体的人之身影，当事人在纠纷及其解决过程中所切实经历的喜怒哀乐，以及对纠纷产生的深层原因和发生发展过程的耐心描述。① 当社会主要矛盾出现历史性转变，法律理论更应强化对美好生活情感需要的研究，聚焦纠纷解决研究的典型样本，实现法学研究范式和法理思维方式的整体更新。②

围绕上述关切，本章试图在现有研究的未竟处，以美好生活的法理隐喻为导引，通过多元化纠纷解决机制的话语分析，从纠纷主体、对象和行动三个维度，架设一种聚焦法律与情感本体关联的整合型框架，力求使之更具法理研究的现实感、想象力和包容性，更为契合法治中国的情感本体传统和现代精神气质。

第一节　美好生活的法理隐喻

社会是矛盾建构的有机体，指望纷争根除的"美好生活"是幼稚的。通向美好生活的旅途并不平顺，社会断裂总是无情凸显，利益纷争总在循例加剧。现实生活的性质，无外乎欲望未能实现或实现之后的忧患与苦痛。为谋求永远生活，让自我及种族不被侵害，人们相聚成群，定规立约。于此基底上，人们希望找到超越现实欲望和苦痛的美好之物。③ 正如当下，智能化时代浪潮席卷而来，人们可以通过深度学习、图像识别、视频理解、数据挖掘、AR/VR 等计算机视觉技术等认知路径，多方获取纠纷事件的细节信息，对其成因、责任和处置成效展开

---

① 参见刘文会：《当前纠纷解决理论法哲学基础的反思与超越：在权利与功利之间》，中国政法大学出版社 2013 年版，第 7 页。

② 参见郭林：《美好生活的法理观照——"新时代社会主要矛盾深刻变化与法治现代化"高端智库论坛论述评》，载《法制与社会发展》2018 年第 4 期。

③ 王国维：《〈红楼梦〉评论》，载王国维：《王国维文学著作三种》，商务印书馆 2001 年版，第 2~3 页。

自主性分析。但同时，在"多元文化主义"的冲击下，声嘶力竭的争议呼号，零和博弈的暂定均衡，渐趋固化为常态性吊诡——五花八门的诉求相互抵牾，一切价值似乎都要经历重估。理想与现实的失衡，美好生活的需要与纠纷解决不充分的矛盾，倒逼法治实践和法律理论的回应。

一、"法律门前"的隐喻解读

对法理研究而言，隐喻犹如"法律的眼睛"，可以具体化为一系列统治符号来象征议会、司法、警察，甚至法治国理念本身。① 在著名的"法律门前"寓言中，卡夫卡讲述的守门人和乡下人纷争，正是一个值得深究的法理隐喻。当美好生活遇见难解纠纷，法律之门到底是神秘逼仄，还是开放敞阔？不惟"乡下人"彷徨迷惘，作为"守门人"的精英也会陷入困惑。

乡下人成年累月，几乎目不转睛地观察着门卫。他完全忘记还有其他的守卫呢，这第一个门卫在他看来是他进入法律大门的唯一障碍。头几年他诅咒自己碰到了倒霉的事儿，他老了以后，只剩下喃喃自语了。他变得有些孩子气了，因为他长年累月地研究守卫，以致连他皮衣领里的虱子都能辨认，所以他就请虱子帮助他让守卫改变主意。最后连他的眼神都弱了，他不知道他的周围是真的漆黑一片还是他的眼睛有毛病。然而他现在却在黑暗里看到一束火光熊熊燃烧，正从法律大门向外扑来。可他活不长了。在他弥留之际，长期以来积累的经验在头脑中汇成一个问题，这个问题直到现在他还没向门卫提过，他示意让守卫过来，因为他僵直的躯体已不能再站起来了。守卫不得不把腰朝他弯得很低，因为他们的个头在变化着，乡下人越来越矮。"你现在还想知道什么？"守卫问，"你真不知足。""大家不都在寻找法律吗"，乡下人说，"怎么会这么多年来除我以外没别人要求进去呢？"守卫看到乡下人已经奄奄一息了，他的听力不济，为了能让他听见，守卫大声吼叫道："这里什么人也不能进，因为这个大门只为你敞开的。我现在就去把门关上了。"②

----

① 参见[德]米歇尔·施托莱斯：《法律的眼睛：一个隐喻的历史》，杨贝译，中国政法大学出版社 2012 年版，第 4~11 页。
② [奥]卡夫卡：《审判》，王滨滨等译，安徽文艺出版社 1997 年版，第 167~168 页。

隐喻能否成为"摧毁思想定式的强有力工具",关键在于我们如何解读。① 透过这个寓言,务实的法律人看到了一个失败的纠纷解决案例,省察出法律自我中心、程序正义薄弱以及救济途径单一等诸多问题。其内在逻辑理路可简述如下:第一,在现代社会,理性的法律是纠纷解决的权威途径;第二,法律解决纠纷之所以失败,症结在于良法缺位;第三,良法之所以缺位,恶法之所以横行,又根系于法律理性的退场和权力意志的肆虐。是故,法律过程本身也需要救济,没有正义法的内在保障,就不可能有法正义的外化呈现。具体对纠纷解决而言,作为良法范型的必要组成,抗击权力至上的多元主义不可或缺。如果乡下人可以上诉,向更高的守门人控告,或者转向另外的法律之门,他也许不会郁郁而终。如果守门人可以尽职履责,避免程序上的拖延、欺瞒和哄骗,乡下人也不会在法律门前一直徘徊。总之,作为良法善治的要求,多元化纠纷解决机制对于法治社会的构建非常重要——如果"法"本身实现从一元到多元的转变,纠纷解决的法治前景将无限光明。

在此理路中,法律多元主义具有广泛的政策和治理含义。的确,在一些发展中国家,非官方系统处理大量争端,拥有某些实质性的自治权力和权威。然而,法律多元主义的重要性却很少得到承认,因为它在理论上有严重的不足。② 对于满足美好生活的需要而言,法律多元主义的法理功能并不健全,既未创构出整合性的理论框架,也不能切实回应现代法治的核心难题。从学术系谱而言,作为法人类学的描述性概念,"法律多元"重点关注的是异文化背景下的纠纷过程,探究对象并非现代纠纷解决制度,不能代表法学发展的主流形态。③ 相比而言,"二元对立"与法本质的探寻史似乎更为贴近。神法与人法、自然法与实在法、法的应然与实然的论争,一直推促着法哲学的生长。尽管此种二元性让人感到不协调,法律形象甚至因之模糊分裂,但恰是这样的内部张力让法律得到辩证对

---

① [美]彼得·德恩里科、邓子滨编著:《法的门前》,北京大学出版社2012年版,引言、第3页。

② Swenson, Geoffrey, "Legal Pluralism in Theory and Practice", *Social Science Electronic Publishing*, 2018, Vol. 3.

③ 参见高丙中:《以法律多元为基础的民族志研究》,载《中国社会科学》2005年第5期。

待：一方面它是神圣的，具有与宗教类似的仪式、传统、权威和普遍性；另一方面它也是世俗的，关心凡夫俗子的柴米油盐，正视东闾西邻的家常里短。法律神圣与世俗的品格连接点，被现代法学安置在纠纷解决论域中，逐步形成了政治、经济、社会问题法律化的理路，确立起通过法律正当程序和权威规范调处争端的思维模型。就此而言，法律二元对立及其衍生的司法中立观念，形塑了现代法学的主流，而法律多元主义作为附生其上的反思性话语，一直处于理论的边缘地带。

从实践要求看，法律多元主义与国家法主导的纠纷解决体制难以契合。法律固然离不开社会的滋养，但究其本源，实证意义上的法律乃是社会进化到一定阶段，出现不可调和矛盾，由政治国家建构而成的权威规范系统。法的社会性与国家性，面向的是不同的问题：前者关乎法的源起，后者牵涉法的本体。社会法取代国家法，作为一种学理假设或可成立，但并不意味着已成现实。源起于社会的法理与国家确立的法律不同，前者可以多元阐释，但后者应维系统一。① 在凯尔森看来，"只有这样一种法律秩序，它并不满足这一利益而牺牲另一利益，而是促成对立利益间的妥协，以便使可能的冲突达到最小的限度，才有希望比较持久地存在。只有这样一种法律秩序才能在比较永久的基础上为其主体保障社会和平"。② 由于法与国家的一体同构，纠纷解决才可能具备内在统一的法律机制，避免众声喧嚣、纷乱难定。既是批判国家法一元论的学者也承认："法律多元主义的纠纷解决机制之所以逐渐让位于'国家法中心主义'（或'国家法一元论'）和'法院中心主义'，是因为在多元权力结构中，国家主权这种新型的政治组织通过垄断暴力而拥有了绝对的力量。"③用卡夫卡式的语言表达，法之所以呈现一元性，根因在于其源代码被高度垄断，其秘密只为少数人知晓。既然法的奥秘深不可知，任何在法律门前游动的生灵，都需要经过法的正式召唤，才有可能接近法

---

① 参见廖奕：《法治中国的均衡螺旋：话语、思想与制度》，社会科学文献出版社 2014 年版，第 21~26 页。

② ［奥］凯尔森：《法与国家的一般理论》，沈宗灵译，中国大百科全书出版社 1996 年版，第 13 页。

③ 强世功：《告别国家法一元论：秋菊的困惑与大国法治道路》，载《东方学刊》2019 年第 1 期。

的真理。与此相关，守门人的职责，不是纵放，而是禁止。从表面看，"门"的隐喻具有多重阐释空间，既是允许，也是禁止。但即使是允许，也必须经过禁止；即使是自由，也必须接受规则的约束。

可见，良法并不见得就是多元的，"一元"更符合统合一体的要求。将正义问题从不可靠的主观价值领域撤回，在国家法一元论的思想路线中，人们对美好生活的多样化需要，也能在统一的法律正义框架中得到保障。① 问题在于，以理性为依凭的良法如何才能统摄情感和欲望？法律正义如何在情欲多元的社会达成多维度的均衡？

二、美好生活的情感实践

古典哲人告诫我们，唯有理智的生活才是美好的生活，因为只有理性主导的情欲秩序才符合灵魂正义的要求。在《理想国》中，柏拉图构建了一幅由理性统摄情感与欲望的美好生活图景，它至少可分为三个层级：欲望满足、情感实现和理性达成。按照柏拉图的经典阐释，欲望满足是基本需要，理性达成为最高目的——贯通二者的正是情感的居间调和。②

深受柏拉图主义影响的卡夫卡，在《审判》中描绘了一个生动的反面案例：坚持情欲至上的 K 一步步将纷争加剧，最终走向自我毁灭。③ 这个反映现代法治奥义的精彩故事，在"大教堂"一章达到高潮。教士为了挽救 K，向他讲述了"法的前言"中记载的故事，引出了"法的门前"这个经典隐喻。虽然解读者意见纷纭，但人们都不否认乡下人要么是受了冤屈，愤懑无比，为法的正义吸引；要么是犯下罪行，面临惩戒，受法的命令召唤；要么是生活混沌，心思迷乱，被法的智慧感染。无论何种情况，乡下人都是为了更好生活，才产生了见法的举措，并坚持到最后一刻。从法哲学的视角，我们可以将这种见"法"行动，阐释为对最高法律理性的追求，其渊薮在于人们对美好生活的期望。不过，与理想主义者不同，卡夫卡用极度

---

① [奥]凯尔森：《法与国家的一般理论》，沈宗灵译，中国大百科全书出版社 1996 年版，第 14 页。

② 参见[古希腊]柏拉图：《理想国》，郭斌和、张竹明译，商务印书馆 1986 年版，第 166~172 页。

③ 参见廖奕：《文学律法的伦理光照：卡夫卡〈审判〉新论》，载《外国文学研究》2015 年第 2 期。

压抑、近乎绝望的叙事告诉我们：对大多数人来说，由于现实情欲的牵绊，法律理性的斩获面临重重困阻，正如一个个由低及高、布阵排列的刚直守卫。乡下人和守门人的纠纷，象征着理性与欲望的搏斗，暗喻着法律权威与行动主体的情感纽带。① 乡下人穷其余生，临死才有了些许领悟，隐约见到了理性的火光。而守门人一开始自以为明了，最后却感到仿佛受了欺骗，不由愤怒起来。在这个故事中，乡下人和守门人都是典型的情欲主体，如果说前期的乡下人表征原初的欲望，守门人则代表了更高的情感，他总是展现出富有正义的面目，可以克制自己的怒火和不耐烦，但到了故事的末尾，他不得不在乡下人面前屈身弯腰。因为他的理性也不完备，反而乡下人在法的门前逐渐学会了发现和思考问题。

人们要求美好生活，未必是因为基本欲望得不到满足，而是很多时候出自更高的情感实践。比如，乡下人在求见法的过程中，似乎并无明确的冤屈诉求，反而在这个过程中，他和守门人发生了长期的对峙。原有纠纷被无限期搁置，一切都有待法的出场。现实时空被法的魔力凝固静止，而正在发生的却是新的纷争进程。原来的纠纷主题不再紧要，除了乡下人，没有人关心他的事情。即使乡下人自己，在多年的博弈中，也逐渐淡忘了原来的一切。他的眼里，最重要的就是如何让守门人大发慈悲，让他进入法的大门。他一开始试图闯进去，守门人对此深表不屑。后来试图以贿赂方式混进去，守门人对他的阴谋心知肚明，既收了礼也不放行。最后，他用一生的时间与守门人交谈，用了最为致命的绝杀技：情感动员。守门人终于在他临死之际道出了实情：这门是为你而开，并专为你而开，但现在我要把它关上了。这个交代却让守门人陷入了纠结：没有了乡下人，自己的存在还有意义吗？

美好生活的法律之门，客观恒在，单一固执，虽然它在装置设计上自带"多样"性，但这些入口在敞开的同时，相互之间并不关联。很多人之所以迷失在法律的魔宫，关键在于多元入口的表象容易让人彷徨、误判，在迷惘和徘徊中，最终错过了适合纠纷解决的那道门径。问题的症结，或许不在于法，而在于人；不在于自然流淌的朴素情感，而在于过于偏执的理性计算。人民大众的法权能力屡

---

① John Deigh, *Emotions, Values, and the Law*, Oxford University Press, 2008, pp. 136-138.

弱，也许正是贵族法治长盛不衰的主因。正如卡夫卡在《我们的法律的问题》中所说："终有一天，一切都会变得明确，法将属于人民，贵族阶层将消逝。这不是在维持反贵族阶层的仇恨情绪，根本不是。我们更应该痛恨自己，因为我们还没有能力显示出来自己有能力被委任于法。"①隐喻美好生活的"法"，貌似神秘莫测的至上君王，隐居于把守严密的未知宫殿，一个个守门人分别占据着不同效力的法律要津——其实，法的驻地不在别处，正是人民面对美好生活的共同情感纽带，打造了它的栖居之所。在涂尔干看来，作为社会事实的集体感情是法律的基础，情感纽带发挥着重要的社会团结作用。② 希冀法律正义救济的当事人，要想获得说服守门人放行的能力，必须具有足够的资源、诚意和周旋技巧，其进程必然是充满挫败和困惑的艰辛之旅。倘若在这一过程中，当事人缺少耐力、知识，守门人缺少理解、宽容，特别是各方缺少形成共意行动的情感沟通，见到"法"几乎都不可能。

总之，法的根基一元，但通向法的门径，并非一元。通向美好生活的道路并非唯一，条条大路通罗马，但人们未必都能找到适合自己的路径。为什么日常生活的鸡毛蒜皮总会呈现一种"根本解决"的迷思？为什么面对过往纠葛的解决，又极易引发新的更大麻烦？为什么此路不通，仍迷信此路，甚至不撞南墙不回头、愈挫愈勇？对"最高法"的迷恋，究竟是与人性固有的偏执相关，还是因为法律正义本身的一元性使然？这些问题没有标准答案，但它们都指向一个可能的共识：法律若缺失了情感的居中均衡，欲望和理性的纠葛会永无休止，纠纷解决的制度根基将变得脆弱不堪。

第二节　多元化纠纷解决机制的话语分析

在面向美好生活的法治社会建设中，情感对于纠纷解决的作用和功能被大大低估。人们常以"人情社会"作为"法治社会"的对立面，把情感因素当成法律正

---

① ［美］彼得·德恩里科、邓子滨编著：《法的门前》，北京大学出版社 2012 年版，引言、第 11 页。

② 参见郭景萍：《西方情感社会学理论的发展脉络》，载《社会》2007 年第 5 期。

义的天敌对待，严重忽略了纠纷过程中的情感逻辑，日渐嵌入法律唯理主义的窠臼。在相关学术话语中，"多元化纠纷解决机制"是一个值得深入分析的典型样本。

一、话语表达

20世纪90年代以来，随着法律理性主义的勃兴，理论自觉、现实需求和对西方ADR的关注，融合为一股强大的推动力，促使多元纠纷解决机制成为中国法学研究的新热点。[①] 概略而言，此类研究以"正义法"为预设前提，以"多元化"为理想目标，以法律的社会功能为重点关注，力求从跨学科视角对纠纷解决法律机制进行描述、分析和构建。研究者具有浓厚的现实关切，学术兴趣集中于转型社会法律治理中的难点问题，如容易引发大规模群体事件的劳资纠纷、医患矛盾、土地纷争、邻避冲突等。在理论模型的选择上，多数研究者接受了法社会学的纠纷解决图式，并将之用于中国问题的描述、解释和分析。少数学者通过扎实的田野调查，努力发现纠纷化解的本土逻辑，希望借此改进西方的理论工具。[②] 对于多元化纠纷解决机制的核心要义，范愉教授的论述很有代表性。

多元化纠纷解决机制，是指在一个社会中，多种多样的纠纷解决方式以其特定的功能和运作方式相互协调地共同存在、所结成的一种互补的、满足社会主体的多样需求的程序体系和动态的调整系统。所谓"多元化"，是相对于单一性或单一化而言的，其意义在于避免把纠纷的解决仅仅寄予某种单一的程序、如诉讼，并将其绝对化。多元化理念主张以人类社会价值和手段的多元化作为制度建构的基点，不排除来自民间和社会的各种自发的或组织的力量在纠纷解决中的作用；目的在于为人们提供多种选择的可能性（选择权），同时以每一种方式的特定价值（如经济、便利、符合情理等）为当事人提供选择引导，从而形成社会发展与纠纷解决的生态平衡。人类社会的纠纷解决机制自古以来就是多元化的，现

---

① 参见范愉等：《多元化纠纷解决机制与和谐社会的构建》，经济科学出版社2011年版，第2页。

② 参见赵旭东：《权力与公正：乡土社会的纠纷解决与权威多元》，天津古籍出版社2003年版，序言，第6~7页。

代法治社会同样存在多元化的需要。当代，在继续提高司法权威及其社会功能的同时，重视和积极发展各种非诉讼纠纷解决机制（ADR）已成为一种世界性的时代潮流。①

从这段话语可以看出，多元化的纠纷解决机制之所以必要，根由在于对多样化社会需求的满足，通过符合情理的方式为当事人提供自由选择。很明显，此处的"多元化"，核心内涵是相对于纠纷解决理念和制度的单一化而言的，在具体指义上既包括基于价值多元的纠纷解决方式的"多样化"选择，同时也包括统一的程序体系和运作系统。话语生产者的预期是完美导向的：既希望纠纷解决的理念和方式应当并且事实上多种多样，同时又倡导制度和机制处于体系化的最佳状态。其真实的意念或可表述为：对于纠纷的法律解决而言，多元化是一种手段，体系化才是真正的目标——归根结底，欲望、需求总是多种多样的，但法律必须强调统一的体系化理性，否则，多元化纠纷解决会导致一种没有规矩的混乱状态。

为进一步阐释此种话语的真义，我们还可参照其他相关论述。如有学者认为，纠纷解决是指纠纷主体自身或在第三者参与下通过一定方法或手段化解冲突或消除纷争的目的性过程，包含目的、方式和结果状态三个基本要素。目的是指行动主体的基本立场和方向，方式是指解决纠纷的途径、方法和手段，结果是指纠纷解决的速度、程度、实际效果和判断标准。② 纠纷解决是一项需要国家和社会力量配合运作的综合工程，这种运作过程需要科学、系统的资源配置和制度协作。纠纷解决的总体制度构造以及各组成部分之间的相互关系和运行原理，可称之为"纠纷解决机制"。如果纠纷解决方式不能形成一个相互支持、彼此呼应的有机整体，只能说有纠纷的解决，但没有纠纷解决的机制。没有纠纷解决机制的支撑，个别化的纠纷解决只能因时因地因人而异，无法形成总体性的制度运行模式。③ 在此语境下，多元化纠纷解决理当包括目的、方式和结果的多元，但多元

---

① 范愉主编：《多元化纠纷解决机制》，厦门大学出版社 2005 年版，第 2~3 页。

② 参见赵旭东：《纠纷解决含义的深层分析》，载《河北法学》2009 年第 6 期。

③ 参见赵旭东：《纠纷解决机制及其"多元化"与"替代性"之辨析》，载《法学杂志》2009 年第 11 期。

化纠纷解决机制话语却不包含目的和结果考量，只限于方式论述。即使就此而言，纠纷解决机制的形成，意味着各种解决纠纷的具体方式形成有机整体，但这还是"多元化"的纠纷解决吗？是故，"多元化"在这些理论话语中似乎只是一种不得已的策略，只能发挥暂时且有限的手段性功能，并不具有鲜明的多元社会建构导向，也不欲否定国家主权和法律的统一现实，甚至从目的上正是为了从侧面强化司法中心和法律一体。无论话语目的如何正当、真诚、可欲，从概念的话语表述上，我们的确发现了理论生产者的矛盾和纠结。对于概念话语的表达问题，我们不能过度放大局部的细微差漏，因为任何定义都是不精准的。只有充分理解话语背后的实践逻辑，才能有更充分的理由，向着更明确的方向去找寻可能的替代性框架。

二、话语实践

从话语实践的角度看，"多元化纠纷解决机制"脱胎于美国"替代性纠纷解决"（ADR）概念，经过学者的本土化改造，逐渐得到认同，成为当今流行的法学及法治话语。90年代中国法律理论斑驳丰饶，一方面法律话语和制度的移植处于全盛期，法制建设与国际接轨的呼声甚嚣尘上；另一方面，民间法、习惯法、传统法律文化研究层出不穷，法治本土资源论引起强烈反响。这些看似矛盾的理论资源，为多元化纠纷解决机制话语的蓬勃生长提供了学术机遇。ADR概念的引入，可以理解为西方法制有益经验的借鉴，也可以用来反证调解等东方经验的实用性，在现代和传统两方面呼应了法治构建的理论要求。[①] 在ADR概念的基础上，学者将非诉讼纠纷解决方式与现代法治进一步关联，运用比较法社会学的研究框架，初步建构了中国本土的多元化纠纷解决机制话语。[②]

在这一话语框架形成过程中，除了学者的理论阐释，社会大众也发挥了基于不同考量的合力作用。90年代以降，纠纷中的情感因素受到关注，民众对灵活多样的多元化纠纷解决方式充满期待。例如，有论者发现，护理人员缺乏同情心

---

　　① 参见范愉：《代替性纠纷解决方式（ADR）研究——兼论多元化纠纷解决机制》，载郑永流主编：《法哲学与法社会学论丛》第二辑，中国政法大学出版社1999年版。

　　② 代表性著作如范愉：《非诉讼纠纷解决机制研究》，中国人民大学出版社2000年版。

和责任感是医患纠纷产生的重要因素。① 民族纠纷的发生，与个体和群体间的心理差异也有密切关系。② 对化解民间纠纷的调解而言，本质上就是"转变当事人对某些人或事的认识、意愿和情感的过程"。③ 一篇歌谣式的文章，如此强调理性沟通的重要性："闹起纠纷气冲冲，互相争吵骂祖宗，昔日情感全不顾，你称强来我逞凶。试问此举何益有，无非落得人财空，平心静气想一想，道理自然会弄通。"④这些讨论，虽算不得严格意义的法律理论研究，但反映出纠纷日渐繁复的社会现实，以及对正在铺展的法治建设的情感诉求。

更重要的是，90 年代大规模、高密度的法制宣传和法制建设，让为民服务、为民司法的政治伦理深入人心，使民众对公平正义的诉求越来越具体实在。但由于资源所限，正式制度供给跟不上人民法治需求的增长。民众对法律机制的成效期待，也开始陷入"希望越大、失望越大"的悖论，执法和司法机关无力过度承载，也不能缺位缺席——多元化纠纷解决机制话语可以在理论上规避此种困境，既为民间社会的纠纷解决留下了空间，也为正式法律机制卸下了负担。碎片化的社会力量，正好借此间隙发挥能动作用，通过民间组织进行法律话语动员，鼎力支持非官方的纠纷解决研究，推动了多元化纠纷解决机制话语的弥散。

世纪之交，在通盘考虑基础上，法治顶层设计方案秉持全局战略思维，既不让司法系统卸责，也不能使民间力量失序。于是，强调以司法为中心、其他方式为辅助的纠纷解决机制，成为政治优选且各方接受的"超级框架"。在新一轮的法治体系构建方案中，以司法权力扩张、司法权威彰显及司法权能均衡为主线，司法体系和能力建设成为国家治理现代化的重要主题。⑤ 顶层设计之所以倡导多元化纠纷解决机制，绝非意在取消或削弱司法在纠纷解决系统的中心地位。相反，这是一种"抓大放小"的过滤网结构，经由国家主导的司法价值观评断，将那些小事交由民间自主解决，而大事则由司法权威裁断，和解、调解、仲裁、公

① 参见李超、王萌：《急诊护理中医患纠纷的心理道德因素》，载《中国医学伦理学》1991 年第 6 期。

② 参见李尚凯：《试论突发民族纠纷的心理成因与心理疏导》，载《新建社会经济》1992 年第 5 期。

③ 蒋月、沈少坚：《民间纠纷当事人心理分析与评说》，载《人民调解》1994 年第 11 期。

④ 赵丕元：《敬告纠纷当事人》，载《人民调解》1995 年第 5 期。

⑤ 参见廖奕：《转型中国司法改革顶层设计的均衡模型》，载《法制与社会发展》2014 年第 4 期。

证、行政裁决、行政复议等都被纳入此种治理网络。① 最终，多元化纠纷解决机制被纳入"法治社会"范畴，与"法治政府"和"法治国家"形成三位一体的"大法治"格局。本是替代诉讼的纠纷解决方式，ADR 话语通过一系列的移植嫁接和本土转化，逐步演化为与诉讼机制贯通关联的整体性纠纷解决系统——"多元化"话语在法治实践中完成了衍义流变。

由上可见，多元化纠纷解决机制话语的兴起，与转型时期法治的特性紧密关联，既要建立统一的法制规则又要解决激增的多种纠纷，这无疑是一种需要在理论上调和的矛盾。改革开放后，中国经济的非均衡发展模式加剧了"多重社会"的断裂症候。传统社会、现代社会、后工业社会丛集交错的结果是，纠纷类型的五花八门以及相应解决机制的各式各样。形成规则与纠纷解决的矛盾，催生了学术话语的快速生长，也带来了先天不足与外形早熟的并生风险。ADR 话语引入中国，成为多元化纠纷解决机制的概念原型，但在这套话语的衍义中，原有的"法律多元主义"逻辑被规范研究遮蔽，代之以司法中心主义的现代法治逻辑。多元化纠纷解决机制，如同一个衍指符号，"指的不是个别词语，而是异质文化之间产生的意义链，它同时跨越两种或多种寓言的语义场，对人们可辨认的那些语词单位的意义构成直接的影响"。② 从法学话语到法治话语，这惊险的一跃显示了理论的成效，也埋种下裂变的肇因。

三、话语发展

为弥合法学话语"多元化"与法治话语"一元化"的裂痕，核心概念在原意和衍义、所指与能指上需要呈现辩证统一的样状，通过某种中介机制予以贯通协调。纠纷解决研究中的制度规范分析，对于国家法的解释虽然有效，但对民间纠纷的理论效度未必如意。例如，制度规范分析难以识别当事人是否以及如何利用特定纠纷解决制度的因素，包括对该制度的认同程度和利用该制度的行动能力等。③ 对中国的

---

① 《最高人民法院关于人民法院进一步深化多元化纠纷解决机制改革的意见》，法发〔2016〕14号，http://www.hljcourt.gov.cn/public/detail.php? id=16647，2018 年 6 月 21 日最后访问。

② 刘禾：《帝国的话语政治：从近代中西冲突看现代世界秩序的形成》，生活·读书·新知三联书店 2009 年版，第 13 页。

③ Sandefur, and L. Rebecca, "Access to Civil Justice and Race, Class, and Gender Inequality", *Annual Review of Sociology*, 2008, Vol. 34, No. 1, pp. 339-358.

纠纷解决研究而言，法教义学也较少聚焦于纠纷当事人法律意识和法律能力等问题。[1] 随着中国法律理论的实证转向，多元化纠纷解决机制话语的运转，越来越离不开"社科法学"的中介机能及其资源支持。

在现有纠纷解决研究中，法社会学的理论雄心和实际贡献格外抢眼。[2] 与法教义学对纠纷的界定不同，法社会学意义上的纠纷，泛指与法律有关的社会纠纷，包括不一致的或曰相冲突的社会关系及其流变过程，诸如抱怨、冤屈、纷争、争执、冲突及其升级激化或消退化解。法社会学坚持过程论视角，将纠纷视为一种特殊的社会互动与关系演变。如有学者认为，纠纷分为三个阶段：第一阶段为冤屈抱怨(grievance)，即个人或团体认为自己的权益受损后产生各种不满；第二阶段是实质冲突(conflict)，即当事人之间形成了不一致的、相互矛盾的观念和行为，发生了争执、身体对抗等实质性的冲突行为；第三阶段是激化纷争(dispute)，即矛盾双方将相互冲突的主张、要求诉诸于公共空间和公共权力，期待引入第三方力量来评判和解决。[3] 只有当事人之间的不一致关系发展到第三阶段后，才是进入公共系统之中的纠纷，这类纠纷需要法官或其他法律人员的裁定或调停。在此基础上，研究者进一步指出，纠纷过程要依次经历不满(grievance)、要求(claim)、纷争(dispute)、民事法律纠纷(civil legal dispute)四个阶段。[4] 从现实经验看，并不是每一种抱怨和不满都会激化，在每一个阶段都只有一部分问题进入下一个阶段，因此各阶段的问题数量是递减的。

法社会学从过程视角反思了教义学的纠纷概念，主张重视对纠纷阶段性和解决整体性的研究。对于已经进入法律系统或司法程序的纠纷，在它看来，只是

---

① 参见程金华：《中国行政纠纷解决的制度选择：以公民需求为视角》，载《中国社会科学》2009 年第 6 期。

② 在法社会学研究者看来，主流纠纷理论以"制度供给"为思路，以文献解读和规范比较为主要方法，以向决策者进言为姿态。对此情状，法社会学家希望通过思路、方法和立场的多维转向加以矫正，并提出了一套实操可行的研究方案。参见程金华：《中国行政纠纷解决的制度选择：以公民需求为视角》，载《中国社会科学》2009 年第 6 期。

③ Laura Nader and Harry F. Todd, Jr., eds., *The Disputing Process: Law Ten Societies*, Columbia University Press, 1978, pp. 1-40.

④ Sarat, Miller Austin, "Grievances, Claims, and Disputes: Assessing the Adversary Culture", *Law & Society Review*, 1980, Vol. 15, No. 3-4, pp. 525-566.

"纠纷金字塔"的塔尖部分，并非纠纷的主要部分。该理论并不认为纠纷在萌芽阶段就必须要立刻解决，"防患于未然"的预防性治理并非纠纷解决的范围，不符合纠纷发生学上的阶段性特点。该理论也不认为只有到了运用正式法律手段的阶段才有纠纷解决，因为，这不符合纠纷解决的整体性特点。该理论力图从实际经验和制度规范的双重考量出发，将大多数纠纷解决定位于第二阶段即实质冲突阶段。在这一阶段，纠纷当事人的冲突已经通过行为表现出来，如果不加以及时解决会造成矛盾升级、秩序损坏。在这一阶段，非正式的解决手段往往比较有效，例如一方忍受退让、双方和解，或通过亲密关系者的内部调解。如果这些方法不能奏效，纠纷解决会进一步发展到公力救济阶段，国家司法的权威裁断成为法理上的终结。

"纠纷金字塔"架构了一种对矛盾激化过程的阐释框架，对于人们区分不同纠纷类型，针对性寻求解决方案，富有助益。此种理论将纠纷发生的起点定位于抱怨和不满，聚焦情感因素对法律行为和动员的现实影响，开启了纠纷事件情感机制解释的新窗。在新近的法社会学研究中，纠纷并非限定于行动中的不公或冤屈，开始拓展到社会生活中的各种情感机能。例如，冲突型社会条件下同情心的作用，比单纯的冤屈感具有更为深厚的批判性人文主义功能。①此类研究表明：在纠纷产生的过程中并不仅有抱怨、不满、愤恨等消极情感作用，同情、友爱、诚信等积极情感同样会对纷争产生影响。在纠纷发展过程中，人们基于混合情绪的感知、体验和表达是常见的现象。对于法律情感在纠纷发展过程的系统描述，法社会学研究还有很大的理论开拓空间。

第三节　"法律与情感"的研究框架

在通向美好生活的道路上，纠纷解决的要义不在于设置错综复杂的联通路线，而在于通过明确的法律标识让人们体察到各个门径的具体方位，根据不同的情感要求，选择并实现最为切近便捷的正义生活。20 世纪 90 年代以来，各学科

---

① Wilkinson, Iain, "The Controversy of Compassion as An Awakening to Our Conflicted Social Condition", *International Journal of Law in Context*, 2017, Vol. 13, No. 2, pp. 212-224.

合力研究情感与法律的交集，从不同进路丰富和发展了纠纷解决理论。法学研究的"情感主义"转向，有助于我们重新理解纠纷及其解决机制的构建。

一、"法律与情感"研究的复兴

18 世纪以来，唯理主义的强大偏见，将情感理解为一种危险的有害物，它是主观的、不合理的、有偏见的、无形的、不完备的且不受理性影响的，对于法治的稳定具有很大的破坏和威胁。① 在其眼中，情感与现代法治不偏不倚、注重理性的精神违背，需要细密的道德导引与制度规约。较为柔软的做法，将情感视为"两面体"：一面是消极的，一面是积极的。消极的情感，如过度的、脱离规范控制的大众激情，会破坏民主和法治；积极的情感，比如爱国激情或集体同情，则可助益法律目标的达成。

在理性与情感的二元对立中，近现代法哲学地图试图将多姿多彩的情感地貌抹去，使法律变成一种平面化的主权规范。在其观念世界中，法律与情感并无本体关联，法哲学不应过多讨论情感问题。在法理学课本中，情感是静默的。② 法哲学家即使选择在"法律情理"论域内谈论法律、理性和情感的关系，即使肯定某些情感的积极作用，也必定是在法律理性许可和包容的前提下。相比而言，经验主义的法律哲学承认法律知识源于感性体验，但对于情感在法律体系中的枢纽地位，长期保持不置可否的暧昧态度。早期的"法律和情感"研究，多数是经验主义法哲学的延续，难以撼动法律唯理主义的惯习。③ 罗尔斯、哈贝马斯等人的正义理论虽然认识到公民情感对于促进法律程序理性和结果忠诚的重要性，为情感留出了些许空间，但正义感仍是一种辅助理性的应用手段，宏大的法哲学与具体的纠纷解决依然脱钩。

---

① Bandes, Susan A., and J. A. Blumenthal, "Emotion and the Law", *Social Science Electronic Publishing*, 2012, Vol. 8, No. 8, pp. 161-181.

② Patricia Mindus, "The Wrath of Reason and the Grace of Sentiment: Vindicating Emotion in Law", presented at XXVII World Congress of the International Association for the Philosophy of Law and Social Philosophy (IVR) Washington, DC 27 July-1 August 2015, p. 2.

③ 初露头角的法律与情感研究虽不再满足于描述法律情境中的具体情感，但仍下意识坚守法律理性主义的惯习，希望通过法律塑造或培养特定情感的职业理想。参见李柏杨：《情感，不再无处安放——法律与情感研究发展综述》，载《环球法律评论》2016 年第 5 期。

　　回顾法哲学的历史，我们不难发现：理性和情感的二分法，实为现代西方文明的特产，在其他地方和时代并不流行。① 在西方，情感哲学在古典时代已然成型，这一传统深刻影响了政治哲学和道德哲学——最著名的是哈奇森、史密斯和休谟的道德观念、道德情感和道德情感理论。② 在 17 世纪关于人类认知和行动的哲学概念中，激情是核心元素。③ 从 20 世纪 30 年代起，"情感主义"（emotionalism）力图证立道德的情感本质，对法律哲学的影响开始显现，情感哲学逐渐复苏。不惟道德哲学、政治理论，规范法学也日益认识到情感在判断和慎思中的重要性。④ 正如斯科夫兰等人所述，情感已从后门潜入法律，现正直接通过前门进入。⑤

　　20 世纪 90 年代以来，"法律与情感"研究成为一个新兴的多学科研究领域，相关讨论开始涉及纠纷解决的法哲学基础。⑥ 在研究者看来，情感与法律相关性，既重要又值得接受仔细审查。这一领域大致可分为六种研究进路：情感中心、情感现象、情感理论、法教义学、法律理论和法律行为。⑦ 当下的法律和情感研究充分利用多学科的洞察力，从自然科学、社会科学和人文学科中撷取养料，揭示遍及法律体系的情感存在，阐释、检验存在于法律各个领域的或隐或明的情感假设。例如，法律与认知科学的研究，为人们认识情感在法律纠纷解决过程中的作用提供了新的视窗。通过重新评估法律学说和政策，法律与情感的学术研究有助于构建更加通达、现实且有效的纠纷本体阐释框架。

---

　　① Ferry, Leonard, R. Kingston, and I. Ebrary, *Bringing the Passions Back in: the Emotions in Political Philosophy*, UBC Press, 2008, Foreword viii.

　　② Nussbaum, Martha, and D. M. Kahan, "Two Conceptions of Emotion in Criminal Law", *Columbia Law Review*, 1996, Vol. 96, No. 2, pp. 269-374.

　　③ 参见[英]苏珊·詹姆斯：《激情与行动：十七世纪哲学中的情感》，管可秾译，商务印书馆 2017 年版，第 23 页。

　　④ 参见[美]莎伦·R. 克劳斯：《公民的激情：道德情感与民主商议》，谭安奎译，译林出版社 2015 年版，第 3~4 页。

　　⑤ Georges, Leah C., R. L. Wiener, and S. R. Keller, "The Angry Juror: Sentencing Decisions in First-Degree Murder", *Applied Cognitive Psychology*, 2013, Vol. 27, No. 2, pp. 156-166.

　　⑥ 参见章安邦：《"法律、理性与情感"的哲学观照——第 27 届 IVR 世界大会综述》，载《法制与社会发展》2015 年第 5 期。

　　⑦ Maroney, T. A., "Law and Emotion: A Proposed Taxonomy of An Emerging Field", *Law & Human Behavior*, 2006, Vol. 30, No. 2, pp. 119-142.

在纠纷解决研究的新近作品中，围绕"法律与情感"的议题已然涌现。例如，有研究者通过对民事和行政法庭调解员的访谈，表明大多数调解员鼓励或允许情绪表达，而不是简单地设法控制它。[①] 这表明，随着调解在司法实践中的广泛应用，人们越来越重视情感在争议解决中的作用和影响。即使在正式的刑事司法中，法官需要解决的矛盾和问题，不仅限于定罪量刑，还需要对个人犯罪根源加以社会情感治疗。与传统司法等级中的官员角色不同，法官不再是置身事外的独立裁判者，而是走进法律竞技场，与治理对象积极沟通，采用治疗法理学原理，利用司法权力来协助对象康复的社会工作者。对于处于艰难时刻的人而言，真正的司法同情是帮助其渡过难关、克服人际冲突的重要工具。善于解决问题的法官需要充分利用自己情感的力量，引导参与者完成整个过程。就此意义而言，司法人员的情商是一种极为重要的纠纷解决能力。善于解决问题的法官在处理纠纷中复杂的情感问题时，必须得到司法科学和技术的支持，涉猎相关学科领域，了解成瘾理论和精神疾病，通过谨慎的实验测试促进参与者的能力恢复。[②] 对法学知识教育而言，随着"情感智能正义"的兴起，在传统 ADR 课程中增加情感分析的分量，也成为全球法学教育改革的一个亮点。[③]

在此背景下，"多门法院"（multi-door courthouse）、"整体正义中心"（comprehensive justice center）等概念的提出，值得认真对待。这些概念虽倡导纠纷解决的多系统协同共在，但其强调诉讼、调解、仲裁等方式相互之间并无内在关联，选择何种门径主要取决于纠纷主体的自由和偏好。[④] 各个门径之间并无通道，依循初始路径的锁定效应，可以避免纷争在解决中激化，解决过程可以体现

---

① Myers, Piers, "Sexed up Intelligence or Irresponsible Reporting? The Interplay of Virtual Communication and Emotion in Dispute Sensemaking", *Human Relations*, 2007, Vol. 60, No. 4, pp. 609-636.

② Duffy, James, "Problem-Solving Courts, Therapeutic Jurisprudence and the Constitution: If Two is Company, is Three a Crowd", *Melbourne University Law Review*, 2011, Vol. 35, No. 2, pp. 394-425.

③ Douglas, K., and B. Batagol, "ADR and non Adversarial Justice as Sites for Understanding Emotion in Dispute Resolution: Reporting on Research Into Teaching Practices in Selected Australian Law Schools", *Journal of Judicial Administration*, 2010, Vol. 20, No. 2, pp. 106-118.

④ Hernandezcrespo, Mariana D., "A Dialogue Between Professors Frank Sander and Mariana Hernandez Crespo Exploring the Evolution of the Multi-Door Courthouse (Part One)", *Social Science Electronic Publishing*, 2008.

出"一站直达"的简洁高效。与法律多元主义不同，其主张在具体纠纷场域中探寻合适的法律解决路径，更接近于尊重并维护纠纷主体间的情感和谐立场。此种情感和谐，如同"有着众多的各自独立而不相融合的声音和意识，由具有充分价值的不同声音组成真正的复调"，巴赫金称之为"陀思妥耶夫斯基长篇小说的基本特点"，"在他的作品里，不是众多性格和命运构成一个统一的客观世界，在作者统一的意识支配下层层展开；这里恰是众多的地位平等的意识连同它们各自的世界，结合在某个统一的条件之下，而相互间不发生融合"。① 相比于"多元化纠纷解决"，"多门径纠纷解决"（Multi-door Dispute Resolution）的概念不仅更为严谨，而且具有现实的浪漫主义风格，更符合纠纷解决的情感研究需要，更为契合美好生活的法理旨趣。

二、新的整合型理论框架

对"法律与情感"研究而言，多学科方法当然有益，但在解决特定问题后，学者们通常会回到自己的学科，暂时的合作基本上没有改变既定的研究范式。② 围绕美好生活的法理要义，在已有研究基础上，通过纠纷主体、对象和行动的整合重述，此处尝试构建一个基于"法律与情感"的纠纷阐释框架，借此推动社科法学范式的更新。

（一）纠纷主体的情感分析

首先，此种分析承认情感社会学的公设。"人类是最具情感的动物。我们爱、我们恨；我们陷入极度的沮丧、我们体验快乐和愉悦；我们还感受到羞愧、内疚和孤单；我们有时正义凛然，有时又复仇心切。"③随着纠纷研究从制度分析向过程分析的转变，针对纠纷主体的情感分析成为应有之义。"为了把握纠纷过程的

---

① 转引自赵旭东：《权力与公正：乡土社会的纠纷解决与权威多元》，天津古籍出版社 2003 年版，第 316 页。

② Cacioppo, J. T., " Better Interdisciplinary Research Through Psychological Science ", *Aps Observer*, 2007, Vol. 20, No. 10.

③ ［美］乔纳森·H. 特纳：《人类情感：社会学的理论》，孙俊才、文军译，东方出版社 2009 年版，第 1 页。

具体状况，首先有必要把焦点对准纠纷过程中的个人，把规定着他们行动的种种具体因素仔细地剖析出来。"①

其次，此种分析需要对纠纷主体进行视阈拓展。从纠纷过程论看，如果特定主体之间产生纠纷，而该纠纷的解决进入特定程序（如诉讼）时，可将其称为诉讼当事人。如果冲突方没有进入正式的法律程序，其亦可称为广义的纠纷当事人。发生纠纷后，如果出现第三方介入，主体外延自会拓展。第三方并不一定都是解决纠纷者，很可能是利益相关者和某一方的支持者/反对者。当纠纷进入第三方解决阶段时，治理主体才会出现。之所以称为治理主体，而非解决主体，乃是因为现今"治理"表明的是一种互动协调化解纠纷的理念，强调体制联动的整合功能，而非孤立个案的片段解决。以此种扩展的纠纷主体为标准，我们可以对纠纷类型加以更为清晰的厘定。基本主体参与的纠纷，可称之为常规型的双方纠纷；关联主体参与的，可称为扩展型的多方纠纷；治理主体不得不介入参与的，则是待裁决的官方纠纷，此种纠纷比一般的多方纠纷更为复杂，解决方法也更为正式。除了作为基本主体的当事人，纠纷的潜在主体也应纳入情感分析范围。例如，有研究者对东南沿海某市 1% 常住户抽样调查显示，98% 以上的受访者对上访行为表示理解；在遭受利益损失或不公正对待、相对缓和的解决方式无效时，潜在的上访者比例会超过 10%。排序逻辑模型回归结果说明，生活满意度低会导致更激烈的行为选择，潜在上访者具有社会心理学意义上的非理性特征。②在此视阈中，作为基本主体的"当事人"不是狭义的程序法概念，而是承载社会情感的实体所指。

最后，此种分析力求涵盖量化与质化、规范文本与行为动因。国内法学界对纠纷主体的情感研究不够重视，重要原因在于"主体法定"遮蔽了"人的深描"，定量分类压过了质性分析。研究者习惯从制度规范出发，以参与主体数量为依据，对纠纷进行类型化。如有学者将纠纷分为群体性纠纷和非群体性纠纷。在群

---

① ［日］棚濑孝雄：《纠纷的解决与审判制度》，王亚新译，中国政法大学出版社 1994 年版，第 6 页。

② 参见顾严、魏国学：《潜在上访行为选择与中国社会矛盾走向——基于东南沿海地区大样本调查的实证研究》，载《经济社会体制比较》2017 年第 1 期。

体性纠纷中，规模较大、突发性强、造成严重社会影响、干扰社会正常秩序的激烈冲突，即为"群体性事件"。群体性事件依参与数量的规模标准，又可分为小中大与特大等类型。① 此种类型化方法会无形中掩盖不同性质主体的情感动因，在实践中导致法律适用和解释的机械主义。从学术立场考虑，"主体"的称谓体现着我们的学术倾向，即整个研究活动应该以实践者的感受和体验为主，而不是以研究者的设计为主。"'主体'是从研究视角的意义上来说的。在研究者与被研究者的相互关系中，主体是对对方——也就是实践的从事者——的指称。相应地，具有实践从事者的性质就是'主体性'。"② 不同主体的情感特质会产生不同性质的纠纷过程。除了比较明显的利益因素，纠纷情感动因还包括认知差异、价值观冲突、沟通不畅、情绪极化等多种情况。从广义的纠纷主体出发，现实中的利益冲突型纠纷、认识偏差型纠纷、信息不足型纠纷、价值背反型纠纷、沟通受阻型纠纷、情绪激化型纠纷、利用规则型纠纷等都可以通过社会情感研究的方法得到深描。在此方面，纠纷解决研究的生活史视角（life history of perspective）比纠纷金字塔理论更有成效。③ 虽然遭受没有明确边界的批评，但这样的理论推展让更大范围纠纷场域的情感研究成为可能。纠纷场域作为纠纷主体在各种位置之间存在的关系网络，它是一种具有相对独立性的社会空间，这种相对独立性是纠纷场域与其他场域相互区别的标志，也是与其他场域产生关联的依据。对纠纷主体的场域网络加以深度的情感分析，无疑是一个极具意趣和难度的课题。根据纠纷场域的外部特征，我们可以将纠纷分为经济纠纷、政治纠纷、社会纠纷和文化纠纷等类型。但如果进入纠纷主体的内部情感世界，我们会发现这种区分非常"初步"，许多深层问题需要纠纷对象厘清后，才能得到细思明辨。

（二）纠纷对象的情感构造

纠纷对象，也可称为纠纷客体或纠纷标的，在教科书中一般是指纠纷主体纷

---

① 参见徐昕：《迈向社会和谐的纠纷解决》，中国检察出版社 2008 年版，第 132 页。

② 潘绥铭、黄盈盈：《"主体建构"：性社会学研究视角的革命及本土发展空间》，载《社会建设》2016 年第 1 期。

③ 参见[美]奥斯汀·萨拉特编：《布莱克维尔法律与社会指南》，高鸿钧等译，北京大学出版社 2011 年版，第 42 页。

争所指向的事物、利益或权利。纠纷解决的法学研究未将情感问题纳入视野，不是因为情感问题多么复杂难解，很大程度上是出于法律唯理主义的思维惯习——以"书本上的法"为无可置疑的理性权威，以之为不证自明的逻辑起点，用法律规范裁剪社会矛盾，而不是从社会矛盾出发去识别和建构动态的法律规范。在此理论背景下，部门法学极易默认法律与情感无涉，立足于各自依凭的"调整对象"来界定研究对象，从而形成了民事纠纷、刑事纠纷、行政纠纷的类型论述。但在现实生活中，纠纷对象不一定是明确具体的财物或权利，而是对人至为紧要的情感需求，如强烈的爱恋、抽象却必要的"权威认同"等，这些情感难以被部门法理论识别，纳入纠纷对象的分析范围。

20 世纪 80 年代中期，某少数民族村寨男青年唐某与本寨姑娘李某自由恋爱，并生育一子。两人感情很深，但双方父母不同意。按照习俗规范，唐李二人的婚姻得不到承认。李某表示，若让两人分开就自杀。很快，乡政府司法所与村委会干部介入此事。调解人首先做通双方父母的思想工作，告诫他们不要把子女逼上绝路，否则将后悔莫及。最终，双方父母同意给二人举行婚礼仪式，唐李二人补领了结婚证，并同意共同赡养双方老人。①

在这一个案例中，纠纷并非因为结婚彩礼等利益问题而起，直接原因是男女双方对家庭不予认可的不满，其抗争动力源于自愿组合并得到承认的强烈感情。按当地习惯，这种要求不合规矩，因为恋爱可以自由，但婚姻却要由父母做主。女方的坚决态度和官方的适时介入，双方父母作出了妥协和让步，也获得了重要的回报收益。举办结婚仪式和补办结婚证，可以视为连续性的纠纷解决仪式，由此不仅完成了民间习惯的情感认同，也让男女双方的感情获得了国家法的权威认可。由于国家法律和民间规范的共同承认，所谓国家法和民间法的冲突并未产生，纠纷对象不复存在，矛盾也随之化解。在象征纠纷解决的连续性仪式中，特纳强调的"情感表达"在具体、微观事物与抽象、宏大规范的结合过程中的功用，得到了显现和证明。②

---

① 参见赵天宝：《传统与超越：景颇族婚姻解纷机制的理性分析》，载《青年研究》2012 年第 6 期。

② 参见曾令健：《纠纷解决仪式的象征之维——评维克多·特纳的〈象征之林〉》，载《社会学研究》2008 年第 4 期。

　　情感纠纷，虽尚未成为纠纷解决法学研究的主流标本，但随着此类纠纷的增多，相关研究已逐步展开。例如，"社科法学"的纠纷对象构造，就开始凸显情感状况维度，将纠纷分为具体利益纠纷、抽象权利纠纷和模糊情感纠纷。具体财产利益纠纷往往有明确的争议焦点，多属于常规案件；非财产利益的纠纷处理起来比较复杂，因为此类纠纷不限于现有利益，预期利益损失或可能遭受特定风险也包括其中。① 与之相比，抽象权利纠纷的化解更为复杂。比如，针对某种自由、资格请求的集体性抗争，或是主张平等对待的立法请愿等。而模糊性的情感纠纷，因涉及纠纷主体的深层隐蔽的心理冲突，更像是处在法律荒野的无人区事务，属于正式司法的典型难办案件，多数只能经由民间调解方式处置。② 所谓"清官难断家务事"，在实践中对这样的纷争一般采取非正式的情感沟通方法。因为难解纠纷的共同之处在于，它们涉及争议者认为至关重要的利益或价值观，通常不能通过谈判或妥协等自力救济解决，需要第三方介入，而介入方式必须秉持情感沟通的立场。如果情感沟通失败，无论何种解纷机制均会宣告失灵。陈柏峰运用法律民族志方法，通过对陈村纠纷解决实践的考察，发现了心理对抗、情感对抗和行为对抗常常有着密切的联系，甚至具有共生关系。"情感对抗在很多时候很容易导致行为对抗，甚至可能突然造成行为上的恶果。在另外一些时候，村落中的情感对抗和心理对抗还能成为一种对行为的社会控制手段，它对维持村庄秩序起着某种积极作用。"③与以往研究不同，他的研究视野既包括纠纷行为上的对抗，也顾及心理和情感上的冲突。

　　进一步看，情感之所以能够成为纠纷的对象，不是因为存在一种单独的情感

----

　　① 参见刘国乾：《行政信访处理纠纷的预设模式检讨》，载《法学研究》2014 年第 4 期。

　　② 在"调解达人"马善祥看来，调解的方法是次要的，最关键的是对群众的深厚感情，以及对调解事业持之以恒的热爱。将情绪疏导和控制贯穿于矛盾调解矛盾全过程，是"老马工作法"的核心。其精要在于，要总体顺应群众情绪做群众工作，在尊重人的基础上引导人，鼓励当事人增强解决问题的信心，将纠纷当事人的情绪转化为可沟通和说服的理性。运用此种方法，他在 30 余年间成功化解各类矛盾纠纷 2000 多起，撰写了 152 本、520 万字的工作笔记，总结 56 种调解方法，被推广到全国。2018 年 12 月 18 日，党中央、国务院授予马善祥同志改革先锋称号，颁授改革先锋奖章，并获评"基层社会治理创新的优秀人民调解员"。参见陈国洲：《马善祥：为群众排忧解难是终身事业》，载《光明日报》2018 年 12 月 23 日，第 5 版。

　　③ 陈柏峰：《暴力与屈辱：陈村的纠纷解决》，载苏力主编：《法律和社会科学》（第一卷），法律出版社 2006 年版。

型纠纷，或者纠纷客体都具有或深或浅的情感关联，而是植根于情感认知对纠纷事件的回应特质。在心理学家看来，情感是一种普遍的、对于外部刺激事件的功能性反应，它随时整认知、生理、感受和行为等渠道，以便促进对当前情境作出一种增强适应性、塑造环境的回应。① 关注情感问题的法哲学家也认为，情感自身具有"一个意向性对象，即它是作为被情感主体所看到或解释的对象而纳入情感之中"。② 这与认知主义情感理论是一致的。在认知主义的情感理论中，情感的意向性成分是连接身体现象与外部世界的中介。典型的情感包含着对外部情境的认知，这种认知具有意向性特征。因此情感是"关于"或"指向"某个对象的，当一个人悲伤时，他是在对某个人或者某件事表示悲伤，这个"某人""某事"就是情感的意向性对象。③ 这样的情感对象能够为研究者明确辨识，与仅限于生理学层次、缺少意向性维度的感受主义情感理论，或法律行为主义的情感理论都有很大区别。④

为达成法理情均衡的理想状态，让法律体系涵摄情理系统，从而既体现法律的多元与兼容，又彰显法律的自洽与一致，理性主义法学不能无视纠纷对象的情感构造。从历史发展经验看，"情理是法律的生命，普通法的确不是别的，而只是情理"。⑤ 西方法律传统的突出特征是在同一社会内部各种司法管辖权和法律体系的共存和竞争，这种多元性使现代法治的理性权威成为必要和可能。⑥ 基于这种必要和可能，法律纠纷解决机制的多元化与统一性不能处于悖反境态。⑦ 如

---

① Michelle N. Shiota, James W. Kalat：《情绪心理学》，周仁来等译，中国轻工业出版社 2015 年版，第 351 页。

② Martha C. Nussbaum, *Upheavals of Thought：the Intelligence of Emotions*, Cambridge University Press, 2001, p. 27.

③ 参见左稀：《情感与政治慎思》，载《道德与文明》2017 年第 6 期。

④ 以法律行动研究倡导的理性方法，对纠纷解决策略的博弈结构和均衡逻辑加以深度透视，力求揭示纠纷主体情感诉求在法律规范语境中的社会运作机理。

⑤ ［法］勒内·达维德：《当代主要法律体系》，漆竹生译，上海译文出版社 1984 年版，第 234 页。

⑥ 参见［美］哈罗德·J. 伯尔曼：《法律与革命》，贺卫方等译，中国大百科全书出版社 1993 年版，第 11 页。

⑦ 参见［日］千叶正士：《法律多元：从日本法律文化迈向一般法理论》，强世功等译，中国政法大学出版社 1997 年版，第 51 页。

果法律规范要保持统一，那就需要通过系统机制解决法律内外的各种矛盾和冲突，从而需要法律理论迈向一种不同于"自治型法"的"回应型法"。回应型法的倡导者力求通过社会科学的整合，让法理学更加贴切、更具活力，更能勾连政治哲学和社会理论，更加助益于解决法律权威的危机。①

(三)纠纷行动的情感策略

围绕社会冲突行动及其策略，国内外学者已有众多研究，主要体现了纠纷解决的理性经济人逻辑。如冲突分析策略(Conflict Analysis)理论认为，每位局中人都会根据自身的实力、立场和要求排列出自己的优先向量。行动者每项成果的单方面改进必须被标出，记作 UI(Unilateral Improvement)。然后，必须对每项成果作静态分析，由此便可获得整体的平衡，最后便可决定纠纷各方最安全的策略。② 纠纷行动要素至少包括时间、空间、主体选择、局势和结果。纠纷时间节点包括发生点、升级点、激化点、缓和点、解决点、均衡点等。纠纷发生的空间位置，往往也影响着情势的发展和最后的解决。纠纷主体行动选择包括各个局中人在冲突事态中可能采取的行为动作。冲突局势由各方局中人的策略行动组成，形成纠纷的表现性事态。结局则是冲突行动策略分析的最后解，常以纠纷烈度指标加以衡量和描述。③ 现有纠纷行动策略研究以理性人为前提假设，可以有效解释常规矛盾的行动选择逻辑，但对于复杂的情感冲突分析并不适合。将理智与情感对立而观，有意无意间会忽略理性源于情感本能这一基本事实。在某种程度上，情感的认知和建构作用才是形塑纠纷行动策略的关键。

"无情感则无行动。"④为探寻纠纷行动的情感逻辑，深入阐释疑难纠纷的发生机理，学者已开始关注纠纷行动中的情感策略问题。例如，在哈特著名的法律

---

① 参见[美]诺内特、塞尔兹尼克：《转变中的法律与社会：迈向回应型法》，张志铭译，中国政法大学出版社 1994 年版，第 3~9 页。

② Ille, Sebastian, "The Theory of Conflict Analysis: A Review of the Approach by Keith W. Hipel & Niall M. Fraser", *Social Science Electronic Publishing*, 2013, Vol. 2, p. 11.

③ 可用数学式表示为 $DC = F \cdot S$，DC 表示纠纷冲突度，F 表示冲突频率，S 表示冲突幅度。根据冲突频率大小，可将纠纷分为长期型和短期型；根据冲突幅度的大小，可将纠纷分为渐进型和爆发型；根据纠纷冲突度的最后数值，可将纠纷识别为简易解决型、中度解决型和疑难复杂型。

④ Susan A. Bandes, ed., *The Passions of Law*, New York University Press, 1999, p. 310.

"内部观点"的理论背后，潜藏着规则参与者的情感关切主题。① 克劳斯认为，若不抓住此种法理内部的情感策略，法律权威的含义将无从理解。② 研究者引入社会认知心理学的分析框架，展示了如何将情感反应纳入司法判断和决策模型。③ 针对中国司法与舆论的紧张关系，学者发现，纠纷解决过程中的所谓理性博弈，实质上也为一系列情感动员所包裹，例如传媒借助大众的"同情心"、道德化的权利话语，可以把一个普通的民事纠纷表述为一个激越人心的公共话题。④ 对纠纷策略而言，暴力已不是生物学意义上的身体问题，而是包含怨怼、愤恨等情感的表达性行为。⑤ 除了强硬的暴力，当事人使用的策略还包括软性的"说""闹""缠"等一系列问题化技术。⑥ 除了上述消极的情感策略，还有如"团结情感"这样的积极因素。有学者通过对公司内部纠纷解决机制的考察，认为团结情感符合人类社会之"既存事实"和本性，制度安排也应适应社会团结的需要，尽力促进团结功能的实现。⑦

相比于纯粹的理性分析，纠纷策略的情感研究可以更好地解释纠纷解决方式的"随机"选择，很多时候我们将此种随机性误解为多元性。例如，为什么在以抱怨为主的前冲突阶段，乡民更愿意选择忍受或回避的方式，而一旦纷争进入法律程序，此种忍让又荡然无存？中国人的"面子"机制能说明部分问题，但还不完全，也不彻底。研究者调查发现，乡民的法律意识与纠纷解决机制选择，存在某种奇特的"反向"关系：人们越是认同法律权威，选择法律途径解决个人纠纷的概率越小，选择忍让来应对与政府纠纷的概率越大。⑧ 这似乎是一个悖论：人

---

① John Deigh, *Emotions*, *Values*, *and the Law*, Oxford University Press, 2008, pp. 292-305.

② 参见[美]莎伦·R. 克劳斯：《公民的激情：道德情感与民主商议》，谭安奎译，译林出版社 2015 年版，第 206 页。

③ Wiener, Richard L., B. H. Bornstein, and A. Voss, "Emotion and the Law: A Framework for Inquiry", *Law & Human Behavior*, 2006(30. 2)，pp. 231-248.

④ 参见李雨峰：《权利是如何实现的——纠纷解决中的行动策略、传媒与司法》，载《中国法学》2007 年第 5 期。

⑤ 参见邢朝国：《怨恨：暴力纠纷的情感解释》，载《学海》2013 年第 5 期。

⑥ 参见应星：《大河移民上访的故事》，生活·读书·新知三联书店 2001 年版，第 317~376 页。

⑦ 参见蒋大兴：《团结情感、私人裁决与法院行动》，载《法制与社会发展》2010 年第 3 期。

⑧ 参见杨敏、陆益龙：《法治意识、纠纷及其解决机制的选择——基于 2005CGSS 的法社会学分析》，载《江苏社会科学》2011 年第 3 期。

们越是认同法律的权威，越是不愿意通过正式法律机制解决纠纷。显然，理性主义的预设在现实中被证伪了。但从情感策略的逻辑出发，此种悖论可以得到解释。人们之所以在纷争初期选择忍让、回避等方式，根本上是因为矛盾尚未激化，主体间的情感均衡关系尚未被根本破坏，可以在法律权威的射程范围内得到安放。一方面，国家正式的法律保障基本的欲求，并倡导人们之间相互容忍，以降低法律运行的成本；另一方面，国家法律必须做好矛盾激化的制度准备，用高效、便利的举措解决一些样本性案件，作为社会自治的效仿对象。人们对法律权威的"认同"，很大程度上是一种基于意识形态的虚拟理性，并非基于现实利害考虑的精确理性。用法律情感棱镜审视，此种大众法律意识并不稀奇古怪，诚属局外人的疏离型法律态度。在此种法律情感的支配下，多数公众的法律意识并不"真实"，纠纷解决方式的选择与主流文化倡导的"法治"观念也并不存在必然关联。

将目光转向城市社区，这里的纠纷更容易进入司法，相应的情感策略也与乡土社会存在差异。比如，一起因空调噪音引发的纷争，邻里双方可以对簿公堂。难道因为他们是熟悉的陌生人？他们的法律意识比乡民更"先进"？在都市密集型的生活环境下，情感主体的偏执症状更为突出，更难从对方处境出发，选择最优的合作策略。通过国家司法的柔性介入，纠纷当事人在对抗中有了新的情感沟通契机，可以达成一定程度的互谅互让，最终由国家法重塑民间交往法则，比如相邻关系的处理应当秉持团结互助、公平合理原则等。城市化迅猛发展，可以让城乡差异日渐缩小，但并不能抹平法律过程中的情感策略差异。

从实践效用看，纠纷行动的情感策略研究可为社会治理提供新的思路。任何理性的妥协，都必须建立在情感沟通的基础上。良好的纠纷解决效果，最终必须依靠情感主体的相互同情、忍让与和解。无论城乡，社会生活中的大量纠纷都是以情感沟通方式，通过妥协互让得到化解。面对社会不满情绪和抱怨行为，作为纠纷治理者而言，既不能如临大敌，也不能无动于衷。社会治理是一门大学问，除了要对各类纠纷案例加以理性评估，治理者对于纠纷背后的不满、愤怒、希望等情感信息，尽可能全面收集、科学分析，形成类似于企业管理的"抱怨处理系统"，建立专门的纠纷情感战略研判规划和大数据储备。进而言之，法治社会需要培育纠纷解决的情感文化,将宽容情感熔铸于制度肌体,如此才能使纠纷在萌芽之初就能自体化地有效抑制与化解。宽容不是冷漠,也不是顺从,它是"一个人虽然具有必要的权力和知识,但是对自己不赞成的行为也不进行阻止、妨碍或干涉的审慎选择",① 是理性、情感和欲望的相互克制与情感均衡。

与之相关,纠纷行动的情感策略研究,还有助于推动法治传统的创造性转化。中国法文化具有鲜明的情感本体特征,除了当事人的伸冤、直诉等情感策略,官方法律包含浓烈的情感关切,如司法官员本着正义的慈悲,心怀同情和怜悯,对案件真情实况高度重视,详密推究罪犯的动机、情感和其他客观情节等。② 作为"小传统"的民间调解文化之所以具有持久生命力,也与重视"情感均衡"的美好生活原则有关。"人类生活就是摇摆于平衡与纷扰之间,摇摆于均衡与非均衡之间。"③在《金翼》一书中,林耀华通过家族纷争的叙说,从关系均衡的角度阐释了情感与纠纷的深度关联。黄东林祖父的死,让他变得不安、孤独和悲伤,此种被破坏的平衡关系经过很长时间才恢复常态。为争夺林权,黄家陷入一场旷日持久的诉讼。在全家人几近绝望之时,受过现代西方教育的儿子多方运筹,成功申诉,举出有力证据,最终获得胜利。这场官司为黄家赢得了丰厚的社会资本,奠定了乡间显族的地位。但也正是这场官司,使家长黄东林看清了人生的根本问题,对于纠纷本质有了新的认识。在他看来,纠纷代表了原有生活网络的漏洞和差池,而国家法的介入则是强插进来的粗大竹杠,在支撑危局的同时,会占据原来许多细小竹竿的位置。对于族内成员的纠纷,与其请国家法律的竹杠强行进入,还不如乞灵于竹竿之间的情感重整。当黄东林牢固确立家族权威后,其智慧和意志足以调停族内词讼,法律对他而言,似已多余。但为提防他人借助法律竹杠施行侵害,他还是坚持将儿子送去读书留洋,通过现代法律知识的资本,为家族长治久安提供最后保障。今天,我们常为"人情大国如何实现法治"这样的问题,在智识上感到苦恼——如果洞察了现代法律在纠纷解决中的情感特

---

① [美]戴维·米勒编:《布莱克维尔政治学百科全书》,邓正来译,中国政法大学出版社 2002 年版,第 820 页。

② 参见徐忠明:《情感、循吏与明清时期司法实践》,上海三联书店 2009 年版,第 46 页。

③ 林耀华:《金翼:中国家族制度的社会学研究》,庄孔韶、林宗成译,生活·读书·新知三联书店 2008 年版,第 222 页。

征，人们是否还会继续苦恼、无从解脱呢？

时至今日，人们或许早已觉察到法律生活充满了情感，但如何看待法律本体中的情感原质，如何在纠纷解决中化解情感分歧，尚需加以法理层面的体系整合。一方面，在规则统罩的现代社会，服从法律权威的公民情感，成为现代性意识形态的核心部件；另一方面，在变迁剧烈的风险社会，不仅法律人的雄心、忠诚、骄傲、理想的有无、强弱极不确定，对于国家、家庭和世界怀揣希望和恐惧的普通公民，也总是在一种难以明言的复杂情感状态下，涉入法律场域，展开谜样人生的潮起潮落。通过对纠纷解决研究的反思，我们可以进一步明确法理框架整合的必要及可能。

纠纷解决机制的生命力，根系于沟通性的情感认同。法律之门从理论上向每个人开放，但并不是所有纠纷都有合适的路径化解。所谓最高、最后和最好的矛盾解决机制，即便在理论上是一种无害幻觉，但在实践中却经常误导政令与人心。它让不少处于纷争中的主体不正常地坚信：天理国法人情，一个都不能少，从而忽略了日常生活中的情感沟通契机，冤屈愤恨不断放大，同情互谅日渐稀薄。一旦遭遇不良的体制壁垒，单向的压制服从，冤屈感要么被转化为屈从，要么跳出魔盒，成为为祸世间的恶灵。法的一元性表征着维系美好生活法律真理的存在。而实现"元法正义"绝不能一条道走到黑，必须从多个入口探寻，在矛盾和冲突中发现真正的多元主体，及其内含的丰富情感和相关策略。

既然法律要以人为本，而人的情感冲突，又是推动纠纷演进的核心动力，行动主体的相关策略，势必具有鲜活的情感主义特征。此种关联，在新的时代条件下正在神州大地强力凸显，从纠纷主体、对象和行动逻辑多个维度挑战着现有的研究范式，催促着"法理中国"更新再造的步伐。本书立基于美好生活的法律与情感逻辑，通过对多元化纠纷解决机制的话语分析，重点论述了法律与情感研究对于纠纷解决理论的意义，并针对法治社会建设的现实要求，初步建构了一个新的研究框架。这一框架有助于强化纠纷解决研究的法哲学深度，扩展法教义学和法社会学的议题设置。

在"法律与情感"的理论框架下，纠纷解决研究可从如下方面纵深推进：首先，强化对纠纷主体情感特质的深描，从欲望、情感和理性的"阶段层级"出发，对纠纷过程实况进行全息感知和多维评估。其次，在此基础上，对可能的解决方式进行战略预判，通过综合比较，进一步为纠纷解决框架选择合适的程序路径，科学界定情理的法律意义。① 再次，打破"国家法"和"民间法"的二元对立，将纠纷解决中的各种法律渊源对应的途径予以情境化分析，观察其运行，评测其得失。不能因为某些纠纷没有按照惯常方式解决，就将其排斥于研究之外。很多随情而动、因缘而起的纠纷解决具有可阐释性，探察背后隐藏的情理法逻辑，无异于开掘隐形的法治文化资源，对多门径纠纷解决机制的形塑具有极其重要的意义。最后，不仅研究纠纷成因的消解方式，还要探寻情感契合与社会合作路径，以"关系均衡"为法律情感修复实践的基准，实现纠纷的生理、心理、物理、伦理、论理研究与法理概念分析的有机勾连，将作为"法学中心话语"的"法理"具象化，推进新时代中国法学思维和法治话语的创新。②

---

① 参见汪习根：《化解社会矛盾的法律机制创新》，载《法学评论》2011 年第 2 期。

② 参见张文显：《法理：法理学的中心主题和法学的共同关注》，载《清华法学》2017 年第 4 期。

第四编　人文复归

第十四章

社会矛盾的法文化阐释

20 世纪 40 年代，波兰尼在《巨变》一书中通过细致入微的分析，宣告了 19 世纪文明的瓦解，特别是以市场均衡为中心的体制终结。① 处于大转型时代，人与国家都被荆棘丛生的矛盾紧密包裹。当经济转型牵动政治转型，政治转型关涉文化转型，如何处理"社会矛盾"这个"烫手山芋"，既考验治国智慧和能力，更关乎民生幸福与安乐。在新生的互联网世界，个人的许多矛盾和冲突会在瞬间被放大扩散，甚至异化变形。话语的纷扰，思维的驳杂，似乎都表明真理难定，共识无形，一切仿佛都要在声嘶力竭的争议中重估价值。此间耗费的社会成本不知几何，无可奈何的苦痛犹疑、困惑惶然，几乎无时无刻不在侵蚀民间舆论和官方倡议的沟通桥梁。

基于社会矛盾丛集并生的非均衡现实，如果要在政治话语与法律话语充当中介，法律理论的任务就不能停留于规范解释和适用，而应在此基础上提升到理念阐释和建构，从日常生活的社会矛盾机理中反思现有研究，通过新的分析框架和方法论阐释现实的非均衡逻辑，进一步探寻作为理念的"均衡型法治"及其回应之道。一方面，大转型时代的法治顶层设计势必带有浓厚救世功能，维护稳定的法治工程在危机应对中渐进徐图。政治家的社会矛盾判断具有宏观的战略导向，分析基础源于哲学、政治经济学及意识形态的融合框架。另一方面，在政治战略的指引下，法学家试图通过规范机制的构建，找到解决社会矛盾的正道。法教义

---

① 参见[匈]卡尔·波兰尼：《巨变：当代政治与经济的起源》，黄树民译，社会科学文献出版社 2013 年版，第 15~18 页。

学的社会矛盾研究，侧重对纠纷个案的规范分析，理论资源多为技术性的推理与衡平方法。法律和社会研究打开了法律规范运行的阐释空间，也证明了规范法学在智识上不可替代的价值。在此背景下，政治战略框架与法律研究议程的融合，不仅是时事所需，更是为了面向转型社会本身，确保法理不脱离常识，却又能接近真理。

第一节　日常生活与社会矛盾

在《韩非子》中，就有一段围绕"矛盾"的有趣对话：

> 或问儒者曰："方此时也，尧安在？"其人曰："尧为天子。""然则仲尼之圣尧奈何？圣人明察在上位，将使天下无奸也。今耕渔不争，陶器不窳，舜又何德而化？舜之救败也，则是尧有失也。贤舜，则去尧之明察；圣尧，则去舜之德化：不可两得也。楚人有鬻楯与矛者，誉之曰：'楯之坚，莫能陷也。'又誉其矛曰：'吾矛之利，于物无不陷也。'或曰：'以子之矛陷子之楯，何如？'其人弗能应也。夫不可陷之楯与无不陷之矛，不可同世而立。今尧、舜之不可两誉，矛楯之说也。且舜救败，期年已一过，三年已三过。舜有尽，寿有尽，天下过无已者，有尽逐无已，所止者寡矣。赏罚使天下必行之，令曰：'中程者赏，弗中程者诛。'令朝至暮变，暮至朝变，十日而海内毕矣，奚待期年？舜犹不以此说尧令从己，乃躬亲，不亦无术乎？且夫以身为苦而后化民者，尧、舜之所难也；处势而骄下者，庸主之所易也。将治天下，释庸主之所易，道尧、舜之所难，未可与为政也。"①

在这则著名的法儒对话中，韩非试图用楚人故事阐释"矛盾不能同世而立"的道理。在他看来，儒家的思维很多时候是矛盾的，正如对尧舜的得失评价，"不可两誉"。法家主张的赏罚分明，必须以逻辑一律的定断为前提。判断要合

---

① （清）王先慎集解，姜俊俊校点：《韩非子》，上海古籍出版社 2015 年版，第 426 页。

理，必须就事论事，保持思维的同一性。法家主张中等之人用法律这样的简易灵活工具来治理国家，反对高调遵行连尧舜都难以实行的德化之法。在《难势》篇中，韩非子再次提到了楚人的故事，同样，他还是为了证明儒家宣扬的"贤治"与他主张的"势治"之间的矛盾。

韩非子故事中的"矛盾"话语，首先是指事物之间的相克关系，对立而不能统一。继而，韩非从事物矛盾推演出思维矛盾，从相克的事物矛盾类比无法相容的思维悖论。① 最后，当思维矛盾造成形式逻辑难以化解的悖论时，有必要将问题还原为真实具体的社会关系语境，厘定思维的路线。但此种"辩证推理"，在韩非故事中隐而不彰。②

人们在日常生活中会产生或卷入各种事物或思维的矛盾，但这些矛盾不一定都是法律能够处置的。站在现代法学立场，我们可以批评韩非的法律万能主义，因为他不愿承认法律解决矛盾的条件和限度。但是，我们又无法否认，矛盾如果可以在思维中通过言论交流得到统一，就没有必要一定借助外在的法律行动加以处置。例如，楚人遇到的矛盾就可以通过辩证思考、互动协商的方法得到化解。他对买者的质疑可如此作答：矛与盾不可分离合二为一，以我之矛陷我之盾的情形即使发生，定是因为两相分离。他还可以进一步劝谏众人：最佳购买方案就是矛和盾同买，不然就可能陷入真正的矛盾。当一个人同时拥有了矛盾，除非有意自戕，不然则是天下无敌。他也可以退一步讲，矛为进攻武器，以矛陷盾当然无不陷者，即使最坚固的盾牌也挡不住。但对于一般的矛来讲，吾之盾足以抵挡。矛与盾看似对立其实合一，一旦分离势必矛盾，一旦合体，攻守互补，则能量无穷。法律如果能与心灵沟通，其威力势必无穷。这正是古典时代哲人的理想法律

---

① 这不是韩非的创造，而是论辩家的惯用方法。哲学上的矛盾律，指的就是在同一思维中不能对同一对象作出两个不能相容的判断，如不能说"社会矛盾是可以化解的"，同时又说"社会矛盾是无法化解的"，这就是典型的思维矛盾。

② 站在现代人的逻辑立场，楚人违反的也许并非是矛盾律。他阐述的实际上是两个命题：一是最锋利的矛的特性，二是最坚固的盾的特性。但由于在同一个语境中，这两个命题又前后相接、紧密关联，所以产生了两个独立的命题难以同时并存的思维悖论。两者虽不能同时为真，却有可能同时为假。例如，矛很钝，并非什么盾都能刺穿；盾也不坚固，并非什么矛都能抵挡。用形式逻辑学的术语，此种状况并不是"矛盾"（contradiction），而是"相反"（contrariety）。相关有趣的讨论，参见［日］小室直树：《给讨厌数学的人》，李毓昭译，哈尔滨出版社2003年版，第68~71页。

造型，无论儒法，抑或中西，哲人们对此都颇为推崇。

如果通过辩证法的利器解剖社会矛盾，或可发现其中的法理奥道。① 将矛盾的表象置于生活的宏观整体，先从思维上对其进行判解，那些仍得不到溶解的晶石正是问题的症结要津。制度的作用由此发挥，法律的威力也顺势彰显。对于法律而言，以程式化的方法解决社会矛盾激化形成的日常纷争，系其不变使命。但对于通过常规法律方法仍不得其解的疑难案件，我们又不得不退回到日常生活的原点，整体观察，深入透视，发现其中隐含的文化价值冲突，尝试以新的方法化解弥合，并努力使之成为法制进化的范例。

用一个学者的烦恼为例说明。人处于社会关系中，不免产生各种欲望、情感和理性的纠结。例如，一位端坐在电脑前的学者，收到一封催交论文修改稿的邮件，即刻陷入了矛盾。从内心深处，他已不太想发表那篇文章。在他看来，时过境迁，原来的文章需要大幅修正，而修改需要大量时间，在短期内无法完成。为了满足期刊要求的繁琐格式，技术性修改可以做到，但确实耗时耗力，且对提升文章的品质了无意义。他很想回绝，但他又不太确定，是否应该以及如何回绝。他会担心因此破坏与期刊的信任关系，以及自己的拖延可能会对编辑正常工作的负面影响。在现代社会，以学术为业的学者或多或少都会遭遇此等琐屑烦恼。

此时，他最真实的欲求是，以某种最简单的方式，迅速发表这篇本就被拖延了很久的陈文旧稿——但这又很难为既定的编辑流程允许。既然他不能指望期刊为其破例，因而有三个选择：一是放下手中所有的事情，投入百分百的精力，按要求完成修改，尽快发送；二是以比较合理得体的方式表示拒绝；三是继续拖延，采取不那么负责却可能颇为有效的"鸵鸟战术"。第一种方案必须消耗时间，虽然可能，但非其所愿；后两种貌似可行，但要找一个真正的"好理由"并不是那么容易，并且拖延的后果具有难测的风险。更重要的是，这样的做法有违交往和学术伦理，严重地说，可能因此损害这位学者的声誉。

这个矛盾如何化解？学者一开始选择的方法是暂时拖延，想象着自己并未查

---

① 或许正是在此意义上，一些西方学者将"矛盾"与"辩证法"作为同义词使用。参见［英］迈克尔·曼主编：《国际社会学百科全书》，袁亚愚等译，四川人民出版社 1989 年版，第 115、162 页。

看邮件，或者不幸生病卧床或临时外出办事，实在无暇处置。但不久之后，他开始动摇心意。因为如此一来，可能意味着这篇千辛万苦写就的论文将沉没海底，再难有公诸天下的机会。归根结底，这篇论文的价值期待不足以让他下定决心，去克服困难、解决矛盾。如果这是一篇学校认可的奖励论文，或是同行敬重的权威期刊文章，他也许会完成这项棘手的工作。另外，他的行为选择还表现出对一些形式主义惯例的不满，但这种不满无法改变现实，于是转化为消极不合作的方式。再者，要看他有替代性的方式补偿可能失却的利益。如果学者手头正在撰写的是更为看重的论文，此时不希望有任何干扰因素，他大概不会太在意拖延带来的后果。但无论如何回避和拖延，这位学者面临的矛盾始终需要化解。学者本打算等最后期限过后，既成事实出现，然后撤回稿件或等待下一期刊发，以赢得当下的宝贵时间。于是，他大致确立了行动策略路线：先作必要拖延，然后提出延迟刊发的要求，最后主动撤稿，以学术严谨为理由再恰当不过。但很快，他又虑及其他因素：由于这篇文章系专题研讨的约稿论文，准备同期发表的还有其他师友的文章。这会不会引发不必要的殃及效应？因为他的延迟，造成该组文章不能顺利如期发表？最终，学者意识到，应当克制自己的个人意志，充分考虑到各方的利益和需求，按照编辑部的要求尽快修改论文格式。当他着手这项本不情愿的工作，竟然意外发现，自己的论文其实在格式上已经相当规范。编辑部发修改通知，属于例行公事，意在提醒作者可以进一步完善规范。

从日常生活的细微波澜中，我们不难发现，社会矛盾是多么现实常见，其内蕴的丰厚信息值得深思细解。现代人的烦恼，或许与古代人并无本质的不同。人性固有的理智、情感和欲望的不和谐，造就了社会固有的矛盾本性，体现为人在社会生活中遭遇的各种冲突，包括思想上的烦闷波动和行动上的多变游移。这既与总体的资源约束和人的具体个性、禀赋、能力直接有关，也与外部的多方规则约束和利益关联主体紧密相关。个体内心的矛盾认知，很大程度上属于社会规范的产物。大转型，并不意味着社会整体秩序的颠覆。社会结构和生活方式的改变，也不必然带来理性规范本原的革命性改变。

日常生活是社会矛盾运行的基础场域，也是社会行为和规范孕生的母体。每个人来到世间，无论从事何种工作，都会有其类型化的日常生活。每个人都要睡觉、都要吃饭、都要交友、都要繁衍，尽管各自的对象、环境、方式和习惯不同。"如果个体要再生产出社会，他们就必须再生产出作为个体的自身。我们可以把'日常生活'界定为那些同时使社会再生产成为可能的个体再生产要素的集合。"①这些个人再生产的活动，构成了社会再生产的原动力。更重要的是，每个人都身处具体的社会条件之中，必须学习和接受新事物和老惯例。缺失这种能力，生存和发展就会出现危机。在人的社会化过程中，一系列资源制约条件决定了以情欲需求为基础的个人再生产活动不可能一帆风顺，尤其是在与他人利益和情感产生竞争的场合，矛盾、纷争和冲突自然也会不可避免。由于资源供给和情欲需求不能合乎比例地对应，社会化的人就会产生纷争和冲突，出现越轨、失范、败德、违法之举。例如，那位学者的日常生活，除了基本欲求的满足，他还需要完成学术上的一系列标准化要求。因而，除了吃喝拉撒、柴米油盐，他必须将最大限度的精力投入研究工作。由于学术资源的有限，他必须选择那些最有可能产生效益的热点、难点去展开研究，同时还要与现有学术体制保持良好的关系。这就是他不能随心所欲的深层原因，也是社会规范心理强迫力的现实体现。不惟学者，在现代风险社会下生活的人们，都必须尽可能审慎严谨，防止细小偏差——当它们积累到一定程度，多会带来难以收拾的冲突恶果。就此意义而言，大转型时代的日常生活虽然在形式上全面重塑，但本质机理仍维持原初的稳定。

　　让我们再度返回日常生活。还是那位学者，近来享受着难得的暑假空闲，独居在家，无人打扰，可以自由读书思考，也没有教学和行政杂务约束。但他并没有脱离社会生活的状态，他每天在互联网上订餐，间或出门购物。在总体上看，他处于一种暂时的无矛盾、无纷争的安宁，即使有些纠葛和麻烦，也不至于影响他的"诗意栖居"。对于许多社会现象，他都试图作出自己的分析，但通常不能深入某个具体问题，因为有限的精力和智识决定了他不可能成为"万事通"。他只能选择一些自认为有价值的课题加以研究，并且，他必须从中找到矛盾，不然其研究将毫无意义。他发现水浒好汉结成的梁山模式有些像西方的社会运动，但究竟同或不同，必须经过严整的研究。他还发现罗尔斯的《正义论》充斥着各种

---

①　[匈]赫勒:《日常生活》，衣俊卿译，重庆出版社 2010 年版，第 3 页。

理论上的含糊与歧异，但如何进行通盘检讨与深度批判，他尚无从下手。他在享受自由的同时，又不得苦苦思索着如何应对即将纷至沓来的各种不自由。他的平静生活，时时处处都有各式各样的矛盾聚集，从思维上并不需要——留意、个个破解，没有哪个人承受得了这般神劳。他只需要应付当下迫切的矛盾，获得短期的安宁，这便是他此刻生活的最高纲领。长远来看，他有自己的生活设想，但他不会将现实的苦闷都上升到根本矛盾的高度，因为他相信，时间、机遇甚至某种神秘的宿命终将解决这些"问题"。

一般而言，任何人都生活在具体的不完美的场境，他必须正视矛盾为常态，在朝向某种朦胧美的理想进程中，不断调试自己的心理结构及行为方式，塑造一种私我却又公共的"活法"，嵌入社会的团结与共益系统。很多社会矛盾冲突肇源于内心的欲望、情感和理性纠葛，对此，心理学、怨恨理论、儒家心学都有各自的揭示。然而，"我们都是自己的陌生人"，① 每个人的心灵世界都是隐秘的，其正常与否很难用行为动机这样的法律范畴明确标识。法律难免专断，尤其是在处置特殊个体思想心境的时候。但法律又决非完全不可能干预人们的心灵，从理论上讲，只要人们共同选择了一种比较理想的正义原则，随之而来的立法、执行和遵守等活动都具有了"元法"的根基。由此衍生出的法律和法律性指令，当然可以影响人们的日常思维和行为判断。何况，身心并非二元，思想和行动的界限本来就是模糊而游移的。②

一个行人正常走路，却险些被一辆飞驰而来的轿车撞倒。让行人感到愤怒的，不是司机糟糕的驾驶技术，而是违反了他长期秉持的信念推论：首先，每个人都应当遵守交通规则；其次，只要自己遵守了规则，其他人也应当同样遵守；最后，他人的不遵守造成了对自己的严重危害。这种推论并不是非理性的，也没有明显的逻辑错误。但如果这位行人不是强烈地认为人们必须永远遵守规则，其

---

① ［美］戴维·迈尔斯：《我们都是自己的陌生人》，沈德灿译，人民邮电出版社2012年版。
② 行为主义心理学及与之紧密关联的行为主义法学的研究已经表明，奖励和惩罚可用以激励人们改变思维方式、矫正自己的行为，甚至化解内心的焦虑和抑郁。20世纪六七十年代出现的认知行为疗法，已被公认为解决心理问题的典范，其成功的秘诀正是打破身心二元论的传统分界。参见［俄］埃德尔曼：《思维改变生活：积极而实用的认知行为疗法》，黄志强、殷明译，华东师范大学出版社2008年版，第1~3页。

反应可能是短暂的气恼，而非怒火中烧、不依不饶。他走上前去，拦住轿车，甚至强行打开车门，拽出司机，非要讨个说法。恰好，这位司机也同样执拗，在他看来，自己并没有闯红灯，反倒是行人不遵守交规。一场激烈的争吵不可避免，最后大打出手，阻断交通。结果是两人都被警察带走，受到治安处罚。无数"生活小事"都可以表明，繁杂的情感、欲求及其认知行为，构成了现实生活中的日常行动和冲突纠纷，法律理论必须直面这些矛盾和问题。

第二节　现有研究及未竟问题

作为一种极力关注现实并热切期待影响政策的应用研究，从 20 世纪 90 年代开始，围绕法律与社会矛盾的论述在中国不断升温。参与研讨的学者主要来自社会学、政治学、法学等领域，其中法学界和法律实务界人士所占比例越来越重。在此主题下，法律研究者往往以法律的社会功能为逻辑起点，聚焦法律在解决社会纠纷和冲突中的各种功能，包括显见的规范性和制裁性功能，以及潜在的指引性和理念性功能。其兴趣通常集中于特定的问题领域，比如当前中国极容易引发大规模群体性事件的劳资纠纷、邻避冲突等。在理论模型的选择上，大多数研究者接受了社会学法学和法人类学的纠纷解决图式，将之用于中国问题的描述、解释和分析，并希望借此改进这些西方传统的理论工具。也有少量学者通过扎实的社会调查，努力发现中国式社会矛盾化解的独特逻辑。

一般而言，围绕特定主题的研究，必定是难以整全化的。换言之，它注定会有内生的路径依赖，或者说是立足的原点。严格来说，"法律与社会矛盾"并不构成独立的研究领域，并且它与已有的海量相关研究，如法律与社会冲突、法律与纠纷解决等存在广阔的理论重合。现有研究为丰富和发展法的社会理论提供了宝贵素材，但也有许多深层的理论问题需要作出进一步回应。由于"社会矛盾"比"社会冲突"和"法律纠纷"更富哲学意蕴，因而更需要我们不仅关注法律规范研究，同时要从法哲学的层面，实现概念和理念创新基础上的整体重构。唯有如此，我们才有可能在已有研究基础上形成新的范式，在实践中尝试通过多元法形塑的"超级体系"，全面因应深层次的社会矛盾和冲突。由于法理学在社会矛盾研究中尚不充分，法学相关研究都难免忽略范式更新，或者说基本满足于既有多元纠纷解决机制框架，以及与之紧密相关的法社会学和法人类学理论。满足于此的理论后果，主要体现在如下方面：

第一，法律本质的形而上追问面临无解境地。化解社会矛盾的法律，究竟是何种类型的法？论者或许认为，这是个无须花费过多精力去探讨的伪问题，如果一开始就落入这个形而上学的陷阱，之后的研究将会逻辑混乱。主流观点认为，相对于多元的民间法，国家法在社会矛盾化解上具有明显的优势。依照国家法的体系化逻辑，化解社会矛盾的制度安排应当围绕法律部门和立法、执法、司法和守法等层面展开。但如果将国家和社会相对区分，从理论逻辑推演，我们不难得出社会"自生自发的法"对于矛盾化解的优势地位。作为一种外部化的力量，国家法的运行具有不同于社会机制的特点，处理矛盾的成本和收益未必如民间法的比率可观。另外，国家法体系内部的冲突也让其解决矛盾的过程，并不如想象的那样顺达无碍。国家法与民间法的冲突，更是让社会矛盾化解呈现法律多元的复杂景观，最后的规则选择或许并不是最初可以预见的。对于社会矛盾化解而言，法律究竟是一种怎样的规范？背后有怎样的权力或权威机制？受怎样的运作逻辑支配？这些都不是能通过形而上的冥想回答的难题。有研究者借助历史哲学的指引，试图看清社会矛盾发展过程中的法律变迁真相；也有论者试图透过具体的个案，深描多元法律在社会网络交织运行中的点滴细节；更多的学者则放弃了对法律本质的理论野心，关注具体问题以法律方法的具体解决。其实，任何一种进路都是相对合理的，但又是相对欠缺的。社会矛盾缔造了法律生长的土壤和环境，法律产生之后却要改变自己的母体。这有些像人与自然的关系：自然界孕育了人类，人类却要改造大自然。随着人类理性能力的自负达到极点，传统的自然被置换为一种人造的新自然，也并非没有可能。但更多时候，人们改造自然的前提是，敬畏并尊重自然的伟大力量，顺应并掌握自然运行的神奇规律。法律化解社会矛盾，根本的哲学要求也无非于斯。正是在社会矛盾的化解过程中，法律逐渐成熟强大，成为人类理性权能的核心载体和高密芯片，不断书写和创造一个个新的源代码，生发出各式各样的生存和发展程序，以消弭纷争，维系太平。社会矛盾孕生了法律需求，倒逼出法律制度的供给，而需求与供给能否均衡则有赖于良好的机制构建和演化。可以说，一种围绕新的范畴展开的法律本质研究，是社会矛盾法律化解机制研究的必要前提。

第二，既然法律本质的形而上追问在现有研究中被暂时搁置，探究法律对社会心理和行为控制机理的科学进路则必然日渐显要。例如，法律与人工智能、法律与神经科学的研究成果，很多就被用于法治的社会控制工程。科学家正在成为法律人新的理想符号。在当前有关社会矛盾化解机制的法学研究中，原理研发和技术应用共同推进，社科法学和司法技术携手前行。这难免会带来一种意料之外的结果：放弃追问社会矛盾的法理本原，或将其作为非科学的问题封印到西方现代性的魔盒，以一套常人难解但内行会意的精英知识为材料，构造通过法律的社会控制工程。需要注意的是，此种研究理路没有坊间谋略策论的矫饰，也没有一般法律工具论者的保守。理性谨慎而又不失人文科幻的抢眼表现，让这种研究体现出更为实用和周全的法律技艺。也许，这会极大强化未来法律人的知识权力，并业已在圈内引发不的理论反响。但在具体应用上，它的造物绝非是无风险的大众产品。这些知识机理不仅交流起来不经济，也隐约触犯到伦理底线，必须用一种精巧无缝的权力容器装盛，并在严格的条件规程下有限使用。

就现实表现而言，此种深度实用主义的法律科学进路，不仅在理论上得到越来越多的认可，而且在政治实践中也发挥着越来越重要的知识话语功能。这些研究让人们隐约意识到：法律虽不能直接调控人的思想内容，但它的确可以发挥强大的引导和规训功能。甚至，某些研究利用后现代法学的表述，径直将法律视为一种捍卫价值观和心理规训的权力技术。在现代社会，除了法律人的普法，各界人士都在日常生活中交互影响，合力编织法治的愿景和神话。思想家的话语生产不能脱离社会民生的疾苦，对社会热点的评析速度和解读深度，决定着受众的多寡。不同主体的多元灵魂秩序及其内外冲突，塑造了不同的法治话语，也代表了对社会矛盾化解的不同方案选择。例如，新左派、自由主义和民族主义的法律观各有异同，所赞同的社会问题解决方案自然也大相径庭。政治家作为决策者，通常会兼听各方意见，用一种富有包容力的法治理论框架，化解争执，谋求共识。无论是思想家、政治家，还是法律人，他们都需要承担教育者的任务，将法律规则的外部要求转化为公众内在的心理服从。由于这种工作的效果难以科学检测，因而被认为务虚成分居多。实际上，随着前述法律行为与心理科学的进展，新型的法律训导权力与既有的法律价值传导网络正在日渐融合。许多学者质疑的"法治信仰"，亦可能因其在矛盾解决中的巨大能量而得到实证性认同。

第三，法政治学研究为相关机制构建贡献了独特的思路，面临着深度整合的需要。比如，这些研究表明了现代法制社会的矛盾存在状态——隐退的革命与极化的暴力形成吊诡。即使在和平的世界，两者之间也有着幽暗的关联。当革命浪潮退去，社会平复安宁，日常生活的压抑性即会凸显。社会暂定均衡导致的利益固化和新阶级的出现，让许多相对剥夺感强烈的怨恨者无从排解，暴力成为某种替代机制，并产生刺激、传染和扩散效应。诸多研究不约而同地注意到，暴力不仅激发了人们的恐惧感，也增强了社会团结的强度和改革重建的内在动能。例如，那些极端的暴恐犯罪或大规模的战争，会让群体间的矛盾暂时平息，共同应对最大敌人的威胁。法治的推动，无论是国内还是国际，都离不开对"敌人"的法理想象和建构。即使总体处于正常状态的国家，"非常法制"也不可或缺，尤其是对突发事件处置而言。以大规模群体暴力为表征的革命，在现代社会并没有真正消失，它如同一个隐身的幽灵，随时随地准备满血复活。美国法学家伯尔曼勾勒的密友般的法律与革命，一如既往，在大转型时代依然相互依存。革命打破了法律的日常状态，开辟了新的法治轨道；新的法律体系又反过来改造革命，让不合法的暴力行动降到合法秩序的最低要求。革命的权利，作为洛克政府契约论的最后王牌，深意盎然。也许，在理想法治的状态，没有人愿意成为革命家，但在此过程中人人都有可能成为现实行动中的革命者。法治是革命的均衡力，并非革命的终结者。革命的暴力是一种社会极化的产物，系属法治不能克服的非均衡状况累积到特定阶段的必然，绝非形式化的法治所能控制。革命需要激进的暴力斗争，但形式化的法治不能容许，但它又无力阻止，只能通过理论压制的方式变相妥协。于是，形式化的法治在一次次暴力冲突的攻击下失效、溃败，距离社会均衡的理想愈发遥远，离新一轮革命的节点却愈益临近。

在此种吊诡状态下，可行的社会矛盾法律化解机制不可能是自足的，它必须依赖政治和法律的理性整合。由此，政法一体或曰法政合体的机制在全球日益流行，人们习惯笼统称之为"民主法治"。无论是法律人主导政治家，还是政治家牵引法律人，政法同体的构造原理，古今中外并无本质差别。只不过，现代西方民主更强调形式上的民意吸纳和代表功能，而法律家更注重保守和独立，以防御政治精英权力个人野心的泛滥无度。从表面上看，政治家和法律人水火难容，但他们共享着同一种社会矛盾的法理框架，在理论上互不干预，在实践中彼此支援。法律家政治和政治家法治，都是精英代表的治理机制。在当代中国，以人民群众为本体的政法合一，成为贯穿革命、改革和建设不同时期的新传统，根本经验在于深度反思西方现代法治不足，并从实质上显著增强了现代国家化解矛盾、处置纷争的能力，降低了对直接强制和军事暴力的要求。无论是政治家的纲领、话语、动员、承诺和践行，或者法律家的观点、理据、主张、论证和操作，都显示出超越现代性的总体包容力。一元化的治理框架成为多元化共治的前提和基础。社会各阶层代表可以在政治和法律的公共论坛上表达诉求，抒发怨愤，推陈主张，质问贪腐，公众也可以通过各种媒介第一时间知悉事件，参与评价。虽然大众观点与精英立场存在冲突，但根本上的法理共识并没有因为市场化进程破灭，波兰尼所说的"嵌入"对中国而言，并未成为核心价值上的致命冲击。

在上述背景下，与社会矛盾有关的公民抗争、社会运动研究，日渐成为社会学、政治学和法学等学科交叉融合的热点。不同学科的学者逐渐认识到，无论是"依法抗争"，还是"以法抗争"，公民加入某个团体，并为合法利益的实现、美好生活的愿景斗争，这不仅是现代性法治的理论拱石，也是一种极其重要的现实矛盾化解机制。从最初的情感崩溃理论到新近的法律动员范式，政治学家、社会学家和法学家联手打造了一种制度化的框架，以解释矛盾多发的"社运社会"如何自我调节、达成安稳，最终恢复均衡。在此方面，西方法律与社会运动研究发挥了价值引导和规范模板的作用，其倡导的过程/事件深描方法如果倒置观察，很容易反转成为一种反动员的社会控制模型。这种看似价值中立的社会科学研究成为各方都可采用的公共品，虽然缺乏社会批判和省思的哲学意蕴，也没有一般性、普遍性和终极性的理论外观，但能在短短数十年间风靡欧美，奥秘在于它延续了革命研究的传统，同时又能匡正革命暴力的无序激情；既不否认官僚型法治的常规制度有效性，又极力推崇公众群团的新法创生机能——在国家和社会的紧张关系中找到了一个合适的均衡策略点，与西方政治社会学理论倡导的"第三条道路"不谋而合。

但是，此种理论依然回避了一个重要的基本事实：在所谓的"社会运动社会"，权力集中与权威多元的矛盾依然根深蒂固，资源的硬约束与能力的软约束之间的冲撞仍然不断滋生各种权能性的纷争。即使在理想的法治博弈框架中，公权与人权、权力与权威通过制度性交涉达成均衡，都只是一种理论上的构思，难以在现实中证成。一方面，除了国家权力，各式各样的团体权力也表现出扩散无度的强劲禀赋。所谓的社会合作，通常只是暂时妥协换来的片刻宁静。社会溃败，被一些学者形容为最可怕的整体腐败。另一方面，社会矛盾越是凸显，国家权力系统的合法扩张就越是明确坚定，法治设计的整体主义倾向就会越发清晰稳健。"强国家、大社会"被很多人想象为最佳的矛盾化解战略，国家和社会形成合体构造，在科技创新的发动牵引下，通过将蛋糕不断做大的方式解决"发展中的问题"。无论是政法一体的合力机制，还是社会自组织的矛盾和纠纷解决范式，这些进路能否突破权能非均衡的多重硬约束，不陷入操作战略上悖反和迷惘，需要法律理论上的回应和阐释。

第三节 面向"非均衡"的法理阐释

能否通过非均衡的视角去解读社会与法律的关系，让我们更好应对时代问题和危机，为可能的理想均衡提供总体思路和方案？在大转型的时代，有无可能利用已有的丰富理论资源，勾画一种以非均衡为主线的法律理论，通过阐释社会矛盾的内在法理，实现新的法治类型建构？毕竟，在任何时代，社会稳定都具有局部均衡或曰暂时均衡的特点。此种特征，在大转型时代，表现尤为明显。有限资源和无限欲求之间的矛盾，终将打破富足安乐的幻想，出现难以克服的治乱循环。正如当代经济学家眼里没有万能的价格调整机制，社会学家和法学家也不能指望社会内生的自发调节，可以产生"上帝之手"的神奇效应。均衡只是一种理想，非均衡才是现实的常态。

现今，法治理想的建构者们已经开始关注制度层面的均衡分析，在不同的法律领域塑造出了罪刑均衡、交易均衡、治理均衡等模型。如果借用经济学上微观市场均衡和宏观体系均衡的分类，法治均衡模型大体可分为：实在法意义上的微观均衡模型和自然法意义上的宏观均衡模型。① 两者紧密关联、一体同胞、协同演进。微观的法治均衡模型侧重法律定分止争的规范性功能，同时强调法律社会效益最大化，往往以案例和制度分析的方法概括而出。而宏观模型更偏爱体系化的建构，这与物理学上的"均衡"原义颇为贴合，重在描述一种法律体系的完美状态。例如，法治蓝图的政治设计总是致力于某种完美无缺的社会体系均衡模型，用以框构斧正多变混乱的现实。借用马克卢普对均衡的经典定义：政治家的法治设计总是希望"由经过选择的相互联系的变量所组成的群集"保持稳定的状态，"这些变量的值已经过互相调整，以致在它们所构成的模型里任何内在的改变既定状态的倾向都不能占优势"。② 政治社会学反复强调的输入与输出、需求与供给的均衡，便是此种思路的明证。

　　然而，与其他学科相比，法学的均衡之梦尚未完全呈现，一些具体入微的片段，也是内发于潜意识驱策，外显于权力导向的制度设计。从学术源流上，均衡观念源自物理学，描绘的是自然系统的静力平衡状态。后来，社会研究将之引入人类行为的解释，如亚当·斯密在《国富论》中设想有一只看不见的手在维系着经济的平衡。在十八九世纪，各式各样的市场、政治和社会均衡定律纷至沓来，人们根据这些定律判断行为的合宜性，甚至道德与否。围绕"均衡"，法国的孔德倡导"社会物理学"，开创了西方社会科学研究的先河。对此，美国作家爱默生这样描述："贸易体现自然法则，如同电池体现电力。社会中由供需决定的价值均衡如同海平面一般稳定：或适得其反、或供大于求、或破产清算，干预和立法终将自食恶果。小到原子，大到星系，崇高的法则在其间都发挥着同样的作用。"③在此基础上，美国学者吉布斯、威尔逊、萨缪尔森等一脉相承，完成了经济分析中的均衡理论构建。相比而言，当代中国法学的均衡理论尚未完成体系构

---

　　① 参见[法]内纳西：《市场非均衡经济学》，袁志刚等译，上海译文出版社1997年版，第4页。

　　② 参见[法]内纳西：《市场非均衡经济学》，袁志刚等译，上海译文出版社1997年版，第4页。

　　③ Phlip Ball, Describing People as Particles Isn't Always a Bad Idea, http://nautil.us/issue/33/attraction/describing-people-as-particles-isnt-always-a-bad-idea,2017. 1. 18 visiting.

建，部分学者作出了初步的尝试，但成效相当有限。一个重要原因在于，法学家的均衡观仍然停留于静态均衡的机械构造，隔绝了均衡与非均衡的概念通道，使得法律研究只具有自上而下的正面规范效用，难以阐释自下而上的反面违规行为。很明显，这不符合法律研究自身的辩证法。

法学家的社会均衡之所以是一个必要的美梦，根由在于社会权力系统常常处于反均衡、非均衡和伪均衡的状态。弗洛伊德告诉我们，压抑的潜意识会通过梦境表达。美梦既是现实不满、焦虑、恐惧的投影，也隐喻着更糟糕状况的紧急逼近。用政论家的话说，它是一种警示，告诫掌握核心权力的精英团体，社会不均衡的弊害已经到了必须精准回应的程度，许多民间呼号和盛世危言必须认真对待。然而，法治系统不是一部机械响应公众需求的无生命器具，它有自我意识和独特利益，其运作系统本身也弥散着各种非均衡。任何时候我们都不能将法治设计蓝图等同于法治社会本身，如是如此，必将面临无法解释并因应非均衡社会的危险。如果有这样一种合理假设——政治国家和市民社会同在一种市场博弈框架下完成均衡价格交易，法学的均衡阐释是否会解脱困境？很遗憾，这样的假设放弃了对政治本质的追问，也扭曲了市民社会的多元真相，将二者化约为单纯的交易主体，即便是信奉日常观察的直觉主义者也不会认同。既然需求和供给总是难以实现完美的均衡，我们唯有在非均衡的社会环境中决定交往行为的模式选择，这个制约条件可以成为新的法律理论研究的逻辑起点，类似于法律规范中的基本规范假设，或政治哲人笔下的"原初状态"。

在大转型时代，日新月异的变革社会，以及眼花缭乱的社会变革，让矛盾和冲突成为日常必然，甚至生活必要。人们不可能也不希望生活在机械的物理世界。心灵的动荡，需要法律的安顿。法律进入心灵的方式，不能倚靠物理的强制，只有通过交流中的劝服。抽象一元的法理，在效用已经超越了复杂多变的法律规范本身，虽然发现它的真迹并非常人所能。借助现代人工智能手段，常人探查法律真理的权能有了革命性的跃升之机。科技利用上的不平等、特权、制度障碍，正在成为新时代法治最大的威胁。信息非正义问题背后，潜藏的依旧是柏拉图千年前阐释的灵魂正义构建困境。就此而言，面向非均衡的法律理论，可以有力地阐释社会矛盾的发生机理，从而也更有可能找到真正的法治均衡之道。

随着现代均衡理论的发展，人们日渐认识到，非均衡不一定意味着混乱无序，它表明的是一种临界（critical）状态。在此种新均衡观的信奉者看来，如果说处于均衡状态的事物通常比较简单，那么，非均衡的事物就十分复杂。"通过研究在非均衡条件下从相互纠结的事物网络中产生的自然结构，我们就可以理解从翻滚的大气到人脑的各种自然现象。复杂系统的研究所涉及的都是非均衡状态下的事物，当然，在这项任务上，科学家们还刚刚起步。"①与一个静止的钢珠不同，社会即使没有外力推动，它也不会维持机械静止的均衡状态。新的社会关系一旦产生，就会持续不断发生作用。它宛如不停发射的电波，无论接收者是否在场，都不能阻碍其自动输出。即使某种特定的社会关系终止，比如一个被雇主解雇的工人，他仍然处于动态的社会之中，寻找新的工作或失业在家带小孩，都表明他仍是一个不折不扣的动态社会主体。再极端些，即使那些被驱逐到无人岛的罪犯，或孤身漂流的鲁宾逊，他们在记忆和观念上的社会性烙印非但不会消失，反而会更加鲜明坚韧。当其他罪犯到来或星期五出现，非均衡的社会关系立刻产生。动态社会的现实，决定了非均衡的社会事实。

例如，以个体和群体矛盾为经纬，我们可以观察到四种非均衡或曰矛盾状态：

    1. 个体内部的非均衡：理性、情感和欲望的矛盾

    2. 个体之间（外部）的非均衡：现实利益和思想理念的矛盾

    3. 群体内部的非均衡：精英与大众、少数和多数的矛盾

    4. 群体之间（外部）的非均衡：各种集团和组织间的矛盾

而非均衡的社会事实，总体彰显了人类普遍面临的四重硬约束：

    1. 资源硬约束：自然利益和社会利益的非均衡分布

    2. 情欲硬约束：情感和欲望的非均衡冲突

---

① ［美］马克·布查纳：《临界：为什么世界比我们想象的要简单》，刘杨、陈雄飞译，吉林人民出版社2001年版，第22页。

3. 能力硬约束：人类理性能力的限度及非均衡发展

4. 强制硬约束：以法律为代表的统治规则必须具备多重强制功能

个人一旦进入社会状态，成为群体的一员，某种伟大的悲剧效应就会呈显。"人类没有能力使自己的群体生活符合个人的理想。作为个人，人相信他们应该爱，应该相互关心，应该在彼此之间建立起公正的秩序；而作为他们自认的种族的、经济的和国家的群体，他们则想尽一切办法占有所能攫取的一切权力。"①在社群内部，即使资源有限，但由于大家紧密联结相互依存，对不公正的容忍度很高。更重要的是，当群体面对强有力的竞争对手时，敌人效应会激发人们的恐惧感、好胜心和战斗欲，从而掩盖资源匮乏背景下内部利益斗争的残酷性。当人们团契一体，面向未来的美好收益而携手斗争时，内部的非均衡被暂时忽略，围绕外部非均衡的斗争成为社会矛盾运动的主题。于是，两种并行不悖的强制机制出现。对内的强制往往以严明的一般性法律、内部戒律、道德、民俗、礼仪等规范综合构成，以官方法律为中心形成网状结构，依凭团体实力发挥强制规约的效能。对外的强制则以利益斗争、武装冲突甚至大规模战争为表现方式，通过政治谈判化作法律上的协约，取得暂定的均衡。

自然资源的非均衡分布决定了社会分工与合作的必要性，但这种必要性如果没有坚强的制度规约和强制力保障，极易被无度的野心和求利的欲望击破。由此，能力硬约束的难题出现。个体可以修身养性慎独成圣，但群体的道德不那么容易达成。当个体进入团体或其他社会生活状态，必定会冲破原有规范世界的束缚，接受新的规约体系。在进入社会的那一刹那，规则的真空无可遏制地出现；随着社会化程度的加深，各种规则在个体心灵深处的矛盾越来越显著，直到人生的完结，这样的纠结可能还在关联主体那里继续。如果团体自身处于无规混乱的迷狂状态，乌合之众的感染力和同化力会将淹没个体的良知。即使某个团体具有相对完善的规则系统，但出于自利自保的生存竞争法则，也难免产生群体间的暴力冲突。在大历史的经验中，恒久的社会合作总显得镜花水月。有学者揭示了资

---

① ［美］莱茵霍尔德·尼布尔：《道德的人与不道德的社会》，阮炜译，贵州人民出版社 2007 年版，第 7 页。

源禀赋不均衡状况下的江南早期工业化，提出这样一个很有意义的问题：如果没有西方的入侵，沿着历史的惯性，江南继续发展节约资源、重用人工的技术和生产方式，并不断扩大规模，它会从其他地方运来煤、铁和其他资源，复制英国的模式吗？① 从理论上当然可能，但这种假设建立在排除能力硬约束的前提下，因而解释力并不充分。

人性本善也好，人性劣根也罢，理性的自负让社会合作多半悬空。自然资源与社会资源的非均衡，具有内在的一致性，也存在很大的随机偏差概率。这种偏差度让矛盾、纷争、战乱与法律的产生、发展、变迁，如影随形。对于多数人而言，能力的非均衡既是资源禀赋非均衡的结果，也是其支持条件。对于社会资源非均衡而言，能力非均衡更大程度上是正义分配法则的原因和理据。千年以前，柏拉图就根据人之不同能力禀赋，勾画了一幅理想国的蓝图。亚里士多德也承认伦理学上的能力差异和偏颇，需要正义品质的均衡统合。西方的自然法理论长期陷于对自然状态下人之权能的形而上迷思，直到近代，随着科学勃兴，人征服自然的能力大为改善，方有一时的解脱。人的文化成为再造自然的利器，但文化资源和禀赋的差异及冲突又让世界动荡不宁。霍布斯的命题之所以长盛不衰，正是基于能力非均衡的社会事实。中国法家理论之所以魂灵不灭，也是因为它力图抓住非均衡的能力棋局，通过君主的法治收伏那些越轨的五蠹。

人生来就有发现规范、学习规范并且塑造规范的自然权能，但这种能力因人而异、因时而异、因地而异。无论是价值感受力还是事实甄别力，无论是逻辑推理力还是表达修辞力，或者行动执行力，都呈现出不同自然和社会条件下的非均衡格局。综合能力更强的个体，在团体中的地位、表现、贡献和收益的可能性空间自然越大，权能优势就越突出。但这种综合能力并非天生具有的，而主要由社会习得的过程塑造。并且，此种综合能力的习得，必须承认非均衡的能力布局，有计划、有选择扬长避短，建立一种个体中心的权能互助网络。这可以解释为什么有效的社会合作，常常是在精英引导下产生，一旦精英权能发生迁移，原有的合作网络就会解散崩解。经由反复不断的相互合作和融合吸纳，社会权能网络会

---

① 参见李伯重：《英国模式、江南道路与资本主义萌芽》，载《历史研究》2001 年第 1 期。

蔓延生长。那些在各种网络中交结重复最多的个体，往往会成为综合能力和整体权能最为丰盈的个体，所谓"精英中的精英"，亦即大众常说的"人上人"。当他们产生进一步统合协调的权能需求，就会采取行动改变既定的规范结构，完成制度和文化的更新，以积聚更大的权能储备。权能不断集中的后果必然是强制的普遍化、精密化和一体化。由于权力强制必须具有正当性的论证，不同时期的法治意识形态措辞各异，但目的相同。权力朝向权威的迈进，是权能非均衡发展的第一个飞跃。无论是强调祖制的传统型权威，还是注重绩效的魅力型权威，抑或尊重律法的法理型权威，其实都没有放弃法律的工具效用，也都没有脱离权能非均衡发展的一贯逻辑。权威形式的变迁，本质上是为了解决过度的权能聚集带来的社会矛盾。一旦相对均衡达成，权威的效用直接体现为保障合法权力的规范执行。法律对权威的实际控制，只能在理想法治国的虚构纲领中发现。同时，权威的产生和变迁，会对现有权力系统形成挑战，新的改革甚至革命的社会风潮也会同时涌现。为了解决权力与权威的矛盾，权能的非均衡布局必须在形式上接受法律原则的框构，在理念上认同现代人权的基本原理和规则要求。

强制的硬约束与能力的硬约束不可分离，正是基于人类理性的有限性和社会非均衡的多重制约，多重因素造成了以法律为中心的强制是一种不可避免的必要之恶。合法规制论、正义战争论等诸种理论不过也是为了努力证成此种"强制硬约束"。即使到了某个时候，人类群体的理性进化发展到足以零成本公正协商的程度，资源硬约束和非均衡分布的铁律仍然无法打破。随着人类理性综合权能的不断拓展，情欲的硬约束会不断出现突破和软化，但资源硬约束的问题将会越来越突出，法律的强制机理也会变得越来越精巧、迂回、无所不在。

至此，我们大略可以理解，为什么当下法律与社会研究的视野已经拓展到跨学科的前沿阵地。打破资源硬约束，最直接的方案就是寄望于科学昌明，实现人类理性权能的革命性飞跃。与此同时，以法律赋能和教育规训的方式，提升多数人的社会权能，充分发挥法律的心理强制功能，改变人们的情欲惯习，深层次消除社会矛盾。体制化的民主法治建设，成为当今世界多数国家和地区的公共选择。对于无法吸纳的部分，则以制度化的社会运动方式加以排解，以一种新的法治加以动态规约。最后，以革命的方式释放怨愤和矛盾，重整秩序，再造社会，成为兜底方案。科学家、思想家(教育家、知识分子)、革命家(军事家、战略家)、政治家、法律人、职业社运组织者、各式各样的社会改革者，无论意识与否，都会在法治社会的建构事业中占有一席之地。

阐释非均衡的社会矛盾，并不是法律理论的核心任务。面对现实中法律化解社会矛盾的根本困境，"元法"的发现和证成，才是法律理论最高贵的梦想。与元伦理学困境相似，现有的元法理学研究的很多命题尚属未经验证的假设。长期以来，法律思想家们竭力区分两种不同的法，将实在法的调整范围限定在人的行为层面，将形而上的部分划归更高级、更宽广的自然法疆域。自然法和实在法的二元区分，实质上是取消了元法的意义，变成了并列而观的平行法律类型分析。法律多元主义理论的逻辑，也与此大同小异。

面向大转型时代，在社会矛盾阐释的法理语境下，新的法律理论发展契机成为可能。用什么样的标签并不重要，关键在于，能否以及如何从特定主体的心理视角出发，揭示日常生活中正义感的生产和变迁过程，从非均衡发展的现实逻辑中归纳出一般性的元法律则？此种新的法理阐释，意在验证两个基本假设：

> 假设 A：转型社会的矛盾根源：情欲在心理上得不到纾解，在行为上得不到释放，在制度上得不到承认，在价值上得不到认同，最终在元法的正义层面遭遇了最为难解的内外矛盾。主人公精神崩解，行为失范，制度规范受到重创，价值重整陷入迷惘，治理纷乱成为救世急务。
>
> 假设 B：后转型社会的矛盾治理：市民生活的日常情欲得到制度化安放，但法律的规训无所不在、密不透风，社会生活呈现全面法律化的格局。另类个体选择死亡以摆脱不自由的困境，元法正义的宗教化复兴成为社会重构的新要求。

与罗尔斯推崇的正义演绎法、道德几何学不同，我们可以选择新的法律理论进路。比如，"文学法理学"主张围绕法律与情欲的关系，对兼具现实感和艺术性的社会矛盾样本加以重点研究。须知，文学家在创设文本时，强求对真实世界的高度融概，若是利用得好，其比人类学"定点取样"方式所获得的生活信息更丰富、更丰满，更能说明一个世界的全貌。梁启超有言："善为史者，偏能于非事实中觅出事实。例如《水浒传》中鲁智深醉打山门，固非事实，然元明间犯罪之人得一度牒即可以借佛门作逋逃薮，此却为一事实。"①对于小说或戏剧中的人，"他们是如此生动地活在许多人的心里，如此强烈地影响了人们的思想和行为。在这种实际的意义上，他比我们的大多数未失去肉体存在的人更生动……对有想象力的读者来说是以最真实的方式存在的，即直接以他们的个性的形式存在"。② 从法学方法论的角度，这也可称之为"日常/典型案例研究法"。

探究此种元法，一种整合性的法文化方法值得认真对待。以笔者近年的研究为例，在《西游记》中，孙悟空的反抗行为，很大程度上系无意识的自尊冲动和无控束的政治情欲使然。他低估了天条和佛法协同治理的强大威力，虽然佛法规训最初只取得了初步效果，但毕竟成功化解了孙悟空带来的治理危机。后续来看，孙悟空始终是一个极大的不安定因素，他虽然成佛，但离严格的仙佛标准还有很大差距。他可算是一种转型时期的新佛，代表了不得已的双向妥协，猴性（妖性）的自我规约与神性（佛性）的宽容退让，塑造了特定时期的暂定均衡。但社会情势如果继续处于激烈的转型浪潮，此种脆弱的均衡迟早会被打破。《水浒传》也隐藏了同样的故事。以宋江为首的水浒好汉群体，最终被体制收纳，改造为精忠楷模。但权术的收伏解决不了个体内心的纠葛，主流的法理认同框架容不下这些异端的英雄。卡夫卡笔下的 K，以精英自许亦是同理。他想方设法逃脱法的盘查，为自己的无罪心理创设一个又一个的法外幻象，但还是不能阻挡法的无情威力。K 的死亡和终结代表了精英个体的社会悲剧。比较而言，《西游记》隐藏的法律治理术最为奇妙，也最为高明，属于理想主义的思维构想，故而作者以神魔小说的方式呈现。《水浒传》反映的法律维稳术退而次之，虽有一时的成果，却埋下了诸多隐患，付出了巨大代价，这与其历史小说的形式匹配。而卡夫卡的《审判》则以自传性的写实笔法描绘了一种彻底的双输局面，一种零和博弈的无

---

① 梁启超：《中国历史研究法》，上海古籍出版社 1998 年版，第 53 页。

② ［美］查尔斯·霍顿·库利：《人类本性与社会秩序》，包凡一、王源译，华夏出版社 1989 年版，第 78~79 页。

解，写出了 K 与法的共同悲剧。正是通过卡夫卡的化身人物 K，寻求元法正义的哲学追问经久不息，呼应着西方"社会运动社会"的现实矛盾。

通过这样的讨论，我们或许可容易接近某些关键的法理共识。首先，精英法理和群众法理可以互通互动。愈是贴近群众的人愈有可能成为精英，甚至是精英群体中的领导者。精英法理的第一条必定是倾听大众的诉愿，理解民声背后的情欲形态，通过有效策略达到集体利益最大化的资源配置结果。在这个过程中，大众的反馈礼物是认同权力，以利证权，让权保利。权力和权利的分流，让精英的地位不断巩固，构成相对固化的阶层，变成马克思所讲的"上层建筑"。精英阶层通过分工配合形成社会治理表层结构，法律文本成为这种社会权力结构的折射和反映。

其次，当社会急剧转型、利益冲突日趋激化之际，权力精英的法理构造是稳定社会的核心动力，个体必须服从团体，否则法律秩序的钢铁法则会摧毁一切越轨的路障。此时的最佳策略应以权力精英的法律综合治理为主轴，以取得局部的社会均衡，继而逐渐平复整体的纷争。当社会趋于稳定，体制已有成规，团体的力量特别是权力精英的法理必须在形式上退隐，保持谦抑、开放与宽和，避免孤独个体在后转型时代的心灵极化。正如仙佛联手为无法无天的孙悟空安寻了组织，创造了一个新的法理事业和生存环境，无形中改变了他的心性结构。宋江等好汉自我组织，形成了一种规模化的梁山模式，但最后在外部利益和压力下自我遣散，小团体不复存在。K 没有任何确定的归宿，他不相信任何人，也不愿服从任何法律，最终生命消亡，为后人留下无尽的疑问。

最后，大转型对于中国法学重构而言，根本意涵乃是精神秩序和灵魂正义指向的，虽然具体方案确是以阐释法的非均衡逻辑为重点。强制性权力主导的法律行为治理，迟早会调整到新的频道，注重整体性的法律文化和法理心智重建。在此大潮下，无论精英群众，社会个体必定会转变生活哲学和处世态度，在枯燥、乏味、机械的日常生活中找寻安顿心灵的家园。法律对新时代公民而言，意味着一种有机的结合体：严肃的娱乐和娱乐的严肃。在法律社会学的诸多洞见中，"司法–娱乐复合体"（Juridico-entertainment Complex）的观念独树一帜，它意在将法律程序和法律冲突转变为消费品，这种消费品声称是在实施教育和启蒙，但同时又在激发普通人的冲动，供他们消遣，寻他们开心。[1] 这样的图景并非只有在法治高度发达的未来才能出现，事实上，无论作为文化生产机制抑或文化产品本身，甚至无论古今中西，良善的元法总是标识着通向优良生活方式的可能道路，并力求通过全面严格的教育实现正义的理性认知，贯通精英和大众的身份、禀赋及制度区隔。不被古典哲人欣赏的法律家，在变革时代虽然光彩四射，但内在的危机仍是精神上的迷惘与混乱——要么盲从，要么独断；要么依法机械裁断，要么任心模糊处理。化解法学理论危机的方案其实并不复杂，且长久存在。对法学家的作品而言，临摹的蓝本最好是内心的宪法，追求的理想最好是永恒的正义。在此种元法成型之前，所谓的"启蒙"，不过是让人暂时缓解苦痛的催眠术。法学对自身品格的正义慎思和理性反思，一直在路上。

总之，人固有的理智、情感和欲望的非均衡，造就了社会矛盾本性，体现为社会生活中的各种冲突，包括思想上的烦闷波动和行动上的多变游移。这既与总体的资源约束和人的具体个性、禀赋、能力直接有关，也与外部的多方规则约束和利益关联主体紧密相关。由于社会矛盾理论研究尚不充分，法学相关研究忽略范式更新。由此造成的理论后果包括：法律本质的形而上追问面临无解境地，法律和社会科学进路日渐显要，法政治学研究面临着深度整合的需要。面向非均衡的法律理论，可以通过文学法理学等法文化研究方法，在多种硬约束的框架下得到更充分的阐释，在社会矛盾发生机理之中找到真正的法治均衡之道。

---

[1] Reed, Douglas S., "The Juridico-Entertainment Entertainment Complex: A New Constitutional Regime", in *Readings in Law and Culture*, Richard K. Sherwin, ed., Ashgate Publishing, 2005.

第十五章

通过法律的疫情治理

　　2019 年末梢，一场疾疫带着幽暗声响，以迅雷不及掩耳之势在全球弥散。人们在严峻的疫情面前，通过生命原初本能，响应各种紧急事态。潜藏在人性深处的欲望、情感和理性，无论是协调合力，或者是冲突博弈，都对法治提出了制度响应的要求。但疾疫如何控制？疾疫带来的情感冲突如何解决？这不仅是医学、流行病学、公共卫生政策问题，更是融贯情理的"响应型法治"必须解答的疑难。① 针对疾疫的法律调控，需要一种贯通医学和法律、疾病与诊疗、技术与政治的整合性文化视角。本书以文化话语为分析视角，② 通过重解加缪的《鼠疫》，提出了理性主义律法的悖论，进而指向医学、法律与治理的文化关联，进一步反思唯理主义法治观的局限。在此基础上，重点阐释了通过法律的疫情治理，必须借助充沛的情感资源，建立均衡的调节系统。

第一节　《鼠疫》谜题

　　那是一座极为平庸的城市，与现实中那些缺乏特色的地方没有两样。这样的雷同，让人已无惊诧。若有惊诧，不过是感慨过分相似。这印证了笛福的话："用另一种囚禁生活来描述某一种囚禁生活，用虚构的故事来陈述真事，两者都

---

　　① 参见汪习根：《论法治中国的科学含义》，载《中国法学》2014 年第 2 期。
　　② 有关文化话语研究的基本分析方法，参见施旭：《文化话语研究：探索中国的理论、方法与问题》，北京大学出版社 2010 年版。

是理性的。"加缪写的那座城市，其平庸可从以下方面看出：首先是外形丑陋，或者说毫无特点。其次，此间居民习惯于狂热而漫不经心的生活，换言之，商业城市的所有问题，它都具备。而美德呢，则要费力寻找。最后，那里没有余暇去考虑日常生活(赚钱、放纵情欲、再赚钱等)之外的事情。如果说那座城市有什么别样之处，那便是生病及死亡发生的概率极大。因为，那里气候严酷、景色单调、生活节奏紧张、娱乐方式极端，都会让疾病轻易侵入——面对死神的垂询，人们能有何防备？

就在那座平庸的城市，一场夺人性命的鼠疫悄然发生。一个新闻记者，平日并不敏锐，但碰巧察觉了一些诡异之事，从中感受到巨大危险。他要让人们相信自己的预警，因为这事关全城人民的生死。为了让人相信，他要将自己收集的证据系统整理，然后公之于众。正是在这极不寻常的时刻，他充当了记录事实的证人角色，但他并非主角。主角是医生，他也从老鼠的奇怪死亡中嗅察到异样的危险。在送别妻子的车站，他遇见了一位法官，但这位法官却对老鼠的话题故作轻松。既然官方没有任何警觉，医生只有利用记者采访的机会，想让公众知道城市里发生的大量老鼠死亡的蹊跷事。但公众似乎并未真切感受到危险的来临——无论是门卫、房客，还是医生的母亲，甚至医生自己。在新闻报纸的推动下，市政府开始清理、焚烧死鼠。此时，大家的心情也不过是对一件厌恶之事的抱怨。但当人们发现某种难查根源的极大威胁时，抱怨、忧虑、愤怒等消极情感会很快汇聚，上升到一个极点，进而对当局施加种种谴责，一些人同时开始计划如何逃离。当政府宣布奇怪现象已然终止，换言之，威胁已经解除，全城人刚提起的警备心旋即烟消云散。

可是，那个年老的门卫病了，病得很厉害。陪伴他的神父对医生说：这应是一种瘟疫。他圆形眼镜后的双目，竟透出一丝得意。老门卫的病情严重恶化，让医生决心打电话询问更有地位的权威同行，但这位在全城最有声望的医生也没说出个所以然。老门卫的死亡，似乎标志着茫然无措时期的终结，深度恐慌时期的开始。恐慌逼迫人们思考。此时，那位主角医生已确定，这就是真正的瘟疫。但对公众而言，这样的疾病名称会让其更加恐慌。因为官方的口径一直是，这种疾病早已绝迹。天灾人祸本寻常，可一旦落到自己头上，人们还是难以相信。这种心理上的拒斥，会导致人们面临两难选择：要么沉溺在虚无的过往，要么直面悲惨的现实。人们一时间或长时间不知所措，其正常生活被骤然打断，而合理调适需要诸种条件的就位。很多人已没有机会去调适了。有调适机会的人，未必有足够的机会和资源。经济条件好的人，或许能率先逃出噩梦般的城市，但他们的逃离又会加剧其他人的恐慌，奋起的不平等情绪又会对几乎崩塌的社会堡垒再度冲刷。人们即使接受现实，也只是一种短暂有效的兑票。人们即使承受噩梦，也只能主观断定它是可以马上消失的。他们满以为自由自在，可一旦祸从天降，那就谁也不得自由。

　　主角医生有专业学识，此时的不安比较微弱，他还能继续往好处思考。但最终，他的脑海中还是浮现出"鼠疫"这个不详的词语，以及它带来的一连串恐怖意象。在随后的战斗中，医生试图不断用理智驱走恐惧。比如，先从已有征状中发现可控之机，然后提醒它的宿主，认清事实，采取措施。他坚信，理智可以振奋宿主的精神，把人从恐慌和悲情中解放出来。最紧要的，是把该做的事情做好。他收集了大量资料作为证据，继而提出坚决的要求，使省政府同意召开卫生委员会会议。但承认鼠疫，经历了很大的争论。省长将技术上的判断权推给了医生，医生们意见不一，最后只好采用类似于法律拟制的办法，将这场疾疫推定为鼠疫。将这场疾疫当做鼠疫处置的最后决策，赢得了大家热烈的赞同。

　　可是，随即发布的省政府公告，不仅样状小，也不能看出当局正视事实的态度，因为相关措施并不严厉。这大概是为了避免公众的恐慌。但情况却与预想背道而驰——发病者日多，谣言日甚。官方不得不发出电文，正式宣布发生鼠疫，封闭整个城市。公众的情感反应，如同澎湃的潮水：先是禁绝的隔离感、孤立的流放感、毫无准备的亲友分离；然后是，从头到尾的心烦意乱。人们似乎重新陷入囚禁状态，只有靠怀念模糊的过去，维持当下难熬的生活。当一个个乐观的推算被击毁，人们残余的意志和耐心，一下子都没了，甚至有些人感到再也爬不起来了。他们活像受到复仇女神追杀的猎物，过着终生铁窗生涯的罪人。末了，摆脱这种难以忍受的空虚感的唯一方式，就是让火车在幻想中通车，让时光重现门铃响个不停的繁碌——而火车毕竟没有通车，门铃也异常顽固地保持沉默。

　　幸好，人们未被禁足，在城内，他们可以游晃、看电影、喝咖啡和醇酒。群众因此相信，酒精有预防传染病的作用。每到半夜两点，街头到处可见被逐出酒馆的醉汉。人们在恐慌绝望后不得不学习适应，但适应的方式却是，恢复以往无比放纵、得过且过的生活。这样的"快意"的生活，带有难以掩饰的压抑与悲伤。它容易在一闪念间，变异为某种更为极端的激情：彻底绝望和无限悲观。就连那个记者，也想以爱情的名义逃离。主角医生警告他，那样做"不合法律"。记者反驳说，他的那种抽象观念很惹人厌。医生说，自己也不喜欢，但此时离开了它没办法说话。的确，此时的他，似乎只能在具体诊疗和抽象观念间来回穿梭，自己也感到渐渐麻木不仁。

当医学无能为力或能力有限时，宗教治疗会粉墨登场。鼠疫爆发近一个月时，教会当局决定组织一周的祈祷。神父的讲话，可谓一篇宗教律法与疾病关系的传世佳文！他的演讲充满激情，荡漾着救赎、光明和肯定，但有些人依然试图逃出这个罪恶的城市。宗教的解说，甚至为大众放纵找到了更好的理由：既然是注定的天罚，既然死亡不可逃避，那么，就尽情享受最后的时光吧！医生打心底不认同神父的大道理。他在谈话中表示，首先要去照顾受苦的人，然后才会想去证明苦难是一件好事。

是的，正常的理智，在逻辑上不以真理自居，对真理秉持非绝对主义的态度。理智总是希望在现实条件下尽可能避免最坏的结果，因而不能投降，必须力所能及地去斗争。在鼠疫中，那位小公务员的奋斗，他的义务工作，让医生感到无比真实。虽然这位小人物，时常矫揉造作，捉摸推敲作品的遣词造句，但并不妨碍他每天像机器般描画疾病传播曲线。即使办公室的上司和同僚对他早有非议，但他依然如故，仿佛一个铁人。还有那位以爱之名，用尽合法与非法手段试图逃离的记者，与执着坚定的主角医生有一场精彩对谈，这场对谈，显示出鼠疫围城下职分和情感的冲撞。最终，记者克服了私我情感的纠绊，重新回到抗击鼠疫的共同体。关键时刻，政府当局并未闲着。比如，如何处理不断增多的尸体？行政措施要求去除一切不必要的仪式，为了安全和效率，迅速埋葬或火化。至于那些暴乱很快就被严厉执行的刑罚平息下去。法官透露，鼠疫让大案发生率大为下降。

法律可以平定行为的纷乱，但对精神的"暴乱"还是无计可施。当痛苦变成日常，精神的骚乱也逐渐停息。人们为适应鼠疫的蔓延，平淡无奇，平凡单调，没了怨愤，没了暴怒，脑筋还算清醒，但神志已经脆弱无力。野性的冲动为沮丧代替，不能说是逆来顺受，但也不能说是不得已的认同。适应疾病的环境，习惯于绝望的处境，在医生看来，这才是真正的不幸。这种不幸正在人群中扩散：偶有痛感的刺激，旋即被无边的暗夜吞噬，回到循环往复的麻木以待。

故事仍在继续，战疫仍在进行。医生与神父、公务员、逃犯、记者、旅人连结起来，一边救治病患，一边收拾死亡。但市民开始用迷信取代宗教，神父再次登台演讲。在这场科学与宗教、理性与迷信的对话中，神父思想上的变化已颇为明显。不幸的是，他也感染了病毒，最后咳血而亡。那位神秘的旅人，向医生主动坦白了他的身世。原来他是检察官之子，放弃优渥生活，选择四处流浪。其生活的转折在于，旁听了一次父亲出庭的公诉。他震撼于被告的茫然无助，愤怒于法律的合法杀人，从此下定决心要与心灵中的瘟疫做决绝的斗争。他希望成为一个圣人，但医生的愿望是做一个真正的人，但二者似乎没有什么差别。在一场共同海泳后，他们更加同心同德。

加缪构造的鼠疫结局，通过医生的内心话语呈现：鼠疫杆菌永远不死不灭，它能沉睡在家具和衣服中几十年，它能在房间、地窖、皮箱、手帕和废纸堆中耐心地潜伏守候，也许有朝一日，瘟神会再度发动它的鼠群，驱使它们选中一座幸福的城市作为葬身之所，使人们再罹祸患，从中吸取教训。[①] 加缪的故事看似荒谬的想象，但结合他对荒谬情感的哲学阐释，我们不难发现理性主义律法在存在主义层面的永恒谜题。总体而言，加缪讲述了一个结局还算光明的故事。他并未像一些评论家所说的对权力抗争浓墨重彩，而是在有限的政治描述里，如在那位小公务员不起眼的奉献中，想着让读者去理解真实基层政治的无奈。他要阐释的，更接近于一种理性主义的悖反命运，正如他开篇引用的笛福之言。他要警示人们的，是无形的心灵毒素，任何医术和宗教都无法清除它，现有的法律更是滋生它的温床。真正的医生是什么角色？直到最后，加缪没有给出明确答案。但他的故事实际上已经给出答案。真正的医生治疗的不仅是身体的疾患，更是社会情

----

① ［法］加缪：《鼠疫》，刘方译，载《加缪全集》(小说卷)，上海译文出版社 2010 年版，第287~288 页。

感的失调紊乱。医生与法官是一体的。

第二节 医学、法律与治理

沿着《鼠疫》谜题继续思考，我们可以提出如下问题：作为社会病症的诊疗者，法律职业是否与医生职业存在交合？法律治理是否与情感诊疗存在密切的关系？法律是否具有诊疗人心的功能？它能否通过某种情感均衡系统，实现理性和欲望的冲突调停？

现今，医学被视为一门专业科学。殊不知，它的原初形态与自然哲学、巫术、宗教都有千丝万缕的关联。我们可以认为，原初"医学"并非现代意义的医学科学，甚至可以一笔取消早前医学的历史地位，但不可否认的是，如今的医科乃是几千年医理、医论、医术累积演化而成的事实。在这个漫长的过程中，各种理论和技术，在不同时代条件下演化，有的存活，有的变异，有的消亡。医学的变迁，不仅是客观世界的反映，更是各种因素交融冲撞的文化产物。在医学的演化过程中，不难发现法律的幽灵。碍于现代学科的严格区分，有些人只好将它们生生割裂，斩断了医学与法理的关联，也隔断了法律与诊疗在疾病治理层面的勾连。透过医学、法律与治理的文化关联，可以发现许多被主流知识权力压抑的活性细胞，打破某些不证自明的前见，摆脱其无所不在的宰制。总体而言，医学内含法的精神，既包括医论蕴含的宇宙和人体哲学、疾病规律、治疗方案等客观法则，也包括人与外部环境沟通时的规范行为准则，更包括在特定疾疫危机中重建个人和社会、身体与心灵、紧急与常态等多重均衡的公义价值。法律人和医生在职业上有诸多的相似，这种类似并非偶然。法学和医学、法律与治疗、正义与健康，具有一言难尽的历史关联。

医学和法律都是特定文化的重要内容，与不同历史条件下人们的生活方式、思维观念、宗教传统、政治机制、经济状况都有不同程度的相关性，因而理解法律和医学的共同文化基础非常重要。首先，它们在历史起源上都有某种整体论哲学作为指引。比如，无论西方世界或中国、日本、印度、伊斯兰国家，医学和法律都在整体论的哲学背景下，展开对人和宇宙关系的探索。最初的医术和法律，都强调人体的身心和谐、人和自然关系的平衡，并视之为神圣的戒律。它们都关注病人和罪人，甚于疾病和罪行本身，强调病人或罪人同医生或法官的合作。其次，在近代科学主义转向过程中，医学和法律分享共同的文化资源，遵循相似的演化路径。西方的医学在近代开始背离传统，转向新的范式。尤其是在 16 世纪文艺复兴后，盖仑及其他希腊、罗马医学家的著作逐渐被抛弃，人们认为真理不在过去，不在书本上，而在现实中、人的躯体上。医学的进步不是取决于古人的权威看法，而是来自观察、实验、新事实的收集以及对病人生前和死后的严密检查。① 法学的近代转向，虽无医学与传统决裂的那样彻底，但也受到了进化论及自然科学的强大影响，渐趋将古代的智慧视为某种批判的样本。最后，从发展趋势看，自 20 世纪 60 年代以来，正如许多人对西方经济、政治、军事体制的批判一样，医学和法律体制都遭到了猛烈攻击。公众的谴责，主要集中于二者都有过度技术化、非人格化、科学主义、官僚化弊病，都有为职业利益无视病人或当事人的固有倾向。在之后数十年间，越来越多的人要求医学和法律回到传统，并努力吸收多元知识，以求困境解脱的替代性智慧。

最有代表性的反思，出自福柯。他在《临床医学的诞生》中指出："现代医学把自己的诞生时间定在 18 世纪末的那几年。在开始思索自身时，它把自己的实证性起源等同于超越一切理论的有效的朴素知觉的回复。事实上，这种所谓的经验主义并不是基于对可见物的绝对价值的发现，也不是基于对各种体系及其幻想的坚决摒弃，而是基于对那种明显和隐蔽的空间的重组；当千百年来的目光停留在人的病痛上时，这种空间被打开了。但是，医学感知的苏醒，色彩和事物在第一批临床医生目光照耀下的复活，并不仅仅是神话。19 世纪初，医生们描述了千百年来一直不可见的和无法表述的东西。但是，这并不意味着他们摆脱了冥思，重新恢复了感知，也不是说他们开始倾听理性的声音而抛弃了想象。这只是意味着可见物与不可见物之间的关系——一切具体知识必不可少的关系——改变了结构，通过目光和语言揭示了以前处于它们的领域之内或之外的东西。词语和事物之间的新联盟形成了，使得人们能够看见和说出来。的确，有时候话语是如

---

① 参见［英］罗伊·波特主编：《剑桥医学插图史》，张大庆主译，山东画报出版社 2007 年版，序言第 1 页。

此之'天真无邪'，看上去好像是属于一种更古老的理性层次，它似乎包含着向某个较早的黄金时代的明晰纯真的目光的回归。"①福柯所怀疑的回归，虽然是那样的不确定，但还是表明科学对自身困境解脱的希望所在。为了冲出僵化、独断的真理权力自我封闭的魔圈，现代法律和治疗都需要借助情感理性的话语权能，重新调整自身的目的和对象、手段和程序、表达和实践，以此恢复曾经的即使是想象中的尊严与光荣。

对于方法论，福柯接着说："难道就不能有一种话语分析，假设被说出的东西没有任何遗留，没有任何过剩，只是其历史形态的事实，从而避免评论的覆辙？话语的种种事件因而就应该不被看作是多重意指的自主核心，而应被当作一些事件和功能的片段，能够逐渐汇集起来构成一个体系。决定陈述的意义的，不是它可能蕴含的、既揭示又掩盖它的丰富意图，而是使这个陈述与其他实际或可能的陈述联结起来的那种差异。其他那些陈述或者与它是同时性的，或者在线性时间系列中是与它相对立的。由此就有可能出现一种全面系统的话语史。"②怀揣重写医学话语史，在某种意义上也是法律治理话语史的心愿，福柯带领我们走进了一种全新的场景，让语词、陈述、档案、记录的互动体系化呈现。由此，他果断放弃了编年体和人造断层的传统思想史方法。

需要留意的是，福柯说的"古典时代"并非指古代，而是指 19 世纪理性启蒙后的科学化时代。在此语境下，他从疾病的空间和分类起笔，凸显了病理解剖学的奥义，即探寻疾病的实体与病人的肉体之间的准确叠合。他发现，基于经验观察的凝视（regard）主导权力，其中有关真理的权力知识，建基在疾病类型学上，后者为前者创造了可能性条件。③此种新的医学科学，需要有一种对于特质的细微感知，对于不同情况的感知，对于变异的精细感知——即以被调整过的和被染过颜色的经验为基础的、关于病理事实的完整诠释；人们应该对变异、平衡、过分和不足加以度量。这种感知应该关照每一种特殊的平衡。④ 福柯声称，医生和

① ［法］福柯：《临床医学的诞生》，刘北成译，译林出版社 2001 年版，前言第 4 页。
② ［法］福柯：《临床医学的诞生》，刘北成译，译林出版社 2001 年版，第 10 页。
③ 参见［法］福柯：《临床医学的诞生》，刘北成译，译林出版社 2001 年版，第 1~2 页。
④ 参见［法］福柯：《临床医学的诞生》，刘北成译，译林出版社 2001 年版，第 14 页。

病人被卷入一种前所未有的亲密关系中，被绑定在一起。

作为医学科学的第一波，分类医学通过三项空间化，逐步加深对客体的凝视，强化自身的使命。第一次空间化将疾病与类型化形成系谱。第二次空间化似乎是对第一次的否定，强调对病人个体的敏锐感知。第三次空间化则是特定社会圈定一种疾病后，对其进行医学干涉，将其封闭起来，划分出封闭的特殊的区域，或按照最有利的方式，将其毫无遗漏地分配给各个治疗中心。① 正是基于三次空间化，整个传统医疗经验遭到颠覆，而为医学感知确定了一切最具体的维度和新的基础。② 疾病类型学，或者说分类医学，认为疾病具有原始性，不受任何干扰。但当社会空间愈益复杂，它就变得越不自然。当疾病在社会文明中不断变异，日渐多样化、严峻化，医院这种人造的文明场所容易成为"死亡庙宇"。在此种医学看来，疾病自然场合就是生命的自然场合——家庭。但医学与社会无法完全隔离。"如果一种医学能够与国家同心协力地实行一种强制性的、普遍的、而又区别对待的救助政策，那么人们必然会认为它是与国家紧密联系在一起的；医疗也就变成了国家任务。"③由此出现一种 18 世纪不曾有过的、对疾病实行制度空间规制的全新形式。

作为随之而来的第二波，流行病学让医学国家化有了突破契机和支撑杠杆。这种流行病分析不是把疾病置于疾病分类学的抽象空间里来确认其一般形式，而是通过一般迹象来发现特殊过程。此种科学认为，不同的流行病在不同的情况下会有不同的过程，这种过程把病因与发病形式编织成一个将所有病人都套进去的网络，但是这个网络只在特定时间和地点才会出现。传染只是流行病确认的因素，而非其本质。为了探究并形塑其本质，不同视角的交叉对证必不可少，应辅以经常性的强制干预。比如，借助警察力量、一系列卫生法规的训诫指导和专业治疗人员的配备。④ 通过话语分析比较，福柯指出：流行病医学和分类医学在很多方面都是相反的。前者是对扩散独特不可重复现象的整体感知，后者是对经常

① 参见［法］福柯：《临床医学的诞生》，刘北成译，译林出版社 2001 年版，第 16 页。
② 参见［法］福柯：《临床医学的诞生》，刘北成译，译林出版社 2001 年版，第 17 页。
③ 参见［法］福柯：《临床医学的诞生》，刘北成译，译林出版社 2001 年版，第 21 页。
④ 参见［法］福柯：《临床医学的诞生》，刘北成译，译林出版社 2001 年版，第 26~27 页。

自我显现的同一本质的个别感知；前者是系列分析，后者是类型解读；前者需要对时间进行整合，后者需要确定疾病在等级体系中的位置；前者需要找寻因果关系和内聚脉络，后者需要解读某种相似特征。但两者涉及医疗与社会关系时，都需要建构医学的政治地位，建构国家层次的医学意识。因而这种医学的经常任务是，提供信息、监督和控制，而这些与实在法及治安权密切相关。①

福柯用法国皇家医学会的建立及其与传统医（学）院的矛盾，深刻且生动阐释了医学国家化的历程和机理。其关键是，建立一种双重的控制：政治当局对医学实践的控制和特权医学机构对医务工作者的控制。② 皇家医学会因为获得了法律上的认同，作为流行病控制机构，它逐渐变成知识汇聚的中心，乃至所有医疗活动的登记和裁决机构。这就是临床医学诞生的故事。临床医学强调开放、动态的信息和知识获取，而非用一种体系将自己封闭起来。这与当时残存的整体论哲学认识有着微妙的契合，即"确实存在着一种贯穿整个宇宙、地球、人、所有的生物、所有的物体、所有的情感的链条。这种链条极其微妙，能够逃脱精细的试验者和冷静的论文写作者的目光，只会向真正的观察天才显露出来"③。

临床医学基于凝视的统一性，不在于知识的完整和完成，而是在个别的系列进展中实现拟制的统一，它是开放、无限、有始无终的总体化，对不断变化的时间系列的事实记录。支撑此种机制运作的，不是对特殊病人的感知，而是一种由多方信息交汇织成的集体意识。此种新的集体意识以复杂、蔓延的方式发展，最终扩展到历史、地理和国家的各个方面。④ 此种医学"既存在于一种直接的层次，存在于'原始'观察的秩序里，又被提升到一个更高的层次。在这种更高的层次上，它查验各种病质，与他们对质，然后，再返回到疾病的各种自发性事实时，它就居高临下地宣布它的判决和知识。"⑤ 与此密切相关，时人提议设立卫生法院，在那里检察官可以指控没有资格证书而实施医疗行为的人，这个法院对医疗弊端、无能和缺陷的判决应成为医学界的法律原则。警察权负责监控这些认识的

① 参见［法］福柯：《临床医学的诞生》，刘北成译，译林出版社2001年版，第28页。
② 参见［法］福柯：《临床医学的诞生》，刘北成译，译林出版社2001年版，第29页。
③ 参见［法］福柯：《临床医学的诞生》，刘北成译，译林出版社2001年版，第31页。
④ 参见［法］福柯：《临床医学的诞生》，刘北成译，译林出版社2001年版，第32页。
⑤ 参见［法］福柯：《临床医学的诞生》，刘北成译，译林出版社2001年版，第33页。

合法性。除此以外，还有一种行政权力，享有整个卫生领域的最高保安权。在福柯看来，普遍的国家意义上的医学化和医学意识借此形成。医学通过法的包裹，变成一种公共的、无私利的、受到监督的活动，它能不断改进；它在减轻肉体痛苦过程中，接续教会的古老精神使命，成为后者的一个世俗翻版。①

在大革命岁月，政治意识形态与医学技术要求之间，存在一种深刻的根源上的自发重合现象。医生、律师和政治家卷入同一运动，虽然基于不同的理由，却往往使用相似的语言，要求克服建构这种新空间的各种障碍。医院财产国有化，公共救助成为一项神圣的国家义务，在法律上而不是在实际中让贫困和疾病彻底摆脱医院的伟大梦想，都在着手实施。那时的理想状态就是，人类再也不会因繁重的劳动精疲力尽，再也不会有导致死亡的医院。"人被创造出来，不是为了从事某种行业，不是为了进医院，也不是为了进济贫院；那些前景都太可怕了。"②

第三节　新疫情观下的法情感问题

针对疾疫的治理，当下的共识是必须依靠法律的力量。但精准而言，究竟是怎样的法治方式？是绝对理性主导的法治，还是情感均衡的法治？当然应是后者。确立这样的法治观，需要我们对"疫情"一词的所指予以必要的澄清。现今，"疫情"指"疾疫的情况"，但除了科学明确的疾病客观表现，是否还存在另一种更为广泛的人情民情？如果能消除"疫情"在话语上的治理对象所指，明确它是一种法律必须任何对待的主体性力量，结果会是什么？

面对疫情，如果法律可以说话，其对"情感"必会发出怨言："可厌的幽灵，为何总在四周徘徊，随时准备侵入吾之身体，吞噬我的灵魂？"法律对情感的不满，并非没有缘由。近代以降，自从法律被赋予"主权者命令"的定位，任何有碍于令行禁止的人和事物都可成为其规制对象。正如德沃金所言："法律是利剑，是护身盾，是威慑力……我们是法律帝国的臣民，是其规则和理想的忠实追随

---

① 参见［法］福柯：《临床医学的诞生》，刘北成译，译林出版社2001年版，第36页。
② 参见［法］福柯：《临床医学的诞生》，刘北成译，译林出版社2001年版，第48页。

者，我们争论该当如何行事之际，即是我们在精神上受其约束之时。"①这位声名卓著的当代法学家，试图打破法典沉默时的尴尬，用克制情感的"赫拉克勒斯"作为理想法官的楷模。但无论是法律命令、规则说，还是德氏的法律原则论，都没有让现代法律的理性自负平息，反倒是在风险社会的弥漫情境下，为其致命的刚强寻找接续下来的理由。

法律为何离不开情感？纠缠也好，骚扰也罢——情感对法律而言，绝非一种可有可无的存在。现今，法学家多数默认法律与情感的二元对立，并将法律视为克制情感的利器，某些极端情感成为学术作品中的妖灵。如果放宽历史的视界，看看古典时代的哲学家，他们对情感和法律的关系则有另外一种态度。比如，柏拉图笔下的苏格拉底，是一个情感极为充沛的爱智者，他构造的"理想国"也是一个以情感为枢纽，将欲望和理性均衡一体的"美丽城"。做过鲁国大司寇的孔子，对政刑礼乐加以区分，相比于刚硬的政刑之治，礼乐之治更利于社群生活的情感和谐，它比政治和刑治更易抵达心灵深处。即使在被看作"蒙昧混乱"的中古时期，不少知识精英仍在努力探寻法律与情感契合的路径。萦绕心间的问题，概言即是：面对仪态万千的情感表达，法律究竟应当采取怎样的调控举措？以今之观念衡量，古人的法律与情感的关系论说具有浓厚的道德和价值判断色彩，谈不上科学严谨。但从相关话语的理念论证上，法律与情感的关系绝不是天然对立的，它们存在契合的空间和要求。在哲学家和政治家和理论与行动中，"法不外乎情"的定律不断得到重申和验证。因此，法律的情感本体论并不是一个现代性命题。反倒是近代以降的情感研究，过度注重实验和经验法则，从技术上给了法律实践强大的支持，却在本体论上回撤了一大步。科学的理性主义法则，开始替代情感均衡原则，成为法律制定和实施的第一要义。

正是在此背景下，法情感话语，让固守法律理性主义的人感到不适。作为理性命令的法律，本质在于对权威和权力的服从，而人类情感除了基于神圣之爱的尊崇，喜、怒、哀、惧、爱、欲、忧诸情都可能会强化或破坏这种先定的结构。即使是赞成法律规则说或原则论的学者，也难以在短时间内厘清情感在法治结构

---

① ［美］德沃金：《法律帝国》，李常青译，中国大百科全书出版社 1996 年版，前言第 1 页。

中的位置。充其量，他们将情感放在一个注意力不集中的边缘角落，纳入法律意识、法律态度、法律观念等非核心范畴，做一番可有可无、不痛不痒的表述。至少，现今通行的法学教科书大多是这样处理的。长此以往，造成一种法律人头脑中的"意蒂牢结"（Ideology）：法律在本质上无关情感，在规范上回避情感，在施行中克制情感。正如马克斯·韦伯在《社会学的基本概念》中所述："我们自己越涉入以下的情感反应，如焦虑、野心、羡慕、嫉妒、爱、狂热、骄傲、仇恨、忠诚、奉献和各种不同的欲望以及所衍生的非理性行为时，我们就越能够同情地去理解。即使对感情强烈的程度完全无法拟情式理解，并且无法知性地计算情感对行动方向和手段的影响时，亦是如此。"①如果说传统型和价值理性型、终极理性型社会，要么属于过去，要么属于将来，最切合当前这个时代的名词应当是"情感型社会"。既然法律指向的是社会关系和行为，没有了情感也就丧失了对象，自身也将消亡。

法律不仅在理念上离不开情感的构成性支撑，在对象上离不开情感行为的社会化互动，在规范表达上也必须尊重情感自身的逻辑，适用情感自身的话语。法律必须体现情理，情理反映了普通人的看法和常人观点。虽然法律语言具有较强的人为专业性色彩，但其底色是由日常情理话语染就的。立法者只是一个个加工人，其在表述法律时断不可依据自己的偏好，随便增添来路不明的颜料。平实、素朴、精准、简约、典雅的法律话语风格，正好代表了一种中立、节制、均衡、不偏不倚的情感均衡样态。在法律完成其价值使命的过程中，必须认真对待情感。因为在一系列法律运行环节中，包括执法、司法、违法、守法、护法等环节，情感的力量从不缺席。在微观的纠纷解决方面，定分止争首先要求法律人对真正的情感成因进行深入透彻的分析，这是事实与规范分析的基础。此时，情感的逻辑不同于形式逻辑，也有别于实质价值逻辑，或者说是二者的混杂，因而并非一种严格的逻辑。情感的不确定性，使法律规制情感事件会有很大的风险和成本，因而特别需要审慎作为，如预先进行模态塑形、提前分析、做好预案等。就中观制度建构而言，应根据基本的情感类型融通法律规范资源，打破现有部门法

---

① ［德］韦伯：《社会学的基本概念》，顾忠华译，台湾远流出版社1995年版，第19页。

的思维定式，根据真实的国情民意，动态调整法律体系的结构和要素资源分配。就宏观法治方略而言，辩证理解党法、德法、法民关系等重大战略问题，都需要引入情感正义的维度。

面对突如其来似乎又有迹可循的"疫情"，现代社会的高风险特质已无须多言。法律利用这种风险，推出了诸多管用的机制，比如保险法（其实并不保险，只是对风险费用的组织调配）。但多数法律上的防范机制，都是在一种相对正常的风险预设下建构运行的。一旦遭遇突如其来的超大型风险，比如新型传染性疾疫，恐怕一时间难以应激调试，甚至瞬间被击垮，代之以战时秩序。中国传统文化崇尚平安喜乐，不主张将世界想象得太过黑暗阴冷。罪感文化，在乐感文化面前是卑微的存在。长期以来，这种文化积习让吾国吾民总能在光明中前行，即使遇到各种超大型风险，但留存的痛感记忆仍相对稀少。如果传统文化依然铁板一块，防御风险的文化机制会在相对平和的情感环境下生成代码，多种应对方式会齐同上阵，从政治到宗教、从官方到民间，大概都有发挥作用的空间。然而科学文化浸淫吾等心智久矣，对科学的崇信，让疾疫防治有了新的主心骨，但也增加了纯技术主义的风险。迹象观察成为一种风险确定的程序必要，而实验主义的医学的诊疗肯定需要时间，与短期内解决疫病传播的需要无法契合。

于是，我们看到了精英的冷静与大众的哀痛共生共存。在互联网平台上，人民群众的话语力量勃发。潜在的被感染风险，经由互联网的讯息传播形成了强大的"恐惧正能量"。对于政府应对突发公共卫生事件的作为与不作为，公众通过朴素的法治思维分析，形成了在网上批评某些地方政府、个别官员的焦点事件。政府主导的官方媒体，不断响应各种来源的信息，成功塑造了危机时刻防控疫情的主流舆论。但如何应对过度的恐慌，以及由此造成的情感和行为失控，相关治理举措依然带有一定的"压制型法治"惯习。社会撕裂在网络舆情当中反复呈现。这构成了法治必须响应的长期挑战，即如何动用情感系统的均衡资源，建立牢靠的危机时代的社会团结？正如我们看到的，在疫情席卷下，人群产生实时性分类：那些坚持理性、客观、冷静立场，全情投入真理的战斗，不放弃任何合理希望的一群，可谓精英。相对而言，怯弱者、胆战心惊者、惶惶不可终日者，甚至借灾祸谋私利者，可称"乌合之众"。他们在科学理性与日常情欲之间游移，规则缺少定准，时而严峻，时而宽容，时而在场，时而缺席，时而由上而下，时而由下而上，全然一副"八爪鱼"模样。

所以，我们可以继续将"疾疫发生、扩散和影响的情况"称为"疫情"，但对于这个语词被过度赋予的客观主义，应以真正的科学精神去探查，明确疫情的主干逻辑所在。依照本书的分析，疫情固然有某种客观描绘的可能，但构造其实况的素材离不开主观情感的构成和运作。正如当前全球的疫情，实乃无数国家、区域、个人、机构、事物交织而成的共时情感系统，牵一发而动全身——法治系统必须认真对待这种情感的实质。比如，那些感染者经由医学确诊后，成为病毒侵害的受体及扩散传染的供体，为控制进一步扩散，对这些个体隔离治疗，对与之密切接触者，以医学观察留置隔离，将出现部分类似症状患者列入疑似名录。这种工作，不是一般医疗机构的职责范围，而是主要由国家公共卫生系统承担的执法活动。疾疫在多大范围传播构成医学上的流行病，评估其影响可能危害，不仅需要医学专业技术人员的高度审慎和严谨，而且直接或更加有赖于法律决策机关的认定和判断。在这个过程中，原发信息中的当事者情感容易被忽略，甚至变得无足轻重。他们只是极少数、极微弱的病体，从医学科学主义的立场看，服从医生的诊断，听从有权部门的安排，即是对其生命健康权的维护，也是当事人社会责任与法定义务的履行。此时，主体的权利被置换为权利的主体，主体自设的权利变为自设主体的权利。病人与公众的身份，在疫情话语中出现断裂，随即强行缝合的现象，不是不可能发生。"新冠患者""危重病人"等卷标符号，让这些保持沉默的主体必须压抑情感。因为作为公众一员，他们接受治疗被视为权利和义务的同步实践。医疗诊治与法律运行，其实并没有任何制度区隔。

因此，必须认真对待法治的情感话语，连同其背后的文化逻辑。比如，西方理性主义法律文化传统，在此次疫情中也遭遇了巨大挑战和冲击。而中国传统内含的法治情感文化资源，却显现出更为生动的力量。中国的情感法治文化与西方的唯理法治文化都试图规范欲望，但为何在危机时刻形成鲜明对比？或许，中国法治更强调宽仁，西方法治更讲精确和严格。一方面，人情味让中国法保持烟火气，理性化程度并未达到西方某些国家的水平；另一方面，理性法治理在地域广阔、人口密集、思想复杂、关注乐感的中国人文语境中，始终面临着水土不服的问题。尽管现时代，理性主义法治仍在高歌猛进，但情感均衡的主题正在兴起。取道执中论、中庸法度论、情感正义观在中国影响深远，让古老的礼法精神在崩解转型中精魂不灭。天道观、正统论与精英政治，仍能通过各种管道产生契合。越是在危难时刻，精英和大众越是需要法律通过情感的团结凝聚。面对大众文化自发随性，沉迷欲望，在反抗大写真理的同时陷入情绪偏执一端，精英的中和调理需要时间，更需要通过法制度系统寻找情感楔子的切入。面对精英的临时决策，大众也要给予必要的支持，通过法规范和法精神设定的正义情感纽带，为其输送智慧和力量。

　　"伟大的情感携带者各自不同的天地——光明灿烂的或贫困痛苦的天地——与自己一同遨游。这些伟大的情感用自己的激情照亮了一个独特的世界，并在这个世界中遇见了适合自己的气氛。"[①]如果人们无可避免地陷入突如其来的灾难，"非理性因素、人的怀念以及分别与这二者一起涌现的荒谬，就是这场悲剧的三位主角，而这场悲剧必然会与一个存在能够有的所有逻辑一起结束"[②]。在理性出现悖反的境况下，人们必须格外正视情感，尤其是作为法治本体的正义情感。放弃对此问题的文化探问，无异于心甘沉沦于黑暗；而要在非理性的欲望和人的希望之间获得均衡，除了情感导向的法治正义，实在是别无良途。

---

① ［法］加缪：《西西弗神话》，杜小真译，商务印书馆 2018 年版，第 14 页。
② ［法］加缪：《西西弗神话》，杜小真译，商务印书馆 2018 年版，第 29 页。

第十六章

法律多元与情欲综合治理

　　人类学大师列维-斯特劳斯曾表达过这样的看法：神话描述的模式具有超时代的特征，它既能够解释现在和过去，也能够揭示未来。① 作为神话小说的集大成者，《西游记》内蕴着诸多"超时代"的解释模式。② 历代学人对《西游记》的读解，或考版本史实，或解作者观念，或论政治权术，或谈宗教心态，鲜有情欲治理的法理剖察。③《西游记》的情欲主题无疑是"超时代"的，但在特定的文化范式下，《西游记》展现出的"二元对立"却是灭情灭欲的圣僧唐三藏和无法无天的顽猴孙悟空。④ 这是对法律与情欲关系的无意识扭曲，也是本章问题意识的缘起。美国社会学法学的领军人物霍姆斯有言："法律就像魔镜，反映的不仅是我们的生活，而且是曾经存在过的所有人的生活！"⑤

---

　　① 参见[美]克里斯托弗·贝里：《奢侈的概念：概念及历史的探究》，江红译，上海人民出版社 2005 年版，第 32 页。

　　② 参见杨义：《〈西游记〉：中国神话文化的大器晚成》，载《中国社会科学》1995 年第 1 期。

　　③ 在中国知网收录的数千篇《西游记》研究文献中，与法律直接相关的论文不足十篇，多数都是从微观的具体问题出发，对《西游记》加以"借古附今"式的戏说。

　　④ 对于《西游记》情欲主题的论证和分析，可参见田同旭：《〈西游记〉是部情理小说》，载《山西大学学报（哲学社会科学版）》1994 年第 2 期；王前程：《〈西游记〉的情欲观及其文化价值》，载《社会科学研究》2004 年第 4 期；胡金望：《〈西游记〉的精神文化指向》，载《明清小说研究》2005 年第 4 期。

　　⑤ 美国法学家霍姆斯的名言，转引自任东来：《在宪政的舞台上：美国最高法院的历史轨迹》，载《书屋》2006 年第 6 期。

透过法律的魔镜,学者们开始从《西游记》中考察法制的历史,① 分析法律规则与法律意识②,挖掘违法与犯罪的社会机理与矫正手段③,法律与情欲的博弈主题仍然隐而不彰。

在方法论上,本项研究受到了法律与文学、法律人类学、法律社会学甚至法律与神话研究的多重影响。在大众文化当阳称尊的时代,与会讲故事的小说家类似,优秀的法律人往往通过日常化的情感、欲望和动机叙述,对事实加以重构,对规则作出判解。④ 法律人对《西游记》的研究,虽不是出于直接解决现实纠纷的需要,却可以通过跨学科的理论观察去破解法律治理的实践难题。为了避免陷入思想和语言的双重混乱,笔者放弃了对《西游记》严格的文本研究希图,立足于法律理论的研究现状,从法律多元的疑难与争议出发,以《西游记》为素材对法律治理问题加以深度反思。因此,无法用现成的理论去分析文本,只能借助文本素材去检证甚至修正既有的理论。这些文字也难以提供务实、高明的对策,只能力求通过比较清晰的探讨过程,对读者有所启发。

第一节　法律多元理论话语

人类学家在对初民社会的田野调查中,创生了法律多元概念,后来扩展应用到非西方社会乃至西方工业社会的法律文化领域。时至今日,法律多元已成为法律社会学和人类学理论文献中最有意思也最富争议的命题之一。长期以来,学界围绕法律多元的大量研究,深入探究了法律与行为纷繁复杂的关系,表现出浓厚的地区、主题和方法论的差异。⑤ 法律多元理论成为当代法律人类学的重要基

---

① 例如林鸿雁等:《〈西游记〉与明律》,载《文史哲》1999 年第 2 期;欧阳爱辉:《〈西游记〉反映的明代诉讼制度》,载《边缘法学论坛》2009 年第 2 期。

② 例如龙卫球:《〈西游记〉的救赎问题:猪八戒法意识的局限》,载《比较法研究》2008 年第 1 期。

③ 例如李丰春:《青少年的越轨行为及其矫正:以〈西游记〉中的孙悟空为例》,载《青少年犯罪研究》2009 年第 5 期。

④ 参见廖奕:《法律人看〈西游记〉》,载《法制日报》2013 年 1 月 3 日。

⑤ 参见[荷]K. 冯·本达-内克曼:《法律多元》,朱晓飞译,载许章润主编:《清华法学》(第九辑),清华大学出版社 2006 年版。

础，其研究强调各种法律类型的交互影响，侧重在特定历史文化背景下对文本叙事加以细节分析。① 从逻辑上看，法律多元首先体现为渊源样态多元与立法主体多元，法律渊源多元根源于社会文化的类型多样，立法主体多元则植根于政治结构的内外张力。法律多元理论并非规范主义法学的内部造物，它是跨学科研究的结果。法律多元的背后矗立的是强大的社会、经济、政治、文化网络，"多元"与其说是严格的质性区分，毋宁说是描述性的状态叙事。

在法律多元理论的发展过程中，打破国家法的垄断，可谓历时良久的恒定主题。对国家权力的天然恐惧，推动了近代西方法治观念的形成。打破国家对法律的垄断性操控，实现法律多元的和谐共治，必须倚靠情理的推动。"情理是法律的生命，普通法的确不是别的，而只是情理。"②西方法治发展的重要经验在于，不同的法律类型包孕不同的情理系统，既体现法律的多元与兼容，又彰显法律的自洽与一致。"西方法律传统最突出的特征可能是在同一社会内部各种司法管辖权和各种法律体系的共存和竞争。正是这种司法管辖权和法律体系的多元性使法律的最高权威性成为必要和变得可能。"③"如果自洽的规范结构真的能保持一致，那就要求它本身具有一种机制，来解决社会现实以这样或那样的方式发起挑战所引起的矛盾和冲突。"④在法律多元的语境中，"回应型法治"的关键正在于保持法情理的制度沟通与良性互动。

要深入分析法律与情理的内在关联，必须认真对待法律对情欲的治理机制。在较早关注法律多元的中国法学者眼中，民间法生长于民间社会，与普通民众日常生活秩序密切相关，即使在政体变更、国家法被彻底改写之后，它仍然可能长久地支配人心，维系民间社会的情欲秩序。⑤ 随着研究的深入，越来越多的学者

---

① Low，D.，*The Egalitarian Moment*：*Asia and and Africa* 1950—1980，Cambridge University Press，1996；Mundy，Martha，edited，*Law and Anthropology*，Ashgate Publishing Company，2002. 转引自高丙中：《以法律多元为基础的民族志研究》，载《中国社会科学》2005 年第 5 期。

② ［法］勒内·达维德：《当代主要法律体系》，漆竹生译，上海译文出版社 1984 年版，第 234 页。

③ ［美］哈罗德·J. 伯尔曼：《法律与革命》，贺卫方等译，中国大百科全书出版社 1993 年版，第 11 页。

④ ［日］千叶正士：《法律多元：从日本法律文化迈向一般法理论》，强世功等译，中国政法大学出版社 1997 年版，第 51 页。

⑤ 参见梁治平：《清代习惯法：社会与国家》，中国政法大学出版社 1997 年版，第 58 页。

试图跳出"民间法/国家法"的二元论范畴，发掘国家法与民间法互动的多元控制机理。强世功通过"法律的治理化"概念，强调在全能主义国家政权建设进程中，司法实践实际上消弭了国家法与民间法的鸿沟，"国家法在民间社会确立合法化的过程既是国家法改造民间法的过程，同时也是国家法向民间法妥协让步的过程"。① 通过这一综合化过程，国家打通了社会治理的通道，但同时也使得"法律无法建立独立于政治、道德和经济的自身逻辑，无法确立其内在的自主性，而这种自主性恰恰是现代法治的必需条件。……法律与道德、政策和习惯之间并没有泾渭分明的分界线。与此同时，法官与干部、村长、村中有威望的人也没有根本的不同，……由此导致'司法的政党化'和'法律的惩罚化'构成了当代中国法律治理化的两个重要主题"。② 作为社会理性规范的权威化身，法律意图通过行为控制机制实现对情感的治理，而情欲天生具有解放的冲动，与法律的理性控制很难契合。法情理冲突的实质是法律与情欲的理性博弈。依循现代法治原理，人类的情欲是不可遏制的自然法则，是国家权力必须保障的利益原点，具有丰富的权利正义内涵。"正当和法律(right and law)的基础乃在于那种寓于事物本性之中的和谐或相宜。"③国家法与民间法的互动并不能从根本上化解法律与情欲的内在紧张，因为"法律的治理化"与现代法治精神的价值内核其实并不相符。如果我们承认现代法治是符合文明发展的价值参照体系，在此前提下，对《西游记》的细节解读便有了良好的理论坐标，有助于从新的视角廓清法律多元与情欲治理的幽暗关联。

法律与情欲似乎总是悖论式的存在。法律是理性、理智、权威的体系化规则，情欲是本能、感情、欲望的混杂集合体——情欲总是法律禁绝或包容的对象。情欲对于法律的作用和功能，被人们刻意忽略了。事实上，情欲是天性的体现，具有不言自明的正当性。"喜怒哀惧爱恶欲，七者弗学而能。"④"好色，富

---

① 强世功：《法律移植、公共领域与合法性》，载苏力、贺卫方编：《20世纪的中国学术与社会》(法学卷)，中国政法大学出版社2001年版，第131页。

② 强世功：《法律移植、公共领域与合法性》，载苏力、贺卫方编：《20世纪的中国学术与社会》(法学卷)，中国政法大学出版社2001年版，第256~257页。

③ [美]罗斯科·庞德：《法理学》(第一卷)，余履雪译，法律出版社2007年版，第28页。

④ 《礼记·礼运》。

贵，均为人之所欲。"①当情欲与法律相遇，两者之间的冲突反映了自由与权威的矛盾。唯理主义的国家法之所以遭遇危机，重要原因即在于它难以包容多元的情欲解放力。马尔库塞将马克思的"人性解放论"与弗洛伊德的"爱欲本质论"相结合，明确提出"情欲解放论"。他认为个体情欲蕴含着催生独立自由的现代性自我的可能性，而这正好是现代法治体系的基石。② 在以"仁"控欲的中国传统话语体系中，情欲的叙事空间异常逼仄，法律通常站在情欲控制的立场，充当严肃的"道德判官"。在西方古典政治哲学中，情欲也是必须受到严格管束的对象。立法者通过道德教化造就公民，通过行为控制禁止奢侈，构成了"理想城邦"的战略基石。在近代以降的法治理念中，法律承认了人性自私的情欲前提，但仍然没有放弃规制情欲的努力，在策略上强调"正当"标尺，以理性的认知判别公民的需要，以精细的规则勾画情欲的范围，以相对柔性的方式禁绝有损国家正常运转的肉体享乐。然而，一旦情欲被认为是人类天性的体现，甚至是历史进化的动能，法律规制的哲学前提就会飘摇。况且，对"正当""合理"的法律价值论证也有相当的难度，遑论情欲的科学排序与精密控制。现代性的重要后果之一就是，隐形的情欲压抑导致繁盛的情欲想象，法律与情欲的本体性断裂越来越严重。③在现代性状况下，"欲求随愿望增长，并能通过想象创造欲求对象。精神想象是'需求'的源泉，想象可能造成'不安'，于是引发'欲望'。我们可以把自己的想象之物认为是缺乏之物，这样的需求会产生欲望，并对想象的对象采取行动。这已超出个人理性(理智)控制能力的范围"。④ 依循现代国家法的基础逻辑，超出人类理性的对象意味着其不能成为法治的"标的"，否则，法律就难以符合人类理性的本原。情欲扩张与法律受限的矛盾，纠缠着法治社会的行为规范和国家治理，呈现出越来越突出的情理冲突问题。⑤ 不稳定的情理系统与不同的社会文化

---

① 《孟子·万章上》。

② [美]赫伯特·马尔库塞：《爱欲与文明》，黄勇、薛民译，上海译文出版社 1987 年，"译者的话"，第 4~5 页。

③ 参见马航飞：《在情欲与欲望之间》，载《江苏社会科学》2010 年第 3 期。

④ [美]克里斯托弗·贝里：《奢侈的概念：概念及历史的探究》，江红译，上海人民出版社 2005 年版，第 148 页。

⑤ 从哲学层面讲，情理冲突是正常的社会与心理现象。社会的理性规范要对情欲产生制导作用，运用宗教、伦理、法律等手段制约人的情感，此时，情与理就会产生矛盾和冲突。任何一个人的心灵世界都会产生情理冲突。参见刘再复：《广义情欲论》，载《求索》1986 年第 3 期。

结构结合，产生出多样化的处置方案和规则体系。当代法律多元境况的出现与勃兴，很大程度上是法治情理困境的曲折反映。

我们必须首先承认，在情欲层次上人性具有共通性，即使有差异也不会有根本分别——现代性法律张扬的普世价值正是借此获得了理念的正当。但最终支配法律运作与个体行动的，不是法律理念的正当，而是法律与情欲在控制与反控制、治理与被治理过程中的矛盾交织及权力博弈。法律对社会的有效治理，必须重点关注情欲背后的动机以及动机引发的后果。但现代性法律及其权力机制对情欲的处置具有显著的悖论特征：一方面，法律的理念正义必须依赖对正当情欲的肯定、保障、激励和表彰；另一方面，法律的现实运作却并不直接赋予所有情欲以规范上的合法性，从迂回向度维护权力控制本身。"理想法"与"现实法"的分野和对立，成为法律系统内部的张力，也构成了法律多元论的二元论基底。在后现代主义哲学的观念中，法律是可以解构的，法律的变迁、完善、多元化都是法律解构的体现。共通情欲赋予人们解构法律的本能、动力与趋向。没有对情欲多元的企盼，我们对法律多元不会有任何兴趣。情欲和正义一样，"不可能缩减为法律，或一种关于司法结构的既定体系，它永远保持着与自身的差异"。①

情欲既然不与自身共同存在，那就意味着法律的治理必须要区分不同的情境与类型。② 首先是生理情境的基本情欲与衍生情欲。中国先秦思想家将欲望分为衣食、声色、富贵等基本类别，除此之外的争斗、占有、安逸、猎奇、长寿等为衍生情欲。③ 在西方学者看来，基本生理需求的满足，会带来进一步的情欲要求，从低到高，依次为：安全、社会交往、受尊重和自我实现。④ 其次是政治情境的必要情欲与奢侈情欲。在柏拉图看来，正义的城邦应是以必要情欲满足为基础的简单共同体，必要需求主要包括衣、食、住以及为了生育的性。超出此范围的奢侈情欲包括精美的食物、华丽的服饰和华美的住所以及"香艳"的女人。奢

---

① Jacques Derrida, *Writing and Difference*, University of Chicago Press, 1978, p. 124.

② 与统治不同，治理是一种内涵更为丰富的概念。它既包括正式的国家法律机制，同时也包括非正式、非政府的机制。随着治理范围的扩大，各色人等和各色组织得以借助这些机制满足各自的情欲需要。参见[美]詹姆斯·N. 罗西瑙主编：《没有政府的治理》，张胜军等译，江西人民出版社 2001 年版，第 5 页。

③ 参见郭永玉：《先秦情欲论》，载《心理学报》2001 年第 1 期。

④ A. H. Maslow, "A Theory of Human Motivation", *Psychological Review*, 1943, Vol. 50, pp. 370-396.

侈情欲会造成经济崩溃、城邦狂躁和战争危险。① 再次是道德情境的美好情欲与卑劣情欲。宋明理学将情欲纳入道德范畴，建构天理标准判断情欲善恶。② 西方中世纪神学也从道德角度对情欲进行善恶切分，将肉体的欲望局限在自我保全和种族保全的范围。③ 最后是社会情境的和谐情欲与失衡情欲。按照傅立叶的观点，和谐情欲是一切情欲的总源泉，"每个人要把自己的幸福和周围的一切以及全人类的幸福协调起来的意向"是"无限的博爱"，是"宇宙的善举"，是一切情欲的策源地。但在文明制度下，情欲的满足注定是失衡的，"在人为法律的支配下，在分散的、欺骗的经营制度下遭受无穷的苦难"。④

情欲的情境和类型，既是法律规范情欲的知识论基础，也是法律治理情欲的方法论渊源。基本情欲既是法律保障的逻辑起点，也是法律治理的生物学基础，更是区分"必要"与"奢侈"的自然法基点。法律对奢侈情欲的控制，除了生理因素外，还必须充分考虑政治的特性。当必要情欲等同于必要需求，这就预示着政治体将通过法律对之加以强力确保。随着古典政治时代的终结，社会关系日益复杂化，情欲内容不断拓展，政治法必须涵摄道德评价的框架，对新兴的情欲类型加以伦理性规制。美德情欲成为法律倡导的价值标尺，神圣欲望成为世俗欲望的超越和完型。⑤ 法律与道德的界限被刻意模糊，甚至都成为治国的方式和手段，共同发挥法治理的作用。随着社会步入多元化状态，在共识性道德判断日益艰难的条件下，法律对情欲的控制必须进一步强化"综合治理"的策略，在合法情欲系统与非法情欲行为之间建立必要的联通与转化机制，保持法律系统内部的动态

---

① 参见[美]克里斯托弗·贝里：《奢侈的概念：概念及历史的探究》，江红译，上海人民出版社 2005 年版，第 51~52 页。

② 参见熊鸣琴、范立舟：《宋明理学"情欲"思想刍议》，载《西南民族大学学报（人文社会科学版）》2004 年第 1 期。

③ 参见[美]克里斯托弗·贝里：《奢侈的概念：概念及历史的探究》，江红译，上海人民出版社 2005 年版，第 97 页。

④ 《傅立叶选集》（第一卷），赵欣俊等译，商务印书馆 1979 年版，第 60、108 页。

⑤ 在巴耶塔看来，欲望分为三种，动物的欲望、人的欲望和神圣的欲望，分别对应三个世界：动物世界、世俗世界和神圣世界。动物世界的欲望满足遵循快乐原则、世俗世界的欲望实现遵循以占有和生存为核心的现实原则，神圣世界的欲望达成则遵循死亡、消尽和色情的道德原则。参见程党根：《巴耶塔的"圣性"欲望观》，载《南京社会科学》2006 年第 6 期。

均衡，实现社会情欲的和谐一体。正是在"动态法"的理路下，情欲综合治理才能得以最后型构。[1] 也正是在迈向情欲综合治理的过程中，法律的类型谱系、规范渊源、实施方法、参与主体日渐多元，成为法律变迁的内生动力。

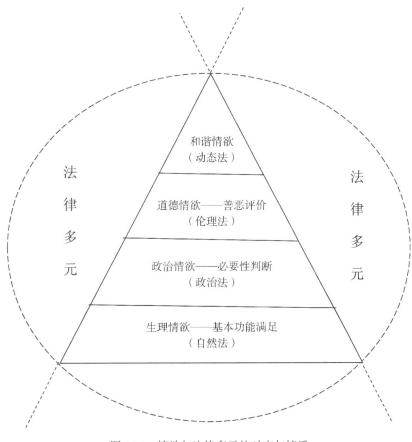

图 16-1　情欲与法律多元的对应与悖反

---

[1] 在当代中国政治话语体系中，所谓综合治理就是在各级党委和政府的领导下，组织协调各条战线和各个系统，调动社会各种积极因素，运用政治、经济、文化、教育、法律、行政等各种手段，采取各种有效措施，全方位地对社会治安秩序客观地进行正确评价，有效地开展科学管理，为发展社会主义市场经济创造良好的社会环境，在宏观上采取重大的战略方针以及在微观上进行一系列治理活动来预防和减少犯罪、维护社会稳定的系统工程。参见石明磊：《法律社会工作：综合治理的重要内容》，载《社会》2010 年第 10 期。

情欲与法律虽然存在对应性，但法律多元不会支持情欲的拓展，相反，多元的法律会形成综合治理的格局，对情欲秩序加以压制性整合——由此生发出"情欲金字塔"与"法律多元圈"的深刻矛盾：如果法律对情欲的综合治理奏效，多元法律状态会保持相对均衡；如果失败，法律多元的格局会受到情欲力的突破性报复，彻底成为后现代的碎片化状态。毕竟，法律对情欲的治理充满风险，必须满足严格的条件和动态均衡治理法则。法律多元对情欲形成的包围，在图 16-1 上用虚线表达，正是基于此理。从理想状态看，法律的情欲治理结构是由多种因素组成的均衡状态，这种均衡是历史的动态过程，依赖于既定的规范基础，不会静止于特殊的时点。当治理结构的某一因素发生变化，均衡状态就会被打破，新的均衡机制就会趋向形成。但新的均衡结构不会在单一因素的变化轨道上运行，而必须受制于法律多元的互动网络。

第二节　以《西游记》为例

在《西游记》成书的年代，商品经济繁荣、世俗生活鼎盛，"存天理灭人欲"的程朱理学日趋颓败，"见心明性"的陆王心学渐入人心。载道言志的庙堂文章难敌抒情放欲的市井文学，《三言》《二拍》《肉蒲团》《金瓶梅》及春宫画……一系列对自然情欲的明烈伸张，构成了对传统礼法的强大挑战。[1] 面对世俗情欲的冲击，传统的礼法体系必须采用更为灵活的策略和更为多元的规则。一方面，《西游记》提醒和警告统治者要静心修德，切不可贪情纵欢；另一方面，《西游记》对于常人的情欲坚持正当化的态度和立场。[2] 人之情欲，既然不能堵塞，那就只能疏导，稍具智商的统治者都应该明白这个浅显的道理。当然，情欲泛滥会滋生犯罪，甚至会挑战情欲的特权垄断和等级秩序，但正当化的情欲可以带来"去政治化"的效果，转移民众的生活焦点，化解底层的怨恨戾气。正是在世俗情欲的汪

---

[1]　传统礼法体系的控制手段包括礼乐政刑四端。《礼记》有云："礼以道其志，乐以和其声，政以一其行，刑以防其奸。礼乐政刑，其极一也，所以同民心而出治道也。"

[2]　清人张书坤认为，《西游记》当名为《遏欲传》，其倡导的欲望控制对象是上层统治者。参见朱一玄、刘玉忱编：《西游记资料汇编》，南开大学出版社 2002 年版，第 325 页。

洋大海中，民众的心性启蒙得以缓慢生发，法律的综合治理也开始寻求新的均衡。

在《西游记》中，取经团队可以视作多元情欲的人格化隐喻。猪八戒贪财好色，对应着基本的生理情欲；孙悟空名利心重、控制欲强，对应政治情欲；唐僧质朴纯良，恪守戒律，堪称道德情欲的楷模；沙僧善于斡旋，长于调停，发挥着和谐情欲的部分功能。在这个微缩的情欲世界中，内部冲突与相互控制无时不在。在《西游记》中，孙悟空属"金"，猪八戒属"木"，"金克木"的五行逻辑与"政治情欲控制生理情欲"暗合。通过佛界授权，唐僧通过紧箍咒控制了孙悟空，代表了道德情欲的威力。沙僧是和谐情欲的不完全隐喻，其地位虽然卑微，却也能站在相对超脱的立场协调各方。

从更宏观的视角俯察，《西游记》的世界由神(佛)、人、魔(妖)三大族群组成，法律多元正是在族群互动过程中逐渐形成的。[①]不同的族群具有各自的情欲特点：神界象征着情欲控制的"超我"境界，奉行信仰原则，无欲无求。人界处于情欲控制的"自我"阶段，遵循现实原则，压抑本我的冲突和欲望。魔界反映的是被长期压抑的无意识，体认快乐原则，是神法和人法共同治理的对象。基于不同的情欲状况，法律呈现多元的标准和尺度。神法对内而言，是仙界官僚体系的规范总则，情欲标准和执行都异常严苛；对外而言，神法是世俗世界人定法的"高级法"，具有监控和评准的功能。人界的法律因地而异，不同国家具有不同的律法，但无论如何多样都必须服从神法的教义，否则就会遭到天界的惩罚。相对于神佛的法，世俗法对情欲的控制较为宽缓，这与人的情欲特性有关。处于最底层的是妖魔世界，由于情欲规范乏力，其法律地位受到根本否定，成为情欲犯罪的常见主体以及法律惩罚的当然对象。

《西游记》中的三界并非平行的关系，而是交叉互联的系统。从理论上，凡人皆可修仙成佛，神界可以掌控万物，但人能成为仙佛的毕竟有限，芸芸众生大多难以企及。生前作恶的人会沉沦鬼道，通过幽冥司法的裁判，在十八层地狱接受残酷惩罚，那些仍不规训或成功脱逃的鬼会成为妖魔。鬼界是神界、人界和魔

---

① 参见赵旭东：《族群互动中的法律多元与纠纷解决》，载《社会科学》2011年第4期。

界的交叉地带，拥有相对独立但又多方受制的幽冥司法权。妖魔固然也可以通过修行成人成仙，但更多的是不断沉沦或是权力斗争的替罪羊，难逃被消灭或收编的宿命。在三界互通的大背景下，单向度的情欲治理很难在现实中发挥效用，必须转向综合治理模式。

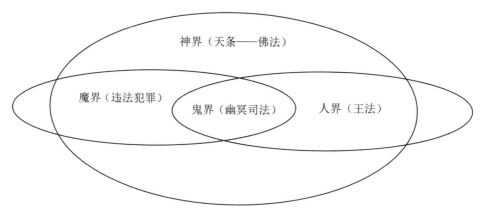

图 16-2　《西游记》中的法律多元系统

在《西游记》勾画的情欲综合治理体系中，神法是居于最高地位的法律渊源，它主要包括天条与佛法。天条相当于神仙世界的宪法总纲，佛法类似于佛界"特别行政区"的基本法。天条试图全面清除情欲，并以强力推行，造成上界的分裂及其与民间关系的紧张。玉皇大帝和王母娘娘是仙界唯一的"合法夫妻"，其他神仙要想体验凡间生活，除非特许，否则必会触犯天条，遭受重罚。在仙界，娱乐活动受到严格的管制。饮酒作乐一般不被允许，交友远游也被认为是居心不良、脱离职守。蟠桃盛会成为难得一遇的狂欢节，在此期间获罪的神仙很多，孙悟空、猪悟能、沙悟净都在此列。天条象征的压制型法律秩序"要解决的根本问题是建立政治秩序"，① 刻薄严厉、不可测度，在适用上因人而异，极不统一。猪八戒调戏嫦娥之罪，较之奎木狼私下凡间、破坏取经之罪，明显要轻，却承受

---

① ［美］诺内特、塞尔兹尼克：《转变中的法律与社会：迈向回应型法》，张志铭译，中国政法大学出版社 1994 年版，第 27 页。

了更重的处罚。沙悟净失手打碎琉璃盏,充其量是个过失损毁宫物之罪,却被罚作妖魔,飞剑穿心。天条立法不明、司法不公、执法不力、守法不一之敝终于导致了"卡理斯玛权威"(Charisma Authority)的重大危机。孙悟空大闹天宫标志着天条的情欲控制受到有力挑战,玉帝及其仙班体系在这场风波中权威大折,刚性的压制型秩序难以为继,从而为佛法的移植拓展提供了重要的历史机遇。

当天庭的压制型法律秩序遭到突发危机,西天如来驾临,凭法力制服妖猴,并将其收入佛门,这隐喻了佛法的传播和殖民。"殖民主义形塑了法律多元化政策的架构,虽然具体模式和结果各异。在任何地方,每一个群体将自己的法律强加于新攫取的领土以及该领土上的居民的时候,都需要对法律控制的程度和性质作出策略性的决定。"①佛法向天界的殖民,证明其法律性质开始发生转移,从地域性的特别法开始转变为普遍性的上界法。在取经问题上,天条和佛法共同参与,形成融合——佛法借助天条增强权威,天条借助佛法实现治理。为了实现向人间世界的更大范围殖民,佛法对情欲采取了灵活的双面策略:一方面,佛法肯定情欲的客观存在;另一方面,佛法强调情欲的局限,倡导人们克除不必要的情欲,转向形而上的精神关注。就情欲治理的战略框架而言,佛法内含有机相连的三层结构。首先是作为价值导向的佛法理念,传教者是如来尊者,方式为讲座教授,众弟子有聆听受教的特权,也承担专心听教、悉心传布的义务。其次是作为形式规范的佛法戒律,此乃历史形成的刚性规则,为教徒提供明确的行为指引,具有专门的执行和监督体系。最后是作为实践行动的佛法修行,宏旨归一,但门径多样,境界有别。作为理念,佛法严禁情欲,但作为戒律,佛法只禁止核心情欲,必要时还会融会变通(比如饮素酒不算犯酒戒、素食做成荤食状并不犯荤戒等)。作为修行过程的佛法对情欲控制的要求更低、更宽容,实质上承认了情欲的客观先在,力求在世俗生活中驱除情欲的烦恼,最终求得"大解脱""大快乐"。在情欲控制的技术和效果上,佛法的基本戒律和因果报应清晰一贯,处置也相对公平。佛法建立了一套极富人情味的救济体系,以观世音为代表的"救苦救难"菩萨分管人类居住的南赡部洲,承担化解人间冤屈哀愁的救世职能,赢得了广大

---

① [美]劳伦·本顿:《法律与殖民文化》,吕亚萍、周威译,清华大学出版社2005年版,第3页。

民众的衷心拥戴。总之，面对情欲，《西游记》中的佛法治理充满弹性，不断变幻，呈现多层面、多向度的动态均衡。

问题在于，当治理对象依循心性的情欲惯习很难改变，劝解的和平规训手段不成时，上界就会采用非常手段，用诈欺、强力、威吓、利诱多种方法软硬兼施、迫其就范。在天条与佛法协同治理过程中，新的情欲秩序依然带有浓厚的压制型特征。这种转型困境决定了以孙悟空为代表的戴罪群体向佛界的皈依，并非建立在完全的自愿选择基础上，因而带有极大的不确定性，需要外部力量的强大监督，无形中大大增加了法律治理的运行成本。这或许可以解释为什么如来高度重视财源问题，对索要人事的亲信有意放纵。

如果说天条和佛法是"天国的法"，那么，人间国度的王法就是"尘世的法"。作为某一特定区域的官家律则，国王与皇帝的权威总是极大的，但相对于天条和佛法，王法在效力上却要位居其后。相对于天条的一统性，王法具有地域性；相对于佛法的多面性，王法具有单向性。虽然王法的应然效力层级不高，但在具体的纠纷处理中，往往具有最直接的实际效力，正所谓"县官不如现管""天高神佛远"。在取经途中，师徒众人经常为王法律条问题展开争论，涌现出了不少反映明代法制的有趣话语。《西游记》全书一百回，谈论王法条律的有二十余处，平均不到五回就有一例，内容涵盖吏、户、礼、兵、刑等各类法律，刑律中又涉及贼盗、谋杀、诉讼、受赃、诈伪、犯奸等诸多方面。① 人间的王法虽然并不完美，也缺乏神法的权威地位，但在取经团队看来，却是最有用的法律武器。孙悟空喜欢征引律条声讨妖魔罪行，降服后还不忘再引据律文来一番模拟审判，推断其行为到底应受何种惩罚。唐僧喜欢搬出"律云"来劝阻徒弟可能的违法行为，徒弟们也会讥笑师父只会看经念佛，不懂王法律条。《西游记》中的王法话语多为调侃式语气，这当然可以理解为对压制型法的反讽，但也可作为尘世律法深度介入情欲治理的证明。

王法之所以受到取经人的重视和钟爱，与其相对缓和的情欲控制策略有关。王法之所以既没有像天条那样强硬清除情欲，也没有像佛法那样柔性规训情欲，

---

① 相关统计与分析参见林鸿雁等：《〈西游记〉与明律》，载《文史哲》1999 年第 2 期。

主要是基于治理情势、对象和意识形态的综合考量。就经济结构与生活方式的变革而言，它推动了情欲治理模式从外部强力的他律压制(Top-down Governance)向内部合意的自我治理(Self-Governance)转变。[①] 就治理主体和对象而言，无论圣主明君还是凡夫俗子都深知七情六欲的固执，只要是在不危及王朝根本的可控范围，在法律上给予世俗情欲相应的空间并非难事。就意识形态基础而言，与天条和佛法强调的"普世真理"不同，王法宣导的是"与民同乐"的和谐仁政，这就要求其必须贴近俗世，具备起码的公知、可行和程序正义。取经诸子对律条的频繁引用，说明王法的成文化和公知度都相对较高。《西游记》中还有层出不穷的契约话语，也说明自愿合意的治理模式非常契合市民生活的情欲实际。

王法对情欲的宽松治理，并不意味着其放弃了对情欲的全面控制。这只能说明，王法权威亟待提升，其背后的国家能力还处于休养生息阶段。在《西游记》中，玄奘取经既肩负弘扬佛法的使命，又贯行唐王的强国意图，隐喻着佛法与王法的协同治理。佛法若缺少了王法的实施保障，势必沦为抽象的空谈；王法若缺少佛法的真理普照，只能在有限的地域通过高成本的强力推行。王法可以借助佛法的意识形态，加大对情欲控制的力度；佛法可以通过王法的政治强力，发展更多信众，降低入教门槛。看来，正如福柯所言，对于法律的情欲治理而言，"异质性从不阻碍共存、汇合和衔接"。[②]

第三节　法律的情欲难题与综合治理

鉴于法律与情欲的既定悖反性，二者相互冲突、彼此控制的格局不会因时代与地域的差别而有质的改变。通过法律多元的理论考察，我们发现国家法的情欲治理危机是多元法律格局形成的重要动力。从单一的国家法刚性控制向多元法的综合治理，很大程度上是权力策略而非事物本质的改变。法律对情欲的综合治理

---

① 相关概念的解释参见 Daniel C. Esty, "Good Governance at the Supranational Scale", *The Yale Law Journal*, 2006, Vol. 115, pp. 1490-1562.

② Foucault, Naissance de la biopolitique. 转引自莫伟民：《福柯与自由主义》, 载《哲学研究》2012 年第 10 期。

策略，折射出多元化时代法律理念与现实、目的与功能的紧张，从根本上仍未消除法情理系统的内部矛盾。

法律对情欲的治理属于公共管理领域的典型"棘手难题"（wicked problem），具有价值判断困难、规则设定模糊、牵涉因素繁多、解决过程复杂、事后影响持久等特点。① 当代法治的诸多困境皆与此相关，例如合法性与正当性的困惑、形式正义与实质正义的冲突、理论效力与实然效力的差池等，都可从此难题中找到某些渊薮。为了应对困局。法律权威至上统治的结构要素不断削弱，为法律策略多元治理的过程博弈取代。抽离"综合治理"的特殊国家政治语义，将之置于一般历史经验的语境，我们认同这样的总结："综合治理强调从整体出发，根据各种因素之间的辩证关系，采用多种措施来有效地进行整治和管理。作为一种管理方式，它不仅可以在社会治安工作中大显身手，还可以运用于其他不同领域，针对不同对象。"②

对《西游记》叙事和隐喻的读解，我们要解释的重点是法律对情欲的综合治理。第一，个别治理与规则治理的综合。在《西游记》中，不同界域的法律具有不同的情欲控制标准，此种刚性的个别治理模式可以在界域内部发挥效能，但如果出现法律类型和情欲主体的跨界流动，先前的模式就会遭遇危机和挑战，让位于规则化的情欲治理体系。正式法律体系内部必须充分沟通，通过制度化的联盟战略，完成对情欲秩序的一体化建构，通过规则实现个别治理。在《西游记》中，天条与佛法首先联手，建立新的神法体系；神法再与王法沟通，完成对情欲的末端控制。其次，刚性管控与软法治理的综合。正式法律体系具有刚性治理的特征，但情欲治理需要的除了正式法之外，还包括大量的"软法"。"从最宽泛的意义上讲，软法是指那些虽采用某些规范性惩戒但并不以具有法律效力的规则或非正式的惩罚手段为依据的调控治理机制。"③软法属于法律多元的范畴，它借助综合治理网络的多方资源，实现对情欲的柔性管理。在《西游记》中，劝导、调解、

---

① W. J. Horst. Ritter & Melvin M. Webber, "Dilemmas in a General Theory of Planning Policy Sciences", *Policy Sciences*, 1973, Vol. 4, pp. 161-167.

② 郭成伟、姜晓敏：《依法治国与综合治理措施》，载《国家行政学院学报》2002 年第 2 期。

③ Anna di Robilant, "Genealogies of Soft Law", *American Journal of Comparative Law*, 2006, Vol. 54, p. 499.

谈判、斡旋、关系规范、民间习俗都是软法治理的方式或依凭。宽猛相济、刚柔并用的结构要素贯穿于情欲治理的始终。最后，外部治理与自我治理的综合。科层官僚法遵循自上而下和自上而下的沟通程序，缺乏灵活性、同步性、即时性和协调性，与强调整体性、网络化的情欲综合治理模式难以匹配。① 更重要的是，外部治理风险和成本巨大，远不及自我治理高效稳当。将多元法律整合为有机的情欲治理网络，必须完成内部化的赋能，通过下放权力、分享资源、签订契约等方式实现合作共治、自我管理。

当多元法律通过情欲治理的综合机制得到整合，新的纠纷解决途径就会出现。"这种途径可能是结合了许多外部因素和内部因素的一种综合体。"② 这种综合体潜藏着再度单一化的危险，正是这种危险提醒我们必须重视法律对情欲的元治理问题。元治理强调的不是单一具体的行动或制度，而是着眼于改善治理条件和规范框架，澄清和协调价值冲突，聚焦于政治权威如何通过法律、组织结构、制度策略以及其他战略促进和引导治理者自身情欲体系的建设和完善。③ 在元治理的视野下，法律对情欲的治理可以转化为情欲对法律的治理，不是法律规制情欲，而是情欲规限立法，影响执法、司法和守法。

---

① 参见刘波等：《整体性治理与网络治理的比较研究》，载《经济社会体制比较》2011 年第 5 期。

② 赵旭东：《族群互动中的法律多元与纠纷解决》，载《社会科学》2011 年第 4 期。

③ Jon Pierre, B. Guy Peters, *Governance*, *Politics and the State*, Macmillan Publishers Limited, 2000, p. 49.

第十七章

正统论的法理学

千百年来，人们固持一种成见：在秩序极度紊乱的时代，正义且有效的统治无从谈起。乱世与正统，作为一个对立范畴，如果存在关联，也是相互否定。此种状况的产生，盖因理想与现实的失衡，使得政治的核心问题难以解决。① 如孔子编订《春秋》，秉持"拨乱世，反诸正"的义理，将匡扶正统视为治理乱局之大要。然而，哲人理想与政治现实始终存在差池，历史似乎陷入了奇怪的循环：一方面正统不明，乱世不绝；另一方面，乱世不绝，正统亦无明定之机缘。作为此种历史感受的表征，治乱循环结、兴亡周期率等话语，莫不暗含克服乱世正统内在悖论的祈求。就常人观感言，乱世比治世更易发生，且更持久——由治而乱的恐惧如同梦魇，不仅纠缠着治国者，也让所有相关者感到焦虑不安。

乱世为何发生？正统如何识别？如何以正统治理乱世？围绕这些问题，有关乱世的正统论，构成了中国"统纪之学"的蜿蜒线索，也成为近世"法度"理论的重要策源。② 初周政局奠定中华正统始基，"大一统之规模与其大居正之制度，相待而成"。③ 然周失其道而春秋作，"仲尼悼礼废乐崩，追修经术，以达王道，

---

① 亨廷顿将政治理想与现实的失衡视为美国政治的核心问题，虽然他不愿意推而广之，但其理论范式亦可作为社会矛盾根源的阐释参考。参见[美]塞缪尔·亨廷顿：《失衡的承诺》，周端译，东方出版社2005年版，第4~13页。

② 参见饶宗颐：《中国史学之正统论》，中华书局2015年版，第3~5页；任锋：《南宋浙东学派的经世哲学》，载彭永捷主编：《中国政治哲学史》（第二卷），中国人民大学出版社2017年版，第334~380页。

③ 王国维：《观堂集林》卷十《殷周制度论》，载《王国维遗书》，上海书店出版社1983年版，第481页。

匡乱世反之于正，见其文辞，为天下制仪法，垂六艺之统纪于后世"。①《公羊传》遂有"君子大居正""王者大一统"二语，后世正统论多因之撮合而成。② 由是，君子修法守正与王者政刑教化构成互动关联。作为治国纲纪的法律，关系到匡乱世之枢机，明正统之要诀，内含多个维度。如法之经，似今之公理原则；法之史，似今之演进事实；法之文词，似今之立法条款——三者本为一体，共现正理，一旦裂分，正统即有沦为强势政治书写器具，或刑名律学注释技巧之凶险，势必倾堕零坠。诚如宋儒叶适所言："孔子殁，统纪之学废；经史文词裂而为三"。③ 在他看来，儒家经典相对于理想政治而言，记录是不整全的。特别是在孔子所处的乱世格局，对《春秋》内蕴的正统观，应从情、势、理三方面了解，才可明法之治道。④ 立基于此，近世儒家"透过法度纪纲来探求政治中常与变、经与权之间的关联，并揭示道与法的紧密理论关联"。⑤ 法度论之兴，显出乱世与正统内在的紧张，以及均衡导向的法理反思之必要与可能。

于今而言，乱世和正统关系的法哲学探察，更是一种迫切的理论需要，可以新的方法对经典素材加以新的阐释。这不仅是古典时代史家谱系书写的理论要求，也是当今风险社会格局下法治范式更新的实践之需。何为"乱世"？"乱世"如何发生？治乱交杂、时运变换间，法是否以及如何存在？乱世、法律与正统的关系庶几为何？凡此种种，皆是值得追问的法哲学问题，都可在对经典文本的深读慎思中重启认知。

第一节　为什么是"三国"？

在乱世正统的话语表达上，实事与情感兼具的史传演义，比起某些非黑即白的判断、游谈无根的思辨，更适合成为法哲学研究的叙事素材。在诸多乱世中，

---

① （汉）司马迁：《史记》，中华书局 2011 年版，第 2866 页。
② 参见饶宗颐：《中国史学之正统论》，中华书局 2015 年版，第 6 页。
③ 转引自饶宗颐：《中国史学之正统论》，中华书局 2015 年版，第 5 页。
④ 参见祝平次：《从"治足以为经"到"统纪之学"——论叶适对儒家经典的看法》，载《中央研究院历史语言研究所集刊》2005 年第 1 期。
⑤ 任锋：《"以法为治"与近世儒家的治道传统》，载《文史哲》2017 年第 4 期。

"三国"最为人津津乐道，很大程度上是因为《三国演义》的巨大影响。无论从被阅读和讲说的时间长度，还是从受众覆盖范围的广度，以及民众思想情感的塑造程度，在书写乱世的众多文本中，《三国演义》都是最受欢迎的，"三国"几乎成了"乱世"的代名词。① 三国演义之所以受到这样的欢迎，除了对乱世图像及其因果关联的详尽描绘，还因为正统明确、义理鲜活。在《三国志通俗演义引》中，修髯子言道："史氏所志，事详而文古，义微而旨深，非通儒夙学，展卷间，鲜不便思困睡。故好事者，以俗近语，檃括成编，欲天下之人，入耳而通其事，因事而悟其义，因义而兴乎感，不待研精覃思，知正统必当扶，窃位必当诛，忠孝节义必当师，奸贪愚佞必当去，是是非非，了然于心目之下，裨益风教广且大焉。"②数百年来，人们对三国故事不断阅读、反复讲论，从中找寻拨乱反正之奥道，修齐治平之良方。在特定历史文化语境中，前人的阐释和读解免不了落入窠臼：或从具象上品评权术，或从抽象上分析时运，从而遗漏正统的法意根本，将法律制度规范的治理功能，或笼罩于道德，或定格为刑杀。但此种境况，近代以降有了些许改变。其时，中国在内忧外患中进入新的乱世格局，法治主义思潮激荡，依凭正统的"法治救世论"被再度激发。无论礼教派还是变法派，都未曾从根本上否弃正统法对于治乱世的关键作用，只不过在策略上出现了"回复 VS 重建"的路线之别。在马克思主义指引下，新一代知识精英将"旧邦新命"视为法律正统再造、社会秩序重构的核心，一方面引入新的理念、知识和方法，另一方面创造性诠释传统儒家的正统理论，积年累月，哲学认识有了"接着讲"的开新气象。中华人民共和国成立后，三国故事的正统论并未被视为全然的封建糟粕，法统论似乎也是一个可以探讨的问题。改革开放后，依法治国话语勃兴，法学界将关注点放在公权控制和人权保障，《三国演义》被视为权谋论经典，成为法治理念的反面典型。作为影视文化现象的"三国热"，开始让这部乱世奇书焕发新的时代光彩，但法治启蒙的微光尚未让大众真正走出思想的洞穴。诚如论者所叹：对于道义主题鲜明的《三国演义》，仅看到英雄悲歌或权谋

---

① 参见[韩]金文京：《三国演义的世界》，丘岭、吴芳玲译，商务印书馆 2010 年版，第 2 页。
② 丁锡根编：《中国历代小说序跋集》，人民文学出版社 1996 年版，第 888 页。

运筹，实在是说不过去的。① 在此背景下，着眼乱世正统主题的法哲学进路显得必要且可能。②

　　首先，"法哲学"是舶来话语，而"正统论"却是个典型的中国问题——如何跨越这个"鸿沟"？循名责实，这个问题其实不难回答。在论及中国哲学时，黑格尔曾说："更令人惊叹的是，这个民族拥有自远古以来至少长达 5 千年前后相连、排列有序、有据可查的历史，记述详尽准确，与希腊史和罗马史不一样，它更为翔实可信。……在任何情况下，它都把自己的特性一直保持下来，因此它始终是独立的帝国。这样，它就是一个没有历史的帝国，只是自身平静地发展着，从来没有从外部被摧毁。其古老的原则没有被任何外来的原则取代，因此说它是没有历史的，所以我们在谈论这个帝国最古老的历史时，并不是谈论它的以往，而是谈论它当今的最新形态。"③中国古代固然没有"法哲学"语词，但并不缺少法哲学的研究对象和思想素材，在延绵不绝的"古老原则"中，正统论是显要的一脉。近年来，学界经过梳爬整理，对经典文本重新阐释，不仅证明了中国法哲学的存在，而且其在内容和形式上都具有自身特色，甚至可能成为治疗"法律东方主义"的良药。④ 对于西方法哲学，政治合法性问题由来已久。对于中国法哲学，合法性理论却方兴未艾。相比而言，中国现今的理论话语仍在尾随西方，即使译者有意采用"正统性"等语词，在统治与服从的关系论述上，并未超出韦伯在 20 世纪初的见解。中国本有的正统学说能否以及如何在法哲学上阐述？对此，法学界有了问题意识，但尚未形成通说定论。钱穆曾说："中国人言法，亦如言礼。

---

① 参见沈伯俊：《〈三国演义〉的精髓在道义而非谋略》，载于丹等著：《国学十讲》，东方出版社 2015 年版。
② 在柏拉图笔下的苏格拉底看来，有关法的学问乃是正义的科学，区分善恶的科学与公正惩罚的科学实际上是同一种学问。法学是哲学的硬核，而非无足轻重的分支；哲学是法学的升华，绝非无缘无故的呓语。法学与哲学都密切关注政体治理的技艺，它们都导向有关灵魂秩序的智慧。参见[美]托马斯·潘戈尔编：《政治哲学之根：被遗忘的十篇苏格拉底对话》，韩潮等译，商务印书馆2019 年版。
③ 《黑格尔全集》(第 27 卷第 1 分册)，刘立群等译，商务印书馆 2014 年版，第 114~115 页。
④ 如李龙：《中国法理学发展史》，武汉大学出版社 2019 年版；屠凯：《日就月将：十五至十六世纪的中国法哲学》，法律出版社 2017 年版等。

乃一种规矩，一种制度，一种模范，一种律则。……亦可谓法即人生，人生即一法。"①在此意义上，先从经典中提炼"乱世正统"这样的基本范畴，再从思想史、学术史、话语和制度等层面展开系统研究，不失为立足传统、沟通中西的妥帖做法，相对于文化精神大不同的西方法哲学，也未尝不是一种有意义的反转与补齐。

其次，在中国法哲学语境下阐释乱世正统问题，重要思想前提在于"治乱"话语厘清。将乱世与正统简单对立者，未必明了乱世正统的辩证法，特别是"礼法崩坏"表象后的正统存续、竞斗和新生的进化契机。② 实际上，古圣先哲对乱世的积极面早有体认。"乱"，本意为"整理""治理"，后引申为无秩序、无条理、社会动荡不安等义。③ 古人作乐，尾曲不如前齐整，故称乱；为文作赋，讲究"乱以理篇，迭至文契"。④ 乱，理也，有"总括"之意。历朝历代，治国讲求总乱之理，乱世书饱含治世理。"天地闭，贤人隐"，谓之乱世——从表面看，这正是中国古人的"明夷"智慧。易曰："明夷，利艰贞。"此卦象征光明受阻，黑暗秉权。其消极面为"明哲保身"，其积极面则是"将以有为"。明乎此，可知乱世哲学之精微辩证。⑤ 进而言之，如何在艰难困苦中守持正道，等待时机？对国家政体而言，这不仅是单纯的个人道德修养问题，更是一个有关法律治理的正统性难题。《三国演义》之所以能影响至今，绝不仅仅因为它是一部经典文学名作，更重要的是，其内蕴的丰厚法哲学讯息，可谓古今中西的正统论话语提供一个扭结的端口。

再次，"乱世正统"的法哲学研究，需要通过新的综合性"法理"概念广涉多重视阈，打通西方法哲学与中国文史学的观念阻隔。⑥ "法学对法律现象的研究

---

① 钱穆：《现代中国学术论衡》，生活·读书·新知三联书店2001年版，第214页。

② 乱世出，礼法亡，似乎是古往今来的一个定见。如顾炎武论及周末风俗时曾说："春秋时犹尊礼重信，而七国则绝不言礼与信矣。"(《日知录》卷十三)今人对乱世的看法，如出一辙。参见李庆西：《三国如何演义：三国的历史叙事与文学叙事》，生活·读书·新知三联书店2019年版。

③ 在金文和小篆中，"乱"表意为双手整理杂乱丝线之象。参见魏励：《常用汉字源流字典》，上海辞书出版社2010年版，第261~262页。

④ (梁)刘勰著：《文心雕龙辑注》，(清)黄叔琳注，纪昀评，中华书局1957年版，第87页。

⑤ 参见任毕明：《乱世哲学》，正光书局1944年版，第9页。

⑥ 参见张文显：《法理：法理学的中心主题和法学的共同关注》，载《清华法学》2017年第4期。

是全方位的，即不仅要研究法的静态而且要研究法的动态；不仅要对法进行共时性研究，而且要进行历时性研究；不仅研究法的内在方面，而且要研究法的外在方面；致使法学与其他学科存在一系列双边论题或多边论题，这就需要法学与哲学、史学、经济学、政治学、社会学、伦理学、逻辑学、行为科学等学科进行沟通、对话和合作。"①作为阐释法存在的学问，法哲学不仅与政治哲学有天然亲缘，②与法史学、法社会学、法经济学、法伦理学等亦有紧密关联。③近年来，法哲学与行为科学的互动愈益频繁，在人工智能、情感正义等问题上的合作研究成果众多。但法史学、"法律与文学"，仍是亟待在法哲学上强化的领域。无论西东，哲学智慧最初都是以可信、可知、可感的言辞表达——所谓"文史哲不分家"，后世的法学亦奉此整体为圭臬始基。从历史文学叙事中寻找法哲学的灵感和素材，获得方法论上的补充，本是"文学中的法"之要义。④但当科学主义细分研究系统，法律科学日渐独立，在法教义学一枝独秀的情状下，法哲学与文史传统的分裂才成为时代症候。在苏力看来，"如今更重要的也许是更经验主义地、更务实地系统重构和解说中国文史传统中的一些命题和判断，在社会科学层面理解历史中国的精巧指导员系统"。⑤但就法律与文学研究而言，在欧美，其深受法律科学主义影响，很难脱离法教义学规限，体认文学文本对于法学理论的经典意涵。一方面，在法教义学的主流框架下，无法形成自主叙事的理论品格，"文学法理学"意识普遍不足，与法哲学根本问题失联脱嵌。⑥另一方面，过重现代

① 张文显：《法哲学范畴研究》（修订版），中国政法大学出版社2001年版，第1页。

② 如政治哲学研究可以从"三国杀"游戏中发现规则的奥道：游戏者的每个行动是有确定的规则来作为判定是否合法有效之依据，但它独特之处在于，游戏者并不在一个被彻底框死住、没有任何改变可能的规则系统里行动。换言之，参与者都既服从规则，又突破规则；突破规则本身也成为规则的一部分。参见吴冠军：《"三国杀"与政治哲学》，载《读书》2014年第5期。

③ 按照德国传统，法学可分为法教义学与基础研究。前者可依据法律部门进一步区分，后者主要从外学科视角出发判定，如从哲学角度研究法学就是法哲学，从历史学角度研究的就是法史学，从社会学角度研究则形成法社会学，等等。参见雷磊：《法哲学在何种意义上有助于部门法学？》，载《中外法学》2018年第5期。

④ 关于"文学中的法"的学术史考察，可参见许慧芳：《文学中的法律：与法理学有关的问题、方法和意义》，中国政法大学出版社2014年版。

⑤ 苏力：《岂止方法？——文史传统与中国研究》，载《开放时代》2021年第1期。

⑥ 参见廖奕：《文学律法的伦理光照》，载《外国文学研究》2015年第2期。

技术衍生的文本(如电影)讨论，毕竟，"电影中的法律替代不了文学中的法律，因为文本精读更可能引发理论反思"。① 缺失了文本精读及理论反思，法文学与法哲学的阻隔也自会不断加剧。由此不难理解，为何多数法律学者难有解读三国的欲念，即使偶尔为之，顺带提及，也不过是以今评古，点到为止。即使专事法律与文学研究的学者，对《三国演义》的兴趣，也远不及好莱坞电影或莎翁戏剧。总之，在文本阐释上，法学与文史研究不应有天然畛域，遑论人设沟堑。

就乱世正统主题而言，《三国演义》的文史研究值得认真对待，从中发现法理反思的核心问题。② 毛氏父子在《读三国志法》中开篇明言："读《三国志演义》者，当知有正统、闰运、僭国之别。正统者何？ 蜀汉是也。僭国者何？ 吴、魏是也。闰运者何？ 晋是也。"③文史学界虽总体认同毛氏父子的前设框构，但也有不少质疑之声。如在 20 世纪 80 年代初，即有学者提出，三国演义并非以蜀汉为正统。小说开端尖锐谴责东汉末年帝王的昏聩，最终酿成国家分裂、诸侯割据、军阀混战的恶果。对傀儡帝王以及刘备的继承者——昏庸无能的刘禅，都在不同程度上进行嘲讽和谴责，毫无尊崇汉室正之意。④ 的确，在三国故事中，并没有一以贯之的无敌主角，更没有道义权谋完美结合的至尊圣王。刘备也好，诸葛亮也罢，曹操自不必论，其形象都具有内在的矛盾性，反复无常、前后不一、扑朔迷离的形容并不为过。民国时期，鲁迅、胡适诸君对《三国演义》的批评，都指向了这些"自相矛盾"的斑驳描写。⑤ 对此，现今版本研究认为，旧本中那些描写刘备虚伪狡诈、孔明乱计失策，以及赞扬曹操，称颂其有王霸之才的文字，都被毛氏父子删削，但残迹依然留存，故而出现前后不一、相互矛盾。⑥ 艺术论考察则提出，人物描写的矛盾符合中国古代哲学的思想设定，体现了内在与外在、无为

---

① 苏力：《"一直试图说服自己，今日依然"——中国法律与文学研究 20 年》，载《探索与争鸣》2017 年第 3 期。

② 相关论著目录，参见沈伯俊、谭良啸编著：《三国演义大辞典》，中华书局 2007 年版。

③ 参见郭素媛：《〈三国演义〉的诠释学研究》，中国社会科学出版社 2017 年版，第 126 页。

④ 参见冒炘、叶胥：《重评〈三国演义〉的正统思想》，载《苏州大学学报(哲学社会科学版)》1982 年第 2 期。

⑤ 参见陈其欣选编：《名家解读〈三国演义〉》，山东人民出版社 1998 年版，第 3~16 页。

⑥ 参见黄中模：《论毛宗岗评改〈三国演义〉的主要思想意义》，载《明清小说研究》1986 年第 1 期。

与有为、进取与退隐的互相结合，非但不是缺点，反倒是作品的长处。① 叙事研究亦主张，此种悖谬，"恰好印证了这部小说美学意义上的复杂性，其中有些问题可以作进一步辨析，好像不只是一种'缺点'"。② 在历史叙事和文学叙事之间，《三国演义》实际上是士人话语对"三国"故事的重写，其文本意义之下蕴藏士人阶层的文化价值观。③

这些理论争议，表面上均未触及法哲学问题，但实则隐秘相关。试问，没有史家正统论和文人正统论的辩证统合，乱世正统的哲学意涵如何呈现？没有精英法理与大众法意的勾连整合，良法善治的繁复机理如何塑造？就正统观而言，一方面，政治家与史家存在明显的区别："政治家讲正统，体现了政治家的政权连续性意识，促使有作为的政治家以统一中国为己任；史学家讲正统，体现了史学家的政权连续性意识，促使史家不断以正统观念编撰正史或改编史书，正史成为中国文明连续性的重要载体。"④另一方面，二者同属于精英正统话语，在实践中合力塑造延续性的正史传统。而大众的正统观，一直被排斥在历史叙事的主流之外，它似乎成了一个理论上棘手、实践中放手的"局外人"——这就需要历史文学的法理叙事加以成像。也是沿此思路，海外研究者才发现，《三国演义》作为转型时期的"文人小说"，不同于一般的"史家小说"，其蕴含多样混杂的正统观类型和新的法哲学转向讯息。具体而言，作为大众社会背景下新儒学体系再加工的产物，《三国演义》已有别于以往的通俗文学，其映现的文人观念严肃而惆怅，其精致含蓄的反精英话语，易被普罗大众喜闻乐见，但未必能够真正深刻理解。⑤ 对精英而言，《三国演义》体现的历史反讽风格和颠覆力量，回应了乱世格局下政治家的反思需要，并让作为治理根本的正统问题逐步为大众意识感知。⑥

---

① 参见王丽娜：《国外研究〈三国演义〉综述》，载陈其欣选编：《名家解读〈三国演义〉》，山东人民出版社 1998 年版，第 498~499 页。

② 李庆西：《三国如何演义：三国的历史叙事和文学叙事》，生活·读书·新知三联书店 2019 年版，第 373 页。

③ 参见李春青：《对"循环阅读"批评方式的尝试——重读〈三国演义〉》，载《学习与探索》1999 年第 5 期。

④ 王培华：《正统论与中国文明连续性》，载《社会科学辑刊》2002 年第 2 期。

⑤ 参见郭素媛：《〈三国演义〉的诠释学研究》，中国社会科学出版社 2017 年版，第 153~153 页。

⑥ 参见[美]浦安迪：《明代小说四大奇书》，沈亨寿译，中国和平出版社 1993 年版，第 318 页。

比如，在演义文本中，春秋笔法举目可见，其间的微言大义无不秉持经典正统观。同时，故事又展示了治乱循环、天命无常的大众困惑，让精英念兹在兹，警之惕之。据此，我们可以合理推论：《三国演义》的原旨并非为了彰显或强化既定的精英正统观，否则何须在史书外再去演义？亦非纯为讨好逢迎平民大众，满足其声色口味，不然，为何不大书特书更直接的市民情欲，偏要以历史英雄人物的事迹为底本？所以，用纯粹的精英史观或大众文学观，评判其主题命意都是偏颇的。或可认为，《三国演义》系经年累积而成的集体作品，参与创作者或出身底层、境遇凋零，或踪迹诡谲、行为另类，所处时代动荡不安，其正统观念自然呈现历史的变动，有碎片性；加之政治上的犹疑，士大夫进取心和退隐欲的矛盾，锻造出面对正统礼法秩序时的复杂情感心理。从内容上看，《三国演义》至少包含正统论的三重映射：三国历史语境下的正统论、三国叙事文本形成中的正统论和文本传播、再衍义中的正统话语。在中国缓入近代的洪流中，创作者、演说者连同无数的受众，不断改写叙事文本，这决定了集体作者的正统观带有浓厚的沟通、交联与涵摄特质。三国叙事，建构起儒家正统的理想国，为近世革命伦理评判之激发、情感动员之铺展，以及律法再造之刺动，均有大功。由是可说，《三国演义》的新文化风格和累积创作特征，体现了正统论话语不同以往的世俗化转向，折射出中国固有法观念的系统变迁，彰显出特色鲜明的法哲学意涵；它不仅有丰厚的文史艺术价值及历史政治内蕴，亦可作为整合多重视阈、破解治乱谜题的法哲学素材。

最后，乱世正统的法哲学研究还需要找到理论叙事的红线，博观约取各方研究成果，在新的运思下，将其勾连成一个阐释的整体。如拉德布鲁赫所言："正统主义(Legitimismus)源自一种从无间断的循序渐进的历史思想的范畴中出发，而为政治行为订立规范的观念。它将法学的有效性理论和法律科学的思考方式非常合理地提升为政治纲领。"①鉴于上述，本书忠实依循《三国演义》的文本线索，以乱世发生为问题切入，以乱世进程中的正统争端为叙事红线，借以呈现政治行为与法律规范的幽暗关联，阐释法正统与正统法的辩证关系，进而讨论正统论的

---

① 　[德]拉德布鲁赫：《法哲学》，王朴译，法律出版社 2013 年版，第 104 页。

法哲学意蕴。

第二节　乱世的正统竞争

《三国演义》的开场白颇为重要：

> 话说天下大势，分久必合，合久必分。周末七国分争，并入于秦。及秦灭之后，楚、汉分争，又并入于汉。汉朝自高祖斩白蛇而起义，一统天下，后来光武中兴，传至献帝，遂分为三国。推其致乱之由，殆始于桓、灵二帝。桓帝禁锢善类，崇信宦官。及桓帝崩，灵帝即位，大将军窦武、太傅陈蕃共相辅佐。时有宦官曹节等弄权，窦武、陈蕃谋诛之，机事不密，反为所害，中涓自此愈横。①

"天下大势，分久必合，合久必分"，这一毛氏父子补增的"金句"，似乎成了中国历史轨迹的形象描绘。长期以来，不少精英人物都坚定地认为，合则兴，分则乱——"由合而分"乃纷乱祸事之由，不可不深究，不可不防范。然而，此种心理惯习容易陷入机械循环论。一旦入此窠臼，势必遮蔽真正的科学发问：到底是怎样的机制导致乱世发生？"大一统"是否必然意味着治理？"三足鼎立"是否一定就是纷乱之源？分，未必就会乱；合，未必就会治。在三国演义的观念叙事中，乱世是一个持续发生的过程，开篇的"合久必分"是一方面，文末的"分久必合"则是另一方面。这只是一种政治时间话语，并非意味着"致乱之由"。探究治乱之由，固然需要体察分合之势，但并非将其作为对应的原因答案。乱世的发生，与其说是政治分裂的结果，毋宁视为其最严重的表征。从发生学上看，乱世乃是带有自生自发性质的系统过程，它与法律治理成效，特别是正统资源占有状况密切相关。三国描绘的历史画卷，展现了各方围绕正统资源持续而激烈的争端，引出了一个重要的法哲学命题：乱世的发生，与正统法的危机，实为一体二

---

① （明）罗贯中：《三国演义》，刘世德、郑铭点校，中华书局 2005 年版，第 1 页。后引皆出此书，页码标于正文中。

面；而治理的降临，与法正统的重建，亦密不可分。周末故事，与三国故事一样，都贯穿了礼法衰微与正统坠亡并步而行的法理危机。

乱世发生之因极为繁杂，但其演进过程有迹可察，甚至有规可循。福山认为："汉朝的崩溃原因多种多样，涉及早先政治平衡的方方面面的变化。由于外戚和宦官的干涉，汉朝皇族的团结和它的合法性受到严重破坏。"①三国演义对汉末治乱之由的推论，未必符合史实及当下之认识。若将治乱之由，改换为乱世之端，多数人大概不会反对。

从历史研究的结论看，东汉末年的纷乱大势，肇端于引发正统危机的高层政治斗争，其之所以难以调和，法制不彰算一因由。黄仁宇在《赫逊河畔谈中国历史》一书中谈及，东汉与西汉本是一脉相承，400年的法制未有大的创作，故而承平日久乱局难收。"三公都是虚设，到头仍是寡头统治。同时官僚机构的组织，由上至下，只用刑法做主宰，没有民法的指出。法律既不能相次展开，民间经济发达到某种程度，政府在技能上无力处理社会所产生的各种繁复问题。朝中的权力斗争，却仍以道德名义作张本，其中女后，外戚，宦官，朋党搅作一堆，公事与私事混淆。"②从桓帝禁锢善类、崇信宦官这一"致乱之由"，我们也可看到，法律治理与正统教义逆向而行，由此引发统治集团内乱。就细节论，引出党锢之祸的，即是执法不公之事，但这竟成了皇帝利用宦官整治士族的借口。③党锢之祸，动摇了儒家士大夫的政治根基，败坏了朝政风气与秩序，甚至塞绝了读书人治国理政的进仕通道。士大夫集团裂变为在朝的投降派、保守派，或在野的隐逸派、抗争派。统治集团的政治斗争，从宫廷扩展到朝堂，从朝堂波延到江湖，成为社会整体动荡的恶兆。若问上层为何要残酷斗争，甚至不惜武装决裂？精英集团为何会从均衡联盟转向敌对斗争？或曰，此乃经义应然与权势实然的矛盾不可调和之故。用时下流行的学术话语，即是根深蒂固的皇权专制使然。这种解释如果可以适用于乱世的成因，那么，它就很难洞穿盛世的神话——同样是皇权专

---

① ［美］福山：《政治秩序的起源：从前人类时代到法国大革命》，毛俊杰译，广西师范大学出版社2012年版，第135页。

② 黄仁宇：《赫逊河畔谈中国历史》，生活·读书·新知三联书店1992年版，第40~41页。

③ 参见王煜焜：《后汉"党锢之祸"起因新探》，载《唐都学刊》2013年第1期。

制，为何结果表现殊异？究竟是皇帝制度本身的问题，还是支撑皇帝制度的"正统法"在结构上出了问题？从东汉乱世的发生来看，应是后者。在天命观的论证下，君主权力至高无上，外戚专政必须制衡，于是桓帝选择了宠信宦官，强化爪牙。恰逢士大夫自诩清流，热衷妄议，对君权既无支援，反添其乱，折损其威，成为律法打击的首选对象。结果是：正统漂移，无法强化法律的正当性；法律孱弱，无力匡复正统的偏移。由此，宦官与外戚的内廷之乱，延及朝臣（外廷）之乱，最终导致政治系统顶层的整体混乱。

若只是高层内部的权力之争，通过强势集团的雷霆手段，假以时日，平定纷乱也并非难事。但至为糟糕事，往往会在顶层动乱后接连发生，正所谓"政治危机的连锁反应"。比如，自然灾害、外族入侵、民间的抗税和暴动，都可能成为压垮骆驼的最后一根稻草。此时，如果统治集团仍不能基于正统律法，明确底线、调整规则、重新团结、有效凝聚，机遇一旦丧失，累积的危机势必演变为长久的乱局。

在《三国演义》中，黄巾之乱表征着东汉政权正统性危机的再度加剧。"苍天已死，黄天当立"的说法，已危及"德运""天命"的统治根本。但起义还是失败了。因为，汉室的正统资源并未枯竭，反而在讨贼的新形势下回光返照。一时、局部的人心确实重要，但它并非正统的唯一决定因素。黄巾举事时，"青、幽、徐、冀、荆、扬、兖、豫八州之人，家家侍奉大贤良师张角名字"。（第2页）由此，张角判断道："至难得者，民心也。今民心已顺，若不乘势取天下，诚为可惜。"（第3页）但人心终归是易变的，人心背后，还有道义、实力、谋略、机遇等多种正统资源。作为政治根基的正统性，并不仅仅取决于一时一地的人心，暂时的分合衰兴也只是表象。借用韦伯的理论术语，它是广摄包容传统型权威、卡里斯玛权威和法理型权威的综合范畴。严格意义上的正统颠覆或断绝，不会轻易到来；在危机中，正统具有自我修复的机能。在《三国演义》开篇，张角的失败或可表明之。

从平定黄巾之乱的过程看，汉帝国的政令法度并未完全紊乱。高层之乱和底层之乱，虽已出现接续燎原之势，但仍是可控的"乱"。并且，乱中之机很明显，如果顶层调控得当，可以成为治乱理纷的大好时机。但对平乱本身，法度缺少应有的控制，其结果是，军功集团（军事派系）的无序崛起。军功集团本身并不可怕；可怕的是，军权失控，霸业取代王道，霸统压过正统。在历史上，汉灵帝并非十足的昏君，至少，在军事布局和调配上展现了一定的政治谋略。他一方面下旨发动地方武装征兵剿乱，另一方面强化禁军力量，建立西园八校尉之类的新军制，避免地方诸侯坐大。在重要的战略要地，如幽州、荆州、益州等，他还安排了汉室宗亲直接掌控。但董卓率领的西凉军外入，打破了这种战略布局，撕裂了平乱后暂定的力量均衡。东汉征羌，羌人不服，董氏趁机扩充实力，最终问鼎东都，掌握核心权力。有论者认为，埋葬东汉帝国的乃是羌汉战争，因为东汉政府的收缩政策和对凉州利益的漠视，引致东西部矛盾不可解决，达到全面对立的程度。① 此种论说，点出了后汉军功集团，特别是董卓集团勃兴的隐秘内情。如果董卓是一个尊奉正统的良臣善人，他或可倚仗军威权谋，暂时安定天下。但此论也忽略了董氏废帝之举，实在过于武断草率，此等颠覆礼法、僭越正统之举，为诸侯举兵提供了再好不过的口实，也为日后更大规模的惨烈内战拉开了序幕。因而，汉室正统性的真正危机，始于董卓作乱，而董卓作乱又始于废帝。正是董氏僭越正统的罪行，让各方诸侯找到了矫诏征伐的理由。而军事派系的混战，让摇摇欲坠的帝国进入最后的黄昏。

先是为争国玺，袁术唆使刘表截击孙坚，两家结仇。② 后是为争钱粮地盘，袁绍唆使公孙瓒出兵冀州，两处火并，董卓讲和。为复旧仇，孙坚起兵讨伐刘表，身亡败北。③ 董卓自此愈加骄横，肆行无忌。王允用计清除董卓后，罔顾仁慈，当赦不赦，善后不当，引发动荡。王允虽世家出身，然其行其识皆无远虑，对修复正统毫无规划。在他下令处死蔡邕后，某大臣私叹："王公其无后乎？善

---

① 参见王勖：《羌汉战争与东汉帝国的东西矛盾》，载《西北民族大学学报（哲学社会科学版）》2007 年第 5 期。

② 自秦汉以降，人们习惯上视秦之传国玺为正统王朝的象征性符号。元初名儒郝经在《传国玺论》中指出："天下之人，遂以为帝王之统不在于道而在于玺，以玺之得失为天命之绝续……而五季更相争夺，以得者为正统。"参见刘浦江：《德运之争与辽金王朝的正统性问题》，载《中国社会科学》2004 年第 2 期。

③ 袁术和孙坚争夺国玺之事，并不见于正史，裴松之也对其作了辨伪。罗贯中之所以罔顾史证，大加渲染，为的正是在乱世英雄的书写中，凸显正统争夺的主题。参见齐裕焜：《乱世英雄的颂歌》，载张净秋选编：《名家品三国》，中国华侨出版社 2008 年版。

人国之纪也。制作国之典也。灭纪废典，岂能久乎？"（第48页）西凉军为求自保，加以为董卓复仇为由，进击长安，诛杀王允，生出大乱。

透过三国画卷的分合治乱，各方在乱局中的正统争端和典范迁移凸显无遗。作者似乎想要告诉世人：乱世是一种常态，而正统永远会在非均衡的状况下成为博弈对象。换言之，乱世的发生，与正统的运动，实为一体二面。犹如一条湍急的河流，看起来危险重重，但经过探察，人们还是可以找到类似"流体力学"之规的。

比如，当乱世格局演化到正统危机的深重程度，各方竞斗必定不断加剧，演化为正式的争端。起初，军阀只是对正统的局部资源进行争夺，渐渐地，拓展到整体改换的图谋及实践，亦即史家所说的"篡夺"。当然，正统之所以存在，就在于其端绪难绝，要想用新的东西整体更替，绝非易事。三国演义中的正统争端，均以改造式延续收场。值得注意的是，这种正统的争端过程，并不能作为混乱加剧的原因来理解。它只是一种后果的表征，并暗含了均衡和治理的契机。社会冲突具有正向功能，正统争端也有被忽略和掩盖的积极意义。

先说曹魏。借助西凉军内乱和平定黄巾余乱的机会，曹操奉旨剿贼，招安受降，整编精锐，余者归农，同时揽贤纳士，自此威镇山东。此时的曹操，仍有无法无天的军阀做派，为报父仇，不惜"死者万数，泗水为之不流"。[1] 但当献帝宣召曹操兴师护驾后，他的"正统建设"便很快提上日程。当时，汉室气象已穷途末路，满目净是衰亡命数：

> 帝入洛阳，见宫室烧尽，街市荒芜，满目皆是蒿草，宫院中只有颓墙坏壁。命杨奉且盖小宫居住。百官朝贺，皆立于荆棘之中。诏改兴平为建安元年。是岁又大荒。洛阳居民，仅有数百家，无可为食，尽出城去剥树皮、掘草根食之。尚书郎以下，皆自出城樵采，多有死于颓墙坏壁之间者。汉末气运之衰，无甚于此。（第74页）

与全然不顾正统的董卓不同，曹操掌权后，努力将自己打造为匡扶汉室的头

---

[1] 《三国志·陶谦传》。

号忠臣。① 虽然史书记载的曹操不信天命，不信鬼神，② 但与董卓相比，他是有底线的权臣，曾经深受献帝的信赖。③ 对内，他任用得力部属，分司负责，健全班底；对外，破除刘吕之盟，收揽刘备，并借袁术称帝之机，平袁灭吕。在此间的几次战役中，曹操凭借正统，将武功与权谋紧密结合，充分展现了卓越的法家才干。剿除吕布后，他威名鼎盛，权倾朝野，难免野心膨胀，谋求僭越。敏感脆弱的天子眼里依然不容沙粒，于是故伎重演，用"衣带诏"发动外戚，启用刘皇叔这样的新晋宗亲扳倒权臣。基于正统性的考量，事发后，曹操克制怒气，不废献帝，杀了董承与贵妃泄愤。如其谋士程昱所言："明公所以能威震四方，号之天下者，以奉汉家名号故也。今诸侯未平，遽行废立之事，必起兵端矣。"（第134 页）之后，刘备借助天子的衣带诏，与袁绍共讨曹操。主簿陈琳主笔的檄文，激出了曹操一身冷汗。令曹操紧张者，无非是"名义"之不存，"正统"之非难。④

　　对精明的曹操而言，刘备是个显在的威胁。但他并没有急于清除，反而试图大义感化，收为己用。一个重要原因就是，乘人之危杀害刘备会丧失人心，于大义不合。⑤ 对后来的关羽，曹操也是如此这般。这不仅仅是曹操"王霸之度"的表现，更是基于维系忠义正统的战略考量。⑥

　　官渡之战成就了曹操集团的绝对优势，这一军事胜利，与其对正统性的长期苦心经营密不可分。在官渡战前，操闻孙策死讯，便欲起兵江南。谋士谏曰：

---

　　① 曹操虽早有"挟天子以令诸侯"的打算，但在迎献帝后并未急切表现，至少在当时舆论看来，他不仅立了大功，还被很多人寄望去复兴汉室。据曹操自述，直至面临袁绍大军压境，他自觉不敌，想的却还是"投死为国，以义灭身，足垂于后"。他之所以蜕变为后来的权臣，也是因为"诚恐己离兵为人所祸也。既为子孙计，又己败则国家倾危，是以不得慕虚名而处实祸"。参见《三国志·武帝纪》注引《魏武故事》，第 33 页。

　　② 参见郭沫若：《替曹操翻案》，载《人民日报》1959 年 3 月 23 日。

　　③ 田猎僭越事件后，献帝对伏皇后的委屈哭诉，倒也表明了曹操的早先忠诚。

　　④ 衣带诏赐予了刘备起兵反曹、匡扶汉室极大的合法性，成为与其汉室宗亲名号相得益彰的核心政治资本。王夫之甚至认为诸葛亮愿意跟随刘备，也基于衣带诏赋予他的反曹合法性，所谓"以先主方授衣带之诏，义所可从而依之也"。参见王夫之：《读通鉴论》卷十，中华书局 1975 年版，第 306 页。

　　⑤ 参见伏漫戈：《罗贯中在〈三国演义〉里对乱世的反思》，载《唐都学刊》2013 年第 2 期。

　　⑥ 裴松之如此赞美曹操："去不遣追以成其义，自非有王霸之度，孰能至于此乎?"参见罗贯中：《三国志通俗演义》，上海古籍出版社 1980 年版，第 259 页。

"乘人之丧而伐之，既非义举；若其不克，弃好成仇。不如因而善遇之。"（第166页）操遂罢战，并奏封孙权为将军。可见，曹操集团并非穷兵黩武的势利军阀，"师出有名"既是战争获胜的要求，更是政治合法性的铁律。也是因为这次罢战，孙权集团得以休养生息收拾民心，为江东带来了难得的短暂和平。官渡之战并非单纯法家路线的胜利，因为此时曹操思想的主旨，可用"治定礼为首，拨乱刑为先"一语概括。[1] 统摄礼法之治的枢机，正是曹操维护和依凭的正统。无论曹操内心是否真正尊崇汉室，但从其崛起过程看，确实是借助正统资源获益匪浅。

再说刘汉。欧阳修对"正统"有一个经典定义："正者，所以正天下之不正也，统者，所以合天下之不一也。"在他的定义中，道义之"正"和功绩之"一"的标准并在。[2] 以此观之，正史中的刘备，虽自称汉室宗亲，但实为乡间商贾出身，其延续正统的能力、功绩与其志向殊难匹配。他以军功获得了武装和名位，却屡不得志，毕生都在大义和权谋的两端徘徊。这种路线极易出现两极化的矛盾效果：若能成功则有一统天下之望，若是失败也只需只言片语之间。

作为乱世枭雄，在孔明出山前，刘备可谓一败再败，寄人篱下，颠沛流离。衣带诏事件后，其事业再次陷入低谷，但他的正统性资源却与日俱增。在危机并生的关键时刻，他招募到核心谋士诸葛亮，确定了逐鹿天下的战略规划，亦即著名的"隆中决策"。

> 玄德屏人促席而告曰：汉室倾颓，奸臣窃命，备不量力，欲伸大义于天下，而智术浅短，迄无所就。惟先生开其愚而拯其厄，实为万幸！"孔明曰："自董卓造逆以来，天下豪杰并起。曹操势不及袁绍，而竟能克绍者，非惟天时，抑亦人谋也。今操已拥百万之众，挟天子以令诸侯，此诚不可与争锋。孙权据有江东，已历三世，国险而民附，此可用为援而不可图也。荆州北据汉、沔，利尽南海，东连吴会，西通巴、蜀，此用武之地，非其主不能守；是殆天所以资将军，将军岂有意乎？益州险塞，沃野千里，天府之国，高祖因之以成帝业；今刘璋暗弱，民殷国富，而不知存恤，智能之士，思得

---

① 参见张作耀：《曹操尚礼重法思想述论》，载《东岳论丛》1998年第3期。

② 参见欧阳修：《正统论》，载《欧阳修全集》，中华书局2001年版，第265~273页。

明君。将军既帝室之胄，信义著于四海，总揽英雄，思贤如渴，若跨有荆、益，保其岩阻，西和诸戎，南抚彝、越，外结孙权，内修政理；待天下有变，则命一上将将荆州之兵以向宛、洛，将军身率益州之众以出秦川，百姓有不箪食壶浆以迎将军者乎？诚如是，则大业可成，汉室可兴矣。此亮所以为将军谋者也。惟将军图之。"言罢，命童子取出画一轴，挂于中堂，指谓玄德曰："此西川五十四州之图也。将军欲成霸业，北让曹操占天时，南让孙权占地利，将军可占人和。先取荆州为家，后即取西川建基业，以成鼎足之势，然后可图中原也。"（第 213 页）

世人皆赞叹孔明的谋略，而在当时，这种鼎足格局的战略设计既不新鲜，也不高明。在诸葛亮之前，孙吴谋士如张昭、鲁肃等，早已献此策略。与之前的谋略相比，孔明之计虽看似视野广阔、分析缜密，但方向更保守，偏离正统强调的"中国"方位更加遥远，且在实力悬殊的境况下分兵进击，无疑是军事大忌。[1] 更重要的是，霸业与王道如何内在融合，鼎立策略与一统宏业如何衔接为整体，仁德与权谋的关系如何协调同步，对于这些难题，诸葛亮似无清晰规划。而正是这些问题，直接关系到正统延续的根本。天时、地利、人和对正统而言都是不可或缺的要素。[2] 其时其刻，刘备集团尚是未开弓的箭，射程远近、威力大小，诸葛亮也未必了解。他看到的刘备优势，或许只有帝室身份、信义名望，以及隐忍不发的英雄豪情。

其时，曹操已平袁绍，安定辽东，天下大势已有由乱而治的转机。但刘备奉衣带诏，加上献帝赋予的非正式"皇叔"名头，使其延续正统的欲望不断膨胀。他或许并不指望匡扶汉室，只不过要为自己的军战权谋、一统大业寻找个冠冕堂皇的借口。但接连不断的失败，他发现自己的能力严重不足，尤其是文臣谋士匮乏，一时间失望至极。但失望之余，他仍在谋划根据地问题。如何获取荆州，成

---

① 毛泽东以战略家的眼光两次点评《隆中对》，先是赞许孙刘联盟，其后赞同苏洵对诸葛亮谋划的不同意见，并有刘备之败"其始误于隆中对"的批注。参见高长武：《毛泽东两评〈隆中对〉》，载《党的文献》2005 年第 5 期。

② 北宋陈师道《正统论》曾言，正统之正，以天地人三才说之。参见饶宗颐：《中国史学之正统论》，中华书局 2015 年版，第 48 页。

为当务之急。他曾对刘表酒后失语："若有基本，天下碌碌之辈诚不足虑也。"（第 194 页）这个"基本"，正是他意欲谋取的"战略根据地"。于此背景下，孔明的对策最大限度迎合了他的政治欲望，不论这种蓝图是否现实，他都愿意冒险一试、放手一搏。

接下来的问题，用刘备自己的话说就是，"荆州刘表、益州刘璋，皆汉室宗亲，备安忍夺之?"刘备的考虑，并非纯粹的假仁假义，这事关正统性的保有和延续。毕竟，他以汉室宗亲为最大资本，却干出夺亲之地的丑行，岂不自绝于天下？对此难题，孔明的回答也颇为暧昧，他说："亮夜观天象，刘表不久人世；刘璋非立业之主；久后必归将军。"显然，此种谶纬之说，难以从根本上化解正统性的难题。

事实证明，诸葛亮的战略设计忽略了夺取荆州的复杂性。《三国演义》中为了凸显刘备的仁德，多次叙及刘表主动让贤的情节。即使事实如此，刘备也难顺理成章地成为荆州之主。首先在朝廷那一关，曹操绝对不会同意刘备接管荆州。没有朝廷的封任，他的地位就是非法、不受承认的。更重要的是，荆州集团不会甘愿放弃其既得权力。刘备谋划的理想策略是，先拥立刘琦，继而幕后掌权，最后利用荆州内部矛盾，完成事实占有。但即便如此，他仍会面临"坏亲"的骂名。

诸葛亮对自己亲手设计的战略，其实也并无十足的坚持。他出山不久，虽有几场小仗的胜利，但在强大的曹军面前，依然无力回天。无奈之下，他提出一个极不光明的主意：让刘备假投孙权，唆使南北相斗，刘氏坐收渔翁之利。结果是，刘备开始了新一轮逃亡。不过，刘备在危难时仍保持爱民恤民形象，趁机将乱世枭雄收拢人心的本领大大发挥了一番。

但有一点，孔明所言不虚。曹操代表了汉室正统，天子号令假由其手，谁人能与抗衡？是故，刘琮的投降，也非全是怯弱使然。正如孙权集团最大的"投降派"张昭所言："曹操拥百万之众，借天子之名，以征四方，拒之不顺。且主公大势，可以拒操者，长江也。今操既得荆州，长江之险，已与我共之亦，势不可敌。以愚之计，不如纳降，为万安之策。"（第 239 页）①但深谙王道的鲁肃，刻画

---

① 裴松之认为，张昭劝迎曹操，所存岂不远乎？若依张昭之见，曹操仗顺而起，功以义立，可以清扫诸侯，六合为一。虽无功于孙吴，却大当于天下。《吴书·张昭传》，中华书局 2004 年版，第 1222 页。

出了大臣隐藏的本质：为求己身之利而误君主长久之计。这让素有南面称孤之心的孙权有了定准，当以周瑜为代表的武将们表示绝对支持抵抗后，一场大战也就难以避免。

赤壁之战让刘备坐收渔利，不仅占了荆州，还乘势夺取四郡，扩大了地盘。但刘备占领荆州的合法性问题，还是没有得到解决。当时，他只能用"叔侄相辅"的伦理法名义，代行权力。刘琦病亡后，危机再度出现。这一次，又是诸葛亮的诡计权谋，"借"取了荆州。《三国演义》这般写道："玄德亲笔写成文书一纸，押了字，保人诸葛孔明也押了字。"（第296页）面相实诚的鲁肃作第二保人，也押了字。公地私借之约，实无效力可言。就连毛宗岗也觉得这实在不像话，即使"借荆州"语出正史，他还是惊呼："岂有城池而可以契借者乎！"①但不论如何，占领之既成事实既已造就，割据格局也算大体形成。

如果情势真如演义所言，三足鼎立，共分天下，此状几可类比国际政治的"势力均衡"，或有望带来短期的和平治世。但曹操集团的绝对优势已难改变，而所谓孙刘联盟只是脆弱的"权谋共同体"，即使有联姻关系作保也无济于事，这种三方博弈的结果可想而知。

再说回曹操。当他平定西凉军，解除北患后，势在必得的是孙吴之地及刘备占据的荆州。但他并未一鼓作气，有些志得意满，忽略了刘备集团更大的图谋。曹操之失，即为刘氏之得。广沃险要的益州，让刘备集团真正拥有了鼎立的资本。与此同时，曹操的篡夺之心也日渐昭然，首席军师荀彧之死即为明证。刘备趁其合法性衰微之际，借助仁义为本的正统延续策略，大收民心。与此同时，诸葛亮用法家之术重典治蜀，一改衰颓，气象初具。

但很快，曹氏重返正统坚守策略，让刘备难题再度无解。当曹操准备南征，参军傅干谏言："今未承王命者，吴与蜀耳。吴有长江之险，蜀有崇山之阻，难以威胜"，建议"增修文德，按甲寝兵，息军养士，待时而动。"（第372页）曹操纳谏。这表明，他在战略上做好了长期准备，也事实上接受了相对均衡的既成格局。当曹操斩获东川后，本可以顺势西进，但他顶着反对，主动收兵，也与此种

---

① 参看毛宗岗对54回的回前评语和行间评语。

长期战略和既成紧密关联。从实际效果看，曹操此招貌似保守，实则起到了混淆视听、以退为进的作用。向来精细的孔明也做了误判，迫于曹军压力，主动割让了三郡给孙权。后来孙权发动抗曹之战，最终不敌，归降曹氏。曹氏的正统坚守政策，在后来的对蜀战争中也得到了坚持。《三国演义》第九十六回讲道：

> 　　却说献计者，乃尚书孙资也。曹睿问曰："卿有何妙计?"资奏曰："昔太祖武皇帝收张鲁时，危而后济；常对群臣曰：南郑之地，真为天狱。中斜谷道为五百里石穴，非用武之地。今若尽起天下之兵伐蜀，则东吴又将入寇。不如以现在之兵，分命大将据守险要，养精蓄锐。不过数年，中国日盛，吴、蜀二国必自相残害：那时图之，岂非胜算? 乞陛下裁之。"睿乃问司马懿曰："此论若何? 懿奏曰："孙尚书所言极当。"睿从之，命懿分拨诸将守把险要，留郭淮、张郃守长安。大赏三军，驾回洛阳。（第543页）

　　不难发现，在《三国演义》中，激动人心的战役描述不一而足，但书中最精彩者，莫过于后半部充满法理意味的正统对决。话说曹操从魏公到魏王，篡汉之心日浓，僭越之行已彰。"左慈掷杯戏曹操"一段，无非是民意反对的艺术虚构。自此，曹操染病，服药无愈。为压制众怒杜绝事端，曹操以平内贼案为由，株连百官，杀官吏三百余员，完成全新班底的改造。刘备夺取汉中后，已生称帝之心，但碍于正统、实力和形势，暂称汉中王。刘备的诸多顾虑，说到底，是正统资源的不足。刘备称王，甚至不如曹操加封的形式合法性。刘备在其奏表中坦陈："既宗室微弱，帝族无位，斟酌古式，依假权宜，上臣为大司马、汉中王。"①可见，其要讨封的不仅是汉中王的爵位，还有大司马的官职。鉴于刘邦做过"汉中王"，刘备之心可谓昭然若揭。此举让曹操勃然大怒，准备尽倾兵众，与刘备决一雌雄。后在司马懿的劝谏下，改作挑唆孙刘之争，借刀杀人。

　　《三国演义》对曹丕嗣魏王位的细节描写，极富法理意趣。当群臣为天子明诏未到而犹疑不决时，华歆自许昌赶到邺都，宣读威逼得来的诏书，众才踊跃称

---

　　①　《三国志·蜀书·先主传》中的汉中王劝进表，对此表述得更为清晰精准，有兴趣的读者可参考。

贺，拜舞起居。曹丕为不担谋篡的骂名，释群疑而绝众议，以禅让之名废帝。为了正统性的程序化充盈，他连续表演了两次推让。每次推让后，献帝即再度下诏，群臣亦纷纷劝进，前后费时一个月。最终，在新建的受禅台上，献帝手捧玉玺，曹丕受之。台下群臣跪听册曰：

> "咨尔魏王。昔者唐尧禅位于虞舜，舜亦以命禹。天命不于常，惟归有德。汉道陵迟，世失其序，降及朕躬，大乱滋昏，群凶恣逆，宇内颠覆。赖武王神武，拯兹难于四方，惟清区夏，以保绥我宗庙，岂予一人获乂，俾九服实受其赐。今王钦承前绪，光于乃德，恢文武之大业，昭尔考之弘烈。皇灵降瑞，人神告征，诞惟亮采，师锡朕命。佥曰尔度克协于虞舜，用率我唐典，敬逊尔位。於戏！"天之历数在尔躬"，君其祗顺大礼，飨万国以肃承天命。（第 448 页）

面对汉献帝的禅让、众大臣的劝进，曹丕一再下令，先后援引《论语》六处，以表示自己辞不敢当的真诚与坚决，并且要求将自己的话"宣之天下，使咸闻焉"。[1] 虽从实质而论，曹丕之行与谋篡无异，但经过这样一番程式仪礼的洗刷漂白，他的受禅"为易姓革命创立了一个新的格局"，成为后世效法的经典成式。[2] 为了巩固"新正统"，曹魏政权高度重视法令改革。魏律首次将律篇结构固定，结束了此前立法的混杂状况，开始了"中国严格意义上的法典编纂"[3]。晋律、唐律不过是其守成和进一步完善而已。[4]

但在当时，此举的确给了刘备以称帝的充分理据，正所谓"以正得国，则篡之者为逆；不以正得国，则夺之者为非逆"。[5] 同样是几番推脱之后，刘备以延

---

① 《三国志》，中华书局校点本 1982 年版，第 68 页。
② 清朝的赵翼如此评价："自曹魏创此一局，而奉为成式者，且数十代，历七八百年，真所谓奸人之雄，能建非常之原者也。"参见邢义田：《天下一家：皇帝、官僚与社会》，中华书局 2012 年版，第 28 页。
③ ［日］滋贺秀山：《曹魏新律十八篇篇目考》，载刘俊文主编：《日本学者研究中国史论著选译》，中华书局 1992 年版，第 101 页。
④ 参见孟彦弘：《秦汉法典体系的演变》，载《历史研究》2005 年第 3 期。
⑤ 郑思肖：《古今正统大论》，载《郑思肖集》，上海古籍出版社 1991 年版，第 132 页。

续正统为名，即汉皇帝位，从法理上否弃了曹氏大魏国的合法性。后人所谓的"蜀汉"，不过是为了便于区分，站在曹魏政权新正统立场上的"再正名"而已。刘备昭告天下的祭文宣称：

> 汉有天下，历数无疆。曩者王莽篡盗，光武皇帝震怒致诛，社稷复存。今曹操阻兵残忍，戮杀主后，罪恶滔天。操子丕载肆凶逆，窃据神器。群下将士以为汉祀堕废，备宜延之，嗣武二祖，躬行天罚。备惧无德忝帝位，询于庶民，外及遐荒君长。夫曰：天命不可以不答，祖业不可以久替，四海不可以无主。率土式望，在备一人。备畏天明命，又惧高光之业将坠于地，谨择吉日，登坛告祭，受皇帝玺绶，抚临四方。惟神飨祚汉家，永绥历服。（第 450 页）

但刘氏正统论的致命问题依旧存在。就血统而言，裴松之认为，刘备虽自称出自孝景，但世代悠远、昭穆难明，不知以何帝为元祖以立宗庙，且相关宪章载记阙略不全，良可恨哉![①]　就事功而言，作为正统延续的刘备集团，在综合实力和法度系统方面都难与曹魏抗衡。

就政治信义而言，刘备称帝后，便以为关某复仇为由，撕毁盟约，发动讨伐孙吴之战。此举之失，诚如老将赵云所谏："国贼乃曹操，非孙权也。今曹丕篡汉，神人共怒。陛下可早图关中，屯兵渭河上流，以讨凶逆，则关东义士，必裹粮策马以迎王师；若舍魏以伐吴，兵势一交，岂能骤解。愿陛下察之。"（第 451 页）孙吴使者诸葛瑾的分析更为详细："臣请以轻重大小之事，与陛下论之：陛下乃汉朝皇叔，今汉帝已被曹丕篡夺，不思剿除；却为异姓之亲，而屈万乘之尊：是舍大义而就小义也。中原乃海内之地，两都皆大汉创业之方，陛下不取，而但争荆州：是弃重而取轻也。天下皆知陛下即位，必兴汉室，恢复山河；今陛下置魏不问，反欲伐吴：窃为陛下不取。"（第 456 页）此种"舍大义而就小义"的征伐，既不合战略亦不合民情，不仅使刘备帝业的正统性遭受重创，也让这个新

---

① 《蜀书·先主传》，中华书局 2004 年版，第 890 页。

生政权初落世间就处于疲于征战的高危状态。

刘备亡后，诸葛亮行军国事，相权独大，继续奉行法家路线，对外不断征战。以平孟获之乱为例。此战固属兵出有因，但整个征讨过程，不由让人唏嘘嗟叹诸葛氏的"非常思维"。本质上的武力收伏，被加入诸多不必要的曲折和麻烦，军事成本大增不提，关键之战还险些败北。屠杀乌支国藤甲军，如有其事，那无疑犯下灭族之罪，难怪孔明自悔难安，言其为折寿之举。他炫技式的用兵，直到最后都没有让孟获彻底心服，蛮夷作乱依然。这段故事虽有大量虚构，但可一窥时人对诸葛氏非正统作派的不安与不解。即使摆平了个别人、局部地区，正统问题不解决，长治久安也是一厢情愿。无怪乎，他连番征魏，大耗国力，在五丈原病死前，高呼天亡我也！

相比而言，曹魏以新正统为战略高地，坚守能动的休养生息之策，占尽天时地利人和。正统资源的激烈博弈，最后在司马氏的整合下，取得暂定均衡，一统复归。如习凿齿所说："静汉末累世之交争，廓九域之蒙晦，大定千载之盛功者，皆司马氏也。"[1]在他看来，汉统经由曹魏，传袭至晋，天下归一。但这只是从大一统的事功角度立论，正与不正的纠葛继续延展——正统核心资源的争端仍未调停，由东汉末年而起的乱世，实质上还处于随时激化的状态，魏晋南北朝即是明证。如吕思勉先生所言：

　　晋室之倾颓，固非一朝一夕之故，盖自初平以来，积渐所致，势固不易中止也。夫国之所恃为桢干者，固非一二臣卫，而为士大夫之群，今所谓中等阶级也。士大夫而多有猷、有为、有守，旧政府虽覆，树立一新政府，固亦非难。当时之士大夫，果何如哉？中国在是时，民族与国家之见地，盖尚未晶莹。东汉名士，看似前仆后继，尽忠王室，实多动于好名之私，挟一忠君之念耳。此等忠君之念，沿自列国并立之时，不能为一统之益，而时或转为其累。[2]

---

① 转引自吴汉松：《三国的正统之争与司马光的资治通鉴》，载《历史月刊》2007年第10期。
② 吕思勉：《两晋南北朝史》（上册），北京理工大学出版社2016年版，第3页。

概言之，正统法之不明，作为治国精英的士大夫阶层，难辞其咎。欲明正统，治国者必须从实践到理论，对"治法"本体全盘检视、合力营造，方可以应天命人事之变。①

第三节 正统论的法理意义

在中国，每逢朝代改换、政权并立、南北分裂、外敌窥伺的乱世，正统论格外蓬勃，处于不确定的争议状态。② 盖因正统论起源甚早，观念纷繁，有五行天命观、道德名分观、血缘延续观、种族分别观、土地多寡及地理正偏观，加之混合化形态，以不同认识和判断标准，正统问题会呈现不同答案。梁启超曾言："自古正统之争，莫多于蜀魏问题。主都邑者以魏为真人，主血胤者以蜀为宗子。而议论之变迁，恒缘当时之境遇。"③以实际境遇观之，在《三国演义》成书及之后的时代，民族矛盾激化，天命正统观衰微，以民族大义为精核的道德名分正统观渐得人心。到了毛氏父子修订该书的时代，朱熹阐释的道德名分正统观受到严峻挑战，对政治实效的注重，让理学天平的准心发生游移，有了从传统道义论走向法治道德论的趋向。今世学人之法律正统论，通过对法律内在道德和程序自然法的弘扬，或关注秩序整体的正统性，或强调程序机制的正统性，其理论资源除了西方自然法理论及政治合法性学说，明清以降的新正统论绝对不容忽视。④ 但在勾联意义上，今人多将正统论视为西方合法性理论的变体，虽不当，也可理解。这与中国正统论自近世以来内核变迁，保持稳定，在乱象纷呈的局面下维持晶体

---

① 参见程燎原：《千古一"治"：中国古代法思想的一个"深层结构"》，载《政法论坛》2017年第3期。

② 参见江湄：《元代"正统"之辨与史学思潮》，载《中国史研究》1996年第3期；Chan Hok-lam, *Legitimation in Imperial China*: *Discussion under the Jurchen-Chin Dynasty* (1115-1234), Seattle and London: University of Washington Press, 1984.

③ 转引自郭素媛：《〈三国演义〉的诠释学研究》，中国社会科学出版社2017年版，第177页。

④ 然而多数学者似乎都忽略了此种本土资源。如陈学霖先生将"正统"译为 legitimacy，认为其意指"统治者统治之理据，以及被统治者对统治者资格之承认"。Chan Hok-lam, *Legitimation in Imperial China*: *Discussion under the Jurchen-Chin Dynasty* (1115-1234), Seattle and London: University of Washington Press, 1984, p. ix.

不坏的情状相契。近世正统论形态多样，但从话语实践看，其核心机理环绕统治与认同关系自无可疑。获得并保有正统意味着，统治者能在天命德运名义下，获得代表中国的唯一政治资格。

如果深入审视中国的正统概念，它与西方"合法性""正当性"还是存在明显的区别。首先，在中国政治治理的法律实践中，正统论作为一种典型的史家话语，其要义在于道德之正与事功之统的完美均衡，它是宏大、抽象甚至有些神秘的理论系统，并不承载具体的法律是非判断功能。理想的法必定书写经义，是非判断不能单以成败结果论。"大抵古今之事，成者未必皆是，败者未必皆非。史书犹讼款，经书犹法令，凭史断史，亦流于史；视经断史，庶几于理。"①在理想法度的指引下，"乱世"与"正统"绝非两个分离的术语，它们天然合成一个基本的法哲学命题：乱世情境下，正统仍以最高法方式存在，在争议中为各类主体共同探寻，分别表述，最后均衡而成新的表达。其次，正统论的历史传承谱系特质，显然不同于现实情形下的正当性或合法性概念。② 正统论更侧重理想法的统治过程，而非实在法的治理机制。在这一点上，它似乎更接近西方古典的法治定义。用中国话语表述，此种法治进程就是：统治者具备天命的授予，获得资格；然后，通过符合天法的德法之治，让君主、官吏、民众各安其位、各守其分、各司其职、各尽其力，共同达到天下太平、举国安乐的盛世之境。如果，正统发生危机、受到挑战甚至毁损，表明政权不再具有应当服从的认同性权威，便会面临被颠覆的危险。对此，治国者必须作出有效的法治回应，通过变法改制修复正统，回归正途。看来，历朝历代，正统论受到统治精英的高度关注，并非全无理由。

通过《三国演义》的法理解读，正统论与法哲学可以初步融贯起来。在西方话语体系中，法哲学的根本问题在于：正义法是否存在？如何存在？由此，分出本体论和认知论的不同阐释进路。从本体论讲，正义法要么实存，要么虚无。如果它是一种实存，到底是客观存在，还是主观存在？作为理念存在的正义法，往

---

① 郑思肖：《古今正统大论》，转引自饶宗颐：《中国史学之正统论》，中华书局 2015 年版，第53 页。

② 参见张其贤：《正统论、中国性与中国认同》，载《政治科学论丛》2015 年第 6 期。

往是实在法规则的原型，因而具有本体性。在认识此种"正义法"的理念进程中，人们生发出不同类型的法哲学话语。比如，罗尔斯在《正义论》中通过虚构原初情境，推演正义的基本原则。在之后的《政治自由主义》中，他提出，正当性的标准弱于正义。"将焦点集中在正当性而非正义上，看起来像是个小问题，一同如我们可能认为'正当'与'正义'就是一码事。但只要我们略加反思，就会发现它们并不相同……民主决策的法律之所以是正当的，不是因为它们是正义的，而是因为它们是按照一种人们所接受的正当的民主程序正当制定出来的。"①可见，正当性侧重程序正义，而正义除了要求正当程序，还需要实质性的证成（justification）。与回溯性的正当概念不同，证成概念具有前瞻性，从目的进路论证政权的合理性，其标准侧重政权自身拥有的素质和特性，包括制度正义、经济成就、能够为被统治者预期的利益、满足的需求等。正当性和证成性的结合与均衡，可为更现实、稳定、成熟的正义概念奠定基础。② 反观中国的正统论，除了具备正义论的基本元素，对统治事实的重视进一步强化了法律正统的实践性质。正义的统治不一定是一统的政治，也可能存在偏统（如刘汉孙吴）、霸统（如曹魏司马晋）。理想的正统需要将正义与一统完美耦合，故而需要在实践中反复博弈、不断调整，在非均衡中寻找均衡。因而，"骚乱"不一定是绝对恶性的语词，作为一种逆向秩序状态的描述，经由正统理念的处置，它有可能呈现某种"反思性均衡"的功用。

　　法律正当性的根据到底是理性，还是认可？是合理的可接受性，还是实际的被接受？在西方法哲学的讨论中，历来争讼不休。运用正统论的智识洞见，在法哲学上可有融通阐释。法律之所以应当"正"，在于它以经义为本，古老的政治传统不可否弃，更不能断绝。三代的政治理想模范及其塑造的洪范大法，成为后世法律效法之原型，为政者及百姓都以之作为正义基准。虽然时移世易，但正义的文化基座不会产生根本位移。一旦出现此种位移迹象，正如当下全球法治普遍遭遇的认同危机，其症结仍在于信仰与理性、情感与规范不相调和，本是互为补

---

　　① John Rawls, *Political Liberalism*, Columbia University Press, 1996, p. 438.

　　② 参见周濂：《从正当性到证成性：一个未完成的范式转换》，载刘擎编：《权威的理由：中西政治思想与正当性观念》，新星出版社 2008 年版。

足的左右手，却成了水火不容的仇家——政治与法治的龃龉不和势必造成乱象丛生的景状！正统的中辍，并不意味着终结。正统的接续，需在法律统治和治理结构的全面再造中完成。近代以来，中国的法治进程堪称深刻的革命，并不是因为正统观念的否定，恰好相反，它出自在乱世中接续正统，创造性发展新法统的实践需要。接续传统法的正统论，不仅可以补上正义原则的规范留白，而且能够为现实的治理绩效评价创设更权威的标准，这比那些简单抄录各种治理指数图形的工作更有意义。

中国正统论的法哲学意义，并不直接体现在本体和认识层面解释法的存在，主要彰显于法律贯穿始终、内外一体、止暴治乱的实践功能指向。比如，乱世何以发生？根由在于，法正统功能的严重障碍。① 由纷乱无序到聚合齐整，连结"分"与"合"的制度，首推法律——它立基于"分"，通过定分，而后止争。此处的"分"，亦可作"名分"解，名分不定，即有纷扰，纷扰不息，必有动乱。无论是作为统治正当性依凭的法律，还是作为政治实践工具的律法，都直接关系到正统的绩效甚至存亡。总体政治格局非一时一地、一物一事、一战一役所能成就或更易，但法律如不能维护正统，正统亦不能强化法制，长此以往疏离下去，定会有致命的祸患。在三国故事中，乱世首先表彰为乱政。政治本谛乃是公事之衡平，纷乱之治理。政治一旦动乱，便会丧失其平乱治纷的本原，沦为反向异化的祸端。故而，乱政系乱世之大害，也是历代乱世的渊薮形态。东汉末年的乱政，引发集团群争，正统坠摇。割据形成后，魏蜀吴三国内各有乱政之病，围绕正统性的法理争议愈益激烈。其次为乱兵。军兵之祸既是乱政之果，亦为乱民之因。东汉以降，文武张弛之道备受推崇。三国英雄的文韬武略，也给人以深刻印象。行伍猛将，军列魁首，往往都会强调军法严明，讲求治军之道。但战争攻伐若离

---

① 对此，法史学研究者的观点可为佐证。有学者认为，中国古代社会的正统秩序，是由政统、道统、法统、社统等四个子系统共构而成的权威秩序。在此共构的大系统中，政统发挥着整合的功能，在整个权威秩序中居于主导地位；法统得到政统的支撑，体现道统的价值理念，在国家公共领域建立强制性的规范秩序，在社统区域维持最低限度的规范秩序。在此意义上，正统离不开法统的制度支持，法的正统性功能体现有机关联的三方面，即以政统为前提，以道统为依归，以社统为指向。当政统纷乱崩坏，道统必须重生，发挥良法复兴的指引作用，以此安定民生。参见张生：《中国古代权威秩序中的法统：一个结构与功能的分析》，载《中国政法大学学报》2014 年第 1 期；俞江：《道统与法统在中国历史中的体现》，载《文化纵横》2011 年第 4 期。

了正义轨道，势必师出无名，成为造祸之源。在正统不明的争议状态，兵事的合法性也难以确保。历数三国中的大小战役，"名头"都占有重要位置。越是不可收拾的乱世，战争的合法性程度越是低微难堪。最后为乱民。军战和灾疫带来的民生凋敝，是产生乱民问题的直接原因。民生难保，自不免揭竿而起。黄巾军虽名为正天下之心，求万世太平，但未有明确的政治纲领，带来的连锁骚乱及破坏，众目睽然。诚如任公所言："盖扰乱既亘二三十年，则仕者涂膏血于原野。举凡有生殖力者而一空之，无以为继。"①在上述"三乱"中，对统治及治理而言，最大的祸患莫过于"乱政"，其次为"乱军"，最后是"乱民"。由此不难理解，为何在吏治和军治上，统治集团往往花费最多精力；对民众的治理，一般依循儒家教义，怀柔宽抚，武力镇压总是万不得已的手段。

还可看出，所谓社会混乱，乃是自上而下的秩序失调和权力失衡引发的必然结果，本质上属于法正统性危机。一方面，社会矛盾不可能穷尽考察，周知无漏，更无法猛药根治。当社会弊病累积演化到乱政、乱军、乱民三者齐发的危急时刻，政治秩序和法律结构必将面临大的翻转和重建。

另一方面，即便在至为糟糕的乱世，如魏晋南北朝这样的时局，也有正统余脉及其法律续造空间。那些外形虽被破坏，但晶核尚存的规范资源，仍可用以重建法理秩序，直至回归治世盛景。常言道，治乱相对，"乱世"的矛盾对立面是"治世"——没有乱世的奸雄，何来治世的能臣？齐整的秩序更多属于哲王的理想，而纷乱的混杂才是生活的常态。在此意义上，法的存在，代表了人对秩序的希冀，而其存立前提，恰是混乱和无序。正因乱行恒在，治乱之法无论如何理性完备，始终也逃脱不了"不法"的滋扰。依黑格尔之见，法的效能和本质，正寓于将"不法"代表的"否定"加以"再否定"，所谓"否定之否定"的过程之中。一方面，法在不断肯定，也在不断否定；另一方面，法的肯定和否定皆非归宿，最后都须"理性"权威裁断。从抽象法到道德法直至伦理法的演进，塑造了"合法性"的系谱，法由此成为自在自为的存在。② 若将黑格尔的辩证法作为正统危机的救济思路，不失为对西方合法性理论的创造性拓展。

---

① 《梁启超全集》(第四卷)，北京出版社 1999 年版，第 902 页。
② 参见[德]黑格尔：《法哲学原理》，范扬、张企泰译，商务印书馆 1961 年版，第 91~165 页。

　　"乱世之治"并非一个自相矛盾的表达。乱世中的法治，离不开"正统法哲学"的反思，除对典章制度进行理性分析，还须对治理危机加以总体归因。本书有关三国乱世正统争端的叙事，至少可以表明如下理论要点：第一，乱世的形成，在权力高度集中的体制下，具有由内而外、层层扩散的特点，像一个连环的扣，关键枢机万不能断裂。第二，"乱世"一词只是宏观的描述，在总体动荡的缝隙空白处，依然存在法律秩序运行的常态空间。从历史延续性的角度，欧阳修所说的正统相承，由唐、虞、三代，经历了秦、汉而绝，晋朝得之后又绝，后再经隋唐承正统，但接下又绝的说法，不甚妥当。因为如果正统不时断绝，则天下势必无处可属。① 治乱安天下，在乱世是富有吸引力和凝聚力的动员旗帜，既可安定民心，亦可制造期望，为新一轮的制度更新埋下良种。乱世中的法律运作，绝非"重典治国"一语可蔽之，其中蕴藏着诸多"正统法治"的奥义，值得学者深究细查。第三，乱世之法，既有依托"乱中之治"的"日常法"，如市民法，也有规约"乱中之斗"的"非常法"，如政治法和军事法。在高层动乱和底层骚乱联动的最危急时刻，行动者和利益集团的博弈也非无章可循。事实上，非常时刻反倒比平日更要讲求"名义"和"正统"。第四，围绕正统资源的争端解决过程，往往决定着治乱格局的最终走向。如果旧正统崩亡，新正统尚未建立，乱世必将延续。在此意义上，三国乱世虽旷日持久，但依然没有完成正统典范的迁移。是故，在魏晋南北朝，时局仍是"剪不断，理还乱"。

　　将上述发现汇聚起来，我们可以得出跳出所谓"治乱循环结"，保持法与正统契合一体的初步理论方案。本章的分析表明，与现代法治契合的"法正统"，其建设之首务乃是确立并维护核心权力结构的均衡，以"政治法"为中心构建正统法体系，进而实现法律治理的层级化调节。如柏拉图所言，治国者最需具备的是理性的智慧，护国者最需强化的是激情和勇气，而普通人最需保有的是对欲望的节制。"正义的人不允许他内在的几种因素彼此干涉，也不允许它们中的任何一个越俎代庖。他将他的内在生命安排得井井有条，成为他自己的主人和他自己的法律，并且与他自己和平相处。"②但柏拉图的理想国方案，最大的问题是政治

---

① 参见黄毓栋：《统而不正：对魏禧〈正统论〉的一种新诠释》，载《汉学研究》2010 年第 1 期。
② ［古希腊］柏拉图：《理想国》，刘国伟译，中华书局 2018 年版，第 158 页。

情欲如何通过法律调整？直通正统的政治法，必须解决这个难题。在三国故事中，枭雄们的最大悲剧在于，残存的正统法，已对其政治情欲无力规限，霸业膨胀，王道无望。治国者和护国者，比普通人更应注重正义和节制的美德，因而更需特定律法的规约。在西方法哲学史上，法律本质理性论与权力论的矛盾，牵连出沟通理性与欲望的法情感阐释进路。中国正统论的创造性转化，也可以推导出正义法的情感枢纽所在。中国共产党的执政合法性，以人心作为基础和依据，立足的是乱世正统之本来，追求的大同社会之未来。政治情感对连接法律理性和民众需求的作用，日渐显要。意识形态建设对法治建设的支撑和引领功能，已成公论。虽然仍有坚奉纯粹法律理性的主张，越来越多的法律人认识到"法理"概念的复杂性，它不是抽象的语词、随机的游戏，包孕着无数活生生的人心博弈和情感碰击，在此过程中围绕权威规范生发的论辩及其遵循的原则、附随的理由，构成了时代性的法理实践话语运动。

正统法，在中国近世以不成文的"道统"宏力，部分发挥了类似于西方自然法的功能。但时至今日，这样的法律不应继续以隐微知识的方式存在，治国精英超越自身，最有力的证明就是创制为"万世开太平"的政治典章。有赖于此，即使正统资源的局部争端不可避免，也可受政治正义的美德法理及其程序方式的多重控制，最大限度减少内斗和战乱的祸苦。治国者正积累丰盈的正统资源，以之为担保，与军民各众立约，以合乎道义人心的良善之法维护正统。在此基础上，以和平民生发展为要旨，以情感沟通作为精英理性与大众欲求的纽带，一方面为精英权力的合法性创构大众基础，另一方面为大众福祉的有效实现设制度规程，以超越的地位、超然的风度、超常的奉献巩固法统，直至其成熟定型，化作普罗大众心灵深处的宪制秩序。

第十八章

司法正义的文化生产

在当今中国，"获得正义"的权利想象，成为一种促进人权和法治事业的文化动能。不仅政治家和法律人对"获得正义"的理念和制度发生兴趣，大众文化也开始从整体上勾勒其骨骼形体。从最初的自然权利到现代的社会权利，作为权利话语的"获得正义"在能指和所指上都发生了很大改变，相关话语分析具有多重面向。本章以《十二公民》为分析素材，以复合型均衡的内在紧张为线索，从系谱、生产和叙事三方面，建构了获得正义权利话语的文化阐释框架。首先，权利话语的系谱研究排斥确定的起源，移植和本土化很难完全剥离。其次，在权利话语生产过程中，还可以发现体制和市场的"双轨制"辩证以及法律家和文艺家、国家权力和民间资本的合作。最后，获得司法正义的权利话语要达成叙事框架，需要建立在精英和民众最低限度的正义共识基础上。获得司法正义的权利，不仅与法律职业内部文化有关，也与社会正义的交叠共识有关。将不同主体位置的人权话语生产加以连结性分析，探明其文化动员进程，是理解人权话语实践的一种新方法。经由移植而来的人权话语，要想掌握群众，改造世界，获得理论的物质力量，必须对自身固有的文化立场进行反思甚至翻转，产生革命性质变，真正说服大众。

第一节　大众文化与司法正义

一、观念的源起

中国自改革开放以来，公民的人权意识苏醒，通过司法获得正义的观念逐步形成并日渐强化。获得司法正义的权利想象，成为一种促进人权和法治事业的文化动能。特别是党的十八大以来，随着一系列冤假错案的矫正，党和国家领导人对司法公正的再三强调，公众获得司法正义的权利观念进入新的勃发期。海外观察家提出，"司法正义是最基本的权利，是权利中的权利"。[①] 这样的观点，虽然法学家很难苟同，因为司法正义本身并不是基本人权。但他们也不至于反对，因其代表了某种文化心理的共意与同感。作为公正审判权的延伸和强化，获得司法正义的权利受到愈益广泛的关注。

从政治方面而言，良好的社会治理离不开司法公权力的有效运行，回应公众不断增长的权利需求。处于深度转型期的发展中国家，仅仅关注以法院为中心的"公正审判"，不足以全面彰显广大民众对司法正义的权利需求。以公正审判权为基础而获得的司法正义权利，正在由一种大众文化的想象变作精英政治理念，进入法律文本，影响司法实践。

从学术方面而言，法学家生产的权利理论话语面临时代危机，遭受各方面的诘问和非难。自上而下的政治话语对传统的法官中心主义提出批评，自下而上的大众话语对身披法袍、高高在上、仿佛不食人间烟火的法律贵族更是极尽揶揄。经典的司法正义及其权利理论，不断被新的话语主体质疑、戏仿或解构。在此背景下，发展新的司法人权话语，成为非常必要的理论工作。

从社会方面而言，社会正义对法律正义愈益呈现统摄趋势。法律作为嵌入社会的环节，其正义理念不能脱离"母体"独立成活。大众文化对精英司法正义观的反向影响，通过话语的规限和改造等方式表现。在发展不充分、不平衡的境况下，以弱者为名的社会正义，往往比因法之名的司法正义更加具有情感动员能力。获得司法正义的权利，与其说是法定的实在权利，毋宁是正在形成的社会权利，其规则边界尚未划定，具有广阔的话语阐释空间。

当今，"获得正义"（Access to Justice）运动正处于拓展升级的临界点。这场学术和实践高度叠合的运动，源于欧美，遍及全球，从 20 世纪中叶开始勃兴，影响不辍，余波未了。特别是在转型国家，"获得正义"更像一种超级话语框架，可以链接各种社会和法律问题，涵摄诸多权利及其实践需求，不仅体现在法规范

[①] 郑永年：《小政治与中国法治困境》，载《联合早报》2017 年 1 月 10 日。

的移植或曰翻译中，也反映于公众法观念的更新改造。不仅政治家和法律人对"获得正义"的理念和制度发生兴趣，大众文化也开始从整体上勾勒其骨骼形体。由此促动的司法文化，以多元主体的人权话语为素材，在特定时空条件下的熔炉中冶炼锻造，生产出别具特色的复合型产品。如果用社会运动的术语表达，当前发展中国家的法治转型，正处于后政治动员时期，文化结果的产出成为测量人权事业成效的一个隐含指标。基于上述，本章以"获得正义"的人权话语为主题，通过学术史考察和实例分析，揭示话语表达及其实践机理，反思深描深层文化意涵，希冀对当前人权话语和法治建设有所助益。

二、"获得正义"成为人权话语

严格而论，"获得正义"（Access to Justice），在概念表达上既不符合植入概念的原意，也缺乏具体的实在法依据。它不是一个严格意义上的法律话语，甚至在法学话语的证成上也存在障碍。但这些并不妨碍它作为权利话语存在，并对政治话语和大众话语产生影响。从最初的自然权利到现代的社会权利，作为权利话语的"获得正义"在能指和所指上都发生了很大改变。作为勾连正义和权利的交融话语，获得司法正义的权利在中国又发生哪些流变？

（一）作为自然权利的"获得正义"

"为正义而斗争！"这一响亮的话语，表征出一种历史悠长、无论西东的普遍实践。在古典时代，正义被哲人设定为生活和政体的核心目标，如柏拉图在《理想国》中所言，亦如孔子在《论语》中所示。自古而今，人们都向往正义生活、尊崇正义政体，此种实践理性正是法律得以存立的根本。

在十八九世纪，作为启蒙运动的重要成果，获得司法保护的个体权利被视为一种不证自明的自然权利，此种权利优先于政治国家，保障其实现的核心要求在于：政体不允许他人的干预和侵扰。抽象的正义，被具体化为人权清单上的各种基本权利。为了让隐晦的理性之光折转为可观的经验之光，"'哲学家们'所不得不做的，就是要以启蒙的明灯在这个广阔的世界上下求索'普遍的人'"。① 以独

---

① ［美］卡尔·贝克尔：《18世纪哲学家的天城》，何兆武译，生活·读书·新知三联书店2001年版，第85页。

立个人的人性尊严为核心的人权理念，成为普遍的自然法律则。此种律则将政治正义转义为个人权利，将获得正义链接到自然权利话语。依此逻辑，政体的力量高度受限，国家被视为消极无为的自由守护者，公民被预设为自我负责的完备权能主体。然而，民众拥有正式的诉诸司法获取正义的权利，但他/她们究竟有没有这样的能力？在自然权利话语体系中，这并不是国家所应关心的问题，并不需要耗费公共资源解决。所以，权利的有无是一回事，其能否运转则是另外一回事。

（二）社会权利的话语转向

20世纪中叶，保守主义对自由主义形成全面冲击，自然权利话语遭遇新社会正义理论的挑战。在列奥·施特劳斯看来，古典的"自然正义"（Nature Right）概念，被现代性转化为自然权利话语后，历史主义旗下虚无主义盛行，作为目的的"善"被作为工具的法律权利架空。① 就现代法律体系的实践而言，民众实现正义因程序迟延、资源匮乏、官员腐败、规则混乱等困难重重。正义的面目变得模糊不清，司法的形象也与民众的期待相差甚远。获得正义的权利，在话语表达上逐渐由消极国家背景下的自然权利，转变为福利国家改革浪潮中的社会权利。例如，从1789年《人权宣言》到1879年革命后对社会权利的重视，直至1946年《法兰西第四共和国宪法》正式确认社会权利。有效获得正义的权利，被视为实现人权的最基本要求。

在回应现代法困境的背景下，欧洲法律学者率先组织起来，展开了以"获得正义"为主旨的研究行动。作为这一计划的领军人物，意大利法学家莫诺·卡佩莱蒂坦陈："获得正义"的语词含义并不容易界定，但其服务于法律体系完善的基本目标则相当清楚。一方面，法律体系应当为所有人平等进入；另一方面，法律体系应对个人和社会都能导出公平的结果。有效获得正义权利的意义，关键在于对障碍的克服。② 显然，这场研究运动是现实问题倒逼的理论生产，也是司法

① 参见[美]列奥·斯特劳斯：《自然权利与历史》，彭刚译，生活·读书·新知三联书店2006年版，第5~6页。

② Cappelletti, M., and B. Garth, "Access to Justice: The Newest Wave in the Worldwide Movement to Make Rights Effective", *Buffalo Law Review*, 1978, Vol. 27, pp. 181-292.

改革导向的学术实践活动。在这场学术和实践高度叠合的研究运动中，"获得正义"逐渐从一种自由主义标识、个人权利象征，衍义为一种新的集体人权话语、一项系统社会法治工程。

（三）话语表达的实践流变

过去十多年间，"获取正义"一词在法律学者、司法改革倡导者、政府决策者和媒体中越来越受欢迎。但是，也正是由于这些层出不穷的最新关注，对如何通过司法实现正义，似乎越来越难以产生共同理解或公认定义。为寻求概念理解的共识，有研究者针对家庭法进行跨国在线调查，希望通过各国法律、心理健康和争议解决专业人员的不同视角，探讨获取正义权的真实意义。样本包括来自7个国家的442名受访者（包括法官、律师、监护评估人员、调解员、家事法庭服务人员、法院行政人员、家长教育工作者等）。在总受访者中，398名参与者完成了调查（回复率为90%）。大多数参与者将获取正义权定义为争议者通过正式（例如法院）或非正式（例如调解）机构和服务寻求和获得补救的能力，目的在于解决争端。然而，法律界人士和精神卫生专业人员的观点之间出现了值得注意的差异，后者倾向于将诉诸司法的获取正义作为一个法律问题，而前者则侧重于家庭纠纷的替代性解决办法。[①] 从这个例证不难看出，获得正义问题即使可以在概念上形成一个命题式的话语表达框架，在实践场域中会出现许多难以预料的背反和歧义。

就中国的情形而言，作为初生甫兴的人权话语，"获得正义"尚未得到学术界的广泛认同，在大众文化中也是一个模糊不明的所指。对此，核心概念的话语翻译可为例证。在中国大陆，Access to justice 或翻译为"接近正义"，或译为"获得司法正义的权利"。前者表明译者对正义实体存在的审慎怀疑，后者则明确将正义等同于司法正义，将获得正义默认为一种权利。相比而言，我国台湾地区的辞书则译为"通向公正"，在某种程度上更为贴合语词原意。为什么这种译法没有为大陆地区学者借鉴？或许正是因为从话语表达上，这两种翻译语词分别代表

[①] Salem, Peter, and M. Saini, "A Survey of Beliefs and Priorities About Access to Justice of Family Law: The Search for A Multidisciplinary Perspective", *Family Court Review*, 2017, Vol. 55, No. 1, pp. 120-138.

了正义和权利的时代主题，同时凸显了正义实现的难度及司法的中心地位。前一种翻译可以彰显一种侧重社会正义的全民运动，后一种翻译则易于被法学界的研究者理解和接受。将二者结合起来阐释，我们可以看到这样一种隐秘的话语构造：大众正义可以通过精英主导的权利实现，但大众对正义的获取注定是附有条件、讲求程序的法治化过程。

在中国大陆，法学界更倾向于将"获得正义"译为"获得司法正义的权利"。此种话语翻译的背后，潜藏着转型时期司法实践的两难困境：一方面，司法在治理层面的价值定位越来越高，人民群众在案件中的公正感受，成为衡量司法绩效的重要标准；另一方面，人类认知、记忆和决策的弱点，成为心理学家眼中的公正难行之源。[1] 人们不仅需要司法的程序救济，而且需要实质性的正义结果。替代性纠纷解决机制的兴起，便是一个明证。但它并没有否定正式司法的效用，反而从"中心−边缘"的格局塑造上强化了司法的权威和正义最后防线的地位。从公正审判权到获得司法正义的权利，无论法学家如何辨析二者的异同，从政治话语和民众话语的使用看，后者的表达力明显更强、且在心理效果上更为可感可及。

沿此思路，"获得司法正义权利"的话语分析可以具有多重面向：第一，在政治家和法律家合力构建的话语系统中，获得司法正义的权利是否以及如何证成？第二，在大众文化的视野下，获得司法正义到底是一种怎样的"人民的权利（力）"？第三，精英与大众在正义和权利的话语勾连上，体现出的目的和策略有无区别？二者的话语表达如何在文化实践中实现契合、避免偏离？

第二节　以《十二公民》为例

在一些法律人眼中，人权话语的传播弥散，通常会经历道德动员、政治认同、法律证立等阶段，然后才会进入大众文化的场域。这代表了形而上的人权理论。依此理论，道德优位于政治，政治优位于法律，法律证立又比大众认同关键和紧要。但这样的"构想"明显忽略了制度与文化的交融共在，将人权话语的复杂流变简化为一种"规范中心"的阶段论。就实际情形看，此种阶段论见解未免

---

[1] 参见［美］亚当·本福拉多：《公正何以难行：阻碍正义的心理之源》，刘静坤译，中国民主法制出版社 2019 年版。

僵硬甚至有些武断。作为道德权利的人权话语，与政法场域中的人权实践如何能够切割？政法精英的人权话语表达，与大众权利的文化语境又如何能够脱嵌？

一、正义的文化阐释

在大众文化当阳称尊的时代，经由多数人对正义的普遍感知，立法和司法才能获得认同。无论民主主导型的立法正义、公众参与型的行政正义，或者大众感受型的司法正义，都离不开文化载体的沟通和呈现，相关话语也都会在大众文化媒介中接受衍义甚至重塑。在法律学术研究中，探寻获得正义的基本原理，也离不开斑驳多彩的文化进路。

在国外，大众文化中的法律研究将一种理论、一种实践、一个领域、一种教学法和一种思潮结合在一起。这种理论建立在结构主义洞见基础上，它告诉我们，话语、隐喻和图像等特定表达形式，对于被表达的真相具有根本意义。它采用一种多学科的研究进路，涵盖认知与文化心理学、语言学和修辞学以及媒体、电影和通信研究，致力于阐释法律意义在社会中是如何形成并传播的。[1] 比如，聚焦法律电影的文化研究，吸收了法人类学的方法，并将其拓展运用于阐释多元法律意识的互动，以及大众文化中司法图像的实证分析。[2] 研究影像中的大众法律表达，可以展示某种不同于法律人的司法正义图景。以某部或某类电影为素材，解析法理，折现民意，成为当今法律学术与文化研究勾连之通衢，成果蔚为大观。借助法律与文化话语研究的跨学科框架，以法律电影为切入，阐释特定社会背景下正义认知，逐渐成为一种比较成熟的研究领域和社会实践。

在中国，从 20 世纪 90 年代起，法学家开始运用"法制电影"素材，探讨有关获得正义的文化问题。例如，朱苏力对《秋菊打官司》《被告三杠爷》等电影的精彩解读，呈现出不同于传统法文化和权利研究范式的独特面向。[3] 苏力研究成为效仿样本，关注影像的法律与文学研究在中国出现了短暂的热潮。但时至今日，再来仔细观察此类研究，我们发现，其在旨趣上仍基于当时法制与国际接轨的现

---

① 参见[美]奥斯汀·萨拉特编：《布莱克维尔法律与社会指南》，高鸿钧等译，北京大学出版社 2011 年版，第 107 页。

② 参见[美]奥斯汀·萨拉特编：《布莱克维尔法律与社会指南》，高鸿钧等译，北京大学出版社 2011 年版，第 113~116 页。

③ 参见苏力：《法治及其本土资源》，中国政法大学出版社 1996 年版，第 23~40 页。

实需要，在方法论上主要依循西方法人类学的进路，在内容上并未脱离主流法学的基本预设及叙事范围。首先，理论和实践必须紧密结合，但前提是二者是相互独立的，不能因为现实问题而异化理论自身的逻辑。其次，法人类学取得了丰富的异文化研究成果，但它主要从纠纷解决和民俗法角度展开，对现代社会的大众文化产品缺少关注，其结构功能主义的方法在普遍性上存在欠缺。① 最后，对于主流法学而言，电影毕竟不是法律，更适合成为一种另类的抒怀工具。多数法律学者的电影解读，习惯秉持规范主义立场和思维，对其中有关法律的失真失实之处加以指摘，对文本的生产机理、叙事逻辑和系谱流变，往往不予置评。特别是对某些新近的文化标本，法律学者很少能认真对待。

对于本章论证的主题而言，理解获得司法正义的权利话语，在方法论上可以有新的选择和突破。在精英和大众、现实与虚构、理论与情感之间，究竟有没有一个沟通的桥梁？由此产生话语研究的文化阐释方法的均衡需求。此种均衡需求，立基于现实与虚构的辩证法，视获得正义的权利影像为一种活生生的文化事实，既将其置于特定语境中理解，又不限于某个孤立文本，通过多元文化比较的方式发现关联逻辑。此种均衡，也出于对大众与精英、法律内部文化与外部文化等二元对立的消解需要，通过对多学科研究方法的框架整合，寻求批判和反思之道。

二、为什么选择《十二公民》？

《十二公民》于 2015 年在中国上映，颇受业界好评。它以美国经典法律电影《十二怒汉》为原型蓝本，讲述了模拟陪审团对一起刑事案件的真相复原和正义裁决的故事。② 虽然对此影片的评论众多，但严格意义上的法文化研

---

① 参见［美］劳伦斯·罗森：《法律与文化：一位法律人类学家的邀请》，彭艳崇译，法律出版社 2011 年版，第 44~47 页。

② 该影片讲述了模拟陪审团对一起真实案件的争议和讨论。在暑期，一所政法大学内，未通过英美法课程期末考试的学生迎来补考。他们模拟组成英美式法庭，分别担任法官、律师、检察官等角色，审理一桩社会上饱受争议的"20 岁富二代弑父"案。12 位学生家长和临时代表组成了陪审团。这些人来自社会的不同阶层，有医生、房地产商、保安、教授、保险推销员、检察官等。他们在听取学生的法庭审理后，将对本案作出最终"判决"。这 12 名陪审员互不相识，但按照规则，他们必须达成一致，才能结束审判。第一轮投票，就有 11 人认定"富二代"有罪，所有人证物证都呈现一边倒的局面。但随着审议的推进，在检察官家长的合理质疑下，原来看似坚固的证据链出现裂缝，疑点不断出现，每个人背后的故事也浮出水面。

究并不多见。①

　　选择这个样本作为素材，还有如下因由：第一，这个样本与权利话语的移植、本土化和系谱流变有关，其文化原型是多元文化混合构造的产物。第二，作为新时代中国司法文化产品的《十二公民》，不是纯粹的商业电影，也不是典型的体制内电影，而是民间资本与公共权力共同打造的混合式作品。透过这部电影的文化生产过程，我们可以发现权利话语背后的权力博弈，例如"政府及其所代表的主流意识形态，市场及其所代表的商业利润原则，精英及其所代表的艺术审美原则"②。第三，就文本叙事而言，电影剧本建构的精英对获得司法正义权利的认知和想象，以及大众对此种建构的反馈，展现出复合型均衡的紧张关系。如何从话语矛盾运动中发现法理的奥义，这是一个极具诱惑力的智识探寻开端。

三、权利话语的系谱、生产和叙事

　　基于上述考虑，下文以《十二公民》为素材，以复合型均衡的内在紧张为线索，从系谱、生产和叙事三方面，建构获得司法权利话语的文化阐释框架。

（一）权利话语的移植系谱

　　权利话语的系谱研究排斥确定的起源，移植和本土化很难完全剥离。"电影，特别是那些有关法律和法律人的社会正义电影，像我们所有人一样，都是特定时代的造物。"③让我们先暂时搁置《十二公民》，回到特定的历史时刻，从它的"母版"《十二怒汉》谈起。

　　1957 年，《十二怒汉》在美国上映，迅速成为好莱坞电影的经典作品，除了符合电影工业经济法则，还有赖于独特的大众法治文化背景。《十二怒汉》也是一部改编作品，其前身是 1954 年热播的电视剧集。20 世纪 50 年代，法庭剧已在

---

　　①　作为一个例外，蔡琳的研究关注到《十二公民》与《十二怒汉》在相似情节之外呈现出来的司法认知差异，从司法哲学和传统的角度进行了很好的文化阐释。参见蔡琳：《司法的救赎？——从〈十二公民〉谈起》，载《读书》2017 年第 3 期。

　　②　郦苏元、胡克等主编：《新中国电影 50 年》，北京广播学院出版社 2000 年版，第 321 页。

　　③　Rennard Strickland, "Bringing Bogie Out of the Courtroom Closet: Law and Lawyers in Film", in *Screening Justice*, supra note 8, at xxi, xxxi.

美国很受欢迎，经济发展与政治保守，高度统合与社会多元，制度稳定与纠纷激增——各种矛盾缠绕，既带来了变革的活力，也形成了纷乱的渊薮。人们对获得司法正义的权利想象，激发了电影工业的生产拓展。1955 年，美国观众第一次通过电视看到了真实的庭审直播，民众大部分认为这对司法公正并无影响。保守的司法界自然不会认同这种民意，但新闻界打开了这个缺口。1956 年，科罗拉多州开始允许记者到法庭拍摄，录制庭审实况。这进一步激活了大众对司法过程尤其是陪审团裁决的兴趣。鉴于陪审团的评议和裁决是秘密进行的，民众对此知悉甚少且鲜有体验。① 陪审团制度是否应当延续，一直是 50 年代美国的司法政策辩论的重要主题。这种情形带来了陪审团研究的"意外"繁荣，在福特基金会的资助下，许多社会学家开始关注陪审团运作的实然场景，采用多学科的方法对陪审员行为、裁决过程等问题深入研究，积累了丰富的数据和资料。② 精明的制片人从中嗅到商机，试图用虚拟案件的悬疑剧情，展示这一至关重要的英美法制度运作的内里细节，同时代表大众传达获得司法正义的权利信号，借以督促当局者启动新一波司法改革。1957 年《十二怒汉》上映后好评如潮，并非偶然。盖因现代法治的进程与大众文化的勃兴具有内在的重合性，现代法治保障了文化产业的理性繁荣，大众文化则进一步对法治加以情感塑造，达成法律运作所需的多元文化认同。法律电影在这一进程中功不可没，这已成为业内精英和普通民众的基本共识。法律电影反映的并非客观真实，但它的确可以塑造大众心中的法律真实。二十年后，《十二怒汉》在美国以电视电影的方式翻拍，就增加了不少颇能代表司法改革动向的内容，例如黑人陪审员和女性法官的加入。

最先对美国《十二怒汉》产生强大文化反应的，当属德国。在冷战中期，1957 年，《十二怒汉》在德国斩获柏林影展金熊奖，被评价为具有特别价值的电影，对青年的教育意义非常深远。事实上，《十二怒汉》为德国人喜爱，不仅因其展

---

① Hans, Valerie P., "Deliberation and Dissent: 12 Angry Men Versus the Empirical Reality of Juries", *Chicago-Kent Law Review*, 2007, Vol. 2.

② Harry Kalven, JR. & Hans Zeisel, The American Jury at v-viii(1966); Valerie P. Hans & Neil Vidmar, The American Jury at Twenty-Five Years, 16 LAW & SOC, Inquiry 323 (1991); Valerie P. Hans & Neil Vidmar, Jurors and Juries, in The Blackwell Companion to Law and Society 195 (Austin Sarat ed., 2004).

示了一种美国式的陪审制度，更是因为它代表了获取司法正义的新权利想象。在战后的德国，当专家治理体制遭遇严重信任危机，这种改革文化的感染力和冲击力不言而喻。在此背景下，20 世纪 60 年代，德国推出了本土版《十二怒汉：大会议》(*Die Konferenz*)。尽管属于话语移植，德国版仍然体现了专家主义的文化惯习。电影主创设计了一个与《十二怒汉》完全不同的叙事环境：在一所学校，某男生被某女学生家长指控强奸了其女儿，也就是这个嫌疑犯的同学。为裁断此事，校方指定 12 位各科教师开会决议。这与《十二怒汉》中的外行陪审员明显不同，这些教师是具有公职人员身份的教师专家，不能具有个人情感的牵涉，必须凭借专业的知识和经验。① 但事实上，这些专家还是难以摆脱个人偏见和痛苦经历的干扰。不难看出，德国文本的叙事首先与既定的参审制有直接关系，这是一种不同于英美的司法制度。其次，虽然德国民众对专家体制多有抱怨，但电影还是坚持专家主义立场，但通过适度的反思和批判，展现出一种更具人情味的专家审断模式。最后，公众对长期以来法律形式主义和概念化的不满，在这一文本中体现于针对教育问题的反思话语。经由教育问题折射的司法专业主义的危机，既是人性偏见和社会矛盾的缩影，也是法律权利社会性的衍生。此种关联被敏锐的德国艺术家率先捕捉，成功转换为缤纷的光影。在这个文本中，创作者有意识引导大众朝向一个深层问题思考：法律可接受的社会行为尺度究竟在哪里？强奸和自愿做爱的区分界限究竟在哪里？电影对罪案的"合理怀疑"，代表了大众权利话语对司法公权的"合理质疑"：作为被侵犯对象，女生的尖叫更像一种热情奔放的示爱，家长不直接报警，请求学校处理更像是信心不足的权利放弃。这些因素，都让体制内的正义"真相"疑雾重重。

同属大陆法系国家的日本，在权利话语表达方式上，与德国的严肃庄重很不相同。在日本，陪审制度有历史基础和大众记忆，但当时这种制度又成了过往遗迹，能否复兴绝非"电影人"所能所左右。这种境况下，1991 年日本版《十二怒汉》(中文译名为《十二个善良的日本人》)，反映出一种"戏谑而认真"的权利话语风格。片名中的"日本人"，带有鲜明的国族本位色彩；"善良"折射出不同于形

---

① 　Peter Henning Feindt, Kommunale Demokratie in der Umweltpolitik Neue Be-teiligungsmodelle, B27/98 aus Politik und Zeitgeschichte 39 (1997).

式法治的伦理正义倾向；从始至终的"无罪"裁决，构造了"善良日本人"的权利主体镜像。电影人利用民众的文化记忆、权利想象和期待，制造了一部围绕真实罪案的陪审电影，但在风格上又具有明显的市民化幽默取向，让人并不觉得多么严肃、认真，反而有另类插科打诨的感觉。为了吸引观众，该片在情节上做了很大的改动，从"弑父"变作"杀夫"。在陪审员的构成上，有三名女性参与，年龄上代表了老中青三代，各自表现性格分明，表现出鲜明的改革话语导向。

2007年，《十二怒汉》上映50周年，正当美国法学界从专业的角度集中研讨之时，俄罗斯推出了本国的版本：《12：大审判》。12，一个抽象而具体的数字，表明了一种莫名的神秘。大审判，则意喻着叙事格局的放大，也表征着电影人"野心"的膨胀。这部电影将弑父案置于波澜壮阔的政治、种族冲突和激烈、残酷的战争背景下，反复凸显、不断强调司法正义与社会、道德、商业利益的各种冲突和悖论。例如，墓地管理员说道："法律是死的，没有人情味儿。"然后他开始抱怨俄国社会的官僚主义和不负责任。他总结说，"七十年来，这个国家没有一点儿进步"。12位陪审员不像是围绕案件进行法律事实上的认定讨论，更像是一场以如何实现社会正义为主题的诉苦大会，他们讨论了局势的混乱、种族的歧视，社会的腐败和各种不道德现象。所有这一切，与案件没有直接关系——他们的话语并非司法场域设定的标准格式，而是通过案件引发的正义问题辩论加以串联。片中多次出现的"麻雀"镜像，都折现出浓郁的东正教背景和俄式人文主义关怀。

（二）权利话语生产逻辑

自2012年以来，中国司法进入新时代。作为新时代的重要标志，中华文化的全面复兴，对司法的理念更新和制度改革都提出了更高的要求。"司法是人民的司法，法院是人民的法院，以人民福祉为核心，在司法上保证人民对美好生活的向往，就成为司法的根本行动指南。"[1]作为新的政治要求，司法机关的核心使命是公正，而司法公正最终要通过人民群众的切实感受来检验。在此背景下，聚

---

[1]　胡玉鸿：《习近平公正司法思想探微》，载《法学》2018年第6期。

焦大众感知的司法正义日显重要，不仅体现在改革顶层设计文本，也投射于大众权利话语的文化生产过程。

对大众文化生产而言，司法题材的作品并不具有显著的市场价值，很多时候成为有意规避的领域。在文化产业化大潮下，司法题材影视剧的制作看似很不景气。① 但这种不景气，是相对于市场化的文化工业标准而言的。② 如果我们转换角度观察，事实未必如此。司法机关承担法律教育职能，理当对大众司法文化的塑造肩负特殊职责。从司法文化公共品供给来看，在新的全面深化改革顶层设计中，司法作为中央事务定位，与其有关的文化产品因而具有某种司法公共品的性质。基于此种属性，司法文化公共品不能完全由市场资本或自由文艺家提供。一种新的司法文化生产逻辑，正在铺展。此种逻辑类似政府与社会资本合作的 PPP 模式，当公共资本与民间资本取得共识，达成协议，司法文化生产项目制的运作即告启动。③ 主流的司法题材影视剧，多系最高法、最高检下设的作为"独立事业单位"的影视中心以立项方式出品。

除了正式的国家主导的司法文化项目，大众文化市场对司法正义塑造的"自发"热情也值得分析。在文化组织分类表中，居于核心领域的媒体通常偏重主流，创新动力有限。但在都市文化背景下的边缘组织，却有相对充盈的创造欲。"它们生产和广泛传播被那些强调联合大企业生产的流行文化的作用的人所遗忘的文化，它们在这方面发挥重要作用。地方文化组织通常是文化网络——亚文化或艺术世界——的组成部分，它们经常是新思想的源泉，其中的一小部分新思想最终进入文化活动场所。生产这些作品是一项社会活动，在从事这项活动的过程中，

---

① 20 世纪 90 年代初期全面展开的市场化改革，使得计划经济体制下效仿苏联文艺生产模式形成的文化生产体系，逐渐被新的市场化模式替代。一个新的、面向城市市民以文化消费为主导的市场逐步建立起来，它以资本为纽带、以营利为目的，在原体系之外，重新整合创作主体（体制内和体制外），在市场空间中开掘新的文艺创作方式。参见陶庆梅：《网络技术霸权下失衡的文化生产机制》，载《文化纵横》2017 年第 12 期。

② 有论者从中国法制电影的题材和表达方式角度看到了明显的进步，比如，把法律的理性语言转换成感性影像，成为传播法律信息的媒介，影响人们的思想观念，产生对法律理性的认同。参见程华：《新世纪中国法制题材电影概观》，载《电影文学》2013 年第 8 期。

③ 关于项目制的研究，参见渠敬东：《项目制：一种新的国家治理体制》，载《中国社会科学》2012 年第 5 期。

文化创造者时常注视其他创造者的作品,以便证实他们本人对审美问题和政治问题的看法。"①

在《十二公民》的权利话语生产过程中,我们可以发现体制和市场的"双轨制"辩证。从体制到市场,再由市场复归体制,最后回归一种新的复合化市场。②这个过程的逻辑不难解释:首先,已有的司法文化组织,如法官、检察官文学艺术联合会等,常规化承担故事文本生产任务;成熟的文本以项目制方式,经由影视中心制作发行。其次,由于文化产业的迅猛发展,出于市场效益考虑,体制化的文艺项目不得不寻求盟友,从创作灵感、制作资金和发行渠道等多方面补足短板,以求最大限度站好边缘的舞台。再次,文化市场激烈竞争形成的分层和断裂,让一些新的企业在缝隙处谋求创新和突破,有计划展开司法文化产品试验。最后,当合作契机出现,众多参与主体的意思得以复合,理念框架形成,资源动员到位,权利话语的文化生产也就水到渠成。

从主体视角看,司法正义的权利话语生产需要法律家和文艺家、国家权力和民间资本的合作。文艺家的正义/权利想象,更多站在大众喜好的角度编织。法律家的正义/权利图景,通常围绕制度规范的要求设计。资本方则更需要整合的能力,为各方合作创构平台。就《十二公民》的创作团队而言,出品方是民间资本,联合摄制方为三家司法文化专业组织,导演和演员都是小有名气的文艺家,编剧包括检察官和文艺家。

首先,法律人和文艺家在权利话语上的交流和互动极为重要。《十二公民》之所以是一个新的文化复合产品,主要在于它是两个故事的合成。出品方手头的两个剧本,一个是检察官创作的电视剧剧本,一个是新生代导演正在构思的《十二怒汉》翻拍本。据韩大书检察官回忆,2012 年的一个晚上,检察官与制片人、编导之间进行了一场朴实而深刻的对话。虽然学科专业、背景经历完全不同,但

---

① [美]戴安娜·克兰:《文化生产:媒体与都市艺术》,赵国新译,译林出版社 2001 年版,第 6 页。

② 社会学家研究的项目制所体现的新的双轨制,表现为一种由体制(单位制)到市场,再到体制(项目制)的过程。而新的司法文化生产逻辑则以市场为起点,转向项目制,再回归一种复合化的市场。

他们提出了一连串共同的问题，核心就是为什么司法缺乏公信力？[1]虽然法律人对最后上映的电影存有遗憾，但还是表示了高度的认可。虽然文艺家最初不是为了宣传特定类型的司法人员，但还是收到了很好的普法效果。长期以来，我们对于法律人的文艺创作习以为常，但对文艺家的法治认知关注不够。像徐昂这样的新生代文艺家，他出生在70年代末中国法制移植勃兴的年代，虽未受过完整系统的法学教育，或像《十二怒汉》编剧有参与陪审的经验，但他们对司法正义的知识和体验，对人权理念的憧憬和敬仰，有更宏阔的视野和更主动的自觉。据其自述，他很早就有翻拍《十二怒汉》的想法。他在业界的成名作《喜剧的忧伤》，正是改编自三谷幸喜的作品《笑的大学》。《笑的大学》宣扬的是言论自由权。不无巧合的是，三谷幸喜也是日本版《十二怒汉》的编导。虽然这部作品在徐昂眼中质量不高，但这并不妨碍他在创作《十二公民》时认真参酌。

其次，法律人与文艺家的互动平台，搭建于资本方的理念框架下。从想法到创意，再从创意到产品，这一过程的支配者和主导者，在现代文化工业体制下，无疑是投资人。文化资本的运营者为什么萌生司法电影的创意？除了获得司法正义权利日益受到民众关注和官方重视的大背景，我们还可以补充一些细节的佐证。比如，出品方聚祺传媒是一家正在打开市场的新企业，需要新题材吸引受众。投资方希望通过能够承受市场风险的小成本电影，完成这种创新实验的另类吸引。主要投资人徐小平等对美国人权文化的熟悉和推崇，选择一部好莱坞经典翻拍也就顺理成章。出于本土化的考虑，经典翻拍必须有鲜明的中国元素，于是在已买下版权的电视剧剧本中嵌入经典故事，构成了文化资源配置的最佳均衡点。为达成这种均衡，在《十二公民》的制作过程中，资本方对剧本的打磨煞费苦心，检察官创作的原本经职业编剧改写，完成框架设计，再由导演徐昂精心润色，呈现出最后的复合型的嵌套式文本。

最后，对于类型特殊的司法电影，投资人的意思并非绝对自治的，还需要随时吸纳司法机关的话语表达。依照法规和政策，像《十二公民》这样的电影，首先需要经过最高人民检察院的审定。我们看到了一种别开生面的权利话语生产方

---

[1]　参见李玉娇、徐昂、韩景龙：《十二公民》，清华大学出版社2015年版，第248页。

式：通过吸收检察系统的作家为主创人员，剧本创作中与内容审查同步进行。原剧本被改造为一个检察官作为普通人出场的正义故事，完成了法律精英对社会公众的启蒙，不仅探查了真相，而且感动了人心。在此基础上，原国家广电总局的审查非常顺利，一刀未剪。作为承担重要法治职能的最高检察机关，电影审查显然只是其权力范围的细枝末节，但正是这样的处于末梢神经的文化权力，在很大程度上限定了文化生产的框架和逻辑。"专业把关"，可以避免法律意义传播中的制度错误，让作品更严谨精准。

（三）精英主导的大众叙事

获得司法正义的权利话语要达成叙事框架，需要建立在精英和民众最低限度的正义共识基础上。就此而言，司法正义不仅与法律职业内部文化有关，也与社会正义的交叠共识有关。"每种文化都有其奠基性的神话、必要的信仰以及内在于自身规范的理性。"①司法体制文化的精英主义气质，突出表现在作为美德的古典正义观念。此种理念，通过民主代议制的运作得以展现。而其大众主义情结，属于现代性祛魅的后果，在政治与市场的共同作用下日渐滋长。试图消解精英与大众区隔的法律人，虽然秉持自由平等的理念，但在司法贵族传统和启蒙知识分子意念驱策下，其对于获得司法正义的权利话语，难免出现精英主导的大众叙事悖论。虽然法律人和文艺家携手创生新的司法文化生产模式，可以弱化单向度的精英想象，编织更多维度的大众叙事，用混合话语探试均衡方位。嵌在大众文化中的司法精英，通过与文艺精英的合作，也可尽量面朝大众的正义认知，将法意表达与娱乐休闲整合一体，走向某种"娱乐–司法复合体"（entertainment-justice complex）的建构。它与文化工业的"司法–娱乐复合体"有方向上的差异，后者是声称实施精英的法律教育和启蒙，但实际上是利用法律程序和冲突引发观众的冲动，供其消遣，逗其开心。② 此种复合体就目的而言，仍是为了传输精英司法正

---

① ［美］保罗·卡恩：《法律的文化研究：重构法学》，康向宇译，中国政法大学出版社2018年版，第26页。

② 参见［美］奥斯汀·萨拉特编：《布莱克维尔法律与社会指南》，高鸿钧等译，北京大学出版社2011年版，第115页。

义的观念，不得不在形式上采用了大众文化的包装，在权利叙事上难以避免话语矛盾。

审视《十二公民》文本，不难发现其权利叙事的内部紧张和外部分裂。时代变换条件下的司法精英对法治理念的诠释，建基于立法、司法和守法的多重需要。刑事诉讼法的修改，司法与舆论的紧张、大众法律意识的薄弱，这些因素共同促成司法精英新的正义想象及其叙事框架。① 从表面上看，《十二公民》照搬了《十二怒汉》的叙事：一起儿子谋杀父亲的罪案裁决。实际上，《十二公民》文本由多个故事复合而成。第一个故事是检察官的故事，原剧本名为《我们检察官》；第二个故事是法学院的故事，故事发生在政法大学；第三个故事才是陪审团的故事，它来自《十二怒汉》系列，在框架中从属于前两个故事。改编后的故事具有多重定位：一是法律人对新司法理念及其载体的宣传，一是文艺家对人性特别是偏见的拷问，一是出资方对大众喜好的琢磨。

为了达成精英想象和大众叙事的平衡，同时维护精英叙事的主导，电影文本不得不设置英美法意义上的陪审团，本土化的角色成员由补考学生的家长、亲属和爱人，以及凑数的学校商贩、保安等组成。虚构的刑事案件本源于现实，但中国没有陪审团制度，故而以大学模拟审判的方式展开，顺带检讨和反思了法学院的教育问题。这也算是对大众喜好的一种回应。在影片中，案件进入存疑不起诉阶段。但强烈的舆情反弹，让主诉检察官不得不重思问题的逻辑，最后在参与大学模拟审判中，得到启示，顶住压力，维护了想象中的法律人的司法正义底线。这种虚拟与现实多重交织混杂的故事场景，不同于已有任何版本。这植根于国人对司法正义的欲望想象、情感体认和认知理性，都处于高度的不均衡状态。

在此背景下，法学院模拟叙事成为一个暂时的平衡点，寄放了各方的实验主义素材，借以传达司法改革讯息，规避法律叙事漏洞，激发公民参与热忱。如果将法学教育纳入获得司法正义权利的观念范围，这种模拟审判可以呈现深度反思

---

① 参见沈寅飞、王志平：《李玉娇：第一个获得金鸡百花奖的检察官》，载《方圆》2016年第5期。

的面相。① 但主创或许对当前中国法学教育不够了解，甚至存在偏见，不仅出现"家长参与补考"的离谱情节设计，还有大量对法学教师的刻意揶揄。如那位拿着梳子不停梳头的李老师，充当陪审团团长却怒气盎然的法学院研究生，都似乎是有意表达对法律知识人的不满和忧虑。本质而论，法学教育的公共平台可以为各方的正义论辩提供表达机会，但并不能确保中立无偏。

因为这种模拟审判的文化设置，这场罪案的评议应当更艰难。但作为司法正义的精英符号，何冰饰演的8号陪审员，还是最终在短时间内成功说服了其他11位"陪审员"，完成了华丽的逆转。最后一幕的身份显现也别有用意：他原来是一位检察官！虽然这一情节并非原剧本的设计，但这种对专业司法官员能力的着重凸显，表明主创者对于精英法治意识形态的认同——代表国家正义的检察官，即使以普通人身份出场，也是气场十足、力挽狂澜的英雄。这隐喻了国家司法权威的超然合法性，表征着精英司法正义观念对大众权利叙事的牢固支配。

在精英司法理念的构造下，《十二公民》中的"陪审团"，还可以理解为对舆论审判的仿真模拟。如今，司法和民意的紧张，大众舆论对司法裁判的支配或扭曲，成为法律精英极度担忧的症结性问题。但真是无药可救吗？或者，这究竟是不是一个真问题？须知，很多时候，病症也是一种文化心理强迫，一种常见的职业利益话语。《十二公民》的创作者为我们提供了一个形式逻辑上的乐观文本：首先，民意是可以也应当得到尊重，这有宪法和法律的规定作为大前提；其次，在制度保障的基础上，即使是虚拟的制度规则，也是可以穿透人心、逼近真相的，关键在于，人们要从公民责任和伦理深处探察善恶的本原；最后，多变混杂的民意可以在司法精英的引领启蒙下，达成共识，变成一致同意。此种完美逻辑的呈显，必然会遮蔽现实生活的非均衡常态，用一种强理性主义的预设替代人权的情感本体。

对于大众的司法权利认知而言，《十二公民》这样的小众电影是否真正完成了理性的规训？当《十二公民》呈现给国人的时候，它与原初文本实际上已多次

---

① Benjamin L. Liebman, "Adopting and Adapting: Clinical Legal Education and Access to Justice in China", *Harvard Law Review*, 2007, Vol. 120, No. 8, pp. 2134-2155.

偏离。上映后良莠不齐的公众评价，也表明多元因素混杂的文本事实上很难均衡。电影业内的专家评价一致叫好，与大众网民不遗余力地吐槽找碴，形成了鲜明的对比。此种文化产品的衍义和再生产，固然可以表明被评论的对象有其生命力，但更合理的推论是精英主导大众叙事存在严重局限。例如，《十二公民》中审判的退场与缺席，法官被检察官替代，检察官与普通民众在身份出现混同。这些隐微写作，表明当前中国大众文化对审判中心主义的陌生，对连接国家和民众的检察官在"沟通正义"上的渴盼，以及对理性化民意、司法性民主和更大范围、更深程度的社会正义的混合式期待。而这些期待相互之间的冲突，却难以通过精英主导的正义叙事完美反映。梳理大众评论的诸多槽点，我们还可以发现大众有关获得司法正义权利的碎片化图像，竟然有着某种强悍的核心逻辑！此种逻辑大略由如下关键词组成：美国的人权、民主与法治—独特的陪审团制度—真实、细致、深刻的角色安排—难以逾越的经典—翻拍的失败。这种大众文化的心理机制可以用"模仿的悖论"简括：模仿者即使完美表演，也终归是他人的翻版。

第三节　当代中国法文化反思

作为中国特色人权事业的重要组成部分，人权话语建设在新时代中国亮点纷呈，战略地位日趋显要。在当今中国，着力解决发展不均衡、不充分的难题，必须坚持以人民为中心的发展思想，更好地满足人民在经济、政治、文化、社会、生态等方面日益增长的要求，这就要求丰富人权话语表达，加强人权法治保障，进而促进人的全面发展和社会全面进步。

作为法精神的衍生，权利话语可归于各种事物的本质关联。就本章探讨的获得司法正义的权利话语而言，从移植到本土化，从精英表达到大众传播，从概念定义到理念塑造，都只是话语体系的局部。相比于真实个案，获得司法正义权利的大众认知，在文化影像中可以得到更为浓缩而丰厚的体现。无论秉持法律或艺术至上，或是信奉"娱乐至死"的乌托邦，处在大众文化漩涡的司法正义认知必定会复合多方权利观点。大众从外向内对司法过程的权利探奇，必定充满疑惑、猜想、误判和假相。这些在业内人士眼中的"错误"，对于大众而言，无比正常。

有些时候，大众观察和想象的获得司法正义权利未必比法律人构建的意识形态混乱。在本质上，普通人的法律态度与精英并无二致，其话语差异源于不同的社会位置。从普泛意义而言，每个人都会在脑海中带有大众文化塑造的权利图像，由这些图像勾连出一系列合理或不合理的欲望、情绪，从各个幽暗的角落发出能量，影响着司法正义的认知判断。大众文化对司法正义的权利话语书写，带有列奥·斯特劳斯讲的"显白"和"隐微"技艺的双重特性。表面上看起来这是一个普法宣教故事，但深底潜伏的可能是有关变法和改革的文化提案。如果研究者不从法律家的文本解释意愿中解放出来，对于大众文化的逻辑予以必要的尊重、精细的读解，获得司法正义权利只能停留在纸面论证的阶段。而这种结局，正是当初此种权利话语创生时极力反对的。

归根结底，人权话语是多元主体博弈的社会实践产物。"法律与社会运动"的话语框架理论认为，对人权进程的话语框架及动员过程应加以文化上的深描。① 人权话语形成并非机械的人与文字的交互，而是人们之间面对面的社会互动。除了司法空间中的话语交锋，人权话语在经济、政治、文化、社会、生态文明各场域都可能出现。将不同主体位置的人权话语生产加以连结性分析，探明其文化动员进程，是理解人权话语实践的一种新方法。经由移植而来的人权话语，要想掌握群众，改造世界，获得马克思所说的理论的物质力量，必须对自身固有的文化立场进行反思甚至翻转，发生革命性质变，这样的话语在新时代才可能真正打动并说服大众。

---

① Benford, R. D., & Snow, D. A., "Framing Processes and Social Movements: An Overview and Assessment", *Annual Review of Sociology*, 2000, Vol. 26, No. 1, pp. 611-639.

第十九章
迈向一种"复调"模型

  当前中国的一个显著特点在于，社会主义法治进入系统集成阶段，出现了"薄法治"与"厚法治"、形式法治与实质法治、领域建设型法治与整体推进型法治的话语交融趋势。① 在此背景下，有关司法权的一系列体制、机制改革，也面临新的理论构建任务。法学家对此贡献了不少高见，概其要义，大略是以司法规律为圭臬，或以理想型司法权运行模式为目标，从司法制度原理出发，反思现实问题，提出诊治方案。② 但司法改革并非法学家的"独角戏"，它是一项总体的法治事业，政治家和大众的意见往往至关重要。相比而言，政治家的法理思维更侧重"实际"，更看重"战略"，更强调"系统"，从而生成独特的司法权及其改革话语。③ 大众对良善司法的需求不断增长，具备影响法官决策的内生权能。④ 舆论借助"人民司法"的意识形态框架，相关话语动员被视为"民情""民意"之表达，

---

  ① 法治中国理论话语的兴起反映了此种趋势。诚如总结者言，"法治中国"这一核心概念既负担着"法治"的一般价值，也承载着特殊的"中国（中国梦）"的具体诉求。它是对前几十年学者们对法治和法治国家理论研究的集成、升华和凝练。如何实现政治话语与学术研究的相互衔接，如何既将过去四十余年来的基本共识与新时代的需求协调起来，同时又保持创新和发展的可能空间，是站在历史节点上的中国法治理论（者）应考虑的核心问题。参见雷磊：《探寻法治的中国之道——中国法治理论研究的历史轨迹》，载《法制与社会发展》2020 年第 6 期。

  ② 参见江国华：《司法规律层次论》，载《中国法学》2016 年第 1 期；龙宗智：《司法改革：回顾、检视与前瞻》，载《法学》2017 年第 7 期。

  ③ 参见黄文艺：《论习近平法治思想中的司法改革理论》，载《比较法研究》2021 年第 2 期。

  ④ 关于公众意见实际如何影响法官的个案决策的研究，参见陈林林：《公众意见影响法官决策的理论和实验分析》，载《法学研究》2018 年第 1 期。

成为"司法政治"合法存在的另一种支撑力量。① 沉默的大多数即使游离于正式的"司法之门"，其话语缺席也是一种话语策略，存在两种发展趋势："要么发展成彻底的自我否定（像艺术那样），要么在一种英勇巧妙的矛盾形式中得到实现。"②

当司法权的本质无奈而又巧妙地为理论生产搁置，而现实情境又无时无刻不在逼迫"总体图景"出场，话语研究的必要性方才凸显。受哲学语言学转向影响，司法话语研究最初重点分析法庭口头话语和书面话语，在新的话语理论影响下，解释司法过程中话语陈述的有效性及其权力关系，在对司法修辞技术运用的分析中，进一步揭示司法决定的情感塑造及其文化背景。③ 近年来，司法政治学和比较法研究，表现出政治话语和学术话语的对象整合趋向。如司法政治学尝试运用多元方法，面向更广阔法域，设定更细致议程，针对司法权的具体行为样态、系统动力源、影响效果等问题展开全面分析。这些分析基本涵盖影响司法权的社会因素（共同体）、文化因素（价值与规范）、制度因素（国家）、理念因素（看法、理论），对于整合型话语研究提供了参照。但这样的理论框架未必整全，对发展中国家也未必适用。④ 针对发展中国家的比较法研究表明，改革后这些国家的司法风格通常被认为是形式主义，但事实上，在过去 30 年有关法治、司法改革和区域一体化的学术和政策辩论中，司法形式主义的变体及相关意识形态论争占据主导地位。这些关于司法权的话语辩论，与根深蒂固的民族创伤记忆和政治认同问题勾连起

---

① 中国学者较早意识到司法改革中精英意识与大众话语的矛盾，尤其是前者对后者的遮蔽，并对如何平衡二者提出了理想解决方案。国外某些对中国司法权的研究，也基于"民意"主导的司法政治视角，既肯定司法公权合理扩张的欲望，又对相关运行模式及改革实践作出了反思。参见万毅、林喜芬：《精英意识与大众诉求：中国司法改革的精神危机及其消解》，载《政治与法律》2004 年第 2 期；Ding Qi, *The Power of the Supreme People's Court: Reconceptualizing Judicial Power in Contemporary China*, Taylor and Francis, 2019.

② ［美］苏珊·桑塔格：《沉默的美学：苏珊·桑塔格论文选》，黄梅等译，南海出版公司 2006 年版，第 57 页。

③ 参见 Mihaela Popescu, "Judicial Discourse as Feeling Rules: Obscenity Regulation and Inner Life Control", 1873-1956, *Law, Culture and the Humanities*, 2012, Vol. 3.

④ 参见徐霄飞：《司法政治研究的兴起与分化——地域扩散与学术谱系》，载《法律和社会科学》2020 年第 1 期。

来，成为集体政治身份论争的激战场域。其他弱势或边缘民族的法律文化也面临类似问题，这些问题可能会在专业话语和看似非政治的领域中浮出水面。[①] 此种研究对理解司法权的话语构造富有启示，但其研究对象国的植入型法治模式，与当代中国实际情形并不相同，不能照搬套用。

现有研究多数仍将话语分析作为一种跨学科方法，在使用上具有明显的后现代实验特征，不欲也难以撼动主流司法权理论的支配地位。"司法权就是审判权"的本质前设，大大限缩了司法话语研究的论域。整合多元主体的司法权话语，从中找寻可能存在的本质或规律，必定是艰难繁琐的理论工程。近些年，国内学者开始涉入司法话语研究，以法官审判为中心关切，致力于通过话语权力微观运作，解释司法过程的复杂构造，提升了司法实证研究水平，推动了法学社科化进程。[②] 但这些研究对于司法权本质的前设，依然保持审慎的"沉默"。政治话语图景下的司法权，外延虽已明确为审判权和检察权，但在新的法治体系建构背景下，核心内涵与立法权、执法权、监察权等存在交叉甚至冲突。同时，大众话语对司法权的理解，虽不及政治家、法学家严谨精准，但也体现出独特的"公正旁观"态度和"幽暗意识"。更重要的是，三者如何在共同时空场景下运用不同理解范式，围绕司法权的理想图式，展开话语上的沟通博弈？这样的话语交往带来了怎样的政治或理论后果？能否透过这些后果推导司法权在话语方式上的本质特征？这些特征可否进而编织出司法权本质的阐释学图景？

基于上述，本书最后以话语研究的标识性概念——"复调"——为隐喻，期望能将政治家、法学家和大众的法理勾连一体，寻找司法权本质话语的"最大公约数"模型。通过复调隐喻的牵引，本章对布尔迪厄司法场域理论予以重述，以

---

① 参见 Cserne, Peter, "Discourses on Judicial Formalism in Central and Eastern Europe: Symptom of an Inferiority Complex?", *European Review*, Vol. 28, No. 6, pp. 880-891.

② 相关研究包括但不限于：侯猛：《司法改革话语的建构与流变》，载《中国社会科学报》2020年6月5日，第4版；邵六益：《审委会与合议庭：司法判决中的隐匿对话》，载《中外法学》2019年第3期；郭晓飞、黄盈盈：《权力关系的流动：司法实践中的二元对立困境——基于一起热点性侵案件舆论的话语分析》，载《探索与争鸣》2020年第7期；杨帆：《话语分析方法在司法研究中的功用——以"司法理性化"为规范目标的考察》，载《华东政法大学学报》2018年第4期等。

域外实例初步勾勒其内含的话语模型，再于当代中国司法权场景中检证。此种分析并非严格意义上的比较法研究，其目的并非寻找制度规范的差异或近似，而是整体重构司法权的话语生成图景。分析的着力点在于，如何将话语分析从法官裁判意见的内部方法中解放出来，置放于更为广阔的多元主体场域。与之关联的落脚点在于，总体阐释司法权政治、理论与大众话语，分析各自特点及关联，最后回归司法权的本质母题。

第一节　司法场域的话语意涵

司法权话语，简言之，是人们对司法权这种特殊公权从现象到本质的多种言说和交谈。模仿福柯的"话语"界定，或可如此谓之：司法权是由这样一个整体构成的，它是由所有那些对司法权进行确定、分割、描述和解释，讲述它的发展，指出它多种多样的对应关系，对它进行判断，并在可能的情况下，替它讲话，同时以它的名义把应该被看作是它的谈话连接起来的话语构成的陈述群中被说出来的东西的整体。① 当然，此种模仿并不精准，但司法权通过话语载体表现，大略是确定的。如，法官话语是审判权在具体情境中的语言载体。但若将司法权话语局限于此，探寻乔姆斯基所谓的"生成语法"恐要落空，"作为语言学家的法官"美梦也会破碎。② 因而，在一种广阔的"场域"视野下审视司法权话语，有助于分辨司法权话语的实践主体及其真实意欲。在此意义上，法官话语只是一种从特定司法权主体角度生发的话语形态，其中存在一些必须剔除的与司法权本质无关的内容，如法官在权力行使之外的生活话语等。除法官话语，政治家的司法权能设计、法律家的司法制度论证乃至普通人的司法实践态度都是司法场域中的话语范本，因为，它们围绕司法权展开的言说交谈构成了司法实践基于不同社会空间和主体位置的本质镜像。简言之，理解司法权话语，既是在描析司法权的

---

① 参见［法］福柯：《知识考古学》，谢强、马月译，生活·读书·新知三联书店1998年版，第38~39页。

② 参见［美］劳伦斯·M. 索兰：《法官语言》，张清、王芳译，法律出版社2007年版，第35~78页。

重要实践侧面，也是阐释司法权本质的一种路径。

一、场域理论中的司法话语

法国学者布尔迪厄的司法场域理论，为理解司法权的本质提供了入口。据其反思社会学理论，关系思维非常重要，这种关系并非"行动者之间的互动或个人之间交互主体性的纽带，而是各种马克思所谓的独立于个人意志和意识而存在的客观关系"。① 从关系思维出发，场域可以被定义为在各种位置之间存在的客观关系的一个网络。② 场域的核心特征是斗争，在场域中充满着各种力量的斗争关系，场域整体上的协调统合和共同功能取向实际上来源于这些冲突和竞争。③ 从培根的"知识就是权力"（Knowledge is power）④到福柯的"权力形成知识、生产话语"⑤，布尔迪厄延续了这一理论谱系，建立起话语和权力之间的勾连关系：语言关系是符号权力的关系，话语体现着言说者和他们所属群体间的力量关系。⑥布尔迪厄通过场域理论，发展了福柯的话语分析方法。费尔克拉夫在批判福柯的话语分析方法时指出，由于福柯对实践这一基础问题自有属性的考量不足，导致他对权力的分析陷入一种静止孤立的领域，对斗争的观察采取一种片面局部的视角，以及过于夸大话语的建构作用而忽视话语与客观现实的互动效果。⑦ 布尔迪厄则明确指出，话语本身就是实践的表现，言说者通过言辞用以行事的能力完成

---

① ［法］布尔迪厄、［美］华康德：《反思社会学导引》，李猛、李康译，商务印书馆2015年版，第122页。

② ［法］布尔迪厄、［美］华康德：《反思社会学导引》，李猛、李康译，商务印书馆2015年版，第122页。

③ 参见［法］布尔迪厄、［美］华康德：《反思社会学导引》，李猛、李康译，商务印书馆2015年版，第128~130页。

④ 周林东：《培根名言"知识就是力量"三解——兼论弗兰西斯·培根的宗教观对其知识观的影响》，载《复旦学报（社会科学版）》2007年第5期。

⑤ Michel Foucault, *Power/Knowledge: Selected Interviews and Other Writings*（1972—1977）, translated by Colin Gordon et al., Pantheon Books, 1980, p.119.

⑥ ［法］布尔迪厄、［美］华康德：《反思社会学导引》，李猛、李康译，商务印书馆2015年版，第175页。

⑦ 参见［英］诺曼·费尔克拉夫：《话语与社会变迁》，殷晓蓉译，华夏出版社2003年版，第53~57页。

各种行为并影响世界①；理解话语需要以分析实践为前提，"不把语言实践放在各种实践共存的完整世界中，就不可能充分理解语言本身"②。通过将权力实践和话语表达统括于场域斗争的基本领域下，布尔迪厄建立起了"实践—话语—场域"联结贯通的理论框架。由此，我们可以在场域的背景下分析话语，也可以透过话语看到场域背后的实践斗争。

　　20 世纪 80 年代，布尔迪厄创造性提出"迈向司法场域的社会学"的命题。他并非直接针对主流法理学的危机，而是立足于一种社会学家想象的"严格的法律科学"，确言之，是一种以法理学为研究对象的广义法律科学。他力图通过对司法话语的分析，建构一种新的超越形式主义和工具主义的司法场域认知图式，为法律的力量找到稳靠的依凭。在他看来，"司法场域是争夺垄断法律决定权的场所"，各个行动主体都具有特定的技术性资格能力（technical competence），其实质就是社会认可的文本解释权能（Capability）。在此意义上，司法场域实质上是一种"话语权力场"。各方主体以其特定话语的表达和实践、逻辑与策略，在其中竞逐、博弈。司法语言及其修辞技术，"表达了司法场域的整个运作过程，尤其是表达了法律规范体系总是要服从的总体化运作"③。他重点分析的法理论与法实务的"话语斗争"，反映了现代性国家司法权生成的复杂性，也表明作为理想类型的司法权首先是精英内部的理念共识。在此理论的启发下，我们可将司法权话语的生成视为场域内各种力量不均衡发展的产物，各方主体的言说交谈、论理叙事相对独立呈现，同时相互牵制影响，在非均衡的博弈中形成一个个暂定均衡，推导出特定阶段的主流共识，在实践中对应相关策略目标。

二、司法权的政治话语形塑

　　沿着布尔迪厄的理论运思，我们可以进一步追问，司法权如何在话语场域

①　[法]布尔迪厄、[美]华康德：《反思社会学导引》，李猛、李康译，商务印书馆 2015 年版，第 173 页。

②　[法]布尔迪厄、[美]华康德：《反思社会学导引》，李猛、李康译，商务印书馆 2015 年版，第 182 页。

③　Pierre Bourdieu, "The Force of Law: Toward a Sociology of the Juridical Field", *The Hastings Law Journal*, 1987, Vol. 38, Issue 5. 中译文参见[法]布尔迪厄：《法律的力量——迈向司法场域的社会学》，强世功译，载《北大法律评论》1999 年第 2 辑。

中形塑？多元论者认为，一系列因素，"无论是制度的还是随机的，正当甚或不正当，只要存在，就一定会影响司法，影响法官的选择和决策，常常有利有弊，利弊交错"。如果承认"任何具体制度往往是众多变量的均衡"，"某一变量的细微变化就可能影响法官的司法决断，影响其对规则、学说和教义的需求，影响其对司法决断的法理论证和学理包装"。① 同时多元论也注意到这样一个基础事实：现代性国家建制塑就了当代司法权，这种建制并不一定就是理性主义法治国，也可以是经验主义、实用主义等多种形态的复合生成。政治话语对司法权本旨的界定，引发司法与宪制的勾连，这也是相关学者分析问题的重要视角。②

政治家的宪制话语衍生司法权实践原理，西方的分权学说可为一个实例。自分权学说创立以来，司法在国家政治中的权力配置和机制安排就成为一项举足轻重的议题。从西塞罗到孟德斯鸠再到"普布利乌斯"们，法政精英的思想贡献和理性言说推动司法理论走向成熟。考察司法场域的宪制话语，不难发现背后隐含的政治斗争。比如，立宪初期的美国存在着激烈的党争，在消除党争原因和控制党争影响这两个排除党争危害的备选方案中，"普布利乌斯"选择了后者。③ 而控制党争影响的具体措施就是，将违宪审查权从理论上赋予司法机关这个"最不危险的部门"——当议会法律和宪法冲突时，司法机关有权依据宪法监督议会在其权力范围内行事。这一话语抉择背后的政治逻辑非常清晰：当人民与其代表发生分歧时，以人民的意志为准。④ 尽管美国宪法条文对司法权着墨不多，但制宪者"普布利乌斯"认为司法机关的违宪审查权蕴含于宪制基本原理中。马伯里诉麦迪逊案的判决，事实上确认了司法机关的这种权力："显而易见，判断法律是什么是司法部门的职责和义务，尤其是当两条法律产生冲突时。"⑤学界一般评价，

---

① 苏力：《无法解释的解释，难以证成的证成——舞剧〈红色娘子军〉判决理由解析》，载《浙江社会科学》2019 年第 5 期。

② 参见苏力：《大国宪制：历史中国的制度构成》，北京大学出版社 2018 年版。

③ 参见［美］汉密尔顿、杰伊、麦迪逊：《联邦党人文集》，程逢如等译，商务印书馆 2015 年版，第 55 页。

④ 参见［美］汉密尔顿、杰伊、麦迪逊：《联邦党人文集》，程逢如等译，商务印书馆 2015 年版，第 455 页。

⑤ William Marbury v. James Madison, 1 Cranch 137 (1803).

此案代表了政治问题向司法判断的精妙转换。然而，从司法权话语角度来看，事实可能正好相反：马伯里案的结果主要体现了政治话语的运作逻辑：代表人民意志的宪法话语是最终决断的依据；议会是党争的场域，党派斗争又不能超越宪法框架，这是政治斗争的根本原则。"当党派政治突破宪法约束的时候，法官们就应该宣告他们拟议中的立法因违宪而无效……只有人民才有权修改宪法，而法官们必须防止国会对宪法进行单方面的根本性改变。"[1]由此出现独特的司法政治话语构造，司法审查权成为政治话语塑造的结果。

三、司法权的理论话语构造

政治场域的话语斗争，只能从司法场域外力形塑的角度，解释"司法权何为"的问题，还不能彻底回答"何为司法权"的内生追问。此种追问指向，判断法律是否符合宪法的权力为何委任于司法部门而不是其他机关？对此，理论家开始对马伯里案加以学术分析，从美国宪法的文本与精神、判决的社会历史背景出发继续证成。如考文在一篇著名论文中提出，虽然宪法文本未明文规定，但司法审查权已内涵于制宪者认为的宪法原理之中；并且按照分权理论的应有之义，不同于法律制定与执行，法律解释是法院排他性的权能。[2] 以考文为代表的推崇司法审查的一派，被称为"司法至上"主义。[3] 而塞耶尔对马伯里案的解读，则开创了"司法尊让"原则的先河。[4] 在他看来，除非法律明显违宪，除非完全排除合理怀疑，法院应当尊重立法机构的判断。[5] 虽然美国长期以来的宪法实践并未直接"反映"其观点，消极独立的司法部门相较于其他部门在解释宪法含义、排除模

---

① [美]布鲁斯·阿克曼：《我们人民：奠基》，汪庆华译，中国政法大学出版社 2017 年版，第217 页。

② 参见 Edward S. Corwin, "Marbury v. Madison and the Doctrine of Judicial Review", *Michigan Law Review*, 1914, Vol. 12, No. 7, pp. 543-572.

③ 参见强世功：《司法审查的迷雾——马伯里诉麦迪逊案的政治哲学意涵》，载《环球法律评论》2004 年第 4 期，第 424 页。

④ 参见刘晗：《宪制整体结构与行政权的司法审查》，载《中外法学》2014 年第 3 期。

⑤ James B. Thayer, "Origin and Scope of the American Doctrine of Constitutional Law", *Harvard Law Review*, 1983, Vol. 7, Issue 3, p. 143.

棱两可方面更占优势的看法，依然占据民众认识主流，① 但无论司法至上或司法尊让，在司法权理论构造上，话语实践功能都"到位"了。二者发生碰撞的原因，更多是因方法和进路的不同。除了法律学者的理论贡献，法官们的判决说理也强化了司法权的合理性论证，呼应且发展了学者构建的理论话语。这不同于布尔迪厄所见的激烈博弈，法律理论家和法律实务家的合作大于竞争，或者说，他们是一种竞争型合作的共谋关系。

总体而言，司法权理论话语的竞争型合作关系，体现了司法公权的天然规限。1905 年，美国联邦最高法院宣布纽约州的一项规定最长工时的法律因损害雇主自由违宪。② 洛克纳案的司法判决，标志着司法审查采取了自由经济主导的逻辑，因为最高法院赞同自由放任的经济政策，对政府规制经济的立法进行严格审查并宣布违宪。这种态度一直持续到罗斯福新政。罗斯福认为最高法院是推行新经济政策的重大阻碍，联邦最高法院垄断宪法解释建立起"无主之地"将联邦政府和州政府隔离在外。③ 为限制联邦最高法院的司法权力，罗斯福颁布"掺沙子"法案(court-packing plan)以增加法官人数，通过人事改组规制。或许此举起到了作用，随后西海岸酒店判决推翻了洛克纳案的逻辑，认定华盛顿州的最低工资法律合宪。④ 自该案后，联邦最高法院又开始撰写一系列司法意见支持政府出台调控经济的政策。⑤ 前后两种截然不同的司法态度，体现了经济政策的转变，也反映了司法权话语"博弈"的真相。

美国联邦最高法院向政府作出让步后，经济问题成为政府的权力职能，联邦最高法院司法话语随之发生转向，从重点维护市场自由变为着力保障公民权利。在库珀诉亚伦案中，判词说理确认最高法院在布朗诉教育委员会案中对宪法第十

---

① Cass R. Sunstein, "Beyond Marbury: The Executive's Power to Say What the Law is", *The Yale Law Journal*, 2006, Vol. 115, Issue 9, p. 2584.

② Joseph Lochner v. People of the State of New York. 198 U. S. 45(1905).

③ [美]杰夫·谢索：《至高权力：罗斯福总统与最高法院的较量》，陈平译，文汇出版社 2019 年版，第 3 页。

④ West Coast Hotel Co. v. Parrish, 300 U. S. 379 (1937).

⑤ Christopher Wolfe, "The Rehnquist Court and 'Conservative Judicial Activism'", in Christopher Wolfe ed., *That Eminent Tribunal: Judicial Supremacy and the Constitution*, Princeton University Press, 2004, p. 216.

四修正案的解释具有最高法律效力(supreme law)。① 可见，司法权在同行政权的话语斗争中虽然失去了对市场自由的判断权，但开辟了新的话语场域，司法审查也由此进入所谓的"权利时代"。不得不说，这些斗争的艺术或曰技术化的斗争，折现出一种多维的司法场域及其话语逻辑。

四、司法权的大众话语演义

布尔迪厄的司法场域理论聚焦精英话语的斗争，对大众话语及其叙事模式并未给予重点关注。司法的精英叙事和大众叙事，各自在其历史文化与现实利益空间中生产，围绕相互关联的议题框架和主旨范畴，先由政治家、学术界或大众传媒透过标识性概念表达，然后进入深化加工、动态展布，在精英介入的大众文化演义下形成司法权的主导性观念模式。大众话语直接或间接吸收了司法权精英话语的形式和内涵，产出了司法权话语的大众表达。

早在19世纪，托克维尔在考察美国时就发现，以学者和法官为代表的法学家深受人民信赖，法学家借此将法律的精神拓展至社会各个阶层，人们社会日常生活语言处处都带有司法语言的痕迹。② 洛克和布莱克斯通的权利叙事融入美国宪法，成为美式宪政的标志性象征：个人权利必须为公众政府施加限制。③ 这一原则为主流司法权理论奠定了精神基调，经过一个多世纪发展，最终缔造了以"司法权利"为中心词的大众意识形态。

隐私权的文化演进，可作为司法权利话语鼎盛时代的一个缩影。1890年，沃伦和布兰代斯系统论述了隐私权的含义、界限与救济，在学理上将"一个人待着"的权利(right to be let alone)证成为"隐私权"(the right to privacy)概念。④ 自此，隐私权成为侵权法的客体，而后又成为一种宪法权利。1928年欧姆斯蒂德

---

① William G. Cooper v. John Aaron, 358 U. S. 1 (1958).

② 参见[法]托克维尔：《论美国的民主》(上卷)，董果良译，商务印书馆2017年版，第343页。

③ 参见[美]玛丽·安·格伦顿：《权利话语：穷途末路的政治言辞》，周威译，北京大学出版社2006年版，第33页。

④ Samuel D. Warren & Louis D. Brandeis, "The Right to Privacy", *Harvard Law Review*, 1893, Vol. 4, Issue 5, p. 193 .

诉美国案中，布兰代斯法官撰写的反对意见称宪法第四、第五修正案应一并理解为对"一个人待着"的权利的保护。① 这标志着隐私权正式进入宪法视野。1965年格里斯沃尔德诉康涅狄格州案则是将婚姻家庭生活中的隐私权的保护上升到宪法层面。② 1972年艾森史塔克诉贝尔德案，法院从婚姻家庭领域的依附状态中把隐私权剥离出来，并将其扩展到个体权利领域。③ 该案同时标志着隐私权从一种消极权利转变为积极权利，从不受打扰和公开的自由扩展至在特定活动中进行自主选择的自由。④ 在1973年罗伊诉韦德案中隐私权的范围达到顶峰，"隐私权包括妇女终止妊娠的合法权利"。⑤ 联邦最高法院的一系列判决固然起到了推波助澜的作用，但大众文化的推波助澜也不可或缺。在司法理论不断扩张隐私权保护范围的垂范下，大众话语对隐私权产生了一种高度的迷恋，在日常表达里，隐私权被描述为"文明人最珍视的权利"；在思想观念中，隐私权被看作是"超级权利"（superright）和"最后王牌"（trump）。⑥ 不仅是隐私权，所有的权利诉求在美国人的日常话语中似乎都具有至高无上的神圣地位。"在美国，当我们想维护某个东西的时候，我们便努力将其描述为一种权利。"⑦以至于在一起邻居噪音案中，被告坚定地辩称"在我自己的家里无人有权对我指手画脚"，法院认为这一流行观念可追溯到"一个人的房子就是他的城堡"的古谚。⑧ 当事人也理所当然地视法院为保护其基本权利的机构。⑨ 大众这种随处可见的权利表达，无形中吸收了长期以来的理论话语逻辑，二者深刻交织水乳交融，共同构成了司法场域的主

---

① Olmstead et al. v. United States. 277 U. S. 438（1928）.

② Estelle T. Griswold v. State of Connecticut. 381 U. S. 479（1965）.

③ Thomas S. Eisenstadt v. William R. Baird. 405 U. S. 438（1972）.

④ See Michael J. Sandel, "Moral Argument and Liberal Toleration: Abortion and Homosexuality", *California Law Review*, 1989, Vol. 77, Issue 3, pp. 527-528.

⑤ Jane ROE et al. v. Henry WADE. 410 U. S. 113（1973）.

⑥ ［美］玛丽·安·格伦顿：《权利话语：穷途末路的政治言辞》，周威译，北京大学出版社2006年版，第81页。

⑦ ［美］玛丽·安·格伦顿：《权利话语：穷途末路的政治言辞》，周威译，北京大学出版社2006年版，第41页。

⑧ Louisiana Leasing Co. v. Sokolow, 266 N. Y. S. 2d 447（1966）.

⑨ ［美］萨利·安格尔·梅丽：《诉讼的话语：生活在美国社会底层人的法律意识》，郭星华等译，北京大学出版社2007年版，第3页。

流叙事。

第二节　司法权话语的主体叙事

美国的司法权话语具有浓厚实用主义色彩，主流政治哲学为精英和大众的言说提供了公共思想基础。权利与权力在司法场域中的对抗状态，让理想的中立司法事实上难以维存。中国的司法权话语处于完全不同的历史与现实情境，特别是在政治理念和宪制构造上有本质差异，但这并不妨碍分析方法的共通。① 下文将在已有研究基础上，延展司法场域的话语理论主线，在政治家、法学家和大众的主体叙事中考察司法权话语的逻辑。

一、政治话语的基调设定

20世纪中国的宪制话语，主要是政治家法理塑造的结果，而非法学家法理支持的产物。② 具体而言，政治话语从以下方面设定了司法权的制度基调：

第一，司法权源于人民主权，正当性基础在于保护人民利益。近代中国的司法主权收复运动，贯穿百年，让司法权的主权烙印深不可破。在一定意义上，司法权从总体性权力中呈现出话语分立，主要因为仿行列强制度的文本需要。"法律精英们费心尽力50年创制法律以收回治外法权的努力，还不如中国共产党的一声宣言。"③中国共产党决定废除以"六法全书"为代表的"伪法统"，核心理据基于："在国民党反动政府统治下制定和建立的一切法律、典章、政治制度、政

---

① 有论者指出，帝制中国虽无三权分立的现代政治体制，司法权属于君权之一部，但司法系统仍有其独特运作机制及准入条件，存在各种形式的司法权力资本竞争，可以将其视为帝制国家这个元场域（metafield）下的次生司法场域。在相当长的时段里，此种司法场域结构保持了超强稳定，直到清末法制变革打破了这种稳定，司法场域才开始产生更剧烈的变迁。在此基础上，论者对沈家本其政、其法、其学作出了评价与重估，力图还原其在法学史上被种种话语所遮蔽的本来面目。参见郑定、杨昂：《还原沈家本：略论沈家本与晚清司法场域之变迁（1901—1911年）》，载《政法论坛》2004年第1期。

② 参见谢晖：《政治家的法理与政治化的法》，载《法学评论》1999年第3期。

③ 张仁善：《半个世纪的"立法秀"——近世中国司法主权的收复与法律创制》，载《政法论坛》2009年第2期。

治机构、政治权力等均归无效，人民完全不能承认它们。"①1948 年，毛泽东即已明确指出："我们是人民民主专政，各级政府都要加上'人民'二字，各种政权机关都要加上'人民'二字，如法院叫人民法院。"②1949 年 2 月，《中共中央关于废除国民党〈六法全书〉和确定解放区司法原则的指示》以全体人民利益为标尺，判定国民党《六法全书》的阶级利益本质，明确人民司法工作必须依据人民的新法律。③ 1953 年，董必武在总结三年来司法经验时强调，"人民司法是巩固人民民主专政的一个武器……人民司法工作者必须站稳人民的立场"。④ 在废除国民党旧法统的政策引领下，轰轰烈烈的司法改革运动开展，重点从思想上和组织上整顿司法队伍。董必武就此指出："对待旧司法人员的原则应该是：旧推、检人员不得任人民法院的审判员，旧司法人员未经彻底改造和严格考验者，不得作审判工作。应将司法人员中的坏分子从审判部门中清除出去。"⑤如此坚定的措辞，表明当时与旧法统彻底划清界限极为重要，因为这关系到新生人民政权的根本性质。⑥ 在新政权下，"国家法制自然就是最显著地同人民切身利害有关的国政"。⑦ 随着"人民法院""人民检察院"在宪法文本中被确认⑧，"人民主权原则在司法实践中得到推广，形成以保护人民利益、走群众路线为主干的人民司法话语。如历久弥新的"马锡五审判方式"，与政治话语的塑造具有直接关系。毛泽东称赞马锡五"一刻也不离开群众"⑨，谢觉哉评价马锡五"是从群众泥土里长出

---

① 《关于废除伪法统》，载《中国国家和法的历史参考资料》，中国人民大学出版社 1956 年版，第 73 页。

② 《毛泽东文集》（第五卷），人民出版社 1996 年版，第 135 页。

③ 参见中共中央文献研究室、中央档案馆编：《建党以来重要文献选编（一九二一——一九四九）》（第二十六册），中央文献出版社 2011 年版，第 153~155 页。

④ 董必武：《论加强人民司法工作》，载《董必武法学文集》，法律出版社 2001 年版，第 153 页。

⑤ 董必武：《关于改革司法机关及政法干部补充、训练诸问题》，载《董必武法学文集》，法律出版社 2001 年版，第 122 页。

⑥ 参见何勤华：《论新中国法和法学的起步》，载《中国法学》2009 年第 4 期，第 138~139 页。

⑦ 董必武：《进一步加强人民民主法制，保障社会主义建设事业》，载中共中央文献研究室编：《建国以来重要文献选编》（第九册），中央文献出版社 2011 年版，第 268 页。

⑧ 1954 年《中华人民共和国宪法》第二章第六节规定了"人民法院"和"人民检察院"的名称、职权、组织等，详见《中华人民共和国宪法》（1954 年），http://www.npc.gov.cn/wxzl/wxzl/2000-12/26/content_4264.htm，2021 年 3 月 25 日最后访问。

⑨ 刘益涛：《中流砥柱——抗战中的毛泽东》，中央文献出版社 2005 年版，第 357 页。

的一株树"①。邓小平以人民利益为基石构建起司法政权和司法治权间的桥梁，强调司法必须讲政治，发挥人民民主专政优势，运用多种方法保护人民权益。②"努力让人民群众在每一个司法案件中都能感受到公平正义"，③ 更是人民司法原则的生动具现，成为新时代司法改革的标识性话语。

　　第二，司法权功能定位于整体性的国家政权构造，制度要义在于立足本职、适配大局、合作协同。中华人民共和国成立之初，根据议行合一政体原则，人民司法机关属于国家政权机关的重要组成部分，与政府监察机关共同受理人民对国家机关和公职人员违法失职行为的控告。④ 一方面，"为着保卫人民民主革命的胜利，镇压反革命活动，巩固新社会秩序及保护人民合法权益，人民的司法工作如同人民军队和人民警察一样，是人民政权底重要工具之一"。⑤ 另一方面，"我们司法工作要对人民恢复和发展生产给以适当的配合"。⑥ 通过惩罚与保障职能的不断平衡，司法权逐渐形成了服务大局的惯习。此种适配大局的司法权，如当时的政治话语所述："为着有系统地进行反贪污、反浪费、反官僚主义的斗争，为着有系统地进行精兵简政工作和展开增产节约运动，全国从中央到地方，应在党的领导下分为(甲)党派团体，(乙)政府，(丙)军队三个系统，成立各级节约检查委员会，由首长负责，亲自动手，发动自上而下和自下而上的按级相互检查。党的纪律检查委员会、人民政府的监察委员会、检察机关和司法机关，军队的政治工作机关和纪律检查委员会应将这件事作为当前的中心工作。党的报纸和宣传员、报告员，应积极参加这一斗争。工会、青年团和妇女联合会应在自己的任务中，加上检举和纠察贪污和浪费现象的一项，并派遣自己的积极分子参加各

---

　　① 谢觉哉：《悼马锡五同志》，载《人民日报》1962 年 4 月 11 日，第 6 版。

　　② 参见廖奕：《司法均衡论》，武汉大学出版社 2008 年版，第 46 页。

　　③ 习近平：《在首都各界纪念现行宪法公布施行三十周年大会上的讲话》(二○一二年十二月四日)，载中共中央文献研究室编：《十八大以来重要文献选编》(上)，中央文献出版社 2014 年版，第 91 页。

　　④ 参见《中国人民政治协商会议共同纲领》，载中共中央文献研究室编：《建国以来重要文献选编》(第一册)，中央文献出版社 2011 年版，第 3~5 页。

　　⑤ 《政务院关于加强人民司法工作的指示》(一九五○年十一月三日)，载中共中央文献研究室编：《建国以来重要文献选编》(第一册)，中央文献出版社 1992 年版，第 451 页。

　　⑥ 董必武：《要重视司法工作》，载《董必武法学文集》，法律出版社 2001 年版，第 43 页。

级各系统的节约检查委员会。在机关、企业、学校、部队、农村和城市的街道组织中均应发动这一运动,依靠群众进行检查,并与他们的工作、生产、学习和日常生活联系起来。"① "文化大革命"后社会主义法制恢复,董必武在党的八大上提出的"有法可依,有法必依,以依法办事为中心环节"方针经发展提炼,在 1978 年党的十一届三中全会公报中表述为"有法可依,有法必依,执法必严,违法必究"的十六字方针。② 此种强化重申,对厘定新时期司法权的定位产生了深远影响:司法机关和行政机关都是代议机关的执行机关,实施代议机关制定的法律。③ 改革开放后司法以服务经济建设为重点,"通过审判活动,运用法律手段调整经济关系,这也是直接为经济建设服务"。④ 进入 20 世纪 90 年代,为更好适应经济社会发展的需要,司法改革逐渐成为一种体制常态,但这并未影响司法在政权系统中的功能定位稳定。⑤ 司法改革的话语流变,也主要围绕大政方针的话语变化而变化。⑥ 最高人民法院、最高人民检察院制定的改革纲要,均可直接反映政治话语对司法权体系的先导牵引功能。中央全面依法治国委员会对司法改革的顶层设计,更是站在统筹全局的立场,强调嵌入大局的司法专业职能建设。

第三,司法权运作讲求形式与内容一体,治理功能不局限于"坐堂问案"。中华人民共和国成立不久,通过人民法庭的制度设计,让人民司法的主权原则和政权逻辑在具体的社会治理场域中生效。1953 年,第二届全国司法会议决议明确要求,"为了克服人民法院的残存的衙门作风,便于依靠群众,就近进行调查,使案件得到迅速和正确的处理,并免使当事人'劳民伤财',县人民法院应派出

---

① 《中共中央关于实行精兵简政、增产节约、反对贪污、反对浪费和反对官僚主义的决定》(一九五一年十二月一日),载中共中央文献研究室编:《建国以来重要文献选编》(第二册),中央文献出版社 1992 年版,第 484 页。

② 参见蒋传光:《新中国法治简史》,人民出版社 2011 年版,第 287 页。

③ 参见翟国强:《中国语境下的"宪法实施":一项概念史的考察》,载《中国法学》2016 年第 2 期。

④ 乔石:《努力建设一支政治坚强、业务精通、刚正不阿的人民法官队伍》,载乔石:《乔石谈民主与法制》(上),人民出版社、中国长安出版社 2012 年版,第 279 页。

⑤ 1997 年党的十五大报告明确提出"司法改革",1999 年最高人民法院印发《人民法院五年改革纲要》,全面启动新一轮改革进程。

⑥ 参见侯猛:《司法改革话语的建构与流变》,载《中国社会科学报》2020 年 6 月 5 日,第 4 版。

巡回法庭到各区巡回审判。巡回法庭除处理不甚重大复杂的刑事案件和民事案件外，并应领导所辖区域内的调解工作，给调解委员会的工作人员以具体指示和帮助，和通过案件的处理在人民群众中进行法纪的宣传教育"。① 1958 年，毛泽东主持召开中共中央政治局常委和各协作区主任会议，指出法律工作要"调查研究，就地解决，调解为主"。② 这为司法权发挥社会治理功能提供了总体方针指引。对于此方面典型的枫桥经验，毛泽东作出重要批示："要各地仿效，经过试点，推广去做。"③党的十八大后，习近平也多次强调弘扬枫桥经验对于司法和社会治理的重大意义。

二、法学话语的曲谱构造

围绕政治话语的基调设定，法学话语针对司法权的概念和本质，重点阐释司法权的外部体系和内部体系，力图建立二者交织形成的一体架构图像。长期以来，法学界对作为基本概念问题的"司法"一直存在争议。司法定义不清，导致诸如"司法权"与"行政权"和"立法权"是否对立，"司法权"是否包括"检察权"等问题悬而不决。④ 事实上，"司法"在新国家政权建立后，中心含义逐渐聚焦于"法院审判"。在政治话语的表达惯习中，公安、司法、检察、监察机关的分立表述是明显且一贯的。或许，产生司法概念异议的主要理论因素，并不在于原初的政治话语，而来自转型时期西方概念与中国体制的新一轮话语冲突。自 20 世纪 90 年代以来，司法权概念成为法学论争热点，甚至被视为司法体制改革的前置问题，形成了诸多体系化的理论建构。在国家治理现代化的背景下，法律界开

---

① 中共中央文献研究室编：《建国以来重要文献选编》(第四册)，中央文献出版社 1993 年版，第 175 页。

② 中共中央文献研究室编：《毛泽东年谱》(一九四九——一九七六)(第三卷)，中央文献出版社 2013 年版，第 421 页。

③ 毛泽东：《对谢富治在二届全国人大四次会议上的发言稿的批语》，载中共中央文献研究室编：《建国以来毛泽东文稿》(一九六二年一月——一九六三年十二月)(第十册)，中央文献出版社 1996 年版，第 416 页。

④ 参见于浩：《当代中国司法改革的话语、实践及其反思——以"司法"定义切入》，载《山东社会科学》2010 年第 10 期。

始采用司法机关广义论和司法权力狭义论的话语策略，以期化解此种矛盾。① 这些理论话语在政治话语基调下谱写多重简谱，对塑造新的司法权图景，起到了不同程度的引领作用。

首先，司法权外部体系叙事，可分为"实践理论"和"理论实践"两种样式。"实践理论"叙事方面注重事实描述，探讨政治对司法的现实塑造，从经验主义角度进行司法权正当性的历史叙事。② 走向实践的司法权理论叙事，必定存在理论和实践的内在紧张，极容易造成理论立场的偏移甚或退隐。③ 其对"定义"的反感，也让标准化导向的司法权实践遭遇知识空盒。"理论实践"叙事部分采用社科方法，侧重政治法学之方法与目的，试图解释司法权的"政理"渊源。这主要包括两种理论话语方式：其一，将政治家治国理政思想中的司法权论述，放置于法治建设、整体中国乃至全球发展语境中考察，生发出指导司法权运行体制机制改革的权威方针话语，进而形成一种理论指引实践的司法权本质认知图谱。④ 这些理论话语对于研究政治家的司法观，具有重要的参考价值，在实践中也能起明确原意、澄清误识之用。⑤ 其二，政治司法学导向的理论话语。当下中国的司法政治研究与美国不同，它不是在一种泛在的网络中展开，而是有着相对明确的中心节点，以此串联各种历史和现实素材，实现对司法权运行制度的深度描述，间接发挥支持重要改革举措的知识功能。比如，学者对司法政治逻辑的合理性证成，党政体制塑造司法权的机理分析、党管政法的历史经验和理论基础等问题的研究，⑥ 表明司法和政治在共通语境下的常态对话，以及政治家法理与法学家法

---

① 参见沈德咏等：《国家治理视野下的中国司法权构建》，载《中国社会科学》2015年第3期。

② 参见苏力：《中国司法中的政党》，载《法律和社会科学》2006年第1期；强世功：《从行政法治国到政党法治国——党法和国法关系的法理学思考》，载《中国法律评论》2016年第3期。

③ 参见很多学者对苏力司法制度研究的批评。

④ 参见公丕祥：《董必武司法思想述要》，载《法制与社会发展》2006年第1期；侯欣一：《谢觉哉司法思想新论》，载《北方法学》2009年第1期。

⑤ 参见黄文艺：《论习近平法治思想中的司法改革理论》，载《比较法研究》2021年第2期；陈卫东：《中国司法体制改革的经验——习近平司法体制改革思想研究》，载《法学研究》2017年第5期。

⑥ 参见刘忠：《"党管政法"思想的组织史生成(1949—1958)》，载《法学家》2013年第2期；瞿郑龙：《"法政关系"的重新解读》，载《中国法律评论》2020年第6期。

理的深度勾连。

其次，司法权内部体系叙事，可分为一般本质论和制度系统论两种风格。司法权的一般本质论，主要平面化讨论司法权的根本属性，阐述司法运行的一般法理。① 制度系统论相对复杂得多，相关话语包括：第一，司法权的实体程序系统论，主要围绕审判权、检察权、司法行政权、执行权、司法监督权等公权力进行类型化分析，从权力应然属性与实然运作的比较、正当程序的追求为起点提供建设性理论意见。其中作为重点的审判权系统研究，又包括案例指导制度、裁判文书说理、审判中心模式等方面的内容。② 随着智慧时代的降临，司法权实体程序话语又出现了"人工智能司法"的热域。③ 第二，司法权内部管理系统论，主要面向司法机构的内部组织制度、人事管理制度、责任承担制度及相关改革实践加以理论反思。④ 第三，司法权的制度系统比较论，主要体现域外司法经验的中国关照。⑤ 在此种比较法理论话语生产过程中，一度出现关于司法独立、司法审查等制度议题的激烈讨论。⑥ 随着政治话语和法学话语的对话成为常态，尤其是政治话语对相关问题的实践定向，这些争论逐渐偃旗息鼓，坚持发展中国特色社会司法制度成为共识。

最后，法学话语对司法权特定本质认知的贡献，在新时代背景下，主要表现

① 参见汪习根：《司法权论》，武汉大学出版社 2006 年版；江国华：《中国司法学》，武汉大学出版社 2016 年版。

② 参见孙海波：《重新发现"同案"：构建案件类似性的判断标准》，载《中国法学》2020 年第 6 期；杨帆：《司法裁判说理援引法律学说的功能主义反思》，载《法制与社会发展》2021 年第 2 期；王志远：《以审判为中心的诉讼模式核心要义：评价中心主义》，载《法律科学》2020 年第 4 期。

③ 参见苏力：《关于能动司法与大调解》，载《中国法学》2010 年第 1 期；马长山：《司法人工智能的重塑效应及其限度》，载《法学研究》2020 年第 4 期。

④ 参见侣化强：《法院的类型、创设权归属及其司法权配置》，载《中外法学》2020 年第 5 期；刘忠：《员额制之后：法院人员分类构成评析》，载《华东政法大学学报》2020 年第 6 期。

⑤ 参见程春明：《司法权及其配置：理论语境、中英法式样及国际趋势》，中国法制出版社 2009 年版；高尚：《论司法判例在成文法国家的适用空间——以德国对判例的演绎推理"二重需求"为例》，载《社会科学战线》2020 年第 5 期。

⑥ 参见蒋惠岭：《"法院独立"与"法官独立"之辩——一个中式命题的终结》，载《法律科学》2015 年第 1 期；陈光中：《比较法视野下的中国特色司法独立原则》，载《比较法研究》2013 年第 2 期；季卫东：《合宪性审查与司法权的强化》，载《中国社会科学》2002 年第 2 期；蔡定剑：《中国宪法司法化路径探索》，载《法学研究》2005 年第 5 期。

为立足根本、聚合集成式的理论创新。立足根本，指的是坚持马克思主义法学的基本立场、方法和观点，审视判定司法权本质。聚合集成，指的是这方面的理论话语，兼具建构主义与经验主义的特点，可以沟通政治话语与主流法学，实现政法知识的高度一体化。均衡一体的司法权理论话语，在探寻司法本质规律之路上有大的台阶迈进，同时也面临诸多困局与挑战。弃用长期形成的司法判断本质观及审判本位的司法权理论框架，不仅可能造成理论主流化的断裂，与"审判中心"的改革实践亦似睽违。解脱之道在于，一方面对主流司法理论话语进行必要的反思，通过学术话语整合获致复杂场域下司法本质新知；另一方面，对现有改革的真实意图予以学理说明，以审判为中心并不等同于承认司法权的中心就是审判权。进而言之，随着现有司法体制综合配套改革的战略就位，新的司法场域在体制上明确巩固，特别是党对司法的领导制度日益健全，司法"主权－政权－治权"分离并置的格局会逐渐形成，促生理论整合的表达与范式更新。在法治中国的整体战略布局中，人民司法的主权原则与党领导司法的政权准则，连同多个专门司法机关各自独立行使职权、不受非正当干预的治权法则，高度契合，由此产生一种以司法权本质为核心的理论体系话语。

三、大众话语的文化共鸣

对于中国法学理论公认的司法功能而言，平衡精英话语与大众话语是一件棘手但又重要的事。[1] 也许，当代中国司法权的大众话语不如精英话语理性，经常不合逻辑，陷入情绪的迷狂。的确，大众话语对司法权议题本身关切不足，对司法政治和理论话语的响应迟缓，对政策方针和媒体报道的反应通常因现实利益而生，且多以直观情绪表达为表征。但大众话语自身具有独特性，其对司法权的情感塑造，是任何精英话语都不可忽略的先定背景。大众话语激发的文化共鸣，甚至可以成为一种深沉持久的文化力量，实现澄明司法权本质的"惊险一跃"。

第一，接受政治话语主导，形成对司法权威的总体期待。国家方针政策的实

---

[1]　参见刘星：《法律解释中的大众话语与精英话语——法律现代性引出的一个问题》，载《比较法研究》1998 年第 1 期。

施铺开十分注重话语传播的先导作用，大众接触并实行政策基本上会经历一个从学习到实践的过程，即从关键语句的凝练传播，到具体内涵的解读阐释，再到客观实践的运作操行。司法正义的宪制要求也是沿着认知唤起、理念认同、行动引领的脉络，逐渐融贯进大众的话语表达并固化为公正的情感期待。围绕《中共中央关于全面推进依法治国若干重大问题的决定》，广州社情民意研究中心于2015年对广东省居民进行"司法公正"评价民调，结果显示受访者满意度较上一年有所提升，不满意度有所下降。① 香港大学民意研究计划也持续关注民众对司法公正的态度，其针对香港地区民众的民调结果显示，受2019年修例风波影响，同年民众对"法庭公正程度"和"司法制度公平程度"的评价均为1997年以来历史最低。② 从这些区域性民调，可窥见大众对政治和学术话语共同塑造的司法公正，具有比较充沛的情感回应动能。

第二，借助大众媒体传播，表达对司法权力的道德评价。社会普遍形成对司法正义的期待后，民众内心便形成了一套相应的司法伦理，并以此为标准去衡量、评价具体的司法活动。③ 很多案件具有官民冲突、民生焦点、道德底线等"主题元素"，可以迅速吸引民众，发酵成为"公案"。④ 在此背景下，媒体不仅乐于报道司法案件，更善于报道司法案件。⑤ 在精心设计的话语叙事中，"扶老太被讹案""刀刺辱母者案""电梯劝阻吸烟猝死案"等符号化表达应运而生。带有

---

① 《广东民众对舆论监督、司法公正评价升高》，http://www.c-por.org/index.php？c＝news&a＝baogaodetail&id＝3538&pid＝5，2021年3月23日最后访问。

② 《法庭的公正程度评价》（1997—2019），https://www.hkupop.hku.hk/chinese/popexpress/judiciary/socq56/halfyr/socq56_halfyr_chart.html，2021年3月23日最后访问。《司法制度的公平程度评价》（1997—2019），https://www.hkupop.hku.hk/chinese/popexpress/judiciary/socq55/halfyr/socq55_halfyr_chart.html，2021年3月23日最后访问。

③ 参见方乐：《司法如何面对道德》，载《中外法学》2010年第2期。

④ 参见孙笑侠：《公案的民意、主题与信息对称》，载《中国法学》2010年第3期。

⑤ 大众传媒的重要制胜手段就是话语设计，通过创意词汇的创造和极具视听形象感的标题，让受众在了解案件事实来龙去脉之前就产生生动的总体印象。相较于司法理论话语，大众传媒具有鲜明的优势，即创意词汇胜于法言法语，视听冲击胜于说理明辨，知识先占胜于法律灌输，形象塑造胜于规则论证，情感宣泄大于理性分析，叙事策略胜于理性诉求，符号建构大于法律信守，法外究责胜于法内归责。参见栗峥：《传媒与司法的偏差——以2009年十大影响性诉讼案例为例》，载《政法论坛》2010年第5期。

春秋笔法的话语标签，暗含强烈的道义色彩，容易引发受众先入为主的判断。① 法学理论中有关是否属于正当防卫、民事侵权的讨论，经过大众媒体加工，也顺利化为道德评价话语。正如李普曼所言，舆论就是对事实从道德上加以解释和经过整理的看法。② 在舆论主导的道德情感作用下，越来越多的人加入相关话题表达判断、抒发意见。这种话语表达客观上促成了意见交流，互动中有相同或相似特征的社会群体的内部意见逐渐趋同。③ 倘若不同社会群体的意见形成交锋，则会导致大众对同一案件的多元评价。尽管很多评价在法学家眼里是非理性的，但司法中的道德情感话语无形中编织了法律理性的"无知之幕"。

　　第三，透过法治文艺作品，编织对司法权能的正义想象。无论《诉讼》《竹林中》这样的卡夫卡式法制文学，还是《十二怒汉》《十二公民》对具体审理过程的模拟再现，抑或《被告山杠爷》《秋菊打官司》描绘的本土司法场景，都折现出大众文化的正义想象，由此产生某种奇特的司法权能，称之为话语权也好，其他名目也罢，总之是相对于正式司法公权的凝视力量。这种权能不同于福柯所谓的权力凝视，正好相反，它代表的是泛在的人权主体意识对公权运行系统的全景敞视。受到大众关注的法治文艺作品，实际上包含了精英和受众的协同参与，他们运用不同的表现手法对专业主义司法进行各种重构。由此而生的各种"误读"，在某些法学家眼里是法盲表现，但换个角度，却可能是有创造意义的权能再生产。④ 近年来，《人民的名义》《阳光下的法庭》《沉默的真相》《精英律师》等大众法治文艺作品不仅获得了票房和口碑，而且展示了大众文化的司法画像，使司法权形象变得生动具体、富有人情温度。例如，《人民的名义》在大众传播中的成功，表

---

① 对群体而言，越是简短的断言、越是不断的重复、越是激烈的情绪，就越能进入群众的头脑。大众传媒话语高度符合这些特征。参见[法]古斯塔夫·勒庞：《乌合之众：大众心理研究》，冯克利译，中央编译出版社2015年版，第87页。

② 参见[美]李普曼：《舆论学》，林珊译，华夏出版社1989年版，第82页。

③ 这一过程与"沉默的螺旋"相似，即在舆论场中，如果自己赞同的观点属于多数、广受欢迎，就会越发大胆地发表和扩散；反之如果是少数，就会倾向于保持沉默。最终形成一方沉默造成另一方增势的螺旋发展过程。参见[德]伊丽莎白·诺尔-诺依曼：《沉默的螺旋：舆论——我们的社会皮肤》，董璐译，北京大学出版社2013年版，第5页。

④ 参见廖奕：《司法正义的文化生产——以〈十二公民〉为例》，载《文化中国》（加拿大）2019年第1期。

明通过艺术处理弥合官方话语与民间逻辑缝隙的重要。① 这对于走向专业法律家操控的司法程序敞开自己，打破司法职业化与大众化的壁垒，尤为重要。② 许多公众，如同卡夫卡寓言中乡下人，明知"法律之门"在那里，却永远不知道"法律之门"如何进去。③ 大众法治文艺在话语权能上，具有消解这一壁垒的可能。一部作品可能只是从一个侧面反映司法实践，而多部作品的重叠叙事则可能构成司法镜像的全面拼图。④ 法学家对文艺作品的创造性误读，以及大众通过法学家对文艺作品的深描，或许能够补齐司法权话语的短板，从传统秋菊式的面子困惑，⑤ 延续到"公检法司"各就其位的认知。⑥

第三节 一种"复调"模型

最早的复调源于东方，发展兴盛在西方。⑦ 巴赫金的"复调"理论，从音乐学移入文艺学，成为现今话语研究推崇的经典。⑧ 国外学者以复调理论为框架的法官话语研究，在20世纪90年代就已出现。⑨ 因此，复调的隐喻完全可以移入总

---

① 参见薛静：《夹缝中的"李达康"：〈人民的名义〉如何缝合官方话语与民间逻辑》，载《文艺理论与批判》2017年第3期。

② 参见[德]马克斯·韦伯：《学术与政治》，冯克利译，商务印书馆2018年版，第61页。

③ 关于"法的门前"的寓言，参见[奥]卡夫卡：《审判》，姬健梅译，北京大学出版社2016年版，第252~254页。

④ 努斯鲍姆主张恢复文学的公共政治功能，通过文学的力量来矫正理性化的"铁牢笼"带来的人的"物化"或"异化"的弊端，并来探求一种更符合人的情感想象的"诗性正义"，因为"对叙事文学进行思考确实有可能有益于公共推理，特别是有益于法律"。参见[美]玛莎·努斯鲍姆：《诗性正义：文学想象与公共生活》，丁晓东译，北京大学出版社2010年版，第6页。

⑤ 参见苏力：《法治及其本土资源》，北京大学出版社2018年版，第25~26页；陈柏峰：《秋菊的"气"与村长的"面子"——〈秋菊打官司〉再解读》，载《山东大学学报（哲学社会科学版）》2010年第3期。

⑥ 例如，《沉默的真相》在描绘正邪对抗的二元叙事中，塑造了警察严良、检察官江阳、律师张超、法医陈明章等多种形象。这些刻画以广义司法职业为中心，展现人物性格的同时也体现了不同职业的分工，大致呈现出不同职业的"司法"职能。参见李敏：《"迷雾"系列悬疑剧的叙事和影像探索——以〈沉默的真相〉为例》，载《当代电视》2021年第1期。

⑦ 参见姚亚平：《复调的产生》，中央音乐学院出版社2009年版，第7页。

⑧ 参见[苏]巴赫金：《陀思妥耶夫斯基诗学问题 复调小说理论》，白春仁、顾亚铃译，生活·读书·新知三联书店1988年版。

⑨ 参见 Rubinson, Robert, "The Polyphonic Courtroom: Expanding the Possibilities of Judicial Discourse", *Dickinson Law Review*, 1996, Vol. 1.

体性的司法权话语模型研究。在巴赫金看来,"各种独立的不相混合的声音与意识之多样性、各种有充分价值的声音之正的复调,这就是陀思妥耶夫斯基小说的基本特征"。① 复调的本质在于,各声部在其中始终是独立的,而且就这样结合在比单调更高序列的统一中。② 不同年龄、不同阶层甚至不同家庭都有各自的典型语言,这就是语言在自己历史存在中的每一具体时刻的杂样性,即杂语性。③ 这种对话或体现为某一句具体言说的"微型对话",或统合成整个小说全局性的"大型对话",总而言之,"复调小说整个就是对话的"。④ 不同主体的杂语统一在同一母题下交流对话,这一复调叙事的分析框架与司法场域的话语意涵同音共律。

一、主体言说的区隔

法律的社会实践在场域中进行,司法场域就是为垄断法律决定权(right to determine the law)而竞逐的地方。在司法场域内部,法律理论家更重视法律的语法结构,法律实务家更关注法律的实用效果。而要进入司法场域的前提是拥有法律资格,这就将法律外行排除在外。为解决本属于自己的纠纷,当事人不得不求助于律师和法官,律师甚至逐渐取代原被告的角色,这就是司法的"侵占效果"(appropriation effect)。司法语言借用日常生活语言并融合日常生活中罕见的元素,形成司法场域中特有的语言逻辑用以统一内部的理性化运作过程。法律话语自我独立运行的特点,加上法律形式、法律程序等专业化的设置,这些符号权力事实上构筑起了法律领域和外界的壁垒。这种壁垒也带来了不同主体司法话语之间的区隔。⑤

---

① ［苏］米哈伊尔·巴赫金:《陀思妥耶夫斯基诗学问题》,刘虎译,中央编译出版社 2010 年版,第 3 页。

② 参见［苏］米哈伊尔·巴赫金:《陀思妥耶夫斯基诗学问题》,刘虎译,中央编译出版社 2010 年版,第 22~23 页。

③ 参见［苏］米哈伊尔·巴赫金:《小说理论》,白春仁、晓河译,河北教育出版社 1998 年版,第 71 页。

④ ［苏］米哈伊尔·巴赫金:《陀思妥耶夫斯基诗学问题》,刘虎译,中央编译出版社 2010 年版,第 47 页。

⑤ 参见 Pierre Bourdieu, The Force of Law: Toward a Sociology of the Juridical Field, *The Hastings Law Journal*, 1987, Vol. 38, Issue 5.

对于同一法律规定及其精神原则的理解，因文化立场的不同、专业壁垒的阻隔，大众和专家的解读之间存在着鸿沟。① 这种区隔不仅体现在语言风格和技术处理上，更体现在思维方式的不同。民众更关心是否公正的道德判断，法学家关心是否符合法律的职业判断。政治家则秉持着调和立场，既要求回应民众对司法公正的期许，也要求坚守法律规范严格执行的底线。司法权话语因此形成了过程导向、结果导向、调和导向等不同表达风格。

二、母题事件的统一

在微观司法权力运作层面，大众和精英的互动关系相对紧张，缺少重叠共识；但在宏观司法系统层面，存在对司法公信和法治信仰的总体性共同认识。② 司法场域不同主体的区隔性言说，实际上有共通的中心主题，即围绕司法权本质的讨论。无论是大众的道德判断，抑或是法律家的技术推理，还是政治家的统筹整合，三者的展开路径和内在逻辑虽然不同，但都表达了对司法权应然本性的共同追问。司法权的本质，从法律功能上看，是一种判断权；从道德价值上看，代表着理性与公正；从实践系统上看，包括公正目的和以独立、程序、权威、专业为特点的程序手段。将这些观点规整起来，有了司法权本质的动态解释：司法权是均衡正义的动态过程。③ 无论哪种见解，都体现出司法作为逻辑语言、社会溶剂和政治艺术的本性。④ 司法权本性的这三个面向，基本上对应着司法场域中政治家、法律家与大众话语的逻辑起点。

三、杂语性和对话性

作为一种理想类型的区分，政治家、法学家与大众的司法权话语大致对应权威话语、权力话语与权能话语。无论是权威话语彰显的人民主权，权力话语强调

---

① 参见 Michael Kammen, *A Machine that Would Go of Itself*: *The Constitution in American Culture*, Taylor & Francis Group, 2006, pp. 5-8.

② 参见凌斌:《当代中国法治实践中的"法民关系"》，载《中国社会科学》2013 年第 1 期。

③ 参见廖奕:《司法均衡论》，武汉大学出版社 2008 年版，第 189 页。

④ 参见汪习根:《在冲突与和谐之间——对司法权本性的追问》，载《法学评论》2005 年第 5 期。

的司法专业，或者权能话语吁求的权利保障，这些基本原则都在司法场域内交汇，在竞争角力中互动沟通。

权威话语与权能话语：上下互动。权威来自于语言之外，语言至多只是代表了这种权威并将其表现出来，因此话语的运用与内容实际上取决于言说者的社会地位。申言之，话语的相互关系取决于主体的相互关系。权威话语不仅需要被理解，并且在被认可为权威话语时才能发挥出特殊效果。① 正如布尔迪厄揭示的那样，符号权力必须符合社会客观结构，完完全全建立在现实的基础上是符号权力成功的唯一原因。② 司法场域中普通人与精英的话语区隔，表面上看上去是司法场域和非司法场域斗争带来的法律符号权力构建的结果，实际上是社会客观现实演进的产物，这一现实的基础就是普通人认可并相信政治家的法治权威。③ 因此，权威话语历来重视大众利益，大众权能话语的支持为权威提供了正当性来源。无论是中国本土的群众路线，或者西方古典政治哲学，都非常强调大众权能基础。④ "人民司法"的理念构建了司法权人民性的宪制原则。作为司法权的终极目标和根本前提，人民性不仅仅是司法结果正义的要求，也应在运行过程中加以体现。司法的职业化与平民化的争论，背后是精英话语和大众话语二元对立的思维方式，改变这种思维方式需要强化实践主体间关系的思维。⑤ 既然司法的大众化与司法的人民性之间存在一脉相承的关系，司法权就理应均衡职业性与大众

---

① 参见［法］皮埃尔·布尔迪厄：《言语意味着什么》，褚思真、刘晖译，商务印书馆 2005 年版，第 86~88 页。

② Pierre Bourdieu, "The Force of Law: Toward a Sociology of the Juridical Field", *The Hastings Law Journal*, 1987, Vol. 38, Issue 5, pp. 839, 840.

③ 与马克思主义唯物史观相似，布尔迪厄认为是社会现实影响法律，而非法律建构社会现实。他赞同孟德斯鸠的主张，认为社会不能通过法令改造。在阐述社会学概念分析工具时，布尔迪厄试图超越客观主义的机械反应论和主观主义的理性谋划论，从而关注实践本身的逻辑和社会建构的客观基础。参见［法］布尔迪厄、［美］华康德：《反思社会学导引》，李猛、李康译，商务印书馆 2015 年版，第 150~152 页。

④ 在柏拉图构造的理想政体中，率先走出洞穴的人，负有返回洞穴带引同伴走出洞穴的义务。城邦的立法者不是为了某一个阶级的特殊幸福，而是为了造就整体幸福。最好的灵魂所事的正义生活，需在上升后下降与民众间分享，与他们同劳苦共荣誉，使他们彼此协调和谐，努力促进集体利益。参见［古希腊］柏拉图：《理想国》，郭斌和、张竹明译，商务印书馆 2017 年版，第 275~282 页。

⑤ 参见凌斌：《当代中国法治实践中的"法民关系"》，载《中国社会科学》2013 年第 1 期。

性。① 司法权运行的大众性，要求司法权威话语在表达时考虑语言边界，警惕未表达的意义在社会传播过程中的简化和异化，沉默与留白在技术上可行，但在向公众的示范教育意义上要三思其可能的辐射作用。② 就司法权而言，权威话语面向权能话语时的直白、坦率、生动活泼，并不是法律科学的天敌，更非单纯意识形态权力运作的需要，它是一种自上而下运行同时又自下而上返归的合成力量。

权威话语与权力话语：左右逢源。权威话语与权力话语关系相对密切，二者的制度对话颇为频繁。其对话性可以从两个方面来概括：首先，中国司法场域的权力话语直接反映政治话语的意志及变化。③ 无论是司法的实践理论或理论实践，在对权威话语的阐释上都表现出能动的回应。如，自 2013 年中共中央《关于培育和践行社会主义核心价值观的意见》颁布以来，最高人民法院陆续发布指导意见推进社会主义核心价值观融入司法过程，④ 并得到法官在实践与理论中的积极响应。⑤ 近年来，法律理论话语对司法改革顶层设计的响应，也比以往更为全面主动。⑥ 其次，权力话语有时也成为权威话语的试行先导。顶层设计正式确认司法改革政策之前，往往会研究法律理论界和实务界的相关意见和争论，甚至直接吸收实践中的创新做法。比如，20 世纪 90 年代一些法官为缓解案件负担采取灵活策略，改变以往调查取证的做法，转为由当事人举证、庭审质证，推动了以

---

① 参见孙笑侠：《司法职业性与平民性的双重标准》，载《浙江社会科学》2019 年第 2 期。

② 参见[美]玛丽·安·格伦顿：《权利话语：穷途末路的政治言辞》，周威译，北京大学出版社 2006 年版，第 138 页。

③ 强世功：《批判法律理论的场域——从〈秋菊打官司〉看批判法律理论的转向》，载《学术月刊》2019 年第 10 期。

④ 2015 年 10 月 12 日，最高人民法院印发《关于在人民法院工作中培育和践行社会主义核心价值观的若干意见》（法发〔2015〕14 号）；2018 年 9 月 18 日最高人民法院发布《关于在司法解释中全面贯彻社会主义核心价值观的工作规划(2018—2023)》；先后发布三批"弘扬社会主义核心价值观典型案例"；2021 年 1 月 19 日制定《关于深入推进社会主义核心价值观融入裁判文书释法说理的指导意见》（法〔2021〕21 号）。

⑤ 参见杨彩霞、张立波：《社会主义核心价值观融入刑事裁判文书的适用研究——基于 2014—2019 年刑事裁判文书的实证分析》，载《法律适用》2020 年第 16 期；周尚君、邵珠同：《核心价值观的司法适用实证研究——以 276 份民事裁判文书为分析样本》，载《浙江社会科学》2019 年第 3 期。

⑥ 据中国知网年度趋势统计显示，随着 2014 年中央司法体制改革顶层设计的出台，2015 年以"司法改革"为主题的论文数量达到历史新高。

庭审为中心的制度改革方案的确立。① 关于"复员军人进法院"的学理论争，引起各界对法官素质与司法职业化的思考，推动 2002 年实施国家统一司法考试制度。② 如《刑法修正案（十一）》关于刑事责任年龄的改动，也充分吸收了法学话语的共识。

权力话语与权能话语：前后相序。权力话语运作触发权能话语生成，权能话语通过媒体塑造民意，影响权威话语，对权力话语产生影响。③ 强烈的公众意见确实容易左右司法判决，但法院往往不会在文书中写明公众意见的影响。④ 这种对话究其本质，并不是同一区位的意见交换，而是权力话语对权能话语可能引发的后果的担忧，不得不予以刻意忽略。司法从"广场化"与"剧场化"的微妙关联，体现了叙事技巧与情感诉求对法律专业技术权力的间接辅助。⑤ 随着权能话语越来越具有整体战略意蕴，法学家也开始承认它与权力话语并非二元对立，主动反思权能话语这一"弱者的武器"。⑥ 相比于理论家构思的"文学型法律家"，普通人的司法话语权能仍处在薄弱环节。例如，美国学者努斯鲍姆虽有意通过文学方法重构法律，但忽略了大众司法权能话语的深度介入。⑦ 不同于专业主义的权力

---

① 参见景汉朝、卢子娟：《经济审判方式改革若干问题研究》，载《法学研究》1997 年第 5 期。

② 参见左卫民：《十字路口的中国司法改革：反思与前瞻》，载《现代法学》2008 年第 6 期。

③ 参见孙笑侠：《司法的政治力学——民众、媒体、为政者、当事人与司法官的关系分析》，载《中国法学》2011 年第 2 期。

④ "张金柱案"一审判决书出现"不杀不足以平民愤"的表述，饱受学者诟病。此后的判决书丝毫不提公众意见的影响，即使判决实际上采纳同意了公众意见。参见何海波：《实质法治——寻求行政判决的合法性》，法律出版社 2009 年版，第 403~404 页。

⑤ 参见舒国滢：《从司法的广场化到司法的剧场化——一个符号学的视角》，载《政法论坛》1999 年第 3 期；陈文琼：《论文学在司法实践中的作用——一个"法律与文学"的分析视角》，载《河北法学》2009 年第 7 期。

⑥ 大众文化、媒体传播基于共同的正义感形成话语合力，在自然理性的基础上产生共同意志和共同话语。并且权威话语对民主的重视增强了权能话语的力量，以技术理性为代表的权力话语甚至在这场角力中显得势单力薄、力不从心。参见孙笑侠：《司法的政治力学——民众、媒体、为政者、当事人与司法官的关系分析》，载《中国法学》2011 年第 2 期。

⑦ 《善的脆弱性》侧重对戏剧作品的哲学解读，而到了《诗性正义》，努斯鲍姆则力求构建一种理性情感与诗人裁判的整合路径，通过文学培养法律人的情感思考，平衡理性的冰冷，增加诗性的细腻。参见［美］玛莎·努斯鲍姆：《善的脆弱性：古希腊悲剧和哲学中的运气与伦理》，徐向东、陆萌译，译林出版社 2007 年版；［美］玛莎·努斯鲍姆：《诗性正义：文学想象与公共生活》，丁晓东译，北京大学出版社 2010 年版。

壁垒,司法场域理当人人参与、人人共享,应有大众文化的话语空间。在中国,以苏力对《秋菊打官司》的解读为起点,多年来形成一种批判法律理论谱系,此种理论话语的萌生表明司法权力话语与权能话语的相互影响。① 在新的政治指导话语中,"繁荣发展社会主义法治文艺"的实践要求业已明确。② 可以预见,此方面的学术理论话语会有一定发展。但对于普通人的司法态度,依然在短期内难以破解。

在中国语境下,理解司法权的本质,须特别留意"权"的多义性。司法权话语具有司法权威、司法权力、司法权能,以及司法公权、司法人权等多维解析面向。因此,将司法权简单理解为司法权力,不足以全面把握司法场域的话语逻辑。据此,我们可以理想化认为,司法场域居于国家和社会之间,承担着保障人权、接近正义、捍卫法律、权威裁判、理性决策、解决纠纷、形成规则的综合功能。与之相应,作为复调叙事的司法权话语在政治、法律、情感诸方面的多维面向,急切需要一种均衡战略的整合,因为单调叙事无法包含多样杂语,也难以促进深入对话。

法律秩序长期持久的生命力,有赖于最大限度地减少潜在的冲突,促成利益的妥协。③ 妥协的重要前提是对话、交流与理解。站在法治实践的整体视角,一元的国家司法如何统摄多元社会需求?具体到司法权本质疑难,相关制度运行如何体现公权与人权的均衡主旨,建构司法权力主体的斗争规则,系统解决司法实践权力及其与知识权力的紧张,凸显并不承担具体司法权力职能的司法权威主体的统合功能,带动广阔的司法场域中各类主体的共同参与及权能增进?这些实践问题在司法场域中,集中表现为权威话语、权力话语、权能话语站在各自立场对司法权的反思和追问。它们表面上各执己见、对立紧张,但内在又彼此耦合、相互缠绕。在此意义上,阐释司法权话语的复调模型,就是在建构一种司法权的本质认知图式。

---

① 参见强世功:《批判法律理论的谱系——以〈秋菊打官司〉引发的法学思考为例》,载《中外法学》2019年第2期。

② 《关于加强社会主义法治文化建设的意见》,中共中央办公厅、国务院办公厅2021年4月印发。

③ 参见[奥]凯尔森:《法与国家的一般理论》,沈宗灵译,商务印书馆2017年版,第43页。

结　　语

　　很多学界同仁都有这样的感受：当今中国法学的话语状态与其学术发展要求，尚未达成"同频共振"。近年来，围绕中国式现代化的时代主题，中国法学发展迅速，体现在新的主题和范式确立、方法论研究推进、法教义学本土化、外部学科知识引入转化等方面。与此同时，法学家面向未来主动建构、深度反思，通过不断衍生的理论性实践，让法学理论"自创生系统"开始逐渐脱离独语式的"朗读亭"，与全面拓展的法治场域寻求话语对接。但法学家的学术工作，无论在内部体系的建构，还是与政治家的法治实践、人民群众的法治生活的耦合上，依然存在比较严重的话语障碍。一方面，完全打破固有的法学学术体系，既不可欲，亦不可能。作为中国特色哲学社会科学的重要分支，法学学术体系的话语构建必须尊重历史生成的大逻辑，不可凭空想象某种"看起来很美""听起来很妙"的东西。另一方面，法学话语的自省和扩界，需要进一步激活"法学学"的深度讨论，在法学品性、任务、对象、议题、方法、历史、主体、教育、传播等方面继续展开。"法学学"本身就是以法学话语为主要素材的学术研究领域，可以视为法学话语体系构建的基础架构。就本书而言，首先正是意图对之有所贡献的思考产物。

　　作为自主学科体系的法学，在大变局下面临全面的知识更新、体制重塑任务。这对法学话语体系构建提出了一个现实难题：我们要构建的法学话语体系，如果基于现有的法学学科体系，那么只能算是一种学科话语的直译，而非基于法学本体的构造；反之，如果不基于相对确定的法学学科体系，完全以某种纯学术或学问的态度对待，又可能导致在众声喧嚣中迷失归拢的主线。尤其当法学学科的内外联结渐成常态，如何达成话语层面的众声共鸣、复调谐和，的确是个不好解决的问题。因此，我们有必要将法学学科体系视为动态生成的，而非静态均衡的构造。以法理学学科为例，它属于作为二级学科的法学类下的三级学科，历来被视为法学基础学科的首要。但作为学科的法理学，与法律史、比较法、宪法学与行政法学、法文化研究等其他基础学科、骨干学科、新兴学科，其实处在相互嵌入的关系维度中。如今作为三级学科的法理学，实为其他分支学科法理提炼的汇聚所和加工厂。基于特定的性质，法理学还会相对独立地生产宏大知识，维系政治、经济、社会与法律的交往。它不仅承担着内部整合、抽象的知识生产功能，还不得不随时跨出法律教义、规范的既定范围，用灵敏、广博、开放的姿态，发现、识别、吸纳其他学科的关联性进展，展开法律自身研究之外的"有关法律的研究"。其使命是崇高且远大的，需要通联内外，消除畛域。所以，其学科体系构建主要不是属种分析，而是跨语际整合。

构成本书的研究成果，体现了中国特色法学话语体系构建的多向路径。比如，建立在法学学术体系基础上的"反思"路径，其特点在于分兵突进、重点修补，期待以长时段的努力，演进而成一种比较完美且纯粹的法学知识系统。强调法学学科内部整合的"互通"路径，其关注点在于通过分支学科的内部整合，发挥学科体制的作用，实现大学科意义上的法学知识体系重建。面向相对独立的法学话语体系构建的"嵌入"路径，主张法学话语体系是受总体社会物质生活条件决定的，同时也是发生在具体的学术、学科场域中的。这就需要找到一个嵌入的中间点。与社会学家强调个人对社会价值的服从，将个人"过分社会化"，以及经济学家强调个人与社会的隔离，将个人"过分原子化"有所不同，法学家强调个人是嵌入国家的理性人，个人和整体可以得到法律理性的调和。因此，相关话语也具有"理性嵌入"的特点。这种路向提醒我们，相对独立的法学话语本质上是一种国家话语，它是嵌入型的，而非"脱嵌"的构造。所以，从一种新的整全型国家及其法理话语主体的视角，寻找相互嵌合的过程机理，成为塑造法学话语体系的实践需要。

无论何种路径，都不能脱离基本的"证立"问题。本书遵循的"证立"路径，从形式逻辑上讲，是将目标任务分解为大前提、小前提和结论，通过对前提的证成以及推论的证成，达成理论上的命题证立，从而为体系建构奠定基础。就大前提而言，"中国特色社会主义"对于法学而言具有"规定性"意义。这种规定性有哲学上的合法性、科学上的合乎规律性以及具体学术、学科意义上的现实可行性等多重意涵。从理论上讲，近现代西方法学、苏联式社会主义法学以及基于中国传统文化蕴含的古典法学，都可作为描述中国特色社会主义法学的参照系。但在话语体系构建上，中国特色社会主义法学作为"新法学"的灵魂和主干，首先需要将"中国特色社会主义"的政治话语转化为法理话语，然后在此基础上充分反思现有"本土法学""移植法学"的是非得失，进而作出更为准确的"特质"判断。这也是一种广义的"法的精神"判断，可为法学学术、学科话语及实践明确"大前提"。就小前提而言，法学无论是采取科学、哲学或介于二者的定位，都不妨将"作为话语的法"纳入自身建构的范围，通过不间断的知识契合，逐步形成以学术和学科意义上的话语体系为支撑，与整全型法治相适应的"大法学"话语体系。这就需要将精英和大众的法治话语，作为必要的学术资源纳入研究议程，将法律人的内部视角扩展为广延的立体观察。穿透法学话语的多元表象，呈现给世人的，实则为"法理整全"之图景，一体与分殊、统合与演化并行不悖。大前提规定法学的生成逻辑，小前提展现法学的体系化规律，两者紧密关联。体系化规律服从于生成逻辑，同时对其加以具体呈现。如此演绎的结论就是，中国特色社会主义法学的话语体系具有内生性和整全型的特点，是对现代中国法治生成逻辑与法学体系发展交织而成的话语图景的系统表达与实践。

为了更好呈现证立的逻辑，本书力求拓宽观察的视角，在新时代中国特色社会主义法治思想的指引下，从政法法学、教义法学、社科法学以及正在更新的人文法学四个侧面，通过对哲学家、政治家、法学家、法律人、文艺家、普通人等众多主体的法学话语深描，凸显法学的总体意义，回应环绕法学内外的制度、观念、文化之争，反思其中蕴含的话语生成原理，初步织就了一种解释法学话语现象的"复调"模型。但本质而论，话语体系指向的是话语的本体和谱系，须进一步从"总体条件"与"历史生成"两个关键词上精准把握。法学话语体系研究的学术意义和理论功能自不必言，现今不甚明晰的在于其政法功能，近年来一些优秀作品的研究也意在于此有所突破。随着政法功能的不断强化，法学话语的文化研究愈益重要。如何理解法学话语体系的文化治理功能？广义上的法文化是如何通过话语系统的生成和运作对外展现并自我强化的？法学话语实践，是否属于一种新的文化政治？能否从实践中对其规范原理加以提炼或抽象？对于这些问题的阐释，本书的研究尚属一个微不足道的提示。

参考文献

一、著作

[1]《马克思恩格斯全集》(第一卷)，人民出版社 2002 年版。

[2]《马克思恩格斯全集》(第二卷)，人民出版社 2002 年版。

[3]《马克思恩格斯全集》(第三卷)，人民出版社 2002 年版。

[4]《马克思恩格斯选集》(第一卷)，人民出版社 1995 年版。

[5]《马克思恩格斯论中国》，人民出版社 2015 年版。

[6]《列宁全集》(第五十五卷)，人民出版社 1990 年版。

[7]列宁：《帝国主义是资本主义的最高阶段》，人民出版社 2014 年版。

[8]《毛泽东文集》(第二卷)，人民出版社 1991 年版。

[9]《毛泽东文集》(第五卷)，人民出版社 1996 年版。

[10]《毛泽东文集》(第六卷)，人民出版社 1999 年版。

[11]《刘少奇选集》(上卷)，人民出版社 1981 年版。

[12]《刘少奇选集》(下卷)，人民出版社 1985 年版。

[13]《刘少奇论党的建设》，中央文献出版社 1991 年版。

[14]《邓小平文选》(第三卷)，人民出版社 1993 年版。

[15]《江泽民文选》(第二卷)，人民出版社 2006 年版。

[16]《习近平谈治国理政》，外文出版社 2014 年版。

[17]《习近平谈治国理政》(第二卷)，外文出版社 2017 年版。

［18］习近平：《论中国共产党历史》，中央文献出版社 2021 年版。

［19］习近平：《论坚持全面依法治国》，中央文献出版社 2020 年版。

［20］《习近平关于全面依法治国重要论述摘编》，中央文献出版社 2015 年版。

［21］《李大钊法学文集》，法律出版社 2014 年版。

［22］《董必武法学文集》，法律出版社 2001 年版。

［23］中共中央文献研究室、中央档案馆编：《建党以来重要文献选编（一九二一——一九四九）（第一册）》，中央文献出版社 2011 年版。

［24］中央档案馆、中共中央文献研究室编：《中共中央文件选集》（第二十六册），人民出版社 2013 年版。

［25］中共中央文献研究室编：《建国以来重要文献选编》（第一册），中央文献出版社 2011 年版。

［26］中共中央文献研究室编：《建国以来重要文献选编》（第四册），中央文献出版社 2011 年版。

［27］中共中央文献研究室编：《建国以来重要文献选编》（第九册），中央文献出版社 2011 年版。

［28］中共中央文献研究室编：《三中全会以来重要文献选编》（上），人民出版社 1982 年版。

［29］中共中央文献研究室编：《三中全会以来重要文献选编》（下），中央文献出版社 1982 年版。

［30］中共中央文献研究室编：《十八大以来重要文献选编》（上），中央文献出版社 2014 年版。

［31］中共中央文献研究室编：《十八大以来重要文献选编》（中），中央文献出版社 2014 年版。

［32］金观涛、刘青峰：《观念史研究：中国现代政治术语的形成》，法律出版社 2009 年版。

［33］杨奎松、董士伟：《近代中国社会主义思潮》，上海人民出版社 1991 年版。

［34］廖奕：《法治中国的均衡螺旋：话语、思想与制度》，社会科学文献出

版社 2014 年版。

[35]陈端洪：《制宪权与根本法》，中国法制出版社 2010 年版。

[36]蒋立山：《法律现代化：中国法治道路问题研究》，中国法制出版社 2006 年版。

[37]公丕祥：《法制现代化的理论逻辑》，中国政法大学出版社 1999 年版。

[38]程燎原：《从法制到法治》，法律出版社 1999 年版。

[39]季卫东：《法治秩序的建构》，中国政法大学出版社 1999 年版。

[40]张文显：《法哲学通论》，辽宁人民出版社 2009 年版。

[41]张恒山主编：《共和国六十年法学论争实录》(法理学卷)，厦门大学出版社 2009 年版。

[42]孙国华主编：《社会主义法治论》，法律出版社 2002 年版。

[43]苏力：《法治及其本土资源》，中国政法大学出版社 1996 年版。

[44]吴敬琏：《呼唤法治的市场经济》，生活·读书·新知三联书店 2007 年版。

[45]李林主编：《新中国法治建设与法学发展 60 年》，社会科学文献出版社 2010 年版。

[46]罗豪才：《议政十年》，中国致公出版社 2010 年版。

[47]黄文艺：《中国法律发展的法哲学反思》，法律出版社 2010 年版。

[48]左卫民：《刑事诉讼的中国图景》，生活·读书·新知三联书店 2010 年版。

[49]蒋传光等：《新中国法治简史》，人民出版社 2011 年版。

[50]李瑜青等：《中国共产党治国理政研究》，上海人民出版社 2011 年版。

[51]吕明：《法律意识形态的语义和意义》，安徽大学出版社 2011 年版。

[52]付子堂主编：《历史与实践之维——马克思主义法律思想时代化问题研究》，法律出版社 2011 年版。

[53]泮伟江：《当代中国法治的分析与建构》，中国法制出版社 2012 年版。

[54]凌斌：《法治的中国道路》，北京大学出版社 2013 年版。

[55]汪习根等：《中国特色社会主义法治道路的理论创新与实践探索》(三卷

本），人民出版社 2021 年版。

[56]林来梵：《从宪法规范到规范宪法——规范宪法学的一种前言》，法律出版社 2001 年版。

[57]韩大元主编：《比较宪法：宪法文本与宪法解释》，中国人民大学出版社 2008 年版。

[58]宋功德：《党规之治：党内法规一般原理》，法律出版社 2021 年版。

[59]汪晖：《去政治化的政治：短 20 世纪的终结与 90 年代》，生活·读书·新知三联书店 2008 年版。

[60]刘伟：《普通人话语中的政治：转型中国的农民政治心理透视》，北京大学出版社 2015 年版。

[61]刘星：《法的历史实践：从康熙到路易十四》，中国法制出版社 2018 年版。

[62]李贵连：《现代法治：沈家本的改革梦》，法律出版社 2017 年版。

[63]王绍光、胡鞍钢：《中国：不平衡发展的政治经济学》(中文版)，中国计划出版社 1999 年版。

[64]郭道晖：《法理学精义》，湖南人民出版社 2005 年版。

[65]林立：《法学方法论与德沃金》，中国政法大学出版社 2002 年版。

[66]杨奕华：《法律人本主义：法理学研究诠论》，台湾汉兴书局出版有限公司 1997 年版。

[67]戚渊：《论立法权》，中国法制出版社 2002 年版。

[68]潘维：《法治与"民主迷信"——一个法治主义者眼中的中国现代化和世界秩序》，香港社会科学出版有限公司 2003 年版。

[69]贺雪峰：《新乡土中国》，北京大学出版社 2003 年版。

[70]黄宗智：《清代以来民事法律的表达与实践：历史、理论与现实》(三卷本)，法律出版社 2014 年版。

[71]刘红凛：《政党政治与政党规范》，上海人民出版社 2010 年版。

[72]张明楷：《法益初论》，中国政法大学出版社 2003 年版。

[73]劳东燕：《风险社会中的刑法——社会转型与刑法理论的变迁》，北京

大学出版社 2015 年版。

[74]周宁：《想像中国——从"孔教乌托邦"到"红色圣地"》，中华书局 2004 年版。

[75]赵汀阳：《没有世界观的世界：政治哲学和文化哲学文集》（第二版），中国人民大学出版社 2005 年版。

[76]叶廷芳编：《论卡夫卡》，中国社会科学出版社 1988 年版。

[77]刘小枫：《现代性社会理论绪论》，上海三联书店 1998 年版。

[78]范愉主编：《多元化纠纷解决机制》，厦门大学出版社 2005 年版。

[79]徐忠明：《情感、循吏与明清时期司法实践》，上海三联书店 2009 年版。

[80]林耀华：《金翼：中国家族制度的社会学研究》，庄孔韶、林宗成译，生活·读书·新知三联书店 2008 年版。

[81]饶宗颐：《中国史学之正统论》，中华书局 2015 年版。

[82]李龙：《中国法理学发展史》，武汉大学出版社 2019 年版。

[83]李庆西：《三国如何演义：三国的历史叙事与文学叙事》，生活·读书·新知三联书店 2019 年版。

二、中文译著

[1][古希腊]希罗多德：《历史》，王以铸译，商务印书馆 2017 年版。

[2][古希腊]柏拉图：《理想国》，郭斌和、张竹明译，商务印书馆 1986 年版。

[3][古希腊]亚里士多德：《政治学》，吴寿彭译，商务印书馆 1965 年版。

[4][古罗马]西塞罗：《论共和国 论法律》，王焕生译，中国政法大学出版社 1997 年版。

[5][英]伊格尔顿：《二十世纪西方文学理论》，伍晓明译，北京大学出版社 2007 年版。

[6][荷]图恩·梵·迪克：《话语研究：多学科导论》，周翔译，重庆大学出版社 2015 年版。

[7][美]玛丽·安·格伦顿：《权利话语：穷途末路的政治言辞》，周威译，北京大学出版社 2006 年版。

[8][美]史扶邻：《孙中山与中国革命》，丘权政、符致兴译，中国社会科学出版社 1981 年版。

[9][英]沃克编：《牛津法律大辞典》，北京社会与科技发展研究所译，光明日报出版社 1988 年版。

[10][英]科特威尔：《法律社会学导论》，潘大松等译，华夏出版社 1989 年版。

[11][美]络德睦：《法律东方主义：中国、美国与现代法》，魏磊杰译，中国政法大学出版社 2016 年版。

[12][美]萨义德：《东方学》，王宇根译，生活·读书·新知三联书店 2007 年版。

[13][法]皮埃尔·勒鲁：《论平等》，王允道译，商务印书馆 1988 年版。

[14][美]富勒：《法律的道德性》，郑戈译，商务印书馆 2005 年版。

[15][美]庞德：《法律与道德》，陈林林译，商务印书馆 2015 年版。

[16][美]庞德：《法律史解释》，曹玉堂、杨知译，华夏出版社 1989 年版。

[17][美]庞德：《法理学》（第二卷），封丽霞译，法律出版社 2007 年版。

[18][美]波斯纳：《超越法律》，苏力译，中国政法大学出版社 2001 年版。

[19][美]波斯纳：《法律与文学》，李国庆译，中国政法大学出版社 2002 年版。

[20][美]波斯纳：《法官如何思考》，苏力译，北京大学出版社 2009 年版。

[21][美]托马斯·C. 帕特森：《卡尔·马克思，人类学家》，何国强译，云南大学出版社 2013 年版。

[22][美]德沃金：《原则问题》，张国清译，江苏人民出版社 2008 年版。

[23][美]德沃金：《认真对待权利》，信春鹰、吴玉章译，中国大百科全书出版社 1998 年版。

[24][美]罗尔斯：《正义论》，何怀宏等译，中国社会科学出版社 1988 年版。

[25][法]卢梭：《社会契约论》，何兆武译，商务印书馆 2003 年版。

[26][法]阿尔都塞：《保卫马克思》，顾良译，商务印书馆 1984 年版。

[27][美]彼得·德恩里科、邓子滨编著：《法的门前》，北京大学出版社 2012 年版。

[28][德]黑格尔:《法哲学原理》,范扬、张企泰译,商务印书馆 1982 年版。

[29][美]米尔斯:《权力精英》,王崑、许荣译,南京大学出版社 2004 年版。

[30][法]埃利亚、萨尔法蒂:《话语分析基础知识》,曲辰译,天津人民出版社 2006 年版。

[31][英]哈耶克:《法律、立法与自由》(第一卷),邓正来等译,中国大百科全书出版社 2000 年版。

[32][日]穗积陈重:《法律进化论》,黄尊三等译,中国政法大学出版社 1997 年版。

[33][德]考夫曼等主编:《当代法哲学与法律理论导论》,郑永流译,法律出版社 2002 年版。

[34][德]考夫曼:《法律哲学》,刘幸义等译,法律出版社 2004 年版。

[35][德]霍恩:《法律科学与法哲学导论》,罗莉译,法律出版社 2005 年版。

[36][匈]波兰尼:《大转型:我们时代的政治与经济起源》,冯钢、刘阳译,浙江人民出版社 2007 年版。

[37][英]李德·哈特:《战略论:间接路线》,钮先钟译,上海人民出版社 2010 年版。

[38][德]韦伯:《社会科学方法论》,李秋零、田薇译,中国人民大学出版社 1999 年版。

[39][德]韦伯:《非正当性的支配——城市的类型学》,康乐、简惠美译,广西师范大学出版社 2005 年版。

[40][德]韦伯:《学术与政治》,冯克利译,商务印书馆 2018 年版。

[41][德]卡尔·考茨基:《帝国主义》,史集译,生活·读书·新知三联书店 1964 年版。

[42][英]阿特金森·霍布森:《帝国主义》,卢刚译,商务印书馆 2017 年版。

[43][美]刘禾:《帝国的话语政治》,杨立华译,生活·读书·新知三联书

店 2014 年版。

[44][意]贝卡里亚:《论犯罪与刑罚》,黄风译,商务印书馆 2017 年版。

[45][英]亚当·斯密:《道德情操论》,蒋自强等译,商务印书馆 2017 年版。

[46][英]帕特里克·德富林:《道德的法律强制》,马腾译,中国法制出版社 2016 年版。

[47][德]乌尔里希·贝克:《风险社会》,何博闻译,译林出版社 2004 年版。

[48][德]乌尔里希·贝克:《世界风险社会》,吴英姿等译,南京大学出版社 2004 年版。

[49][英]梅兰特等:《欧陆法律史概览:事件,渊源,人物及运动》,屈文生等译,上海人民出版社 2008 年版。

[50][法]笛卡尔:《谈谈方法》,王太庆译,商务印书馆 2000 年版。

[51][德]拉伦茨:《法学方法论》(全书·第六版),黄家镇译,商务印书馆 2020 年版。

[52][法]马蒂:《世界法的三个挑战》,罗结珍等译,法律出版社 2001 年版。

[53][法]西耶斯:《第三等级是什么?》,冯棠译,商务印书馆 1990 年版。

[54][美]博西格诺等:《法律之门》,邓子滨译,华夏出版社 2002 年版。

[55][法]金尼阁:《利玛窦中国札记》,何高济等译,商务印书馆 1983 年版。

[56][英]安德鲁·甘布尔:《政治和命运》,胡晓进等译,江苏人民出版社 2003 年版。

[57][法]托克维尔:《论美国的民主》(上卷),董果良译,商务印书馆 1988 年版。

[58][法]托克维尔:《旧制度与大革命》,冯棠译,商务印书馆 1992 年版。

[59][法]加缪:《西西弗的神话:论荒谬》,杜小真译,生活·读书·新知三联书店 1987 年版。

[60][美]奥斯汀·萨拉特主编：《布莱克维尔法律与社会指南》，高鸿钧等译，北京大学出版社 2011 年版。

[61][美]罗威廉：《汉口：一个中国城市的商业与社会（1796—1889）》，江溶、鲁西奇译，中国人民大学出版社 2005 年版。

[62][奥]卡夫卡：《审判》，姬健梅译，北京大学出版社 2016 年版。

[63][意]登特列夫：《自然法：法律哲学导论》，李日章等译，新星出版社 2008 年版。

[64][英]韦恩·莫里森：《法理学：从古希腊到后现代》，李桂林等译，武汉大学出版社 2003 年版。

[65][美]玛莎·C. 纳斯鲍姆：《寻求有尊严的生活：正义的能力理论》，田雷译，中国人民大学出版社 2016 年版。

[66][美]玛莎·努斯鲍姆：《诗性正义：文学想象与公共生活》，丁晓东译，北京大学出版社 2010 年版。

[67][德]马克斯·舍勒：《舍勒选集》（下册），刘小枫选编，上海三联书店 1999 年版。

[68][德]米歇尔·施托莱斯：《法律的眼睛：一个隐喻的历史》，杨贝译，中国政法大学出版社 2012 年版。

[69][奥]凯尔森：《法与国家的一般理论》，沈宗灵译，中国大百科全书出版社 1996 年版。

[70][英]苏珊·詹姆斯：《激情与行动：十七世纪哲学中的情感》，管可秾译，商务印书馆 2017 年版。

[71][美]莎伦·R. 克劳斯：《公民的激情：道德情感与民主商议》，谭安奎译，译林出版社 2015 年版。

[72][日]棚濑孝雄：《纠纷的解决与审判制度》，王亚新译，中国政法大学出版社 1994 年版。

[73][日]千叶正士：《法律多元：从日本法律文化迈向一般法理论》，强世功等译，中国政法大学出版社 1997 年版。

[74][美]戴维·米勒编：《布莱克维尔政治学百科全书》，邓正来译，中国

政法大学出版社 2002 年版。

[75][美]尼布尔:《道德的人与不道德的社会》,阮炜译,贵州人民出版社 2007 年版。

[76][美]克里斯托弗·贝里:《奢侈的概念》,上海人民出版社 2005 年版。

[77][美]诺内特、塞尔兹尼克:《转变中的法律与社会:迈向回应型法》,张志铭译,中国政法大学出版社 1994 年版。

[78][美]塞缪尔·亨廷顿:《失衡的承诺》,周端译,东方出版社 2005 年版。

[79][美]卡尔·贝克尔:《18 世纪哲学家的天城》,何兆武译,生活·读书·新知三联书店 2001 年版。

[80][美]列奥·斯特劳斯:《自然权利与历史》,彭刚译,生活·读书·新知三联书店 2006 年版。

[81][美]劳伦斯·罗森:《法律与文化:一位法律人类学家的邀请》,彭艳崇译,法律出版社 2011 年版。

[82][美]保罗·卡恩:《法律的文化研究:重构法学》,康向宇译,中国政法大学出版社 2018 年版。

[83][法]福柯:《知识考古学》,谢强、马月译,生活·读书·新知三联书店 1998 年版。

[84][法]布尔迪厄、[美]华康德:《反思社会学导引》,李猛、李康译,商务印书馆 2015 年版。

[85][美]汉密尔顿、杰伊、麦迪逊:《联邦党人文集》,程逢如等译,商务印书馆 2015 年版。

[86][美]布鲁斯·阿克曼:《我们人民:奠基》,汪庆华译,中国政法大学出版社 2017 年版。

[87][美]萨利·安格尔·梅丽:《诉讼的话语:生活在美国社会底层人的法律意识》,郭星华等译,北京大学出版社 2007 年版。

[88][德]伊丽莎白·诺尔-诺依曼:《沉默的螺旋:舆论——我们的社会皮肤》,董璐译,北京大学出版社 2013 年版。

［89］［苏联］米哈伊尔·巴赫金：《陀思妥耶夫斯基诗学问题》，刘虎译，中央编译出版社 2010 年版。

三、期刊论文

［1］刘星：《中国早期左翼法学的遗产》，载《中外法学》2011 年第 3 期。

［2］刘星：《如何看待普通人"旁观式"法律态度：卡夫卡"法制文学"的历史主义提示》，载《清华法学》2013 年第 2 期。

［3］信春鹰：《后现代法学：为法治探索未来》，载《中国社会科学》2000 年第 5 期。

［4］张文显：《法理：法理学的中心主题和法学的共同关注》，载《清华法学》2017 年第 4 期。

［5］张文显：《建立社会主义民主政治的法律体系——政治法应是一个独立的法律部门》，载《法学研究》1994 年第 5 期。

［6］张文显：《习近平法治思想的理论体系》，载《法制与社会发展》2021 年第 1 期。

［7］张文显：《论中国式法治现代化新道路》，载《中国法学》2022 年第 1 期。

［8］张文显：《建设中国特色社会主义法治体系》，载《法学研究》2014 年第 6 期。

［9］徐爱国：《中国法理学的"死亡"》，载《中国法律评论》2016 年第 2 期。

［10］秦前红、苏绍龙：《从"以法治国"到"依宪治国"——中国共产党法治方略的历史演进和未来面向》，载《人民论坛·学术前沿》2014 年第 22 期。

［11］汪习根：《论习近平法治思想的时代精神》，载《中国法学》2021 年第 1 期。

［12］汪习根：《习近平法治思想的人权价值》，载《东方法学》2021 年第 1 期。

［13］强世功：《革命与法治：中国道路的理解》，载《文化纵横》2011 年第 3 期。

［14］强世功：《党章与宪法：多元一体法治共和国的建构》，载《文化纵横》

2015 年第 8 期。

[15]强世功：《从行政法治国到政党法治国：党法和国法关系的法理学思考》，载《中国法律评论》2016 年第 3 期。

[16]强世功：《"法治中国"的道路选择——从法律帝国到多元主义法治共和国》，载《文化纵横》2014 年第 4 期。

[17]曾鹿平：《西北政法大学：中国共产党延安时期法律高等教育的直接延续》，载《法律科学》2013 年第 3 期。

[18]韩大元：《论 1949 年〈共同纲领〉的制定权》，载《中国法学》2010 年第 5 期。

[19]马长山：《"法治中国"建设的问题与出路》，载《法制与社会发展》2014 年第 3 期。

[20]王旭：《"法治中国"命题的理论逻辑及其展开》，载《中国法学》2016 年第 1 期。

[21]朱景文：《法治道路与法治体系的关系——习近平法治思想探析》，载《法学家》2021 年第 3 期。

[22]公丕祥：《中国特色社会主义法治道路的时代进程》，载《中国法学》2015 年第 5 期。

[23]何勤华：《论中国特色社会主义法治道路》，载《法制与社会发展》2015 年第 3 期。

[24]陈柏峰：《缠讼、信访与新中国法律传统》，载《中外法学》2004 年第 2 期。

[25]程燎原：《晚清"新法家"的"新法治主义"》，载《中国法学》2008 年第 5 期。

[26]陈爱娥：《事物本质在行政法上之适用》，载《中国法律评论》2019 年第 3 期。

[27]罗士泂：《人类学如何研究道路？——道路研究的回顾与反思》，载《民俗研究》2022 年第 1 期。

[28]谢鹏程：《论社会主义法治理念》，载《中国社会科学》2007 年第 1 期。

[29]徐显明、张文显、李林：《中国特色社会主义法治道路如何走？——三位法学家的对话》，载《求是》2015 年第 5 期。

[30]陈端洪：《论宪法作为国家的根本法与高级法》，载《中外法学》2009 年第 1 期。

[31]凌斌：《法治的两条道路》，载《中外法学》2007 年第 1 期。

[32]孙笑侠：《法律家的技能与伦理》，载《法学研究》2001 年第 6 期。

[33]林端：《法律社会学的定位问题：Max Weber 与 Hans Kelsen 的比较》，载《现代法学》2007 年第 4 期。

[34]顾培东：《当代中国法治话语体系的构建》，载《法学研究》2012 年第 3 期。

[35]胡玉鸿：《"以人民为中心"的法理解读》，载《东方法学》2021 年第 2 期。

[36]季卫东：《法治中国的可能性——兼论对中国文化传统的解读和反思》，载《战略与管理》2001 年第 5 期。

[37]陈颀：《秋菊的困惑与解惑——"法律与文学"研究在中国》，载《开放时代》2019 年第 1 期。

[38]徐燕、朱燕红：《法律体系是法治体系的逻辑起点——全国人大常委会委员徐显明谈中国特色社会主义法律体系》，载《中国人大》2011 年第 10 期。

[39]范进学：《"法治中国"：世界意义与理论逻辑》，载《法学》2018 年第 3 期。

[40]张生：《中国古代权威秩序中的法统———一个结构与功能的分析》，载《中国政法大学学报》2014 年第 1 期。

[41]黄文艺：《中国政法体制的规范性原理》，载《法学研究》2020 年第 4 期。

[42]黄文艺：《论习近平法治思想中的法治工作队伍建设理论》，载《法学》2021 年第 3 期。

[43]黄进：《习近平全球治理与国际法治思想研究》，载《中国法学》2017 年第 5 期。

［44］姚远：《历史唯物主义法学原理中的"建筑隐喻"》，载《法制与社会发展》2020 年第 6 期。

［45］季洋：《从"非正式帝国主义"到"法律帝国主义"：以近代中国的境遇为例》，载《法学家》2020 年第 1 期。

［46］高丙中、章绍增：《以法律多元为基础的民族志研究》，载《中国社会科学》2005 年第 5 期。

［47］王绍光：《大转型：1980 年代以来的中国双向运动》，载《中国社会科学》2008 年第 1 期。

［48］周雪光：《从"黄宗羲定律"到帝国的逻辑：中国国家治理逻辑的历史线索》，载《开放时代》2014 年第 5 期。

［49］雷磊：《法律权利的逻辑分析：结构与类型》，载《法制与社会发展》2014 年第 3 期。

［50］程金华：《中国行政纠纷解决的制度选择：以公民需求为视角》，载《中国社会科学》2009 年第 6 期。

四、英文著作

［1］Eric A. Posner, Cass R. Sunstein, *Law & Happiness*, University of Chicago Press, 2010.

［2］Kai Nielsen, *Equility*, *Liberty*, *A Defence of Radical Egalitarianism*, New Jersy：Romman & Allanheld, 1985.

［3］R. H. Tanney, *Equility*, Allen & Unwin, 1964.

［4］Randall Peerenboom, *China's Long March Toward Rule of Law*, Cambridge University Press, 2002.

［5］Preeti Nijhar, *Law and Imperialism*：*Criminality and Constitution in Colonial India and Victorian England*, Pickering & Chatto, 2009.

［6］Samir Amin, Modern Imperialism, *Monopoly Finance Capital*, *and Marx's Law of Value*, Monthly Review Press, 2018.

［7］Kwame Nkrumah, *Neo-Colonialism*：*The Last Stage of Imperialism*,

International Publishers, 1966.

[8]Jonathan Herring, *Criminal Law*: *Text*, *Cases*, *and Materials* (*fifth edition*), Oxford University Press, 2012.

[9]Douglas Husak, *Overcriminalization*: *The Limits of the Criminal Law*, Oxford University Press, 2008.

[10] J. M. Balkin, *Cultural Software*: *A Theory of Ideology*, Yale University Press, 1998.

[11]Patricia Ewick, Susan S. Silbey, *The Common Place of Law*: *Stories from Everyday Life*, University of Chicago Press, 1998.

[12] Barbara Yngvesson, *Virtuous Citizens*, *Disruptive Subjects* : *Order and Complaint in a New England Court*, Routledge, 1993.

[13]David O. Friedrichs, *Law in Our Lives*: *An Introduction*, Oxford University Press, 2011.

[14]Michael Freeman ed., *Law and Popular Culture*, London: Oxford University Press, 2005.

[15] Richard Susskind, *Tomorrow's Lawyers*: *An Introduction to Your Future*, Oxford University Press, 2013.

[16]Tom R. Tyler, *Why People Obey the Law*, Yale University Press, 1990.

[17] Reiner Stach, *Kafka*: *The Years of Insight*, Translated by Shelley Frisch, Princeton University Press, 2013.

[18] Reiner Stach, *Kafka*: *The Decisive Years*, Translated by Shelley Frisch, Princeton University Press, 2013.

[19] Theodore Zolkowski, *The Mirror of Justice*: *Literary Reflections of Legal Crisis*, Princeton University Press, 1997.

[20] G. William Skinner (ed.), *The City in Late Imperial China*, Stanford University Press, 1977.

[21]Martha C. Nussbaum, *Upheavals of Thought*: *the Intelligence of Emotions*, Cambridge University Press, 2001.

五、英文论文

[1]Delgado, R., "When a Story is Just a Story: Does Voice Really Matter?", *Virginia Law Review*, Vol. 76, No. 1(1990).

[2]Volpp, L., "Feminism versus Multiculturalism", *Columbia Law Review*, Vol. 101, No. 5(2001).

[3]Massaro, T. M., "Empathy, Legal Storytelling, and the Rule of Law: New Words, Old Wounds?", *Michigan Law Review*, Vol. 87, No. 8(1989).

[4]Benford, R. D. & Snow, D. A., "Framing Processes and Social Movements", *Annual Review of Sociology*, Vol. 26, No. 1(2000).

[5]Smith, Rogers M. "Political Jurisprudence, The 'New Institutionalism', and the Future of Public Law", *American Political Science Review*, Vol. 82, No. 1(1988) .

[6]Healy, Paul, "Reading *the Mao Texts*: *The Question of Epistemology*", *Journal of Contemporary Asia*, Vol. 20, No. 3 (1990).

[7] Larry Cata Backer, "Rule of Law, the Chinese Communist Party and Ideological Campaigns", *Transnational Law and Contemporary Problems*, Vol. 16, No. 1(2006).

[8]Ling Li, "The Rise of the Discipline and Inspection Commission, 1927-2012: Anticorruption Investigation and Decision-Making in the Chinese Communist Party", *Modern China*, Vol. 42, No. 5(2016).

[9] Gong Ting, "The Party Discipline Inspection in China: Its Evolving Trajectory and Embedded Dilemmas, *Crime*", *Law and Social Change*, Vol. 49, No. 2(2008).

[10]Pierre Bourdieu, "The Force of Law: Toward a Sociology of the Juridical Field", *The Hastings Law Journal*, Vol. 38, No. 5(1987).